Margarete I. Ersen-Rasch
Türkische Grammatik

Margarete I. Ersen-Rasch

# Türkische Grammatik

Ausführlich und verständlich

Lernstufen A1 bis C2

2012

Harrassowitz Verlag · Wiesbaden

Zitat auf dem Umschlag von Nâzım Hikmet (1902–1963)

Dünyanın en iyi insanlarından olan Türk halkının ve dünyanın en güzel dillerinden biri ve belki de en başta gelenlerinden olan Türk dilinin yabancı diyarlarda tanınmasına vesile olabilmek, ömrümün en büyük sevinci ve şerefi olur.

Der Anlass dafür sein zu können, dass das türkische Volk, das zu den besten Menschen auf der Welt gehört, und die türkische Sprache, die eine der schönsten Sprachen auf der Welt und vielleicht sogar eine der herausragendsten ist, in fremden Gefilden bekannt werden, wird die größte Freude und Ehre meines ganzen Lebens darstellen.

Zitiert nach Vâlâ Nureddin [VÂ-NÛ], *Bu Dünyadan Nâzım Geçti*, İstanbul 1975.

**Necdet'in Anısına**

Bibliografische Information der Deutschen Nationalbibliothek
Die Deutsche Nationalbibliothek verzeichnet diese Publikation in der Deutschen Nationalbibliografie; detaillierte bibliografische Daten sind im Internet über http://dnb.dnb.de abrufbar.

Bibliographic information published by the Deutsche Nationalbibliothek
The Deutsche Nationalbibliothek lists this publication in the Deutsche Nationalbibliografie; detailed bibliographic data are available in the internet at http://dnb.dnb.de.

Informationen zum Verlagsprogramm finden Sie unter
http://www.harrassowitz-verlag.de

© Otto Harrassowitz GmbH & Co. KG, Wiesbaden 2012, 2017
Das Werk einschließlich aller seiner Teile ist urheberrechtlich geschützt.
Jede Verwertung außerhalb der engen Grenzen des Urheberrechtsgesetzes ist ohne Zustimmung des Verlages unzulässig und strafbar. Das gilt insbesondere für Vervielfältigungen jeder Art, Übersetzungen, Mikroverfilmungen und für die Einspeicherung in elektronische Systeme.
Gedruckt auf alterungsbeständigem Papier.
Druck und Verarbeitung: Hubert & Co., Göttingen
Printed in Germany
ISBN 978-3-447-06797-3

# Inhaltsverzeichnis

| | | |
|---|---|---|
| **Vorwort** | | XI |
| **Vorbemerkungen** | | XIII |
| **Abkürzungen und Symbole** | | XVI |
| **1** | **Alphabet, Aussprache und Rechtschreibung** | **1** |
| **2** | **Lautlehre** | **5** |
| 2.1 | Die Vokale | 5 |
| 2.1.1 | Die Suffixvokalharmonien | 6 |
| 2.1.2 | Scheinbare Abweichungen von der Suffixvokalharmonie | 7 |
| 2.1.3 | Vokalausfall und Sprossvokale | 7 |
| 2.1.4 | Vermeidung von Aufeinanderstoßen zweier Vokale bei Suffixanfügung | 8 |
| 2.2 | Die Konsonanten | 9 |
| 2.2.1 | Konsonantenassimilation | 9 |
| 2.2.2 | Konsonantenwandel | 10 |
| 2.2.3 | Konsonantenverdoppelung | 11 |
| 2.3 | Betonung | 11 |
| 2.4 | Zur Schreibung der Suffixe | 12 |
| **3** | **Grundbegriffe** | **13** |
| 3.1 | Übersicht | 13 |
| 3.2 | Das Wort | 13 |
| 3.3 | Die Wortarten | 14 |
| 3.4 | Die zentrale Wortart: Das Verb | 15 |
| 3.5 | Die Satzglieder | 17 |
| **4** | **Die Wortbildung** | **20** |
| 4.1 | Übersicht | 20 |
| 4.2 | Die Wortbildung durch Ableitung | 20 |
| 4.3 | Arabische und persische Präfixe und Suffixe im Türkischen | 31 |
| 4.4 | Wortverkettungen mit dem Possessivsuffix der 3. Pers. Sg. | 32 |
| 4.5 | Nebeneinanderstellung | 35 |
| 4.6 | Reduplikationen | 36 |
| 4.7 | Wort- und Inhaltswiederholungen | 37 |
| **5** | **Das Substantiv** | **39** |
| 5.1 | Übersicht | 39 |
| 5.2 | Fehlendes Genus (grammatisches Geschlecht) | 39 |

| | | |
|---|---|---|
| 5.3 | Numerus (Singular und Plural) | 40 |
| 5.4 | Zur Pluralverwendung | 40 |
| 5.5 | Bestimmtheit – Unbestimmtheit | 43 |
| 5.6 | Spezifisch – nicht spezifisch | 44 |
| 5.7 | Die Possessivpronomen und die Possessivsuffixe | 45 |
| 5.8 | Die Deklination | 49 |
| 5.9 | Die Verwendung der Kasus | 53 |
| 5.10 | Die Genitiv-Possessiv-Konstruktionen | 59 |
| **6** | **Das Adjektiv** | **61** |
| 6.1 | Übersicht | 61 |
| 6.2 | Zu einigen Adjektiven | 61 |
| 6.3 | Die Komparation (Die Steigerung) | 63 |
| 6.4 | Die Zahlwörter | 66 |
| 6.5 | Wiederholungs- und Vervielfältigungszahlwörter | 69 |
| 6.6 | Zählwörter und Maßangaben | 70 |
| 6.7 | Das adjektivierende Suffix -*ki* | 71 |
| **7** | **Die Pronomen** | **72** |
| 7.1 | Übersicht | 72 |
| 7.2 | Die Personalpronomen und die Personalendungen | 72 |
| 7.3 | Das substantivierende Suffix -*ki* | 75 |
| 7.4 | Die Demonstrativpronomen | 76 |
| 7.5 | Die Ortspronomen | 79 |
| 7.6 | Das Reflexivpronomen *kendi* | 81 |
| 7.7 | Das Reziprokpronomen *birbiri* | 83 |
| 7.8 | Die Interrogative | 84 |
| 7.9 | Indefinite Pronomen und Zählwörter | 88 |
| **8** | **Die Adverbien** | **94** |
| 8.1 | Übersicht | 94 |
| 8.2 | Lokale Adverbiale | 95 |
| 8.2.1 | Die Ortsbereichnomen | 95 |
| 8.2.2 | Die Raumnomen | 96 |
| 8.3 | Temporale Adverbiale | 97 |
| 8.4 | Modale Adverbiale | 105 |
| 8.5 | Kausale Adverbiale | 107 |
| 8.6 | Nichttürkische Adverbbildung | 108 |
| **9** | **Die Postpositionen** | **109** |
| 9.1 | Übersicht | 109 |
| 9.2 | Die Ortsbereichnomen als Postpositionen | 110 |
| 9.3 | Postpositionen ohne Possessivsuffix | 112 |
| 9.4 | Postpositionen mit Possessivsuffix | 116 |

| | | |
|---|---|---|
| **10** | **Die Konnektive** | **119** |
| 10.1 | Übersicht | 119 |
| 10.2 | Hinzufügende und verbindende Konjunktionen | 120 |
| 10.3 | Ausschließende Konjunktionen | 122 |
| 10.4 | Einschränkende und entgegensetzende Konjunktionen | 123 |
| 10.5 | Die unbetonte und die betonte Partikel *ki* | 125 |
| 10.6 | Weitere Verknüpfungswörter | 126 |
| **11** | **Die Partikeln** | **127** |
| 11.1 | Übersicht | 127 |
| 11.2 | Abtönungspartikeln | 128 |
| 11.3 | Fokuspartikeln | 131 |
| 11.4 | Intensitätspartikeln | 133 |
| 11.5 | Die Negationspartikel *değil* und Verneinungen | 134 |
| **12** | **Interjektionen und Satzäquivalente** | **135** |
| 12.1 | Übersicht | 135 |
| 12.2 | Einige Interjektionen | 135 |
| 12.3 | Einige Satzäquivalente | 136 |
| **13** | **Wiedergabe von „sein" und „haben"** | **137** |
| 13.1 | Übersicht | 137 |
| 13.2 | Wiedergabe von „sein" | 138 |
| 13.2.1 | Das temporale Funktionswort *idi* | 142 |
| 13.2.2 | Das erfahrungsorientierte Funktionswort *imiş* | 146 |
| 13.3 | Die Nomen *var* ‚vorhanden' und *yok* ‚nicht vorhanden' | 148 |
| 13.4 | Wiedergabe von „haben" | 149 |
| 13.5 | „sein" und „haben" für die Zeitstufe Zukunft | 151 |
| 13.6 | Das Modal-Enklitikon *-DIr* | 152 |
| **14** | **Die Zeitformen** | **155** |
| 14.1 | Übersicht | 155 |
| 14.2 | **Die einfachen Zeiten** | **157** |
| 14.2.1 | Das Präsens | 157 |
| 14.2.2 | Der Aorist | 160 |
| 14.2.3 | Das Futur | 164 |
| 14.2.4 | Das Präteritum | 165 |
| 14.2.5 | Das Perfekt | 167 |
| 14.2.6 | Der Kontinuativ | 170 |
| 14.3 | Die einfachen Zeiten in Kombination mit *-DIr* | 171 |
| 14.4 | **Die mit *idi* erweiterten Zeiten** | **172** |
| 14.4.1 | Das Imperfekt | 172 |
| 14.4.2 | Der Aorist in der Vergangenheit | 173 |

| | | |
|---|---|---|
| 14.4.3 | Das Futur in der Vergangenheit | 174 |
| 14.4.4 | Das Präteritum in der Vergangenheit | 177 |
| 14.4.5 | Das Plusquamperfekt | 178 |
| 14.4.6 | Der Kontinuativ in der Vergangenheit | 179 |
| 14.5 | **Die mit *imiş* versehenen Zeiten** | **180** |
| 14.6 | *-mAk üzere olmak* | 182 |
| 14.7 | *olmak* „werden" oder „sein" | 182 |
| **15** | **Die mit *olmak* zusammengesetzten Zeiten** | **184** |
| 15.1 | Übersicht | 184 |
| 15.2 | *-mIş olmak* (oder *bulunmak*) | 185 |
| 15.3 | *-(A/I)r/-mAz olmak* | 186 |
| 15.4 | *-(y)AcAk oldu* | 186 |
| 15.5 | *-(I)yor olmak* | 186 |
| 15.6 | *-mAktA olmak* | 186 |
| **16** | **Die Aufforderungs- und Wunschformen** | **187** |
| 16.1 | Übersicht | 187 |
| 16.2 | Der Imperativ | 188 |
| 16.3 | Der Voluntativ | 189 |
| 16.4 | Der Optativ | 191 |
| **17** | **Wiedergabe deutscher Modalverben** | **193** |
| 17.1 | Übersicht | 193 |
| 17.2 | „können" | 194 |
| 17.3 | „dürfen" | 197 |
| 17.4 | „brauchen" | 198 |
| 17.5 | „müssen" | 199 |
| 17.6 | Der Nezessitativ: „müssen" oder „sollen" | 200 |
| 17.7 | „sollen" | 201 |
| 17.8 | „wollen" | 202 |
| 17.9 | „mögen" | 205 |
| **18** | **Die Bedingungsformen** | **205** |
| 18.1 | Übersicht | 205 |
| 18.2 | Das konditionale Funktionswort *ise* und reale Konditionalsätze | 206 |
| 18.3 | Nichtreale Konditionalsätze | 210 |
| 18.3.1 | Potentiale Konditionalsätze | 210 |
| 18.3.2 | Irreale Konditionalsätze | 212 |
| 18.4 | Irreale Wünsche | 215 |
| 18.5 | Weitere Verwendung der Bedingungsformen | 215 |

| 19 | **Die Handlungsrichtungen der Verben** | **217** |
|---|---|---|
| 19.1 | Übersicht | 217 |
| 19.2 | Das multiplikative Verbalsuffix *-(I)ş* | 217 |
| 19.3 | Die Satzglied mehrenden Verbalsuffixe: Die Kausative | 219 |
| 19.4 | Die Satzglied mindernden Verbalsuffixe: Das Passiv und das Reflexiv | 225 |
| 19.4.1 | Das Passiv | 225 |
| 19.4.2 | Das Reflexiv | 231 |

| 20 | **Die Verbalnomen** | **234** |
|---|---|---|
| 20.1 | Übersicht | 234 |
| 20.2 | Die Infinitive *-mAk* und *-mA* | 234 |
| 20.3 | Resultative Substantive und Adjektive auf *-mA* | 236 |
| 20.4 | Das Verbalnomen auf *-(y)Iş* | 237 |

| 21 | **Die Partizipien** | **238** |
|---|---|---|
| 21.1 | Übersicht | 238 |
| 21.2 | Das Perfektpartizip | 238 |
| 21.3 | Das Aoristpartizip | 239 |
| 21.4 | Das Futurpartizip | 240 |
| 21.5 | Das *-(y)An*-Partizip | 241 |
| 21.6 | Das *-DIK*-Partizip | 241 |
| 21.7 | Das alte Futurpartizip *-(y)AsI* | 242 |

| 22 | **Die Konverbien** | **243** |
|---|---|---|
| 22.1 | Übersicht | 243 |
| 22.2 | Das Konverb auf *-(y)ArAk* | 243 |
| 22.3 | Das Konverb auf *-(y)A* | 244 |
| 22.4 | Das doppelt verwendete Konverb auf *-(y)A* | 246 |
| 22.5 | Das Konverb auf *-(y)Ip* | 247 |
| 22.6 | Das Konverb auf *-(y)IncA* | 248 |
| 22.7 | Das Konverb auf *-(y)AlI* | 249 |
| 22.8 | Das Konverb auf *-mAdAn* | 249 |
| 22.9 | Das temporal-adversative Funktionswort *iken* | 250 |

| 23 | **Aktionsarten und Rektion** | **251** |
|---|---|---|
| 23.1 | Übersicht | 251 |
| 23.2 | Die Hilfsverbverbindungen | 251 |
| 23.3 | Andere Möglichkeiten der Phasendarstellung | 254 |
| 23.4 | Kombinationen mit *-(y)AsI* | 255 |
| 23.5 | Kombinationen mit *-mAmAzlIk* | 255 |
| 23.6 | Zur Rektion einiger Verben | 256 |

## 24 Informationsstruktur und Kongruenz ... 257

24.1 Übersicht ... 257
24.2 Zur Informationsstruktur ... 258
24.3 Zur Kongruenz ... 261
24.4 Endungs- und Wortaussparung ... 264

## 25 Subjekt- und Ergänzungssätze ... 266

25.1 Übersicht ... 266
25.2 Nebensätze mit -*mAk*, -*mA* und -*mAsI* ... 268
25.3 Nebensätze mit -*DIğI/-(y)AcAğI* ... 269
25.4 Nebensätze mit -*DIğI/-(y)AcAğI* oder mit -*mAsI* ... 272
25.5 Die indirekte Rede ... 274
25.6 Indirekte Fragesätze ... 276
25.7 Hauptsatzprädikate mit -*DIğI/-(y)AcAğI* oder -*mAsI* ... 277
25.8 Nebensätze mit -*(y)Iş* ... 278
25.9 -*DIğI/-(y)AcAğI var/yok* und -*mIşlIğI var/yok* ... 278

## 26 Attributsätze ... 279

26.1 Übersicht ... 279
26.2 Relativsätze ... 280
26.2.1 Relativsätze mit dem -*(y)An*-Partizip ... 280
26.2.2 Relativsätze mit den Possessivpartizipien -*DIğI* und -*(y)AcAğI* ... 285
26.2.3 Das Futurpartizip -*(y)AcAk (olan)* ... 288
26.2.4 Das Perfektpartizip -*mIş (olan)* ... 290
26.3 Relativsätze ohne Bezugsnomen ... 298
26.4 Auf Hörensagen beruhende Informationen weitergeben ... 300
26.5 Notwendige und nicht notwendige Relativsätze ... 301
26.6 Verkettete Attributsätze ... 301

## 27 Adverbialsätze ... 303

27.1 Übersicht ... 303
27.2 Temporalsätze ... 304
27.3 Kausalsätze ... 309
27.4 Modalsätze ... 314
27.5 Lokalsätze ... 319
27.6 Adversativsätze ... 319

## 28 Weiteres zur Syntax ... 320

28.1 Einfache und komplexe Sätze ... 320
28.2 Problemfelder ... 328

Tabellen zur Deklination und Konjugation ... 331
Sach- und Stichwortverzeichnis ... 335
Literaturverzeichnis ... 345

# Vorwort

Grammatik ist kein Roman und schon gar nicht eine amüsante Bettlektüre. Aber man kann sich auch für Grammatik begeistern, vor allen Dingen dann, wenn es um eine so faszinierende Sprache wie Türkisch geht. Trotz aller Eigenheiten, die ganz sicher gewöhnungsbedürftig sind, werden Sie bald entdecken oder vielleicht schon wissen, dass die türkische Formenlehre äußerst regelmäßig und vorhersagbar ist. Es wird Sie erfreuen, ohne Artikel, ohne unregelmäßige Pluralbildungen sowie ohne starke und schwache Verben auszukommen – ein Albtraum für jeden türkischsprachigen Deutschlernenden. Dafür wird die Satzlehre bei komplexen Sätzen Ihnen ein wenig Hirnakrobatik abverlangen – eigentlich auch nur deshalb, weil Sie sich davon trennen müssen, die Haupt- und Nebensätze in der gleichen Reihenfolge anzuordnen, wie Sie es vom Deutschen her gewohnt sind. Aber auch das ist erlernbar!

Grammatik wird oft auch deshalb als so schwer empfunden, weil sie abstrakt beschrieben ist und grammatische Terminologie verwendet, die Sie entweder inzwischen vergessen oder sogar noch nie gehört haben. Leider geht es auch hier nicht ganz ohne Terminologie: sie ist jedoch auf ein Minimum begrenzt und wird – mit wenigen Ausnahmen – erklärt Eine verständliche Terminologie, die dem Türkischen gerecht wird, steht noch aus. Unterschätzen sollte man auch nicht, dass Sie von Ihrer Lernerfahrung ausgehen werden und – wenn Sie deutschsprachiger Muttersprachler sind – möglichst viele Anknüpfungspunkte finden wollen. Insofern war es ein großes Anliegen, die Erklärungen so verständlich wie möglich zu gestalten.

Dieses Grammatikbuch versteht sich als **Nachschlagewerk** für Türkischlernende mit geringen bis guten Vorkenntnissen. Es enthält zahlreiche Elemente aus früheren Büchern der Autorin. Grammatikbeschreibungen sowie Beispiele, die sich als nützlich für den Lernenden erwiesen haben, sind beibehalten worden. Daneben gibt es eine ganze Reihe von neuen Elementen sowie Präzisierungen, denn Sprache entwickelt sich weiter, ebenso die Sprachforschung. Darüber hinaus sollte ein Autor auch kritische Anmerkungen von kompetenter Seite oder Fragen und Rückmeldungen von Lernenden nicht übersehen.

Eine wichtige Neuerung – und hoffentlich auch Erleichterung – ist auch, dass Sie mit deutlichen Worten von Füll- oder Bindekonsonanten befreit werden. Und falls es für Sie Neuland sein sollte, legen wir Ihnen die Groß- und Kleinschreibung der Suffixe ans Herz. Was es damit auf sich hat, finden Sie auf Seite 12.

Die Grammatik einer Sprache setzt sich aus folgenden Teilbereichen zusammen:

- Phonologie (Lautlehre)
- Morphologie (Formenlehre)
- Syntax (Satzlehre)
- Semantik (Bedeutungslehre einzelner Wörter oder auch Sätze)

Alle vier Teilbereiche greifen ineinander. Das Kapitel Lautlehre wurde auf das Notwendigste beschränkt. Allerdings finden Sie Angaben zur Betonung auch in anderen Kapiteln. Die Bedeutungen einzelner Wörter oder Sätze sind Bestandteil der Kapitel.

Die Erklärungen zur Grammatik sind begleitet von zahlreichen Beispielen, gestaffelt nach Schwierigkeitsgrad. Die Übersetzungen orientieren sich, soweit es vertretbar war, am türkischen Original. Allerdings werden Sie in den hinteren Kapiteln einige komplexe türkische Sätze finden, die sich in der deutschen Übersetzung sehr verschachtelt lesen. Es ist legitim, solche Sätze in zwei oder drei Sätze aufzuteilen, um ihnen den Anstrich der „Übersetzung" zu nehmen. Der große Nachteil ist jedoch, dass Sie dadurch kein Gespür für die ziemlich anders gearteten syntaktischen Abhängigkeiten bekommen. Wenn Sie Lust verspüren, können Sie diese Monstersätze selbst aufteilen. Der ursprüngliche Sinn sollte jedoch auf jeden Fall erhalten bleiben.

An der Rechtschreibung der Originalliteratur wurde nicht gerüttelt. Offensichtliche Rechtschreibfehler in Zeitungstexten oder Internetbelegen wurden ausgebessert.

An den Anfang eines jeden Kapitels ist eine Übersicht gestellt, die die wichtigsten Punkte zusammenfasst. Innerhalb der Kapitel gibt es immer wieder Verweise auf verwandte Themen, sodass Sie sich je nach Bedarf ganze Systeme erarbeiten können. Detailfragen können Sie auch mit Hilfe des Sach- und Stichwortverzeichnisses klären, das Sie am Ende des Buches finden. Dort ist auch das Literaturverzeichnis einsehbar.

Auf S. XVI sind die verwendeten Abkürzungen und Symbole verzeichnet. Auf fünf Symbole möchten wir Sie jedoch gesondert aufmerksam machen:

➲ Wichtige Unterkapitel

✓ Wichtige Regel

☺ Faustregel

💣 Stolperfallen oder häufige Fehler

☞ Verweis auf ein anderes oder mehrere andere Kapitel

Die Grammatik wurde von zwei fortgeschrittenen Türkischlernenden durchgesehen, denen ich für ihre Rückmeldungen und Vorschläge herzlichst danke: Isolde Ernesti-Schürr (Breitenborn in Hessen) und Irmgard Meier (München). Auch Irmgard Özel (Marmaris), die Korrektur gelesen und Vorschläge unterbreitet hat, danke ich von ganzem Herzen.

Die türkischen Passagen wurden von Erdoğan Onası (Bursa/Türkei) geprüft, ein Muttersprachler mit sehr viel Feingefühl für seine Sprache. Ihm gebührt mein herzlichster Dank für seine Hinweise und Korrekturen.

Für den Hinweis, bei *haben*-Konstruktionen das Topik als possessives Komplement einzuordnen, danke ich Prof. Christian Lehmann (Erfurt).

Ebenso möchte ich mich beim Harrassowitz Verlag herzlichst bedanken, dass er auch dieses Buch in sein Programm aufgenommen hat, sowie bei Frau Julia Guthmüller für ihre hervorragende konstruktive Betreuung.

Frankfurt/Main, im Sommer 2012                    Margarete I. Ersen-Rasch

# Vorbemerkungen

**Türkisch** (auch *Türkeitürkisch*, seltener *Osmanisch-Türkisch*, genannt) gehört zur großen Sprachfamilie der **Türksprachen**, deren Sprecher sich auf eine Riesenfläche von Osteuropa, dem Balkan sowie Vorder- und Mittelasien bis hinein nach China und Sibirien verteilen und zu denen u.a. Sprachen wie Tatarisch, Kasachisch, Kirgisisch, Usbekisch und Uigurisch gehören. Es ist die Staatssprache der Republik Türkei sowie der Türkischen Republik Nordzypern und die zahlenmäßig bedeutendste Türksprache, die inzwischen auch in erheblichem Maße in Westeuropa vertreten ist.

Die Türksprachen werden manchmal auch mit den mongolischen und tungusischen Sprachen zu einer Sprachgruppe **Altaische Sprachfamilie** zusammengefasst. Diese Theorie ist jedoch nicht allgemein anerkannt.

Die ältesten überlieferten Sprachdenkmäler des Alttürkischen stammen aus dem 7. und 8. Jahrhundert nach Christus. Es sind die *Orchoninschriften* aus der nördlichen Mongolei und einige Texte aus Turfan in West-China in alttürkischer Runenschrift. 1893 gelang es dem dänischen Wissenschaftler Vilhelm Thomsen (*1842, †1927), die *Orchoninschriften* zu entziffern.

Das Türkeitürkische gehört zur Südwestgruppe der Türksprachen, die auch oghusische Sprachen genannt werden. Eng verwandt mit dem Türkischen ist Aserbaidschanisch (Aserbaidschan und West-Iran) sowie Gagausisch (Moldawien) und mit einigen Abstrichen auch mit Türkmenisch (Türkmenistan, Afghanistan).

Ab dem 11. Jahrhundert wurde Anatolien von verschiedenen türkischsprachigen Stämmen besiedelt, die auch ihre dialektalen Eigenheiten mitbrachten. Das heutige Türkisch ist direkter Nachfolger des Osmanisch-Türkischen, der offiziellen und literarischen Sprache des Osmanischen Reiches (1300–1922). An den Universitäten wird unter *Osmanisch* das Türkische in arabischer Schrift bezeichnet. Die Lateinschrift wurde 1928 eingeführt.

Das Osmanische wurde ab Ende des 15. Jahrhunderts immer stärker von arabischen Elementen (Wortschatz und Grammatik) geprägt, die in der Amtssprache und auch in Schulen zu Tage traten. Die Dichtung hingegen stand stark unter persischem Einfluss. Die sprachliche Diskrepanz zwischen der gebildeten Schicht und dem Volk war beachtlich.

Bereits Mitte des 19. Jahrhunderts hatten Tendenzen eingesetzt, das Türkische von der zahlreichen arabischen und persischen Lehnwörtern und auch grammatischen Einflüssen dieser Sprachen zu befreien. Nach Gründung der türkischen Republik im Jahre 1923 setzte Atatürk nicht nur die Schriftreform durch, sondern auch andere weitreichende Reformen. 1932 wurde auf seine Weisung die „Türkische Sprachgesellschaft", mit heutigem Namen **Türk Dil Kurumu**, gegründet. Das Ziel war, „die Schönheit und den Reichtum der türkischen Sprache ans Tageslicht zu befördern und ihr einen ebenbürtigen Platz unter den Sprachen auf dieser Welt zuzuweisen". Es setzte eine massive Sprachreform ein. In deren Verlauf wurden nichttürkische grammatische Elemente und insbesondere äußerst viele Lehnwörter durch bekannte, unbekannte oder neugeschaffene türkische Wörter ersetzt. Das hat zur Folge, dass jüngere Türken ihre ältere Literatur, selbst wenn sie bereits in Lateinschrift verfasst wurde, nicht mehr ohne Weiteres verstehen können.

Die heutige türkische Standardsprache basiert auf dem Idiom von Istanbul. Es gibt aber auch zahlreiche Dialekte innerhalb der Türkei.

Zwei wichtige Merkmale zeichnen das Türkische aus:

- **Agglutination** und
- **Vokalharmonie**

**Agglutination** bedeutet *Aneinanderleimung*. Man sagt auch, Türkisch gehört zu den „agglutinierenden" Sprachen. Das besagt, dass neue Wörter und viele grammatische Wortformen durch „Endungen/Nachsilben" gebildet werden, wobei der Wortstamm sich *nicht* verändert (also Formen wie „Mann, Männer" oder „singen, sang, gesungen" nicht vorkommen). Diese „Endungen" werden *Suffixe* (☞ jedoch 13.6) und „anhängen" wird *suffigieren* genannt. Ob ein Suffix angehängt ist, ist klar zu erkennen. Die Anreihung der Suffixe ist nicht willkürlich, sondern geschieht nach festen Regeln. Beispiel:

| | |
|---|---|
| arkadaş | ‚Freund/Freundin' |
| arkadaş-ım | ‚mein Freund/meine Freundin' |
| arkadaş-ım-da | ‚bei meinem Freund/bei meiner Freundin' |
| arkadaş-lar | ‚Freunde/Freundinnen' |
| arkadaş-lar-ım-da | ‚bei meinen Freunden/bei meinen Freundinnen' |
| Arkadaş-lar-ım-da-yım. | ‚Ich bin bei meinen Freunden/bei meinen Freundinnen.' |

**Vokalharmonie** ist ein lautlicher Prozess und besagt, dass ein Vokal an einen anderen angeglichen wird. Im Türkischen ist der „andere" Vokal immer der letzte Vokal der davorstehenden Silbe oder Wortform. Mit wenigen Ausnahmen enthält ein echtes türkisches, nicht zusammengesetztes Wort entweder nur helle, im Mund vorn artikulierte Vokale (das sind **e, i, ö, ü**) oder nur dunkle, im Mund hinten artikulierte Vokale (das sind **a, ı, o, u**). Beginnt ein Wort in erster Silbe mit einem hellen Vokal, können nur helle folgen; beginnt es mit einem dunklen Vokal, folgen dunkle. Die **Vokalharmonie** besagt also, dass das Sprachsystem auf dem Gegensatz **vordere** Artikulation : **hintere** Artikulation basiert. Beispiele:

| | | |
|---|---|---|
| **elli** | ‚fünfzig' | (enthält zwei helle Vokale) |
| **göstermek** | ‚zeigen' | (enthält drei helle Vokale) |
| **otuz** | ‚dreißig' | (enthält zwei dunkle Vokale) |
| **yumurta** | ‚Ei' | (enthält drei dunkle Vokale) |

Türkische Wörter, die dieser Regel nicht entsprechen, sind z.B. *anne* ‚Mutter', *dahi* ‚sogar', *elma* ‚Apfel', *hangi* ‚welcher?', *hani* ‚wo denn?', *haydi* ‚los!', *inanmak* ‚glauben', *kardeş* ‚Bruder/Schwester/Geschwister', *şişman* ‚dick'.

Es gibt zahlreiche Lehnwörter im Türkischen, die dieser Regel auch nicht entsprechen: *profesör* ‚Professor', *limon* ‚Zitrone', *televizyon* ‚Fernseher', *tiyatro* ‚Theater', *gazete* ‚Zeitung', *kitap* ‚Buch', *dükkân* ‚Geschäft'.

Dem Gesetz der Vokalharmonie entsprechend werden als Folge auch Suffixe lautlich angepasst (☞ 2.1.1).

> ✓ Beim Anfügen von Suffixen an ein Wort vermeidet das Türkische das Aufeinanderstoßen von zwei Vokalen. Deshalb existieren viele Suffixe in zweifacher Anlautform (☞ 2.1.4).

Das Türkische ist eine sehr regelmäßige Sprache. Ausnahmen gibt es nur in den seltensten Fällen. Auf der Ebene der *Morphologie* (das Adjektiv dazu heißt *morphologisch*) und der *Syntax* (das Adjektiv dazu heißt *syntaktisch*) weicht es vom Deutschen ab. Typologisch wird Türkisch den SOV-Sprachen zugerechnet (SOV steht für die Reihenfolge Subjekt – Objekt – Verb). Das bedeutet, dass der deutsche Satz „Isolde lernt Türkisch" im Türkischen die Reihenfolge „Isolde Türkisch lernt" hat, also *Isolde Türkçe öğreniyor* lautet. Anfänger empfinden das oft als schwierig, aber genau diese Reihenfolge kennt das Deutsche in Nebensätzen: „Ich weiß, dass *Isolde Türkisch lernt*".

Die Wortstellung einzelner Satzglieder ist im Türkischen jedoch nicht streng festgelegt, sodass eine Regel, in welcher Reihenfolge die Satzglieder angeordnet werden, nur für neutrale, kein Satzglied hervorhebende Texte gegeben werden kann. Das gilt dann im Normalfall für Sachtexte oder für isolierte Sätze, wie sie in Grammatiken und Lehrbüchern üblich sind. Sowohl im gesprochenen Türkisch als auch in der Literatur werden Sie zahlreiche Abweichungen finden, die allesamt mit der Informationsstruktur zusammenhängen (☞ 24.2).

Manchmal kann man lesen, dass das Türkische keine Nebensätze kennt. Das ist irreführend. Tatsache aber ist, dass die meisten Nebensatzarten nicht unmittelbar mit dem Deutschen vergleichbar sind und es müßig ist, nach Konjunktionen wie „dass", „ob", „während", „weil" etc. zu suchen. Die türkischen Nebensätze sind Gliedsätze, die von einem übergeordneten Satz (einem Trägersatz) abhängen oder in ihn eingebettet sind, und leisten dasselbe wie entsprechende deutsche Nebensätze. Es gibt sogar Suffixe, die ausschließlich solche Gliedsätze bilden (☞ 22.1).

## Abkürzungen und Symbole

| | | | |
|---|---|---|---|
| bzw. | beziehungsweise | ∅ | Null-Element |
| ca. | circa | a: | Notierung eines Langvokals |
| d.h. | das heißt | * | ungrammatischer Gebrauch |
| evtl. | eventuell | (*) | unüblicher Gebrauch |
| Pers. | Person | ⇨ | folgt |
| Pl. | Plural | → | ist überführbar in |
| Sg. | Singular | ← | ist transformierbar aus |
| u.a. | unter anderem | > | wird zu |
| u.ä. | und ähnliche | < | entstanden aus |
| usw. | und so weiter | ~ | oder; im Wechsel mit |
| vgl. | vergleiche | : | steht in Opposition zu |
| z.B. | zum Beispiel | [ ] | Aussprachewiedergabe (in vereinfachter Form, mit türkischen Buchstaben) |
| Abl | Ablativ | […] | ausgelassene Textstelle |
| Akk | Akkusativ | ( ) | weitgehend wörtliche Übersetzung oder in der Übersetzung hinzugefügte Elemente |
| Dat | Dativ | | |
| Gen | Genitiv | | |
| Lok | Lokativ | | *Hinweise bei den Verben* |
| Nom | Nominativ | -de | regiert den Lokativ |
| | | -den | regiert den Ablativ |
| (A) | Arabisch | -e | regiert den Dativ |
| (P) | Persisch | -i | regiert den Akkusativ |
| (T) | Türkisch | ∅/-i | regiert den Nominativ *oder* Akkusativ |
| | | ile | regiert die Postposition *ile* |
| | | | *Hinweise bei den Sätzen* |
| | | / | trennt Subjekt(verband) und Prädikat(sverband) |
| | | ( ) | Klammerung für Subjekt- und Ergänzungssätze |
| | | [ ] | Klammerung für Relativsätze |
| | | < > | Klammerung für Adverbialsätze |
| | | { } | Klammerung für verkettete Attributsätze |

# 1 Alphabet, Aussprache und Rechtschreibung

## Das türkische Alphabet

| Buchstabe | | Benennung | Aussprache |
|---|---|---|---|
| A | a | a | meistens kurz und dunkel, dunkler als in *man* |
| B | b | be | wie im Deutschen |
| C | c | ce | stimmhaftes *dsch* wie in *Dschungel* |
| Ç | ç | çe | stimmloses *tsch* wie in *Tschechisch* |
| D | d | de | wie im Deutschen |
| E | e | e | meistens kurz und offen wie **ä** |
| F | f | fe | wie im Deutschen |
| G | g | ge | 1. in Verbindung mit **e, i, ö, ü** vorderes **g** |
| | | | 2. in Verbindung mit **a, ı, o, u** hinteres **g** |
| | | | 3. vor **a** und **u** mit Zirkumflex sehr hell, als ob ein **i** mitgesprochen wird |
| Ğ | ğ | yumuşak ge | Dieser Laut klingt im Umfeld von **e, i, ö, ü** fast wie deutsches **j**; im Umfeld von **a, ı, o, u** wird die Stimmritze leicht zusammengezogen und gelöst, wodurch ein vorangehender Vokal gedehnt gehört wird. |
| H | h | he | 1. am Silbenanfang wie im Deutschen |
| | | | 2. am Silbenende wie ein schwaches **ch** |
| I | ı | ı | kurzes, sehr dumpfes **i**, entfernt ähnlich dem **e** in *kommen* |
| İ | i | i | 1. in erster Silbe geschlossen wie in *Tiger* |
| | | | 2. in nichterster Silbe offen wie in *bin* |
| J | j | je | wie französisches **j** in *Journal* |
| K | k | ke | 1. in Verbindung mit **e, i, ö, ü** vorderes **k** (bei einigen arabischen Lehnwörtern vor **i** jedoch hinteres **k**) |
| | | | 2. in Verbindung mit **a, ı, o, u** hinteres **k** |
| | | | 3. vor **a** und **u** mit Zirkumflex sehr hell, als ob ein **i** mitgesprochen wird |
| L | l | le | 1. in Verbindung mit **e, i, ö, ü** wie im Deutschen |
| | | | 2. in Verbindung mit **a, ı, o, u** fast wie englisches **l** in *all* (bei einigen Lehnwörtern vor oder nach **a, o, u** jedoch wie im Deutschen) |
| M | m | me | wie im Deutschen |
| N | n | ne | wie im Deutschen |
| O | o | o | meistens kurz und offen wie in *kosten* |
| Ö | ö | ö | meistens kurz und offen wie in *können* |
| P | p | pe | wie im Deutschen |
| R | r | re | 1. am Anfang einer Silbe Zungenspitzen-**r** |
| | | | 2. am Ende eines Wortes (oder auch einer Silbe) häufig stimmloses (zischendes) Zungenspitzen-**r** |
| S | s | se | stimmloses **s** wie in *Gruß* |

| Ş | ş | şe | wie deutsches **sch** |
| T | t | te | wie im Deutschen |
| U | u | u | meistens kurz und offen wie in *Mutter* |
| Ü | ü | ü | wie in *üblich* |
| V | v | ve | ähnlich dem deutschen **w** |
| Y | y | ye | wie deutsches **j** |
| Z | z | ze | stimmhaftes **s** wie in *Sonne* |

**Anmerkungen:**
- Das **ğ** (genannt: *yumuşak ge* ‚weiches g') kommt nicht am Anfang eines Wortes vor. Dieser Laut, der in heutiger Standardsprache kaum zu hören ist, wird in einigen türkischen Dialekten Anatoliens im Umfeld hinterer Vokale wie ein schwaches deutsches Zäpfchen-**r** artikuliert.
- Das **j** kommt nur in Lehnwörtern vor.
- Türkische Wörter enthalten keine Doppelvokale (vgl. deutsch „Moor"). Sie kommen aber in Zusammensetzungen vor, z.B. *havaalanı* ‚Flugplatz' und auch in Lehnwörtern, z.B. *saat* ‚Uhr, Stunde'. Sie sind dann beide hörbar, meistens werden sie mit einer bewegten Länge gesprochen.
- Doppelkonsonanten werden *gelängt* gesprochen, d.h., man verweilt kurz darauf. Das zu üben ist wichtig, weil mit oder ohne Längung Bedeutungsverschiebungen auftreten: *Frankfurt'ta* ‚in Frankfurt', *Frankfurt'a* ‚nach Frankfurt'.
- Endet ein Wort auf Konsonant und beginnt das nächste mit Vokal, werden die Wörter *verbunden* ausgesprochen, z.B. *Memnun oldum* ‚Ich bin sehr erfreut', gesprochen *Mem-nu-nol-dum*.
- Die Angaben zur Aussprache sind nur allgemeine. Positionsbedingt können insbesondere die Vokale, aber zum Teil auch die Konsonanten eine andere Färbung erhalten.

## ⊃ Die wichtigsten Rechtschreibregeln

Die türkische Rechtschreibung wurde und wird immer wieder einmal geändert. Das betrifft die Groß- und Kleinschreibung sowie die Zusammen- und Getrenntschreibung von selbständigen Wörtern. Auch die Verwendung des Zirkumflexes und des Apostrophes wurde mehrmals neu geregelt. Die Folge ist, dass die türkischen Medien, aber auch Autoren, Änderungen kaum oder nicht beachten und dass Sie mit recht unterschiedlichen Schreibweisen zu rechnen haben. Die geltenden türkischen Rechtschreibregeln können abgerufen werden unter
(http://www.tdk.gov.tr/index.php?option=com_content&view=category&id=50).

**Der Zirkumflex (^)**
kommt nur in Lehnwörtern vor und wird unregelmäßig verwendet. Er

- dient der Unterscheidung von Wörtern unterschiedlicher Bedeutung und Aussprache, die ansonsten identisch aussehen würden: *âdet* (langes *a*) ‚Gewohnheit' im Vergleich zu *adet* (kurzes *a*) ‚Stückzahl', *kâr* (sehr helles *k*) ‚Gewinn' im Vergleich zu *kar* ‚Schnee';
- bezeichnet die vordere Aussprache von **g**, **k** und **l** *vor* **a** und **u** und oft gleichzeitig auch die Länge von **a** und **u** in Lehnwörtern aus dem Arabischen und Persischen: *dükkân*

‚Geschäft', *rüzgâr* ‚Wind', *kâğıt* (langes *a*) ‚Papier', *sukûn* (helles *k* und langes *u*) ‚Stille', *hâlâ* (zwei lange *a*) ‚immer noch', *billûr* (langes *u*) ‚Kristall/glasklar';
- bezeichnet das lange **i** der *Nisbe* genannten arabischen Beziehungsendung: *resmî* ‚offiziell', aber nicht bei allen (☞ S. 31).

**Der Apostroph (')**
- trennt die Kasussuffixe von Eigennamen: *Ankara'da* ‚in Ankara' und steht hinter Ziffern, wenn diesen noch ein Suffix folgt: *9/11/2012'de* ‚am 9. 11. 2012', *3'üncü katta* ‚im 3. Stock';
- zeigt einen Vokalausfall in der gesprochenen Sprache an: *N'apalım < Ne yapalım* ‚Was kann man da machen!';
- trennt das Pluralsuffix ab, wenn damit „Leute wie" gemeint ist: *Atatürk'ler* ‚Leute wie Atatürk'.
- Nach Eigennamen, die aus Wortverkettungen bestehen, wurde grundsätzlich ein Apostroph nach dem Possessivsuffix gesetzt, wenn weitere Elemente angehängt werden. Seit einiger Zeit soll bei Namen von Institutionen, Behörden und Unternehmen *kein* Apostroph gesetzt werden, wohl aber bei sonstigen Eigennamen. Alte Schreibung: *Türk Konsolosluğu'nda* ‚im Türkischen Konsulat', neue Schreibung: *Türk Konsolosluğunda*.

**Großschreibung**
Mit großem Anfangsbuchstaben beginnen
- Eigennamen, Titel, Begriffe für Nationalitäten und Religionen sowie alle Ableitungen von Nationalitäten und Religionen. Letzteres ist für deutschsprachige Lerner ungewöhnlich, aber wichtig: *Türkçe kitap* ‚türkisches Buch/Buch auf Türkisch';
- mehrgliedrige Bezeichnungen für Institutionen und Überschriften bei Aufsätzen, Artikeln usw. (jedoch nicht *ve, ile, de, mi, ya*): *Dil ve Tarih-Coğrafya Fakültesi* ‚Fakultät für Sprachen sowie Geschichte und Geographie';
- geographische Begriffe und Eigennamen für Gewässer, Wälder u.ä.: *Güneydoğu Anadolu* ‚Südostanatolien', *Van Gölü* ‚Van-See';
- Begriffe wie *bey* ‚Herr', *hanım* ‚Frau', *sokak* ‚Straße', *cadde* ‚(Haupt-)Straße', wenn sie eine bestimmte Person oder Straße bezeichnen: *Timur Bey* ‚Herr Timur', *Suzan Hanım* ‚Frau Suzan', *Ankara Caddesi* ‚Ankarastraße';
- jedes Wort bei Anreden im Brief und in Vortragstexten: *Sevgili Babacığım* ‚mein lieber Vati', *Sayın Misafirler* ‚sehr geehrte Gäste';
- die Namen der Wochentage und Monate, wenn sie ein bestimmtes Datum bezeichnen: *21 Mayıs 2012 Pazartesi günü* ‚am Montag, dem 21. Mai 2012'.

**Zusammenschreibung**
Zusammengeschrieben werden:
1. Wortzusammensetzungen,
- die eine neue Bedeutung erhalten haben: *bugün* ‚heute' (< *bu* ‚dieser' und *gün* ‚Tag'), *ayakkabı* ‚Schuh' (< *ayak* ‚Fuß' und *kap* ‚Hülle');
- die die Wortart gewechselt haben: *oldubitti* ‚vollendete Tatsache' (< *oldu* ‚es ist passiert' und *bitti* ‚es ist fertig'), *etyemez* ‚Vegetarier' (< *et* ‚Fleisch' und *yemez* ‚er/sie isst

nicht'), *uyurgezer* ‚Schlafwandler' (< *uyur* ‚er/sie schläft' und *gezer* ‚er/sie geht spazieren');
- bei denen ein Laut ausgefallen ist: *kaynana* (< *kayın* ‚Schwager' und *ana* ‚Mutter') ‚Schwiegermutter'.
2. Zweigliedrige Verben mit *etmek* ‚tun' oder *olmak* ‚werden', wenn deren erster Bestandteil ein einsilbiges arabisches Lehnwort ist, das im Türkischen entweder einen Sprossvokal oder andere lautliche und orthographische Merkmale erhalten hat (☞ 2.1.3, 2.2.3): *emir* ‚Befehl' → *emretmek* ‚befehlen', *kayıp* ‚Verlust' → *kaybetmek* ‚verlieren', *kaybolmak* ‚verlorengehen' (aber: *kayıp olmak* ‚vermisst werden'), *ret* ‚Zurückweisung' → *reddetmek* ‚zurückweisen', *af* ‚Verzeihung' → *affetmek* ‚verzeihen'.

**Silbentrennung**

Das Türkische wird nach Sprechsilben getrennt. Dabei soll am Zeilenanfang oder -ende kein einzelner Buchstabe stehen: *otu-zun-cu* ‚dreißigster', *bü-rok-rat* ‚Bürokrat'.

**Interpunktion**

Das **Komma** hat die wichtige Funktion – neben der Verdeutlichung von Aufzählungen – aufeinanderfolgende und aufeinanderbeziehbare Wörter oder Wortgruppen zu trennen:

| | |
|---|---|
| Bu, yaramaz kardeşimdir. | ‚Das ist mein ungezogener Bruder.' |
| Bu yaramaz, kardeşimdir. | ‚Dieser Taugenichts ist mein Bruder.' |

Das Fehlen des Kommas in dem Satz *Çocuk, bisikletini istemiyor* ‚Das Kind will sein Fahrrad nicht' würde zur Folge haben, dass dieser als „Er will sein Kinderfahrrad nicht" verstanden würde.

Ein anderes schönes Beispiel ist auch folgender Satz: *Oku baban gibi eşek olma*, den man ohne Kommasetzung in zwei Weisen verstehen kann: „Studiere wie dein Vater, werde kein Esel" oder „Studiere, werde kein Esel wie dein Vater".

Im Türkischen kann das Komma vor oder nach *ama* ‚aber' stehen. Es steht danach, wenn schon zu Beginn des Satzes feststeht, dass eine Korrektur folgen wird. In der gesprochenen Sprache bekommt in diesem Fall *ama* starken Steigton und man macht eine kurze Pause danach: *Türkçe bilmiyorum ama, öğrenmek istiyorum* ‚Ich kann kein Türkisch, aber möchte (es) lernen'.

Das **Semikolon** trennt mehrere aneinandergereihte Sätze, wenn diese bereits durch Kommas getrennte Aufzählungen enthalten.

Die direkte Rede kann durch **Anführungszeichen** in den Versionen "xxx" bzw. «xxx» wiedergegeben werden, oder sie beginnt mit einem Gedankenstrich und endet mit einem Komma (bzw. Fragezeichen, Ausrufezeichen): – *İyi günler, dedi.* ‚Er sagte: „Guten Tag!"'.

**Auslassungspunkte** (…) am Ende eines unvollständigen Satzes signalisieren Unvollständigkeit und am Ende eines vollständigen Satzes den Abbruch weiterer Gedanken. Von der letzteren Möglichkeit wird im Türkischen häufiger als im Deutschen Gebrauch gemacht.

# 2 Lautlehre

## 2.1 Die Vokale

Von den acht *Vokalen* (Selbstlauten) im Türkischen werden vier Vokale im Mund vorne artikuliert (das sind die **hellen** Vokale, auch *palatale* Vokale genannt) und vier hinten (das sind die **dunklen** Vokale, auch *velare* Vokale genannt).

| | | | | |
|---|---|---|---|---|
| Die hellen, vorn artikulierten Vokale | **e** | **i** | **ö** | **ü** |
| Die dunklen, hinten artikulierten Vokale | **a** | **ı** | **o** | **u** |

Vier dieser acht Vokale sind **hohe** Vokale, und zwar **i, ı, ü, u**, und vier sind **tiefe** Vokale, nämlich **e, a, ö, o**. Diese Bezeichnung kommt von der Zungenstellung: Bei der Artikulation der tiefen Vokale liegt die Zunge tiefer als bei der der hohen Vokale. (Deshalb läßt auch der Arzt – will er in den Rachen schauen – nicht **i**, sondern **a** sagen.) Die Einteilung in *vordere/hintere* und *hohe/tiefe Vokale* ist für das Türkischlernen äußerst wichtig. Darüber hinaus sind vier dieser acht Vokale ungerundet *(illabial),* und zwar **e, i, a, ı**, und vier sind gerundet *(labial),* nämlich **ö, ü, o, u**.

Somit ergibt sich folgendes Schema der Vokale:

| | Ungerundet | | Gerundet | |
|---|---|---|---|---|
| | Tief | Hoch | Tief | Hoch |
| Vorn | **e** | **i** | **ö** | **ü** |
| Hinten | **a** | **ı** | **o** | **u** |

Das Türkische kennt keine langen Vokale, es sei denn bei Emphase: *çoook* ‚viiiel' oder Zusammenziehungen *ne yapalım* [na:palım] ‚was kann man da machen' (= was wollen wir machen) und in Lehnwörtern. Letztere können langes **a, i** oder **u** haben, deren Länge aber im Regelfall in der Schrift unbezeichnet bleibt. Bei einigen Lehnwörtern mit ursprünglich langem Vokal wird dieser kurz gesprochen, wenn er in geschlossener Silbe steht, aber lang, wenn er durch Anfügen eines vokalisch anlautenden Suffixes in eine offene Silbe zu stehen kommt: *hâl* ‚Zustand' → *hâlim* [ha:lim] ‚mein Zustand'.

> ✓ *hâl* geht auf einen Konsonanten aus; es ist eine geschlossene Silbe. Bei *hâ-lim* geht die erste Silbe auf Vokal aus; es ist eine offene Silbe.

Andererseits sind die Vokale im Türkischen in unbetonter Position sehr labil. In der gesprochenen Sprache passen sie sich ihrem Umfeld an und werden reduziert ausgesprochen wie *gidecek* [gid$^i$cek] ‚er wird gehen', *olacak* [ol$^u$cak] ‚es wird werden' – der hochgestellte Vokal zeigt die Reduzierung an –, oder sie fallen sogar aus: *nerede* [nérde] ‚wo?'.

## 2.1.1 Die Suffixvokalharmonien

Suffixe passen ihren Vokal **an den letzten Vokal** des Wortes an, an das sie angehängt werden. (Es gibt einige wenige Ausnahmen; es sind das die Suffixe *-daş, -gil, -ken, -ki, -leyin, -(i/ü/ı/u)mtırak, -yor,* auf die an der jeweiligen Stelle noch einmal hingewiesen wird.) Das Türkische kennt **zwei** Suffixvokalharmonien. Eine Gruppe von Suffixen wechselt zwischen **vier** Vokalen, eine andere Gruppe zwischen **zwei** Vokalen:

|  | Helle Vokale<br>e, i, ö, ü | Dunkle Vokale<br>a, ı, o, u |
|---|---|---|
| Am Vierfachwechsel nehmen teil | i und ü | ı und u |
| Am Zweifachwechsel nehmen teil | e | a |

Diejenigen Suffixe, die **vier** Vokalvarianten haben, also **i, ü, ı** oder **u** enthalten können, nennen wir **vierförmig**, und diejenigen, die **zwei** Vokalvarianten haben, also **e** oder **a** enthalten können, nennen wir **zweiförmig**.

| Vierförmige Endungen enthalten |
|---|
| nach e, i in der letzten Silbe ⇨ **i** |
| nach ö, ü in der letzten Silbe ⇨ **ü** |
| nach a, ı in der letzten Silbe ⇨ **ı** |
| nach o, u in der letzten Silbe ⇨ **u** |

| Zweiförmige Endungen enthalten |
|---|
| nach e, i, ö, ü in der letzten Silbe ⇨ **e** |
| nach a, ı, o, u in der letzten Silbe ⇨ **a** |

| *Ich (bin)* lautet *-im, -üm, -ım, -um* (nach Konsonant) ||
|---|---|
| Sekreter*im*. | ‚Ich bin Sekretärin.' |
| İngiliz*im*. | ‚Ich bin Engländer.' |
| Şoför*üm*. | ‚Ich bin Chauffeur.' |
| Türk*üm*. | ‚Ich bin Türke.' |
| Avukat*ım*. | ‚Ich bin Rechtsanwalt.' |
| Fransız*ım*. | ‚Ich bin Franzose.' |
| Doktor*um*. | ‚Ich bin Arzt.' |
| Rus*um*. | ‚Ich bin Russe.' |

| Das Pluralsuffix lautet *-ler* oder *-lar* ||
|---|---|
| sekreter*ler* | ‚Sekretärinnen' |
| İngiliz*ler* | ‚Engländer' |
| şoför*ler* | ‚Chauffeure' |
| Türk*ler* | ‚Türken' |
| avukat*lar* | ‚Rechtsanwälte' |
| Fransız*lar* | ‚Franzosen' |
| doktor*lar* | ‚Ärzte' |
| Rus*lar* | ‚Russen' |

> 💣 Es gibt zwei Wörtchen (*Partikeln*), die sich auch vokalharmonisch angleichen. Sie müssen nach türkischer Rechtschreibung **getrennt** geschrieben werden. Es handelt sich um die Fragepartikel *mi/mü/mı/mu* und die Partikel *de/da* ‚auch'. Es sind schwachtonige Wörter, die sich eng an das vorhergehende Wort anschließen. Man nennt sie **Klitika** („die sich Anlehnenden"). Im Türkischen handelt es sich um **Enklitika**, d.h. sie lehnen sich an das vorhergehende Wort an. Ein Merkmal ist, dass sie im Satz nicht stellungsfest sind.

## 2.1.2 Scheinbare Abweichungen von der Suffixvokalharmonie

Die Suffixvokalharmonie richtet sich zwar im Regelfall nach dem vorangehenden Vokal, aber für den Türken ist nicht das Schriftbild ausschlaggebend, sondern das, was er hört. (Vielleicht ist Ihnen schon einmal begegnet, dass ein Türke *Wiesbaden'da* sagt; er hört in der letzten Silbe kein deutliches **e**. Für sein Gehör ist es fast ein **ı**, und er fügt folgerichtig **-da** statt **-de** an.)

Diese *Gehörassimilation* hat weitere Folgen: Wenn z.B. in einem Lehnwort der letzte Vokal ein dunkler (hinterer) ist, aber ein *Konsonant* (Mitlaut) folgt, der vorn artikuliert wird, wiegt die Aussprache des *zuletzt* gehörten Lautes stärker als der Vokal davor und es werden Suffixe der vorderen Reihe angehängt. Im Einzelnen:

- Lehnwörter aus dem Arabischen und Französischen, die in der letzten Silbe einen dunklen Vokal enthalten und auf **l** ausgehen, werden mit vorderem **l** ausgesprochen: *kabul* ‚Akzeptanz' → *kabulü* ‚seine Akzeptanz', *gol* ‚Tor (Sport)' → *golü* ‚sein Tor'.
- Einige Lehnwörter aus dem Arabischen, die in der letzten Silbe einen dunklen Vokal enthalten und auf vorderes **k** ausgehen: *idrak* ‚Wahrnehmung' → *idraki* ‚seine Wahrnehmung'.
- Einige weitere Lehnwörter aus dem Arabischen, die in der letzten Silbe einen dunklen Vokal enthalten, der sehr hell ausgesprochen wird, und die auf einen vorn gesprochenen Konsonanten ausgehen, z.B. *saat* ‚Uhr' → *saati* ‚seine Uhr'.

Ganz wenige Lehnwörter aus dem Arabischen, die einen hellen Vokal enthalten, aber auf ein hinteres **k** ausgehen, nehmen dunkle Suffixe an: *sevk* ‚Überführung' → *sevkı* ‚seine Überführung'. Das findet man nur noch in älteren Texten.

Die oben aufgeführten Fälle werden in Wörterbüchern angegeben, z.B. *liberal, -li* ‚liberal', *harf, -fi* ‚Buchstabe', *şevk, -kı* ‚Eifer'. Merke gesondert: *yâr, -ri* (P) ‚Liebling, Herzblatt'.

## 2.1.3 Vokalausfall und Sprossvokale

Einige *zweisilbige* türkische Wörter verlieren ihren zweiten Vokal, wenn ein mit Vokal beginnendes betontes Suffix (im Regelfall ein Possessivsuffix) angefügt wird und dadurch die zweite Silbe in eine unbetonte Position gerät: *burun* ‚Nase' → *burnum* ‚meine Nase', *alın* ‚Stirn' → *alnım* ‚meine Stirn', *karın* ‚Bauch' → *karnım* ‚mein Bauch', *oğul* ‚Sohn' → *oğlum* ‚mein Sohn', *kayın* ‚Schwager' → *kaynım* ‚mein Schwager'. Es sind Körperteile oder Verwandtschaftsbezeichnungen. Man sagt aber: *babadan oğula* ‚vom Vater auf den Sohn', *omuz omuza* ‚Schulter an Schulter' (keine Possessivsuffixe).

Dieser Vokalausfall betrifft auch einige wenige Verbstämme wie *çağır-* ‚herbeirufen' → *çağrıl-* ‚herbeigerufen werden'.

Vokalausfall kommt auch bei einer Reihe von Lehnwörtern vor; es sind einsilbige Wörter, denen zur Ausspracheerleichterung ein **i, ü, ı** oder **u** hinzugefügt wurde *(Sprossvokal)* und die **immer** ausfallen, wenn ein mit Vokal beginnendes betontes Suffix angehängt wird. Man benötigt ihn nicht mehr, weil dann die Sprechgrenze anders verläuft, z.B *isim* ‚Name' → *is|mim* ‚mein Name'. Ein Vokalausfall wird in einem Wörterbuch gekennzeichnet: *oğul, -ğlu* ‚Sohn', *isim, -smi* ‚Name'. Merke besonders: *vakit, -kti* ‚Zeit'.

Insbesondere am Beginn eines Wortes oder einer Silbe *(im Anlaut)*, aber zum Teil auch am Ende *(im Auslaut)*, sind Konsonantenhäufungen für Türken schwer oder nicht aussprechbar. So enthalten viele Lehnwörter mit unaussprechbaren Konsonantenhäufungen Sprossvokale: *istatistik* ‚Statistik', *kulüp* ‚Club'. Hin und wieder sind diese in der Rechtschreibung nicht verankert, werden aber gesprochen: *film* [filim] ‚Film', *spor* [sipor/ispor] ‚Sport', *psikoloji* [pisikoloji] ‚Psychologie'.

### 2.1.4 Vermeidung von Aufeinanderstoßen zweier Vokale bei Suffixanfügung

Beim Anfügen von Suffixen an ein Wort vermeidet das Türkische das Aufeinanderstoßen von zwei Vokalen. Deshalb existieren viele Suffixe in zweifacher Anlautform: eine Variante beginnt mit Konsonant (**n**, **s**, **ş** oder **y**) für Wörter, die auf einen Vokal enden, die andere mit Vokal für Wörter, die auf einen Konsonanten enden:

| Das Wort endet auf Vokal | | Das Wort endet auf Konsonant | |
|---|---|---|---|
| araba-**n**ın | ‚des Autos' | ev-in | ‚des Hauses' |
| bikini-**s**i | ‚ihr Bikini' | bisiklet-i | ‚sein/ihr Fahrrad' |
| iki-**ş**er | ‚je zwei' | bir-er | ‚je ein/eine' |
| Avusturyalı-**y**ım. | ‚Ich bin Österreicher(in).' | Alman-ım. | ‚Ich bin Deutsche(r).' |

Von den Konsonanten betrifft **n** ausschließlich das Genitivsuffix (☞ 5.8), **s** das Possessivsuffix der 3. Pers. Sg. (☞ 5.7) und **ş** das Distributivsuffix (☞ 4.2.1). Zahlreiche andere Suffixe enthalten als Anlautkonsonanten ein **y**.

Diese Konsonanten werden meistens als *Füll-* oder *Bindekonsonanten* dargestellt, die „eingeschoben" werden. Die übliche Darstellung verwischt die Entstehungsgeschichte der türkeitürkischen Suffixe. Im Grunde genommen müssten Sie erfahren, dass im Alttürkischen nach Wörtern, die auf Vokal enden, das Genitivsuffix mit **n** und das Possessivsuffix der 3. Pers. Sg. mit **s** begannen, diese Laute aber nach Wörtern, die auf Konsonant enden, *ausfielen*. Warum sollte das im heutigen Türkisch umgekehrt sein? Und – würde Ihnen diese Information das Türkischlernen erleichtern? Auch das sogenannte *pronominale n*, das u.a. in der 3. Person der Possessivsuffixe erscheint und auf gar keinen Fall ein Bindekonsonant ist, wird *nicht* eingefügt, sondern es gehört in allen Kasus dazu, entfällt aber im Nominativ (☞ 5.7). Dass das **ş** kein Bindekonsonant sein kann, sieht man bei *yarımşar* ‚je ein(e) halbe(r, s)'.

Nun gibt es noch das häufig auftretende **y**. Das geht zum Teil auf ein früheres **g** zurück. (Dass **g** durch **j** ersetzt werden kann, zeigt der Berliner Dialekt sehr gut.) Aber darüber, woher das **y** z.B. bei *Avusturyalı-yım* kommt, sind sich die Gelehrten nicht einig.

Daneben existieren Bindevokale, die der türkische Sprecher auch nicht bewusst einfügt, sondern automatisch produziert – er kann gar nicht anders.

> ☺ **Faustregel:**
> Vergessen Sie „Bindekonsonanten" und „Bindevokale"! Lernen Sie besser von Anfang an, dass viele Suffixe in zweifacher Form existieren: eine beginnt mit Konsonant, die andere mit Vokal. Das wird für Sie leichter sein als zu überlegen, welcher Laut bei welcher grammatischen Form „eingeschoben" werden soll.

Einige arabische Lehnwörter durchbrechen scheinbar dieses Gesetz; es sind solche, die am Ende des Wortes den im Türkischen nicht ausgesprochenen arabischen Konsonanten ᶜain enthalten. Solange Türkisch mit arabischen Buchstaben geschrieben wurde, erschien dieser Konsonant auch in der Schrift. In der Lateinschrift erscheint jedoch ein Vokal. Dennoch wurden solche Lehnwörter wie auf Konsonant endend behandelt: *mevki* ‚Ort' → *mevkii* ‚sein Ort', Wörterbuchangabe *mevki, -ii*. Diese Regel wird seit einiger Zeit kaum noch beachtet und ist schon zum Teil außer Kraft. Eines von diesen Lehnwörtern ist das besonders häufig verwendete Wort *cami* ‚Moschee'. Man findet die alte Form *Süleymaniye Camii*, aber immer öfter die neuere: *Süleymaniye Camisi* ‚Süleymaniye-Moschee'.

## 2.2 Die Konsonanten

Von den 21 Konsonanten sind 13 Konsonanten stimmhaft und 8 stimmlos:

| stimmhafte Konsonanten: | b | c | d | g | ğ |   | j | l | m |   | n | r | v | y | z |
|---|---|---|---|---|---|---|---|---|---|---|---|---|---|---|---|
| stimmlose Konsonanten: | p | ç | t | k |   | h | ş |   |   |   |   |   | f |   | s |

✓ Die stimmlosen Konsonanten sind in folgendem deutschen, aber mit türkischen Buchstaben geschriebenen Merkwort enthalten: **haifişpostkuçe**.

### 2.2.1 Konsonantenassimilation

Die Einteilung in stimmhafte und stimmlose Konsonanten ist für die Aussprache und auch für die türkische Rechtschreibung wichtig. Suffixe, die mit **c, d** oder **g** beginnen, werden mit **ç, t** oder **k** geschrieben und gesprochen, wenn sie an Wörter angefügt werden, die auf einen stimmlosen Konsonanten ausgehen, d.h. sie gleichen sich an. Während **ç** und **k** gut zu hören sind, hört man statt deutlichem **t** eher ein entstimmtes **d**. Beispiele:

| İngilizce | ‚Englisch' | Türkçe | ‚Türkisch' |
|---|---|---|---|
| Çince | ‚Chinesisch' | Norveççe | ‚Norwegisch' |
| Almanca | ‚Deutsch' | Arapça | ‚Arabisch' |
| Fransızca | ‚Französisch' | Çuvaşça | ‚Tschuwaschisch' |
| evde | ‚im/zu Hause' | Münih'te | ‚in München' |
| İzmir'de | ‚in Izmir' | Bitlis'te | ‚in Bitlis' |
| okulda | ‚in der Schule' | Frankfurt'ta | ‚in Frankfurt' |
| Ankara'da | ‚in Ankara' | Düsseldorf'ta | ‚in Düsseldorf' |
| çekingen | ‚schüchtern' | girişken | ‚unternehmungsfreudig' |
| edilgen | ‚Passiv (Verben)' | etken | ‚Aktiv (Verben)' |
| alıngan | ‚nachtragend' | çalışkan | ‚fleißig' |
| saldırgan | ‚angreiferisch' | unutkan | ‚vergesslich' |

Bei Fremdwörtern gibt es Schwankungen: Hamburg'da, Westend'de (laut Rechtschreibung) oder Hamburg'ta, Westend'te (nach Gehör).

Es gibt auch Lautangleichungen innerhalb eines Wortes, z.B. **n** vor **b** > **mb**: *tenbih* > *tembih* ‚Einschärfung'. Da sie in der heutigen Rechtschreibung verankert sind, soll hier nicht näher darauf eingegangen werden. Andererseits gibt es Angleichungen, die nicht in die Rechtschreibung aufgenommen sind. Betroffen davon ist ebenfalls insbesondere **n** vor **b** > **mb**: *on beş* [ombeş] ‚fünfzehn', aber auch **c** vor **d** > **jd**: *vicdan* [vijdan] ‚Gewissen'; **z** vor **s** > **ss**: *olmazsa* [olmassa] ‚wenn es nicht geht' und **l** > **n** nach **n**: *bunlar* [bunnar] ‚diese'. Außerdem hört man statt *altmış* ‚sechzig' häufig [atmış] und statt *bir dakika* ‚eine Minute' (= einen Moment) meistens [bídakka]. (Das **r** von *bir* fällt oft vor einem weiteren Wort aus).

### 2.2.2 Konsonantenwandel

Einige einsilbige und zahlreiche mehrsilbige Wörter – aber nicht alle – sowohl türkischer als auch nichttürkischer Herkunft, die auf **ç, k, p** oder **t** enden, „erweichen" diese in **c, ğ, b** oder **d**, wenn ein mit Vokal beginnendes Suffix angefügt wird, z.B. *ihtiyaç* ‚Bedarf' → *ihtiyacım* ‚mein Bedarf', *çocuk* ‚Kind' → *çocuğum* ‚mein Kind', *kitap* ‚Buch' → *kitabım* ‚mein Buch', *metot* ‚Methode' → *metodum* ‚meine Methode'.

Wörter, die auf **nk** enden, verwandeln **k** > **g**: *renk* ‚Farbe' → *rengim* ‚meine Farbe'. Ausnahme: *tank* ‚Panzer'. Auch dieser Wandel wird in einem Wörterbuch angegeben: *ihtiyaç, -cı* ‚Bedürfnis', *çocuk, -uğu* ‚Kind', *kitap, -bı* ‚Buch', *metot, -du* ‚Methode', *renk, -gi* ‚Farbe'.

- Beispiele für einsilbige Wörter, die den Wandel von **ç > c, p > b** und **t > d** betreffen: *borç, -cu* ‚Geldschuld', *uç, -cu* ‚Spitze', *cep, -bi* ‚Tasche' (in einem Kleidungsstück), *dip, -bi* ‚Grund' (z.B. Meeresgrund), *dört, -dü* ‚vier', *yurt, -du* ‚Heimat'.
  In diesem Zusammenhang sind noch drei Wortpaare zu nennen, die nicht verwechselt werden dürfen: *sac* ‚Blech' → *sacı* ‚sein Blech'; *saç* ‚Haar' → *saçı* ‚sein Haar'; *ad* ‚Name' → *adı* ‚sein Name'; *at* ‚Pferd' → *atı* ‚sein Pferd'; *od* ‚Feuer' → *odu* ‚sein Feuer' (*od* ist veraltet, kommt aber in der Poesie noch vor); *ot* ‚Gras' → *otu* ‚sein Gras'. Bei richtiger Aussprache hört man die Vokale der Wörter mit stimmhaftem konsonantischen Auslaut minimal länger und den Auslautkonsonanten leicht entstimmt.
  Bei einigen wenigen Verbstämmen wird **t > d**, wenn ein vokalisch anlautendes Suffix angefügt wird. Die wichtigsten sind: *et-* ‚tun' → *eder* ‚er tut'; *git-* ‚gehen' → *gider* ‚er geht'; *güt-* ‚weiden' → *güder* ‚er weidet'; *tat-* ‚kosten, den Geschmack probieren' → *tadar* ‚er probiert'.
- Der Wandel von **k > ğ** ist äußerst deutlich zu hören. Er betrifft wenige einsilbige und viele mehrsilbige türkische Wörter, aber auch Lehnwörter: *gömlek, -eği* ‚Hemd', *kulak, -ağı* ‚Ohr', *sokak, -ağı* ‚Straße', *trafik, -iği* ‚Verkehr'. Von den einsilbigen türkischen Wörtern sind zu nennen: *çok* ‚viel' → *çoğu* ‚die meisten', *gök* ‚Himmel' → *göğü* ‚den Himmel', *yok* ‚nicht vorhanden' → *yoğum* in der Kombination *varım yoğum* ‚mein Hab und Gut', aber *yokum* (seltener *yoğum*) ‚ich bin nicht da'. Anzumerken ist, dass auf *og* auslautende Wörter wie *pedagog* ‚Pädagoge', *sosyolog* ‚Soziologe' offiziell den Wandel zu **ğ**, also *pedagoğum*, nicht durchführen, er aber anzutreffen ist.
  Eigennamen unterliegen diesem Wandel auch, jedoch nur lautlich und nicht im Schriftbild: *Zonguldak'a* [zonguldağa] *gittim* ‚Ich bin nach Zonduldak gefahren.'

## 2.2.3 Konsonantenverdopplung

Einige arabische Lehnwörter im Türkischen lauten eigentlich auf einen Doppelkonsonanten aus; dieser wird im Türkischen weder gesprochen noch geschrieben. Er erscheint aber in der Aussprache und Schrift beim Anfügen eines vokalisch anlautenden Suffixes wieder, z.B. *hak* ‚Recht' → *hakkı* ‚sein Recht', *sır* ‚Geheimnis' → *sırrı* ‚sein Geheimnis'. Auch bei solchen Wörtern kann Konsonantenwandel in der entsprechenden Position vorkommen: *tıp* ‚Medizin(-heilkunde)', *tıbbı* (Akk.) ‚die Medizin'. Auf diese Erscheinung wird in Wörterbüchern ebenfalls aufmerksam gemacht: *zam, -mmı* ‚Erhöhung (Preise, Lohn)', *ret, -ddi* ‚Zurückweisung'.

## 2.3 Betonung

Beim Sprechen werden einzelne Satzteile besonders hervorgehoben; das nennt man *Betonung*. Dabei wird entweder die Lautstärke gesteigert, indem der Atemdruck und somit die Schallfülle erhöht wird *(Druckakzent)*, oder die Tonhöhe wird verändert *(Tonhöhenakzent)*. Das Türkische besitzt eine „dezentralisierte" Betonung, d.h. die Schallfülle wird relativ gleichmäßig verteilt, wobei es stärker und schwächer betonte Silben gibt. Man unterscheidet Wortbetonung, Satzgliedbetonung und Satzbetonung. Die Satzbetonung wird auch *Satzmelodie* genannt.

**Zur Wortbetonung:**
Bei zweisilbigen türkischen Wörtern liegt der Druckakzent auf der ersten und der Tonhöhenakzent auf der zweiten Silbe und kann einen steigenden oder fallenden Ton tragen. Die zweite Silbe fällt dem deutschen Hörer stärker ins Ohr; bei mehrsilbigen Wörtern ist es oft die letzte Silbe. Suffixe können betonbar oder nicht betonbar sein. Wird ein betonbares Suffix angehängt, so geht die Betonung auf das Suffix über: *okúl* ‚Schule', *okullár* ‚Schulen', *okullardá* ‚in den Schulen'. Bei verneinten Verben wird die Silbe vor dem Verneinungssuffix *-me-/-ma-* deutlich betont: *Yémeyeceğim* ‚Ich werde nicht essen'.

Wortzusammensetzungen, die aus *Wortverkettungen* bestehen, werden auf der letzten Silbe des ersten Elements betont: *haváalanı* ‚Flugplatz', aber *bilgisayár* ‚Computer'.

Die stärkere Betonung einer Silbe hat in manchen Fällen bedeutungsunterscheidende Funktion, z.B. *gélme* ‚komme nicht' : *gelmé* ‚das Kommen', *yálnız* ‚nur' : *yalnız* ‚einsam, allein', *Gérçekten korkuyorum* ‚Ich habe wirklich Angst' : *Gerçektén korkuyorum* ‚Ich habe vor der Wirklichkeit Angst', *İzindeyiz* ‚Wir sind im Urlaub' : *İzindeyiz* ‚Wir sind auf deiner Spur'. Für den deutschsprachigen Hörer ist dieser Unterschied zuweilen schwer fassbar. Auch bei Emphase oder Gemütsbewegungen kann sich die Betonung verschieben: *zavallí* ‚bedauernswert' : *závallı* ‚der/die Arme' (mitleidsvoll geäußert).

Eigennamen mit Endbetonung werden auf der ersten Silbe betont, wenn die entsprechende Person gerufen wird.

Fremdwörter im Türkischen behalten im allgemeinen ihre ursprüngliche Betonung: *rádyo* ‚Radio', *lokánta* ‚Gaststätte'. Ebenso bilden Eigennamen von Städten und Orten Ausnahmen: *İstánbul, Bérlin*. Merke auch: *gazéte* ‚Zeitung' und *üniversité* ‚Universität', die häufig [gáste] und [ünivérste] gesprochen werden.

**Zur Satzgliedbetonung:**
Innerhalb eines Satzes spielt die Veränderung der Tonhöhe eine Rolle. Mit steigendem Ton gesprochene Elemente zeigen eine Zäsur an. Spricht man z.B. *bu* in *bu kitap* mit Steigton, bedeutet das „Das ist ein Buch", wenn nicht, bedeutet es „dieses Buch".

**Zur Satzmelodie:**
Ein wesentlicher Unterschied zum Deutschen sind Entscheidungsfragen, bei denen die Stimme erst einen Fragetonverlauf nimmt, aber am Ende abfällt:

Geliyor↗ musun?↘ ‚Kommst du?'↗

Es gibt inzwischen ausreichend Tonmaterial, sodass Sie sich Türkisch anhören und damit vertraut machen können.

## 2.4 Zur Schreibung der Suffixe

Die Suffixe sind **vier- oder zweiförmig**, hatten wir gesagt. Das bezieht sich allein auf die Vokale. Da die Anfangskonsonanten **c, d** und **g** aber auch eine Rolle spielen, können wir jetzt sagen, dass die Suffixe in *zwei, vier, fünf* oder *acht* **Varianten** vorkommen. Um im fortlaufenden Text nicht jedes Mal alle Varianten zu schreiben, stellen wir sie in einer Groß- und Kleinschreibung dar. Für Laute, die sich ändern und anpassen müssen (also variabel sind), schreiben wir Großbuchstaben, für solche, die stabil (konstant) sind, Kleinbuchstaben:

Die alternierenden **Vokale** werden mit **A** oder **I** bezeichnet:

1. **-lAr** bedeutet, das große **A** steht stellvertretend für **e** oder **a**, also *-ler* oder *-lar*.
2. **mI** bedeutet, das große **I** steht stellvertretend für **i, ü, ı** oder **u**, also *mi, mü, mı* oder *mu*.

Die alternierenden **Konsonanten** werden mit **C, D** oder **G** bezeichnet:

1. **-CI** bedeutet, das große **C** steht stellvertretend für **c** oder **ç**, das große **I** wiederum stellvertretend für **i, ü, ı** oder **u**, also *-ci, -cü, -cı, -cu* oder *-çi, -çü, -çı, -çu*.
2. **-DA** bedeutet, das große **D** steht stellvertretend für **d** oder **t**, das große **A** wiederum stellvertretend für **a** oder **e**, also *-de, -da* oder *-te, -ta*.
3. **-GAn** bedeutet, das große **G** steht stellvertretend für **g** oder **k**, das große **A** wiederum stellvertretend für **a** oder **e**, also *-gen, -gan* oder *-ken, -kan*.

Steht am Ende eines Suffixes **K**, kommt es als **k** oder **ğ** vor. Das betrifft z.B. das Futur in den bejahten 1. Personen.

Ein Laut in Klammern, z.B. **-(y)Im** ‚ich bin' oder **-(I)m** ‚mein' bedeutet, dass der eingeklammerte Laut nicht immer zu verwenden ist, sondern nur unter besonderen Bedingungen. Beispiele:

| nach Vokal | | nach Konsonant | |
|---|---|---|---|
| *Öğrenciyim.* | ‚Ich bin Student.' | *Öğretmenim.* | ‚Ich bin Lehrer.' |
| *annem* | ‚meine Mutter' | *kardeşim* | ‚mein Bruder/meine Schwester' |

In allen Varianten ausgeschrieben ergibt **-(y)Im** acht Formen, nämlich *-im, -üm, -ım, -um* und *-yim, -yüm, -yım, -yum* und **-(I)m** fünf Formen, nämlich *-m, -im, -üm, -ım, -um*.

# 3 Grundbegriffe

## 3.1 Übersicht

> Wenn Sie bereits Kenner des Türkischen und in grammatischer Terminologie fit sind, wird Ihnen eventuell dieses Kapitel überflüssig vorkommen. Aber wir wollen auch an diejenigen denken, die sich der Sprache annehmen und Neulinge sind und vielleicht seit Jahren nichts mehr mit Grammatik zu tun hatten.
>
> In den nächsten Kapiteln setzen wir einige grammatische Begriffe voraus, die wir hier erklären. Weitere Terminologie wird an Ort und Stelle erläutert.
>
> Hier geht es um die Oberbegriffe das Wort, die Wortarten, die zentrale Wortart Verb und die Satzglieder.

## 3.2 Das Wort

Ein Wort ist der kleinste bedeutungstragende Baustein einer Sprache. Damit kann man Wortgruppen und dann Sätze bilden. Mit Wörtern drückt man Gegenständliches wie *ev* ‚Haus' bzw. Abstraktes wie *hastalık* ‚Krankheit' und Eigenschaften wie *iyi* ‚gut' oder Handlungen wie *öğrenmek* ‚lernen' aus. Es gibt aber auch eine Reihe von Wörtern, die nur grammatische Beziehungen herstellen wie *ile* ‚mit'.

☑ **Die Flexion**

Wörter können unveränderlich sein wie *belki* ‚vielleicht', *için* ‚für', *ama* ‚aber'. Sie können aber auch veränderlich sein wie *öğretmen* ‚Lehrer' – *öğretmenin* ‚des Lehrers', *geliyorum* ‚ich komme' – *geliyorsun* ‚du kommst'. Man nennt eine solche Formveränderung **Flexion** *(Beugung)*, und man sagt, die veränderlichen Wörter können **flektiert** *(gebeugt)* werden. Betrachten wir uns das:

| 1. | *Bu* | *çocuk* | | *her gün* | | *annesine* | *yardım eder.* |
|---|---|---|---|---|---|---|---|
| 2. | Dieses | Kind | hilft | jeden Tag | seiner | Mutter. | |
| 3. | *Bu* | *çocuklar* | | *her gün* | | *annelerine* | *yardım ettiler.* |
| 4. | Diese | Kinder | haben | jeden Tag | ihren | Müttern | geholfen. |

Wie Sie unschwer sehen können, stehen in den türkischen Beispielen nur *bu* und *her gün* unflektiert. Die anderen Wörter sind verändert. So ist *çocuk* hinsichtlich **Singular** *(Einzahl)* und **Plural** *(Mehrzahl)* gekennzeichnet, *anne* hingegen in einen **Kasus** (Pl. die Kasu:s = die Fälle) gesetzt. Man spricht von **deklinieren**, wenn man ein Wort in die verschiedenen Kasus setzt. Das Substantiv dazu heißt **Deklination**. Dekliniert werden außer Substantiven wie *ev* ‚Haus', *kadın* ‚Frau' z.B. auch Pronomen wie *ben* ‚ich' → *beni* ‚mich', *kim* ‚wer' → *kimi* ‚wen'. Adjektive wie *küçük* ‚klein', *bir* ‚eins' werden im Türkischen nur dekliniert, wenn sie substantivisch gebraucht werden: *Küçük çocuğa çikolata verdim* ‚Ich habe dem kleinen Kind Schokolade gegeben' → *Küçüğe çikolata verdim* ‚Ich habe dem Kleinen Schokolade gegeben', *bir saat* ‚eine Stunde, eine Uhr' → *Saat biri on geçiyor* ‚Es ist zehn nach eins'. Auch *bu* steht oben wie ein Adjektiv vor *çocuk* und bleibt deshalb unverändert.

Die zweite Gruppe der flektierbaren Wörter sind die Verben. Sie können hinsichtlich der Zeitform *(Tempus,* Pl. *Tempora)*, Singular/Plural *(Numerus)* und der Person verändert werden. Man spricht dann von **konjugieren**. Das Substantiv dazu heißt **Konjugation**. Die Verben können aber auch hinsichtlich ihrer Aussageweise, z.B. Wirklichkeitsform oder Befehlsform, sowie hinsichtlich ihrer Handlungsrichtung, z.B. Aktiv oder Passiv, beschrieben werden, um nur einiges zu nennen.

### 3.3 Die Wortarten

Die Wörter werden nach bestimmten Merkmalen gruppiert und in **Wortarten** eingeteilt. Türkische Grammatiker setzen im Allgemeinen acht Wortarten mit Unterklassen an.

| | | |
|---|---|---|
| Verb | *al-, ver-* | ‚nehm-, geb-' |
| Substantiv | *kadın, erkek, güzellik* | ‚Frau, Mann, Schönheit' |
| Adjektiv | *güzel, büyük* | ‚schön, groß' |
| Pronomen | *ben, kim?, birisi* | ‚ich, wer?, jemand' |
| Adverb | *bugün, çabuk* | ‚heute, schnell' |
| Partikel einschließlich Postposition | *değil, göre* | ‚nicht, zufolge' |
| Konjunktion | *ve, ama* | ‚und, aber' |
| Interjektion | *o!* | ‚oh!' |

✓ *Flektierbar* sind: Substantiv, Pronomen, Verb (Adjektive nur, wenn sie substantivisch gebraucht werden)
Teilweise *flektierbar*, teilweise *unflektierbar* sind: Adverb, Postposition
*Unflektierbar* sind: Konjunktion, Partikel

Vielleicht haben Sie statt *Substantiv* den Begriff **Nomen** (Plural: *die Nomen* oder *die Nomina*) gelernt und verstehen darunter ein und dasselbe. Aber dieser Begriff wird nicht einheitlich gebraucht. Es gibt auch die Auffassung, Substantive und Adjektive *gemeinsam* als Nomen zu definieren, oder schlichtweg alles, was deklinierbar ist.

Wenn in dieser Grammatik von *Nomen* gesprochen wird, sind insbesondere Substantive und Adjektive gemeint. Im Türkischen ist es manchmal schwierig, ein Wort der Klasse Substantiv oder Adjektiv zuzuordnen, z.B. *sıcak* ‚heiß; Hitze'.

Hin und wieder wird es auch sinnvoll sein, die Begriffe *Nomen* oder *nominal* lediglich als Gegensatz zu *Verb* oder *verbal* zu verwenden.

Dennoch wird auch von Substantiven und Adjektiven die Rede sein; ebenso von Zahlwörtern, Pronomen, Adverbien, Postpositionen (Türkisch kennt keine Präpositionen, vgl. dazu deutsch „einem Bericht *zufolge*"), Konjunktionen und natürlich dem weitläufigen Thema Verben.

## 3.4 Die zentrale Wortart: Das Verb

Verben bezeichnen eine *Handlung* oder *Tätigkeit* wie *Paula Türkçe öğreniyor* ‚Paula lernt Türkisch' (das Subjekt ist aktiv), einen *Vorgang* wie *Çocuk uyanmış* ‚Das Kind ist aufgewacht' (das Subjekt ist nicht aktiv oder bestimmt den Vorgang nicht bewusst) oder aber einen *Zustand* wie *Türkçe biliyorum* ‚Ich kann Türkisch'. Handlungen, Tätigkeiten, Vorgänge und Zustände werden in dieser Grammatik zusammenfassend **Ereignis** genannt.

☑ **Rektion**

Vielleicht haben Sie schon einmal gehört, dass ein türkischer Muttersprachler auf Deutsch sagt „Ich möchte mit dir heiraten". Das ist Türkisch gedacht, denn dass Verb *evlenmek* bedeutet nicht einfach „heiraten", sondern „sich verheiraten", und folgerichtig fügt er gedanklich *ile* ‚mit' ein und überträgt es auf das Deutsche. Oder Sie wollen auf Türkisch sagen „Ich möchte dich etwas fragen" und verwenden *seni* ‚dich', werden aber in *sana* ‚dir' korrigiert. Für das Türkische bedeutet das, dass Sie lernen müssen, dass *evlenmek* ein *ile* und *sormak* in der oben angegebenen Bedeutung den Dativ verlangt. Statt „verlangen" spricht man von **regieren**, das Substantiv heißt **Rektion**. Somit sollten Sie von Anfang an bei jedem Verb den Kasus oder auch *ile* mitlernen. Ein Trost: Es gibt auch zahlreiche Verben, bei denen der Kasus im Türkischen und Deutschen übereinstimmt.

☑ **Transitivität – Intransitivität**

Damit kommen wir zu **transitiven** (zielenden) und **intransitiven** (nicht zielenden) Verben. Transitive Verben sind solche, die ein über „wen oder was?" erfragbares *direktes Objekt* (☞ 3.5) zu sich nehmen können oder sogar müssen. Intransitive Verben können kein direktes Objekt zu sich nehmen, aber evtl. andere Ergänzungen. Ob ein Verb transitiv oder intransitiv ist, kann man häufig mit einem Test ermitteln, den der türkische und der deutsche Muttersprachler jeder für seine Muttersprache allein durchführen muss. Versuchen Sie, ob Sie in einen Minisatz *onu* ‚ihn' hinzufügen können. Wenn das einen korrekten Satz ergibt, ist das Verb transitiv, wenn nicht, ist es intransitiv, z.B. *Okuyorum* ‚Ich lese' → *Onu okuyorum* ‚Ich lese ihn' (z.B. den Roman), aber *Üşüyorum* ‚Ich friere' → *Onu üşüyorum* *‚Ich friere ihn'. Dieser Test lässt kein hundertprozent einwandfreies Ergebnis zu, da in beiden Sprachen eine begrenzte Anzahl von Verben vorhanden ist, die sowohl transitiv als auch intransitiv verwendet werden können. Vergleichen Sie:

| | |
|---|---|
| Uçak Alp'ler**i** geçti. (transitiv) | ‚Das Flugzeug hat die Alpen *überflogen*.' (transitiv) |
| Oturma odasın**a** geç. (intransitiv) | ‚*Geh hinüber* ins Wohnzimmer.' (intransitiv) |
| Antalya'**yı** gezdik. (transitiv) | ‚Wir *haben* Antalya *besichtigt*.' (transitiv) |
| Antalya'**da** gezdik. (intransitiv) | ‚Wir *sind* in Antalya *spazieren gegangen*.' (intransitiv) |

Das nächste Beispiel zeigt, dass das Türkische für „kochen" zwei verschiedene Verben bereitstellt, das Deutsche sich jedoch mit einem begnügt:

| | |
|---|---|
| Annem yemek *pişiriyor*. (transitiv) | ‚Meine Mutter *kocht* Essen.' (transitiv) |
| Mutfakta yemek *pişiyor*. (intransitiv) | ‚In der Küche *kocht* Essen.' (intransitiv) |

## ☑ Valenz

Kommen wir auf den Satz *Annem yemek pişiriyor* ‚Meine Mutter kocht Essen' zurück. In dem Satz ist *pişiriyor* ‚kocht' mit zwei Satzgliedern vervollständigt, nämlich dem Subjekt und einem direkten Objekt. Das sind die **Mitspieler** des Verbs. Wie viele Mitspieler ein Verb an sich binden kann, hängt mit seiner **Valenz** (seiner Bindungsfähigkeit) zusammen. Testen wir einmal, was passiert, wenn wir aus beiden Sätzen *yemek* ‚Essen' streichen. Der türkische Hörer wird wohl nachfragen *Ne?* ‚Was?', ihm fehlt im Satz jetzt etwas. Und wie sieht der deutsche Satz aus? Das merken Sie selbst, wer dann (tatsächlich oder vor Wut) kocht. Nun können wir auch versuchen, alternativ das Subjekt zu streichen, also *yemek pişiriyor* ‚kocht Essen'. Der türkische Hörer versteht jetzt „er/sie kocht Essen", vielleicht will er wissen, wer „er/sie" ist. Und der deutsche Hörer?

Die Mitspieler des Verbs, also die Ergänzungen, können *fakultative* Ergänzungen sein oder solche, die *obligatorisch* stehen müssen. Der Begriff der *fakultativen* Ergänzungen ist nicht eindeutig, zumal die Weglassbarkeit oft auch eine Bedeutungsänderung herbeiführt. Ausgelassene obligatorische Mitspieler lassen die Äußerung ungrammatisch werden:

| | |
|---|---|
| Ali içiyor. | ‚Ali trinkt.' |
| Ali *çay* içiyor. | ‚Ali trinkt *Tee*.' |
| Ütü yaptım. | ‚Ich habe gebügelt.' |
| *Gömlekleri* ütüledim. | ‚Ich habe *die Hemden* gebügelt.' |
| *Ben giydim. (Objekt fehlt) | *‚Ich habe angezogen.' (Objekt fehlt) |

Das Subjekt ist im Türkischen keine durchgängig obligatorische Ergänzung. Im Deutschen hingegen muss das Subjekt stehen; es gibt einige wenige Ausnahmen wie „Mich friert".

Es ist wichtig, obligatorische Ergänzungen im Türkischen zu lernen, damit der Satz nicht ungrammatisch wird oder eine ganz andere Bedeutung erhält. Auf eine Frage wie „Was machst du gerade?" kann im Deutschen mit „Ich esse" geantwortet werden, im Türkischen muss jedoch in diesem Falle die Stelle des *direkten Objekts* besetzt werden: *Yemek yiyorum* ‚Ich esse Essen'. Statt *yemek* ‚Essen' könnte z.B. auch *elma* ‚Apfel', *bir şey* ‚etwas' stehen.

Im Gegensatz dazu kann man im Türkischen auf eine Frage wie *Mektubumu aldın mı?* ‚Hast du meinen Brief erhalten?' mit *Aldım* ‚Ich habe (ihn) erhalten' antworten; mit anderen Worten, das im Deutschen notwendige Pronomen „ihn" ist im Türkischen entbehrlich, weil „der Brief" genannt war und in der Antwort mitschwingt.

Verben, die mehr als eine Ergänzung erlauben:

| | |
|---|---|
| *Mektup* yazıyorum. | ‚Ich schreibe *einen Brief*.' |
| *Arkadaşıma mektup* yazıyorum. | ‚Ich schreibe *meinem Freund einen Brief*.' |
| *Çiçek* getirdim. | ‚Ich habe *Blumen* mitgebracht.' |
| *Sana çiçek* getirdim. | ‚Ich habe *dir Blumen* mitgebracht.' |

Im Deutschen wird eine Reihe von Ergänzungen mittels einer festgelegten Präposition angebunden. Dafür benötigt man im Türkischen einen festgelegten Kasus:

| | |
|---|---|
| *Taksi* bekliyorum. | ‚Ich warte *auf ein Taxi*.' |
| *Seni* özlüyorum. | ‚Ich sehne mich *nach dir*.' |
| *Derse* başlayalım. | ‚Fangen wir *mit dem Unterricht* an.' |

## 3.5 Die Satzglieder

Innerhalb eines Satzes übernimmt ein Wort oder eine Wortgruppe eine Aufgabe. Es sind die Bausteine des Satzes. Diese werden als Satzglieder bezeichnet. Wir beschränken uns hier auf die wichtigsten Benennungen.

### ⮕ Das Prädikat

Der wichtigste Teil eines türkischen Satzes ist das *Prädikat*, das bei neutraler Wortstellung am Satzende steht. Man kann es erfragen mit „Wer **tut was**?", „Wer **ist wie**?" oder „Was geschieht?". Im Türkischen können die Prädikate *verbal* sein wie unten in Beispiel (1) oder *nominal* (also ohne verbalen Bestandteil) wie unten in (2). Nomen, die im Prädikat vorkommen, werden auch *Prädikativ* (oder *Prädikatsnomen*) genannt:

(1) Çocuk *uyuyor*.  ,Das Kind *schläft*.'
(2) Öğretmen *hasta*.  ,Der Lehrer *ist krank*.'

### ⮕ Das Subjekt

Mit *Subjekt* ist das vom Prädikat aus über „wer oder was?" erfragbare Satzglied gemeint:

(1) *Çocuk* uyuyor.  ,*Das Kind* schläft.'
(2) *Öğretmen* hasta.  ,*Der Lehrer* ist krank.'

Das Türkische kennt Sätze, in denen das Subjekt explizit genannt ist wie in den Beispielen oben. Es gibt aber weitaus mehr Sätze, in denen das Subjekt lediglich im verbalen Prädikat als sogenannter Subjektvertreter angegeben wird: *Geliyorum* ,Ich komme'. Außerdem gibt es Sätze ohne genanntes Subjekt und ohne Subjektvertreter.

Während das Subjekt im Deutschen immer im Nominativ steht, gibt es im Türkischen sowohl Subjekte im Nominativ als auch Subjekte im Genitiv. Genitivsubjekte sind dem Deutschen fremd.

Dann gibt es noch ein Phänomen, das das Deutsche auch nicht kennt. **Vor** dem genannten Subjekt des Satzes steht ein Ausdruck im *Genitiv*: Dieser stellt das **Topik** dar, also das, worüber der Sprecher eine Aussage treffen will. Sie werden sehen, dass solch ein Genitiv-Topikausdruck im Deutschen oft wieder als Subjekt im Nominativ erscheint.

### ⮕ Die Ergänzungen

### ☑ Das direkte Objekt

Damit ist das vom Prädikat aus über „wen oder was?" erfragbare Satzglied gemeint. Es heißt auch *direktes Objekt*. Das direkte Objekt ist die Ergänzung eines *transitiven* Verbs und die privilegierteste Ergänzung. Es beansprucht zwei Kasus und darf sogar der Akkusativ sein eigen nennen. Im Türkischen steht das direkte Objekt im Nominativ, wenn es „unbestimmt" ist wie unten in (1), oder im Akkusativ, wenn es „bestimmt" ist wie unten in (2):

(1) *Et* yemiyorum.  ,Ich esse kein *Fleisch*.'
(2) *Eti* yemedim.  ,*Das Fleisch* habe ich nicht gegessen.'

## ☑ Die Dativergänzung

Diese Ergänzung ist vom Prädikat aus über „wem oder zu wem/wohin?" erfragbar. Sie hängt *nicht* von einem transitiven Verb ab:

(1) *Anneme* yardım ediyorum.  ‚Ich helfe *meiner Mutter*.'
(2) *Elif'e* gidiyorum.  ‚Ich gehe *zu Elif*.'
(3) *İşe* gidiyorum.  ‚Ich gehe *zur Arbeit*.'

## ☑ Die Lokativergänzung

Diese Ergänzung ist vom Prädikat aus über „wo oder (wor)auf/wobei?" erfragbar. Sie hängt *nicht* von einem transitiven Verb ab:

(1) *Münih'te* oturuyorum.  ‚Ich wohne *in München*.'
(2) *Bunda* ısrar etme.  ‚Bestehe nicht *darauf*!'

## ☑ Die Ablativergänzung

Diese Ergänzung ist vom Prädikat aus im Regelfall über „von wem/woher bzw. vor wem oder was?" erfragbar. Sie hängt *nicht* von einem transitiven Verb ab:

(1) *Babamdan* geliyorum.  ‚Ich komme *von meinem Vater*.'
(2) *Köpekten* korkarım.  ‚*Vor Hunden* fürchte ich mich.'

## ☑ Die Postpositionalgruppe als Ergänzung

Diese Ergänzungen werden mit Postpositionen wie *ile* ‚mit' oder *hakkında/üzerinde* ‚über' angeschlossen:

(1) *Cem'le* buluştum.  ‚Ich habe mich *mit Cem* getroffen.'
(2) *Para hakkında* tartıştık.  ‚Wir haben *über Geld* diskutiert.'

## ☑ Die Genitivergänzung

Es gibt im Türkischen keine Verben, die den Genitiv regieren. Allerdings gibt es einige wenige prädikativ verwendete Nomen, die ein *Possessivsuffix* (eine besitzanzeigende Endung ☞ 5.7) enthalten. Diese werden mit einem Ausdruck im Genitiv ergänzt:

(1) *Hatalarımın* farkındayım.  ‚Ich bin mir *meiner Fehler* bewusst.'
(2) Ben, *bunun* bilincinde değilim.  ‚Ich bin mir *dessen* nicht bewusst.'

Etwas anders gelagert sind folgende Beispiele, in denen der Genitivausdruck eine besitzanzeigende Ergänzung und das Topik darstellt:

(3) *Ali'nin* arabası var.  ‚Ali hat ein Auto.'
(4) *Ece'nin* cep telefonu yok.  ‚Ece hat kein Handy.'

## Die Adverbiale

*Adverbialbestimmungen* (Umstandsbestimmungen) geben Auskunft auf Fragen wie „wo?, wann?, weshalb?, wozu? womit?". Einige der Adverbialbestimmungen müssen stehen, damit der Satz nicht ungrammatisch wird. Dann handelt es sich um *Adverbialergänzungen* wie in (1) und (3). Können sie jedoch in verschiedene Sätze eingesetzt und/oder auch weggelassen werden, spricht man von *Angaben* wie in (2) und (4).

(1) *Frankfurt'ta* oturuyorum.   ‚Ich wohne *in Frankfurt*.' (= Lokativergänzung)
(2) *Frankfurt'ta* çalışıyorum.   ‚Ich arbeite *in Frankfurt*.' (= Lokativangabe)
(3) Kendimi *iyi* hissetmiyorum.   ‚Ich fühle mich nicht *gut*.'
(4) *Dün* sinemaya gittim.   ‚Ich bin *gestern* ins Kino gegangen.'

## Satzgliedteile: Attribute

*Attribute* (Beifügungen) sind *Teile* von *nominalen* Satzgliedern und diesen nebengeordnet. Deshalb zählt man sie im Allgemeinen auch nicht zu den Satzgliedern, sondern sagt, es handelt sich um *Satzgliedteile*. Die Attribute können im Regelfall nur gemeinsam mit dem Satzglied, von dem sie abhängen, im Satz verschoben werden. Eine Ausnahme bilden im Türkischen die Genitivattribute.

Es gibt nicht weglassbare Attribute wie *son* in *Hava son derece soğuk* ‚Das Wetter ist in höchstem Maße kalt' und weglassbare Attribute wie *Türkçe* in *Türkçe gazete aldım* ‚Ich habe eine türkische Zeitung gekauft'. Viele Attribute werden an ein Grundwort, das ein Possessivsuffix erhält, gekettet (☞ 4.4) und sind dann auch nicht weglassbar wie *İstanbul* in: *İstanbul Üniversitesi'nde okudum* ‚Ich habe an der Universität Istanbul studiert'.

Während im Türkischen die Attribute unveränderlich **vor** ihrem Bezugswort oder ihrer Bezugswortgruppe stehen, also links davon, weist das Deutsche Schwankungen auf:

- Im Türkischen und Deutschen Linksattribut:

(1) *küçük* çocuk   ‚*kleines* Kind'
(2) *işsiz* öğretmen   ‚*arbeitsloser* Lehrer'
(3) *soyulmuş* patatesler   ‚*geschälte* Kartoffeln'

- Im Türkischen Linksattribut, im Deutschen Links- oder Rechtsattribut:

(4) *bugünkü* gazete   ‚die *heutige* Zeitung/die Zeitung *von heute*'
(5) *oradaki* gazete   ‚die *dortige* Zeitung/die Zeitung *dort*'
(6) *Elif'in* annesi   ‚*Elifs* Mutter/die Mutter *von Elif*'

- Im Türkischen Linksattribut, im Deutschen Rechtsattribut:

(7) *İstanbul'daki* müzeler   ‚die Museen *in Istanbul*'
(8) *enstitümüzdeki* kütüphane   ‚die Bibliothek *in unserem Institut*'
(9) *soyulmuş olan* patatesler   ‚Kartoffeln, *die geschält wurden*'

# 4 Die Wortbildung

## 4.1 Übersicht

> Wortbildung bedeutet, dass aus bestehenden Wörtern neue gebildet werden. Die häufigste Art im Türkischen ist die Ableitung *(Derivation)*. In diesem Fall fügt man einem selbständig vorkommenden Wort ein Suffix hinzu und erweitert somit die Bedeutung des Grundwortes. Die zweithäufigste Art ist die Wortverkettung, Zusammenstellung und Zusammensetzung *(Komposition)*. In diesem Fall verbindet man bereits vorhandene, selbständige Wörter nach einem bestimmten Muster.
>
> Ableitung: *iş* ‚Arbeit' → *iş-siz* ‚arbeitslos' → *iş-siz-lik* ‚Arbeitslosigkeit'
> Wortverkettung: *kadın* ‚Frau' + *doktor* ‚Arzt' → *kadın doktoru* ‚Frauenarzt'
> (Possessivkomposita)
> Nominalkomposita: *kadın* ‚Frau' + *doktor* ‚Arzt' → *kadın doktor* ‚Ärztin'
> Zusammensetzung: *baş* ‚Haupt' + *bakan* ‚Minister' → *başbakan* ‚Ministerpräsident'
>
> Zur Komposition gehören auch Intensivierungen wie *yemyeşil* ‚grasgrün' oder Reimdoppelungen wie *ekmek mekmek* ‚Brot und dergleichen' (vgl. deutsch *Schickimicki*).

## 4.2 Die Wortbildung durch Ableitung

Das Türkische kennt vier Arten von Wortbildungssuffixen:
- Suffixe, die man an ein Nomen anhängt und die ein neues Nomen bilden, d.h., man bleibt in der Wortart Nomen. Diese Gruppe von Suffixen nennt man *denominale Nominalsuffixe*: *hasta* ‚krank' → *hasta-lık* ‚Krankheit'.
- Suffixe, die man an ein Nomen anhängt und die ein Verb bilden, d.h., man wechselt die Wortart. Diese Gruppe von Suffixen nennt man *denominale Verbalsuffixe*: *baş* ‚Kopf' → *baş-la-* ‚anfang-'.
- Suffixe, die man an einen Verbstamm anhängt und die ein neues Verb bilden, d.h., man bleibt in der Wortart Verb. Diese Gruppe von Suffixen nennt man *deverbale Verbalsuffixe*: *ol-* ‚werden' → *ol-uş-* ‚entstehen'.
- Suffixe, die man an einen Verbstamm anhängt und die ein Nomen bilden, d.h., man wechselt die Wortart. Diese Gruppe von Suffixen nennt man *deverbale Nominalsuffixe*: *git-* ‚geh-' → *gid-er* ‚Ausgabe'.

Die Wortbildungssuffixe sind sehr zahlreich, aber nicht alle in gleichem Maße produktiv. Die nachfolgende Liste enthält die wichtigsten Wortbildungssuffixe nach Gruppenzugehörigkeit und innerhalb dieser in alphabetischer Reihenfolge (zur Schreibung der Suffixe ☞ 2.4). Suffixe, die Sie sich auf jeden Fall aktiv aneignen sollten, sind fett hervorgehoben. Auch wenn ein Suffix nicht fett hervorgehoben ist, kann es sehr sinnvoll sein, die eine oder andere damit gebildete Vokabel zu lernen, z.B. *arkadaş* ‚Freund' oder *kışın* ‚im Winter'.

## I. Suffixe, die von einem Nomen ein neues Nomen bilden

**-CA 1**  wird *Äquativsuffix* (Gleichsetzungssuffix) genannt und nicht betont. Es bildet Nomen, die als Adverb, Substantiv oder Adjektiv eingesetzt werden. Sie ordnen das Grundwort einer in sich gleichen oder ähnlichen Gruppe im Sinne ‚in der Art von' zu.
- Bezeichnungen für Sprachen:
*Türk* ‚Türke' → *Türkçe* ‚(auf) Türkisch', *Alman* ‚Deutscher' → *Almanca* ‚(auf) Deutsch', *Çin* ‚China' → *Çince* ‚(auf) Chinesisch'; vgl. auch: *Tarzan* ‚Tarzan' → *Tarzanca* ‚Tarzanisch' (auf Tarzans Art, wenn jemand nur radebrechen kann).

> 💣 Verwenden Sie diese Begriffe nur, wenn es sich um Sprachen handelt und Sie alternativ auch ein „auf" einsetzen könnten: *Türkçe kitap* ‚türkisches Buch, Buch auf Türkisch'. *\*Türkçe lokanta* ist falsch.

- Begriffe wie *ben* ‚ich' → *bence* ‚meiner Meinung nach'; *sen* ‚du' → *sence* ‚deiner Meinung nach'. Aber: *o* ‚er/sie/es' → *ona göre* ‚seiner/ihrer Meinung nach';
- *kendisi* ‚er/sie selbst' → *kendisince* ‚auf seine/ihre Art und Weise';
- *bu* ‚dieser' → *bunca* ‚so viele', *o* ‚jener' → *onca* ‚-zig';
- *saatlerce* ‚stundenlang', *günlerce* ‚tagelang', *aylarca* ‚monatelang'; *kilometrelerce* ‚kilometerlang'; *onlarca* ‚Dutzende', *yüzlerce* ‚Hunderte/zu Hunderten', *binlerce* ‚Tausende/zu Tausenden';
- Begriffe wie *yaş* ‚Alter' → *yaşça* ‚altersmäßig', *aile* ‚Familie' → *ailece* ‚mit der ganzen Familie' (= familienmäßig);
- Begriffe des Vergleichs wie *çocuk* ‚Kind' → *çocukça* ‚kindisch', *eşek* ‚Esel' → *eşekçe* ‚wie ein Esel, eselshaft'.
- Urheber in Passivsätzen. Das kommt hauptsächlich in der Nachrichten- und Amtssprache in Zusammenhang mit Behörden (oder Personen als Gemeinschaft) vor, wenn der Ursprung der Handlung auf diese eingeschränkt werden soll: *avukatlarınca* ‚seitens seiner Anwälte';
- Adverbien von einigen Verbalnomen: *gittikçe* ‚allmählich', *olanca* ‚gesamt-', *yeterince* ‚ausreichend', *elimden geldiğince* ‚soweit ich vermag/kann'.

**-CA 2**  wird betont und bildet Begriffe, die einen geringeren oder höheren Grad des Grundwortes bezeichnen: *güzel* ‚schön' → *güzelce* ‚ganz schön' → *uzun* ‚lang' → *uzunca* ‚recht lang', *iyi* ‚gut' → *iyice* ‚ganz gut'; *büyükçe bir bahçe* ‚ein größerer Garten/ein recht großer Garten'. Manchmal wird an eine solche Wortform noch *-CIk* angefügt: *güzelcecik* ‚ziemlich schön'.
*-CAnA* und *-CAsInA* sind die Langformen: *bol* ‚reichlich' → *bolca* ‚reichhaltig' → *bolcana* ‚üppig'; *İyicene delirmişsin* ‚Du bist gehörig verrückt geworden', *Delicesine bağırdı* ‚Er schrie, als ob er verrückt sei'.

**-cAğIz**  ist die Langform von *-cAK* mit einer emotionalen Beimischung von Bemitleiden oder Geringschätzung, wird an Substantive angefügt und betont: *kızcağız* ‚das arme Mädchen', *kadıncağız* ‚die arme Frau', *Adamcağızın dinlediği yok ki!* ‚Der Mensch hört ja nicht mal zu!'.

## Die Wortbildung

**-cAK** ist ein *Diminutivsuffix* (Verkleinerungssuffix) und wird betont: *yavru* ‚Menschen-/Tierjunges' → *yavrucak* ‚Kleines', *oyun* ‚Spiel' → *oyuncak* ‚Spielzeug', *büyük* ‚groß' → *büyücek (< büyükcek)* ‚recht groß', *çabuk* ‚schnell' → *çabucak (< çabukcak)* ‚ganz schnell'.

**-CI** wird meistens an Substantive angefügt, betont und bildet Bezeichnungen für Personen, die mit einer Tätigkeit oder Handlung intensiv beschäftigt oder verbunden sind. Das kann ein Beruf sein, muss es aber nicht. Womit die Personen sich beschäftigen oder verbunden sind, entnimmt man dem Grundwort.
*kitap* ‚Buch' → *kitapçı* ‚Buchhändler', *posta* ‚Post' → *postacı* ‚Postbote/Briefträger', *diş* ‚Zahn' → *dişçi* ‚Zahnarzt', *çöp* ‚Müll' → *çöpçü* ‚Müllmann', *eski* ‚alt' → *eskici* ‚Altwarenhändler', *gece* ‚Nacht' → *gececi* ‚Nachtarbeiter'; *yol* ‚Weg' → *yolcu* ‚Reisender', *kira* ‚Miete' → *kiracı* ‚Mieter', *ara* ‚Lücke/Abstand' → *aracı* ‚Vermittler', *şaka* ‚Spaß' → *şakacı* ‚Spaßmacher', *yalan* ‚Lüge' → *yalancı* ‚Lügner', *gürültü* ‚Lärm' → *gürültücü* ‚Lärmmacher'; *gerçek* ‚Wahrheit/Wirklichkeit' → *gerçekçi* ‚Realist', *milliyet* ‚Nationalität' → *milliyetçi* ‚Nationalist', *ırk* ‚Rasse' → *ırkçı* ‚Rassist'.
Hin und wieder können diese Bildungen verschiedene Inhalte bezeichnen: *çaycı* ‚Teeverkäufer/Teezubereiter/Teeausträger/Teeliebhaber'. Viele dieser Begriffe werden nur als Substantiv gebraucht, andere sowohl als Substantiv als auch als Adjektiv.
Manchmal wird das Suffix an Adjektive oder lexikalisierte Partizipien angefügt: *bozgun* ‚zerrüttet' → *bozguncu* ‚Kaputt-/Panikmacher', *çıkar* ‚Profit' → *çıkarcı* ‚Profitgieriger', *dolmuş* ‚Sammeltaxi' → *dolmuşçu* ‚Sammeltaxifahrer'.
Merke gesondert: *felaketin öncüleri* ‚die Vorboten der Katastrophe', *artçı deprem* ‚Nachbeben'.

> ✓ Von *ne* abgeleitet gibt es die beiden nicht sehr höflichen Fragewörter *neci* ‚was für ein Beschäftigter?' und *nece* ‚auf welche (sprachliche) Art?': *Necisiniz?* ‚Womit geben Sie sich ab?', *Bu adamlar nece konuşuyorlar?* ‚In welchem Kauderwelsch reden diese Leute?'. Höflicher ist es, folgendermaßen zu fragen: *Ne iş yapıyorsunuz?* ‚Was machen Sie beruflich?', *Mesleğiniz ne?* ‚Was sind Sie von Beruf?' bzw. *Hangi dili konuşuyorlar?* ‚Welche Sprache sprechen sie?'

**-cIK ~ -CIK** ist ebenfalls ein *Diminutivsuffix* mit einer positiven emotionalen Beimischung, wird an Adjektive und Substantive angefügt, betont und kommt bei letzteren häufig mit Possessivsuffix vor: *kitap* ‚Buch' → *kitapçık* ‚Büchlein'; *Ececik* ‚Ecelein', *anneciğim* ‚meine liebe Mutti'.
Bei Adjektiven bezeichnet es eine Intensivierung: *ince* ‚dünn' → *incecik* ‚ganz dünn', *küçük* ‚klein' → *küçücük (< küçükcük)* ‚winzig klein', *sıcak* ‚warm' → *sıcacık (< sıcakcık)* ‚ganz warm'.
Folgende Formen sollten gesondert gelernt werden: *bir* ‚eins' → *biricik* ‚einzig', *az* ‚wenig' → *azıcık* ‚ein ganz klein bisschen', *dar* ‚eng' → *daracık* ‚äußerst eng', *şura* ‚der Ort da' → *şuracık* ‚genau da', *yapma* ‚das Machen' → *yapmacık* ‚gekünstelt'.

Mit diesem Suffix werden auch neue Substantive gebildet: *badem* ‚Mandel' → *bademcik* ‚(Rachen-)Mandel', *gelin* ‚Braut/Schwiegertochter' → *gelincik* ‚Klatschmohn', *arpa* ‚Gerste' → *arpacık* ‚Gerstenkorn' (am Auge).

-CIl  bildet Adjektive und Substantive, die dem Grundwort eine Angewohnheit oder eine Ähnlichkeit hinzufügen, und wird betont: *ben* ‚ich' → *bencil* ‚egoistisch', *ev* ‚Haus' → *evcil* ‚zahm (Tiere)', *balık* ‚Fisch' → *balıkçıl* ‚Fischfresser' (Vogel, der sich von Fischen ernährt). Merke gesondert: *kır* ‚grau' → *kırçıl* ‚graumeliert'.

-DAş  bildet Substantive, die eine Gemeinsamkeit mit dem Grundwort innehaben, und wird betont: *karın* ‚Bauch' → *karındaş* > *kardaş* > *kardeş* ‚Bruder/Schwester' (= Bauchgefährte), *din* ‚Religion' → *dindaş* ‚Glaubensbruder, -schwester', *arka* ‚Rücken' → *arkadaş* ‚Freund(in)/Kollege' (*übertragene Bedeutung:* solidarisch Rücken an Rücken), *meslek* ‚Beruf' → *meslektaş* ‚Berufskollege', *anlam* ‚Bedeutung' → *anlamdaş* ‚synonym'. Merke gesondert: *adaş* ‚Namensvetter'.
Obwohl das *a* in -DAş eigentlich konstant ist, gibt es einige Neubildungen wie *gönül* ‚Herz' (als Gefühlsquelle) → *gönüldeş/gönüldaş* ‚gleichgesinnt'.

-(A)l  bildet Adjektive und wird betont: *yer* ‚Ort' → *yerel* ‚örtlich', *doğa* ‚Natur' → *doğal* ‚natürlich'.

-(A)rI  ist ein altes, heute unproduktives *Direktivsuffix* (Richtungssuffix). Es kommt vor in *içeri* ‚rein', *dışarı* ‚raus', *ileri* ‚vorwärts', *yukarı* ‚rauf'.

-Ay  bildet Substantive: *düz* ‚eben' → *düzey* ‚Fläche', *bir* ‚eins' → *birey* ‚Individuum'.

-gil  wird in der Standardsprache für botanische sowie zoologische Familienzugehörigkeit verwendet und betont: *gül* ‚Rose' → *gülgiller* ‚Rosengewächse', *kedi* ‚Katze' → *kedigiller* ‚Familie der Katzen'. In Anatolien kommt es auch an Personen- oder Verwandtschaftsbezeichnungen vor (bei letzteren *nach* Possessivsuffix): *kaynata* ‚Schwiegervater' → *kaynatangil* ‚dein Schwiegervater und seine Familie'.

-(I)msI  bildet Adjektive in der Bedeutung „ähnlich wie" und wird betont: *baraka* ‚Baracke' → *barakamsı* ‚barackenähnlich', *göl* ‚See' → *gölümsü* ‚seeähnlich', *mavi* ‚blau' → *mavimsi* ‚bläulich', *aptal* ‚dumm' → *aptalımsı* ‚dümmlich'.

-(I)mtırak  wird an Adjektive, die Farben oder Geschmack bezeichnen, in der Bedeutung „erinnert an" angefügt und betont: *mavi* ‚blau' → *mavimtırak* ‚ins Blaue spielend', *ekşi* ‚sauer' → *ekşimtırak* ‚säuerlich'.

-(I)n  ist das alte *Instrumentalissuffix,* bildet von einigen wenigen Substantiven Adverbien und wird nicht betont: *yaz* ‚Sommer' → *yazın* ‚im Sommer', *gündüz* ‚(der lichte) Tag' → *gündüzün* ‚bei Tage/tagsüber', *öğle* ‚Mittag' → *öğlen* ‚am Mittag', *yaya* ‚Fußgänger' → *yayan* ‚zu Fuß'.
Das Suffix wird auch an Infinitive, die mit -sIz erweitert sind, angehängt: *selam vermeksizin* ‚grußlos'. Merke gesondert: *an* ‚Moment' → *ansızın* ‚urplötzlich'.

-(I)ncI  bildet *Ordinalzahlen* und wird betont: *bir* ‚eins' → *birinci* ‚erster'.

-(I)z  wird betont: *iki* ‚zwei' → *ikiz* ‚Zwilling(e)', *üç* ‚drei' → *üçüz* ‚Drilling(e)'.

-ki 1  bildet Adjektive aus Adverbialausdrücken und wird betont: *yarın* ‚morgen' → *yarınki* ‚morgig', *burada* ‚hier' → *buradaki* ‚hiesig' (Ausnahme: *bugünkü* ‚heutig', *dünkü* ‚gestrig').

| | |
|---|---|
| **-ki 2** | ist das Zugehörigkeitssuffix und wird schwach betont: *benim* ‚mein' → *benimki* ‚meins/meiner'; *Ali'ninki* ‚Alis/Ali seines'. |
| **-leyin** | bildet hauptsächlich Adverbien der Zeit und wird nicht betont: *sabah* ‚Morgen' → *sabahleyin* ‚zur Morgenzeit/am Morgen', *öğle* ‚Mittag' → *öğleyin* ‚zur Mittagszeit', *akşam* ‚Abend' → *akşamleyin* ‚zur Abendzeit/am Abend'. Merke gesondert: *bencileyin* ‚ich und solche wie ich'. |
| **-lI** | bildet Adjektive im Sinne von „versehen mit". Das Suffix wird betont. Die Übersetzungsmöglichkeiten ins Deutsche sind unterschiedlich. Viele dieser Adjektive werden – je nach Kontext – auch substantivisch gebraucht: |

- *süt* ‚Milch' → *sütlü* ‚mit Milch (versehen)', *şeker* ‚Zucker' → *şekerli* ‚gezuckert/süß', *tuz* ‚Salz' → *tuzlu* ‚salzig';
- *güneş* ‚Sonne' → *güneşli* ‚sonnig', *bıyık* ‚Schnurrbart' → *bıyıklı* ‚mit Schnurrbart/Schnurrbärtiger', *ev* ‚Haus' → *evli* ‚verheiratet' (= mit Haus versehen), *yaş* ‚Alter' → *yaşlı* ‚alt' (Menschen), *yara* ‚Wunde' → *yaralı* ‚verwundet/Verwundeter', *numara* ‚Nummer' → *numaralı* ‚nummeriert';
- *gürültü* ‚Lärm' → *gürültülü* ‚laut', *terbiye* ‚Erziehung' → *terbiyeli* ‚wohlerzogen', *akıl* ‚Verstand' → *akıllı* ‚klug', *ilgi* ‚Bezug/Interesse' → *ilgili* ‚bezüglich/Zuständiger', *görev* ‚Auftrag' → *görevli* ‚beauftragt/ Beauftragter';
- *tarih* ‚Datum' → *tarihli* ‚datiert': *3 Eylül 2012 tarihli mektubunuz* ‚Ihr Brief vom 3. September 2012'; *doksanlı yıllarda* ‚in den neunziger Jahren'.
- *hastalık* ‚Krankheit' → *hastalıklı* ‚kränklich'.

An Farbbezeichnungen angefügt, bedeutet es „in der und der Farbe": *siyah* ‚schwarz' → *siyahlı* ‚in schwarz' (z.B. gekleidet in schwarz).

> ✓ Auch wenn das Suffix **-lI** hin und wieder einem deutschen „mit" entspricht, steht es weder für ein Mittel noch für Begleitung im Sinne „(zusammen) mit": *Otobüsle geldim* ‚Ich bin mit dem Bus gekommen', *Benimle gel* ‚Komm mit mir mit' (☞ 9.3.1).

Das Suffix **-lI** wird auch an Ländernamen und Städtenamen angefügt und bezeichnet die Herkunft: *Amerikalı gazeteci* ‚amerikanischer Journalist', *Amerikalıyım* ‚Ich bin Amerikaner'; *Berlinli çocuk* ‚Berliner Kind', *Berlinliyim* ‚Ich bin Berliner'; *Almanyalı Türkler* ‚Deutschlandtürken'. Es wird auch an die Ortspronomen *nere* ‚welche Gegend?', *bura* ‚die Gegend hier' usw. angehängt: *Nerelisiniz?* ‚Woher stammen Sie?', *Buralı değilim* ‚Ich stamme nicht von hier'.

Es bezeichnet Zugehörigkeit: *köy* ‚Dorf' → *köylü* ‚Dörfler', *şehir* ‚Stadt' → *şehirli* ‚Städter', *üniversite* ‚Universität' → *üniversiteli* ‚Student' (= zur Universität gehörig), *emek* ‚Arbeit/Mühe' → *emekli* ‚Pensionär/Rentner'.

| | |
|---|---|
| **-lI -lI** | wird an Nomen mit gegensätzlicher Bedeutung angefügt und addiert die Bedeutungen. Das Suffix wird betont: *geceli gündüzlü çalışmak* ‚Tag und Nacht arbeiten', *irili ufaklı şişeler* ‚große und kleine Flaschen', *senli benli olmak* ‚per du werden/sein'. |
| **-lIK** | ist eines der produktivsten Wortbildungssuffixe. Es wird an Substantive und Adjektive, auch an solche, die bereits Suffixe enthalten, angehängt – z.T. auch an |

nominale Verbformen – und wird betont. Damit werden zahlreiche neue Wörter gebildet, und zwar sowohl abstrakte als auch konkrete, gegenständliche Begriffe. Gemeinsam ist den neuen Wörtern, dass sie mit dem Grundwort in Einklang stehen, aber dessen Umfang auf mannigfaltige Weise vergrößern.

- Abstrakte Substantive

*hasta* ‚krank' → *hastalık* ‚Krankheit', *güzel* ‚schön' → *güzellik* ‚Schönheit', *çocuk* ‚Kind' → *çocukluk* ‚Kindheit', *genç* ‚jung' → *gençlik* ‚Jugend', *arkadaş* ‚Freund' → *arkadaşlık* ‚Freundschaft', *kırmızı* ‚rot' → *kırmızılık* ‚Rötung', *sarı* ‚gelb' → *sarılık* ‚Gelbsucht', *özel* ‚privat/besonders' → *özellik* ‚Besonderheit', *bir* ‚eins' → *birlik* ‚Einheit/Union', *evli* ‚verheiratet' → *evlilik* ‚Ehe', *işsiz* ‚arbeitslos' → *işsizlik* ‚Arbeitslosigkeit', *dikkatsiz* ‚unachtsam' → *dikkatsizlik* ‚Unachtsamkeit', *asker* ‚Soldat' → *askerlik* ‚Militärdienst', *yazar* ‚Schriftsteller' → *yazarlık* ‚Schriftstellertätigkeit';
*geri kalmışlık* ‚Unterentwickeltsein', selten: *kalmaklık* ‚Verbleib'.

> ✓ Fügt man das Suffix **-lIK** an Berufsbezeichnungen an, die mit **-CI** gebildet sind, ergibt das die abstrakte Tätigkeitsbeschreibung:
> *kapı* ‚Tür' → *kapıcı* ‚Hauswart' → *kapıcılık* ‚Hauswartstätigkeit';
> *gazetecilik* ‚Journalistenberuf, -tätigkeit', *taksicilik* ‚Taxifahrerberuf'

- Konkrete Substantive

*söz* ‚Wort' → *sözlük* ‚Wörterbuch', *kulak* ‚Ohr' → *kulaklık* ‚Kopfhörer', *anahtar* ‚Schlüssel' → *anahtarlık* ‚Schlüsselbund', *kitap* ‚Buch' → *kitaplık* ‚Bücherregal, -schrank; Bibliothek', *şeker* ‚Zucker' → *şekerlik* ‚Zuckerdose', *buz* ‚Eis' → *buzluk* ‚Eisfach', *sabah* ‚Morgen' → *sabahlık* ‚Morgenmantel', *gece* ‚Nacht' → *gecelik* ‚Nachthemd', *gelin* ‚Braut' → *gelinlik* ‚Brautkleid', *düz* ‚eben' → *düzlük* ‚Ebene', *orman* ‚Wald' → *ormanlık* ‚Waldgebiet', *yaz* ‚Sommer' → *yazlık* ‚Sommerwohnung', *ay* ‚Monat' → *aylık* ‚Gehalt', *günde* ‚am Tag' → *gündelik* ‚Tageslohn'.

> ✓ Merken Sie sich auch Erweiterungen:
> *göz* ‚Auge' → *gözlük* ‚Brille' → *gözlükçü* ‚Optiker' → *gözlükçülük* ‚Optikerberuf, -gewerbe';
> *anahtar* ‚Schlüssel' → *anahtarlık* ‚Schlüsselanhänger' → *anahtarlıkçı* ‚Schlüsselanhängerhersteller' → *anahtarlıkçılık* ‚Schlüsselanhängerherstellerdienst'.

Steht solch ein Begriff vor einem Substantiv, beschreibt er dieses:
*iki kişilik bir oda* ‚ein Zimmer für zwei Personen' (ein zwei Personen umfassendes Zimmer), *bir gecelik oda* ‚(ein) Zimmer für eine Nacht', *iki saatlik bir yolculuk* ‚eine zweistündige Reise', *günlük gazete* ‚Tageszeitung', *aylık dergi* ‚Monatszeitschrift', *bir haftalık izin* ‚einwöchiger Urlaub', *senelik izin* ‚Jahresurlaub', *5 yıllık polis* ‚Polizist mit fünf Jahren Amtszeit', *100 avroluk bir meblağ* ‚ein Betrag von 100 Euro', *100 avroluk bir çek* ‚ein Scheck über 100 Euro', *yüz avroluk ayakkabı* ‚Hundert-Euro-Schuhe/Schuhe für hundert

Euro', *bayramlık giysi* ‚Festtagskleidung', *Bayramlık bir şeyim yok* ‚Ich habe nichts für den Feiertag' (z.B. zum Anziehen, zum Schenken u.a.).
Merken Sie sich auch: *Şimdilik bir şey istemiyorum* ‚Vorläufig möchte ich nichts', *Bügünlük bu kadar* ‚So viel für heute'.

-(m)sAr  bildet als Adjektiv und Substantiv gebrauchte Nomen und wird betont: *iyi* ‚gut' → *iyimser* ‚optimistisch', *kötü* ‚schlecht' → *kötümser* ‚pessimistisch', *kara* ‚schwarz, dunkel' → *karamsar* ‚Schwarzmaler/pessimistisch', *çekim* ‚Anziehungskraft' → *çekimser* ‚sich enthaltend'.

-(s)Al  bildet Adjektive und wird betont. Es ersetzt einerseits das lange *î* bei einigen aus dem Arabischen entlehnten Adjektiven (☞ 4.3), wird andererseits aber auch an türkische Nomen zur Adjektivbildung angefügt. Nach **r**, **s** oder **z** steht nur **-Al**: *dinî ~ dinsel* ‚religiös', *cinsî ~ cinsel* ‚geschlechtlich, sexuell', *tarihî ~ tarihsel* ‚historisch'; *siyaset* ‚Politik' → *siyasi ~ siyasal* ‚politisch';
*duygu* ‚Gefühl' → *duygusal* ‚emotional', *yer* ‚Ort' → *yerel* ‚lokal', *öz* ‚das Ureigene' → *özel* ‚persönlich/privat'. (Es gibt auch Neubildungen, bei denen das Grundwort ein Verbstamm ist wie *işitsel görsel* ‚audiovisuell'.)
Bei einigen arabischen Lehnwörtern wird das *î* jedoch nicht ersetzt: *resmî* ‚offiziell', *umumi* ‚allgemein/generell'. Für letzteres gibt es *genel*. Nicht ersetzt wird es auch bei solchen arabischen Lehnwörtern, für die inzwischen eine türkische bzw. europäische Entsprechung vorhanden ist: *ilmî ~ bilimsel* ‚wissenschaftlich', *millî ~ ulusal* ‚national', *tabii ~ doğal* ‚natürlich', *iktisadi ~ ekonomik* ‚wirtschaftlich'.

-sI  wird an konsonantisch auslautende Substantive und Adjektive angehängt, bildet Adjektive im Sinne „ähnlich wie" und wird betont: *çocuk* ‚Kind' → *çocuksu* ‚kindlich', *erkek* ‚Mann' → *erkeksi* ‚mit maskulinem Einschlag'.

-sIz  entspricht deutschem „-los", aber auch „ohne/un-". Es verneint die Existenz des Grundwortes, heißt *Privativsuffix* und wird betont: *iş* ‚Arbeit' → *işsiz* ‚arbeitslos', *çocuk* ‚Kind' → *çocuksuz* ‚kinderlos', *ev* ‚Haus' → *evsiz* ‚ohne Wohnung', *ütü* ‚Bügeleisen' → *ütüsüz* ‚ungebügelt', *süt* ‚Milch' → *sütsüz* ‚ohne Milch', *şeker* ‚Zucker' → *şekersiz* ‚ungezuckert', *yer* ‚Ort' → *yersiz* ‚fehl am Platz/unpassend', *bulut* ‚Wolke' → *bulutsuz* ‚wolkenlos', *üst* ‚Oben' → *üstsüz* ‚oben ohne' (ohne Bikinioberteil), *terbiye* ‚Erziehung' → *terbiyesiz* ‚ungezogen/flegelhaft', *gerek* ‚Erforderlichkeit/Notwendigkeit' → *gereksiz* ‚unnötig', *ilgi* ‚Interesse' → *ilgisiz* ‚teilnahmslos', *sen* ‚du' → *sensiz* ‚ohne dich'.

-(ş)Ar  ist das *Distributivsuffix* (Verteilungssuffix) und wird betont: *birer* ‚je eins', *ikişer* ‚je zwei'.

## II.   Suffixe, die von einem Nomen ein Verb bilden

-A-  bildet Verben mit der Bedeutung „aus sich heraus" und wird betont: *kan* ‚Blut' → *kana-* ‚bluten', *tür* ‚Art/Sorte' → *türe-* ‚aufkommen'.

-(A)l-  bildet von Adjektiven oder Adverbien Verben, die oft reflexiv zu übersetzen sind, und wird betont: *doğru* ‚richtig/geradeaus' → *doğrul-* ‚sich aufrichten', *düz* ‚eben/glatt' → *düzel-* ‚in Ordnung kommen', *az* ‚wenig' → *azal-* ‚sich ver-

|           | ringern', *çok* ,viel' → *çoğal-* ,sich vermehren', *yüksek* ,hoch' → *yüksel-* ,steigen', *alçak* ,niedrig' → *alçal-* ,heruntergehen/sich erniedrigen' (Menschen). |
|-----------|---|
| -(A)r-    | wird betont: *kız-* ,heiß werden' → *kızar-* ,rot/gerötet/braun werden', *kara* ,schwarz' → *karar-* ,dunkel werden', *ön-* ,Vorder-' → *öner-* ,vorschlagen'. |
| -dA-      | bildet lautmalende Verben und wird betont: *gümbür* ,Geräusch des Polterns: bums' → *gümbürde-* ,poltern', *şapır* ,Geräusch des Schmatzens: schmatz' → *şapırda-* ,schmatzen'. |
| -(I)k-    | wird betont: *bir* ,eins' → *birik-* ,sich ansammeln', *göz* ,Auge' → *gözük-* ,sich sehen lassen'. Merke: *aç* ,hungrig' → *acık-* ,hungrig werden'. |
| -(I)msA-  | bezeichnet einen geringeren Grad und wird betont: *az* ,wenig' → *azımsa-* ,als zu wenig befinden'. Merke: *küçük* ,klein' → *küçümse-* ,gering schätzen'. |
| -lA-      | ist das produktivste verbbildende Suffix und wird betont: *faks* ,Fax' → *fakslamak* ,faxen', *tık* ,Klick' → *tıklamak* ,anklicken', *kopya* ,Kopie' → *kopyalamak* ,kopieren', *iz* ,Spur' → *izle-* ,verfolgen', *hatır* ,Erinnerung' → *hatırla-* ,sich erinnern', *ezber* ,auswendig' → *ezberle-* ,auswendig lernen', *iş* ,Arbeit' → *işle-* ,funktionieren'. |
|           | Merke auch: *an* ,Verstand' (*an* wird in der Psychologie verwendet) → *anla-* ,verstehen', *bek* ,fest/hart' (*bek* allein wird nicht verwendet) → *bekle-* ,warten', *kut* ,inneres Glück' (*kut* wird nicht mehr verwendet) → *kutla-* ,beglückwünschen'. |
| -lA-n-    | wird betont und besteht aus zwei Suffixen: dem Suffix **-lA-** und dem *Reflexiv-Passiv-Suffix* **-n-**. Viele mit diesem Suffix gebildeten Verben kommen ohne das **n** nicht vor: *hasta* ,krank' → *hastalan-* ,erkranken', *yaş* ,Alter' → *yaşlan-* ,alt werden', *ev* ,Haus' → *evlen-* ,heiraten' (= sich mit Haus versehen). |
|           | Von den Verben, die nur mit **-lAn-** vorkommen, muss man diejenigen unterscheiden, die sowohl mit **-lA-** als auch mit **-lA-n-** vorkommen: *başla-* ,(etw.) anfangen' → *başlan-* ,angefangen werden', *temizle-* ,saubermachen' → *temizlen-* ,sich säubern/gesäubert werden'. |
| -lA-ş-    | wird betont und besteht aus zwei Suffixen: dem Suffix **-lA-** und dem *multiplikativen Verbalsuffix* **-(I)ş-**. Damit wird ein Prozess bezeichnet, der sich über eine gewisse Zeit erstreckt und der auch ein Miteinander ausdrücken kann Viele mit diesem Suffix gebildete Verben kommen ohne das **ş** nicht vor: *iyileş-* ,genesen', *Türkleş-* ,zum Türken werden', *birleş-* ,sich vereinigen', *mektuplaş-* ,korrespondieren'. |
|           | Von den Verben, die nur mit **-lAş-** vorkommen, muss man diejenigen unterscheiden, die sowohl mit **-lA-** als auch mit **-lA-ş-** vorkommen: *anla-* ,verstehen' → *anlaş-* ,sich verstehen', *zor* ,Zwang/schwierig' → *zorla-* ,zwingen' → *zorlaş-* ,schwieriger werden'. |
| -sA-      | wird betont: *su* ,Wasser' → *susa-* ,Durst bekommen', *kap* ,Hülle' → *kapsa-* ,umfassen'. |

## III. Suffixe, die von einem Verb ein neues Verb bilden

-AlA- intensiviert den Verbalinhalt und wird betont: *kov-* ‚verstoßen/vertreiben' → *kovala-* ‚vertreiben/nachrennen', *silk-* ‚schütteln' → *silkele-* ‚ausschütteln'.

-Ar- ist ein *Kausativsuffix* und wird betont: *çık-* ‚herausgehen' → *çıkar-* ‚herausholen' (☞ 19.3).

-DIr- ist das produktivste *Kausativsuffix* und wird betont: *yaz-* ‚schreiben' → *yazdır-* ‚schreiben lassen', *gül-* ‚lachen' → *güldür-* ‚zum Lachen bringen' (☞ 19.3.).

-Il- ist das *Passivsuffix* und wird betont: *yaz-* ‚schreiben' → *yazıl-* ‚geschrieben werden' (☞ 19.4).

-(I)msA- bezeichnet einen geringeren Grad und wird betont: *gül-* ‚lachen' → *gülümse-* ‚lächeln'.

-(I)n- ist das *Reflexiv-Passiv-Suffix* und wird betont: *giy-* ‚etwas anziehen' → *giyin-* ‚sich anziehen', *yıka-* ‚waschen' → *yıkan-* ‚sich waschen/gewaschen werden' (☞ 19.4).

-Ir- ist ein *Kausativsuffix* und wird betont: *bit-* ‚enden/zu Ende gehen' → *bitir-* ‚beenden' (☞ 19.3).

-(I)ş- ist das *multiplikative Verbalsuffix* und wird betont: *öp-* ‚küssen' → *öp-üş-* ‚sich küssen', *uç-* ‚fliegen' → *uçuş-* ‚umherfliegen' (☞ 19.2).

-It- ist ein *Kausativsuffix* und wird betont: *kork-* ‚Angst haben' → *korkut-* ‚jemandem Angst machen' (☞ 19.3).

-t- ist ein *Kausativsuffix*: *oku-* ‚lesen/studieren' → *okut-* ‚vorlesen/studieren lassen' (☞ 19.3).

## IV. Suffixe, die von einem Verb ein Nomen bilden

-A bildet Substantive und wird betont: *yar-* ‚spalten' → *yara* ‚Wunde', *doğ-* ‚erscheinen/aufgehen/geboren werden' → *doğa* ‚Natur'.

-(A)ç bildet Substantive und wird betont: *büyüt-* ‚vergrößern' → *büyüteç* ‚Vergrößerungsglas', *tıka-* ‚hineinstopfen' → *tıkaç* ‚Stöpsel'.

-(A)k bildet Nomen und wird betont: *iste-* ‚wollen' → *istek* ‚Wunsch', *dur-* ‚anhalten' → *durak* ‚Haltestelle'; *kork-* ‚Angst haben' → *korkak* ‚ängstlich', *ürk-* ‚zurückschrecken' → *ürkek* ‚schreckhaft', *parla-* ‚glänzen' → *parlak* ‚glänzend'.

-AmAk bildet Substantive und wird betont: *bas-* ‚treten' → *basamak* ‚Stufe', *kaç-* ‚fliehen' → *kaçamak* ‚Ausflucht, Ausrede'.

-(A)nAk bildet Substantive und wird betont: *ol-* ‚werden' → *olanak* ‚Möglichkeit', *gör-* ‚sehen' → *görenek* ‚Sitte', *yet-* ‚(aus)reichen' → *yetenek* ‚Begabung', *öde-* ‚zahlen' → *ödenek* ‚Vergütung'.

-A/Ir bildet einige lexikalisierte Substantive: *yaz-* ‚schreiben' → *yazar* ‚Schriftsteller', *gel-* ‚kommen' → *gelir* ‚Einkommen'.

-(A)v bildet Substantive und wird betont: *sına-* ‚prüfen, versuchen' → *sınav* ‚Prüfung', *işle-* ‚funktionieren' → *işlev* ‚Funktion', *gör-* ‚sehen' → *görev* ‚Auftrag, Amt'.

| | |
|---|---|
| -cA | bildet Substantive und wird betont: *düşün-* ‚denken' → *düşünce* ‚Gedanke', *güven-* ‚vertrauen' → *güvence* ‚Garantie', *eğlen-* ‚sich vergnügen' → *eğlence* ‚Vergnügung'. |
| -gA | bildet Substantive und wird betont: *bil-* ‚wissen' → *bilge* ‚Weiser/Gelehrter', *sömür-* ‚ausbeuten' → *sömürge* ‚Kolonie', *süpür-* ‚fegen' → *süpürge* ‚Besen'. |
| -GAç | bildet Nomen, die eine Eigenschaft innehaben, und wird betont: *süz-* ‚durchseihen' → *süzgeç* ‚Sieb', *kıs-* ‚zwicken' → *kıskaç* ‚Zange'; *utan-* ‚sich schämen' → *utangaç* ‚schamhaft', *üşen-* ‚die Mühe scheuen' → *üşengeç* ‚motivationslos'. |
| -GAn | bildet *iterative* Adjektive (*iterativ*: das vom Verbstamm ausgedrückte Geschehen wird wiederholt getan) und wird betont: *unut-* ‚vergessen' → *unutkan* ‚vergesslich', *konuş-* ‚sprechen' → *konuşkan* ‚gesprächig', *çalış-* ‚arbeiten → *çalışkan* ‚fleißig', *alın-* ‚übelnehmen' → *alıngan* ‚übelnehmerisch/nachtragend'. |
| -GI | bildet Substantive und wird betont: *bil-* ‚wissen' → *bilgi* ‚Wissen', *say-* ‚ehren' → *saygı* ‚Respekt/Achtung', *bas-* ‚drucken' → *baskı* ‚Druck/Auflage', *iç-* ‚trinken' → *içki* ‚alkoholisches Getränk', *ver-* ‚geben' → *vergi* ‚Steuer', *et-* ‚tun' → *etki* ‚Wirkung'. |
| -gIç | bildet Substantive und wird betont: *dal-* ‚tauchen' → *dalgıç* ‚Taucher', *bil-* ‚wissen' → *bilgiç* ‚Allwissender; Neunmalkluger', *başlan-* ‚angefangen werden' → *başlangıç* ‚Beginn'. |
| -GIn | bildet Nomen, die einen erreichten Zustand bezeichnen, und wird betont: *dur-* ‚anhalten/stehen' → *durgun* ‚still/regungslos', *düz-* ‚zusammenstellen' → *düzgün* ‚ordentlich', *küs-* ‚jemandem böse werden' → *küskün* ‚böse (mit)', *yor-* ‚ermüden' → *yorgun* ‚ermüdet'. |
| -I | bildet Nomen, die ein Produkt oder Ergebnis bezeichnen, und wird betont: *yaz-* ‚schreiben' → *yazı* ‚Schrift/das Schreiben', *sor-* ‚fragen' → *soru* ‚Frage', *öl-* ‚sterben' → *ölü* ‚tot; Toter'. |
| -(I)k | bildet hauptsächlich Adjektive, aber auch Substantive, die das Ergebnis eines Vorgangs bezeichnen, und wird betont: *aç-* ‚öffnen' → *açık* ‚geöffnet/offen', *kır-* ‚zerbrechen' → *kırık* ‚zerbrochen/zersprungen', *yırt-* ‚zerreißen' → *yırtık* ‚zerrissen', *boz-* ‚kaputtmachen' → *bozuk* ‚kaputt', *sap-* ‚ein-, abbiegen' → *sapık* ‚anormal/pervers'; *öksür-* ‚husten' → *öksürük* ‚Husten', *tükür-* ‚spucken' → *tükürük* ‚Spucke'. |
| -(I)lI | bildet Adjektive mit meistens passivem Sinn, die eine Andauer vermitteln, und wird betont: *ört-* ‚bedeckt' → *örtülü* „bedeckt', *sar-* ‚einwickeln/verbinden' → *sarılı* ‚eingewickelt/verbunden', *kapa-* ‚zumachen' → *kapalı* ‚zu/geschlossen'. |
| -(I)m | bildet Substantive, die Vereinzelung ausdrücken. Das Suffix wird betont: *öl-* ‚sterben' → *ölüm* ‚Tod', *doğ-* ‚geboren werden' → *doğum* ‚Geburt', *otur-* ‚sitzen' → *oturum* ‚Sitzung', *anla-* ‚verstehen' → *anlam* ‚Bedeutung'. |
| -In | bildet Substantive und wird betont: *bas-* ‚drucken' → *basın* ‚Presse', *tüt-* ‚rauchen' (Schornstein) → *tütün* ‚Tabak'. |
| -(In)ç | bildet Nomen und wird betont: *gülün-* ‚gelacht werden' → *gülünç* ‚lächerlich', *iğren-* ‚sich ekeln' → *iğrenç* ‚ekelhaft', *sevin-* ‚sich freuen' → *sevinç* ‚Freude', *bas-* ‚drucken' → *basınç* ‚Druck', *kork-* ‚Angst haben' → *korkunç* ‚entsetzlich'. Merke gesondert: *ilgi* ‚Interesse' → *ilginç* ‚interessant'. |

| | |
|---|---|
| -(I)ntI | bildet Substantive, die eine oder mehrere Teilmengen bezeichnen, und wird betont: *yaşa-* ‚leben' → *yaşantı* ‚Lebensabschnitt, Erlebnis', *üz-* ‚jemanden betrüben/traurig machen' → *üzüntü* ‚Betrübnis/Betroffenheit', *bekle-* ‚warten' → *beklenti* ‚Erwartung(shaltung)', *kal-* ‚bleiben' → *kalıntı* ‚Rest/Überbleibsel'. |
| -mA | bildet den *Kurzinfinitiv*, aber auch resultative Nomen und wird betont: *konuşma* ‚das Sprechen/die Rede'; *kıyma* ‚Hackfleisch/Gehacktes', *dolma* ‚Gefülltes'. |
| -mAcA | bildet Substantive und wird auf der Endsilbe betont: *bul-* ‚finden' → *bulmaca* ‚Kreuzworträtsel', *bil-* ‚raten' → *bilmece* ‚Rätsel', *çek-* ‚ziehen' → *çekmece* ‚Ziehschublade'. |
| -mAk | bildet den *Vollinfinitiv* und wenige Substantive: *yemek* ‚Essen', *ekmek* ‚Brot', *çakmak* ‚Feuerzeug'. |
| -mAz | bildet einige lexikalisierte verneinte Aoristnomen: *çık-* ‚herauskommen' → *çıkmaz* ‚Sackgasse'. |
| -mIş | bildet wenige lexikalisierte Perfektnomen: *dol-* ‚sich füllen' → *dolmuş* ‚Sammeltaxi', *geç-* ‚vorübergehen' → *geçmiş* ‚Vergangenheit'. |
| -tay | ist mongolischen Ursprungs und bildet Bezeichnungen großer Organisationsformen. Das Suffix wird betont: *danış-* ‚konsultieren' → *danıştay* ‚Oberverwaltungsgericht', *sayış-* ‚abrechnen' → *sayıştay* ‚Oberster Rechnungshof'. Das Wort *kurultay* ‚Kongress' ist gänzlich mongolisch. |
| -tI | bildet Substantive und wird betont: *kızar-* ‚rot werden' → *kızartı* ‚Rötung', *belir-* ‚sich herausstellen' → *belirti* ‚Symptom', *görün-* ‚in Sicht sein' → *görüntü* ‚Erscheinung(sbild)'. |
| -(y)AcAK | bildet als Substantiv oder Adjektiv verwendete Nomen: *içecek* ‚Getränk', *açacak* ‚Dosen-, Flaschenöffner'; *oturacak yer* ‚Platz zum Sitzen/Sitzplatz'. |
| -(y)An | ist ein *Partizipsuffix*, mit dem auch lexikalisierte Begriffe gebildet sind: *bak-* ‚schauen' → *bakan* ‚Minister'. |
| -(y)IcI | bezeichnet wie **-CI** zunächst einmal Personen, die mit der im Grundwort ausgedrückten Tätigkeit beschäftigt oder verbunden sind, und wird betont: *al-* ‚kaufen' → *alıcı* ‚Käufer', *sat-* ‚verkaufen' → *satıcı* ‚Verkäufer', *dinle-* ‚(zu)hören' → *dinleyici* ‚Hörer', *oku-* ‚lesen' → *okuyucu* ‚Leser', *yüz-* ‚schwimmen' → *yüzücü* ‚Schwimmer', *üret-* ‚produzieren' → *üretici* ‚Hersteller/Produzent', *tüket-* ‚verbrauchen' → *tüketici* ‚Verbraucher/Konsument'.<br>Merke gesondert: *dilenci* ‚Bettler' und *öğrenci* ‚Schüler/Student', in denen das anlautende **i** des Suffixes fehlt.<br>Im Gegensatz zu **-CI** sind die folgenden Nomen jedoch überwiegend nicht auf Personen bezogen. Sie signalisieren ein Charakteristikum: *yaz-* ‚schreiben' → *yazıcı* ‚Drucker', *tara-* ‚(durch)kämmen' → *tarayıcı* ‚Scanner' (*çıplak tarayıcı* ‚Nacktscanner');<br>*geç-* ‚vorübergehen' → *geçici* ‚vorübergehend' (*geçici iş* ‚vorübergehende/provisorische Beschäftigung'), *kal-* ‚bleiben' → *kalıcı* ‚bleibend' (*kalıcı yara* ‚bleibende Verletzung'), *koru-* ‚schützen' → *koruyucu* ‚schützend' (*koruyucu önlem* ‚Vorsorgemaßnahme', *koruyucu aile* ‚Pflegefamilie'), *dehşet ver-* ‚Schrecken einflößen' → *dehşet verici* ‚Schrecken einflößend' (*dehşet verici haber* ‚Schrecken einflößende Nachricht'), *sevindir-* ‚erfreuen' → *sevindirici* |

,erfreulich' (*sevindirici bir haber* ,eine erfreuliche Nachricht') *uyuştur-* ,betäuben' → *uyuşturucu* ,betäubend' (*uyuşturucu madde* ,Betäubungsmittel').

**-(y)Iş**   bildet Nomen eines begrenzten Prozesses: *ara-* ,suchen' → *arayış* ,die Suche'. *uç-* ,fliegen' → *uçuş* ,der Flug' (☞ 20.4).

## 4.3 Arabische und persische Präfixe und Suffixe im Türkischen

Das Türkische kennt eine Reihe von Präfix- und Suffixentlehnungen. Auf die europäischen wird nicht eingegangen, weil sie für jeden erkennbar sind, z.B. *sosyoloji* ,Soziologie' → *sosyolojik* ,soziologisch'. Unten ist eine Auswahl der arabischen und persischen Prä- und Suffixe aufgeführt. Die fettgedruckten sind produktiv.

**-a** (A)   bildet Adverbien, die Sie am besten vokabelmäßig lernen: *mutlak* ,absolut' → *mutlaka* ,unbedingt/auf jeden Fall' (☞ 8.6).

**-ane** [a:ne] (P)   bildet aus Substantiven Adverbien und Adjektive: *dost* ,Freund' → *dostane* ,freundschaftlich', *şah* ,König' → *şahane* ,herrlich/großartig'.

**bi-** [bi:] (P)   bedeutet „ohne": *haber* ,Nachricht' → *bihaber* ,ahnungslos', *taraf* ,Seite' → *bitaraf* ,neutral'.

**-ce** (P)   wird an Substantive angehängt und bezeichnet eine kleinere Menge des Grundwortes: *dilek* ,Wunsch' → *dilekçe* ,Gesuch', *tarih* ,Geschichte' → *tarihçe* ,Geschichtsabriss', *bağ* ,Weinberg/Weinstock' → *bahçe* ,Garten'.

**-dar** (P)   bedeutet „haltend": *din* ,Religion' → *dindar* ,gläubig', *vezne* ,Kasse' → *veznedar* ,Kassierer'.

**-en** (A)   bildet Adverbien: *acil* ,eilig' → *acilen* ,eilends', *aynı* ,dasselbe' → *aynen* ,in derselben Weise', *kısım* ,Teil' → *kısmen* ,teilweise', *tamam* ,fertig' → *tamamen* ,vollständig/vollends', *tesadüf* ,Zufall' → *tesadüfen* ,zufällig'.

**gayri** (A)   bedeutet „un-/il-": *meşru* ,legal' → *gayrimeşru* ,illegal'.

**-hane** [ha:ne] (P) bedeutet „Haus" und gibt einen Ort an. Das *hane* wird nach **-a** häufig zusammen mit diesem zu [a:ne] verkürzt: *hasta* ,krank' → *hastane* ,Krankenhaus', *posta* ,Post' → *postane* ,Postamt', *ders* ,Unterricht' → *dershane* ,Unterrichtsraum'.

**hem** (P)   bezeichnet eine Gemeinsamkeit: *fikir* ,Idee' → *hemfikir* ,einer Meinung'.

**-i/-î** (A)   bildet Adjektive. Es wird *Nisbe* genannt, betont und lang ausgesprochen: *din* ,Religion' → *dinî* ,religiös', *cins* ,Geschlecht' → *cinsî* ,geschlechtlich, sexuell', *tarih* ,Geschichte' → *tarihî* ,historisch'. Vokabeln mit diesem Suffix sollten über das Wörterbuch gelernt werden, da einige Ableitungen aussehen, als wären sie unregelmäßig: *siyaset* ,Politik' → *siyasi* ,politisch', *aile* ,Familie' → *ailevi* ,familiär/familienbezogen'.

> ✓ In den Medien finden Sie meistens nur **i** geschrieben. Nach offizieller Regelung soll es jedoch **î** sein, wenn das **i** ohne Zirkumflex auch ein Possessiv- oder Akkusativsuffix sein könnte: *resmî* ,offiziell', aber *resmi* ,sein Bild' oder ,das Bild [habe ich erhalten]'.

**-kâr** (P)   bildet *Handlungsträger*. Dieses Suffix ist weitgehend durch **-CI** ersetzt: *sanat* ,Kunst' → *sanatkâr* oder *sanatçı* ,Künstler'.

na- [na:] (P)  bedeutet „un-": *hoş* ‚angenehm' → *nahoş* ‚unangenehm'.
-perest (P)  bedeutet „Anbeter": *put* ‚Götze' → *putperest* ‚Götzenanbeter', *hayal* ‚Phantasiebild' → *hayalperest* ‚Phantast'.
-varî (P)  bezeichnet eine Ähnlichkeit: *Avrupa* ‚Europa' → *Avrupavarî* ‚europaähnlich'.
-zade [za:de] (P)  bedeutet „Sproß von" (männliche Linie): *asil* ‚edel, vornehm' → *asilzade* ‚Adliger'.

## 4.4 Wortverkettungen mit dem Possessivsuffix der 3. Pers. Sg.

Es ist möglich, aus zwei oder mehreren selbständig vorkommenden **Substantiven** oder als Substantiv gebrauchten Wörtern ein **neues** Wort zu schaffen. Diese Art der Wortbildung ist im Türkischen weit verbreitet, aber auch im Deutschen, wo sie allgemein **Zusammensetzung** (*Kompositum*, Plural: *Komposita*) genannt und durch Zusammenschreibung kenntlich gemacht wird. Im Türkischen werden diese neuen Begriffe selten zusammengeschrieben, sodass man ein Mittel benötigt, ihre Zusammengehörigkeit zu erkennen. Da bietet sich das Possessivsuffix der 3. Pers. Sg. an, das einen Begriff an einen vorherigen „kettet" (☞ 5.7). Die türkische Wortverkettung wird auch als **Possessivkompositum** bezeichnet. Zuerst wird das näher bestimmende Wort – das Bestimmungswort – genannt, dann das Grundwort. Das Possessivsuffix wird an das Grundwort, das eine *übergeordnete* Kategorie bezeichnet, angehängt. Das sieht dann so aus:

| **Bestimmungswort** + | **Grundwort** | → **Wortverkettung** (Kompositum) |
|---|---|---|
| *ev* ‚Haus' + | *hanım* ‚Frau' | → *ev hanımı* ‚Hausfrau' |
| *taksi* ‚Taxi' + | *şoför* ‚Fahrer' | → *taksi şoförü* ‚Taxifahrer' |
| *benzin* ‚Benzin' + | *istasyon* ‚Station' | → *benzin istasyonu* ‚Tankstelle' |
| *e-posta* ‚E-Mail' + | *adres* ‚Adresse' | → *e-posta adresi* ‚E-Mail-Adresse' |
| *yatak* ‚Bett' + | *oda* ‚Zimmer' | → *yatak odası* ‚Schlafzimmer' |
| *kahve* ‚Kaffee' + | *makine* ‚Maschine' | → *kahve makinesi* ‚Kaffeemaschine' |
| *hastalık* ‚Krankheit' + | *sigorta* ‚Versicherung' | → *hastalık sigortası* ‚Krankenversicherung' |
| *antivirüs* ‚Antivirus' + | *program* ‚Programm' | → *antivirüs programı* ‚Antivirusprogramm' |
| *tüketici* ‚Verbraucher' + | *kredi* ‚Kredit' | *tüketici kredisi* ‚Verbraucherkredit' |
| *insan* ‚Mensch' + | *haklar* ‚Rechte' | → *insan hakları* ‚Menschenrechte' |
| *anneler* ‚Mütter' + | *gün* ‚Tag' | → *anneler günü* ‚Muttertag' |
| *saat on* ‚zehn Uhr' + | *tren* ‚Zug' | → *saat on treni* ‚der Zehn-Uhr-Zug' |
| *yumurta* ‚Ei' + | *sarı* ‚gelb' | → *yumurta sarısı* ‚Eigelb' |
| *Boğaziçi* ‚Bosporus' + | *köprü* ‚Brücke' | → *Boğaziçi Köprüsü* ‚Bosporus-Brücke' |

Wortverkettungen werden oft zusammengeschrieben, wenn ein Einzelteil verblasst:

| *hava* ‚Luft' + | *alan* ‚Platz' | → *havaalanı* ‚Flugplatz' |
|---|---|---|
| *ceza* ‚Strafe' + | *ev* ‚Haus' | → *cezaevi* ‚Strafanstalt' |
| *zeytin* ‚Olive' + | *yağ* ‚Fett, Öl' | → *zeytinyağı* ‚Olivenöl' |
| *su* ‚Wasser' + | *çiçek* ‚Blume; Pocken' | → *suçiçeği* ‚Windpocken' |
| *deniz* ‚Meer' + | *alt* ‚das Unten' | → *denizaltı* ‚Unterseeboot' |
| *ayak* ‚Fuß' + | *kap* ‚Hülle' | → *ayakkabı* ‚Schuh' |

- Der Plural von *ayakkabı* ‚Schuh' kommt übrigens als *ayakkabılar* und *ayakkapları* vor; bei der ersten Variante wird die Wortverkettung nicht mehr empfunden.
- Manche Wortverkettungen werden auch alternativ mit oder ohne Possessivsuffix gebraucht; das kommt bei Straßen- und Ortsnamen sowie insbesondere im „Küchentürkisch" vor: *Su Terazisi Sokağı ~ Su Terazisi Sokak* ‚Wasserwaagenstraße', *Çoban Salatası ~ Çoban Salata* ‚Hirtensalat'.

Ein Teil der oben angegebenen Begriffe hat ihren Platz im Wörterbuch. Aber das System der Wortverkettung ist viel umfassender, und oft fallen die deutschen Übersetzungen recht unterschiedlich aus: *Türkiye Cumhuriyeti* ‚Republik Türkei', *Almanya Federal Cumhuriyeti* ‚Bundesrepublik Deutschland', *İstanbul Üniversitesi* ‚Universität Istanbul', *Türkoloji Enstitüsü* ‚Institut für Turkologie', *Berlin şehri* ‚die Stadt Berlin', *Ağrı Dağı* ‚der Berg Ararat', *Tuna Nehri* ‚der Strom Donau', *2012 yılı* ‚das Jahr 2012', *Bursa şeftalisi* ‚Bursa-Pfirsiche/Pfirsiche aus Bursa'.

Es ist möglich, eine bestehende Wortverkettung als Bestimmungswort zu einem neuen Grundwort zu verwenden. Dann wird wieder verkettet, z.B. *Türkçe kursu* ‚Türkischkurs' + *öğretmen* ‚Lehrer' → *Türkçe kursu öğretmeni* ‚Türkischkurslehrer'.

Will man jedoch **vor** eine Wortverkettung ein zusätzliches Bestimmungswort setzen, wird das Possessivsuffix **nicht** doppelt gesetzt, z.B. *dünya* ‚Welt' + *kadınlar günü* ‚Frauentag' → *Dünya Kadınlar Günü* ‚Weltfrauentag'.

✓ **Keine Doppelsetzung von Possessivsuffixen.**

- Soll an eine Wortverkettung **-lI** oder **-sIz** (☞ 4.2) angefügt werden, wird kein Possessivsuffix als Verkettungselement benötigt: *Hindistan* ‚Indien' + *ceviz* ‚Walnuss' → *Hindistan cevizi* ‚Kokusnuss' → *Hindistan cevizli dondurma* ‚Speiseeis mit Kokusnuss' → *Hindistan cevizsiz dondurma* ‚Speiseeis ohne Kokusnuss'.
- Angenommen, jemand sagt *Bugün Sevgililer Günü* ‚Heute ist Valentinstag' und der Hörer hat nicht genau mitbekommen, was für ein Tag heute ist, dann wird er in folgender Form nachfragen: *Ne günü?* ‚Was für ein Tag?', d.h. auch *ne* ‚was' wird mit dem Grundwort verkettet. Es ist auch möglich, sich in dieser Weise auf einen vorhergehenden Begriff zurückzubeziehen, z.B. *Zahmet etmeyin! – Ne zahmeti!* ‚Machen Sie sich keine Mühe/Umstände! – Was (heißt) Mühe/Umstände!'.

Die Wortverkettungen können sehr lang sein: *Banknot Matbaası Genel Müdürlüğü* ‚Generaldirektion der Banknotendruckerei', *Türkiye Cumhuriyeti Frankfurt Başkonsolosluğu Maliye Ataşesi* ‚Attaché für Finanzen des Generalkonsulats Frankfurt der Republik Türkei', *Ankara Üniversitesi Dil ve Tarih-Coğrafya Fakültesi Dilbilim Bölümü kurucusu* ‚Gründer der Abteilung Linguistik an der Fakultät Sprache und Geschichte-Geographie der Universität Ankara', *İstanbul Üniversitesi İktisat Fakültesi İşletme Ekonomisi Kürsüsü Profesörü* ‚Lehrstuhlinhaber für Betriebswirtschaftslehre an der Wirtschaftswissenschaftlichen Fakultät der Universität Istanbul'.

☑ **Wortverkettungen mit Nationalitäts- und Religionsbegriffen**

Nationalitäts- und Religionsbegriffe werden **immer** mit dem Folgewort verkettet, wenn es sich *nicht* um Menschen handelt. Damit ist der Ursprung oder die Zugehörigkeit gemeint:

*Türk lokantası* ‚türkisches Restaurant'   *Alman yemeği* ‚deutsches Essen'
*Türk kahvesi* ‚türkischer Mokka'   *Alman edebiyatı* ‚deutsche Literatur'
*Yunan müziği* ‚griechische Musik'   *Amerikan sigarası* ‚amerikanische Zigaretten'
*İslam dini* ‚islamische Religion'   *Protestan kilisesi* ‚evangelische Kirche'

> ✓ *Türk kitabı* ‚türkisches Buch' (= türkischer Herkunft), *Türkçe kitabı* ‚Türkischbuch' (= Lehrbuch für Türkisch), *Türkçe kitap* ‚Buch auf Türkisch'.

Das gleiche System kann auch für Menschen angewandt werden. So besagt ein *Alman futbolcusu* ‚deutscher Fußballspieler' lediglich, dass der Fußballspieler zu den Deutschen gehört. Über seine Nationalität oder seinen ethnischen Ursprung wird nichts ausgesagt. Ist er kein Deutscher, kann man präzisieren: *Türk asıllı Alman futbolcusu* ‚deutscher Fußballspieler türkischer Herkunft'.

Aber man findet auch *Türk öğrencileri/işçileri* ‚türkische Schüler/Arbeiter', und es sind tatsächlich Türken gemeint. Damit wird ausgesagt, dass sie zu den Türken gehören, z.B. in einer Schule oder einer Firma. Oder *Türk çocukları* ‚Türkenkinder' besagt, dass die Eltern Türken sind.

- Diese Begriffe werden jedoch nicht verkettet, wenn sie eine Identität bezeichnen: *Türk baba* ‚türkischer Vater' (Vater = Türke), *Türk öğrenciler* ‚türkische Schüler/Studenten' (Schüler/Studenten = Türken), *Amerikalı subay* ‚amerikanischer Offizier' (Offizier = Amerikaner), *Hıristiyan rahip* ‚christlicher Mönch' (Mönch = Christ).

> ● Ein *\*Türk kahve* ist falsch. Das wäre ein ‚Kaffee = Türken'.

Weitere Beispiele:
Türk Dil Kurum**u** ‚Türkische Sprachgesellschaft' (Sitz in Ankara, Abkürzung TDK)
Türk Dil**i** Kurum**u** ‚Gesellschaft für türkische Sprache'
Türk edebiyat tarih**i** ‚türkische Literaturgeschichte'
Türk edebiyat**ı** tarih**i** ‚Geschichte der türkischen Literatur'
Alman dil ve edebiyat yazıları ‚deutsche Sprach- und Literaturschriften'
Alman dil**i** ve edebiyat**ı** yazıları ‚Schriften zur deutschen Sprache und Literatur'

> ☺ **Faustregel:**
> Mit dem Possessivsuffix werden Substantive zu einem neuen **Gesamtbegriff** verkettet. Der so gebildete Gesamtbegriff kann wiederum als Bestimmungswort für eine weitere Wortverkettung dienen.

> ✓ Im Regelfall kann in eine Wortverkettung kein Adjektiv eingeschoben werden, es muss davor stehen: *pahalı fotoğraf makinesi* ‚teurer Fotoapparat'. Ob überhaupt ein Adjektiv dazwischen stehen kann, löst unter Türken seit Jahrzehnten immer wieder Diskussionen aus. Wir meinen: Ja!, z.B. wenn das Grundwort bereits mit einem adjektivischen Attribut versehen ist: Berlin + **Hür** Üniversite → Berlin Hür Üniversitesi ‚Freie Universität Berlin'; ***Eski** Türk Edebiyatı Profesörü* ‚Professor für alttürkische Literatur', aber *Türk Edebiyatı **eski** Profesörü* ‚emeritierter Professor für türkische Literatur' (vgl. Ö. A. AKSOY 1991: 183f.).

## 4.5 Nebeneinanderstellung (Nominalkomposita)

**I.** Wie auf der vorherigen Seite schon erwähnt, gibt es auch die bloße Nebeneinanderstellung zweier Substantive. Manche werden zusammengeschrieben.

- Das zweite Substantiv bezeichnet eine Identität zum ersten:

  *kız öğrenci* ‚Schülerin' (Schüler = Mädchen)
  *öğrenci kız* ‚Schulmädchen' (Mädchen = Schüler)
  *komşu ülkeler* ‚Nachbarländer' (Länder = Nachbarn)
  *misafir işçiler* ‚Gastarbeiter' (Arbeiter = Gast) [Gut, dass dieser Ausdruck veraltet ist.]

- Das erste Substantiv ist eine Materialangabe:

  *yün kazak* ‚Wollpullover' (wollner Pullover)
  *altın yüzük* ‚Goldring' (goldener Ring)
  *asfalt yol* ‚Asphaltstraße' (Straße aus Asphalt)

- Die Substantive bezeichnen ein nebengeordnetes Verhältnis:

| | | | |
|---|---|---|---|
| *alış* ‚Kauf' | + *veriş* ‚Übergabe' | → *alışveriş* ‚Einkauf' |
| *gidiş* ‚Hinfahrt' | + *dönüş* ‚Rückfahrt' | → *gidiş dönüş* ‚Hin- und Rückfahrt' |

- Das erste Substantiv ist direktes Objekt zum zweiten Nomen:

| | | |
|---|---|---|
| *hasta* ‚krank' | + *bakıcı* ‚sich kümmernd' | → *hasta bakıcı* ‚Krankenpfleger' |
| *iş* ‚Arbeit' | + *veren* ‚gebend' | → *iş veren* ‚Arbeitgeber' |
| *gök* ‚Himmel' | + *delen* ‚durchbohrend' | → *gökdelen* ‚Wolkenkratzer' |
| *buz* ‚Eis' | + *kıran* ‚brechend' | → *buzkıran* ‚Eisbrecher' |
| *bilgi* ‚Wissen' | + *sayar* ‚er zählt' | → *bilgisayar* ‚Computer' |
| *et* ‚Fleisch' | + *yemez* ‚er isst nicht' | → *etyemez* ‚Vegetarier' |
| *bilgi* ‚Wissen' | + *kurtarma* ‚Rettung' | → *bilgi kurtarma* ‚Datenrettung' |

**II.** Zusammensetzungen aus einem Adjektiv oder einem adjektivisch gebrauchten Nomen und einem Substantiv werden meistens zusammengeschrieben.

| | | |
|---|---|---|
| *kara* ‚schwarz' | + *ciğer* ‚Leber/Lunge' | → *karaciğer* ‚Leber' |
| *ak* ‚weiß' | + *ciğer* ‚Leber/Lunge' | → *akciğer* ‚Lunge' |
| *kara* ‚schwarz' | + *deniz* ‚Meer' | → *Karadeniz* ‚Schwarzes Meer' |
| *kızıl* ‚rot' | + *haç* ‚Kreuz' | → *Kızılhaç* ‚Rotes Kreuz' |
| *orta* ‚Mitte' | + *çağ* ‚Epoche' | → *ortaçağ* ‚Mittelalter' |
| *ön* ‚Vorderes' | + *yargı* ‚Urteil' | → *önyargı* ‚Vorurteil' |
| *bilir* ‚wissend' | + *kişi* ‚Person' | → *bilirkişi* ‚Sachverständiger' |

**III.** Merken Sie sich noch folgende Zusammensetzungen:

| | | |
|---|---|---|
| *ateş* ‚Feuer' | + *kes* ‚stell ab!' | → *ateşkes* ‚Waffenstillstand' |
| *gel* ‚komm!' | + *geç* ‚geh vorüber!' | → *gelgeç* ‚vorübergehend' |
| *uyur* ‚er schläft' | + *gezer* ‚er geht spazieren' | → *uyurgezer* ‚Schlafwandler' |
| *oldu* ‚es ist passiert' | + *bitti* ‚es ist fertig' | → *oldubitti* ‚vollendete Tatsache' |
| *vurdum* ‚ich habe geschlagen' | + *duymaz* ‚er hört nicht' | → *vurdumduymaz* ‚Unverbesserlicher' |

## Wortbildung mit Possessivsuffix oder Dativsuffix am Erstglied

- Mit Possessivsuffix am Erstglied

    Bei einigen Wortbildungen trägt das erste Wort das Possessivsuffix: *eli açık* (= seine Hand offen) ‚freigebig‘, *gözü aç* (= sein Auge hungrig) ‚Nimmersatt‘, *boynu bükük* (= sein Hals gebeugt) ‚niedergeschlagen‘, *alnı açık yüzü ak* (= seine Stirn offen, sein Gesicht rein) ‚tadellos‘. Ein türkisches Auberginengericht, bei der die Aubergine auf einer Seite längs eingeschnitten und gefüllt wird, heißt *karnıyarık* (= ihr Bauch gespalten).

- Mit Dativsuffix am Erstglied

    *içedönük* ‚introvertiert‘, *günebakan* ‚Sonnenblume‘.

### 4.6 Reduplikationen

## Intensivierungen

Aus Adjektiven, insbesondere Farbadjektiven, seltener aus Adverbien oder Substantiven, können Intensivformen gebildet werden. Sie werden in absolutem Sinn eingesetzt, an eine weitere Steigerung denkt der Sprecher nicht. So ist *ipince* ‚spindeldürr‘ das Absolutmaß an Dünnheit, während *incecik* ‚ganz dünn‘ noch Dünneres zuläßt.

Wenn das Wort mit Vokal beginnt, wird nur dieser Vokal wiederholt und **p** angehängt. Wenn das Wort mit Konsonant beginnt, werden die ersten beiden Laute des jeweiligen Begriffes wiederholt, mit **m**, **p**, **r** oder **s** versehen und gemeinsam vorn angefügt. Die reduplizierte Silbe wird betont. Hin und wieder gibt es sprecherabhängige Schwankungen, z.B. *yeni* ‚neu‘ → *yepyeni* oder (seltener) *yesyeni* ‚nagelneu‘. Einige dieser Intensivbildungen enthalten außerdem noch den Vokal **a** oder **e**:

| | | | | |
|---|---|---|---|---|
| açık | ‚offen‘ | → | **apa**çık | ‚offenkundig‘ |
| ıslak | ‚nass‘ | → | **ıp**ıslak | ‚klatschnass‘ |
| beyaz | ‚weiß‘ | → | **bem**beyaz | ‚schneeweiß‘ |
| siyah | ‚schwarz‘ | → | **sim**siyah | ‚pechschwarz‘ |
| yeşil | ‚grün‘ | → | **yem**yeşil | ‚grasgrün‘ |
| boş | ‚leer/frei‘ | → | **bom**boş | ‚leergefegt‘ |
| başka | ‚anders‘ | → | **bam**başka | ‚gänzlich anders‘ |
| karanlık | ‚Dunkelheit/dunkel‘ | → | **kap**karanlık | ‚stockdunkel‘ |
| kırmızı | ‚rot‘ | → | **kıp**kırmızı | ‚knallrot‘ |
| taze | ‚frisch‘ | → | **tap**taze | ‚ganz frisch‘ (Brot: *ofenfrisch*) |
| sarı | ‚gelb‘ | → | **sap**sarı | ‚quittegelb‘ |
| dolu | ‚voll‘ | → | **dop**dolu | ‚proppenvoll‘ |
| çabuk | ‚schnell‘ | → | **çar**çabuk | ‚blitzschnell‘ |
| temiz | ‚sauber‘ | → | **ter**temiz | ‚blitzsauber‘ |
| mavi | ‚blau‘ | → | **mas**mavi | ‚himmelblau‘ |
| yuvarlak | ‚rund‘ | → | **yus**yuvarlak | ‚kugelrund‘ |
| belli | ‚klar‘ | → | **bes**belli | ‚sonnenklar/offenkundig‘ |
| doğru | ‚gerade‘ | → | **dos**doğru | ‚schnurgeradeaus‘ |

| | | | |
|---|---|---|---|
| *yalnız* | ‚allein' | → | ***yapá**yalnız* ‚mutterseelenallein' |
| *sağlam* | ‚gesund' | → | ***sapá**sağlam* ‚kerngesund' |
| *gündüz* | ‚(lichter) Tag' | → | ***güpé**gündüz* ‚der helllichte Tag' |

Noch ein paar Beispiele im Kontext:

| | |
|---|---|
| Dudakların **mos**mor. | ‚Deine Lippen sind *ganz blau* (dunkelviolett).' |
| Hayat **düm**düz değildir. | ‚Das Leben verläuft nicht *völlig eben*.' |
| **Düpé**düz yalan söyledin. | ‚Du hast *rundheraus* gelogen.' |
| Pantolonum **parám**parça. | ‚Meine Hose ist *zerfetzt*.' |
| **Çırıl**çıplak denize girdiler. | ‚Die sind *splitterfasernackt* ins Meer gegangen.' |
| Odan yine **karmá**karışık. | ‚Dein Zimmer ist wieder *restlos durcheinander*.' |
| **Sırıl**sıklam olmuşsun. | ‚Du bist ja *pudelnass (geworden)*.' |

## ⇨ Reimdoppelungen

Eine oft genutzte Möglichkeit ist, ein Wort zu wiederholen und mit **m** beginnen zu lassen. (Das geht nur bei solchen Wörtern, die nicht schon mit **m** beginnen.) Beginnt das erste Wort mit Vokal, wird das **m** hinzugefügt, beginnt es mit Konsonant, wird der Konsonant ausgetauscht. Damit fügt der Sprecher noch etwas hinzu, ohne sich genau zu äußern, was es ist.

| | |
|---|---|
| Bilgisayarım eski **meski**, ama çalışıyor. | ‚Mein Computer ist zwar alt und so, aber er funktioniert.' |
| Cepte para **mara** yok. | ‚Kein Geld und so in der Tasche.' |
| Döner **möner** yemek istemiyorum. | ‚Döner und so will ich nicht essen.' |
| Paula'yı **Maula**'yı davet etmeyeceğim. | ‚Paula und so werde ich nicht einladen.' |

**Merke gesondert:**
Man kann auch **falan** oder **filan** „und so (ähnliches)" hinzufügen oder voranstellen:

| | |
|---|---|
| Eczaneye **falan** gidiyorum. | ‚Ich gehe in die Apotheke und so.' |
| Eczaneye **falan filan** gidiyorum. | ‚Ich gehe in die Apotheke und dergleichen.' |
| **Falan** tarihte **falan** kişi ile flört ediyordun. | ‚An dem und dem Datum hast du mit der und der Person geflirtet.' |

## 4.7 Wort- und Inhaltswiederholungen

Wort- und Inhaltswiederholungen spielen im Türkischen eine große Rolle; mit diesem Stilmittel kann der Sinn eines Wortes verstärkt, abgeschwächt oder auch verändert werden. Fast durch alle Wortarten hindurch kann das in den mannigfaltigsten Varianten beobachtet werden: Mal wird das gleiche Wort wiederholt, mal ein gegensätzliches, mal ein ähnliches, um nur einige Möglichkeiten anzudeuten.

- Verstärkungen durch Wortwiederholung unter Einschub der Fragepartikel **mI**:

| | |
|---|---|
| Komşunun oğlu *terbiyesiz mi terbiyesiz*. | ‚Der Sohn des Nachbarn ist *ja so was von ungezogen*.' |
| Patronumuz *cimri mi cimri*! | ‚Unser Chef ist ja *so was von geizig*!' |

- Verstärkungen:

| | |
|---|---|
| Okulumuzda *güzel güzel* kızlar var. | ‚In unserer Schule sind *lauter schöne* Mädchen.' |
| *güzelin güzeli* bir kız | ‚ein *wunderschönes* Mädchen' |
| *dünyalar güzeli* bir oğlan | ‚ein Knabe *von einsamer Schönheit*' |
| *Kapı kapı* dolaştım, iş bulamadım. | ‚Ich bin *von Tür zu Tür* gelaufen, habe aber keine Arbeit finden können.' |
| *Sabah sabah* ne rahatsız ediyorsun? | ‚Was störst du *schon in aller Frühe*?' |
| Ne *yüzsüz yüzsüz* gülüyorsun? | ‚Was lachst du so *ganz unverschämt*?' |
| *Vakitli vakitsiz* telefon etme! | ‚Ruf nicht *zu allen passenden und unpassenden Zeiten* an.' |
| *Sağda solda* dolaşma! | ‚Lauf nicht *da und dort* herum.' |

- Lexikalisierte Wortwiederholungen:

| | |
|---|---|
| *Yorgun argın* eve geldim. | ‚Ich bin *restlos erschöpft* nach Hause gekommen.' |
| Yine *saçma sapan* konuşuyorsun. | ‚Du redest wieder *lauter Unsinn*.' |
| Böyle *yırtık pırtık* dolaşma! | ‚Lauf nicht so *abgerissen* umher.' |
| *Çoluk çocukla* piknik yaptık. | ‚Wir haben *mit Kind und Kegel* gepicknickt.' |
| *Ivır zıvırını* topla! | ‚Räum deinen *Krimskrams* auf.' |

- Wortwiederholungen in adverbialer Funktion:

| | |
|---|---|
| *Rahat rahat* otur. | ‚Setz dich *ganz bequem* hin.' |
| Arabayı *yavaş yavaş* sür. | ‚Fahr das Auto *ganz langsam*.' |
| İşini *çabuk çabuk* bitir. | ‚Mach deine Arbeit *ganz schnell* fertig.' |
| Makalemi *yer yer* değiştirdim. | ‚Meinen Aufsatz habe ich *stellenweise* geändert.' |
| *Aşağı yukarı* bir saat sonra geleceğim. | ‚Ich werde *ungefähr* in einer Stunde kommen.' |
| *Kendi kendime* Türkçe öğreniyorum. | ‚Ich lerne *ganz allein* Türkisch.' |
| *Yan yana* oturalım. | ‚Setzen wir uns *nebeneinander*.' |

Viele solcher Wort- und Inhaltswiederholungen sollte man im Zusammenhang lernen. Darunter fallen auch solche Verdoppelungen, die der Lautmalerei entstammen oder mit Lautwiederholungen gebildet sind:

| | |
|---|---|
| Ölüm haberini duyunca *hüngür hüngür* ağladım. | ‚Als ich die Todesnachricht hörte, habe ich *laut schluchzend* geweint.' |
| Yollar *vıcık vıcık* çamurlu. | ‚Die Wege sind *total (quatschend)* matschig.' |
| *Paldır küldür* odaya girdi. | ‚Er ist *holterdiepolter* ins Zimmer gekommen.' |
| Araba *langur lungur* gidiyordu. | ‚Das Auto fuhr *rumpelnd* dahin.' |
| *Mırın kırın* etmeden yatmaya git. | ‚Geh *ohne Widerrede* schlafen!' |

# 5 Das Substantiv

## 5.1 Übersicht

> Im Türkischen existieren viele Substantive, die ohne besondere Markierung wie ein Adjektiv verwendet werden können, z.B. *Türk* ‚Türke, Türkin; türkisch'. Eine immens große Zahl an Adjektiven hingegen kann die Aufgabe eines Substantivs übernehmen, z.B. *hasta* ‚krank; Kranke(r)'. Die Wortstellung erlaubt eine Zuordnung:
>
> Genç **hasta** doktora gitti.      ‚Der junge *Kranke* ist zum Arzt gegangen.'
> **Hasta** genç doktora gitti.      ‚Der *kranke* junge Mann ist zum Arzt gegangen.'

## 5.2 Fehlendes Genus (grammatisches Geschlecht)

Das Türkische kennt **kein grammatisches Geschlecht**, das die Substantive in *maskulin*, *feminin* und *neutral* einteilt. Es kommt aber bei einigen Lehnwörtern vor, z.B. *masör* ‚Masseur', *masöz* ‚Masseurin', *kral* ‚König', *kraliçe* ‚Königin', *prens* ‚Prinz', *prenses* ‚Prinzessin'. Nach dem Muster *kraliçe* ‚Königin' ist aus dem schon im Alttürkischen belegten Wort *tanrı* ‚Gott' die Neubildung *tanrıça* ‚Göttin' geschaffen worden. Übrigens, *tanrı* ist auch im Plural für ‚Götter' verwendbar, *Allah* nicht.

Einige wenige Wortpaare, die das Türkische aus dem Arabischen entlehnt hat, werden noch verwendet, z.B. *merhum* ‚Verstorbener', *merhume* ‚Verstorbene', *rahip* ‚Mönch', *rahibe* ‚Nonne'.

Für das **natürliche Geschlecht** gibt es zum Teil getrennte Begriffe, z.B. *anne* ‚Mutter', *baba* ‚Vater', *inek* ‚Kuh', *öküz* ‚Ochse'.

Geschlechtspezifisch wird unterschieden:

*kadın* ‚Frau'  ↔  *erkek* ‚Mann' (auch für Tiere)
*kız* ‚Mädchen, Tochter'  ↔  *erkek* ‚Junge'
*dişi* ‚Weibchen, weiblich' (für Frauen, aber auch für Tiere)

Der Begriff *kadın* wird auch für unverheiratete Frauen eingesetzt, die schon eine intime Liebesbeziehung hatten. Jungfrauen sind nach türkischem Verständnis *kız*.

Daneben gibt es noch den Begriff *adam* (< Adem), der sowohl für „Mann" als auch für „Mensch" eingesetzt wird. So kann man bei *adam* nicht immer sicher sein, dass es sich um einen Mann handelt.

Ein geschlechtsloses Substantiv kann folgendermaßen präzisiert werden:

*kız arkadaş* ‚Freundin'  ↔  *erkek arkadaş* ‚Freund'
*kadın doktor* ‚Ärztin'  ↔  *doktor* ‚Arzt' (neutral)
*dişi kedi* ‚Katze'  ↔  *erkek kedi* ‚Kater'

## 5.3 Numerus (Singular und Plural)

Die Nennform des Substantivs wird **Singular** genannt. Sie kann die ganze Gattung betreffen: *Ağaç bir bitkidir* ‚Der Baum ist eine Pflanze'. Genau genommen enthält die Singularform der türkischen Substantive überhaupt keine Information über die Anzahl oder die Menge. Sie ist *numerusneutral* und gibt eine **Klassenzugehörigkeit** an. In (1) sehen Sie, dass eine Anzahl oder Menge nicht zur Debatte steht. Für das Türkische gilt in (2) das gleiche System, im Deutschen muss der Plural eingesetzt werden:

(1) *Ekmek, peynir, çay, çikolata aldım.*
‚Ich habe Brot, Käse, Tee und Schokolade gekauft.'

(2) *Zeytin, soğan, domates, salatalık aldım.*
‚Ich habe Oliven, Zwiebeln, Tomaten und Gurken gekauft.'

Manchmal gibt es auch zwei *Lesarten* (Lesart bedeutet Interpretationsmöglichkeit): *Kitap aldım* ‚Ich habe ein Buch/Bücher gekauft'. In einem solchen Fall hilft oft – aber nicht immer – der Kontext, die eine oder andere Übersetzungsmöglichkeit zu wählen.

Sollte die Anzahl oder die Menge relevant sein, kann der Sprecher eine Zahl nennen. Das Substantiv bleibt dann im Singular. Natürlich kann auch der Hörer nachfragen.

(3) *Üç tane kavun aldım.*
‚Ich habe drei (Stück) Honigmelonen gekauft.'

(4) *Yumurta aldım. – Kaç tane? – Yirmi tane.* (*kaç* fragt nach zählbaren Einheiten)
‚Ich habe Eier gekauft. – Wie viele? – Zwanzig Stück.'

(5) *Kıyma aldım. – Ne kadar? – Bir buçuk kilo.* (*ne kadar* fragt nach Mengen)
‚Ich habe Hackfleisch gekauft. – Wie viel? – Anderthalb Kilo.'

> ✓ Nach Zahlen und *einigen* Mengenausdrücken steht das Substantiv im Singular:
> *iki bira* ‚zwei Bier', *beş su* ‚fünf Wasser', *on yumurta* ‚zehn Eier'.
> *Kaç kişi? – Dört kişi.* ‚Wie viele Personen? – Vier Personen.'
> *az salata* ‚wenig Salat', *çok iş* ‚viel Arbeit', *çok kitap* ‚viele Bücher' (Mengenangabe), *birçok kitap* ‚viele Bücher' (zählbare Angabe), *birkaç kitap* ‚einige Bücher'.

Es gibt auch einige **Sammelnamen**, bei denen man weiß, dass verschiedene Elemente dazugehören, z.B. *aile* ‚Familie', *meyve* ‚Obst', *sürü* ‚Herde', *ordu* ‚Heer'.

Darüber hinaus können die Substantive eingeteilt werden in **Konkreta** wie *çocuk* ‚Kind', *ev* ‚Haus' sowie Eigennamen (*İstanbul*) und **Abstrakta** wie *hastalık* ‚Krankheit'.

## 5.4 Zur Pluralverwendung

Das Pluralsuffix lautet **-lAr** und wird betont (☞ 2.1.1). Die Verwendung des Plurals weicht teilweise vom Deutschen ab. Mit dem Pluralsuffix trennt sich der Sprecher von der Nennung einer Klasse; entweder trennt er individuelle Elemente *ab*, oder er teilt die Klasse in Einzelelemente *auf*. Äußerst häufig fasst er dabei mit **-lAr** verschiedenartige Elemente der Klasse zusammen: *insanlar* ‚Menschen', *köpekler* ‚Hunde', *ağaçlar* ‚Bäume', *kitaplar* ‚Bücher', *peynirler* ‚Käsesorten', *şaraplar* ‚Weine'.

(1) *Çikolata**lar** aldım.* (Der Sprecher sagt, dass es diverse Schokoladen sind.)
 ‚Ich habe Schokoladen gekauft.'
  ← *Çikolata aldım.* (Der Sprecher äußert sich nicht über die Anzahl.)
   ‚Ich habe Schokolade gekauft.'
(2) *Oyuncak**lar** aldım.* (Der Sprecher sagt, dass es diverse Spielsachen sind.)
 ‚Ich habe Spielsachen gekauft.'
  ← *Oyuncak aldım.* (Der Sprecher äußert sich nicht über die Anzahl.)
   ‚Ich habe Spielzeug gekauft.'
(3) *On beş dakika sonra bir tablayla çıkageldi. Üzerinde çakmak**lar**, tespih**ler**, ayna**lar**, çorap**lar**, tıraş sabun**ları**, el krem**leri** vardı.* (Mİ, BNA, 74)
 ‚Fünfzehn Minuten später tauchte er mit einem Tragbrett auf. Darauf waren Feuerzeuge, Gebetsketten, Spiegel, Strümpfe, Rasierseifen und Handcremes.'

Manchmal muss man sich das Verständnis solcher Pluralformen durch Zusätze erleichtern: *kar* ‚Schnee' → *karlar* ‚Schneemassen', *yağmur* ‚Regen' → *yağmurlar* ‚Regenfälle', *ateş* ‚Fieber" → *ateşler* ‚Fieberwallungen'; *Karşıdaki evden dumanlar çıkıyor* ‚Aus dem Haus gegenüber kommen Rauchschwaden'.

Unter dem Gesichtspunkt Verschiedenartigkeit können auch Substantive mit **-lAr** versehen werden, die im Deutschen nur im Singular stehen. Damit wird keine Mehrzahl ausgedrückt, sondern die Klasse für eine begrenzte Zeitdauer gegliedert.

(4) *Antalya'da hava**lar** nasıl?* (Der Sprecher spricht die veränderliche Wetterlage an.)
 ‚Wie ist das Wetter [derzeit] in Antalya?'
  ← *Antalya'da hava nasıl?* (Der Sprecher erfragt das Wetter im Allgemeinen.)
   ‚Wie ist das Wetter in Antalya?'
(5) *Sular kesik.* (Im ganzen Haus oder Stadtviertel für eine gewisse Zeit.)
 ‚Das Wasser ist abgestellt.'

- Ein weiteres Phänomen des Pluralsuffixes ist, einem als Einzahl zu interpretierenden Begriff Wichtigkeit beizumessen: *Başıma gökler yıkıldı* ‚Über mir brach der Himmel zusammen'.

Der türkische Sprecher wird vom Singular in den Plural wechseln, wenn er über eine Mehrheit spricht, die für ihn konkrete Konturen angenommen hat:

(6) A – Çocuğunuz var mı?           A – ‚Haben Sie Kinder?'
(7) B – Çocuğum var.                 B – ‚Ich habe Kinder.'
(8) A – Kaç çocuğunuz var?           A – ‚Wie viele Kinder haben Sie?'
(9) B – İki çocuğum var.             B – ‚Ich habe zwei Kinder.'
(10) A – Çocuk**ları**nız kız mı, erkek mi?   A – ‚Sind Ihre Kinder Mädchen oder Jungen?'
(11) B – Çocuk**lar**ım kız.         B – ‚Meine Kinder sind Mädchen.'

In (6)–(9) geht es um das, was zur Klasse „Kinder" gehört. In (10)–(11) hingegen geht es um die „spezifischen Kinder" des Hörers; das Pluralsuffix wird zwingend. Bei einer Frage wie (6) hingegen kann der Sprecher wählen, ob er sie ohne oder mit Pluralsuffix stellt.

Fügt man das Pluralsuffix an Eigennamen an, können mehrere Personen desselben Namens gemeint sein oder – häufiger – die genannte Person und ihre Familienangehörigen: *Mustafalar* ‚Mustafa und seine Familie', wobei nicht ganz deutlich ist, wer alles dazugezählt wird, vergleichbar mit deutschem „*Meiers* kommen heute".

- Werden Adjektive mit dem Pluralsuffix versehen, sind sie substantiviert gebraucht: *Büyükler bu tarafta, küçükler öbür tarafta* ‚Die Großen sind auf dieser Seite, die Kleinen auf der anderen Seite'.

---

✓ Die Regel, dass nach Zahlen und einigen Mengenausdrücken das Substantiv im Singular steht, muss ergänzt werden:

Begriffe, die das Zahlwort *bir* ‚eins' bei sich führen, können das Pluralsuffix erhalten:

| | |
|---|---|
| *Bir* şey**ler** aldım. (Verweis auf mehrere, verschiedene Dinge) | ‚Ich habe einiges (*ein paar Dinge*) gekauft.' |
| *Bir* zaman**lar** bir kral varmış. (Verweis auf einen größeren, gegliederten Zeitabschnitt) | ‚Es war *einmal* ein König.' |

Bei einer Mehrheit, die ein *Unikat* (etwas Einzigartiges) und bekannt ist, steht auch nach Zahlen der Plural:

| | |
|---|---|
| Pamuk Prenses ve Yedi Cüce**ler** | ‚Schneewittchen und *die* sieben Zwerge' |
| Ali Baba ve Kırk Harami**ler** | ‚Ali Baba und *die* vierzig Räuber' |
| Üç Silâhşor**lar** | ‚*Die* drei Musketiere' |
| **Aber:** | |
| On Küçük Zenci (Agatha Christie) | ‚Zehn kleine Negerlein' |

Plural nach Mengenausdrücken:

| | |
|---|---|
| Benden *çok* selam**lar** | ‚viele (einzelne) Grüße von mir' |
| Türk diliyle ilgili *birçok* kitap**lar**, makale**ler**, sözlük ve ansiklopedi**ler** çıktı. | ‚Im Zusammenhang mit der türkischen Sprache sind viele(rlei) Bücher, Artikel, Wörterbücher und Enzyklopädien erschienen.' |

---

☺ **Faustregel:**

Der Sprecher verwendet **-lAr**, wenn er

1. *bestimmte* Personen bzw. Dinge meint oder
2. *nicht auf bestimmte*, aber auf mehrere individuelle Personen bzw. verschiedene Dinge hinweisen will,
3. sich auf eine Person und deren Angehörige bezieht.

| | |
|---|---|
| Turist**ler** Alman. | ‚Die Touristen sind Deutsche.' |
| Bilgisayar**lar** pahalı. | ‚Computer sind teuer.' |
| Suzan**lar** Türk. | ‚Suzan und ihre Familie sind Türken.' |

## 5.5 Bestimmtheit – Unbestimmtheit

Ein wichtiger Aspekt in der Kommunikation und auch bei der Textgestaltung ist die Möglichkeit, ein Nomen oder eine Nomengruppe als **bestimmt** oder **unbestimmt** darzustellen. Dazu bedient sich das Deutsche der Artikel. Und wie wird das Problem im Türkischen gelöst?

Zunächst einmal durch die Wortstellung; die Anfangsstellung eines Substantivs im Satz *tendiert* dazu, **bestimmt** verstanden zu werden:

| | |
|---|---|
| **Öğretmen** Türk. | ‚*Der* Lehrer ist Türke.' |
| **Turistler** Alman değil. | ‚*Die* Touristen sind keine Deutschen.' |
| **Su** ucuz. | *Aber:* ‚Wasser ist billig.' |

Hinzu kommen die Demonstrativpronomen **bu** und **o** (☞ 7.4) und das Possessivsuffix der 3. Pers. Sg. (☞ 5.7).

| | |
|---|---|
| **Bu** sözlük sizin mi? | ‚Gehört Ihnen *dieses* Wörterbuch?' |
| **O** adam kim? | ‚Wer ist *der* Mann dort?' |
| Üzüm var. Kilo**su** iki liraya. | ‚Es gibt Weintrauben. *Das* Kilo zu zwei Lira.' |

Zwei der Kasus, nämlich Genitiv und Akkusativ (☞ 5.9), werden überwiegend für *bestimmt* gebrauchte Nomen eingesetzt.

Das Zahlwort **bir** ist nur eingeschränkt mit dem deutschen unbestimmten Artikel vergleichbar, der häufig gesetzt werden *muss*. Es wird verwendet, wenn genau auf *eine* Person oder *eine* Sache zurückgegriffen werden soll. Möchte der Sprecher dieses eine Element mit einem Adjektiv charakterisieren, steht **bir** zwischen dem Adjektiv und dem Substantiv:

| | |
|---|---|
| Yasemin **iyi bir** insan. | ‚Yasemin ist *ein guter* Mensch.' |

Die Reihenfolge **bir** + Adjektiv gibt es auch, wenn das Adjektiv mit dem Substantiv eine enge *bekannte* Einheit eingeht:

| | |
|---|---|
| Aylin **bir genç** kız. | ‚Aylin ist *ein junges* Mädchen.' |
| → Aylin **hoş bir genç** kız. | ‚Aylin ist *ein nettes junges* Mädchen.' (Im Deutschen ohne Komma.) |
| → Aylin **hoş, genç bir** kız. | ‚Aylin ist *ein nettes, junges* Mädchen.' (Im Deutschen mit Komma.) |

---

☺ **Faustregel:**

**Bestimmt** wird etwas Bekanntes oder Identifizierbares dargestellt oder etwas, wovon schon die Rede war:

| | |
|---|---|
| **Misafir** yarın gelecek. | ‚*Der* Besuch wird morgen kommen.' |
| **Gazete** nerede? | ‚Wo ist *die* Zeitung?' |
| Orada bir köy var. **Bu** köy bizim köyümüz. | ‚Dort ist ein Dorf. *Das* Dorf ist unser Dorf.' |

**Unbestimmt** wird etwas Neues oder Unbekanntes dargestellt:

| | |
|---|---|
| **Çiçek** getirdim. | ‚Ich habe *Blumen* mitgebracht.' |
| Siyah **bir pantolon** almak istiyorum. | ‚Ich möchte *eine* schwarze Hose kaufen.' |

## 5.6 Spezifisch – nicht spezifisch

Jetzt verfeinern wir den Punkt 5.5 noch etwas: Der Sprecher formuliert ein Subjekt oder direktes Objekt als **bestimmt** oder **unbestimmt**.

Alles, was er **bestimmt** formuliert, ist gleichzeitig für ihn **spezifisch**. Die Aussagen können für den Hörer identifizierbar oder evtl. auch **nicht** identifizierbar sein.

Alles, was er **unbestimmt** formuliert, ist für ihn **spezifisch** *oder* **nicht spezifisch**, also ganz unbestimmt. Die Aussagen sind für den Hörer *oft* **nicht** identifizierbar.

|  | Für den Sprecher[1] | |
|---|---|---|
| Für den Hörer | spezifisch | nicht spezifisch |
| identifizierbar | *Güneş battı.* ‚Die Sonne ist untergegangen.' *Güneşi görüyorum.* ‚Ich sehe die Sonne.' | *Para her şey değil.* ‚Geld ist nicht alles.' *Sebze severim.* ‚Ich mag Gemüse.' |
| nicht identifizierbar | *Bir arkadaşım telefon etti.* ‚Ein Freund von mir hat angerufen.' *Oğluma bir hediye aldım.* ‚Ich habe für meinen Sohn ein Geschenk gekauft.' (ein bestimmtes) | *Buralarda bir otel var mı?* ‚Gibt es hier in der Gegend ein Hotel?' *Oğluma bir hediye alacağım.* ‚Ich werde für meinen Sohn ein Geschenk kaufen.' (ein beliebiges) |

Die Unterscheidung *spezifisch – nicht spezifisch* ist nicht immer ganz deutlich herauszulesen/herauszuhören. So muss folgendes Beispiel interpretiert werden:

Mesut sarışın **bir** kızla evlenmek istiyor. ‚Mesut möchte ein blondes Mädchen heiraten.'
(a) Er möchte (irgend)ein Mädchen heiraten, aber es muss blond sein.
(b) Er möchte ein Mädchen heiraten, das blond ist und das er im Sinn hat.

In einigen Fällen tritt im Türkischen die Unterscheidung *spezifisch – nicht spezifisch* deutlicher zu Tage als im Deutschen. Sehen wir uns folgende Beispiele an:

(1) Kütüphanede **kitabı** aradım, ama bulamadım.  ‚Ich habe in der Bibliothek *das Buch* gesucht, aber nicht gefunden (= finden können).'
(2) Kütüphanede **bir kitabı** aradım, ama bulamadım.  ‚Ich habe in der Bibliothek nach *einem (bestimmten) Buch* gesucht, aber nicht gefunden.'
(3) Kütüphanede **bir kitap** aradım, ama bulamadım.  ‚Ich habe in der Bibliothek *ein Buch* gesucht, aber nicht gefunden.'

In (1) ist *kitap* ‚Buch' für Sprecher und Hörer *bestimmt* gebraucht. In (2) und (3) hingegen ist es für den Hörer *unbestimmt*, für den Sprecher jedoch *spezifisch*. In (2) enthält *bir kitabı* das Akkusativsuffix. Der Sprecher sagt, dass er ein *bestimmtes* Buch gesucht hat, und er schränkt gleichzeitig die Kategorie Bücher, die dafür in Frage kommt, ein. Eine solche Einschränkung besteht in (3) nicht, der Sprecher könnte sie aber im Anschluss bringen.

---

1  Tabelle in Anlehnung an Hentschel & Weydt (2003: 230)

## 5.7 Die Possessivpronomen und die Possessivsuffixe

Das Türkische kennt nicht nur Possessiv**pronomen** wie *benim* ‚mein', *senin* ‚dein', *onun* ‚sein' usw., sondern auch Possessiv**suffixe**. Sie kommen an Nomen und nominalen Verbformen vor, werden mit dem vorhergehenden Wort zusammengeschrieben und betont:

| 1. Pers. Sg. | benim | -(I)m |
|---|---|---|
| 2. Pers. Sg. | senin | -(I)n |
| 3. Pers. Sg. | onun | -(s)I(n) |

| 1. Pers. Pl. | bizim | -(I)mIz |
|---|---|---|
| 2. Pers. Pl. | sizin | -(I)nIz |
| 3. Pers. Pl. | (onların) | -lArI(n) |
|  | onların | -(s)I(n) |

Endet ein Wort auf **Vokal**, beginnen die Suffixe mit Konsonant, deshalb stehen die Vokale oben in Klammern. In der 3. Pers. Sg. lauten sie **-sI(n)**, in der 3. Pers. Pl. **-lArI(n)**. Das eingeklammerte **n** sollten Sie gleich mitlernen. Es kommt in allen Kasus vor, entfällt aber im Nominativ (☞ 5.9). Nach **Konsonant** beginnen die Suffixe mit Vokal, deshalb steht das **s** in der 3. Pers. Sg. in Klammern. In der 3. Person Plural wird nur **-sI(n)** verwendet, wenn im *gleichen* Satz mitgeteilt wird, über wen oder was man redet.

| (benim) anne**m** | *meine Mutter* | (bizim) anne**miz** | *unsere Mutter* |
|---|---|---|---|
| (senin) anne**n** | *deine Mutter* | (sizin) anne**niz** | *eure/Ihre Mutter* |
| (onun) anne**si** | *seine/ihre Mutter* | (onların) anne**leri** | *ihre Mutter* |
|  |  | onların anne**si** | *ihre Mutter* |

| (benim) ev**im** | *mein Haus* | (bizim) ev**imiz** | *unser Haus* |
|---|---|---|---|
| (senin) ev**in** | *dein Haus* | (sizin) ev**iniz** | *euer/Ihr Haus* |
| (onun) ev**i** | *sein/ihr Haus* | (onların) ev**leri** | *ihr Haus* |
|  |  | onların ev**i** | *ihr Haus* |

☺ **Faustregel zur Verwendung der Possessivpronomen:**

Die Possessivpronomen können zur Betonung gebraucht werden. Sie **müssen** gebraucht werden, wenn das Subjekt gewechselt wird (*Kontrastverwendung*):

| (Benim) Adım Suzan Akman. **Sizin** adınız ne? | ‚Mein Name ist Suzan Akman. Und wie ist Ihr Name?' |
|---|---|
| **Benim** adım Teoman Berksoy. | ‚Mein Name ist Teoman Berksoy.' |

Jetzt einige ausführliche Beispiele:

- Das Bezugswort endet auf einen Vokal

|  | Steuer | Bügeleisen | Raki | Thema |
|---|---|---|---|---|
| (benim) | vergi**m** | ütü**m** | rakı**m** | konu**m** |
| (senin) | vergi**n** | ütü**n** | rakı**n** | konu**n** |
| (onun) | vergi**si** | ütü**sü** | rakı**sı** | konu**su** |
| (bizim) | vergi**miz** | ütü**müz** | rakı**mız** | konu**muz** |
| (sizin) | vergi**niz** | ütü**nüz** | rakı**nız** | konu**nuz** |
| (onların) | vergi**leri** | ütü**leri** | rakı**ları** | konu**ları** |

Das Substantiv

- Das Bezugswort endet auf einen Konsonanten

|          | Sprache  | Rose    | Tochter | Weg     |
|----------|----------|---------|---------|---------|
| (benim)  | dil**im**   | gül**üm**  | kız**ım**  | yol**um**  |
| (senin)  | dil**in**   | gül**ün**  | kız**ın**  | yol**un**  |
| (onun)   | dil**i**    | gül**ü**   | kız**ı**   | yol**u**   |
| (bizim)  | dil**imiz** | gül**ümüz**| kız**ımız**| yol**umuz**|
| (sizin)  | dil**iniz** | gül**ünüz**| kız**ınız**| yol**unuz**|
| (onların)| dil**leri** | gül**leri**| kız**ları**| yol**ları**|

- Das Bezugswort enthält lautliche Besonderheiten (☞ 2.1.2, 2.1.3, 2.2.2, 2.2.3)

| Baum      | Kind       | Buch      | Methode   | Recht    | Uhr      | Name     | Zeit      |
|-----------|------------|-----------|-----------|----------|----------|----------|-----------|
| ağac**ım**   | çocuğ**um**   | kitab**ım**  | metod**um**  | hakk**ım**  | saat**im**  | ism**im**  | vakt**im**   |
| ağac**ın**   | çocuğ**un**   | kitab**ın**  | metod**un**  | hakk**ın**  | saat**in**  | ism**in**  | vakt**in**   |
| ağac**ı**    | çocuğ**u**    | kitab**ı**   | metod**u**   | hakk**ı**   | saat**i**   | ism**i**   | vakt**i**    |
| ağac**ımız** | çocuğ**umuz** | kitab**ımız**| metod**umuz**| hakk**ımız**| saat**imiz**| ism**imiz**| vakt**imiz** |
| ağac**ınız** | çocuğ**unuz** | kitab**ınız**| metod**unuz**| hakk**ınız**| saat**iniz**| ism**iniz**| vakt**iniz** |
| ağaç**ları** | çocuk**ları** | kitap**ları**| metot**ları**| hak**ları** | saat**leri**| isim**leri**| vakit**leri**|

**Merke:** Einige ganz wenige auf **nk** endende Wörter wie *renk* ‚Farbe' verwandeln vor Vokal das **k** in **g**: reng**im**, reng**in**, reng**i**, reng**imiz**, reng**iniz**, renk**leri**.

☑ **Ausnahmen**

Das Wort *su* ‚Wasser' wird bis auf die 3. Pers. Pl. von einem erweiterten konsonantisch auslautenden Stamm **suy-** gebildet (*su* endete früher einmal auf Konsonant). Das Fragewort *ne* ‚was?' kommt in einer häufigeren und einer weniger häufigeren Variante vor. Die häufigeren Varianten sind schattiert.

(*Ganz nebenbei:* Mit *nesi* erfragt man immer einen Teil aus Unbekanntem: *Elif'in nesi var?* ‚Was hat Elif?', mit *neyi* einen Teil aus einer Gesamtmenge: *Ahmet Erdoğan'ın neyi oluyor?* ‚Was ist denn der Ahmet vom Erdoğan?' (= in welchem Verhältnis steht er zu ihm).

Das auf **y** ausgehende Wort *ağabey* ‚älterer Bruder' wird oft wie ein vokalisch auslautendes Wort behandelt. Für die 3. Pers. Sg. sind zwei Varianten erlaubt.

| suy-um   | ney-im   | ne-m    | ağabeyim [á:bim]           |
| suy-un   | ney-in   | ne-n    | ağabeyin [á:bin]           |
| suy-u    | ney-i    | ne-si   | ağabeyi/ağabeysi [á:bisi]  |
| suy-umuz | ney-imiz | ne-miz  | ağabeyimiz [á:bimiz]       |
| suy-unuz | ney-iniz | ne-niz  | ağabeyiniz [á:biniz]       |
| su-ları  | ne-leri  | ne-leri | ağabeyleri [á:bileri]      |

**Zur 3. Person Plural:**

| (1) Meierlerin **oğlu** Bonn'da oturuyor. | ‚Der Sohn von Meiers wohnt in Bonn.' |
| (2) Meierler Münih'te oturuyor. **Oğulları** Bonn'da oturuyor. | ‚Meiers wohnen in München. *Ihr Sohn* wohnt in Bonn.' |

## Die Possessivpronomen und die Possessivsuffixe

In (1) bezieht sich *oğul* ‚Sohn' unmittelbar auf *Meierler* ‚Meiers' und steht deshalb im Singular. In (2) ist *oğul* ‚Sohn' von *Meierler* ‚Meiers' durch einen neuen Satz getrennt. Jetzt muss angezeigt werden, dass *oğul* sich auf diesen Begriff im Plural zurückbezieht und wird deshalb mit dem Possessivsuffix der 3. Pers. Pl. versehen. Allerdings – ohne Kontext kann (2) auch „Ihre Söhne wohnen in Bonn" bedeuten.

Wenn Sie ein Nomen sowohl mit **Pluralsuffix** als auch mit einem **Possessivsuffix** versehen wollen, so ist die Reihenfolge Pluralsuffix – Possessivsuffix:

| | | | | | | |
|---|---|---|---|---|---|---|
| (benim) | çocuk**lar**ım | *meine Kinder* | | (bizim) | çocuk**lar**ımız | *unsere Kinder* |
| (senin) | çocuk**lar**ın | *deine Kinder* | | (sizin) | çocuk**lar**ınız | *eure/Ihre Kinder* |
| (onun) | çocuk**ları** | *seine/ihre Kinder* | | (onların) | çocuk**ları** | *ihre Kinder* |

| ☠ -lAr-lArI kommt nicht vor | | | | |
|---|---|---|---|---|
| **Pronomen** | **Grundwort** | **Plural** | **Possessiv** | |
| onların | çocuk | | ları | ihr Kind (ein Kind mehrerer Leute) |
| onun | çocuk | lar | ı | seine/ihre Kinder (mehrere Kinder einer Person) |
| onların | çocuk | lar | (lar)ı | ihre Kinder (mehrere Kinder mehrerer Leute) |
| *çocukları* kann auch ‚die Kinder" (*Akkusativ* ☞ 5.9) bedeuten. Im Regelfall hilft der Kontext, die richtige Bedeutung herauszufinden, oder man setzt ein Pronomen bzw. eine Zahl hinzu. | | | | |

- Es ist jedoch möglich, an Verwandtschaftsbezeichnungen, die bereits mit dem Possessivsuffix der 1. oder 2. Pers. Sg. versehen sind, **-lAr** anzuhängen:

    anne-**m**-ler (*oder* baba-**m**-lar)  ‚meine Eltern'
    amca-**m**-lar                          ‚mein Onkel väterlicherseits und Familie'
    teyze-**n**-ler                         ‚deine Tante mütterlicherseits und Familie'

> ☠ **Keine Doppelsetzung von Possessivsuffixen**
> Soll an eine Wortverkettung (☞ 4.4) ein Possessivsuffix für „mein, dein, sein etc." angehängt werden, braucht man **kein** Possessivsuffix zur Verkettung. In den 3. Personen sind diese Begriffe, *isoliert* betrachtet, doppeldeutig:
>
> telefon numara**m** ‚meine Telefonnummer'
> telefon numara**n** ‚deine Telefonnummer'
> telefon numara**sı** ‚seine/ihre Telefonnummer' *oder nur* ‚Telefonnummer'
> telefon numara**ları** ‚ihre Telefonnummer(n)' *oder nur* ‚Telefonnummern'

Die primäre Aufgabe der Possessivsuffixe ist, Besitz oder Zugehörigkeit auszudrücken und dabei eine Teilmenge zu bezeichnen: *annem* ‚meine Mutter' ist ein Element aus allen Elementen, die „Mutter" sind. Begriffe mit Possessivsuffixen können *bestimmt* oder auch *unbestimmt* (☞ 13.4) gebraucht sein:

Bilgisayar**ım** bozuk.                ‚*Mein Computer* ist kaputt.'
Bugün arkadaş**ım** geliyor.           ‚Heute kommt *mein Freund/meine Freundin*.'
Bugün **bir** arkadaş**ım** geliyor.   ‚Heute kommt *ein Freund/eine Freundin von mir*.'

## Aussparung der Possessivsuffixe

Manchmal wird ein Possessivsuffix ausgespart und es wird nur das Possessivpronomen der 1. oder 2. Personen verwendet. Dann betrachtet der Sprecher das Nomen als Ganzes. Er fühlt sich mit dem genannten Begriff verbunden, äußert sich aber nicht darüber, ob dieser zu seinem Besitz oder seinem Verfügungsbereich gehört. Der Unterschied wird deutlich, wenn der türkische Begriff ein Lokativsuffix enthält:

bizim Almanya'da ‚bei uns in Deutschland'  Almanya**mız**'da ‚in unserem Deutschland'
bizim memlekette ‚bei uns zu Lande'  memleket**imiz**de ‚in unserem Land'

- In der 3. Person ist es im Regelfall nicht üblich, die Possessivsuffixe auszulassen, man kann aber sagen: *Parkın orada bir lokanta var* ‚Dort am Park gibt es ein Restaurant' und meint die Gesamtgegend. Teilt man die Gegend auf, könnte es heißen *Parkın içinde/önünde bir lokanta var* ‚Im Park/vor dem Park gibt es ein Restaurant'.

- Nach Namen wird allerdings oft das Possessivsuffix der 3. Pers. Sg. ausgespart: *Hasan Beylerin Ali evlendi* ‚Der Ali aus der Familie Hasan hat geheiratet' (Andere Kinder und Familien sind irrelevant.), *Hasan Beylerin Ali'si evlendi* ‚Aus der Familie Hasan hat der Ali geheiratet (Die Familie Hasan hat noch mehr Kinder.)'

## Die Verweisrichtung der Possessivsuffixe

Von allen Possessivsuffixen sind die 3. Personen, insbesondere die 3. Pers. Sg., die wichtigsten, wie Sie schon gesehen haben. Außerdem kann man damit auf einen bereits genannten Begriff oder einen Sachverhalt mit einem anderen Ausdruck zurückverweisen, der dann *bestimmt* gebraucht ist, z.B. in folgendem Dialog:

– Cep telefonunuz var mı?  ‚Haben Sie ein Handy?'
– Var.  ‚Ja.'
– Numarası kaç?  ‚Wie ist die Nummer?'

Ausführlich wäre das: *Cep telefonunuzun numarası kaç?*

*Karşıda bir araba duruyor. Rengi yeşil* ‚Da drüben steht ein Auto. Die/seine Farbe ist grün', *Eczane açık değil mi? Kapısı kapalı* ‚Hat die Apotheke nicht auf? Die Tür ist zu', *Elif üzgün. – Sebebi ne?* ‚Elif ist traurig. – Was ist der Grund?', *Cem bir arkadaşında. – Hangisinde?* ‚Cem ist bei einem seiner Freunde. – Bei welchem?', *Cem geliyor. Daha doğrusu, gelecek* ‚Cem kommt. Genauer gesagt, er wird kommen'.

In diesem Sinne können auch Adjektive Possessivsuffixe annehmen: *Elif yeni bilgisayar almak istiyor. Eskisi bozuk* ‚Elif will einen neuen Computer kaufen. Ihr alter ist kaputt'.

Die Possessivsuffixe der 3. Personen können auch ein dazugehöriges Nomen vorankündigen. In folgenden Beispielen wird klargestellt, dass es sich um die eigene Tochter/eigenen Töchter handelt:

*Kızı annesine çiçek hediye etti* ‚Die Tochter (ihre Tochter) hat ihrer Mutter Blumen geschenkt', *Kızları annelerine çiçek hediye etti* ‚Die Töchter (ihre Töchter) haben ihrer Mutter Blumen geschenkt.'

- Wenn Verwandtschaftsbezeichnungen als Anredebezeichnung verwendet werden und diese dabei eine Beziehung zu Kindern herstellen sollen, erhalten sie das Possessivsuffix der 3. Person. Wenn eine türkische Mutter ihren Ehemann nicht mit dem Vornamen anredet, sondern *baba* ‚Vater' verwenden will, sagt sie *babası* ‚sein/ihr Vater' mit Bezug auf das Kind. Ohne das Possessivsuffix würde sie ihren eigenen Vater meinen. Entsprechend redet der Ehemann seine Ehefrau mit *annesi* ‚seine/ihre Mutter' an. Auch andere Personen können entsprechend angeredet werden. z.B. *amcası* ‚sein/ ihr Onkel'.

## 5.8 Die Deklination

Die Substantive können *dekliniert* werden, das heißt, sie werden in die verschiedenen *Kasus* gesetzt. Das Türkische hat sechs Kasus. Der *Nominativ* (die Nennform) ist endungslos. Die weiteren fünf Kasus werden durch betonte Suffixe angezeigt. Nach *Eigennamen* wird das jeweilige Suffix mit einem Apostroph abgetrennt.

|  |  | Mit Possessivsuffix der | |
|---|---|---|---|
|  |  | 3. Pers. Sg. | 3. Pers. Pl. |
| *Nominativ* | ∅ | -(s)I | -lArI |
| *Genitiv* | -(n)In | -(s)In-In | -lArIn-In |
| *Akkusativ* | -(y)I | -(s)In-I | -lArIn-I |
| *Dativ* | -(y)A | -(s)In-A | -lArIn-A |
| *Lokativ* | -DA | -(s)In-dA | -lArIn-dA |
| *Ablativ* | -DAn | -(s)In-dAn | -lArIn-dAn |

**Singular**          **Plural**

| adam | (der) Mann | adamlar | (die) Männer |
|---|---|---|---|
| adam**ın** | des Mannes | adamların | der Männer |
| adam**ı** | den Mann | adamları | die Männer |
| adam**a** | (zu) dem Mann | adamlara | (zu) den Männern |
| adam**da** | bei dem Mann | adamlarda | bei den Männern |
| adam**dan** | von dem Mann | adamlardan | von den Männern |

⊃ **Nomen ohne Possessivsuffixe**

- Die Kasussuffixe nach vokalischem Auslaut

|  | Mutter | Monsieur | Vater | Radio |
|---|---|---|---|---|
| *Nom* | anne | mösyö | baba | radyo |
| *Gen* | annenin | mösyönün | babanın | radyonun |
| *Akk* | anneyi | mösyöyü | babayı | radyoyu |
| *Dat* | anneye | mösyöye | babaya | radyoya |
| *Lok* | annede | mösyöde | babada | radyoda |
| *Abl* | anneden | mösyöden | babadan | radyodan |

|  | Steuer | Bügeleisen | Raki | Thema |
|---|---|---|---|---|
| Nom | vergi | ütü | rakı | konu |
| Gen | verginin | ütünün | rakının | konunun |
| Akk | vergiyi | ütüyü | rakıyı | konuyu |
| Dat | vergiye | ütüye | rakıya | konuya |
| Lok | vergide | ütüde | rakıda | konuda |
| Abl | vergiden | ütüden | rakıdan | konudan |

- Die Kasussuffixe nach konsonantischem stimmhaften bzw. stimmlosen Auslaut

|  | Haus/Wohnung | Auge | Honig | Weg |
|---|---|---|---|---|
| Nom | ev | göz | bal | yol |
| Gen | evin | gözün | balın | yolun |
| Akk | evi | gözü | balı | yolu |
| Dat | eve | göze | bala | yola |
| Lok | evde | gözde | balda | yolda |
| Abl | evden | gözden | baldan | yoldan |

|  | Zunge/Sprache | Rose | Mädchen | Mehl |
|---|---|---|---|---|
| Nom | dil | gül | kız | un |
| Gen | dilin | gülün | kızın | unun |
| Akk | dili | gülü | kızı | unu |
| Dat | dile | güle | kıza | una |
| Lok | dilde | gülde | kızda | unda |
| Abl | dilden | gülden | kızdan | undan |

|  | Scheck | Müll | Haar | Gras |
|---|---|---|---|---|
| Nom | çek | çöp | saç | ot |
| Gen | çekin | çöpün | saçın | otun |
| Akk | çeki | çöpü | saçı | otu |
| Dat | çeke | çöpe | saça | ota |
| Lok | çekte | çöpte | saçta | otta |
| Abl | çekten | çöpten | saçtan | ottan |

|  | Arbeit | Milch | Hufnagel | Vogel |
|---|---|---|---|---|
| Nom | iş | süt | mıh | kuş |
| Gen | işin | sütün | mıhın | kuşun |
| Akk | işi | sütü | mıhı | kuşu |
| Dat | işe | süte | mıha | kuşa |
| Lok | işte | sütte | mıhta | kuşta |
| Abl | işten | sütten | mıhtan | kuştan |

Die Deklination 51

- Wörter mit lautlichen Besonderheiten (☞ 2.2.2):

|  | Baum | Farbe | Kind | Buch | Methode |
|---|---|---|---|---|---|
| Nom | ağaç | renk | çocuk | kitap | metot |
| Gen | ağacın | rengin | çocuğun | kitabın | metodun |
| Akk | ağacı | rengi | çocuğu | kitabı | metodu |
| Dat | ağaca | renge | çocuğa | kitaba | metoda |
| Lok | ağaçta | renkte | çocukta | kitapta | metotta |
| Abl | ağaçtan | renkten | çocuktan | kitaptan | metottan |

|  | Recht | Medizin | Uhr/Stunde | Name | Zeit | Thema |
|---|---|---|---|---|---|---|
| Nom | hak | tıp | saat | isim | vakit | mevzu |
| Gen | hakkın | tıbbın | saatin | ismin | vaktin | mevzuun |
| Akk | hakkı | tıbbı | saati | ismi | vakti | mevzuu |
| Dat | hakka | tıbba | saate | isme | vakte | mevzua |
| Lok | hakta | tıpta | saatte | isimde | vakitte | mevzuda |
| Abl | haktan | tıptan | saatten | isimden | vakitten | mevzudan |

☑ Das Wort *su* ‚Wasser'

Das auf Vokal endende Wort *su* ‚Wasser' wird im Genitiv, Akkusativ und Dativ Singular von dem erweiterten, konsonantisch auslautenden Stamm *suy-* gebildet:

| Nom | su | das Wasser | Dat | suya | (zu) dem/in das Wasser |
|---|---|---|---|---|---|
| Gen | suyun | des Wassers | Lok | suda | im Wasser |
| Akk | suyu | das Wasser | Abl | sudan | aus dem Wasser |

➲ **Nomen mit Possessivsuffixen**

Wenn Sie sich gut eingeprägt haben, dass die Possessivsuffixe der 3. Personen immer auf **n** ausgehen, nur nicht im Nominativ, kann eigentlich gar nichts schiefgehen.

### 3. Person Singular

| Nom | komşu-**su** | sein Nachbar |
|---|---|---|
| Gen | komşu-**sun**-un | seines Nachbarn |
| Akk | komşu-**sun**-u | seinen Nachbarn |
| Dat | komşu-**sun**-a | (zu) seinem Nachbarn |
| Lok | komşu-**sun**-da | bei seinem Nachbarn |
| Abl | komşu-**sun**-dan | von seinem Nachbarn |

### 3. Person Plural

| Nom | komşu-**ları** | ihr Nachbar |
|---|---|---|
| Gen | komşu-**ların**-ın | ihres Nachbarn |
| Akk | komşu-**ların**-ı | ihren Nachbarn |
| Dat | komşu-**ların**-a | (zu) ihrem Nachbarn |
| Lok | komşu-**ların**-da | bei ihrem Nachbarn |
| Abl | komşu-**ların**-dan | von ihrem Nachbarn |

(-lAr-lArI kommt nicht vor: ☞ S. 47)

| Nom | komşu-lar-ı | seine Nachbarn | komşu-lar-ı | ihre Nachbarn |
|---|---|---|---|---|
| Gen | komşu-lar-**ın**-ın | seiner Nachbarn | komşu-lar-**ın**-ın | ihrer Nachbarn |
| Akk | komşu-lar-**ın**-ı | seine Nachbarn | komşu-lar-**ın**-ı | ihre Nachbarn |
| Dat | komşu-lar-**ın**-a | (zu) seinen Nachbarn | komşu-lar-**ın**-a | (zu) ihren Nachbarn |
| Lok | komşu-lar-**ın**-da | bei seinen Nachbarn | komşu-lar-**ın**-da | bei ihren Nachbarn |
| Abl | komşu-lar-**ın**-dan | von seinen Nachbarn | komşu-lar-**ın**-dan | von ihren Nachbarn |

Soll an ein Nomen, dass bereits ein Possessivsuffix enthält, ein Kasussuffix angehängt werden, steht das am Schluss. Es ist sozusagen der Triebwagen, der die Waggons zieht:

| Grundwort | Plural | Possessiv | Kasus | |
|---|---|---|---|---|
| sinema | | | ya | ins Kino |
| müze | ler | | e | in die Museen |
| amca | | m | a | zu meinem Onkel |
| arkadaş | lar | ım | a | zu meinen Freunden |

*Bu, Ece'nin annesi* ‚Das ist Eces Mutter/die Mutter von Ece', *Annesinin adı Tülin* ‚Der Name der Mutter ist Tülin', *Annesini tanıyorum* ‚Ich kenne ihre Mutter', *Annesine gidiyorum* ‚Ich gehe zu ihrer Mutter', *Annesindeyim* ‚Ich bin bei ihrer Mutter', *Annesinden geliyorum* ‚Ich komme von ihrer Mutter'.

*Bu, çocukların babaları* ‚Das ist der Vater der Kinder', *Babalarının adı Hakan* ‚Der Name ihres Vaters ist Hakan', *Babalarını tanıyorum* ‚Ich kenne ihren Vater', *Babalarına gidiyorum* ‚Ich gehe zu ihrem Vater', *Babalarındayım* ‚Ich bin bei ihrem Vater', *Babalarından geliyorum* ‚Ich komme von ihrem Vater'.

- Die Regel, dass die Possessivsuffixe der 3. Personen immer auf **n** ausgehen, nur nicht im Nominativ, betrifft natürlich auch alle Wortverkettungen. Doppelsetzung von Possessivsuffixen kommt auch hier nicht vor (☞ 4.4):

  *Futbol maçını izleyelim mi?* ‚Wollen wir uns das Fussballspiel ansehen?', *Taksi şoförüne bahşiş verdim* ‚Dem Taxifahrer habe ich ein Trinkgeld gegeben', *İstanbul Üniversitesinde okumak istiyorum* ‚Ich möchte an der Universität Istanbul studieren', *Benzin istasyonundan ne getirdin?* ‚Was hast du von der Tankstelle mitgebracht?', *Türkçe kursunuzda kaç kişi var?* ‚Wie viele Personen sind in eurem Türkischkurs?', *Anneler gününü kutlarım* ‚Ich gratuliere dir zum Muttertag'.

> ✒ Wird an ein Wort, das auf **Konsonant** endet, ein **Possessivsuffix** der 2. oder 3. Pers. Sg. und dann ein Kasussuffix angehängt, lauten beide Wörter gleich. In aller Regel kann man die richtige Bedeutung dem Kontext entnehmen.

| | | Das Wort endet auf | | |
| | | Vokal | Konsonant | |
|---|---|---|---|---|
| Ben | (senin) | baba-**n**-ı | arkadaş-**ın**-ı | tanıyorum. |
| | | ‚Ich kenne deinen Vater/deinen Freund.' | | |
| Sen | Ali'nin | baba-**sın**-ı | arkadaş-**ın**-ı | tanıyorsun. |
| | | ‚Du kennst Alis Vater/Freund.' | | |
| Ben | (senin) | teyze-**n**-den | kuaför-**ün**-den | geliyorum. |
| | | ‚Ich komme von deiner Tante/deinem Friseur.' | | |
| Sen | Ali'nin | teyze-**sin**-den mi | kuaför-**ün**-den mi | geliyorsun? |
| | | ‚Kommst du von Alis Tante/Friseur?' | | |

## 5.9 Die Verwendung der Kasus

⇨ **Der Nominativ** (Der Nennfall)

ist identisch mit der Grundform des Substantivs und enthält kein Kasussuffix. Er antwortet auf die Frage **Kim?** ‚Wer?' oder **Ne?** ‚Was?' und bezeichnet hauptsächlich

**(1)** das **Subjekt**

| | | |
|---|---|---|
| (a) | *Çay* taze. | ‚*Der Tee* ist frisch.' |
| (b) | *Öğrenciler* çalışkan. | ‚*Die Schüler* sind fleißig.' |
| (c) | *Bu* kim? | ‚Wer ist *das*?' |
| (d) | *Bugün* pazartesi. | ‚*Heute* ist Montag.' |
| (e) | *Burası* güzel. | ‚*Hier* ist es schön.' |

**(2)** ein **Subjektsprädikativ** (f) oder **Objektsprädikativ** (g)

| | | |
|---|---|---|
| (f) | Bu, *meyve suyu*. | ‚Das ist *Obstsaft*.' |
| (g) | Mesut'u *kaleci* yaptılar. | ‚Sie haben Mesut *zum Torwart* gemacht.' |

**(3)** ein unmarkiertes (*unbestimmtes*) **direktes Objekt**

| | | |
|---|---|---|
| (h) | *Çay* içiyorum. | ‚Ich trinke *Tee*.' |
| (i) | *Bir halı* aldım. | ‚Ich habe *einen Teppich* gekauft.' |
| (j) | *Müzik* dinledik. | ‚Wir haben *Musik* gehört.' |

> ✓ Wenn das direkte Objekt im Nominativ steht, spricht man auch von *unmarkiertem Objekt*, d.h., es hat kein Merkmal, das es als Objekt ausweist. Es steht im Regelfall direkt **vor** dem Prädikat und bildet mit dem Verb eine enge Einheit. In diesem Fall wird nicht über das Objekt gesprochen. Es ist *unbestimmt* gebraucht, **kann** aber für den Sprecher *spezifisch* sein.

| | | |
|---|---|---|
| (k) | Parkta *Alman turistler* gördüm. | ‚Im Park habe ich *deutsche Touristen* gesehen.' |
| (l) | *Büyük bir sözlük* aldım. | ‚Ich habe *ein großes Wörterbuch* gekauft.' |
| (m) | *Bir garson* tanıyorum. Çok yakışıklı. | ‚Ich kenne *einen Kellner*. Er ist sehr gut aussehend.' |

- In einem Satz mit zwei (oder mehr) Subjekten können zwei (oder mehr) unmarkierte Objekte stehen: *Ben et, oğlum sebze yemiyoruz* ‚Ich esse kein Fleisch und mein Sohn kein Gemüse'.

**(4)** das **Adverbial** einer zeitlichen oder räumlichen Ausdehnung

| | | |
|---|---|---|
| (n) | Toplantı *iki saat* sürdü. | ‚Die Sitzung dauerte *zwei Stunden*.' |
| (o) | *İki kilometre* yürüdük. | ‚Wir sind *zwei Kilometer* gelaufen.' |

**(5)** Vertreter eines jeden anderen Kasus, wenn *Endungsaussparung* vorliegt (☞ 24.4.):

| | | |
|---|---|---|
| (p) | *Side ve Bursa'da* arkadaşlarım var. | ‚Ich habe *in Side und Bursa* Freunde.' |

## ⊃ Der Genitiv (Der Wessen-Fall)

Während der Genitiv im Deutschen ein Schattendasein fristet, werden Sie kaum einen längeren türkischen Satz finden, ohne nicht mindestens einmal über den Genitiv zu stolpern. Ein Nomen im Genitiv (☞ 5.8) steht voran und wird im Regelfall von einem Nomen mit Possessivsuffix gefolgt. Die deutschen Übersetzungen variieren:

| | |
|---|---|
| Aylin'**in** anne**si** | ‚Aylins Mutter/die Mutter von Aylin' |
| Patron**un** araba**sı** | ‚das Auto des Chefs/vom Chef' |
| Patron**umun** araba**sı** | ‚das Auto meines Chefs/von meinem Chef' |

Die türkische **Reihenfolge** passt zu *(im Deutschen allerdings mit einer Dativkonstruktion)*:

„Heute back ich, morgen brau ich, übermorgen hol' ich **der Königin ihr Kind**; ach, wie gut, dass niemand weiß, dass ich Rumpelstilzchen heiß!"
(*aus*: Rumpelstilzchen, Brüder Grimm)

Zur Genitiv-Possessiv-Verbindung (☞ 5.10).

## ⊃ Der Akkusativ (Der Wen- oder Was-Fall)

Der Akkusativ (☞ 5.8) antwortet auf die Fragen Kim**i**? ‚Wen?', Ney**i**? ‚Was?' und Nerey**i**? ‚Welchen Ort?'.

> ✓ Steht das direkte Objekt im **Akkusativ**, ist es meistens *spezifisch* gebraucht, aber nicht zwangsläufig für den Hörer identifizierbar. Da es das Merkmal des Akkusativsuffixes hat, das es als Objekt ausweist, wird es *markiertes Objekt* genannt.

(1) Er bezeichnet das markierte *bestimmte* (spezifische) **Objekt**

| | | |
|---|---|---|
| (a) | Araba**yı** satacağım. | ‚Ich werde *das Auto* verkaufen.' |
| (b) | Bu film**i** gördün mü? | ‚Hast du *diesen Film* gesehen?' |
| (c) | Köpeğ**imi** arıyorum. | ‚Ich suche *meinen Hund*.' |
| (d) | Bizim sokağ**ı** biliyor musunuz? | ‚Kennen Sie *unsere Straße*?' |
| (e) | Orhan'**ı** seviyorum. | ‚Ich liebe *Orhan*.' |
| (f) | İstanbul'**u** görmek istiyorum. | ‚Ich möchte *Istanbul* sehen.' |
| (g) | Biraz kendin**i** düşün. | ‚Denke ein wenig an *dich selbst*.' |
| (h) | Bun**u** anlamadım. | ‚*Das* habe ich nicht verstanden.' |
| (i) | Hepsin**i** anladın mı? | ‚Hast du *alles* verstanden?' |
| (j) | Arkadaşlarımın hepsin**i** davet ettim. | ‚Ich habe *alle meine Freunde* eingeladen.' |
| (k) | Firmamızda herkes**i** tanıyorum | ‚Ich kenne *jeden* in unserer Firma.' |

> ☺ **Faustregel:**
> Bestimmt gebrauchte Nomen, Eigennamen, Nomen mit Possessivpronomen bzw. Possessivsuffixen, Ortspronomen, Nomen mit Demonstrativpronomen, Demonstrativ- und Personalpronomen, das Reflexivpronomen *kendi* ‚selbst', das Interrogativpronomen *kim* ‚wer', einige indefinite Pronomen wie *hepsi* ‚alles' und *herkes* ‚jeder' sowie (Pro)Nomen mit angefügtem *-ki* werden als Objekt immer mit dem Akkusativsuffix versehen.

(2) Er bezeichnet ein gattungsbezogenes Objekt. Wie aus den Beispielen ersichtlich, hat der Sprecher weder eine bestimmte Stadt noch eine bestimmte Familie oder einen bestimmten Menschen im Sinn.

(a) Şehri severim. ‚Ich mag *die Stadt* (mit allem, was dazugehört).'
(b) Bir çocuk aile**yi** değiştirir. ‚Ein Kind verändert *die Familie*.'
(c) Bir insanı değiştirmek mümkün değil. ‚Es ist nicht möglich, *einen Menschen* zu ändern.'

(3) Er bezeichnet das **Objekt**, wenn es vom Prädikat durch ein anderes **Satzglied** getrennt wird.

> ☺ **Faustregel:**
> Die Stelle vor dem Prädikat hat einen hohen Informationswert. Möchte der Sprecher in einem Satz mit *unmarkiertem Objekt* ein anderes Satzglied hervorheben, wird er es an diese Stelle positionieren und das Objekt mit dem Akkusativsuffix versehen.

(a) Üniversitede Türkçe öğreniyorum. ‚Ich lerne an der Universität *Türkisch*.'
 → Türkçe**yi** üniversitede öğreniyorum. ‚*Türkisch* lerne ich an der Universität.'
(b) Sütsüz kahve içiyorum. ‚Ich trinke *Kaffee* ohne Milch.'
 → Kahve**yi** sütsüz içiyorum. ‚(Den) *Kaffee* trinke ich ohne Milch.'
(c) Sana bir gül vereyim. ‚Ich gebe dir mal *eine Rose*.'
 → Bir gül**ü** sana vereyim. ‚*Eine Rose* gebe ich dir mal.'

> 💣 Wenn das direkte Objekt nicht direkt vor dem Prädikat steht, aber das Akkusativsuffix enthält, kann man manchmal schlecht entscheiden, ob der Sprecher ein spezifisches Element oder irgendeines meint:
> *Bir karpuzu beş liraya satıyorlar* ‚Eine Wassermelone verkaufen sie zu fünf Lira.'

- Nicht zu den Satzgliedern zählen **mI, dA, bile**, die eingeschoben werden können: *Sözlük mü alacaksın?* ‚Wirst du *ein Wörterbuch* kaufen?', *Sözlük de mi alacaksın?* ‚Wirst du (etwa) *auch ein Wörterbuch* kaufen?', *Sözlük bile aldım* ‚Ich habe *sogar ein Wörterbuch* gekauft.'

☑ **Zur Wortstellung**

- Das **markierte** Objekt *kann*, muss aber nicht vor dem Verb stehen:

 (a) Köpek kedi**yi** kovalıyor. ‚Der Hund jagt die Katze.'
 (b) Kedi**yi** köpek kovalıyor. ‚Die Katze jagt der Hund.'
 (c) Kedi köpeği kovalıyor. ‚Die Katze jagt den Hund.'
 (d) Köpeği kedi kovalıyor. ‚Den Hund jagt die Katze.'

- Das **unmarkierte** Objekt hingegen ist nicht ohne weiteres umstellbar, wie das unlogische Beispiel (f) auf der nächsten Seite zeigt. Das Problem wird gelöst, indem das Objekt das Akkusativsuffix erhält (im Deutschen nur über die Betonung oder eine Passivkonstruktion lösbar):

(e)  Yılan fare yuttu.  ‚Die Schlange hat eine Maus verschluckt.'
(f)  Fare yılan yuttu.  ‚Die Maus hat eine Schlange verschluckt.'
(g)  Fare**yi** yılan yuttu.  ‚Die MAUS hat die/eine Schlange verschluckt.'

☑ **Abweichungen von dieser Regel:**

Wenn das Objekt mit einer Zahl versehen ist und der Sprecher einen *Kontrast* herstellen will, kann es auch unmarkiert vorangestellt werden:

(1) *Bir kitap sana, bir kitap da kendime aldım.*
  ‚Ein Buch habe ich für dich und ein Buch für mich gekauft.'
(2) *Ona uymak için bir portakal suyu da ben getirtmiştim.* (RI, SKP, 15)
  ‚Um mich nach ihr zu richten, hatte auch ich mir einen Orangensaft bringen lassen.'
(3) *Üst makamlar bu yazı gazetede çıkınca, bir fırça hayvanat bahçesinin müdürüne attılar, bir fırça da bölgenin karakolunun amirine.* (Mİ, BNA, 13)
  ‚Die oberen Stellen haben, als dieser Artikel in der Zeitung erschien, eine Rüge (= eine Bürste) dem Direktor des Zoos verpasst und eine Rüge dem Vorsteher der Polizeistation der Region.'

Es kann vorkommen, dass ein Adverbial *fokussiert* wird und die Stelle vor dem Prädikat einnimmt:

(4) *İyi bir sözlük nereden indirebilirim?*
  ‚*Wo* kann ich ein gutes Wörterbuch downloaden?'
(5) Radikal bugün üç armağan *birden* veriyor. (Radikal, 16/08/1997)
  ‚Radikal vergibt heute drei Geschenke *auf einmal*.'

**Vergleiche:**

*Bir mektubu okudum, ötekisini okumadım* ‚*Einen Brief* habe ich gelesen, *den anderen* habe ich nicht gelesen', *Yarı fiyatına oyuncak al, bir çocuğu sevindir* ‚Kauf zum halben Preis ein Spielzeug und erfreue *ein Kind*' (ein bestimmtes Kind innerhalb der Klasse Kind), *Yarı fiyatına oyuncak al, bir çocuk sevindir* ‚Kauf zum halben Preis ein Spielzeug und erfreue *ein Kind*' (keinen Erwachsenen), *Çileği yedim* ‚Ich habe die *Erdbeeren* gegessen', (Es war auch anderes Obst vorhanden, ich habe die Erdbeeren vorgezogen.), *Çilek yedim* ‚Ich habe *Erdbeeren* gegessen', *Çilekleri yedim* ‚Ich habe die (einzelnen) *Erdbeeren* gegessen'.

⮕ **Der Dativ** (Der Wohin- und Wem-Fall)

Der Dativ (☞ 5.8) antwortet auf die Frage Kim**e**? ‚Wem/Zu wem?' und Ner**eye**? ‚Wohin?'.
Er dient hauptsächlich als

**(1) Dativergänzung**

(a)  Annem**e** yardım ettim.  ‚Ich habe *meiner Mutter* geholfen.'
(b)  Suzan'**a** çiçek hediye ettim.  ‚Ich habe *Suzan* Blumen geschenkt.'
(c)  Bu yaramaz çocuğ**a** inanmıyorum.  ‚Ich glaube *diesem ungezogenen Kind* nicht.'
(d)  Songül'**e** mektup yazıyorum.  ‚Ich schreibe *an Songül* einen Brief.'

## Die Verwendung der Kasus

**(2) Richtungangabe** „auf das Ziel/zum Zielpunkt hin"

(e) Türkiye'**ye** gidiyorum. ,Ich fahre *in die Türkei*.'
(f) Ev**e** gidiyorum. ,Ich gehe *nach Hause*.'
(g) Doktor**a** gidiyorum. ,Ich gehe *zum Arzt*.'
(h) Mutfağ**a** girdim. ,Ich bin *in die Küche* gegangen.'
(i) Kitabı mas**aya** koydum. ,Ich habe das Buch *auf den Tisch* gelegt.'

**(3) Zweckangabe**

(j) Dersin**e** çalıştın mı? ,Hast du *für deinen Unterricht* gelernt?'
(k) Sınavlar**a** hazırlanıyorum. ,Ich bereite mich *auf die Prüfungen* vor.'

**(4) Preisangabe**

(l) Domatesler kaç**a**? ,*Wie viel* kosten die Tomaten?'
(m) Kilosu iki lir**aya**. ,Das Kilo *zu zwei Lira*.'

**(5) Adverbialangabe**

(n) Seni boşun**a** bekledim. ,Ich habe *vergeblich* auf dich gewartet.'
(o) Aç karn**ına** bira içme. ,Trinke kein Bier *auf leeren Magen*.'

- Einige Zeitbegriffe können mit dem Dativsuffix versehen werden; damit wird ein eingegrenzter Zeitabschnitt bezeichnet, zu dem etwas geplant ist:
  *Hafta***ya** *ders yok* ,*Nächste Woche* ist kein Unterricht', *Sene***ye** *Türkiye'ye gideceğiz* ,*Nächstes Jahr* fahren wir in die Türkei', *Tuzumuz kalmadı. Yarına olur* ,Das Salz ist uns ausgegangen. *Bis morgen* gibt es wieder (welches).'

- Ab und zu kommt der Dativ als Attribut vor:
  *Baş***a** *baş, diş***e** *diş mücadele ettim* ,Ich habe Kopf *an* Kopf, Zahn *um* Zahn gekämpft.'

## ⊃ Der Lokativ (Der Wo-Fall)

Der Lokativ (☞ 5.8) antwortet auf die Frage Nere**de**? ,Wo?' und Kim**de**? ,Bei wem?', zum Teil auch auf **Ne zaman?** ,Wann?'. Ein Ausdruck im Lokativ steht für die deutschen Präpositionen „in, im, an, auf, bei; um". Er bezeichnet hauptsächlich

**(1) einen Ort**

(a) Ev**de**yim. ,Ich bin *zu Hause*.'
(b) Doktor**da**yım. ,Ich bin *beim Arzt*.'
(c) İstasyon**da**yım. ,Ich bin *am/im Bahnhof*.'
(d) Makas mas**ada**. ,Die Schere ist *auf dem Tisch*.'
(g) Üniversite**de** okuyorum. ,Ich studiere *an der Universität*.'
(h) Tatil**de**. ,*In den* Ferien.' (örtlich oder zeitlich)

**(2) eine Zeitangabe** (Frühling, Herbst, Monatsnamen sowie volle und halbe Stunden)

(i) Sonbahar**da** Avusturya'daydık. ,*Im Herbst* waren wir in Österreich.'
(j) Ağustos**ta** Türkiye'ye gideceğiz. ,*Im August* fahren wir in die Türkei.'
(k) Saat üç**te** evde olacağım. ,*Um drei Uhr* werde ich zu Hause sein.'

**(3)** eine **Lokativergänzung**

(l) Görüşüm**de** ısrar ediyorum.  ,Ich bestehe *auf* meiner Ansicht.'
(m) Diskoya gitmek**te** sakınca görmüyorum. ,Ich sehe keine Bedenken, in die *Disko zu gehen*.'

- Der Lokativ kommt auch in abstrakter Verwendung vor:
  *Yaşlılık**ta** rahatımı isterim* ,*Im Alter* möchte ich meine Ruhe haben', *Annem, babam hayat**ta** değiller* ,Meine Eltern sind nicht mehr *am Leben*.'

- Ab und zu kommt der Lokativ als Attribut vor:
  *Ali keyfi yerin**de** bir gazeteci* ,Ali ist ein *gutgelaunter* Journalist', *İstanbul'un en göz**de** oteli* ,das *renommierteste* Hotel von Istanbul'.

- Mit dem Lokativ wird der *Kontinuativ* gebildet (☞ 14.2.6):
  *Ev aramak**tay**ız* ,Wir sind auf Wohnungssuche.'

⮕  **Der Ablativ** (Der Woher-Fall)

Der Ablativ (☞ 5.8) antwortet auf die Frage Nere**den**? ,Woher?' und Kim**den**? ,Von (vor) wem?'. Er bezeichnet die Richtung im Sinne von „aus/von ... her" und die Richtung „durch ... hindurch" und dient hauptsächlich als

**(1) örtlicher Ausgangspunkt**

(a) Doktor**dan** geliyorum.  ,Ich komme *vom* Arzt.'
(b) Kuaför**den** geliyorum.  ,Ich komme *vom* Friseur.'
(c) Ora**dan** sağa sapın.  ,Biegen Sie *(von) dort* nach rechts ab.'
(d) Alışveriş**ten** geliyorum.  ,Ich komme *vom* Einkaufen.'

- Ebenso kauft oder holt man nicht etwas *in* einem Geschäft (oder *am* Schalter), sondern *von* einem Geschäft (oder *vom* Schalter). Dabei steht die Idee, woher man etwas hat, im Vordergrund. Sollte der Ort im Vordergrund steht, wird der Lokativ gebraucht: *Bu örtüyü süpermarket**ten**/Türkiye'**de** aldım* ,Diese Decke habe ich im Supermarkt/in der Türkei gekauft'.

**(2) übertragener Ausgangspunkt** (Ursache)

(f) Köpek**ten** korkarım.  ,*Vor Hunden* habe ich Angst.'
(g) Kanser**den** öldü.  ,Er ist *an Krebs* gestorben.'
(h) Sıcak**tan** bayıldı.  ,Er ist *vor Hitze* in Ohnmacht gefallen.'

**(3) zeitlicher Ausgangspunkt**

(i) Şimdi**den** teşekkür ederim.  ,Ich danke im Voraus' (= *schon jetzt*).
(j) Bu evde çok**tan** oturuyoruz.  ,Wir wohnen in diesem Haus *schon seit langem*.'
(k) Partiye gelmeyecek misin? Niye bunu baş**tan** söylemedin?  ,Wirst du nicht zur Party kommen? Warum hast du das nicht *von Anfang an* gesagt?'

**(4) Ablativergänzung**

(l) Doktor**dan** utanıyorum. ‚Ich schäme mich *vor* dem Arzt.'
(m) Sen**den** bıktım. ‚Ich habe *von dir* die Nase voll.'
(n) Sen**den** nefret ediyorum. ‚Ich verabscheue *dich*.'

**(5) Ausdruck für „durch …/hindurch …/dran vorbei …"**

(o) Orman**dan** geçtik. ‚Wir sind *durch den Wald* gelaufen.'
(p) Siz şimdi bu anayol**dan** gidin. ‚Gehen Sie jetzt *diese Hauptstraße entlang*.'

**(6) Materialangabe** sowie **Preisangabe**, die sich auf eine Gewichts- oder Maßeinheit bezieht

(q) Bu çanta deri**den**. ‚Diese Tasche ist *aus Leder*.'
(r) Kumaşı kaç**tan** aldın? ‚*Zu wie viel* hast du den Stoff gekauft?' (= Wie viel hat der Meter des Stoffes gekostet).

- Ab und zu kommt der Ablativ als Attribut vor:
*Sıradan bir pantolon aldım* ‚Ich habe eine Hose *von der Stange* (= aus der Reihe) gekauft.'

## 5.10 Die Genitiv-Possessiv-Konstruktionen

Es gibt zwei, auf der Oberfläche gleich aussehende Genitiv-Possessiv-Konstruktionen, die aber verschiedene Funktionen haben.

### I. Die echte Genitiv-Possessiv-Verbindung: Genitivattribute

Die Genitivausdrücke haben die Funktion eines *Attributs* und antworten auf die Frage Kim**in**? ‚Wessen?'. Sie sind häufig mit dem Deutschen vergleichbar.

(a) baba**mın** arabası ‚das Auto *meines Vaters*'
(b) şair**in** eseri ‚das Werk *des Dichters*'
(c) eser**in** şairi ‚der Dichter *des Werkes*'
(d) baba**mın** sevgisi ‚die Liebe *meines Vaters*'
(e) para**mın** yarısı ‚die Hälfte *meines Geldes*'
(f) okulumuz**un** çocukları ‚die Kinder *unserer Schule*'
(g) tren**in** kalkışı ‚die Abfahrt *des Zuges*'
(h) araba**nın** tamiri ‚die Reparatur *des Autos*'

Übrigens, ein *hükümetin kontrolü* ‚die Kontrolle der Regierung' ist genauso doppeldeutig wie im Deutschen. Wird die Regierung kontrolliert, oder kontrolliert die Regierung?

- Bei der echten Genitiv-Possessiv-Verbindung können zwischen den Genitivausdruck und das Kernwort weitere Attribute eingeschoben werden. Sollten Sie ein Adverbial des Ortes oder der Zeit einfügen wollen, muss es die Form eines Adjektivs erhalten (☞ 6.7):

*Oğlumun **yeni** cep telefonu bozuk* ‚Das *neue* Handy meines Sohnes ist kaputt', *Firmamızın **eski** müdürü ölmüş* ‚Der *frühere* Direktor unserer Firma ist gestorben', *Cem'in **Türkiye'deki** evi büyük* ‚Cems Haus *in der Türkei* ist groß', *Ali'nin **bugünkü** konuşması hoşuma gitmedi* ‚Alis *heutige* Rede hat mir nicht gefallen.'

Es ist möglich mehrere Genitive hintereinander zu bringen:

(1) *Arkadaşımın patronunun hanımı Türkçe öğreniyormuş.*
‚Die Frau des Chefs meines Freundes lernt Türkisch, wie ich erfahren habe.'

(2) *Ali'nin arkadaşının arabasının anahtarı nerede?*
‚Wo ist der Schlüssel des Autos von Alis Freund?'

(3) *Udo'nun Rus komşusunun Türk arkadaşının e-posta adresini kaybettim.*
‚Ich habe die E-Mail-Adresse des türkischen Freundes von Udos russischem Nachbarn verloren.'

- Manchmal, wenn auch seltener, fehlt in einer solchen Konstruktion das Genitivsuffix. Dann verliert der Genitivausdruck seine Eigenständigkeit und sein Gewicht: *amcam kızı* ‚meine Cousine (väterlicherseits)', aber: *amcamın kızı* ‚die Tochter meines Onkels (väterlicherseits)', *Günümüz Türkiye'sinde kim kimdir?* ‚Wer ist wer in der Türkei von heute (unserer Tage)?', *yurdum insanı* ‚typischer Vertreter meines Landes'.

### II. Die unechte Genitiv-Possessiv-Verbindung: Genitiv-Topiks

Die unechte Genitiv-Possessiv-Verbindung ist mit dem Deutschen nicht vergleichbar und sieht nur auf den ersten Blick so aus, als wäre sie identisch mit der echten Genitiv-Possessiv-Verbindung. Sie bezeichnet auch ein Besitz- oder Zugehörigkeitsverhältnis, aber der Genitivausdruck erscheint im Deutschen als Subjekt. Die große Domäne der Genitiv-Topiks sind Nebensätze (☞ Kapitel 25f.).

(a) Udo'**nun** sözlüğ**ü** var.            ‚Udo hat ein Wörterbuch.'
(b) Elif'**in** vakt**i** yok.              ‚Elif hat keine Zeit.'
(c) Elif'**in** doktora gitmesi lazım.      ‚Elif muss zum Arzt gehen.'
(d) Bir insan**ın** dürüst olma**sı** lazım. ‚Ein Mensch muss aufrichtig sein.'

- Bei der unechten Genitiv-Possessiv-Verbindung können zwischen das Topik im Genitiv und das Kernwort ebenfalls adjektivische Attribute eingeschoben werden, aber auch andere Satzglieder, z.B. Adverbiale des Ortes oder der Zeit:

*Oğlumun **yeni** cep telefonu var* ‚Mein Sohn hat ein *neues* Handy', *Cem'in **Türkiye'de** evi var* ‚Cem hat *in der Türkei* ein Haus', *Ali'nin **bugün** konuşması lazım* ‚Ali muss *heute* reden.'

| ✓ **Vergleichen wir:** | |
|---|---|
| kadın doktor | ‚Ärztin' |
| kadın doktoru | ‚Frauenarzt' |
| kadının doktoru | ‚der Arzt der Frau' |
| Kadının ev doktoru ölmüş. | ‚Der Hausarzt der Frau ist gestorben.' |
| *Aber:* | |
| Kadının ev doktoru yokmuş. | ‚Die Frau hat, wie sie sagt, keinen Hausarzt.' |

**Merken Sie sich auch:** Ein Genitivausdruck kann als Prädikativ erscheinen:

*Bu sözlük kimin? – Udo'nun* ‚Wessen ist dieses Wörterbuch? – Udos. (= Wem gehört dieses Wörterbuch? – Udo.)'

# 6 Das Adjektiv

## 6.1 Übersicht

Adjektive geben bestimmte Eigenschaften und Merkmale an. Sie bezeichnen
- sinnlich Wahrnehmbares, z.B. Farben: *kırmızı* ‚rot', *mavi* ‚blau'; Geschmack: *tatlı* ‚süß', *ekşi* ‚sauer', *acı* ‚scharf, bitter'; Temperatur: *sıcak* ‚warm, heiß', *soğuk* ‚kalt'; Formen: *geniş* ‚breit', *dar* ‚eng'; *yumuşak* ‚weich', *sert* ‚hart';
- eine Bewertung, z.B. *güzel* ‚schön', *çirkin* ‚hässlich'; *çalışkan* ‚fleißig', *tembel* ‚faul'; *zeki* ‚intelligent', *akıllı* ‚klug', *aptal* ‚dumm';
- eine klassifizierende Art, z.B. *uluslararası* ‚international', *resmî* ‚amtlich/offiziell';
- eine einordnende Beziehung (im Türkischen attributiv stehende Substantive), z.B. *Müslüman* ‚Muslim', *Türk* ‚Türke', *Berlinli* ‚Berliner'; *altın* ‚Gold', *bakır* ‚Kupfer'.

Die Adjektive können in folgenden Funktionen auftreten
- **attributiv**: *hasta öğrenci* ‚der kranke Schüler', *mavi gömlek* ‚das blaue Hemd', *doğru cevap* ‚die richtige Antwort'.
- **prädikativ**: *Öğrenci hasta* ‚Der Schüler ist krank', *Gömlek mavi* ‚Das Hemd ist blau', *Cevap doğru* ‚Die Antwort ist richtig'.
- **adverbial**: *Kahveyi soğuk içtim* ‚Den Kaffee habe ich kalt getrunken'.

## 6.2 Zu einigen Adjektiven

Viele Adjektive sind Adjektiv und Substantiv zugleich: *yanlış* ‚falsch/Fehler' oder sie wechseln die Wortklasse: *Hastalar hastanede* ‚Die Kranken sind im Krankenhaus'.

Überwiegend als Adjektiv gebraucht werden die mit *-GIn, -Ik* oder *-(I)lI* gebildeten Begriffe (☞ 4.2):
*durgun* ‚still/regungslos', *yorgun* ‚ermüdet';
*açık* ‚geöffnet/offen', *kırık* ‚zerbrochen', *bozuk* ‚kaputt';
*sarılı* ‚eingewickelt/verbunden', *kapalı* ‚zu/geschlossen'.

Fast ausschließlich als Adjektiv gebraucht werden diejenigen Begriffe, die auf das lang gesprochene Suffix *-î/-i* ausgehen (☞ 4.3): *tarihî* ‚historisch', *siyasi/siyasî* ‚politisch' (aber: *siyasiler* ‚die Politprominenz').

Ebenso fast ausschließlich als Adjektiv werden diejenigen gebraucht, die mit *-(I)msI* oder *-(I)mtırak* gebildet sind wie *gölümsü* ‚seeähnlich', *mavimsi* ‚bläulich', *mavimtırak* ‚ins Blaue spielend', *ekşimtırak* ‚säuerlich' (☞ 4.2).

Unter den Adjektiven gibt es ursprüngliche wie *yeni* ‚neu' und abgeleitete wie *işsiz* ‚arbeitslos'. Es gibt Adjektive wie *büyük* ‚groß' und *küçük* ‚klein', bei denen der Sprecher entscheidet, was er als „groß" oder „klein" einstuft, und es gibt Adjektive wie *iri* ‚groß' und *ufak* ‚klein', bei denen der Sprecher keinen Vergleich im Sinn hat: *iri adam* ‚ein Hüne' (= ein großer Mann), *ufak para* ‚Kleingeld' (alternativ wird oft *bozuk para* verwendet).

Weiterhin gibt es Adjektive, die
- attributiv, prädikativ **und** adverbial gebraucht werden können wie *güzel* ‚schön', z.B. *güzel kız* ‚das schöne Mädchen', *Kız güzel* ‚Das Mädchen ist schön', *Kız güzel dans ediyor* ‚Das Mädchen tanzt schön'.
- attributiv **und** prädikativ gebraucht werden wie *çalışkan* ‚fleißig', z.B. *çalışkan kız* ‚fleißiges Mädchen', *Kız çalışkan* ‚Das Mädchen ist fleißig'. Ein Satz wie ‚Das Mädchen arbeitet fleißig' dagegen („fleißig" als Adverb) kann nicht mit *çalışkan* gebildet werden, es heißt dann *Kız çok çalışıyor* ‚Das Mädchen arbeitet viel';
- **nur** attributiv gebraucht werden, z.B. *dünkü gazete* ‚die gestrige Zeitung', *Frankfurt'taki opera* ‚die Oper in Frankfurt' (☞ 6.7);
- gesteigert werden können (aber *çocuksuz* ‚kinderlos' ist z.B. nicht steigerbar);
- eine Ergänzung in einem bestimmten Kasus zu sich nehmen können wie *açık* ‚offen', z.B. *her şeye açık* ‚allem (gegenüber) offen'.

☑ **Bedeutungen einiger Adjektive:**

| | | |
|---|---|---|
| *büyük, -üğü* ‚groß' | ↔ | *küçük, -üğü* ‚klein' (Das Adjektiv bezieht sich auf das Alter und nicht auf die Körpergröße.) |
| *uzun* ‚lang' | ↔ | *kısa* ‚kurz' (Das Adjektiv bezieht sich **auch** auf die Körperlänge/ -größe. Es ist möglich, nur *uzun* oder *kısa* einzusetzen, aber vorzugsweise wird *uzun boylu/kısa boylu* gesagt.) |
| *kalın* ‚dick' | ↔ | *ince* ‚dünn' (für Sachen) |
| *şişman* ‚dick' | ↔ | *zayıf* ‚dünn/dürr' (für Personen) |
| *yeni* ‚neu' | ↔ | *eski* ‚alt' (für Sachen) |
| *genç, -ci* ‚jung' | ↔ | *yaşlı* ‚alt' (für Lebewesen) |
| *taze* ‚frisch' | ↔ | *bayat* ‚alt' (altbacken, ranzig) |
| *taze* ‚frisch' | ↔ | *çürük, -üğü* ‚alt, faul' (für zerquetschte/angefaulte Lebensmittel) |

Für das deutsche Adjektiv „kaputt" gibt es mehrere Ausdrücke. Mechanische Sachen sind *bozuk* (übrigens auch die Laune), bei anderen wird unterschieden, ob sie gesprungen, zerbrochen, aufgetrennt, zerrissen u.a. sind.

☑ **Zur Wortstellung der Adjektive**

Werden mehrere Adjektive vor ein Nomen gestellt, gilt im Regelfall folgende Abfolge:
- Adjektive der sinnlichen Wahrnehmung stehen **vor** denen der Bewertung.
- Klassifizierende und einordnende Adjektive stehen am dichtesten beim Bezugswort.

(1) *Uzun boylu, sarı kıvırcık saçlı, mavi gözlü, sarı kaşlı, çok sevimli ve güzel bir gençti.*
(ZS, Hat, 160)
‚Er war ein großer, sehr sympathischer und schöner junger Mann mit blondgelocktem Haar, blauen Augen und hellen Augenbrauen'.

(2) *yeni bir Türk filmi*
‚ein neuer türkischer Film'

(3) *dindar bir Hıristiyan öğretmen*
‚ein gläubiger christlicher Lehrer'

**Vergleiche:**

(a) *Bana siyah temiz pantolonumu getir.*
‚Bring mir meine schwarze saubere Hose.'

(b) *Bana temiz siyah pantolonumu getir.*
‚Bring mir meine saubere schwarze Hose.'

(c) *Bana siyah pantolonumu temiz getir.*
‚Bring mir meine schwarze Hose sauber.'

## 6.3 Die Komparation (Die Steigerung)

Adjektive (und Adverbien) werden mit **daha** ‚mehr/noch' gesteigert. Die Meist- und Höchststufe wird durch **en** wiedergegeben:

| Positiv (Grundform) | | Komparativ | | Superlativ | |
|---|---|---|---|---|---|
| küçük | *klein* | → daha küçük | *kleiner* | → en küçük | *am kleinsten, das kleinste* |
| iyi | *gut* | → daha iyi | *besser* | → en iyi | *am besten, das beste* |
| çok | *viel* | → daha çok | *mehr* | → en çok | *am meisten, das meiste* |
| az | *wenig* | → daha az | *weniger* | → en az | *am wenigsten, das wenigste; mindestens* |

⮕ **Zum Komparativ**

(1) **Daha küçük** *biber yok mu?*
‚Gibt es keine *kleineren* Paprikaschoten?'

(2) *Bu kavunlar çok büyük.* **Daha küçük** *yok mu?*
‚Diese Honigmelonen sind sehr groß. Gibt es denn keine *kleineren*?'

(3) *Bu kavunlar çok büyük.* **Daha küçüğü** *yok mu? /* **Daha küçükleri** *yok mu?*
‚Diese Honigmelonen sind sehr groß. Sind keine *kleineren* da?'

Das Beispiel (3) ist zu interpretieren als: *(Kavunların) daha küçüğü/daha küçükleri yok mu?* ‚Sind keine kleineren (der Honigmelonen) da?'. Das Possessivsuffix am Adjektiv stellt den Bezug zu schon Erwähntem/Bekanntem her.

- Das Nomen, das in den folgenden Beispielen im Deutschen mit „als" angeschlossen wird, erhält im Türkischen das Ablativsuffix. Vor dem Adjektiv muss in diesem Fall das **daha** nicht stehen. Wenn es gebraucht wird, dann im Sinne von „noch".

  Ankara İzmir'**den** büyük.      ‚Ankara ist größer *als* Izmir.'
  İstanbul Ankara'**dan** daha büyük.      ‚Istanbul ist *noch* größer *als* Ankara.'
  Bizim oğlumuz sizin oğlunuz**dan** küçük.      ‚Unser Sohn ist jünger *als* Ihr Sohn.'
  O sözlük bun**dan** pahalı.      ‚Das Wörterbuch dort ist teurer *als* dieses.'
  Bu öğrenciler öbürler**den** çalışkan.      ‚Diese Schüler sind fleißiger *als* die anderen.'

- **Merke:** *Ece Cem'den daha çok çalışkan* ‚Ece ist noch viel fleißiger als Cem' und *Ece Cem'den çok daha çalışkan* ‚Ece ist sehr viel fleißiger als Cem'.

## Das Adjektiv

- Auch (Pro)Nomen mit *-ki* (☞ 7.3) oder Verbalnomen (☞ 20.2) können an einem Vergleich teilnehmen: *Bugünkü hava dünkünden soğuk* ‚Es ist heute kälter als gestern' (Das Wetter heute ist kälter als das von gestern), *Benim arabam seninkinden eski* ‚Mein Auto ist älter als deins', *Çalışmak oturmaktan iyi* ‚Arbeiten ist besser als Herumsitzen'.

- Im Deutschen wird der *Komparativ* manchmal auch ohne Vergleich verwendet. Im Türkischen wird dann das Suffix **-CA** (☞ 4.2) angehängt, das je nach Kontext sowohl einen geringeren Grad als auch einen höheren Grad angeben kann:

    Komşumuz *yaşlıca* bir adam.    ‚Unser Nachbar ist ein *älterer* Mann.'
    ← Komşumuz *yaşlı* bir adam.    ‚Unser Nachbar ist ein *alter* Mann.'

## ⮕ Zum Superlativ

(1) *Türkiye'de **en büyük** şehir İstanbul'dur.*
    ‚Die *größte* Stadt in der Türkei ist Istanbul.'

(2) *İstanbul **en büyük**.*
    ‚Istanbul ist *am größten*.' (keine Vergleichswerte)

(3) *İstanbul **en büyüğü**.*
    ‚Istanbul ist *die größte*.' (Vergleich zu anderen Städten in der Türkei)

(4) **En iyi** *dileklerimle*
    ‚Mit meinen *besten* Wünschen'

**Weitere Beispiele:**
*İstanbul, Türkiye'deki şehirlerin en büyüğü* ‚Istanbul ist die größte der Städte in der Türkei', *Türkiye'de en küçük deniz Marmara Denizi* ‚Das kleinste Meer in der Türkei ist das Marmara-Meer', *En küçük kardeşimiz Ali'dir* ‚Unser jüngster Bruder ist Ali', *Ailemizin en küçüğü Ali* ‚Der jüngste unserer Familie ist Ali', *En pahalı yazıcı en iyisi değil* ‚Der teuerste Drucker ist nicht der beste', *Yılın en uzun günü dündü* ‚Der längste Tag des Jahres war gestern', *Bizim bakkal en erken saat sekizde açıyor* ‚Unser Lebensmittelhändler macht frühestens um acht Uhr auf', *En çok bugün ben yedim* ‚Am meisten habe heute *ich* gegessen'.
*Hangi cep telefonunu istiyorsun? – En iyisini/En modernini* ‚Welches Handy willst du haben? – Das beste/Das modernste', *Hangi peynirden istiyorsunuz? – En tazesinden/En ucuzundan* ‚Von welchem Käse möchten Sie haben? – Vom frischesten/Vom billigsten'.

- Einen sehr hohen Grad kann man auch mit *pek* ‚sehr', *çok* ‚viel', *pek çok* ‚wunderbar, enorm', *gayet* (A) ‚überaus/äußerst', *fevkalade* (A) / *olağanüstü* ‚überdurchschnittlich/ außerordentlich' ausdrücken: *çok güzel* ‚sehr schön', *pekiyi* ‚sehr gut' (als Note, bezeichnet die Qualität), *pek çok güzel bir tatil* ‚ein wunderschöner Urlaub', *gayet büyük* ‚äußerst groß', *fevkalade lezzetli* ‚außerordentlich schmackhaft'.

- Die deutsche Gradpartikel „zu" gibt es im Türkischen nicht. Im Regelfall kann man sie aus dem Zusammenhang erschließen oder auch ersatzweise *çok* ‚viel/sehr' bzw. *fazla* ‚zu viel/übermäßig' hinzufügen: *Ece yeni manto almak istiyor. Eskisi küçük* ‚Ece will einen neuen Mantel kaufen. Ihr alter ist zu klein', *Bu et çok tuzlu* ‚Dieses Fleisch ist sehr salzig', *Bu et fazla tuzlu* ‚Dieses Fleisch ist zu salzig/versalzen'.

## ⊃ Zur Verwendung des Positivs

Der *Positiv* (die Grundstufe) bezeichnet entweder keinen Vergleich wie in (1), oder es werden zwei Größen miteinander verglichen und gleichgesetzt wie in (2) und (3):

(1) Ali tembel. ‚Ali ist faul.'
(2) Ali *gibi* tembelsin. ‚Du bist faul *wie* Ali.'
(3) Ali *kadar* tembelsin. ‚Du bist *genau so* faul *wie* Ali.'

Für die Gleichsetzung verwendet das Türkische die Postpositionen *gibi* und *kadar* (☞ 9.3). *Gibi* ‚wie' steht im Sinne von ‚gleich wie/ähnlich wie', *kadar* gibt das Ausmaß an und steht für ‚so viel wie/so wenig wie/so groß wie/so lange wie u.a.'.

Sind die Bezugswörter Substantive, stehen sie im *Nominativ*, sind es jedoch Personalpronomen oder das Fragewort *kim*, stehen sie mit Ausnahme ihrer Pluralformen im *Genitiv*. Bei den Personalpronomen und *kim* sieht das folgendermaßen aus:

kimin gibi ~ kadar?   benim/senin/onun/bizim/sizin/on**lar** gibi ~ kadar
kimler gibi ~ kadar?  bizler/sizler/onlar gibi ~ kadar

*benim gibi güzel* ‚schön wie ich'       *benim kadar güzel* ‚so schön wie ich'
*senin gibi çalışkan* ‚fleißig wie du'    *senin kadar çalışkan* ‚so fleißig wie du'
*sizin gibi kibar* ‚höflich wie Sie'      *sizin kadar kibar* ‚so höflich wie Sie'

*Senin gibi Türkçe öğreniyorum, ama senin kadar bilmiyorum* ‚Ich lerne wie du Türkisch, aber ich kann es nicht so viel wie du', *Ben belki biraz akılsızım, ama senin kadar salak değilim* ‚Vielleicht bin ich ein wenig unvernünftig, aber ich bin nicht so blöd wie du'.

(Ganz nebenbei: *Benim gibi şişmansın* ‚Du bist dick wie ich', aber: *Ben gibi şişmansın* ‚Du bist wie ich dick' [kein Vergleich, sondern Identität];
*Hayatta senin kadar kimseye değer vermedim* ‚Im Leben habe ich auf niemanden so viel Wert gelegt *wie du* (es tust)', *Hayatta sen kadar kimseye değer vermedim* ‚Im Leben habe ich auf niemanden so viel Wert gelegt *wie auf dich*'.

> ✓ **Merke:**
> *Ali gibi* ‚wie Ali', *Ali gibisi* ‚einer wie Ali', *bizim gibi* ‚wie wir', *bizim gibisi* ‚wie unsereiner': *Senin gibisi yok* ‚Einen wie dich gibt es nicht (noch einmal)'.

- Die Demonstrativpronomen *bu, şu, o* (☞ 7.4) stehen in Verbindung mit *gibi* oder *kadar* im Nominativ oder Genitiv: *bu gibi* ‚solcherart, derartig', *bunun gibi* ‚so wie dies', *bu kadar* ‚so viel/so sehr', *bunun kadar* ‚so (sehr/viel/wenig) wie dies'. Mit *bu* stellt der Sprecher einen genauen Vergleich her, mit *şu* appelliert er an den Hörer, einen Vergleich herzustellen, mit *o* verweist er auf eine Gesamtmenge, oft ohne Vergleich.

***Bu gibi*** *kişilerle konuşmak istemiyorum* ‚Mit solchen Personen will ich nicht sprechen', ***Bunun gibi*** *bir cep telefonu istiyorum* ‚Ich möchte ein Handy wie dieses', ***Bu kadar*** *parayla ne yapacaksın?* ‚Was wirst du mit so viel Geld machen?', ***Şu kadar*** *ekmek yeter mi?* ‚Reicht so viel Brot?', *Başka arzunuz var mı? – **O kadar*** ‚Haben Sie noch einen Wunsch? – So viel.' (= Das wär's.), ***O kadar*** *güldük ki!* ‚Wir haben so gelacht!'. ***Bunun kadar*** *manyak yoktur!* ‚So einen Bescheuerten wie den/die gibt es nicht (noch einmal)!'.

☑ Vergleiche können auch mit **böyle, şöyle, öyle** ‚so' formuliert werden. Bei *böyle* hat der Sprecher einen genauen Vergleich im Kopf; bei *şöyle* ist der Vergleich nur annähernd; oft kommen die Erläuterungen dazu erst im Anschluss. Mit *öyle* hat der Sprecher auch etwas Vorhandenes im Kopf, aber er äußert nur seine Vorstellung dazu:

**Böyle** *fırtınalı bir günde cam silmem* ‚An so einem stürmischen Tag (wie heute) putze ich keine Fenster', **Şöyle** *güneşli, fırtınasız bir günde silerim* ‚Ich putze sie an so einem sonnigen Tag ohne Sturm', **Öyle** *bir günü bu ay çok beklersin* ‚Auf so einen Tag wirst du in diesem Monat lange warten', **Böyle** *bir teklifi kabul etmem. Benim teklifim* **şöyle**: … ‚So einen Vorschlag nehme ich nicht an. Mein Vorschlag ist folgender: …'

So sind auch Nachfragen bei Aufforderungen für Tätigkeiten zu verstehen:
*Böyle mi?* ‚So?' (Sie wollen wissen, ob es so genau richtig ist)
*Şöyle mi?* ‚So?' (Sie erwarten weitere Anweisungen)
*Öyle mi?* ‚So?' (Sie sind erstaunt und fragen im Sinne von ‚Wirklich?')

- Deutsches „so" hat sehr viele Bedeutungen. Einige Beispiele zum Vergleich: *Bu da öyle bir şey* ‚Das ist auch so etwas', *Bu da öyle birisi* ‚Das ist auch so einer', *Şöyle ya da böyle ödemen gerek* ‚Du musst so oder so zahlen', *Öyle mutluyum ki!* ‚Ich bin so glücklich!', *Öylesini hiç duymadım* ‚So etwas habe ich noch nie gehört', *Ne tesadüf!* ‚So ein Zufall!', *Neler anlatıyorlar!* ‚Was sie (= die Leute) so alles reden!'.

## 6.4  Die Zahlwörter

### Die Kardinalzahlen (Die Grundzahlen)

| 0 | sıfır | 10 | on | 20 | yirmi | 30 | otuz |
|---|---|---|---|---|---|---|---|
| 1 | bir | 11 | on bir | 21 | yirmi bir | 31 | otuz bir |
| 2 | iki | 12 | on iki | 22 | yirmi iki | 32 | otuz iki |
| 3 | üç | 13 | on üç | 23 | yirmi üç | 33 | otuz üç usw. |
| 4 | dört | 14 | on dört | 24 | yirmi dört | 40 | kırk |
| 5 | beş | 15 | on beş | 25 | yirmi beş | 50 | elli |
| 6 | altı | 16 | on altı | 26 | yirmi altı | 60 | altmış |
| 7 | yedi | 17 | on yedi | 27 | yirmi yedi | 70 | yetmiş |
| 8 | sekiz | 18 | on sekiz | 28 | yirmi sekiz | 80 | seksen |
| 9 | dokuz | 19 | on dokuz | 29 | yirmi dokuz | 90 | doksan |

| 100 | yüz (nie: *bir yüz*!) | 1000 | bin (nie: *bir bin*!) |
|---|---|---|---|
| 101 | yüz bir | 1999 | bin dokuz yüz doksan dokuz (nie: *on dokuz yüz doksan dokuz*!) |
| 111 | yüz on bir | 2000 | iki bin |
| 200 | iki yüz | 2012 | iki bin on iki |
| 354 | üç yüz elli dört | 3657 | üç bin altı yüz elli yedi |
| 1.000.000 | bir milyon | 1.000.000.000 | bir milyar |

*Kaç yaşındasınız? – Yirmi yaşındayım* ‚Wie alt sind Sie? – ‚Ich bin zwanzig Jahre alt', *Ece'nin yaşı kaç? – Yaşı yirmi bir* ‚Wie alt ist Ece?' (= Wie viel ist Eces Alter?) – Sie ist einundzwanzig Jahre alt (= Ihr Alter ist einundzwanzig)'.

*Yüzde* ‚Prozent' und *binde* ‚Promille' werden vor der Zahl geschrieben und gesprochen: *% 2 yüzde iki, ‰ 1 binde bir*: *Krediyi % **4,5** faizle aldım* (gesprochen: *yüzde dört buçuk*) ‚Ich habe den Kredit zu 4,5 % Zinsen bekommen', *Sınıfımızdaki çocukların % **30'u** yabancıdır* ‚30 % der Kinder in unserer Klasse sind Ausländer'. Merke auch: *Sınavı kazanabilme şansım **binde bir*** ‚Meine Chance, die Prüfung zu bestehen, steht eins zu tausend'.

## ⊃ Die Ordinalzahlen (Die Ordnungszahlen)

Das Suffix der Ordnungszahlen lautet **-(I)ncI**. Das **t** in *dört* ‚vier' wird zu **d**. Statt einem Punkt nach der Zahl findet man häufig folgende Schreibweise: *1'inci, 2'nci, 3'üncü* usw.

| | | | | | |
|---|---|---|---|---|---|
| 1. | bir**inci** | 10. | on**uncu** | 100. | yüz**üncü** |
| 2. | iki**nci** | 20. | yirm**inci** | 1000. | bin**inci** |
| 3. | üç**üncü** | 30. | otuz**uncu** | | |
| 4. | dör**düncü** | 40. | kırk**ıncı** | | |
| 5. | beş**inci** | 50. | elli**nci** | | |
| 6. | alt**ıncı** | 60. | altmış**ıncı** | | |
| 7. | yed**inci** | 70. | yetmiş**inci** | | |
| 8. | sekiz**inci** | 80. | seksen**inci** | | |
| 9. | dokuz**uncu** | 90. | doksan**ıncı** | | |

*Kaçıncı katta oturuyorsunuz? – İkinci katta oturuyorum* ‚Im wievielten Stockwerk wohnen Sie? – Ich wohne im zweiten Stock' (In der Türkei entspricht das meistens dem ersten Stock im deutschen Sprachgebrauch).

Neben *birinci* ‚erster' kommt auch *ilk* ‚erster' vor; *ilk* wird im Sinne von „allererster" gebraucht: *İlk insanlar Âdem ve Havva idi* ‚Die ersten Menschen waren Adam und Eva'.

Römische Ziffern werden im Türkischen auch verwendet: *02/IX/2012, XXI. yüzyıl (yirmi birinci yüzyıl* ‚das einundzwanzigste Jahrhundert', *IV. Murat (Dördüncü Murat)* ‚Murat IV. (der Vierte)'.

Zur Uhrzeit sowie den Tageszeiten, Monatsnamen und Jahreszahlen (☞ 8.3).

## ☑ Attributive Stellung der Zahlwörter

Das Zahlwort **bir** steht häufig zwischen Adjektiv und Substantiv, es kann aber auch davor stehen (☞ 5.5). Wenn es dazwischen steht, formuliert der Sprecher etwas Neues, das oft auch dem Hörer unbekannt ist. Greift der Hörer den gleichen Satz auf, ist der Inhalt für ihn nicht mehr neu.

– *Siyah **bir** pantolon almak istiyorum.*   ‚Ich möchte *eine* schwarze Hose kaufen.'
– *Siyah pantolonun yok mu?*   ‚Hast du keine schwarze Hose?'

*kalın **bir** defter* ‚ein dickes Heft', *kırmızı renkli **bir** araba* ‚ein rotfarbenes Auto', *akılsız **bir** iş* ‚eine unkluge Sache', *senin gibi **bir** herif* ‚ein Kerl wie du'.

Steht **bir** hingegen vor dem Adjektiv, bildet das Adjektiv und das Substantiv eine enge Einheit. Im Deutschen ist dann hin und wieder eine Zusammenschreibung möglich:

| | | |
|---|---|---|
| *kısa **bir** mesaj* ‚eine kurze Miteilung' | ↔ | ***bir** kısa mesaj* ‚eine Kurzmitteilung' |
| *yabancı **bir** dil* ‚eine fremde Sprache' | ↔ | ***bir** yabancı dil* ‚eine Fremdsprache' |
| *erken **bir** doğum* ‚eine frühe Geburt' | ↔ | ***bir** erken doğum* ‚eine Frühgeburt' |

- Wenn der Sprecher sagt *Bir büyük ve üç küçük şeftali yedim* ‚Ich habe einen großen und drei kleine Pfirsiche gegessen', greift er auf eine bekannte Menge zurück. Man könnte umformulieren in „Ich habe einen der großen und drei der kleinen Pfirsiche gegessen".

Diese Regel beschränkt sich nicht nur auf **bir**, sondern ist auch mit Zahlwörtern wie **iki**, **üç** anzutreffen, wenn auch seltener: *Önde [...] iriyarı **iki** kişi yüksek sesle konuşuyorlardı* (AN, Kol, 123) ‚Vorn sprachen zwei kraftstrotzende Personen mit lauter Stimme', *Güzel **iki** kız saz eşliğinde* (www.videoturko.com) ‚Zwei schöne Mädchen in Begleitung einer Saz', *Küçük **üç** kıza cinsel istismar* (http://www.haber7.com/haber) ‚Sexueller Missbrauch an drei kleinen Mädchen'.

☑ **Merke:**
| | |
|---|---|
| **beş** yeni eyalet | ‚die fünf neuen Bundesländer' |
| yeni **beş** eyalet | ‚die neuen fünf Bundesländer' |
| **bir** ikinci sınıf | ‚eine zweite Klasse (= Klasse II)' |
| ikinci **bir** sınıf | ‚eine zweite Klasse (eine weitere Klasse)' |

Vorsicht geboten ist bei Zahlen in Verbindung mit Adjektiven, die -lI und -sIz (☞ 4.2) enthalten: *çocuklu **bir** aile* ‚eine Familie mit Kindern', *üç çocuklu **bir** aile* ‚eine Familie mit drei Kindern', *çocuksuz **bir** aile* ‚eine Familie ohne Kinder', *üç odalı küçük **bir** ev* ‚ein kleines Haus mit drei Zimmern', *silahlı **üç** kişi* ‚drei bewaffnete Personen'.

> ✓ **Bir** wird auch als unbestimmtes Zahladjektiv eingesetzt:
> **Bir** akşam gelirim. ‚Ich komme an (irgend)einem Abend.'

◐ **Die Distributivzahlen** (Die Verteilungszahlen)

Die im Deutschen mit „je" ausgedrückten *Distributivzahlen* (Verteilungszahlen) werden im Türkischen mit dem Suffix **-(ş)Ar** gebildet. Sie werden im Türkischen häufiger gebraucht als im Deutschen:

| | | | | | |
|---|---|---|---|---|---|
| bi**r**er | *je ein(e)* | on**ar** | *je zehn* | yüz**er** | *je hundert* |
| iki**şer** | *je zwei* | yirmi**şer** | *je zwanzig* | bin**er** | *je tausend* |
| üç**er** | *je drei* | otuz**ar** | *je dreißig* | | |
| dö**r**d**er** | *je vier* | kırk**ar** | *je vierzig* | | |
| beş**er** | *je fünf* | elli**şer** | *je fünfzig* | | |
| altı**şar** | *je sechs* | altmış**ar** | *je sechzig* | | |
| yedi**şer** | *je sieben* | yetmiş**er** | *je siebzig* | | |
| sekiz**er** | *je acht* | seksen**er** | *je achtzig* | | |
| dokuz**ar** | *je neun* | doksan**ar** | *je neunzig* | | |

*Birer limonata içelim* ‚Trinken wir *eine* (= je eine) Limonade!', *İkişer yataklı iki oda istiyoruz* ‚Wir möchten zwei Zimmer mit *je zwei* Betten', *Yarımşar şeftali yedik* ‚Wir haben je einen halben Pfirsich gegessen', *İkişer ikişer yürüyün* ‚Lauft in Zweierreihen' (= zu je zweien*)*, *Öğrencilerime teker teker teşekkür ettim* ‚Meinen Studenten habe ich einzeln gedankt', *Tuzu azar azar koy* ‚Füge das Salz nach und nach hinzu'.

## ⮕ Die Bruchzahlen

| | | |
|---|---|---|
| 1/2 | yarım | ein halb (aber: *yarı* ‚die Hälfte') |
| 1/3 | üçte bir | ein Drittel |
| 1/4 | çeyrek/bir çeyrek/dörtte bir | ein Viertel |
| 3/4 | üç çeyrek/dörtte üç | drei Viertel |
| 3/8 | sekizde üç | drei Achtel |
| 1/10 | onda bir | ein Zehntel |
| 1/100 | yüzde bir | ein Hundertstel |
| 1 1/2 | bir buçuk | eineinhalb |
| 2 2/3 | iki tam üçte iki | zwei zwei Drittel |
| 0,4 | sıfır onda dört/sıfır *virgül* dört (virgül = Komma) | |
| 3,8 | üç onda sekiz/üç *virgül* sekiz | |
| 5,69 | beş tam yüzde altmış dokuz/beş *virgül* altmış dokuz | |
| 2,005 | iki tam binde beş/iki *virgül* sıfır sıfır beş | |

☺ **Faustregel:**
*Yarı* ist die Hälfte von einem Ganzen, z.B. *yarı final* ‚Halbfinale'. Bei *yarım* ist offen, was mit der anderen Hälfte ist, z.B. *yarımada* ‚Halbinsel'. Vor *buçuk* muss eine Zahl stehen: *bir buçuk kilo domates* ‚anderthalb Kilo Tomaten'.

## ⮕ Kollektivbegriffe

Merken Sie sich gesondert: *ikiz* ‚Zwillinge', *üçüz* ‚Drillinge', *dördüz* ‚Vierlinge', *beşiz* ‚Fünflinge'. Wenn der Sprecher spezifische Zwillinge usw. meint, verwendet er das Pluralsuffix: *İris'in iki yaşındaki ikizleri* ‚die zweijährigen Zwillinge von Iris'.

## 6.5 Wiederholungs- und Vervielfältigungszahlwörter

Für „mal/Mal" kennt das Türkische mehrere Begriffe: Beim Multiplizieren sagt man *kere*, das ist ein „mal" der Vervielfältigung, *defa* (A) ist ein „Mal" im Sinne einzelner Male, *sefer* (A) ist ein „Mal" des Ablaufs. Für *defa* und *sefer* wird alternativ oft *kez* ‚Mal' gesagt.

*Üç kere üç dokuz eder* ‚Drei mal drei macht neun', *Yalnız bir kere denize girebildik* ‚Wir konnten nur einmal ins Meer (schwimmen) gehen', *Üç defa Amerika'ya gittik* ‚Wir waren dreimal in Amerika (= sind nach Amerika gefahren)', *Dün beş sefer alışverişe çıktım* ‚Gestern war ich fünfmal einkaufen', *Bir kez ne istediğini söyledi mi?* ‚Hat er einmal gesagt, was er will?', *İzmir'e ilk defa geldik* ‚Wir sind zum ersten Mal nach Izmir gekommen', *Bu lokantaya son defa iki yıl önce gelmiştik* ‚In dieser Gaststätte sind wir das letzte Mal vor zwei Jahren gewesen', *Borcumuzun tamamını bir defada verdik* ‚Wir haben unsere gesamte Schuld auf einmal zurückgezahlt'.

Merke gesondert: *beş vakit namaz* ‚die fünf täglichen Gebete'.

Vervielfältigungszahlen werden mit *misil, -sli* (A) ‚Gleiches, Vielfaches' (dafür auch *kat*) gebildet. Sowohl *bir misli* als auch *iki misli* werden im Sinne von „doppelt so viel" und *iki misli* bzw. *üç misli* im Sinne von „dreimal so viel" gebraucht, je nachdem, welches

Ausgangsmaß zugrunde gelegt wird: *Fiyatlar bir misli arttı* ‚Die Preise sind aufs Doppelte gestiegen (= um ein Gleiches)', *Bugün, her gün yediğimin iki mislini yedim* ‚Heute habe ich doppelt so viel wie jeden Tag gegessen (= das Zweifache)', *Bu kumaş, ondan dört kat pahalı* ‚Dieser Stoff ist viermal so teuer wie jener'.

> ✓ **Merke:**
> üç rekor sahibi yüzücü ‚der dreimalige Schwimmmeister'
> üst üste üç rekor kıran yüzücü ‚der dreifache Schwimmmeister'
> üçlü tango ‚der Dreiertango'
> iki türlü çorap ‚zweierlei Strümpfe'
> türlü türlü sebzeler ‚allerlei Gemüse'
> çeşit çeşit sebzeler ‚verschiedenerlei Gemüse'

## 6.6 Zählwörter und Maßangaben

Nach Zahlwörtern werden oft Zählwörter wie *tane* ‚Stück' gebraucht: *Arkadaşıma dört tane resim gönderdim* ‚Ich habe meinem Freund vier (Stück) Bilder geschickt'.

> ✓ *İki elma yedim* ‚Ich habe zwei Äpfel (und nicht zwei Birnen) gegessen.'
> *İki tane elma yedim* ‚Ich habe zwei Äpfel (von denen, die wir haben) gegessen.'

Außer *tane* gibt es auch *adet* ‚Stückzahl' sowie *parça* ‚Stück'; bei *tane* ist offen, ob man „dieselbe Art" meint oder nicht, bei *adet* ist immer „dieselbe Art" gemeint: *Altı adet vesikalık fotoğraf yaptırdım* ‚Ich habe sechs Passbilder machen lassen'. *Parça* hingegen bezeichnet ein Stück von einem Ganzen: *Bana bir parça ekmek ver* ‚Gib mir ein Stück Brot'.

Mit Maßangaben wie *kilo* oder *metre* wird im Sinne von „zu wie viel?" entweder *kaça?* oder *kaçtan?* gebraucht. Ohne Maßangabe bezieht sich *kaça?* in der Regel auf den Gesamt- und *kaçtan?* auf den Teilpreis: *Kumaşı kaça aldın?* ‚Was hat der Stoff gekostet (= Für wie viel hast du den Stoff gekauft?)', *Kumaşı kaçtan aldın?* ‚Was hat der Meter des Stoffes gekostet? (= Zu wie viel hast du den Stoff gekauft?)'.

Weitere Beispiele: *50 gram tereyağı* ‚50 Gramm Butter', *1/2 kilo beyaz peynir* ‚1 Pfund Schafskäse', *250 gram su* ‚1/4 Liter Wasser', *1 kilo süt* ‚1 Liter Milch' (Milch wird oft mit Kilo angegeben); *20 litre benzin* ‚20 Liter Benzin'; *5 milimetre* ‚5 Millimeter', *10 santimetre* ‚10 Zentimeter', *1 metre* ‚1 Meter', *6 kilometre* ‚6 Kilometer'.

*Bir çift çorap aldım* ‚Ich habe ein Paar Strümpfe gekauft', *Bir şişe viski alalım mı?* ‚Wollen wir eine Flasche Whisky kaufen?', *İki bardak bira içtim* ‚Ich habe zwei Glas Bier getrunken', *Bana bir fincan kahve yapar mısın?* ‚Machst du mir eine Tasse Kaffee?', *İki lokma bir şey ye!* ‚Iss doch zwei Bissen!';
*dört dilim ekmek* ‚vier Scheiben Brot', *üç kaşık şeker* ‚drei Löffel Zucker', *iki kutu kibrit* ‚zwei Schachteln Streichhölzer', *bir karton sigara* ‚eine Stange Zigaretten', *üç kasa su* ‚drei Kasten Wasser', *bir tutam tuz* ‚eine Prise Salz', *iki baş soğan* ‚zwei (Köpfe) Zwiebeln', *beş diş sarmısak/sarımsak* ‚fünf Zehen Knoblauch', *bir demet maydanoz* ‚ein Sträußchen Petersilie'.

- Merke: *tek **bir** çorap* ‚ein einziger Strumpf' : ***bir** tek çorap* ‚ein einzelner Strumpf'.

## 6.7 Das adjektivierende Suffix *-ki*

Mit dem bis auf zwei Ausnahmen unveränderlichen *betonten* Suffix **-ki** werden aus Orts- und Zeitangaben Adjektive gebildet (nach *bugün* und *dün* steht jedoch **-kü**). Ihre primäre Aufgabe ist, die Stelle eines Attributes einzunehmen, also *vor* einem Nomen oder einer Nomengruppe zu stehen und somit dessen Zugehörigkeit zum nachfolgenden Nomen zu unterstreichen. Das, was im Türkischen nach einem einheitlichen System gebildet wird, sieht im Deutschen unterschiedlich aus. So kann man zwar von „hier" das Adjektiv „hiesig" bilden, aber nicht von „da" *„dasig". Bei einem attributiv gebrauchten Ausdruck wie *Berlin'deki* können wir auch „Berliner" (*Berlin'deki metro* ‚die Berliner U-Bahn') sagen.

*burada* ‚hier' → *buradaki* ‚hiesig', *15 yaşında* ‚15 Jahre alt' → *15 yaşındaki* ‚15-jährig', *bugün* ‚heute' → *bugünkü* ‚heutig'

*Bu fotoğraf**taki** hanım kim?* ‚Wer ist die Dame auf diesem Foto?', *Bugünkü gazete nerede?* ‚Wo ist die Zeitung von heute?', *Saat on**daki** trenle Münih'e gidiyorum* ‚Ich fahre mit dem Zug um 10 Uhr nach München'.

Handelt es sich dabei um einen Städte- oder Ländernamen oder auch eine Institution, wird im Deutschen so gut wie immer nachgetragen (gemeint ist, wo sich wer oder was befindet):

*Türkiye'**deki** teyzem Side'de oturuyor* ‚Meine Tante in der Türkei wohnt in Side'.
Aber: *Teyzem Türkiye'de Side'de oturuyor* ‚Meine Tante wohnt in der Türkei in Side.'
*Türkoloji Enstitüsü'**ndeki** kütüphane bugün açık değil* ‚Die Bibliothek im Institut für Turkologie ist heute nicht geöffnet.'

Das Bezugswort kann auch entfallen. Dann wird der Begriff mit **-ki** substantiviert gebraucht, und er kann Plural- und Kasussuffixe annehmen. *Wichtig:* **-ki** lautet vor Kasussuffixen **-kin-**:

*Bugünkü ders bitti,* **yarınki** *saat onda* ‚Der *heutige* Unterricht ist zu Ende, *der morgige/der von morgen* ist um zehn Uhr', *Bugünkü gazeteler şurada,* **dünküler** *rafta* ‚Die Zeitungen *von heute* liegen da und *die von gestern* im Regal', *Berlin'deki teyzem evli,* **Frankfurt'taki** *değil* ‚Meine *Berliner* Tante ist verheiratet, *die in Frankfurt* nicht'; *İstanbul'daki amcalarım yaşlı,* **Bitlis'tekiler** *genç* ‚Meine *Istanbuler* Onkel sind alt, *die in Bitlis* jung', *Kiel'deki arkadaşımın iki çocuğu var.* **Bonn'dakinin** *de iki çocuğu var* ‚Mein Freund *in Kiel* hat zwei Kinder. Auch *der in Bonn* hat zwei Kinder.'

Deutsche Konstruktionen wie „die Verwandten von meiner türkischen Freundin in Steglitz" sind doppeldeutig – wer befindet sich nun in Steglitz, die Verwandten oder die Freundin/der Freund? Im Türkischen ist dies eindeutig: *Türk arkadaşımın Steglitz'teki akrabaları* (die Verwandten sind in Steglitz), *Steglitz'teki Türk arkadaşımın akrabaları* (die Freundin/der Freund ist in Steglitz).

*Şimdiki Çocuklar Harika* (AN, ŞCH) ‚Die jetzigen Kinder sind Wunderkinder', *Dün geceki fırtına korkunçtu* ‚Der Sturm gestern Nacht war fürchterlich', *Ağustos ayındaki sıcaklar feciydi* ‚Die Hitze im Monat August war katastrophal', *1999 yılındaki deprem* ‚das Erdbeben im Jahre 1999', *Bendeki para yetişmiyor* ‚Das Geld, das ich dahabe, reicht nicht', *Toplantıdakilerden bir adam ayağa kalktı* (AN, ŞCH, 130) ‚Einer von den Leuten bei der Versammlung stand auf.'

# 7 Die Pronomen

## 7.1 Übersicht

> Die *Pronomen* (Fürwörter) stehen *als Stellvertreter* für ein Nomen oder eine Nomengruppe. Einige können auch als *Begleiter* eines Nomens oder einer Nomengruppe, also attributiv, eingesetzt werden. Pronomen als Stellvertreter werden dekliniert.
>
> *als Stellvertreter*
> **Bu**, kavun. ‚Das ist eine Honigmelone.'
> **Bunlar** kavun. ‚Das sind Honigmelonen.'
>
> *als Begleiter*
> **Bu** kavun çok tatlı. ‚Diese Honigmelone ist sehr süß.'
> **Bu** kavunlar çok tatlı. ‚Diese Honigmelonen sind sehr süß.'
>
> Wir treffen folgende Einteilung:
> - Personalpronomen (persönliche Fürwörter) und Personalendungen
> - Das substantivierende Suffix *-ki*
> - Demonstrativpronomen (hinweisende Fürwörter)
> - Ortspronomen (dem Türkischen eigene Kategorie)
> - Reflexivpronomen (rückbezügliches Fürwort)
> - Reziprokpronomen (wechselseitiges Fürwort)
> - Interrogative (Fragewörter)
> - Indefinite Pronomen und Zählwörter (unbestimmte Fürwörter und Zählwörter)

## 7.2 Die Personalpronomen und die Personalendungen

Das Türkische kennt vier *Personalpronomen*, die für die 1. und 2. Personen stehen. Für die 3. Personen werden die *Demonstrativpronomen* **o** ‚jener/jene/jenes' und **onlar** ‚jene' verwendet, die wir dann mit „er, sie, es" bzw. „sie" übersetzen. Die 2. Pers. Pl. richtet sich sowohl an mehrere Personen, die man duzt („ihr"), als auch an eine *oder* mehrere Personen, die man siezt („Sie").

Außerdem gibt es unbetonte *Personalendungen*. Diese sind aus nachgestellten Personalpronomen entstanden, die im Laufe der Jahrhunderte „angewachsen" sind. In der deutschen Umgangssprache können bei Fragen auch einige Pronomen angehängt und unbetont werden, z.B. „kannst du ..." oder „können Sie ..." lauten dann „kannste ..." bzw. „könnense ...". Das sind keine Suffixe, auch im Türkischen nicht, sondern *klitische* (sich anlehnende) Personalpronomen. Nur der Einfachheit halber verwenden wir den Ausdruck *Personalendung*:

| 1. Pers. Sg. | ben | -(y)Im |
|---|---|---|
| 2. Pers. Sg. | sen | -sIn |
| 3. Pers. Sg. | o | ∅ |

| 1. Pers. Pl. | biz | -(y)Iz |
|---|---|---|
| 2. Pers. Pl. | siz | -sInIz |
| 3. Pers. Pl. | onlar | ∅ |
| | oder | -lAr |

Die **Personalendungen** vertreten das *Subjekt* des Satzes. Allerdings müssen sie stets an einen Begriff angehängt werden, mit dem zusammen sie das Prädikat bilden. Das wird uns im Zusammenhang mit der Konjugation beschäftigen (☞ Kapitel 13 und 14).

Die **Personalpronomen** werden vorzugsweise dann verwendet, wenn der Sprecher über sich bzw. jemanden zu reden beginnt oder zur Betonung. In einem **Folgesatz** werden sie *nicht* wiederholt, sondern durch die entsprechende Personalendung wiedergegeben. Wechselt der Sprecher während des Gesprächs jedoch die Person, **muss** er das passende Pronomen aufnehmen (*Kontrastverwendung*).

| | |
|---|---|
| **Ben** Elif. Türküm, evliyim. | ‚**Ich** bin Elif. *Ich* bin Türkin und verheiratet.' |
| **Ben** çıkıyorum. **Siz** kalıyor musunuz? | ‚**Ich** gehe. Bleiben **Sie**? / Bleibt **ihr**?' |
| Nasılsın? – İyiyim. **Sen** nasılsın? | ‚Wie geht es dir? – Mir geht es gut. **Und** wie geht es **dir**?' |

Dass das Türkische keine eigenen Personalpronomen für die 3. Personen kennt, ist nicht weiter tragisch, wie Sie gleich sehen werden. Wenn Sie ein Gespräch mit „ich, du, wir, ihr, Sie" anfangen, wird der Hörer kein Problem haben, das einzuordnen. Aber wenn Sie ein Gespräch anfangen mit z.B. „Er/sie kommt heute nicht" oder „Es war teuer", kann der Hörer das nur identifizieren, wenn Sie vorher über die Person bzw. Sache gesprochen haben. Wenn nicht, wird er wohl verduzt nachfragen: „Wer ist denn er/sie?" oder „Was war teuer?". Sie sehen schon, dass „er/sie/es" sich nicht eignen, um plötzlich eine Person/eine Sache in das Gespräch einzuführen, sondern sich auf jemand/etwas beziehen, was vorher genannt war. Im Türkischen muss man selbst dann nicht unbedingt **o** einsetzen. Die 3. Pers. Pl. hingegen, also **onlar**, wird in einem Folgesatz oft durch das schwach betonte **-lAr** angezeigt (☞ 13.2):

| | |
|---|---|
| Cem işte değil. Bugün evde. | ‚Cem ist nicht bei der Arbeit. Heute ist *er* zu Hause.' |
| Annem, babam hasta. Yatıyor**lar**. | ‚Meine Mutter und mein Vater sind krank. *Sie* liegen im Bett.' |
| *Aber:* | |
| Annem, babam yatıyor. İkisi de hasta. | ‚Meine Mutter und mein Vater liegen im Bett. Beide sind krank.' |

Wenn Sie *während* eines Gesprächs einen Kontrast herstellen wollen, sind **o** und **onlar** verwendbar. Die Deutefunktion ist stark:

| | |
|---|---|
| **Ben** Avusturyalıyım. **O** İsviçreli. | ‚Ich bin Österreicher. Er ist Schweizer.' |
| Bunlar benim arkadaşlarım. **Onlar** Türk. | ‚Das sind meine Freunde. Sie sind Türken.' |

Im Türkischen können *biz* ‚wir' und *siz* ‚ihr/Sie' mit dem Pluralsuffix versehen werden: *biz* ‚wir' (ich und diejenigen, die mit mir sind) → *bizler* ‚wir' (wir und diejenigen, die mit uns sind), *siz* ‚ihr/Sie' (du/Sie und diejenigen, die mit dir/Ihnen sind) → *sizler* ‚ihr/Sie' (ihr/Sie und diejenigen, die mit euch/Ihnen sind). Man kann diese Pluralformen mit „wir alle" bzw. „ihr/Sie alle" übersetzen (Bei „alle" ist nicht deutlich, ob „alle zusammen" oder „jeder einzelne" gemeint ist.): *Sizler nasılsınız? – Bizler iyiyiz* ‚Wie geht es Ihnen allen? – Uns allen geht es gut'.

- **Die Deklination der Personalpronomen**

|     | 1. Person Singular | | 2. Person Singular | | 3. Person Singular | |
|-----|------|----------|------|---------|------|---------|
| Nom | ben  | *ich*    | sen  | *du*    | o    | *er/sie/es* |
| Gen | ben**im** | *mein(es)* | senin | *dein(es)* | onun | *sein(es)* |
| Akk | beni | *mich*   | seni | *dich*  | onu  | *ihn/sie/es* |
| Dat | **bana** | *(zu) mir* | **sana** | *(zu) dir* | ona | *(zu) ihm/ihr* |
| Lok | bende | *bei mir* | sende | *bei dir* | onda | *bei ihm/ihr* |
| Abl | benden | *von mir* | senden | *von dir* | ondan | *von ihm/ihr* |

|     | 1. Person Plural | | | | 2. Person Plural | | | | 3. Person Plural | |
|-----|------|---------|------|----------|------|---------|------|----------------|------|---------|
| Nom | biz  | bizler  | *wir*    | | siz | sizler | *ihr/Sie* | | onlar | *sie* |
| Gen | biz**im** | bizlerin | *unser(es)* | | sizin | sizlerin | *euer/eures* | | onların | *ihr(es)* |
| Akk | bizi | bizleri | *uns*    | | sizi | sizleri | *euch/Sie* | | onları | *sie* |
| Dat | bize | bizlere | *(zu) uns* | | size | sizlere | *(zu) euch/Ihnen* | | onlara | *(zu) ihnen* |
| Lok | bizde | bizlerde | *bei uns* | | sizde | sizlerde | *bei euch/Ihnen* | | onlarda | *bei ihnen* |
| Abl | bizden | bizlerden | *von uns* | | sizden | sizlerden | *von euch/Ihnen* | | onlardan | *von ihnen* |

☑ Die 1. Pers. Sg. und Pl. der Genitivformen haben sich verändert und enthalten heute ein **m**. Außerdem sind die Genitivformen der Personalpronomen **identisch** mit den Possessivpronomen (☞ 5.7).

***Seni*** *çoktandır görmedim* ‚Ich habe *dich* seit langem nicht gesehen', ***Sana*** *yardım etmek istiyorum* ‚Ich möchte *dir* helfen', ***Sizi*** *rahatsız etmek istemiyorum* ‚Ich möchte *euch/Sie* nicht stören', *Ece sizde mi?* ‚Ist Ece bei *euch/Ihnen*?', ***Benden*** *utanıyor musun?* ‚Schämst du dich *vor mir*?', *Cem'e rastladım.* ***Onu*** *partiye davet ettim* ‚Ich habe Cem zufällig getroffen. Ich habe *ihn* zur Party eingeladen', *Kapıda bir dilenci var.* ***Ona*** *ne vereyim?* ‚An der Tür ist ein Bettler. Was soll ich *ihm* geben?', *Sabun aldım.* ***Onu*** *nereye koyayım?* ‚Ich habe Seife gekauft. Wo soll ich *sie* hinlegen?', *Çiçek getirdim.* ***Onları*** *vazoya koyayım* ‚Ich habe Blumen mitgebracht. Ich stelle *sie* in die Vase'.

- Zu einem Beispiel wie *Arkadaşımla* **ben** *konsere gittik* ‚Mein Freund und ich, *wir* sind ins Konzert gegangen' (☞ 24.3).

- Da **o** und **onlar** Demonstrativpronomen sind, wird anstelle dieser – wenn es sich um Personen handelt – häufig *kendisi* ‚er/sie/es selbst', Pl. *kendileri* ‚sie selbst' eingesetzt (☞ 7.6). Damit hebt der Sprecher die Person, über die er spricht, als Persönlichkeit hervor: *Cem isimli bir arkadaşım var. Kendisi öğretmen* ‚Ich habe einen Freund namens Cem. Er (persönlich) ist Lehrer'. Soll der Person, über die gesprochen wird, besonderer Respekt erwiesen werden, wird die Pluralform gebraucht: *Tanıştırayım: Mehmet Bey. Kendileri profesör* ‚Darf ich bekannt machen: Herr Mehmet. Er ist Professor'.

- Wenn in türkischen Nachrichten über Politiker berichtet wird, kommt nach der Erstnennung des Titels und Namens in den Folgesätzen weder *o* noch *kendisi/kendileri* vor, sondern es wird der Titel und/oder der Name wiederholt. Damit wird sowohl die Deutefunktion als auch Hervorhebung vermieden.

☑ Die Personalpronomen mit **-CA** und **-sIz** (☞ 4.2) sowie angehängtem **ile** (☞ 9.3):

| bénce | meiner Meinung nach | benímle | mit mir | bensíz | ohne mich |
|---|---|---|---|---|---|
| sénce | deiner Meinung nach | senínle | mit dir | sensíz | ohne dich |
| | | onúnla | mit ihm | onsúz | ohne ihn |
| bízce/ bizlérce | unserer Meinung nach | bizímle/ bizlérle | mit uns | bizsíz/ bizlersíz | ohne uns |
| sízce/ sizlérce | eurer/Ihrer Meinung nach | sizínle/ sizlérle | mit euch/ mit Ihnen | sizsíz/ sizlersíz | ohne euch/ Sie |
| | | onlárla | mit ihnen | onlarsíz | ohne sie |

*Sizce Türkçe kolay mı? –* **Bence** *kolay değil* ‚Ist *Ihrer Meinung nach* Türkisch leicht? – *Meiner Meinung nach* ist es nicht leicht', *Bugün arkadaşım gelecek.* **Onunla** *diskoya gideceğiz* ‚Heute kommt mein Freund. *Mit ihm* werde ich in die Disko gehen', **Sensiz** *yaşayamam* ‚*Ohne dich* kann ich nicht leben'.

## 7.3 Das substantivierende Suffix *-ki*

Die Possessivpronomen (und Possessivsuffixe) sind im Kapitel Substantiv dargestellt (☞ 5.7). Sie kommen überwiegend als Begleiter eines Nomens vor, aber auch im Prädikat. Möchten Sie die Possessivpronomen als Stellvertreter eines Nomens einsetzen, wird das unveränderliche, schwach betonte Suffix **-ki** angehängt. Dieses Suffix kann auch an Nomen im Genitiv angefügt werden:

| **Begleiter:** | Bu çanta *benim* çantam. | ‚Diese Tasche ist *meine* Tasche.' |
|---|---|---|
| **prädikativ:** | Bu çanta *benim*. | ‚Diese Tasche *gehört mir*.' |
| **Stellvertreter:** | Bu çanta *benimki*. | ‚Diese Tasche ist *meine*.' |
| | Bu çanta *Songül'ünki*. | ‚Diese Tasche ist *Songüls*.' |

*Bu kalem* **kiminki***? – (Bu kalem)* **Ece'ninki** ‚*Wem (= wessen)* ist dieser Stift? – (Dieser Stift ist) *Eces*', *Bu şemsiye* **seninki** *mi? – Yok, benimki değil,* **Ülkü'nünki** ‚Ist dieser Schirm *deiner*? – Nein, nicht meiner, sondern *Ülküs*'.

> ✓ Nomen mit **-ki** kommen auch mit Possessivsuffix der 3. Pers. vor. Damit wird eine Teilmenge aus Gleichartigem bezeichnet:
> *Bavulların bir tanesi benim değil.* **Benimkisi** *nerede acaba?*
> ‚Einer der Koffer gehört mir nicht. Wo ist wohl meiner? (= meiner von denen)'.

Die mit **-ki** versehenen Begriffe können, da sie substantiviert sind, natürlich das Pluralsuffix annehmen und auch dekliniert werden. Das Suffix **-ki** lautet vor Kasussuffixen **-kin-**:

| | *das meinige* | | *die meinigen* | |
|---|---|---|---|---|
| Nom | benim**ki** | benim**ki**si | benim**ki**ler | benim**ki**leri |
| Gen | benim**kin**in | benim**ki**sinin | benim**ki**lerin | benim**ki**lerinin |
| Akk | benim**kin**i | benim**ki**sini | benim**ki**leri | benim**ki**lerini |
| Dat | benim**kin**e | benim**ki**sine | benim**ki**lere | benim**ki**lerine |
| Lok | benim**kin**de | benim**ki**sinde | benim**ki**lerde | benim**ki**lerinde |
| Abl | benim**kin**den | benim**ki**sinden | benim**ki**lerden | benim**ki**lerinden |

|  | der (z.B. Ball) des Mädchens | die (z.B. Bälle) des Mädchens | der (z.B. Ball) der Mädchen | die (z.B. Bälle) der Mädchen |
|---|---|---|---|---|
| Nom | kızınki | kızınkiler | kızlarınki | kızlarınkiler |
| Gen | kızın**kin**in | kızınkilerin | kızların**kin**in | kızlarınkilerin |
| Akk | kızın**kin**i | kızınkileri | kızların**kin**i | kızlarınkileri |
| Dat | kızın**kin**e | kızınkilere | kızların**kin**e | kızlarınkilere |
| Lok | kızın**kin**de | kızınkilerde | kızların**kin**de | kızlarınkilerde |
| Abl | kızın**kin**den | kızınkilerden | kızların**kin**den | kızlarınkilerden |

(1) *Arabanızda CD-çalar var mı?*
 ‚Haben Sie einen CD-Spieler in Ihrem Auto?'
 ***Benim arabamda** yok, ama **arkadaşımın arabasında** var.*
 ‚In meinem Auto ist keiner, aber *im Auto meines Freundes* ist einer.'
 → *Benim**kin**de yok, ama arkadaşımın**kin**de var.*
  ‚In meinem ist keiner, aber *in dem meines Freundes* ist einer.'

(2) *Bizimkiler büyüdü, şimdi sıra sizinkilerde.*
 ‚Unsere (Kinder) sind groß geworden, jetzt ist die Reihe an euren.'

(3) *Benim kalemim yazmıyor. Seninkini/Ali'ninkini verir misin?*
 ‚Mein Stift schreibt nicht. Gibst du mir deinen/Alis?'

(4) *Müfettiş, teker teker defterlerimize baktı. Hiçbirimizinkinde imlâ yanlışı bulamadı.*
 (AN, ŞCH, 25)
 ‚Der Schulrat schaute unsere Hefte eins nach dem anderen an. In keinem von unseren konnte er Rechtschreibfehler finden.'

## 7.4 Die Demonstrativpronomen

Das Türkische kennt drei Demonstrativpronomen:

| Singular | | Plural | |
|---|---|---|---|
| bu | *dieser,e,s/das hier (sichtbar)* | bunlar | *diese/die hier* |
| şu | *das da (sichtbar)/das folgende* | şunlar | *die da/die folgenden* |
| o | *jener,e,s/das dort (sichtbar/unsichtbar)* | onlar | *jene/die dort* |

Mit **bu** formuliert der Sprecher einen Fixpunkt, dem er sich nah fühlt und zu dem er auch den Hörer hinziehen will. Mit **şu** betrachtet der Sprecher das, auf das er hinweist, mit etwas Distanz. Er will den *Hörer* aufmerksam machen. Die Deutefunktion ist stark. Insofern kann **şu** auch leicht abwertende Bedeutung haben: *Şu da kim?* ‚Wer ist das denn?'. Mit **o** hingegen verweist der Sprecher auf etwas, das er als fern einstuft. Diese Nähe oder Entfernung sind oft keine messbaren Größen. Wenn z.B. drei Bücher in verschiedenen Sprachen nebeneinander auf einem Tisch liegen, kann der Sprecher sehr wohl sagen: *Bu kitap Türkçe, şu kitap Farsça, o kitap da Arapça* ‚Das Buch hier ist auf Türkisch, dieses Buch auf Persisch und jenes Buch auf Arabisch'. Für Dinge, die außerhalb des Sprecher-Hörer-Bereichs liegen, wird **o** verwendet: *Şemsiyem de sende mi? – O arabada* ‚Hast du auch meinen Schirm? – Der ist im Auto'.

Die Demonstrativpronomen werden im Türkischen häufiger als im Deutschen gebraucht und sind oft nur mit „der/die/das" zu übersetzen. Wenn sie sich auf etwas Genanntes beziehen, wird **bu** oder **o** eingesetzt. Mit **şu** verweist man auch auf etwas Folgendes.

Die Mehrzahlformen **bunlar, şunlar, onlar** stehen immer anstelle von **bu, şu, o** + einem Substantiv im Plural, vertreten dieses also. Im Deutschen können Sie mit „Das sind ..." anfangen, wenn es sich um Gegenwartsaussagen handelt:

| Bu sözlük | yeni. | Dieses Wörterbuch | ist neu. |
| Bu | yeni. | Das hier | ist neu. |
| Bu sözlük**ler** | yeni. | Diese Wörterbücher | sind neu. |
| Bun**lar** | yeni. | Die hier | sind neu. |

Das Substantiv nach *bunlar, şunlar, onlar* kann im Singular stehen, wenn der Sprecher lediglich die Klassenzugehörigkeit meint:

Bunlar simit.  ,Das sind Sesamkringel.'
Bunlar balık.  ,Das sind Fische.' *Auch:* ,Das ist Fisch.'
Bunlar Türkçe kitap.  ,Das sind türkische Bücher.'
Bunlar yeni sözlükler.  *Aber:* ,Das sind (diverse) neue Wörterbücher.'
  *oder:* ,Das sind die neuen Wörterbücher.'

**Zur Wortstellung:**
Bu, yeni araba.  ,Das ist das neue Auto.'
Yeni araba bu.  ,Das neue Auto ist das/dieses hier.'
Eski gazeteler bunlar mı?  ,Sind die alten Zeitungen die hier?'
Eski gazeteler şunlar.  ,Die alten Zeitungen sind die da.'

- **Die Deklination der Demonstrativpronomen**

|  | **Singular** | | | **Plural** | | |
| --- | --- | --- | --- | --- | --- | --- |
| Nom | bu | şu | o | bunlar | şunlar | onlar |
| Gen | bunun | şunun | onun | bunların | şunların | onların |
| Akk | bunu | şunu | onu | bunları | şunları | onları |
| Dat | buna | şuna | ona | bunlara | şunlara | onlara |
| Lok | bunda | şunda | onda | bunlarda | şunlarda | onlarda |
| Abl | bundan | şundan | ondan | bunlardan | şunlardan | onlardan |

*Bu o, bu o, bu Aydın...* (DA, AADY, 46) ,Das ist er, das ist er, das ist Aydın...', *Topkapı Sarayı bu mu?* ,Ist das der Topkapi-Serail?', *Tuz şu mu?* ,Ist das da das Salz?', *Bunun bilincinde değildim* ,Ich war mir dessen nicht bewusst', *Bunu anlamadım* ,Das habe ich nicht verstanden', *Şundan ister misin?* ,Möchtest du davon haben?', *Onu geçelim* ,Lassen wir das (Thema fallen)', *Ondan haberim yoktu* ,Davon wusste ich nichts (= hatte keine Ahnung)'.

- Bei Doppelnennung der Demonstrativpronomen lautet die Reihenfolge *o – bu* oder *şu – bu*: *Her şeyi ona buna anlatma!* ,Erzähle nicht alles diesem und jenem!', *Ali'nin şusu busu beni ilgilendirmiyor* ,Was Ali betrifft (= dies und das von Ali), interessiert mich

nicht'. Wenn Mehreres genannt wurde, greift *o* den erstgenannten Begriff auf: *Onu değil, bunu ver* ‚Gib mir nicht das (dort), sondern dieses (hier)'.
- Die Demonstrativpronomen stehen im Regelfall vor adjektivischen Attributen; dann spricht der Sprecher über etwas Bekanntes: *Bu güzel havada çıkalım* ‚Gehen wir bei diesem schönen Wetter doch raus', *bu iki çalışkan ve terbiyeli kız* ‚diese **beiden** fleißigen und wohlerzogenen Mädchen', aber: *çalışkan ve terbiyeli **bu iki** kız* ‚diese fleißigen und wohlerzogenen **zwei** Mädchen'.

☑ **Die Verweisrichtung**

Soll ein Bezug zu etwas Erwähntem oder Bekanntem hergestellt werden, steht im Regelfall **bu** oder **o**. **Bu** stellt eine unmittelbare Verbindung her, **o** nimmt den Begriff oder Sachverhalt neu auf: *Yemeğe çıkalım. – **Bu** iyi bir fikir. / **O** iyi bir fikir* ‚Gehen wir doch essen. – Dies ist eine gute Idee. / Jenes ist eine gute Idee'.

**Şu** wird jedoch verwendet, wenn ein Sachverhalt erst im Anschluß genannt wird: *Sana şunu söyleyeceğim: Beni bir daha arama!* ‚Ich will dir Folgendes sagen: Rufe mich nicht noch einmal an!'.

- Für zeitlichen Gebrauch gilt: **bu** verweist auf das unmittelbar als nah Empfundene, z.B. *bu sıra* ‚zur Zeit'; **şu** hat auch hier starke Deutefunktion, z.B. *şu sıra* ‚derzeit'; **o** verweist auf das weiter entfernt eingestufte Vergangene oder Kommende, z.B. *o zamanlarda* ‚da/damals', *o zaman* ‚zu der/jener Zeit (für Vergangenes) / dann (für Zukünftiges)'.

☑ Die Demonstrativpronomen mit **-CA** und **-sIz** (☞ 4.2) sowie angehängtem **ile** (☞ 9.3):

| búnca | *so viel* | bunúnla | *damit* | bunsúz | *ohne dieses* |
|---|---|---|---|---|---|
| şúnca | *so viel* (selten) | şunúnla | *damit* | şunsúz | *ohne dieses da* |
| ónca | *zig, so viel* | onúnla | *damit; mit ihm/ihr* | onsúz | *ohne jenes* |
| | | bunlárla | *mit denen hier* | bunlarsíz | *ohne diese* |
| | | şunlárla | *mit diesen da* | şunlarsíz | *ohne diese da* |
| | | onlárla | *mit jenen/ihnen* | onlarsíz | *ohne jene* |

***Bunca** yıl seni bekledim* ‚Ich habe *so viele* Jahre auf dich gewartet', ***Onca** kitap okudum ama hiçbiri Sefiller gibi değildi* [Victor Hugo] ‚Ich habe *zig* Bücher gelesen, aber kein Einziges davon war wie die ‚Die Elenden'", ***Bununla/Bunlarla** ne yapacaksın?* ‚Was wirst du *damit/mit denen* machen?', ***Bunsuz** çıkma* ‚Gehe nicht *ohne den/das* (aus dem Hause)'.

☑ **Die Demonstrativpronomen** *işte* **und** *işbu*

**İşte** wird häufig verwendet und ist im Satz nicht stellungsfest. Es wird sowohl als nachdrückliches Deutewort „(sieh) da" als auch als Abtönungspartikel „eben/halt; doch" (☞ 11.2): eingesetzt: *Gözlüğüm nerede ? – İşte burada* ‚Wo ist meine Brille? – Hier ist sie doch', *İşte, geldiler* ‚Da, sie sind gekommen', *İşte, mesele bu* ‚Eben, die Sache ist diese', Auf eine Frage mit „warum?" wird *işte* auch im Sinne von deutschem „darum" verwendet: *Bunu niçin yaptın? – İşte* ‚Warum hast du das getan? – Darum'.

In der Behördensprache kommt noch *işbu* ‚ebendies' vor: *İşbu belgeyle... onaylarız* ‚Mit eben dieser Bescheinigung bestätigen wir, ...', wo im Deutschen mit „Hiermit wird bestätigt, ..." eingeleitet würde.

- Vorausweisende Demonstrativpronomen wie „derjenige, der" kennt das Türkische nicht. Solche Konstruktionen werden mit Partizipien gebildet (☞ Kapitel 26).

## 7.5 Die Ortspronomen

Das Türkische kennt vier Ortspronomen, die einen Ort oder eine Stelle erfragen bzw. auf diese hinweisen. Sie sind von *ne?* ‚was?', *bu* ‚dieses', *şu* ‚dieses da', *o* ‚jenes' abgeleitet und können dekliniert werden, das Pluralsuffix und Possessivsuffixe annehmen:

| | | | |
|---|---|---|---|
| **nere** | *welcher Ort?, welche Stelle?* | **nereler** | *welche Orte?, welche Gegend?* |
| **bura** | *der Ort hier, die Stelle hier* | **buralar** | *die Orte hier, die Gegend hier* |
| **şura** | *der Ort da, die Stelle da* | **şuralar** | *die Orte da, die Gegend da* |
| **ora** | *der Ort dort, die Stelle dort* | **oralar** | *die Orte dort, die Gegend dort* |

Die Singularformen kommen selten ohne Suffix vor, und wenn, stehen sie meistens attributiv: *Sizin takım da hangisi? – Bura takımı...* ‚Und welches ist Ihre Mannschaft? – Die Mannschaft von hier ...'. Weitaus häufiger werden die Singularformen im Nominativ mit dem Possessivsuffix der 3. Pers. versehen: *Burası güzel* ‚Hier (= dieser Ort hier) ist es schön'.

Die Ortspronomen können mit und ohne Possessivsuffix dekliniert werden. Ohne Possessivsuffix, aber mit Dativ-, Lokativ- oder Ablativsuffix, entsprechen sie folgenden deutschen Adverbien:

| | | | | | | | |
|---|---|---|---|---|---|---|---|
| nereye | *wohin?* | buraya | *hierhin, hierher* | şuraya | *dahin* | oraya | *dorthin* |
| nerede | *wo?* | burada | *hier* | şurada | *da* | orada | *dort* |
| nereden | *woher?* | buradan | *von hier* | şuradan | *von da(her)* | oradan | *von dort(her)* |

> ✓ *nerede, burada, şurada, orada* werden häufig verkürzt als *nerde, burda, şurda, orda* gesprochen und auch geschrieben. Sie gelten als umgangssprachlich. Allerdings werden sie auch von Autoren verwendet, die ein sehr gepflegtes Türkisch schreiben. Es gibt einen kleinen Unterschied. Die Langformen vertreten immer einen konkreten Ort. Das können die Kurzformen auch, aber sie werden grundsätzlich dann eingesetzt, wenn die Begriffe in übertragener Bedeutung verwendet werden: *Aklım burda değil* ‚Meine Gedanken sind nicht hier'.

Die Deklination ohne die Possessivsuffixe ab Genitiv sieht so aus:

| | | | |
|---|---|---|---|
| burası | ‚der Ort hier' | buraya | ‚zu dem Ort hier = hierher' |
| buranın | ‚des Ortes hier' | burada | ‚an dem Ort hier = hier' |
| burayı | ‚den Ort hier' | buradan | ‚von dem Ort hier = von hier' |

*Buranın halkı çok sempatik* ‚Die Leute von hier sind sehr sympathisch', *Burayı sevmiyorum* ‚Den Ort hier mag ich nicht', *Buraya gel* ‚Komm hierher!', *Burada kimi tanıyorsun?* ‚Wen kennst du hier?', *Buradan çekil* ‚Verzieh dich von hier!'.

Ein *neresi, burası, şurası, orası* hingegen vertritt immer einen Ort/eine Stelle. Wenn Sie wissen möchten, warum hier das Possessivsuffix steht, ergänzen Sie die Konstruktion im

Geiste mit z.B. *Türkiye'nin/Antalya'nın burası güzel*, damit Sie sehen, dass es sich um eine Teilmenge handelt, bezogen auf andere Orte oder andere Stellen.

> Zwei Beispiele im Akkusativ: In (1) betrachtet der Sprecher „jene Gegend" in ihrer Gesamtheit, in (2) teilt er ein Stück Gegend aus der Gesamtheit ab.
> (1) **Orayı** sevmiyorum.  ‚Ich mag jene (gesamte) Gegend nicht.'
> (2) **Orasını** sevmiyorum.  ‚Ich mag die Gegend dort nicht.'

Türkischlernenden fällt es oft schwer, einen Unterschied zwischen den Nominativformen und den Lokativformen zu erkennen. Genau genommen müssten Sie für *burada* ‚hier' und für *burası* ‚das Hier' lernen. Wenn Sie die beiden folgenden Beispiele vergleichen, werden Sie sehen, dass *burası* das Subjekt des Satzes ist, *burada* hingegen eine Adverbialbestimmung des Ortes.

> 💣
> **Burası** çok sıcak.  ‚Hier ist es sehr heiß.' (Dieser Ort hier ist sehr heiß.)
> **Burada** hava çok sıcak.  ‚Hier ist das Wetter sehr heiß.' (An diesem Ort ist das Wetter sehr heiß.)

Ankara Radyosu **orada**.  ‚Radio Ankara ist *dort*' (= befindet sich dort).
**Burası** Ankara Radyosu.  ‚*Hier* (= diese Stelle) ist Radio Ankara.'

*Burası neresi?* ‚Wo ist das hier?' (= Welcher Ort ist dieser Ort? – Sie zeigen z.B. auf eine Ansichtskarte), *Orası neresi?* ‚Wo ist das dort?' (oder am Telefon: ‚Welche Stelle ist das dort?'). Wenn Sie jemanden anrufen und z.B. sagen wollen „Hier ist Udo", passt *burası* nicht; es passt aber auch nicht *burada*, weil niemand gefragt hat, wo Sie sind. Sagen Sie nur *Ben Udo*.

*Türkiye'nin neresi güzel?* ‚Wo in der Türkei ist es schön?', *Kitabın neresini anlamadın?* ‚Welche Stelle in dem Buch hast du nicht verstanden?', *Makalenin şurasını anlamadım* ‚Die Stelle da in dem Artikel habe ich nicht verstanden', *Adresini kâğıdın şurasına yaz* ‚Schreib deine Anschrift dahin aufs Papier', *Türkiye'nin neresindensiniz?* ‚Aus welcher Gegend der Türkei stammen Sie?'.

Auf einen Sachverhalt bezogen, steht *şurası/orası* für ‚folgender/jener Punkt (der Angelegenheit)': *Meselenin şurasına da değinmek istiyorum* ‚Ich möchte auch noch folgenden Punkt des Problems ansprechen'.

Natürlich kann man ein Nomen auch in den Plural setzen: *Türkiye'nin nerelerini gördünüz?* ‚Welche Gegenden der Türkei haben Sie gesehen?'.

- Auf eine Frage wie *Buralarda banka var mı?* ‚Gibt es hier in der Gegend eine Bank?' kann mit *Burada/Şurada/Orada* ‚Hier/Da/Dort' geantwortet werden. Deutsches „dort" ist jedoch mit „da" austauschbar; das leistet *şurada* nicht. Vergleichen wir: *İki yıl önce Berlin'e taşındım. Orada kalmak istiyorum* ‚Ich bin vor zwei Jahren nach Berlin gezogen. Dort/da möchte ich bleiben' (Der Sprecher befindet sich nicht in Berlin) : *İki yıl önce Berlin'e taşındım. Burada kalmak istiyorum* ‚Ich bin vor zwei Jahren nach Berlin gezogen. Hier möchte ich bleiben' (Der Sprecher befindet sich in Berlin).

Mit Possessivsuffixen (☞ 5.7):
*Nereniz ağrıyor?* ‚Wo tut es Ihnen weh? = Welche Ihre Stelle schmerzt?', *Buram ağrıyor* ‚Hier tut es mir weh = Meine Stelle hier tut weh', *Dersler artık burama geldi* ‚Der Unterricht steht mir jetzt bis hier = die Unterrichtsstunden sind mir jetzt bis zu meinem Hier gekommen' (das wird meistens mit einer Geste begleitet).

Mit dem Suffix **-lI** (☞ 4.2):
*Nerelisiniz?* ‚Woher stammen Sie?', *Buralı değilim* ‚Ich bin/stamme nicht von hier', *oralı arkadaşlar* ‚Kumpel von dort'. In übertragener Bedeutung: *Ali benden para istedi. Oralı olmadım* ‚Ali hat von mir Geld gewollt. Ich habe das geflissentlich überhört'.

Mit dem Suffix **-CA** und **-cIk** (☞ 4.2):
*Buraca* und *oraca* bedeuten ‚seitens dieser/jener Stelle': *Buraca yapılacak bir şey yok* ‚Von hier aus kann nichts unternommen werden'. *Şuracıkta* und *oracıkta* bedeuten ‚gleich an dieser/jener Stelle': *Oracıkta bayılıverdim* ‚Gleich dort bin ich in Ohnmacht gefallen'.

## 7.6 Das Reflexivpronomen *kendi*

Das Reflexivpronomen **kendi** steht für „eigen" oder „selbst". Teilweise deckt es auch das deutsche Reflexivpronomen „sich" ab.

Wird *kendi* unveränderlich vor einem Nomen gebraucht, hat es attributive Funktion und unterstreicht das Besitzverhältnis: *Bu bilgisayar kendi bilgisayarım* ‚Dieser Computer ist mein eigener Computer', *Kendi çocuklarınız var mı?* ‚Haben Sie eigene Kinder?', *Var, ama kendi öz çocuklarım yok* ‚Ja, aber ich habe keine eigenen leiblichen Kinder'.

- *öz kardeşlerim* ‚meine leiblichen Geschwister', *üvey kardeşlerim* ‚meine Stiefgeschwister'.

In Sinne von „eigen" kann *kendi* auch substantiviert werden; es nimmt dann Possessivsuffixe an: *Bu bilgisayar kendiminki* ‚Dieser Computer ist mein eigener'.

- Vergleiche: *Bu kitap kendinizin mi?* ‚Ist dieses Buch Ihr eigenes? (= Sind Sie der Verfasser?)', *Bu kitap sizin mi?* ‚Ist dieses Buch Ihres? (= Gehört Ihnen das Buch?)'.

Mit Possessivsuffixen steht *kendi* jedoch im Regelfall für „ich selbst, du selbst, er/sie selbst usw." und kann dekliniert werden.

*Yemeği* **kendim** *pişirdim* ‚Das Essen habe *ich selbst* gekocht', *Biraz* **kendini** *düşün* ‚Denke ein wenig an *dich selbst*!', **Kendime** *bir kahve yapayım* ‚Ich mache *mir* (= für mein Selbst) einen Kaffee' (nicht austauschbar mit *bana*), **Kendine** *iyi bak* ‚Pass gut auf *dich auf*' (nicht austauschbar mit *sana*), *Ali* **kendisi** *gelsin* ‚Ali soll *selbst* kommen', **Kendi** *bilir* ‚Das wird er *selbst* wissen', *Suçu* **kendinizde** *arayın* ‚Suchen Sie die Schuld bei *sich selbst*'. **Kendinizden** *bahsedin* ‚Erzählen Sie *von sich*', *Pervin* **kendini** *iyi hissetmiyor* ‚Pervin fühlt *sich* nicht gut'.

In der 3. Pers. Sg. kommt *kendi* oder *kendisi* vor. *Kendi* zielt nur auf die Person, *kendisi* hingegen auf die Persönlichkeit. Beachten Sie, dass die 3. Personen in allen Kasus mit Ausnahme des Nominativs auf ein **n** ausgehen.

| ben | sen | o | o | biz | siz | onlar |
|---|---|---|---|---|---|---|
| kendim | kendin | kendi | kendisi | kendimiz | kendiniz | kendileri |
| kendimin | kendinin | kendinin | kendisinin | kendimizin | kendinizin | kendilerinin |
| kendimi | kendini | kendini | kendisini | kendimizi | kendinizi | kendilerini |
| kendime | kendine | kendine | kendisine | kendimize | kendinize | kendilerine |
| kendimde | kendinde | kendinde | kendisinde | kendimizde | kendinizde | kendilerinde |
| kendimden | kendinden | kendinden | kendisinden | kendimizden | kendinizden | kendilerinden |

*Kendi* und *kendisi* sind nur bedingt austauschbar. Beide verweisen auf jemanden zurück. Aber während *kendi* sich immer auf das Subjekt zurückbezieht, kann mit *kendisi* das Subjekt gemeint sein, aber auch auf eine andere Person verwiesen werden, die im Kontext erschließbar sein sollte: *Fatma kendine hayran* ‚Fatma bewundert sich (in ihrer Person, findet sich gut)', aber *Fatma kendisine hayran* ‚Fatma bewundert *sich* (in ihrer Persönlichkeit)' *oder* ‚Fatma bewundert *ihn/sie* (in seiner/ihrer Persönlichkeit)'. So sollte auch in den nächsten Beispielen zur Klarheit nicht *kendisi* eingesetzt werden: *Ahmet kendini asmış* ‚Ahmet hat sich aufgehängt', *Nuray henüz kendine gelemedi* ‚Nuray hat noch nicht zu sich kommen können', *Ali ile Veli alışverişe gittiler. Ali ona bir kitap aldı, kendine de kompakt disk* ‚Ali und Veli sind einkaufen gegangen. Ali hat ihm ein Buch gekauft und sich eine CD'.

Da wir schon beim Verweisen sind: *Tarkan şarkıcı. Fatma kendisine bakıyor* ‚Tarkan ist Sänger. Fatma schaut ihm zu'. Nur aus dem Kontext können wir entnehmen, dass Fatma nicht sich selbst ansieht. *Tarkan şunu biliyor: Fatma ona bakıyor* ‚Tarkan weiß Folgendes: Fatma schaut ihm/jenem zu'. Mit *ona* kann hier noch eine dritte Person ins Spiel kommen. Oder: *Gül, teyzeme bir hediye aldı. Onu kendisine verdi* ‚Gül hat meiner Tante ein Geschenk gekauft. Das hat sie ihr gegeben'. *Onu* vertritt das Geschenk.

- Merke auch *bizzat* (A) ‚höchstpersönlich', *şahsen* (A) ‚persönlich' (= vom Sehen her), *ismen* (A) ‚namentlich': *Tarkan'ı bizzat/şahsen/ismen tanıyorum* ‚Ich kenne Tarkan höchstpersönlich/vom Sehen her/namentlich'.

*Kendisi* steht oft ersatzweise für „er/sie" (☞ 7.2): *Elif'e sor, kendisi bilir* ‚Frag doch Elif, sie weiß das'. Vergleichen wir *Babam bir bankada çalışıyor, kendisi bankanın müdürüdür* ‚Mein Vater arbeitet in einer Bank, *er* ist der Direktor der Bank' mit *Babam bir bankada çalışıyor, kendi bankasının müdürüdür* ‚Mein Vater arbeitet in einer Bank, er ist der Direktor seiner eigenen Bank', *Babam bir bankada çalışıyor, o bankanın müdürüdür* ‚Mein Vater arbeitet in einer Bank, er ist der Direktor jener Bank'.
Weitere Beispiele mit *kendisi*:

(1) *Bir habere göre, **kendi** rekorunu **kendisi** kırmış.*
‚Einer Nachricht zufolge hat er seinen *eigenen* Rekord *(selbst)* gebrochen.'

(2) *Brigitte Bardot **kendisini** hayvanları korumaya ve sevmeye adamış.* (AB, OMY, 304)
‚Brigitte Bardot hat *sich* gelobt, die Tiere zu schützen und zu lieben.'

(3) *Üç-beş yıl önceleri, 40 yaş benim için yaşlılığın ta **kendisiydi**.* (DA, AADY, 47)
‚Vor etwa drei bis fünf Jahren bedeuteten 40 Jahre für mich Altsein im ureigensten Sinne.'

(4) *Dün Gudrun'a rastladım. **Kendisiyle** uzun uzun konuştuk.*
‚Gestern habe ich Gudrun getroffen. Ich habe *mit ihr* ganz lang gesprochen.'

(5) *Herkes yurdunu **kendince** sever ve yüceltilmesine çalışır.* (TA, 68'li, 52)
‚Jeder liebt seine Heimat *auf seine Weise* und versucht, sie erhaben zu machen.'

(6) ***Kendindeki** bıçağı ver.*
‚Gib (mir) das Messer, das du bei dir hast.'

> ✓ Mit -sIz (☞ 4.2) wird *kendi* nicht versehen. Möchte man z.B. „ohne sie/ihn" mit *kendi* formulieren, geht das nur in Form von *kendisi olmadan* in der Bedeutung „ohne dass er/sie dabei ist".

- *Kendi* ‚selbst' wird auch mit *kendi* ‚eigen' kombiniert, sozusagen das „eigene Selbst". Diese Verdoppelung zeigt an, dass jemand eine Handlung mit sich selbst ausführt oder auch nicht ausführt: *Kendi kendime Türkçe öğrendim* ‚Ich habe ganz allein Türkisch gelernt', *Siz kendi kendinizi yönetmekten acizsiniz* (TA, 68'li, 59) ‚Ihr seid unfähig, mit euch selbst zurechtzukommen', *Kendi kendimle Türkçe konuşuyorum* ‚Ich spreche mit mir selbst Türkisch'.

- *Kendi* kommt auch mit *-lIk* + Possessivsuffix + Ablativ vor: *kendiliğinden* ‚von selbst' vor. Diese Form wird gebraucht, wenn die Ursache offen ist oder etwas von sich heraus geschieht: *Kapı kendiliğinden açıldı* ‚Die Tür hat sich von selbst geöffnet', *Kendiliğimden sofrayı topladım* ‚Ich habe von selbst den Esstisch abgeräumt'.

> ✓ Nicht jedes deutsche reflexiv gebrauchte Personalpronomen oder „sich" wird durch *kendi* abgedeckt. Das Türkische kennt auch eine Kategorie Reflexivverben (☞ 19.4.2). Außerdem kann deutsches „sich" auch „einander" bedeuten:
> 
> | | |
> |---|---|
> | Senden utanıyorum. | ‚Ich schäme mich vor dir.' |
> | Kendimden utanıyorum. | ‚Ich schäme mich vor mir selbst.' |
> | Seviniyorum. | ‚Ich freue mich.' |
> | Kendimi seviyorum. | ‚Ich liebe mich (selbst).' |
> | Yıkandım. | ‚Ich habe mich gewaschen.' |
> | Kendimi yıkadım. | ‚Ich habe mich (selbst) gewaschen.' |
> | Sahilde iki turist dakikalarca öpüşürken yerliler bakıştılar. | ‚Als am Strand *sich* zwei Touristen minutenlang küssten, haben *sich* die Einheimischen Blicke zugeworfen.' |

## 7.7 Das Reziprokpronomen *birbiri*

Wechselseitigkeit im Sinne „einer den anderen" wird durch *birbiri* ‚einander' ausgedrückt. Dieses *birbiri* kann kontextabhängig auch mit „untereinander/miteinander/aufeinander/gegenseitig/sich" übersetzt werden. *Birbiri* kommt nur in der 3. Pers. Sg. sowie in den Pluralformen vor:

| | | | | |
|---|---|---|---|---|
| *Nom* | birbiri | birbirimiz | birbiriniz | birbirleri |
| *Gen* | birbirinin | birbirimizin | birbirinizin | birbirlerinin |
| *Akk* | birbirini | birbirimizi | birbirinizi | birbirlerini |
| *Dat* | birbirine | birbirimize | birbirinize | birbirlerine |
| *Lok* | birbirinde | birbirimizde | birbirinizde | birbirlerinde |
| *Abl* | birbirinden | birbirimizden | birbirinizden | birbirlerinden |

***Birbirimizi*** *unutmayalım* ‚Vergessen *wir einander* nicht', ***Birbirinizi*** *suçlamayın* ‚Beschuldigt *einander* nicht', ***Birbirinize*** *dikkat edin* ‚Passt auf *einander* auf!', ***Birbirimize*** *yardım edelim* ‚Helfen wir doch *einander*!', *Bugün Cem'e rastladım, ama* ***birbirimize*** *bakmadık* ‚Ich bin heute zufällig auf Cem gestoßen, aber wir haben *uns* nicht angesehen', ***Birbirimizden*** *haberimiz olsun* ‚Lass uns *von einander* hören', ***Birbirine*** *girdiler* ‚Sie sind *aneinander* geraten', *İkisini* ***birbirinden*** *ayırdım* ‚Ich habe die beiden *voneinander* getrennt', *Öğretmen ve öğrencileri* ***birbirlerini*** *seviyorlar* ‚Der Lehrer und seine Schüler mögen *einander*', ***Birbirleriyle*** *iyi anlaşıyorlar* ‚Sie verstehen *sich untereinander* gut'.

> ✓ **Merke:**
> *Birbirine vurdular* ‚Sie schlugen sich (gegenseitig)', *Birbirlerine vurdular* ‚Sie schlugen aufeinander ein' (*vurmak* mit Dativergänzung) sowie *Birbirini vurdular* ‚Sie töteten (oder verletzten) sich (gegenseitig)', *Birbirlerini vurdular* ‚Sie brachten einander um' (*vurmak* mit Akkusativobjekt).

## 7.8 Die Interrogative

Fragen können Sie auf zweierlei Art bilden. Entweder formulieren Sie eine Entscheidungsfrage, auf die Sie mit „ja" oder „nein" antworten, oder eine Ergänzungsfrage, auf die Sie die gewünschte Information geben.

☑ Entscheidungsfragen werden im Türkischen mit der unbetonten Fragepartikel **mI** gebildet (☞ 2.1.1), im Deutschen jedoch durch *Inversion* (Umstellung) der Satzglieder, was das Türkische nicht kennt. Die Partikel **mI** ist natürlich kein Pronomen. Wir nehmen sie hier auf, um auf die Unterschiede zu verweisen.

> ✓ **Merke:**
> Entscheidungsfrage:    Cem geldi **mi**?    ‚Ist Cem gekommen?'
> Ergänzungsfrage:    **Kim** geldi?    ‚Wer ist gekommen?'

Die Partikel **mI** ist nicht stellungsfest; sie steht nach dem Wort oder Satzglied, das erfragt wird. Diese Fokussierung leistet im Deutschen die Betonung. Wenn Sie sich unsicher sind, wohin Sie **mI** stellen sollten, sprechen Sie sich den entsprechenden Satz auf Deutsch laut vor. Manchmal hilft auch, sich ein „etwa" hinzudenken oder zu setzen:

| | |
|---|---|
| Sen bu yıl Türkiye'ye gidecek **mi**sin? | ‚Wirst du dieses Jahr in die Türkei fahren?' |
| Sen bu yıl Türkiye'ye **mi** gideceksin? | ‚Wirst du dieses Jahr *in die Türkei* fahren?' |
| Sen bu yıl **mı** Türkiye'ye gideceksin? | ‚Wirst du *dieses Jahr* in die Türkei fahren?' |
| Sen **mi** bu yıl Türkiye'ye gideceksin? | ‚Wirst *du* dieses Jahr in die Türkei fahren?' |
| Sen de bira içtin **mi**? | ‚Hast du auch Bier getrunken?' |
| Sen de bira **mı** içtin? | ‚Hast du auch (etwa) *Bier* getrunken?' |
| Sen de **mi** bira içtin? | ‚Hast *auch du* Bier getrunken?' |

Wenn Sie jemanden fragen wollen, ob er in Antalya wohnt, muss die Fragepartikel nach Antalya kommen, also *Antalya'da mı oturuyorsunuz?*, denn Sie erkundigen sich ja nach der Stadt und nicht, ob der Hörer in Antalya das Wohnen ausführt.

☑ Ergänzungsfragen hingegen werden mit Fragewörtern wie *kim* ‚wer?', *ne* ‚was?' oder *nereye?* ‚wohin?', *neden?* ‚warum?' gebildet. Eine Trennung in *Interrogativpronomen* (Fragefürwörter) und *Interrogativadverbien* (Frageumstandswörter), also nach Wortarten, wie sie für das Deutsche durchgeführt wird, ist für das Türkische möglich, aber wir müssten schon das Deklinationsschema von *ne* auseinanderreißen. Deshalb verzichten wir auf diese Unterscheidung. Man kann allerdings nach der Funktion im Satz fragen, z.B.

**Attribut:** Ne gün geleceksin? ‚An welchem Tag (= was Tag) kommst du?'
**Objekt:** Ne almak istiyorsun? ‚Was möchtest du kaufen?'
**Adverbiale:** Ne bakıyorsun? ‚Was schaust du so?'

**Kim** und **ne** werden als Stellvertreter eines Nomens verwendet: *Ali geldi – Kim geldi?* ‚Ali ist gekommen – Wer ist gekommen?', *Ekmek aldım – Ne aldın?* ‚Ich habe Brot gekauft – Was hast du gekauft?'. *Kim* und *ne* können das Pluralsuffix annehmen, wenn der Sprecher will, dass die Frage mehreren Personen oder Sachen gelten soll, also *kimler* ‚wer alles?', *neler?* ‚was alles?'.

| kim? | wer? | kimler? | wer alles? | ne? | was? | neler? | was alles? |
|---|---|---|---|---|---|---|---|
| kimin? | wessen? | kimlerin? | | neyin? | wovon? | nelerin? | |
| kimi? | wen? | kimleri? | | neyi | was? | neleri? | |
| kime? | (zu) wem? | kimlere? | | neye? | wozu? | nelere? | |
| kimde? | bei wem? | kimlerde? | | nede? | wobei? | nelerde? | |
| kimden? | von wem? | kimlerden? | | neyden? | woraus? | nelerden? | |
| | | | | neden? | warum? | | |

Beispiele für **kim**:
*Bu kim?* ‚Wer ist das?', *Kimin annesi emekli?* ‚Wessen Mutter ist Rentnerin?', *Bu şemsiye kimin?* ‚Wem gehört dieser Schirm?', *Kimi gördün?* ‚Wen hast du gesehen?', *Sözlüğü kime verdin?* ‚Wem hast du das Wörterbuch gegeben?', *Kimde sözlük yok?* ‚Wer hat kein Wörterbuch?', *Kimden çekiniyorsun?* ‚Vor wem genierst du dich?', *Kursta kimler var?* ‚Wer ist alles im Kurs?', *Kimlerden korkuyorsun?* ‚Vor wem alles hast du Angst?', *Senden başka kimleri var?* ‚Wen hat er noch außer dir?'.

Es gibt die neutrale Frage *kiminle?* ‚mit wem?': *Kiminle sinemaya gittin?* ‚Mit wem bist du ins Kino gegangen?', aber auch *kimle?*, wobei der Sprecher der Person, die er erfragt, keinen besonderen Wert beimisst.

Beispiele für **ne**:
*Bu ne?* ‚Was ist das?', idiomatisch: *Bu neyin nesi?* ‚Was soll das sein? (= Was ist das wovon?)', *Neyi anlamadın?* ‚Was hast du nicht verstanden?', *Bu alet neye yarar?* ‚Wozu taugt dieses Gerät?', *Nede tereddüdün var?* ‚Wobei zauderst du?', *Derste neler yapıyorsunuz?* ‚Was macht ihr alles im Unterricht?', *Neleri beğendin?* ‚Was hat dir alles gefallen?', *Nelerden hoşlanırsın?* ‚An welchen Dingen findest du Gefallen?', *Ne karışıyorsun?* ‚Was mischst du dich ein?', *Neyle üniversiteye geliyorsunuz?* ‚Womit kommen Sie zur Universität?', *Ne için Türkçe öğreniyorsunuz?* ‚Wozu lernen Sie Türkisch?'.

✓ *Bu çanak **neden** yapılmış?* ‚Warum ist diese Schale hergestellt worden?'
   *Bu çanak **neyden** yapılmış?* ‚Woraus ist diese Schale hergestellt worden?'

*Ne* kann Possessivsuffixe annehmen (☞ 5.7): *Neyin var?* ‚Was hast du?', *Çocuğun nesi var?* ‚Was hat das Kind?'. Merke auch: *Neme lazım!* ‚Was geht mich das an!'.

Von *ne* abgeleitet gibt es die beiden Fragewörter *nece* ‚auf welche (sprachliche) Art?' und *neci* ‚was für ein Beschäftigter?' (☞ 4.2).

Mit *ne* kann man Ausrufesätze bilden: *Ne güzel!* ‚Wie schön!', *Ne tesadüf!* ‚So ein Zufall!'.

> ✓ Im *gesprochenen* Türkisch kann man oft hören: *Ne yapalım!* > *N'apalım* [na:palım] ‚Was kann man da machen!', *Ne olacak!* > *N'olacak* [no:lacak] ‚Was soll's!'; aber: *Bu ne olacak?* ‚Was soll das werden/sein?'.

**Hángi** ‚welcher/welche/welches?' wird als Begleiter oder Stellvertreter eines Nomens verwendet. Als Begleiter steht es unveränderlich vor einem Bezugswort. Als Stellvertreter nimmt es das Possessivsuffix der 3. Person an, also *hangisi*; die Pluralform lautet *hangileri*.

| | | | |
|---|---|---|---|
| hangisi? | *welcher?* | hangileri? | *welche?* |
| hangisinin? | *welchen?* | hangilerinin? | *welchen?* |
| hangisini? | *welchen?* | hangilerini? | *welche?* |
| hangisine? | *(zu) welchem?* | hangilerine? | *(zu) welchem?* |
| hangisinde? | *bei welchem?* | hangilerinde? | *bei welchen?* |
| hangisinden? | *von welchem?* | hangilerinden? | *von welchen?* |

Beispiele mit **hangi** als Begleiter:
*Bursa'dan hangi gün döneceksin?* ‚An welchem Tag wirst du von Bursa zurückkommen?', *Hangi numarayı aradınız?* ‚Welche Nummer haben Sie gewählt (= gesucht)?', *Hangi çocuklar Türk?* ‚Welche Kinder sind Türken?'.

Beispiele mit **hangi** als Stellvertreter:
*Şu iki resme bak. Hangisi daha güzel?* ‚Sieh dir diese beiden Bilder an. Welches (davon) ist schöner?', *Hangisini istiyorsun?* ‚Welches möchtest du?', *Pazara gittim – Hangisine?* ‚Ich bin auf den Markt gegangen – Auf welchen?', *Meyve suları aldım – Hangilerinden?* ‚Ich habe Obstsäfte gekauft – Welche?' (= Von welchen). Merke auch: *Çocuklardan hangisi Türk?* ‚Welches der Kinder ist Türke?'.
*Hangimiz gelsin?* ‚Wer von uns soll kommen (= welcher von uns)?', *Hangimizi ziyaret edeceksin?* ‚Wen von uns wirst du besuchen?', *Hanginize yardım edeyim?* ‚Wem von euch soll ich helfen?'.

**Kaç** ‚wie viel(e)?' (für zählbare Dinge)
*Kaç* wird im Regelfall zusammen mit einem Nomen im Singular verwendet: *Kaç kilo/şişe?* ‚Wie viel(e) Kilo/Flaschen?', *Kaç kişisiniz?* ‚Wie viele Personen seid ihr?', *Ekmek almak istiyorum – Kaç tane? – İki tane – Kaç dediniz? – İki (tane) dedim* ‚Ich möchte Brot kaufen – Wie viel Stück? – Zwei Stück – Wie viel haben Sie gesagt? – Ich habe zwei (Stück) gesagt', *Kaç gün sonra geleceksin?* ‚In wie viel Tagen wirst du kommen?', *Odalar kaçar yataklı olsun?* ‚Wie viele Betten sollen die Zimmer haben?' (☞ 6.4), *Kaçıncı katta oturuyorsunuz?* ‚Im wievielten Stock wohnt ihr?' (☞ 6.4).

**Ne kadar** ‚wie viel?' (für Mengen)
Nach Mengen oder nicht zählbaren Dingen wird mit *ne kadar?* ‚wie viel?' gefragt: *Ayda ne kadar kazanıyorsun?* ‚Wie viel verdienst du im Monat?'. Ein Verkäufer kann jedoch auch

bei zählbaren Dingen wie z.B. ‚Kilo' *ne kadar?* fragen, um dem Kunden die Wahl der Antwort zu überlassen. (Vielleicht möchte der Kunde nicht ein Kilo Zucker, sondern nur ein halbes Kilo kaufen.) Merke auch: *Türkiye'de ne kadar kalacaksın?* ‚Wie lange wirst du in der Türkei bleiben?'.

Mit **nasıl?** ‚wie?' wird die Frage nach der Beschaffenheit gestellt, mit **ne gibi?** ‚welche Art?' die Frage nach der Ähnlichkeit/Vergleichbarkeit:
*Nasıl bir hediye olsun?* ‚Was für ein Geschenk soll es sein?', *Ne gibi bir hediye olsun?* ‚Wie (= wie was) soll das Geschenk sein?'.

Mit **neden?** ‚warum?' wird die Frage nach dem Grund, mit **niçin?** ‚wieso?' die Frage nach dem Zweck, mit **niye?** ‚weswegen?' die Frage nach dem Motiv gestellt. Diese drei Fragewörter sind oft austauschbar. In der Übersetzung kann häufig das deutsche neutrale „warum" eingesetzt werden:
*Neden derse gelmedin? – Çünkü griptim* ‚Warum bist du nicht zum Unterricht gekommen? – Weil ich Grippe hatte', *Bu kadar defteri niçin aldın?* ‚Wieso hast du so viele Hefte gekauft?', *Niye gelmedin?* ‚Weshalb bist du nicht gekommen?'.

Eine starke Frage nach dem Zweck ist **ne için?** ‚wozu?, wofür?' und eine starke Frage nach dem Motiv bildet **ne diye?** ‚weshalb, weswegen?'.
*Ne için Türkçe öğreniyorsunuz?* ‚Wozu lernen Sie Türkisch?', *Ne diye geç geldin?* ‚Weshalb bist du eigentlich zu spät gekommen?' (Was hast du dir dabei gedacht?).

Mit **ne zaman?** ‚wann?' wird die Zeit erfragt: *Ne zaman geldin?* ‚Wann bist du gekommen?', *Doğum günün ne zaman?* ‚Wann ist dein Geburtstag?', *Ne zaman ve nerede doğdun?* ‚Wann und wo bist du geboren?'.

Die Fragewörter **nerede, nereye, nereden** sind im Abschnitt Ortspronomen behandelt (☞ 7.5)

> **In Fragen keine Doppelsetzung der Fragewörter**
> Entscheidungsfragen werden mit *mI* gebildet, Ergänzungsfragen mit einem Fragefürwort oder Frageadverb. Ein Satz wie **Ne zaman geliyor musun?* ist falsch. Nach *ne zaman* ist kein *mI* mehr nötig.

☑ Die gerade gegebene Regel müssen wir einschränken. Es gibt noch einen dritten Typ von Fragesätzen, nämlich **Echofragen**, in denen eine Doppelsetzung durchaus richtig ist. Sehen wir uns das an:

| | | |
|---|---|---|
| *Ben kimim?* ‚Wer bin ich?' | ↔ | *Ben kim miyim?* ‚Wer ich bin?' |
| | | *Ben mi kimim?* ‚Wer ICH bin?' |
| *Ne öğreniyorum?* ‚Was lerne ich?' | ↔ | *Ne mi öğreniyorum?* ‚Was ich lerne?' |
| *Kaç yaşındayım?* ‚Wie alt bin ich?' | ↔ | *Kaç yaşında mıyım?* ‚Wie alt ich bin?' |
| *Ne iş yapıyorum?* ‚Was mache ich beruflich?' | ↔ | *Ne iş mi yapıyorum?* ‚Was ich beruflich mache?' |

## 7.9 Indefinite Pronomen und Zählwörter

In diesem Abschnitt werden alle „nicht bestimmt" verwendeten Wörter zusammengefasst, gleichgültig, ob sie den Nomen, Pronomen oder Zahladjektiven zuzuordnen sind.

— **Kimse** ‚jemand/Person' verhält sich im Satz wie ein Substantiv, kann also nicht nur dekliniert werden, sondern auch das Pluralsuffix annehmen. In bejahten Sätzen kann *kimse* als *Subjekt* nur in der Form *bir kimse* bzw. *kimseler* stehen (*Kimse geldi* kann man nicht sagen, weil das ganz unbestimmt wäre, dann gebraucht man *biri* oder *birisi*): *öyle zengin bir kimse* ‚eine solch reiche Person', *öyle zengin kimseler* ‚solch reiche Personen'.

In *bejahten Fragesätzen* hingegen kann *kimse* stehen: *Evde kimse var mı?* ‚Ist jemand zu Hause?', *Bana kimse bir mendil verebilir mi?* ‚Kann mir jemand ein Taschentuch geben?'.

Deutsches „niemand" wird durch *kimse* oder *hiç kimse* mit *verneintem* Prädikat ausgedrückt: *Evde kimse yok mu?* ‚Ist niemand zu Hause?', *Bugün kimse telefon etti mi? – Hiç kimse telefon etmedi* ‚Hat heute jemand angerufen? – Überhaupt niemand hat angerufen', *Kimse çay istiyor mu? – ‚Kimse istemiyor / Hiç kimse istemiyor* ‚Möchte jemand Tee? – Niemand/überhaupt niemand möchte welchen', *Bu satırlarımı kimse görmesin* ‚Diese Zeilen von mir soll niemand sehen', *Kimseye güvenme* ‚Vertraue niemandem', *Bana kimsenin ihtiyacı yok* ‚Niemand bedarf meiner', *Kimseden korkmam* ‚Ich habe vor niemandem Angst', *Sen kimseyi sevemezsin* ‚Du kannst absolut niemanden lieben', *Parkta kimse/ kimseyi/hiç kimseyi görmedim* ‚Im Park habe ich niemanden/absolut niemanden/überhaupt niemanden gesehen'.

*Kimse* kann Possessivsuffixe, das Suffix *-sIz* oder *-cIk* (☞ 5.7, 4.2) annehmen: *Burada kimsem yok* ‚Ich habe niemanden hier', *Ankara'da kimseniz var mı?* ‚Haben Sie jemanden in Ankara?', *Senin kimin kimsen yok mu?* ‚Hast du gar keinen Angehörigen?', *Kimsesizim* ‚Ich bin allein auf der Welt', *Kimsecik yok* ‚Gar niemand ist da'.

Mit **herhangi** ‚irgend-' kann die Unbestimmtheit verstärkt werden: *Elif herhangi bir kimse değil ki!* ‚Elif ist doch nicht irgendjemand!'.

— **Biri** bedeutet „einer" oder „jemand". Mit **biri** trifft der Sprecher eine Auswahl aus einer bestimmten Menge: *Demin biri geldi, seni sordu* ‚Vorhin ist einer gekommen und hat nach dir gefragt', *İki çocuğumuz var. Biri kız, biri erkek* ‚Wir haben zwei Kinder. Eines ist ein Mädchen, eines ein Junge', *Erkekler için geliştirilen doğum kontrol iğnesi 1000 erkek üzerinde denendi. Sadece biri eşini hamile bıraktı* (Radikal, 04/05/2009) ‚Die für Männer entwickelte Geburtenkontrollspritze wurde an 1000 Männern erprobt. Nur eine Ehefrau wurde schwanger', *Sigaranın sayısız zararlarından biri* ‚Einer der zahllosen Schäden von Zigaretten'.

Will der Sprecher jedoch die Auswahl auf eine größere, ungenauere Menge beziehen, verwendet er **birisi** ‚jemand': *Demin birisi geldi, seni sordu* ‚Vorhin ist jemand gekommen und hat nach dir gefragt', *Kitabı birine hediye ettim* ‚Ich habe das Buch jemandem geschenkt', *Kitabı birisine hediye ettim* ‚Ich habe das Buch (an irgendjemanden) verschenkt'. Wenn man einen Anruf erwartet hat, kann man fragen: *Birisi telefon etti mi?* ‚Hat jemand angerufen?'.

*Biri* und *birisi* werden mit *hiç* verneint: *hiçbiri* ‚keiner', *hiçbirisi* ‚kein einziger (davon)'; das Verb danach wird verneint: *Çocuklar geldi mi? – Hiçbiri gelmedi* ‚Sind die Kinder gekommen? – Keines ist gekommen', *Meyveleri yedin mi? – Hiçbirini yemedim* ‚Hast du das Obst gegessen? – Ich habe keines gegessen', *İşlerini bitirdin mi? – Hiçbirini bitire-

*medim* ‚Hast du deine Arbeiten erledigt? – Nicht eine habe ich erledigen können', *Sorularımı anladın mı? – Hiçbirini anlamadım* ‚Hast du meine Fragen verstanden? – Keine habe ich verstanden', *Bu resimleri görmüş müydün? – Hayır, hiçbirisini görmedim. Herhangi birini göster* ‚Hattest du diese Bilder gesehen? – Kein einziges habe ich gesehen. Zeig mir irgendeines', *Bunu herhangi birisine ver* ‚Gib das irgendjemandem'.

*Biri* und *hiçbiri* können in den Pluralformen Possessivsuffixe annehmen: *Babam birimizi çağırdı* ‚Mein Vater hat einen von uns gerufen', *Biriniz alışverişe gitsin* ‚Einer von euch soll einkaufen gehen!', *Bunu hiçbirimiz anlamadı* ‚Das hat keiner von uns verstanden', *Hiçbirimizin yanında para yok* ‚Keiner von uns hat Geld dabei', *Hiçbirinizi çağırmadım* ‚Ich habe keinen von euch herbeigerufen'.

> ✓ Das deutsche „man" kennt das Türkische nicht. Die am häufigsten genutzte Möglichkeit ist, das Verb ins Passiv zu setzen (☞ 19.4.1). Eine andere Möglichkeit ist, das Substantiv *insan* ‚Mensch' zu verwenden:
>
> *İnsan buna ne demeli?* ‚Was soll man dazu sagen? (= Was soll der Mensch dazu sagen?)'
>
> *İnsan yemekte konuşmaz.* ‚Man spricht nicht beim Essen.'

– **Bir şey** bedeutet in bejahten Sätzen „etwas" und in verneinten Sätzen „nichts"; verneinte Aussagen können mit *hiçbir şey* ‚gar nichts' verstärkt werden.
*Bir şey içmek ister misin? – Evet, soğuk bir şey. – Soğuk bir şey içme* ‚Möchtest du etwas trinken? – Ja, etwas Kaltes. – Trink nichts Kaltes', *Dünden beri hiçbir şey yemedim* ‚Seit gestern habe ich gar nichts gegessen', *Ne dedin? Bir şey/hiçbir şey anlamadım* ‚Was hast du gesagt? Ich habe nichts/gar nichts verstanden', aber: *Bir şeyi anlamadım* ‚Eine Sache habe ich nicht verstanden'.
*Herhangi bir şey okumak ister misin?* ‚Möchtest du irgendetwas lesen?'

Für „nichts" kann *hiç* auch autonom eingesetzt werden: *Ne yapıyorsun? – Hiç!* ‚Was machst du? – Nichts!'.

- *şey* ‚Ding' wird in der gesprochenen Sprache sprecherabhängig auch als Füllwort benutzt: *Bugün şeye gideceğim, doktora* ‚Ich werde heute zum Dings gehen, zum Arzt', *Çiçekleri şeyden aldım, süpermarketten* ‚Die Blumen habe ich in Dings gekauft, im Supermarkt'.

– **Herkes** ‚jeder, jedermann' wird als Stellvertreter und **her** ‚jeder, jede, jedes' als Begleiter gebraucht: *Firmamızda herkesi tanıyorum* ‚Ich kenne jeden in unserer Firma', *Mutlaka herkesin bir sorunu vardır* ‚Bestimmt hat jeder ein Problem', *Her diyet programı herkeste işe yarar mı?* ‚Nützt jedes Diätprogramm bei jedem?', *Her çocuğa iki avro ver* ‚Gib jedem Kind zwei Euro', *Her gün altıda kalkarım* ‚Ich stehe jeden Tag um sechs auf'.

– **Her biri** ‚jeder, jedes von ihnen' wird einem Nomen nachgestellt. Steht es jedoch am Satzanfang, bezieht es sich auf etwas vorher Genanntes: *Öğrencilerimin her birinden tebrik kartı aldım* ‚Ich habe von jedem meiner Studenten eine Glückwunschkarte bekommen', *Fuardaki arabaların her biri şahaneydi. Her biri servet değerindeydi* ‚Jedes der Autos auf der Messe war fabelhaft. Jedes hatte den Wert eines Vermögens'.

— **Her şey** ‚alles' bezieht sich auf Sachen: *Aşkımız bitti, her şey bitti* ‚Unsere Liebe ist zu Ende, alles ist aus', *Herkese her şeyi anlatma* ‚Erzähl nicht jedem alles', *Her şey pahalı* ‚Alles ist teuer', *Her şeyi anladım* ‚Ich habe absolut alles verstanden'.

— **Hepsi** ‚alle, alles' wird mit und ohne Bezugswort gebraucht und schließt an etwas Bekanntes/Genanntes an: *Arkadaşların geldi mi? – Hepsi geldi* ‚Sind deine Freunde gekommen? – Alle sind gekommen', *Hepsini gördüm* ‚Ich habe alle gesehen', *Hepsini anladım* ‚Ich habe alles verstanden', *Hepsini nasıl taşıyacaksın?* ‚Wie wirst du alles tragen?'. Vergleiche auch: *Öğrencilerimin hepsi geldi* ‚Alle meiner Studenten sind gekommen', *Öğrencilerimin hepsi gelmedi* ‚Nicht alle meiner Studenten sind gekommen' sowie *Oğlum her şeyi komşulara anlatır* ‚Mein Sohn erzählt alles den Nachbarn', *Oğlum hepsini komşulara anlattı* ‚Mein Sohn hat alles den Nachbarn erzählt' (z.B. alles, was wir besprochen haben).

*Hepsi* ist von *hep* ‚alle' abgeleitet (*hep* wird auch für „ständig" gebraucht): *Hep beraber sinemaya gidelim* ‚Gehen wir alle zusammen ins Kino', *Hep birlikte sinemaya gidelim* ‚Gehen wir alle gemeinsam ins Kino'.

*Hepimiz Türküz* ‚Wir alle sind Türken', *Bugün nümayiş var. Sloganımız: Birimiz hepimiz için* ‚Heute ist Demonstration. Unser Slogan ist: Einer für alle', *Ali hepimizi davet etti* ‚Ali hat uns alle eingeladen', *Hepiniz çok çalışkansınız* ‚Ich seid alle sehr fleißig', *Hepinize iyi günler dilerim* ‚Ich wünsche euch allen angenehme Tage'.

— **Bütün** ‚ganz/alle' steht in Verbindung mit einem Bezugswort und im Regelfall davor: *Bütün gün çalıştım* ‚Ich habe den ganzen Tag gearbeitet', *Bütün öğrenciler geldi mi? – Hepsi geldi* ‚Sind alle Schüler gekommen? – Alle sind gekommen', *Bütün bunları nasıl taşıyacaksınız?* ‚Wie werdet ihr das alles tragen?'. Statt *bütün* wird auch *tüm* ‚Ganzes' gebraucht: *Bunların tümünü nasıl taşıyacaksınız?* ‚Wie werdet ihr das Ganze tragen?'. Vergleiche: ***Bütün bu** öteberiyi nasıl taşıyacaksın?* ‚Wie wirst du *alle diese* Sachen tragen?' : ***Bu bütün** öteberiyi nasıl taşıyacaksın?* ‚Wie wirst du *diese ganzen* Sachen tragen?'.

— **Bazı** ‚manche' und **kimi** ‚mancher/etliche' werden als Nomenbegleiter, *bazısı* ‚mancher' bzw. *bazıları* ‚manche' sowie *kimi* ‚mancher' bzw. *kimisi* ‚einige' als Nomenstellvertreter verwendet. *Bazı* und *kimi* sind weitgehend austauschbar: *Bazı/kimi arkadaşlar Almanca öğrenemedi* ‚Manche/etliche Kollegen haben Deutsch nicht erlernen können', *Bazısı/Kimi Almanca öğrenemedi* ‚Mancher hat Deutsch nicht erlernen können', *Bazıları/kimisi Almanca öğrenemedi* ‚Manche/Einige haben Deutsch nicht erlernen können', *Kurstakilerin bazıları evde Türkçe çalışmıyor, onun için her şey yavaş ilerliyor* ‚Manche von denen im Kurse lernen zu Hause kein Türkisch, deshalb geht alls nur langsam voran'.

*bazımız* ‚manche von uns' und *kimimiz* ‚einige von uns': *Kimimiz öğretmen, kimimiz öğrenci* ‚Einige von uns sind Lehrer und einige Studenten'.

— **çok** ‚viel(e)' und **birçok** ‚viele' (eine sich aus Einzelteilen zusammensetzende Mehrheit) Nach *çok* (das Gegenteil ist *az* ‚wenig') wird meistens der Singular gebraucht. Dann steht das Nomen für eine nicht spezifische und nicht zählbare Masse: *Türkiye'de çok öğrenci burs alıyor* ‚In der Türkei bekommen viele Studenten ein Stipendium'. Wird der Plural eingesetzt, ist das Nomen für den Sprecher spezifisch, aber immer noch nicht zählbar gebraucht: *Antik tiyatro üzerine çok kitaplarım var* (www.haberler.com) ‚Ich habe vielerlei Bücher über das antike Theater'.

Auch nach *birçok*, das spezifisch eingesetzt wird, steht oft, aber nicht ausschließlich, der Singular: *Birçok hobim var* ‚Ich habe viele Hobbys', *Evde birçok Türkçe ders kitabım var* ‚Zu Hause habe ich viele türkische Lehrbücher', *Kitap okumayı çok seviyorum. Benim zaten birçok kitaplarım var, onları bitirdim* ‚Ich mag es sehr, Bücher zu lesen. Ich habe ohnehin vielerlei Bücher, die habe ich ausgelesen'.

*Birçok arkadaşım Türkçe öğreniyor* ‚Viele Freunde von mir lernen Türkisch', *Arkadaşlarımın birçoğu Türkçe öğreniyor* ‚Viele meiner Freunde lernen Türkisch', *Çoğu arkadaşlarım Türkçe öğreniyor* ‚Die meisten Freunde von mir lernen Türkisch', *Arkadaşlarımın çoğu Türkçe öğreniyor* ‚Die meisten meiner Freunde lernen Türkisch', *Birçokları Türkiye'ye gitmek istiyor* ‚Viele von ihnen möchten in die Türkei fahren'.

- Merke auch: *birtakım kimseler* ‚eine Anzahl Personen', *birçok fikirler* ‚recht viele Ideen', *birçok kitaplar* ‚vielerlei Bücher' sowie *Nice yıllara!* ‚Auf viele Lebensjahre!'.

– **birkaç** ‚ein paar; einige'
*Birkaç mektup yazdım* ‚Ich habe ein paar Briefe geschrieben', *Birkaç arkadaşım Türkçe öğreniyor* ‚Einige Freunde von mir lernen Türkisch', *Arkadaşlarımın birkaçı Türkçe öğreniyor* ‚Einige meiner Freunde lernen Türkisch', *Birkaç öğrenciyle bizim evde özel bir kurs günü planlıyoruz* ‚Wir planen, mit einigen Schülern bei uns zu Hause einen privaten Kurstag'.

> ✓ **Merke:**
> Doğum günüme birkaç **arkadaş** çağırdım.
> ‚Ich habe ein paar Freunde zu meinem Geburtstag eingeladen.'
> (*Antwort auf die Frage:* Wie viele Personen hast du eingeladen?)
> Doğum günüme birkaç **arkadaşı** çağırdım.
> ‚Ich habe einige Freunde zu meinem Geburtstag eingeladen.'
> (*Antwort auf die Frage:* Welche Personen hast du eingeladen?)

Weitere Möglichkeiten:
*Kazada çok sayıda öğrenci yaralandı* ‚Bei dem Unfall wurden zahlreiche Schüler verletzt', *Sana sayısız mesaj attım* ‚Ich habe dir zahllose SMS geschrieben', *Bugün bir sürü yalan dinledim* ‚Heute habe ich eine Menge Lügen gehört'.

– **az** ‚wenig', **az çok** ‚mehr oder weniger' und **biraz** ‚ein wenig, ein bisschen'
*Az param var* ‚Ich habe wenig Geld', *Bugün biraz zamanım var* ‚Heute habe ich ein wenig Zeit', *Bana azıcık yer ver* ‚Mach mir ein klein wenig Platz', *Az çok tuhaf bir anlayışın var* ‚Du hast eine mehr oder weniger seltsame Auffassung', *Sebzenin azını döktüm* ‚Ich habe einen geringen Teil des Gemüses weggeschmissen', *Öğrencilerimin hepsi az çok Türkçe biliyor* ‚Alle meine Studenten können mehr oder weniger Türkisch', *Az/biraz/çok uyudum* ‚Ich habe wenig/ein wenig/viel geschlafen'.

Weitere Möglichkeiten:
*Az sayıda Türkçe dilbilgisi kitaplarım var* ‚Ich habe eine geringe Anzahl türkischer Grammatikbücher', *Kaynayan suya bir miktar tuz at* ‚Füge dem kochenden Wasser eine kleine Menge Salz hinzu', *Tek tük kar taneleri serpiştiriyor* ‚Es fallen vereinzelte Schneeflocken',

*Eksik cümleleri tamamla* ‚Vervollständige die fehlenden Sätze', *Noksan havaleni düzelt* ‚Korrigiere deine unvollständige Überweisung'.

- Merke auch *Azıcık yemek ye!* ‚Iss ein klein bisschen!', *Almancayı az buçuk anlıyor* ‚Er versteht Deutsch leidlich'.

— **Başka** ‚ein anderer/andere' im Sinne von „andersartig", bezogen auf etwas Vorhandenes: *Eskiden her şey başka idi* ‚Früher war alles anders', *Başka bir gün gelirim* ‚Ich komme an einem anderen Tag'.

— **Diğer** ‚der andere' und *diğer bir* ‚ein anderer' im Sinne „eines anderen Typs" und stellt keinen Vergleich zu etwas Vorhandenem her: *Diğer dosyayı aç* ‚Mach die andere Datei auf', *O dosyayı diğer bir klasöre yerleştir* ‚Bring diese Datei in einem anderen Ordner unter', *Diğer bir gömlek giy* ‚Zieh ein anderes Hemd an', *Diğerleri hoşuma gitmiyor* ‚Die anderen gefallen mir nicht'.

— **Öbür** ‚der andere' stellt einen Kontrast her wie „der eine – der andere": *Eh, ilk gün evde kaldın, öbür günler ne yaptın? – Öbürlerinde gezmeye çıktım* ‚Na ja, am ersten Tag bist du zu Hause geblieben, und was hast du an den anderen Tagen gemacht? – An den anderen bin ich spazieren gegangen', *Birimiz bu taraftan, diğerimiz öbür taraftan gitsin* ‚Einer von uns soll auf dieser Seite, der andere von uns auf der anderen Seite entlanggehen'.

> ✓ Wenn Sie „ander-" für einen unmittelbaren zeitlichen Anschluss verwenden wollen, wird *ertesi* ‚der/die/das darauf folgende' gebraucht: *Üç gün önce midem bulandı. Ertesi gün yine bulandı* ‚Vor drei Tagen war mir schlecht. Am anderen/folgenden Tag war mir wieder schlecht', *Bir yıl Almanya'da kaldık. Ertesi yıl döndük* ‚Wir sind ein Jahr in Deutschland geblieben. Im darauf folgenden Jahr sind wir zurückgekommen'.

— **Öteki** ‚der andere' wird mit gefühlsmäßiger Distanz gebraucht. *Öteki* und *öbür* sind oft austauschbar: *Bir amcam Münih'te, öteki/öbür amcam Zürih'te oturuyor* ‚Ein Onkel von mir wohnt in München, der andere Onkel von mir in Zürich'. Ohne Distanzaussage ist auch möglich: *Bir kardeşim Berlin'de, bir kardeşim de Frankfurt'ta oturuyor* ‚Eine Schwester von mir wohnt in Berlin, und eine (Schwester von mir) wohnt in Frankfurt'.

- Alle diese Begriffe können mit und ohne Bezugswort gebraucht werden. Ohne Bezugswort gebraucht, nehmen *başka, diğer, öbür* die Possessivsuffixe der 3. Pers. an, *öteki* kann sie annehmen: *Pantolonun kirli. Başkasını giy* oder *Ötekini/Öbürünü/Diğerini giy* ‚Deine Hose ist schmutzig. Zieh eine andere an *oder* Zieh die andere an', *Başkasına söyleme* ‚Sage es keinem anderen', *Öbür/öteki turistler nerede? – Öbürleri/ötekiler henüz gelmedi* ‚Wo sind die anderen Touristen? – Die anderen sind noch nicht gekommen'.

- **beriki** ‚diesseitig' und **öteki** ‚jenseitig': *Beriki ve öteki dünya* ‚das Diesseits und das Jenseits'.

> ✓ **Merke**: *aynı* ‚der/die/dasselbe' oder ‚der/die/das gleiche': *İkimiz aynı evde oturuyoruz* ‚Wir beide wohnen im selben Haus'.

– **İkisi de** ‚beide': *Ahmet ile Mehmet Almanca öğreniyor. İkisi de aynı kursa katılıyor* ‚Ahmet und Mehmet lernen Deutsch. Beide nehmen am selben Kurs teil', *İkimize de döner aldım* ‚Ich habe für uns beide Döner gekauft'.

Wenn Sie das *de* nach *ikisi* vergessen, ändert sich der Sinn:
*Üç öğrencim var.* **İkisi Türk, biri Alman** ‚Ich habe drei Schülerinnen. **Zwei** (davon) sind Türkinnen, eine (davon) ist Deutsche'. Aber: *İki arkadaşım var.* **İkisi de Türk** ‚Ich habe zwei Freunde. **Beide** sind Türken'.

Ab *drei* heißt es *Üçümüze de dondurma aldım* ‚Ich habe für uns alle drei Eis gekauft'.

## ☑ Teilmengen

Es kamen bisher immer wieder Beispiele vor, die Teilmengen bezeichneten. Dafür benötigen wir Zahlbegriffe, aber auch Possessivsuffixe, den Genitiv und den Ablativ:

*Türkçe öğrenmek için çok zaman harcıyorum.* **Çoğu** *zaman dilbilgisi öğrenmekle geçiyor* ‚Um Türkisch zu lernen, verwende ich viel Zeit. Die meiste Zeit vergeht damit, Grammatik zu lernen', *Ali, sınıfının çalışkanları***ndan***dır* ‚Ali gehört zu den Fleißigen seiner Klasse', *Ece, sınıfının en çalışkanları***ndan biri***dir* ‚Ece ist eine der fleißigsten ihrer Klasse'.

*ABD eski dışişleri bakanları***ndan** *Warren Christopher öldü* ‚Warren Christopher, ein früherer Außenminister der USA, ist gestorben'.

*İsmail Cem dışişleri bakanları***ndan biri***ydi* ‚İsmail Cem war einer der Außenminister' (der Türkei).

*Toplantıda eski dışişleri bakanları***ndan birisi** *konuştu* ‚Auf der Versammlung hat einer der früheren Außenminister gesprochen' (einer von denen, die einmal Außenminister waren).

*Çocuklar***dan ikisini** *tanıyorum* ‚Ich kenne zwei von den Kindern' (aus der Gruppe der Kinder).

*Çocukla***rın ikisini** *tanıyorum* ‚Ich kenne zwei der Kinder' (aus der Gruppe der Anwesenden).

**Übersicht:**

| kimsem | ∅ | ∅ | ∅ | ∅ | ∅ | ∅ |
|---|---|---|---|---|---|---|
| kimsen | ∅ | ∅ | ∅ | ∅ | ∅ | ∅ |
| kimsesi | biri, birisi | kimi, kimisi | bazısı | hangisi | öbürü | diğeri |
| kimsemiz | birimiz | kimimiz | bazımız | hangimiz | öbürümüz | diğerimiz |
| kimseniz | biriniz | kiminiz | bazınız | hanginiz | öbürünüz | diğeriniz |
| kimseleri | birileri | kimileri | bazıları | hangileri | öbürleri | diğerleri |
| ∅ | ∅ | ∅ | ∅ | ∅ | ∅ | ∅ |
| ∅ | ∅ | ∅ | ∅ | ∅ | ∅ | ∅ |
| birçoğu | birkaçı | hepsi | çoğu | birazı | başkası | azı |
| birçoğumuz | birkaçımız | hepimiz | çoğumuz | birazımız | ∅ | ∅ |
| birçoğunuz | birkaçınız | hepiniz | çoğunuz | birazınız | ∅ | ∅ |
| birçokları | ∅ | ∅ | ∅ | ∅ | başkaları | ∅ |

# 8 Die Adverbien

## 8.1 Übersicht

Mit **Adverbien** (Umstandswörtern) lassen sich die näheren Umstände eines Ereignisses genauer angeben. Sie bezeichnen
- einen Ort oder eine Richtung (wo?/wohin?/woher?)
- einen Zeitpunkt oder eine Dauer (wann?, wie oft?)
- die Art und Weise (wie?, auf welche Weise?, womit?)
- den Grund oder die Ursache (warum?, wieso?)

Adverbien im Deutschen sind nicht flektierbar. Setzt man dieses Kriterium an, dann hat das Türkische relativ wenige Adverbien als Wortart; schon ein *burada* ‚hier', das ein Pronomen im Lokativ ist, oder ein *ne zaman?* ‚wann? (= was Zeit?)' sind als Wortart keine Adverbien. Mit anderen Worten, in diesem Kapitel wird es um Adverbien, aber auch um adverbial gebrauchte Begriffe gehen.

Im Türkischen können viele Adjektive unverändert auch als Adverbial gebraucht werden, z.B. *Kız güzel dans ediyor* ‚Das Mädchen tanzt schön'. Steht das Adjektiv jedoch vor einem Substantiv, muss man genau hinsehen, worauf es sich bezieht:

(1) **Sert** konuştu. ‚Er hat *hart* gesprochen.'
(2) **Sert** merdivenlerden çıktı. ‚Er ist die *harten* Treppen hinaufgestiegen.'
(3) **Sert sert** merdivenlerden çıktı. ‚Er ist *ungestüm* die Treppen hinaufgestiegen.'
(4) **Sertçe** merdivenlerden çıktı. ‚Er ist *recht ungestüm* die Treppen hinaufgestiegen.'

Wie (3) und (4) zeigen, gibt es in unklaren Fällen die Möglichkeit, ein Adjektiv durch Verdoppelung oder durch Anhängen von **-CA** (☞ 4.2) zu adverbialisieren. Eine weitere Möglichkeit ist die Wortstellung.

Adverbien beziehen sich häufig auf den ganzen Satz, können sich aber auch auf nur ein Satzglied beschränken. Sie
- werden adverbial gebraucht wie *şimdi* ‚jetzt', *orada* ‚dort', z.B. *Şimdi olmaz* ‚Jetzt geht es nicht', *Orada bir araba duruyor* ‚Dort steht ein Auto';
- werden als nähere Bestimmung eines Adjektivs oder Adverbs gebraucht wie *çok* ‚viel/sehr', z.B. *Araba çok hızlı gidiyordu* ‚Das Auto fuhr sehr schnell', *Komşumuz bize çok sık uğrar* ‚Unser Nachbar kommt sehr oft bei uns vorbei';
- können zum Teil gesteigert werden wie *önce* ‚zuerst' → *daha önce* ‚vorher/früher' → *en önce* ‚zu allererst' (☞ 6.3);
- werden adjektiviert auch attributiv gebraucht wie *şimdiki* ‚jetzig', *oradaki* ‚dortig', z.B. *şimdiki zamanlar* ‚die jetzigen Zeiten', *oradaki bina* ‚das Gebäude dort' (☞ 6.7);
- können zum Teil eine Rektion ausüben und eine Ergänzung zu sich nehmen wie *önce* ‚zuerst', z.B. *Senden önce geldim* ‚Ich bin vor dir gekommen' (☞ 9.3).

Darüber hinaus gibt es im Türkischen von Verben abgeleitete Adverbien (☞ Kapitel 22).

## 8.2 Lokale Adverbiale

Die vier Ortspronomen *nerede?* ‚wo?', *burada* ‚hier', *şurada* ‚da', *orada* ‚dort' und ihre Richtungsformen sind in 7.5 behandelt. Hier noch einige Zusätze für eine Ortsangabe:

*Postane nerede? – Sağda / Solda / Sağ tarafta / Sol tarafta* ‚Wo ist die Post? – Rechts / Links / Auf der rechten Seite / Auf der linken Seite', *Nerelerdesin?* ‚Wo steckst du denn?', *Nereye gidiyorsun?* ‚Wo gehst du hin?', *Nereden geliyorsun?* ‚Wo kommst du her?', *Sen burada mısın?* ‚Bist du hier?', *Buradan ayrılma* ‚Geh nicht von hier weg'.

**yer** ‚Stelle/Ort/Platz/Fußboden'
*her yerde* ‚überall', *her yere* ‚überallhin', *her yerden* ‚von überallher'; *hiçbir yerde* ‚nirgendwo', *hiçbir yere* ‚nirgendwohin', *hiçbir yerden* ‚nirgendwoher'; *herhangi bir yerde* ‚irgendwo', *herhangi bir yere* ‚irgendwohin', *herhangi bir yerden* ‚irgendwoher'; *başka bir yerde* ‚anderswo', *başka bir yere* ‚anderswohin', *başka bir yerden* ‚anderswoher'.

*Yere oturma* ‚Setz dich nicht auf den Fußboden', *Ama yerde oturmak istiyorum* ‚Aber ich will auf dem Fußboden sitzen', *Benim yerime oturunuz* ‚Setzen Sie sich auf meinen Platz', *Seni her yerde aradık* ‚Wir haben dich überall gesucht', *Bu gazeteyi herhangi bir yerden alabilirsiniz* ‚Diese Zeitung können Sie irgendwoher bekommen', *Bugün başka bir yerde yemek yiyelim* ‚Essen wir heute woanders'.

> 💣 **Verneintes Prädikat nach *hiçbir yer***
> Hiçbir yerde Türkçe gazete **yok**.  ‚Nirgendwo gibt es eine türkische Zeitung.'
> Tatilde hiçbir yere git**me**yeceğim.  ‚In den Ferien werde ich nirgendwohin hinfahren/hingehen.'

### 8.2.1 Die Ortsbereichnomen

Bestimmte Substantive bezeichnen einen Ortsbereich. Sie sind vielseitig einsetzbar, nicht nur als Substantiv, sondern auch als Adjektiv und sogar als *Postposition* (☞ 9.2):

| | | | | | |
|---|---|---|---|---|---|
| **orta** | *Mitte* | **yan** | *Seite* | **ara** | *Zwischenraum, Abstand* |
| **iç** | *(das) Innen* | **dış** | *(das) Außen* | **karşı** | *(das) Gegenüber* |
| **ön** | *(das) Vorne* | **arka** | *(das) Hintere* | **art, -dı** | *Hinter-, Kehrseite* |
| **üst** | *(das) Oben* | **alt** | *(das) Unten* | **dip, -bi** | *der Grund, der hintere Teil (eines Volumens)* |

*Çiçekleri **ortaya** koy* ‚Stell die Blumen *in die Mitte*', *Ali **ortadan** kaybolmuş* ‚Ali ist *von der Bildfläche* verschwunden', ***Yanıma** otur* ‚Setz dich *an meine Seite/neben mich*', ***Öne/arkaya** otur* ‚Setz dich *nach vorne/nach hinten*', ***Altta** bir İngiliz aile oturuyor* ‚*Unten* wohnt eine englische Familie'.

*Bu **ara** çok fazla* ‚*Dieser Abstand* ist zu groß', *Bavulun **içi** boş* ‚*Das Innere* des Koffers ist leer', *Evin **dışını** boyadık* ‚Wir haben *die Außenseite* des Hauses gestrichen', *Banka **karşıda*** ‚Die Bank ist *gegenüber/da drüben*', ***Karşıdaki** süpermarket yeni* ‚Der Supermarkt *da drüben* ist neu', ***Üst** katta kimse oturmuyor* ‚*Im oberen* Stockwerk wohnt niemand', *Kapı **ardına kadar** açık* ‚Die Tür ist sperrangelweit offen' (= *bis an ihre Kehrseite*), *Gölün **dibi** görünmüyor* ‚Der Boden des Sees ist nicht zu sehen', *Dershanenin **dip tarafında** projektör duruyor* ‚*Ganz hinten* im Unterrichtsraum steht ein Projektor'.

*Dışişleri Bakanlığı* ‚Auswärtiges Amt' (= Ministerium für Außenangelegenheiten), *yurtdışı* ‚Ausland', yurtiçi ‚Inland'; *İç Anadolu* ‚Inneranatolien', *börek içi* ‚Blätterteigtaschenfüllung', **arka** *koltuk* ‚Rücksitz', *koltuk* **arkası** ‚Sitzlehne'.

**Arka** und **art** sind nur begrenzt austauschbar. *Arka* bezeichnet keinen oder geringen Abstand, *art* größeren und oft auch zeitlichen Abstand: *Arkamdan geldi* ‚Er kam hinter mir her', *Ardımdan geldi* ‚Er kam mir nach'. Merke auch: *Patrona git!* ‚Geh zum Chef!' (auf die Person wird verwiesen), *Patronun yanına git!* ‚Geh zum Chef hin!' (auf den Ort wird verwiesen).

- *ortalık* ‚(mentale) Bildfläche' sowie *beri* ‚Diesseitiges', *öte* ‚Jenseitiges', *etraf* (A) oder *çevre* ‚Umgebung'.
*Pasaportum ortalıkta yok* ‚Mein Pass ist nirgendwo (zu sehen)'; *duvarın berisinde* ‚diesseits der Mauer', *duvarın ötesinde* ‚jenseits der Mauer', *Biraz beriye geliniz* ‚Kommen Sie etwas näher', *Evinizin biraz ötesinde bekleyeceğim* ‚Ich werde etwas weiter weg von eurem Haus warten', *Ankara'dan öteye hiç gitmedik* ‚Wir sind über Ankara nie hinausgefahren', *İstanbul'un çevresinde/etrafında kamp yerleri var mı?* ‚Gibt es Campingplätze in der Umgebung von Istanbul?'.

> ✓ Pronominaladverbien wie „darin, darauf, darunter, daneben" kennt das Türkische nicht. Sie werden folgendermaßen wiedergegeben: *Benim çantam orada. İçinde/Üstünde/Altında/Yanında gazete var* ‚Meine Tasche liegt dort. Darin/Darauf/Darunter/Daneben ist eine Zeitung', *Benim bavulum orada. Pasaportu içine/üstüne/yanına koy* ‚Mein Koffer liegt dort. Leg den Pass hinein/darauf/daneben'.

### 8.2.2 Die Raumnomen

Eine weitere Gruppe von Substantiven bezeichnet einen Raum. Sie werden nicht nur als Substantiv oder Adjektiv gebraucht, sondern geben bereits im Nominativ eine Richtung an. (Es handelt sich dabei um einen alten, heute vergessenen Richtungskasus.)

| **içeri** | *rein* | **dışarı** | *raus* |
|---|---|---|---|
| **yukarı** | *rauf* | **aşağı** | *runter* |
| **ileri** | *vorwärts/voran* | **geri** | *rückwärts/zurück* |

Ohne Dativsuffix bezeichnen diese Begriffe nur die Richtung, mit Dativsuffix auch den Ort (Diese Unterschiede werden nicht von allen Muttersprachlern wahrgenommen):

*Kediyi içeri al.* ‚Hol die Katze rein!' ↔ *Kediyi içeriye al.* ‚Hol die Katze herein!'
*Dışarı çık.* ‚Geh raus!' ↔ *Dışarıya çık.* ‚Geh nach draußen!'
*Yukarı çık.* ‚Komm rauf/hoch!' ↔ *Yukarıya çık.* ‚Komm herauf!'
*Aşağı in.* ‚Komm runter!' ↔ *Aşağıya in.* ‚Komm herunter!'

Die im Deutschen mit „hin-" und „her-" gebildeten Ausdrücke, also vom Sprecher weg und zum Sprecher hin, kann das Türkische *nicht* wiedergeben. Aber für die Richtung auf den Sprecher zu ist das Verb *gelmek* einsetzbar:

*Buyurun, içeriye girin!* ‚Bitte, treten Sie ein!/Bitte, gehen Sie hinein!', *Aşağıya in!* ‚Komm herunter!/Geh hinunter!', *Buyurun, içeriye gelin!* ‚Bitte, kommen Sie herein!'.

Auch diese Begriffe kommen zur Bezeichnung einer Teilmenge mit Possessivsuffix vor:

| | | | | |
|---|---|---|---|---|
| Nom | içeri | *der Innenraum; rein* | dışarı | *der Außenraum; raus* |
| Gen | içerinin | *des Innenraums* | dışarının | *des Außenraums* |
| Akk | içeriyi | *den Innenraum* | dışarıyı | *den Außenraum* |
| Dat | içeriye | *herein, hinein* | dışarıya | *heraus, hinaus* |
| Lok | içeride | *drinnen* | dışarıda | *draußen* |
| Abl | içeriden | *von drinnen* | dışarıdan | *von draußen* |
| | | | | |
| Nom | içerisi | *drinnen* | dışarısı | *draußen* |
| Gen | içerisinin | *des Raumes innerhalb* | dışarısının | *des Raumes außerhalb* |
| Akk | içerisini | *den Raum innerhalb* | dışarısını | *den Raum außerhalb* |
| Dat | içerisine | *in hinein* | dışarısına | *nach außerhalb* |
| Lok | içerisinde | *innen drin* | dışarısında | *außerhalb* |
| Abl | içerisinden | *von drinnen raus* | dışarısından | *von außerhalb her* |

*Evden dışarı çıkma!* ‚Geh nicht aus dem Haus!', *Pencereden aşağı sarkma!* ‚Lehn dich nicht aus dem Fenster (nach unten)!', *Merdivenden yukarı çıkamadım* ‚Ich konnte die Treppe nicht hochkommen'.
*Geceyi dışarıda geçirdim* ‚Die Nacht habe ich draußen verbracht', *Emir yukarıdan geldi* ‚Der Befehl ist von oben gekommen', *Geride/ileride bir dolmuş durağı var* ‚Weiter hinten/ weiter vorne ist eine Sammeltaxenhaltestelle', *Saatim ileri/geri* ‚Meine Uhr geht vor/nach', *Bu gece saatlerinizi geri almayı unutmayın* ‚Vergessen Sie nicht, diese Nacht Ihre Uhren zurückzustellen'.
*İçerisi çok sıcak, dışarısı daha sıcak* ‚Drinnen ist es sehr heiß, draußen ist es noch heißer', *İçerisi görünmüyor* ‚Man sieht drinnen nichts' (Der Sprecher befindet sich außerhalb eines Raumes), *Dışarısı görünmüyor* ‚Man sieht draußen nichts' (Der Sprecher befindet sich in einem Raum), *İçerinin havası bozuk* ‚Die Luft drinnen ist schlecht', *Arabayı yolun ilerisinde park ettik* ‚Wir haben den Wagen weiter vorn auf der Straße geparkt', *Kitabın gerisini okumadım* ‚Ich habe den Rest des Buches nicht gelesen' (aber den vorderen Teil).

## 8.3 Temporale Adverbiale

### ⮕ Die Uhrzeit

*Saat* heißt „Uhr" und „Stunde": *bir saat* ‚eine Stunde/eine Uhr'. Die Umgangssprache zählt im 12er Rhythmus, offizielle Uhrzeiten (Fernsehen, Flughafen, Bahnhof usw.) werden im 24-Stunden-Rhythmus angegeben. *Dakika* heißt ‚Minute' und *saniye* [sa:niye] ‚Sekunde'.
 Für „Es ist halb eins" sagt man *Saat yarım* (= Die Uhrzeit ist halb); ab *bir* ‚eins' wird *buçuk* ‚halb' hinzugezählt: *Saat bir buçuk* ‚Es ist halb zwei'.

**Saat kaç?** ‚Wie spät ist es?'
*Bis zur vollen halben Stunde*
Saat bir. ‚Es ist ein Uhr.'
(Saat) Bir*i* beş (dakika) geçiyor. ‚Es ist fünf nach eins.'
(Saat) İki*yi* on (dakika) geçiyor. ‚Es ist zehn nach zwei.'
(Saat) Üç*ü* on beş (dakika)/çeyrek geçiyor. ‚Es ist fünfzehn/Viertel nach drei/Viertel vier.'
(Saat) Dörd*ü* yirmi (dakika) geçiyor. ‚Es ist zwanzig nach vier.'

*Ab der vollen halben Stunde*
| | |
|---|---|
| (Saat) Bir**e** beş (dakika) var. | ‚Es ist fünf vor eins.' |
| (Saat) İki**ye** on (dakika) var. | ‚Es ist zehn vor zwei.' |
| (Saat) Üç**e** on beş (dakika)/çeyrek var. | ‚Es ist fünfzehn/Viertel vor drei/drei Viertel drei.' |
| (Saat) Dör**de** yirmi (dakika) var. | ‚Es ist zwanzig vor vier.' |

Es ist auch möglich, die halben Stunden als Ausgangspunkt zu nehmen:
| | |
|---|---|
| (Saat) Bir buçuğ**u** beş (dakika) geçiyor. | ‚Es ist fünf nach halb zwei.' |
| (Saat) Bir buçuğ**a** beş (dakika) var. | ‚Es ist fünf vor halb zwei.' |

**Saat kaçta?** ‚Um wie viel Uhr?'

*Bis zur vollen halben Stunde*
| | |
|---|---|
| Saat birde. | ‚Um ein Uhr.' |
| (Saat) Bir**i** beş (dakika) geçe. | ‚Um fünf nach eins.' |
| (Saat) İki**yi** on (dakika) geçe. | ‚Um zehn nach zwei.' |
| (Saat) Üç**ü** on beş (dakika)/çeyrek geçe. | ‚Um fünfzehn/Viertel nach drei/Viertel vier.' |
| (Saat) Dör**dü** yirmi (dakika) geçe. | ‚Um zwanzig nach vier.' |

*Ab der vollen halben Stunde*
| | |
|---|---|
| Saat bir buçuk**ta**. | ‚Um halb zwei.' |
| (Saat) Bir**e** beş (dakika) kala. | ‚Um fünf vor eins.' |
| (Saat) İki**ye** on (dakika) kala. | ‚Um zehn vor zwei.' |
| (Saat) Üç**e** on beş (dakika)/çeyrek kala. | ‚Um fünfzehn/Viertel vor drei/drei Viertel drei.' |
| (Saat) Dör**de** yirmi (dakika) kala. | ‚Um zwanzig vor vier.' |

Es ist auch möglich, die halben Stunden als Ausgangspunkt zu nehmen:
| | |
|---|---|
| (Saat) Bir buçuğ**u** beş (dakika) geçiyor. | ‚Es ist fünf nach halb zwei.' |
| (Saat) Bir buçuğ**a** beş (dakika) var. | ‚Es ist fünf vor halb zwei.' |
| (saat) bir buçuğa beş (dakika) kala | ‚um fünf vor halb zwei' |
| (saat) bir buçuğu beş (dakika) geçe | ‚um fünf nach halb zwei' |

Offizielle Uhrzeiten lauten folgendermaßen: *Saat on yedi kırk (dakika)* ‚Es ist siebzehn Uhr vierzig (Minuten)', *Saat on yedi kırkta* ‚um siebzehn Uhr vierzig', *Uçak saat sıfır onda kalkacak* ‚Das Flugzeug wird um null Uhr zehn starten'.

- Merke: *Otobüsün kalkmasına beş dakika var* ‚Es sind noch fünf Minuten bis zur Abfahrt des Busses'.

Für ein „um so und so viel Uhr herum" gibt es mehrere Möglichkeiten: *Saat beş gibi / beşlerde / beş sıralarında* (T) / *sularında* (P) / *civarında* (A) ‚um fünf Uhr herum'.

## ⊃ Die Tageszeiten

**Ne zaman?** ‚Wann?'

| dün ‚gestern' | ← bugün ‚heute' → | yarın ‚morgen' |
|---|---|---|
| önceki gün ‚vorgestern' | | öbür gün ‚übermorgen' |
| üç gün önce ‚vor drei Tagen' | | üç gün sonra ‚in drei Tagen' |

## Temporale Adverbiale

Folgende Zeitangaben werden verwendet:

| | |
|---|---|
| bu sabah/akşam/gece | ‚heute früh/Abend/Nacht' |
| dün sabah/akşam/gece | ‚gestern früh/Abend/Nacht' |
| önceki/evvelki sabah/akşam/gece | ‚vorgestern früh/Abend/Nacht' |
| yarın sabah/akşam/gece | ‚morgen früh/Abend/Nacht' |
| öbür sabah/akşam/gece | ‚übermorgen früh/Abend/Nacht' |
| gece yarısı | ‚Mitternacht' |
| akşam üstü/akşam üzeri | ‚in den Abendstunden' |
| ikindi vakti (seltener) | ‚am Spätnachmittag' |

*aber:*

| | |
|---|---|
| bugün öğlen vakti/öğlende | ‚heute Mittag' |
| dün öğlen vakti/öğlende | ‚gestern Mittag' |
| önceki gün öğlende | ‚vorgestern Mittag' |
| yarın öğlen vakti/öğlende | ‚morgen Mittag' |
| öbür gün öğlende | ‚übermorgen Mittag' |
| bugün öğleden önce/öğleden sonra | ‚heute Vormittag/Nachmittag' |
| bugün gündüzün | ‚heute tagsüber' |

*Bugün işe gitmeyeceğim* ‚Heute werde ich nicht zur Arbeit gehen', *Dün hastaydım* ‚Gestern war ich krank', *Önceki gün bize misafir gelmişti* ‚Vorgestern war zu uns Besuch gekommen', *Öbür gün yola devam ederiz* ‚Wir fahren übermogen weiter', *Ne zaman bilet alacaksın? – Yarın sabah* ‚Wann wirst du Tickets kaufen? – Morgen früh', *Bu akşam sinemaya gidelim* ‚Lass uns heute Abend ins Kino gehen'.

Für den lichten Tag – im Gegensatz zur Nacht – wird *gündüz* gesagt: *Gündüz içki içme* ‚Trinke am Tag keinen Alkohol', *Gündüzün içki içme* ‚Trinke tagsüber keinen Alkohol'. An *gündüzün* ‚tagsüber' hängt das unbetonte Adverb bildende Suffix -**In** (☞ 4.2).

- Mit dem unbetonten, unveränderlichen Suffix -**leyin** werden Zeitadverbien gebildet, die sich auf den Abschnitt eines Tages oder mehrerer Tage beziehen können:
  *sabahleyin* ‚zur Morgenzeit, am Morgen' *akşamleyin* ‚zur Abendzeit, am Abend'
  *öğleyin* ‚zur Mittagszeit, am Mittag' *geceleyin* ‚zur Nachtzeit, bei Nacht'
  *Düzensizlik daha sabahleyin başladı* ‚Das Durcheinander begann schon am Morgen', *Öğleyin eve gelmeyeceğim* ‚Zur Mittagszeit komme ich nicht nach Hause', *Geceleyin dışarı çıkma* ‚Geh bei Nacht nicht nach draußen', aber: *Gece* (nicht: *geceleyin*) *iyi uyuyamadım* ‚Ich konnte in der Nacht nicht gut schlafen'.

- Tageszeiten, die sich auf mehrere Tage beziehen, werden mit -**lArI** gebildet:
  *sabahları* ‚morgens', *öğleleri/öğlenleri* ‚mittags', *akşamları* ‚abends', *geceleri* ‚nachts'
  *Sabahları yalnız kahve içerim* ‚Morgens trinke ich nur Kaffee', *Öğleden önceleri çalışıyorum* ‚Vormittags arbeite ich', *Şu sıra geceleri çalışıyorum* ‚Derzeit arbeite ich nachts'.

- *Öğle* ‚Mittag' kann im Sinne von ‚am Mittag, mittags' nicht ohne Suffixe stehen (im Gegensatz zu *sabah, akşam, gece*): *Öğlende postaneye gideceğim* ‚Am Mittag gehe ich auf die Post', *Kocam öğlenleri/öğleleri eve gelir* ‚Mein Mann kommt mittags nach Hause', *Kocam öğlenlerde eve gelir* ‚Mein Mann kommt an den Mittagen nach Hause'.

> ✓ **Vergleichen wir:**
> *Sabah çay içerim* ‚Ich trinke morgens Tee', *Sabahları çay içerim* ‚Morgens (= jeden Morgen) trinke ich Tee', *Sabahleyin çay içerim* ‚Zur Morgenzeit trinke ich Tee'.

## ⇨ Die Wochentage, die Monate, die Jahreszeiten und die Datumsangabe

**1 yıl/sene = 12 ay = 52 hafta = 365 veya 366 gün**

- Die Wochentage heißen:

| | | | |
|---|---|---|---|
| *pazartesi* | ‚Montag' | *cuma* | ‚Freitag' |
| *salı* | ‚Dienstag' | *cumartesi* | ‚Samstag, Sonnabend' |
| *çarşamba* | ‚Mittwoch' | *pazar* | ‚Sonntag' |
| *perşembe* | ‚Donnerstag' | | |

> ✓ **Vergleichen wir:**
> *Salı akşamı yüzmeye gideceğim* ‚Am Dienstagabend werde ich schwimmen gehen', *Salı akşamları yüzmeye giderim* ‚Dienstag abends gehe ich schwimmen', *Salı günü akşamleyin yüzmeye gideceğim* ‚Am Dienstag werde ich zur Abendzeit schwimmen gehen'.

*Gelecek/önümüzdeki pazartesi Türkçe dersine başlayacağım* ‚Kommenden/nächsten Montag werde ich mit dem Türkischunterricht beginnen', *Geçen pazartesi Türkçe dersine başladım* ‚Am vergangenen Montag habe ich mit dem Türkischunterricht begonnen'.

- Die Monate lauten:

| | | | | | |
|---|---|---|---|---|---|
| *ocak, -ağı* | ‚Januar' | *temmuz* | ‚Juli' | *ocakta* | ‚im Januar' |
| *şubat* | ‚Februar' | *ağustos* | ‚August' | *şubatta* | ‚im Februar' |
| *mart* | ‚März' | *eylül* | ‚September' | *martta* | ‚im März' |
| *nisan* | ‚April' | *ekim* | ‚Oktober' | usw. | |
| *mayıs* | ‚Mai' | *kasım* | ‚November' | *ocak ayında* | ‚im Monat Januar' |
| *haziran* | ‚Juni' | *aralık, -ığı* | ‚Dezember' | *şubat ayında* | ‚im Monat Februar' |

- Die Jahreszeiten lauten (zu **-In** ☞ 4.2):

| | | | | |
|---|---|---|---|---|
| *ilkbahar* (auch nur: *bahar*) | ‚Frühling' | → | *ilkbahar**da*** | ‚im Frühling' |
| *yaz* | ‚Sommer' | → | *yaz**ın*** | ‚im Sommer' |
| *sonbahar* (oder: *güz*) | ‚Herbst' | → | *sonbahar**da*** (oder: *güz**ün***) | ‚im Herbst' |
| *kış* | ‚Winter' | → | *kış**ın*** | ‚im Winter' |

Bei der **Datumsangabe** werden die Grundzahlen verwendet, **nicht** die Ordnungszahlen. Manche Türken zählen übrigens die Monate ab, anstatt sie mit ihrem Namen zu nennen.

*Doğum gününüz ne zaman? – Doğum günüm **altı** Ağustos'ta* ‚Wann ist Ihr Geburtstag? – Mein Geburtstag ist am 6. August', *Ne zaman doğdunuz? – 23 **(yirmi üç)** Mayıs 1971'de doğdum* ‚Wann sind Sie geboren? – ‚Ich bin am 23. Mai 1971 geboren.'
*Bugün ayın kaçı? – Bugün ayın sekizi* ‚Den wievielten (des Monats) haben wir heute? – Heute ist der achte (des Monats)', *Bugün bir Nisan mı? – Evet, bugün bir Nisan* ‚Ist heute der 1. April? – Ja, heute ist der 1. April.'

*Haziran'ın beşinde (5'inde) izne çıkacağım (*auch: *Haziran beşte)* ‚Am 5. Juni werde ich in Urlaub gehen' oder: *Altıncı ayın beşinde izne çıkacağım* ‚Am 5. des 6. Monats werde ich in Urlaub gehen', *Kocam, 14 Ağustos'ta İzmir'e gidecek. Ağustos'un 19'unda dönecek* ‚Mein Mann wird am 14. August nach Izmir fahren. Er wird am neunzehnten August zurückkommen', *Ali ayın kaçında gelecek? – Beşinde gelecek. Nisan'ın onunda yine gidecek* (aber: *Nisan'ın* **onuncu** *günü yine gidecek*) ‚Am wievielten (des Monats) wird Ali kommen? – Er wird am fünften kommen. Am 10. April wird er wieder wegfahren', *Ben ay başında/ay sonunda/ayın ortasında geleceğim* ‚Ich werde am Monatsanfang/am Monatsende/in der Mitte des Monats kommen.'

> ✓ Im Türkischen benötigt man bei Zeitangaben mit Wochentagen deutsches „am" nicht; dafür sagt man häufig z.B. *salı günü* ‚(am) Tag Dienstag' statt nur *salı*: *Salı günü Türkiye'ye gideceğim* ‚Am Dienstag werde ich in die Türkei fahren', *7 Ağustos 2012 Salı günü, Saat 14.30'da* ‚am Dienstag, dem 7. August 2012, um 14 Uhr 30'.

- Grundsätzlich kann zu den Angaben von Wochentagen, Monatsnamen und Jahreszahlen *gün* ‚Tag', *ay* ‚Monat' und *sene* (A) / *yıl* ‚Jahr' hinzugefügt werden: *Temmuzda/ Temmuz ayında döneceğim* ‚Ich werde im Juli zurückkommen', *1995'te/1995 yılında/ senesinde doğdum* ‚Ich bin 1995/im Jahre 1995 geboren', *9 Ağustos 2009'da/9 Ağustos 2009 tarihinde* ‚am 9. August 2009'.

- Zusammen mit einer Jahreszahl werden die Jahreszeiten folgendermaßen angegeben: *1971 yılının ilkbaharında Almanya'ya geldik* ‚Wir sind im Frühjahr 1971 nach Deutschland gekommen', *1984 sonbaharında Köln'e geldim* ‚Ich bin im Herbst 1984 nach Köln gekommen', *2003 yılı yazında Türkiye'ye gitmiştik* ‚Wir waren im Sommer 2003 in der Türkei', *2011 yılında kışın izin yaptık* ‚Im Jahre 2011 haben wir im Winter Urlaub gemacht'.

**Sene** (A) ‚Jahr' bezeichnet den Zeitraum von einem Jahr, **yıl** (T) ‚Jahr' hingegen das Kalenderjahr. Die Begriffe sind weitgehend austauschbar: *Gelecek sene/yıl Türkiye'ye gideceğim* ‚Kommendes Jahr fahre ich in die Türkei', *Geçen sene/yıl Türkiye'ye gittim* ‚Vergangenes Jahr bin ich in die Türkei gefahren'. Allerdings kann man an *sene* das Dativsuffix anfügen, an *yıl* nicht. Damit ist ein Zeitabschnitt gemeint, zu dem etwas geplant ist. Das Dativsuffix ist auch an *hafta* (P) ‚Woche', die Wochentage und die Tageszeiten anfügbar, nicht jedoch an *ay* ‚Monat'. Beispiele im Vergleich:

*Ödevleri perşembeye getirin* ‚Bringt die Aufgaben zum Donnerstag mit' : *Ödevleri perşembe günü getirin* ‚Bringt die Aufgaben am Donnerstag mit'.
*Akşama gelirim* ‚Zum Abend komme ich' : *Akşam geleceğim* ‚Ich komme am Abend'; *Haftaya Türkiye'ye gideceğiz* ‚Nächste Woche fahren wir in die Türkei' : *Gelecek hafta Türkiye'ye gideceğiz* ‚Wir fahren kommende Woche in die Türkei'.
*Seneye buluşuruz* ‚Nächstes Jahr treffen wir uns' : *Gelecek yıl/sene buluşuruz* ‚Wir treffen uns kommendes Jahr'.

## ⭗ Weitere Zeitangaben

**Önce** ‚zuerst *oder* vor', **sonra** ‚danach *oder* nach'
*Önce bir kahve içeyim, sonra gazete okuyayım; daha sonra çamaşır yıkayacağım, ondan sonra çıkacağım* ‚Zuerst trinke ich mal einen Kaffee, dann lese ich Zeitung; später werde ich Wäsche waschen, und danach gehe ich weg'.
*Bir ay önce Antalya'ya gitmiştim* ‚Vor einem Monat war ich in Antalya', *(bundan) bir hafta önce* ‚vor einer Woche' (von einem Anfangspunkt an gerechnet).
*Dört gün sonra Türkiye'ye gideceğiz* ‚Wir fahren in vier Tagen in die Türkei', *(bundan) bir hafta sonra* ‚in einer Woche' (von einem Anfangspunkt an gerechnet).

- Merke: *ilkin* ‚zuerst/anfänglich' und *ilk olarak* ‚als erstes': *İlkin ne yapalım?* ‚Was wollen wir zuerst machen?', *İlk olarak ne yapalım?* ‚Was wollen wir als erstes machen?'.

- Merke auch: *en fazla bir saat sonra* ‚spätestens in einer Stunde', *en geç bir saat sonra* ‚in spätestens einer Stunde'.

**Zaman** und **vakit, -kti** bedeuten beide „Zeit" und sind oft, aber nicht immer, austauschbar. *Zaman* gibt einen Zeitraum an, *vakit* hingegen einen Fixpunkt. So kann man *Bugün zamanım yok* oder *Bugün vaktim yok* ‚Heute habe ich keine Zeit' sagen. Davon abgeleitet gibt es *ne zaman?* ‚wann?' und *ne vakit?* ‚wann?' (= zu welcher festgesetzten Zeit?) sowie *zamanında* ‚beizeiten/rechtzeitig' und *vaktinde* ‚pünktlich' (man kann unpünktlich zu einem Treffen kommen, aber noch rechtzeitig für das weitere Vorhaben).
*Ece zaman zaman bize uğrar* ‚Ece sucht uns von Zeit zu Zeit auf', *Ali vakitli vakitsiz geliyor* ‚Ali kommt zu allen passenden und unpassenden Zeiten'.

**Şimdi** ‚jetzt' bezeichnet einen Zeitpunkt genau zur Sprechzeit, ganz kurz vorher oder unmittelbar im Anschluss: *Şimdi anladım* ‚Jetzt habe ich es verstanden', *Şimdi duş yaptım* ‚Ich habe gerade geduscht', *Şimdi alışverişe gideceğim* ‚Ich werde jetzt einkaufen gehen'. Wenn Sie die Zeit genau auf den Sprechmoment einkreisen wollen, passt *şu anda* ‚in diesem Moment': *Ayşe şu anda duş yapıyor* ‚Ayşe duscht gerade'.

> **Verwechslungsgefahr:**
> Auch **artık** ‚nunmehr' kann in bejahten Sätzen mit „jetzt" übersetzt werden. Es gibt jedoch einen Wendepunkt an. Wenn Sie sagen *Artık gidiyorum* ‚Jetzt gehe ich', impliziert das, dass Sie sich schon zu lange aufgehalten haben. Der Wendepunkt wird in verneinten Sätze sehr deutlich: *Artık sigara içmiyorum* ‚Ich rauche nicht mehr (= Nunmehr rauche ich nicht)'.

*Elif ne zaman geldi? – Şimdi/demin/yarım saat önce* ‚Wann ist Elif gekommen? – Jetzt gerade/vorhin/vor einer halben Stunde'.
*Ne zaman bilet alacaksın? – Şimdi/biraz sonra/yarın* ‚Wann wirst du Tickets kaufen? – Jetzt/gleich nachher/morgen'.
*Postacı geldi mi? – Daha/henüz/hâlâ gelmedi* ‚Ist der Briefträger gekommen? – Er ist noch nicht/noch nicht/immer noch nicht gekommen'. Die Sätze sind verneint. Mit *daha* drücken Sie neutral aus, dass der Briefträger noch nicht da war, mit *henüz*, dass Sie ihn eigentlich

schon erwartet haben und mit *hâlâ*, dass Sie ihn schon längst erwartet haben. In bejahten Sätzen bedeutet *henüz* ‚gerade erst': *Henüz kalktım* ‚Ich bin gerade erst aufgestanden'.

- *Ebru 45 yaşında.* **Ancak** *şimdi evlendi* ‚Ebru ist 45 Jahre alt. *Erst* jetzt hat sie geheiratet', *Konser* **ancak** *saat yarımda bitti* ‚Das Konzert war *erst* um halb eins aus.'
- Merke: *İzne* **daha bir hafta** *var* ‚Bis zum Urlaub ist *noch eine Woche*', *İzne* **bir hafta daha** *var* ‚Bis zum Urlaub ist *noch eine weitere Woche*' und *Böyle bir şeyi* **bir daha** *duymak istemiyorum* ‚So etwas will ich *nicht noch einmal* hören'.

*Seni her zaman/daima/hep hatırlayacağım* ‚Ich werde mich an dich jederzeit/immer/ständig erinnern', *Bunu hiçbir zaman/hiç unutmayacağım* ‚Das werde ich niemals/nie vergessen'.

☑ Sie möchten **Wiederholung** ausdrücken:

***Bir daha*** *tekrarlar mısınız?* ‚Wiederholen Sie noch einmal?', ***Yine*** *yağmur yağıyor* ‚Es regnet wieder' (= „aufs neue"), ***Gene*** *aynı şeyleri tekrarlıyorsun* ‚Du wiederholst wieder dasselbe' (= „wiederum"), ***Sık sık*** *aynı şeyleri söylüyorsun* ‚Du sagst oft dasselbe', ***Hep*** *araya giriyorsun* ‚Ständig redest du dazwischen'.
*Bugün* ***art arda/ikide bir*** *telefon çaldı* ‚Heute hat unentwegt (= nacheinander)/immerzu das Telefon geklingelt', ***Ayda bir*** *doktora giderim* ‚Einmal im Monat gehe ich zum Arzt', *Bu ilacı* ***iki günde bir*** *alacaksın* ‚Dieses Medikament musst du alle zwei Tage einnehmen', *Kızıma* ***haftada iki defa*** *uğrarım* ‚Ich besuche meine Tochter zweimal in der Woche', ***Haftada iki akşam*** *Türkçe dersi var* ‚An zwei Abenden in der Woche ist Türkischunterricht', *Postacı* ***her gün*** *saat on ile on bir arası gelir* ‚Der Briefträger kommt jeden Tag zwischen zehn und elf Uhr'.
***Gün aşırı*** *ders veririm* ‚Ich gebe jeden zweiten Tag Unterricht', ***Kırk yılda bir*** *tiyatroya gideriz* ‚Wir gehen alle Jubeljahre einmal (= in vierzig Jahren einmal) ins Theater'.

☑ Sie möchten eine **ungefähre Zeitangabe** machen:

*Elif bize* ***arada bir/tek tük/seyrek*** *uğrar* ‚Elif kommt ab und zu/sporadisch/selten bei uns vorbei', ***Bazen/kimi zaman/arada sırada*** *canım çalışmak istemez* ‚Manchmal/zuweilen/hin und wieder habe ich keine Lust zu arbeiten', ***Hemen hemen*** *bir hafta geçti* ‚Fast eine Woche ist vergangen', ***Er geç*** *evleneceksin* ‚Früher oder später wirst du heiraten', ***Aşağı yukarı*** *saat sekizde uyandım* ‚Ich bin so ungefähr um acht Uhr aufgewacht', ***Bir saat kadar*** *teyzemde kalacağım* ‚Ich werde etwa eine Stunde lang bei meiner Tante bleiben', ***Şimdilik*** *başka bir şey istemiyorum* ‚Vorläufig möchte ich nichts anderes haben', ***Bir gün*** *bize gel* ‚Komm doch mal an einem Tag zu uns', ***Günün birinde*** *gelirim* ‚Eines Tages werde ich kommen', ***Günlerden bir gün*** *oğlumuz hastalandı* ‚Eines schönen Tages ist unser Sohn erkrankt', *Cem* ***bu günlerde*** *gelecek* ‚Cem wird in diesen Tagen kommen', *Münih'te havalar nasıl?* – ***Şu günlerde*** *yağmur yağıyor* ‚Wie ist das Wetter in München? – Dieser Tage regnet es'; ***Yakında*** *geleceğiz* ‚Wir kommen bald', ***Yakınlarda*** *geleceğiz* ‚Wir kommen in der nächsten Zeit', ***Geçende*** (oder: *geçen gün*)***/geçenlerde*** *bir Türk lokantasına gitmiştik* ‚Neulich/letztens sind wir in ein türkisches Restaurant gegangen'.

- Merke: *aşağı yukarı sekiz gün sonra* ‚ungefähr in acht Tagen', *yaklaşık sekiz gün sonra* ‚in/nach ungefähr acht Tagen'.

☑ Sie möchten **Unverzüglichkeit** ausdrücken:

*Hemen geleceğim* ‚Ich werde gleich kommen', *anında yardım* ‚sofortige Hilfe', ***bir an önce*** ‚so schnell wie möglich', ***Derhal susacaksın!*** ‚Du bist unverzüglich/auf der Stelle still!', ***Ansızın/Birdenbire*** *yağmur yağmaya başladı* ‚Urplötzlich/Auf einmal hat es angefangen zu regnen'.

☑ Sie möchten eine **Zeitdauer** ausdrücken:

*Türkiye'de **ne kadar** kaldınız?* ‚Wie lange waren Sie in der Türkei?' (Eine solche Frage muss mit *kalmak* ‚bleiben' formuliert werden, damit *ne kadar* als „wie lange" verstanden werden kann. Bildet man den Satz mit *idi* ‚war', also *Türkiye'de ne kadar idiniz?*, bedeutet das „Wie viel [Kilo, cm u.a.] waren Sie in der Türkei?"), ***Bir yıl** Almanya'da kaldık. **Ertesi yıl** döndük* ‚Wir sind ein Jahr in Deutschland geblieben. Im darauf folgenden Jahr sind wir zurückgekommen';

*Aylar**ca** mektup yazmadın* ‚Du hast monatelang nicht geschrieben', *Saatler**ce** çene çaldın* ‚Du hast stundenlang geschwätzt'.

---

✓ **Merke:**
Eine Zeitspanne wird mit dem Suffix **-lIğInA** (< *-lIK* + Possessivsuffix + Dativsuffix) gebildet. Im Deutschen steht dann „für":
*Bir hafta**lığına** Paris'e gidelim* ‚Fahren wir doch für eine Woche nach Paris', *İki saat**liğine** bize gel* ‚Komm für zwei Stunden zu uns'.
Mit **-DIr** (☞ 14.3) wird die bisherige Dauer eines Ereignisses ausgedrückt; manchmal kann man im Deutschen „seit" einsetzen: *Kaç yıl**dır** buradasınız?* ‚Wie viele Jahre sind Sie schon hier?', *İki hafta**dır** Antalya'dayım* ‚Ich bin schon zwei Wochen in Antalya'.

---

☑ Sie möchten eine **relative Zeit** ausdrücken:

***Erken/geç*** *kalktım* ‚Ich bin früh/spät aufgestanden', ***Nihayet/sonunda*** *geldin* ‚Endlich/schließlich bist du da'.
***Bu arada*** *yağmur yağmaya başladı* ‚Inzwischen hat es angefangen zu regnen', ***O arada*** *Mehmet geldi* ‚Unterdessen ist Mehmet gekommen'.
*Önümüzde yaz var* ‚Vor uns liegt der Sommer', *Kışı **arkada** bıraktık* ‚Wir haben den Winter hinter uns gelassen'.

• Folgende Begriffe geben einen **Ausgangspunkt** an: *şimdi* ‚jetzt' → *şimdiden* ‚schon jetzt', *sabah* ‚der Morgen' → *sabahtan* ‚schon am Morgen', *akşam* ‚der Abend' → *akşamdan* ‚schon am Abend', *erken* ‚früh' → *erkenden* ‚schon früh', *biraz* ‚ein wenig' → *birazdan* ‚nachher/in Kürze', *eski* ‚alt' → *eskiden* ‚früher', *yeni* ‚neu' → *yeniden* ‚von Neuem/wieder', *önce* ‚vor/zuerst' → *önceden* ‚vorher', *sonra* ‚nach/danach' → *sonradan* ‚nachher', *çok* ‚viel' → *çoktan* ‚seit langem', *baş* ‚Kopf' → *baştan* ‚von vorne, von Anfang an'.
*Şimdiden teşekkür ederim* ‚Ich danke im Voraus', *Eskiden her şey başkaydı* ‚Früher war alles anders', *Mektubu baştan oku* ‚Lies den Brief von Anfang an *oder* von vorne'.

- Beispiele mit **gün**: *O gün boş geçti* ‚Jener Tag ist unnütz verlaufen' (als ganzer), *O günü boş geçirdim* ‚Jenen Tag habe ich untätig verbracht' (jede Minute davon, *günü* mit Akkusativsuffix); *Yaşlı adamın ilk deniz yolculuğu idi. Birinci günü durgun mavi denizden mutluydu* (AB, OMY, 299) ‚Es war die erste Seefahrt des alten Mannes. Am ersten Tag war er über das ruhige blaue Meer glücklich' (*günü* mit Possessivsuffix, bezogen auf die Seefahrt).

- Hier noch einige Beispiele mit „erstens, zweitens" usw.: *Önce yerleri süpüreceksin, bir; sonra toz alacaksın, iki; ondan sonra paspas yapacaksın, üç* ‚Erstens wirst du die Fußböden kehren; zweitens wirst du (dann) Staub wischen, und drittens wirst du (danach) aufwischen'; *Bu evden çıkmamız lazım. – Niye? – Birincisi, her yıl kirayı artırıyorlar; ikincisi, evin eski sükûneti kalmadı; üçüncüsü de, ev de oldukça bakımsız* ‚Aus dieser Wohnung müssen wir ausziehen – Weshalb? – Erstens setzen sie jedes Jahr die Miete herauf; zweitens ist von der früheren Ruhe in diesem Hause nichts mehr geblieben und drittens ist das Haus auch ziemlich ungepflegt'.

Weitere temporale Adverbiale finden Sie im Kapitel Postpositionen.

## 8.4 Modale Adverbiale

Modale Adverbiale sind erfragbar mit *nasıl?* ‚wie?', *ne şekilde?* ‚auf welche Weise?', *neyle?* ‚womit?'.

*Lütfen **yavaş** konuşun* ‚Sprechen Sie bitte *langsam*!', ***Yavaş** (sesle) konuşun* ‚Sprecht *leise*!', *Bunu **iyi** yaptın* ‚Das hast du *gut* gemacht', *Eti **iyice** pişir* ‚Koche das Fleisch *gut durch*!', *Beni **boşuna** bekletme* ‚Lass mich nicht *vergebens* warten', *Kararını **mektupla** bildir* ‚Teile deinen Entschluss *brieflich* mit!'.

Weitere Begriffe:
- *ezbere* ‚auswendig', *yazılı* ‚schriftlich', *sözlü* ‚mündlich', *bedava* ‚umsonst';
- *çabuk* ‚schnell', *aceleyle* ‚eilends'; *yüksek sesle* ‚laut', *alçak sesle* ‚leise';
- *belki* ‚vielleicht', *herhâlde* ‚sicherlich', *her hâlde* ‚auf jeden Fall', *şüphesiz* ‚zweifellos';
- *yalnız* ‚allein', *sadece* ‚lediglich', *boşuboşuna* ‚ganz umsonst', *körükörüne* ‚blindlings';
- *aynı şekilde* ‚ebenfalls', *hiçbir şekilde* ‚keinesfalls', *özellikle* ‚insbesondere'.

Adverbien sind **böyle**, **şöyle**, **öyle**, die auch als Adjektiv verwendet werden (☞ 6.3): *Nasılsınız? – Şöyle böyle* ‚Wie geht es Ihnen? – So lala', *Almancayı şöyle böyle bilir* ‚Na ja, Deutsch kann er so ein bisschen', *Şöyle bir göz attım* ‚Ich habe mal einen Blick darauf geworfen', *Olay böyle gelişti* ‚Der Vorfall hat sich so zugetragen', *Olay şöyle gelişti* ‚Der Vorfall hat sich folgendermaßen zugetragen'.

Wenn Sie ein Adjektiv als Adverb einsetzen möchten, sollte es sich auf das Prädikat beziehen:

Elif Cem'e *dikkatli* baktı.     ‚Elif schaute Cem *aufmerksam* an.'
Elif Cem'e *dikkatsiz* baktı.     ‚Elif schaute Cem *unaufmerksam* an.'

Stellt man in den Beispielen oben die Adjektive vor Cem, ergibt das Folgendes:

Elif *dikkatli* Cem'e baktı.     ‚Elif schaute den *aufmerksamen* Cem an.'
Elif *dikkatsiz* Cem'e baktı.     ‚Elif schaute den *unaufmerksam*en Cem an.'

# Die Adverbien

Dem kann man aus dem Wege gehen, indem man an das Adjektiv das adverbbildende Suffix **-CA** (☞ 4.2) anhängt oder das Adjektiv doppelt setzt. Sollte das Adjektiv von einem Substantiv abgleitet sein, kann man an dieses **ile** (☞ 9.3) anfügen und es adverbial einsetzen:

| | |
|---|---|
| Elif *dikkatlice* Cem'e baktı. | ‚Elif schaute *recht aufmerksam* Cem an.' |
| Elif *dikkatli dikkatli* Cem'e baktı. | ‚Elif schaute *ganz aufmerksam* Cem an.' |
| Elif *dikkatle* Cem'e baktı. | ‚Elif schaute *mit Aufmerksamkeit* Cem an.' |
| Mektubunu *sabırsızlıkla* bekliyorum! | ‚Ich warte *mit Ungeduld* auf deinen Brief!' |
| *Nicht:* | |
| \**Sabırsız* mektubunu bekliyorum! | \*‚Ich warte auf deinen *ungeduldigen* Brief!' |

- Manchmal kommen Konstruktionen vor, die einige Muttersprachler akzeptieren, weil man ja versteht, was gemeint ist, andere aber als ungrammatisch einordnen, z.B.

| | |
|---|---|
| *Uykusuz* yola çıkmayın. | ‚Machen Sie sich nicht *schlaflos* auf den Weg.' |
| oder: | ‚Machen Sie sich nicht auf den *schlaflosen* Weg.' |
| *Alkollü* araçlara binmeyin. | ‚Steigen Sie nicht *alkoholisiert* in Fahrzeuge.' |
| oder: | ‚Steigen Sie in keine *alkoholisierten* Fahrzeuge.' |

Adverbiale werden auch unter Zuhilfenahme von *olarak* ‚seienderweise', *hal* (A) ‚Zustand', *şekil* (A) ‚Form' oder *surette* (A) ‚in der Art und Weise' gebildet:

| | |
|---|---|
| Bu derneğe *kesin olarak* katılırım. | ‚Diesem Verein schließe ich mich *bestimmt* an.' |
| Bu yemek *yenmez hale* gelmiş. | ‚Dieses Essen ist *ungenießbar* geworden.' |
| Uçakta *hafif surette* sallandık. | ‚Wir haben im Flugzeug *leicht* geschaukelt.' |
| Kayıp kız ormanda *ölü olarak* bulundu. | ‚Das vermisste Mädchen ist im Wald *als Tote* aufgefunden worden.' (und nicht als Lebende oder Verletzte)' |
| → Kayıp kız ormanda *ölü* bulundu. | ‚Das vermisste Mädchen ist im Wald *tot* aufgefunden worden.' |

Hin und wieder ergeben sich bei verschiedener Stellung Bedeutungsunterschiede:

| | |
|---|---|
| Biz Antalya'da *sürekli* yaşıyoruz. | ‚Wir leben *dauerhaft* in Antalya.' |
| Biz tatilde *sürekli* Antalya'ya gidiyoruz. | ‚Wir fahren im Urlaub *ständig* nach Antalya.' |

Mit folgenden Modalwörtern kann der Sprecher ausdrücken, wie hoch er den *Grad der Wahrscheinlichkeit* einschätzt, dass der Sachverhalt zutrifft oder nicht zutrifft.

| | |
|---|---|
| *Belki* bugün Elif gelir. | ‚*Vielleicht* kommt heute Elif.' |
| ← Bugün Elif gelecek. | ← ‚Elif wird heute kommen.' |
| Seni *bir ihtimal/elbette* arayacağım. | ‚Ich werde dich *eventuell/gewiss* anrufen.' |
| *Galiba* birazdan yağmur yağmaya başlayacak. | ‚*Vermutlich* wird es gleich regnen.' *oder* ‚*Ich glaube*, es wird gleich regnen.' |
| Seni *her halükârda* arayacağım. | ‚Ich werde dich *unter allen Umständen* anrufen.' |
| Elif *herhâlde* evde*dir*. | ‚Elif ist *sicher* zu Hause.' |
| Michael *hiç şüphesiz/hiç kuşkusuz* çok çalışkan bir öğrencidir. | ‚Michael ist *zweifellos* ein sehr fleißiger Student.' |
| Bu *katiyen* olmaz. | ‚Das geht *auf keinen Fall*.' |

| | |
|---|---|
| Seni *kesinlikle* bir daha aramayacağım. | ‚Ich werde dich *definitiv* nicht mehr anrufen.' |
| Seni *muhakkak* arayacağım. | ‚Ich werde dich *ganz bestimmt* anrufen.' |
| *Muhtemelen* eve geç geleceğim. | ‚*Wahrscheinlich* komme ich spät nach Hause.' |
| "Almanya" filmini *mutlaka* izleyin. | ‚Sehen Sie sich *unbedingt* den Film „Almanya" an.' |
| Bu kitap *yüzde yüz* korsan kitaptır. | ‚Dieses Buch ist *zu 100 %* ein Raubdruck.' |

Dann haben wir eine andere Gruppe von Adverbien, mit denen der Sprecher emotional einen als *gegeben* vorausgesetzten Sachverhalt ausdrückt.

| | |
|---|---|
| Bugün *maalesef* vaktim yok. | ‚Heute habe ich *leider* keine Zeit.' |
| ← Bugün vaktim yok. | ← Heute habe ich keine Zeit.' |
| *Aslında* başka bir şey söylemek istedim, ama Türkçesi aklıma gelmiyor. | ‚*Eigentlich* wollte ich etwas anderes sagen, aber das Türkische dafür fällt mir nicht ein.' |
| Bu film *gerçekten* çok komik. | ‚Dieser Film ist *tatsächlich* sehr komisch.' |
| Ali işe gelmedi. *Güya* hastaymış. | ‚Ali ist nicht zur Arbeit gekommen. Er ist *angeblich* krank.' |
| *İnşallah* bugün yağmur yağmaz. | ‚*Hoffentlich* regnet es heute nicht.' |
| *Ne yazık ki* uçağı kaçırdım. | ‚*Bedauerlicherweise* habe ich das Flugzeug verpasst.' |
| Ali yine gelmedi. *Sözde* bugün bana uğrayacaktı. | ‚Ali ist wieder nicht gekommen. Er wollte heute *angeblich* bei mir vorbeikommen.' |
| Ali *sözüm ona* hastaymış. | ‚Ali sei *angeblich* krank.' |

Es gibt noch eine Reihe von Begriffen, die man den Adverbien zuordnen kann, die aber verschiedene Funktionen im Satz übernehmen (☞ 11.3), z.B.

| | |
|---|---|
| Paula bu tercümeyi *ancak* yapabildi. | ‚Paula hat diese Übersetzung *gerade noch* machen können.' *(mit Mühe hat sie das geschafft)* |
| *Ancak* Paula bu tercümeyi yapabildi. | ‚*Nur* Paula hat diese Übersetzung machen können.' |
| Paula *ancak* bu tercümeyi yapabildi. | ‚Paula hat *nur* diese Übersetzung machen können.' |

Auch lautmalende Begriffe wie *hüngür hüngür ağlamak* ‚lautschluchzend weinen' werden adverbial erwendet.

## 8.5 Kausale Adverbiale

Kausale Adverbiale sind erfragbar mit *neden?* ‚warum?', *niçin?* ‚wieso?', *niye?* ‚weswegen?', *ne için?* ‚wozu?, wofür?', *ne diye?* ‚weshalb, weswegen?'. Diese Begriffe sind Frageadverbien, Sie finden sie jedoch bei den Interrogativen (☞ 7.8).

| | |
|---|---|
| Öğretmenimiz gelmedi, *onun için* erken döndüm. | ‚Unser Lehrer ist nicht gekommen, *darum* bin ich früher zurückgekommen.' |
| Ece'nin ateşi var, işe *buna rağmen* gitti. | ‚Ece hat Fieber, zur Arbeit ist sie *trotzdem* gegangen.' |
| *Senin yüzünden* işe geç kaldım. | ‚*Deinetwegen* habe ich mich zur Arbeit verspätet.' |

Werden *böyle, şöyle, öyle* mit **-CA** (☞ 4.2) erweitert, bilden sie ebenfalls Adverbien des Grundes:

*Böylece* dersi bitirmiş olduk. ‚Somit haben wir den Unterricht beendet.'

Es kommen auch *böylelikle (şöylelikle, öylelikle)* vor:
*Böylelikle* dersi bitirmiş olduk. ‚Damit haben wir den Unterricht beendet.'

## 8.6 Nichttürkische Adverbbildung

Es gibt eine ganze Reihe von Begriffen, die ausschließlich adverbial einsetzt werden. Es handelt sich um fast auschließlich aus dem Arabischen entlehnte Begriffe, die auf **-a** oder **-en** ausgehen und am besten als Vokabel zu lernen sind.

*acaba* ‚(ob) wohl?', *asla* ‚niemals', *daima* ‚immer', *evvela* ‚zuerst', *galiba* ‚wahrscheinlich' (subjektiv, im Sinne „ich glaube"), *hâlâ* ‚immer noch', *mesela* ‚zum Beispiel', *mutlaka* ‚unbedingt/auf jeden Fall'.

*Saat kaç **acaba**?* ‚Wie spät ist es *wohl*?', ***Asla** asla deme!* ‚Sage *niemals* „niemals"!', *Bugün **evvela** temizlik yapalım* ‚Machen wir heute *zuerst* sauber', ***Galiba** beni anlamak istemiyorsun* ‚*Wahrscheinlich* willst du mich nicht verstehen'.

*acilen* ‚eiligst', *aslen* ‚ursprünglich', *aynen* ‚genauso', *cidden* ‚ernsthaft', *hakikaten* ‚wirklich', *kasten* ‚absichtlich', *kısmen* ‚teilweise', *muhtemelen* ‚wahrscheinlich', *nadiren* ‚selten', *resmen* ‚offiziellerweise', *şeklen* ‚der Form nach', *tahminen* ‚schätzungsweise', *tamamen* ‚vollends', *zaten* ‚sowieso'.

*Uluerler **aslen** Bitlislidir* ‚Die Uluers stammen *ursprünglich* aus Bitlis', *Beni **cidden** seviyor musun?* ‚Liebst du mich *ernsthaft*?', *Sen **hakikaten** sapıtmışsın* ‚Du bist *wirklich* übergeschnappt', *Türk filmini **kısmen** anladım* ‚Den türkischen Film habe ich teilweise verstanden', ***Muhtemelen** hamileyim* ‚Ich bin *wahrscheinlich* schwanger', *Ben partinize **zaten** katılmam* ‚Ich nehme an eurer Party *sowieso* nicht teil'.

Typische Adverbien sind auch einige mit dem persischen Suffix **-ane** gebildeten Begriffe wie *dostane* ‚freundschaftlich'.

Manche der oben aufgeführten Adverbien haben Nebenformen mit dem Suffix **-CA**: *şeklen* → *şekilce* ‚der Form nach', *dostane* → *dostça* ‚freundschaftlich', oder es wird dem Begriff ein *olarak* ‚als' nachgestellt: *şekil olarak, dost olarak*.

# 9 Die Postpositionen

## 9.1 Übersicht

**Postpositionen** sind nachgestellte Verhältniswörter. Sie stellen eine Beziehung zwischen Wörtern und Wortgruppen her und regieren den Kasus des Substantivs davor. Der jeweilige Kasus muss gelernt werden, da er nur selten mit dem Deutschen übereinstimmt.

Mit den Postpositionen kann man lokale, temporale, modale oder kausale Verhältnisse angeben. Jede türkische Postposition lässt sich ins Deutsche übersetzen, aber nicht jeder deutschen Präposition entspricht eine entsprechende Postposition im Türkischen. Einige Beispiele im Vergleich; die türkischen Postpositionen sind kursiv gesetzt:

**lokal**
| | |
|---|---|
| masa**da** | ‚*auf* dem Tisch' |
| masa**daki** bardaklar | ‚die Gläser *auf* dem Tisch' |
| masanın *üstünde* | ‚AUF dem Tisch' (nicht darunter) |
| masanın *üstündeki* lekeler | ‚die Flecken AUF dem Tisch' (nicht darunter) |

**temporal**
| | |
|---|---|
| üç gün**de** | ‚*in* drei Tagen' (im Rahmen von drei Tagen) |
| üç gün *içinde* | ‚*in* drei Tagen' (innerhalb von drei Tagen) |
| üç gün *sonra* | ‚*in* drei Tagen' (nach Ablauf von drei Tagen) |

**modal**
| | |
|---|---|
| altın**dan** yüzük | ‚ein Ring *aus* Gold' |
| alkol**süz** parti | ‚eine Party *ohne* Alkohol' |
| kanun *uyarınca* | ‚*gemäß* Gesetz' |

**kausal**
| | |
|---|---|
| yağmur**a** *rağmen* | ‚*trotz* des Regens' |
| kuraklık *dolayısıyla* | ‚*wegen* der Dürre' |
| sen**den** *ötürü* | ‚deinet*wegen*' |

Einige der türkischen Postpositionen müssen **immer** nach einem Nomen stehen, mit anderen kann man auch einen Satz einleiten. Dann gehören sie einer anderen Wortart an.

| | |
|---|---|
| Yemek**ten** *önce* ellerini yıka. | ‚Wasch deine Hände *vor* dem Essen'. |
| **Önce** ellerini yıka. | ‚Wasch *zuerst* deine Hände'. |

Im Deutschen gibt es Präpositionen, die von Verben, Substantiven und Adjektiven abhängen. Die türkischen Entsprechungen laufen in den meisten Fällen über ein Kasussuffix:

| | |
|---|---|
| bir şey**e** sevinmek | ‚sich *über* etwas freuen' |
| köpek**ten** korkmak | ‚*vor* Hunden Angst haben' |
| yemeğ**e** hazır | ‚fertig *zum* Essen' |

## 9.2 Die Ortsbereichnomen als Postpositionen

Die Ortsbereichnomen (☞ 8.2.1) werden auch als Postpositionen verwendet und vertreten dann deutsches „neben, zwischen, oben, unten, vorne, hinten etc.". Es gibt noch **üzer-** ‚auf/über', das nur *mit* Suffixen vorkommt.

- Beispiele mit Possessivsuffixen und Dativsuffix

| (benim) | önüme | *vor mich* | arkama | *hinter mich* |
| (senin) | önüne | *vor dich* | arkana | *hinter dich* |
| (onun) | önüne | *vor ihn/sie* | arkasına | *hinter ihn/sie* |
| (bizim) | önümüze | *vor uns* | arkamıza | *hinter uns (hin)* |
| (sizin) | önünüze | *vor euch/Sie* | arkanıza | *hinter euch/Sie (hin)* |
| (onların) | önlerine | *vor sie* | arkalarına | *hinter sie* |

- Beispiele mit Possessivsuffixen und Lokativsuffix:

| (benim) | üstümde | *über mir* | altımda | *unter mir* |
| (senin) | üstünde | *über dir* | altında | *unter dir* |
| (onun) | üstünde | *über ihm/ihr* | altında | *unter ihm/ihr* |
| (bizim) | üstümüzde | *über uns* | altımızda | *unter uns* |
| (sizin) | üstünüzde | *über euch/Ihnen* | altınızda | *unter euch/Ihnen* |
| (onların) | üstlerinde | *über ihnen* | altlarında | *unter ihnen* |

- Beispiele mit Possessivsuffixen und Ablativsuffix:

| (benim) | yanımdan | *an mir vorbei* | ardımdan | *mir nach* |
| (senin) | yanından | *an dir vorbei* | ardından | *dir nach* |
| (onun) | yanından | *an ihm/ihr vorbei* | ardından | *ihm/ihr nach* |
| (bizim) | yanımızdan | *an uns vorbei* | ardımızdan | *uns nach* |
| (sizin) | yanınızdan | *an euch/Ihnen vorbei* | ardınızdan | *euch/Ihnen nach* |
| (onların) | yanlarından | *an ihnen vorbei* | artlarından | *ihnen nach* |

*Derste Eva **yanımda/önümde/arkamda** oturuyor* ‚Im Unterricht sitzt Eva *neben/vor/hinter mir*', ***Yanıma/önüme** otur* ‚Setz dich *neben/vor mich*', *Senin **yanında** olmak istiyorum* ‚Ich möchte *bei dir* sein', ***Üstünüzde** kim oturuyor?* ‚Wer wohnt *über euch*?', ***Üstümüzde** kimse oturmuyor* ‚*Über uns* wohnt niemand', *Bu akşam **kendi aramızda** olacağız* ‚Heute Abend werden wir *unter uns* sein', ***Aranızda** bir mesele mi var?* ‚Gibt es ein Problem *zwischen euch*?', *Dün akşam **karşımıza** bir polis çıktı* ‚Gestern Abend trat *uns* ein Polizist *entgegen*', *Havaalanında **üzerimizi** aradılar* ‚Auf dem Flughafen sind wir durchsucht worden', ***Üzerinizde** kaç para var?* ‚Wie viel Geld haben Sie dabei?'.

Äußerst häufig werden diese Postpositionen in Kombination mit einem Substantiv eingesetzt. Dieses Substantiv steht im *Genitiv*, wenn der Sprecher die Aufmerksamkeit auf die Postposition lenken will.

*Otobüs postanenin* **önünde** *duruyor* ‚Der Bus hält *vor* der Post', *Biletin masanın* **üstündedir** ‚Deine Fahrkarte liegt *auf* dem Tisch', *Resimler, şu gazetenin* **altındadır** ‚Die Bilder liegen *unter* dieser Zeitung da', *Çantanın* **içinde** *ne var?* ‚Was ist *in* der Tasche?', *Çocukların* **arkasına** *otur* ‚Setz dich *hinter* die Kinder', *Tam evimizin* **karşısında** *taksi durağı var* ‚Genau *gegenüber* unserem Haus ist ein Taxistand', *Çöp bidonları evin* **dışında** ‚Die Mülltonnen sind *außerhalb* des Hauses', *Yolcuların* **arasında** *Ali de var* ‚*Unter* (= zwischen) den Reisenden ist auch Ali', *Sinan annesinin, babasının* **yanında** *oturuyor* ‚Sinan wohnt *bei* seinen Eltern', *Dersin* **ortasında** *konuşma!* ‚Sprich nicht *mitten* im Unterricht!', *Kedi yatağın* **altından** *çıktı* ‚Die Katze ist *unter* dem Bett hervorgekommen', *Elif'in* **arkasından** *baktım* ‚Ich habe Elif *hinterher*geschaut', *Kimsenin* **ardından** *koşmam* ‚Ich laufe niemandem *nach*', *Pulları şunun* **arasına** *koy. – Neyin* **arasına**? ‚Lege die Briefmarken da *dazwischen. – Wozwischen*?', *Gömleği yatağın* **üzerine** *bırak* ‚Lege das Hemd *auf* das Bett'.

Nun gibt es aber auch die Möglichkeit, die Aufmerksamkeit **nicht** auf die Postposition zu verlegen. Das ist dann der Fall, wenn die örtliche Bedeutung keine Rolle spielt oder aufgehoben ist. In solchen Aussagen steht das Substantiv im *Nominativ*:

| | |
|---|---|
| Yangın kontrol **altında**. | ‚Der Brand ist *unter* Kontrolle.' |
| Bir saat **içinde** döneceğim. | ‚Ich werde *binnen* einer Stunde zurückkommen.' |
| Gül ile Ali **arasında** bir sorun var. | ‚*Zwischen* Gül und Ali gibt es ein Problem.' |

Eine dritte und schwieriger fassbare Möglichkeit ist, das Substantiv im Nominativ zu belassen, weil die Ortsangabe *nicht* als neue Information vermittelt werden soll:

| | |
|---|---|
| Çocuklar okul binasının **önünde** toplandılar. Okul binası **önünde** şarkılar söylediler. | ‚Die Kinder versammelten sich *vorm* Schulgebäude. *Vor dem* Schulgebäude sangen sie Lieder.' |
| Dünya öküzün **üstünde** derler, bilmem ama; dünya **üstünde** nice öküzler bilirim. | ‚Die Welt ist *auf* einem Ochsen, sagen sie zwar, keine Ahnung, aber ich kenne zahlreiche Ochsen *auf* der Welt.' |
| Bu ayın **ortasında** param bitti. | ‚*Mitten* in diesem Monat ging mein Geld zu Ende.' |
| Ay **ortasında** param bitti. | ‚In der Monats*mitte* ging mein Geld zu Ende.' |

- **Üst** und **üzer-** sind begrenzt austauschbar:

| | |
|---|---|
| Mektupları masanın **üstüne/üzerine** koydum. | ‚Ich habe die Briefe *auf* den Tisch gelegt.' |
| *aber:* | |
| Stuttgart **üzerinden** Münih'e gittik. (nicht *üstünden*!). | ‚Wir sind *über* Stuttgart nach München gefahren.' |
| Politika **üzerine** konuştuk. | ‚Wir haben *über* Politik gesprochen.' |
| Şarabın **üzerine** rakı içti. | ‚Er hat Raki *auf* Wein getrunken.' |

- Merke noch: *hariç* (A) [ha:riç] ‚außerhalb, exklusive', *dahil* (A) [da:hil] ‚innerhalb, inclusive' sowie *peş* (P) ‚rückwärtiger Teil': *Türkiye'nin haricinde yaşayan Türklerin sayısı ne kadar?* ‚Wie hoch ist die Zahl der Türken, die außerhalb der Türkei leben?', *KDV dahildir* (= Katma Değer Vergisi) ‚Die Mehrwertsteuer ist inklusive', *Peşimden gel!* ‚Komm mir nach!'.

Das Nomen *baş* ‚Kopf' wird ähnlich vielfältig eingesetzt wie die Ortsnomen:

| | |
|---|---|
| Masanın **başına** oturun. | ‚Setzen Sie sich *an den Kopf* des Tisches.' |
| Masa **başına** oturalım. | ‚Setzen wir uns *an* den Tisch.' |
| Masa **başında** uyuyakalmışım. | ‚Ich bin *am* Tisch (versehentlich) eingenickt.' |
| Çocukların **başından** ayrılma! | ‚Weiche nicht *von der Seite* der Kinder!'. |

## 9.3 Postpositionen ohne Possessivsuffix

### ⊃ Postpositionen, die den Nominativ bzw. Genitiv regieren

Bei den nächsten beiden Postpositionen stehen Substantive, die meistens Pronomen und *ne* im Nominativ, die Personal- und Demonstrativpronomen sowie *kim* mit Ausnahme der Pluralformen im Genitiv.

– **için** ‚für'

*Hediyen için teşekkür ederim* ‚Ich danke dir für dein Geschenk', *Bu kurs, yeni başlayanlar için değil* ‚Dieser Kurs ist nicht für Anfänger', *Saat iki buçuk sizin için erken mi?* ‚Ist halb drei für Sie zu früh?', *Bu çiçekler kimin/kimler için?* ‚Für wen/wen alles sind diese Blumen?', *Bu çiçekler annen/senin/kendim için* ‚Diese Blumen sind für deine Mutter/für dich/für mich selbst', *Hepimiz için çay yapacağım* ‚Ich werde für uns alle Tee machen', *Ne için yaşıyorum?* ‚Wozu lebe ich?'.

*Bir iş için geldim* ‚Ich bin wegen einer Angelegenheit gekommen', *Bunun için ne kadar ödedin?* ‚Wie viel hast du dafür gezahlt?', *Uçak geç kalktı, onun için size ancak şimdi gelebildim* ‚Das Flugzeug ist zu spät abgeflogen, deshalb konnte ich erst jetzt zu euch kommen'.

- Ein *für* im Sinne von „für eine Zeitspanne von" wird mit **-lIğInA** gebildet: *Üç haftalığına Side'ye gideceğiz* ‚Wir werden für drei Wochen nach Side fahren' (☞ 8.3).

Zu *için* nach Verbformen (☞ 27.3).

– **ile > -(y)lA** ‚mit'

Mit *ile*, das überwiegend angehängt wird und dann unbetont ist, drückt man hauptsächlich ein Mittel oder eine Begleitung aus. Wenn *ile* getrennt steht, wird die Selbständigkeit des Bezugswortes im Sinne von „mit Hilfe von/in Begleitung von" hervorgehoben.

*Bilgisayarı tornavida ile açtım* ‚Ich habe den Computer mit einem Schraubenzieher geöffnet', *Havaalanına otobüsle/taksiyle/metroyla gittim* ‚Zum Flugplatz bin ich mit dem Bus, mit dem Taxi, mit der U-Bahn gefahren', *Üniversiteye neyle (< ne ile) geliyorsunuz?* ‚Womit kommen Sie zur Universität?', *Ben gecemi iki elma, bir sandviç ya da yumurta, birkaç sosis ile geçiştirebilirim* (DA, AADY, 61) ‚Ich kann meine Nächte leicht mit zwei Äpfeln, einem Sandwich oder Ei und einigen Würstchen verbringen', *Bununla ne yapacaksın?* ‚Was wirst du damit machen?'.

*Mesut ile evlenmene karşıyım* ‚Ich bin dagegen, dass du Mesut heiratest', *Sizinle konuşmak istiyorum* ‚Ich möchte mit Ihnen sprechen', *Tatile kiminle gideceksiniz? – Hiç kimseyle* ‚Mit wem werden Sie in die Ferien fahren? – Mit niemandem'.

> ✓ *ile ilgili* ‚in Zusammenhang mit': *Sınavla ilgili bir sorum var* ‚Ich habe eine Frage in Zusammenhang mit der Prüfung'.
> *ile beraber* ‚zusammen mit': *Sinan'la beraber sinemaya gittik* ‚Ich bin mit Sinan zusammen im Kino gewesen'.
> *ile birlikte* ‚gemeinsam mit': *Erdoğan'la birlikte kitap yazdım* ‚Ich habe mit Erdoğan gemeinsam ein Buch geschrieben'.

Zu *ile* als Konjunktion (☞ 10.2) und nach Verbformen (☞ 27.4).

Einige Beispiele mit Pronomen:

| | | | | | |
|---|---|---|---|---|---|
| kimin için | *für wen?* | kimler için? | *für wen alles?* | kendisi için | *für ihn/sie* |
| benim için | *für mich* | bizim için | *für uns* | bizler için | *für uns (alle)* |
| senin için | *für dich* | sizin için | *für euch/Sie* | sizler için | *für euch/Sie (alle)* |
| onun için | *für ihn/sie* | onlar için | *für sie* | kendileri için | *für sie* |
| | | | | | |
| kiminle? | *mit wem?* | kimlerle? | *mit wem alles?* | kendisiyle | *mit ihm/ihr* |
| benimle | *mit mir* | bizimle | *mit uns* | bizlerle | *mit uns (allen)* |
| seninle | *mit dir* | sizinle | *mit euch/Ihnen* | sizlerle | *mit euch/Ihnen (allen)* |
| onunla | *mit ihm/ihr* | onlarla | *mit ihnen* | kendileriyle | *mit ihnen* |

(*Ganz nebenbei:* Es kommen auch **kimle**, **senle** vor. Manche Muttersprachler sehen diese Varianten als umgangssprachlich an, andere als Verschiebung der Informationsgewichtung. Wir folgen der zweiten Auffassung:

**Kiminle** *diskoya gittin?* ‚Mit wem bist du in die Disko gegangen?' [die erfragte Person steht zur Debatte], **Kimle** *diskoya gittin?* ‚Mit wem bist *du in die Disko gegangen*?' [die Person ist unwichtig, die Handlung ist das Wichtigere]; **Seninle** *hayat olmaz* ‚Mir dir [zusammen] gibt es kein Leben', **Senle** *hayat olmaz* ‚Mir dir gibt es kein Leben'.)

Zur Verwendung der Postpositionen **gibi** ‚wie' im Sinne von „in der Art wie/gleich wie/ähnlich wie" und **kadar** ‚so wie' im Sinne von „in dem Maße wie/so viel wie/so wenig wie/so groß wie/so lange wie" gibt es bereits Erklärungen und Beispiele im Kapitel Adjektiv (☞ 6.3), sodass hier nur noch einige Beispiele folgen sollen:

*Udo **gibi** ben de Türkçe biliyorum* ‚So wie Udo kann auch ich Türkisch', *Udo **kadar** ben de Türkçe biliyorum* ‚So viel wie Udo kann auch ich Türkisch', **Senin gibi** *şaşırmadım* ‚Ich war nicht verblüfft wie du', **Senin kadar** *şaşırmadım* ‚Ich war nicht so sehr verblüfft wie du'; *Ne **gibi** bir iş arıyorsunuz?* ‚Was für eine Arbeit suchen Sie?', **Bunun gibi** *mayo isterim* ‚Ich möchte einen Badeanzug wie diesen', *Arabamız sizinki gibidir* ‚Unser Auto ist so wie eures', **Her zamanki gibi** *geç geldin* ‚Du bist wie immer zu spät gekommen'; **Bunun kadar** *terbiyesiz çocuk görmedim* ‚Ich habe noch kein so ungezogenes Kind wie dieses gesehen', *Kiramız sizinki kadardır* ‚Unsere Miete beträgt so viel wie eure', *Bugünkü sıcaklık, **dünkü kadar** olacakmış* ‚Heute soll die Temperatur genau so hoch wie gestern werden'.

Zu *gibi* und *kadar* nach Verbformen (☞ 27.3).

## Postpositionen, die den Dativ regieren

- **ait** (A) ‚betreffend, angehend; zugehörig'

| | |
|---|---|
| Bodrum'**a ait** kartpostallarınız var mı? | ‚Haben Sie Ansichtkarten von Bodrum?' |
| Bu motosiklet **size** mi **ait**? | ‚Gehört dieses Motorrad zu Ihnen?' |

- **dair** (A) ‚betreffs, über'

| | |
|---|---|
| Ne**ye dair** konuştunuz? | ‚Worüber habt ihr gesprochen?' |

- **doğru** ‚in Richtung auf, gegen'

| | |
|---|---|
| Saat Kulesi'**ne doğru** yürüyün. | ‚Laufen Sie in Richtung Uhrturm.' |
| Saat beş**e doğru** uyandım. | ‚Ich bin gegen fünf Uhr aufgewacht.' |

- **göre** ‚laut, gemäß, zufolge, hinsichtlich'

| | |
|---|---|
| Radyo**ya göre** bugün kar yağacakmış. | ‚Laut Rundfunk soll es heute schneien.' |
| Almanlar**a göre** Türkiye'de "her şey mümkündür". (www.usak.org.tr) | ‚Den Deutschen zufolge ist in der Türkei „alles möglich".' |
| Dün**e göre** kendimi daha iyi hissediyorum. | ‚Im Vergleich zu gestern fühle ich mich besser.' |
| Bu içki **sana göre** değil. | ‚Dieses alkoholische Getränk ist nichts für dich.' |

- **kadar / dek / değin** ‚bis'

| | |
|---|---|
| Kayseri'**ye kadar/dek** gittik. | ‚Wir sind bis Kayseri gefahren.' |
| Lokantamız cuma**ya kadar** kapalıdır. | ‚Unsere Gaststätte ist bis Freitag geschlossen.' |
| Saat sekiz buçuk**tan** on**a kadar** ders var. | ‚Von halb neun bis zehn Uhr ist Unterricht.' |

> ✓ **Das Bezugswort mit und ohne Dativsuffix:**
> 
> | | |
> |---|---|
> | İki saat**e kadar** döneceğim. | ‚*Bis in* zwei Stunden werde ich zurückkommen.' |
> | Bir saat **kadar** kalacağım. | ‚Ich werde *etwa* eine Stunde *lang* bleiben.' |

- **karşı** ‚gegen, gegenüber'

| | |
|---|---|
| Kim**e karşı** oynayacaksınız? | ‚Gegen wen werdet ihr spielen?' |
| **Sana karşı** değilim. | ‚Ich bin nicht gegen dich.' |
| **Bana karşı** dürüst ol. | ‚Verhalte dich mir gegenüber aufrichtig.' |
| Sabah**a karşı** panik. (Zeitungsüberschrift) | ‚Panik gegen Morgen.' |

- **karşılık** ‚(als Ersatz/Gegenleistung) für; gegen'

| | |
|---|---|
| Yüz avro**ya karşılık** kaç lira veriyorlar? | ‚Wie viel Lira geben sie für 100 Euro?' |

- **özgü** (T) / **has** (A) ‚eigen'

| | |
|---|---|
| Türkçe**ye özgü** harfler | ‚dem Türkischen eigene Buchstaben' |
| Biz**e özgü** komik davranışlar | ‚uns eigenes komisches Gebaren' |

- **rağmen** (A) / **karşın** ‚trotz'

| | |
|---|---|
| Yağmur**a rağmen** cam sildim. | ‚Trotz des Regens habe ich Fenster geputzt.' |
| Çalışmam**a rağmen** sınavı kazanamadım. | ‚Trotz meines angestrengten Lernens habe ich die Prüfung nicht bestehen können.' |

- **yönelik** ‚gerichtet auf'

| | |
|---|---|
| Sınav**a yönelik** bir sorum var. | ‚Ich habe eine Frage zur Prüfung.' |

## ⊃ Postpositionen, die den Ablativ regieren

— **başka** ‚außer'

| | |
|---|---|
| Sen**den başka** kimseyi sevmiyorum. | ‚Ich liebe niemanden außer dir.' |
| Yoğurt**tan başka** bir şey yemedim. | ‚Ich habe nichts außer Joghurt gegessen.' |
| Hasan'**dan başka** kim çay içmek ister? | ‚Wer noch außer Hasan möchte Tee trinken?' |
| Bunlar**dan başka** elbiselik kumaşımız yok. | ‚Wir haben keine anderen Kleiderstoffe außer diesen hier.' |
| Bugün**den başka** gelemem. | ‚Außer heute kann ich nicht kommen.' |
| Yardım istemek**ten başka** çare yok. | ‚Es gibt keinen Ausweg außer um Hilfe zu bitten.' |

— **beri** ‚seit' (Gibt den *Anfangspunkt* eines Ereignisses an, **nicht** den *Zeitraum*.)

| | |
|---|---|
| Ne zaman**dan beri**? | ‚Seit wann?' |
| Saat üç**ten beri** seni bekliyorum. | ‚Seit drei Uhr warte ich auf dich.' |
| Dün**den beri** kar yağıyor. | ‚Seit gestern schneit es.' |
| On yıl**dan beri** Berlin'deyim. | ‚Ich bin seit zehn Jahren in Berlin.' |

> ✓ **Merke:**
> Çok**tan beri** hastayım. ‚Ich bin seit langem krank.'
> Çok**tandır** hastayım. ‚Ich bin schon lange krank.'
> Ödevlerimi **çoktan** yaptım. ‚Meine Aufgaben habe ich schon längst erledigt.'

— **bu yana** ‚bis heute/dato'

| | |
|---|---|
| Mart**tan bu yana** hiç kimseye yazmadım. | ‚Von März bis heute habe ich überhaupt niemandem geschrieben.' |

— **dolayı** ‚infolge, wegen'

| | |
|---|---|
| İşim**den dolayı** hep geç kalırım. | ‚Infolge meiner Arbeit verspäte ich mich ständig.' |

— **itibaren** (A) ‚ab'

| | |
|---|---|
| Saat üç**ten itibaren** telefonunu bekleyeceğim. | ‚Ab drei Uhr werde ich auf deinen Anruf warten.' |
| Bugün**den itibaren** içki içmeyeceğim. | ‚Ab heute werde ich keinen Alkohol mehr trinken.' |

> ✓ **Merke:**
> **Dünden itibaren** uçak yolcularının bagajlarındaki sıvılara kısıtlama geldi.
> ‚Ab gestern *gilt* eine Einschränkung für Flüssigkeiten im Gepäck der Fluggäste.'
> **Dünden beri** uçak yolcularının bagajlarındaki sıvılara kısıtlama var.
> ‚Seit gestern *gibt* es eine Einschränkung für Flüssigkeiten im Gepäck der Fluggäste.'

— **önce** (T) / **evvel** (A) ‚vor'

| | |
|---|---|
| Sen**den önce** kalktım. | ‚Ich bin vor dir aufgestanden.' |
| Sen**den** on dakika **önce** kalktım. | ‚Ich bin zehn Minuten vor dir aufgestanden.' |
| Kahvaltı**dan önce** sigara içme. | ‚Rauche nicht vor dem Frühstück.' |
| Paramı yarın**dan önce** getir. | ‚Bring mir mein Geld vor morgen.' |
| Ağustos**tan önce** gelemem. | ‚Vor August kann ich nicht kommen.' |

- **ötürü** ‚wegen'
Sen**den ötürü** azarlandım. ‚Deinetwegen bin ich gerügt worden.'

- **sonra** ‚nach'
Sen**den sonra** kalktım. ‚Ich bin nach dir aufgestanden.'
Sen**den** on dakika **sonra** kalktım. ‚Ich bin zehn Minuten nach dir aufgestanden.'
Saat üç**ten sonra** telefonunu bekleyeceğim. ‚Nach drei Uhr werde ich auf deinen Anruf warten.'
Yarın**dan sonra** Türkçe kursuna gideceğim. ‚Ab übermorgen (= nach morgen) werde ich in einen Türkischkurs gehen.'
Bu hafta**dan sonra** iznim var. ‚Nach dieser Woche habe ich Urlaub.'

- **yana** ‚in Bezug auf' *oder* ‚zugunsten von/für'
Para**dan yana** sıkıntım yok. ‚In Bezug auf Geld habe ich keinen Mangel.'
Herkes sen**den yana**dır. ‚Jeder ist für dich/auf deiner Seite.'

⊃ **Postpositionen, die den Akkusativ regieren**

- **aşkın** ‚übersteigend'
elli**yi aşkın** bir hanım ‚eine Dame über fünfzig'

- **takiben / müteakip** (A) ‚im Anschluss an, anschließend'
akşam yemeğ**ini takiben/müteakip** ‚im Anschluss an das Abendessen'

## 9.4 Postpositionen mit Possessivsuffix

⊃ **Das Possessivsuffix wird nicht ausgetauscht**

> ✓ Das Nomen vor der Postposition steht im Nominativ.

- **bakım-ın-dan** ‚hinsichtlich, in Bezug auf'
Oğlumuz **bakımından** endişemiz yok. ‚Hinsichtlich unseres Sohnes haben wir keine Bedenken.'

- **baş-ın-a** ‚pro, für je'
Bu tercüme için satır **başına** dört avro ödedim. ‚Für diese Übersetzung habe ich *je* Zeile vier Euro bezahlt.'
Adam **başına** ne kadar ödeyeceğiz? ‚Wie viel müssen wir *pro* Kopf zahlen?'

- **boy-u** ‚längs' / **boy-un-ca** ‚(ent)lang'
Yol **boyu** park etmek yasaktır. ‚Längs der Straße ist Parken verboten.'
Yol **boyunca** park etmek yasaktır. ‚Entlang der ganzen Straße ist Parken verboten.'
Bir yıl **boyunca** beşte kalktım. ‚Ein Jahr lang bin ich um fünf aufgestanden.'
Seni ömrüm **boyunca** unutmayacağım. ‚Ich werde dich mein Leben lang nicht vergessen.'

- **devam-ın-ca** (A) ‚während der Dauer'
Bu kurs **devamınca** akşamları işe gitmeyeceğim. ‚Solange dieser Kurs dauert, werde ich abends nicht zur Arbeit gehen.'

- **dolayı-sı-yla** ‚wegen'
Kuraklık **dolayısıyla** sıkıntı çekecekler. ‚Wegen der Dürre werden sie Not leiden.'

- **esna-sın-da** (A) / **sıra-sın-da** ‚während'
Yemek **esnasında** konuşma. ‚Sprich nicht während des Essens.'

- **gereğ-in-ce** ‚entsprechend, laut'
kanun **gereğince** ‚laut Gesetz'
Arzum **gereğince** hareket ediyorum. ‚Ich verhalte mich meinem Wunsch entsprechend.'

- **konu-sun-da** (T) / **husus-un-da** (A) ‚in Bezug auf'
İzin **konusunda** anlaştık mı? ‚Haben wir uns in Sachen Urlaub geeinigt?'

- **neden-i-yle** (T) / **sebeb-i-yle** (A) ‚aufgrund'
Kaza **nedeniyle** bu yol kapatılmıştır. ‚Aufgrund eines Unfalls ist diese Straße gesperrt (worden).'

- **sıra-sın-da** ‚während'
Yemek **sırasında** sigara içme. ‚Rauche nicht während des Essens.'

- **süre-sin-ce** ‚während (der Dauer), im Verlaufe'
Gebelik **süresince** nelere dikkat edilmeli? ‚Worauf muss man während der Schwangerschaft achten?'

- **uğr-un-a** ‚um ... willen, zugunsten'
Anne, çocuğu **uğruna** el kapısında çalışıyor. ‚Die Mutter arbeitet ihrem Kind zuliebe bei fremden Leuten.'

- **uyar-ın-ca** ‚gemäß' (adressatenorientiert)
4209 sayılı kanun **uyarınca** tütün ve tütün mamullerinin içilmesi yasaktır. ‚Gemäß dem Gesetz Nr. 4209 ist es verboten, Tabak und Tabakprodukte zu rauchen.'

- **vasıta-sı-yla** (A) / **kanal-ı-yla** ‚mittels, durch'
Ali **kanalıyla** haber yolladık. ‚Wir haben durch Ali Nachricht geschickt.'

- **yol-u-yla** ‚über'
Yunanistan **yoluyla** Avrupa'ya yaklaşmak istendi. ‚Über Griechenland wollte man sich Europa nähern.'

- **zarf-ın-da** (A) / **iç-in-de** ‚binnen, innerhalb'
Bir yıl **zarfında** Türkçe öğrendim. ‚Ich habe binnen einem Jahr Türkisch gelernt.'

## ⊃ Das Possessivsuffix kann ausgetauscht werden

> ✓ Mit Ausnahme von **hakkında** kann man die folgenden Postpositionen, die eigentlich Substantive sind, auch in einer Genitiv-Possessiv-Verbindung verwenden. Dann schlägt die wörtliche Bedeutung durch, da die Aufmerksamkeit auf den Begriff **nach dem Genitivausdruck** gezogen wird.
>
> Udo'**nun yerine** Ulf oturdu. ‚Auf den Platz von Udo hat sich Ulf gesetzt.'
> Ali'**nin hesabına** bira içtim. ‚Ich habe auf Alis Rechnung Bier getrunken.'

- **ad-ın-a** (T) / **hesab-ın-a** (A) ‚für die Person von'
Ali **adına** konuştum. ‚Ich habe für Ali gesprochen.'

- **hakk-ın-da** (A) ‚über' (im Sinne „über ein Thema/über jemanden")

| | |
|---|---|
| Türkiye hakkında bir kitap okudum. | ‚Ich habe ein Buch über die Türkei gelesen.' |
| Benim hakkımda ne biliyorsunuz? | ‚Was wissen Sie über mich?' |

- **nam-ın-a** (P) ‚im Namen von'

| | |
|---|---|
| Annem namına imza ettim. | ‚Ich habe im Namen meiner Mutter unterschrieben.' |

- **taraf-ın-dan** (A) ‚von'

| | |
|---|---|
| Bu çiçekler Cem tarafından gönderilmiş. | ‚Diese Blumen sind von Cem geschickt worden.' |
| "Faust" kimin tarafından yazıldı? | ‚Von wem wurde „Faust" geschrieben?' |

(*Ganz nebenbei: Kim* steht vor *tarafından* im Regelfall im Genitiv. Dann wird davon ausgegangen, dass die Person wichtig und erfragbar ist. Wenn nicht, steht *kim* im Nominativ: *Cinayetin* **kim tarafından** *işlendiği belli değil* ‚Es ist nicht klar, von wem das Verbrechen verübt wurde', *İlk yapının 13. yüzyılda yapıldığı ileri sürülmektedir. Ancak* **kim tarafından** *yaptırıldığı bilinmemektedir* (www.konya.gov.tr) ‚Es wird behauptet, dass der erste Bau im 13. Jahrhundert errichtet wurde. Aber es ist unbekannt, wer ihn hat errichten lassen.')

- **saye-sin-de** (P) [sa:ye] ‚dank'

| | |
|---|---|
| Kocam sayesinde Türkçemi geliştirdim. | ‚Dank meines Mannes habe ich mein Türkisch erweitert.' |

- **yer-in-e** ‚anstelle'

| | |
|---|---|
| Ayşe yerine Fatma geldi. | ‚Anstelle von Ayşe ist Fatma gekommen.' |

- **yüz-ün-den** ‚wegen/durch' (in Verbindung mit einem **negativen Ergebnis**)

| | |
|---|---|
| Sizin yüzünüzden düştüm. | ‚Ihretwegen bin ich gefallen.' |
| Dikkatsizlik yüzünden kaza yaptın. | ‚Du hast durch Fahrlässigkeit einen Unfall gebaut.' |

- Merken Sie sich noch **lehte ve aleyhte** (A) ‚pro und contra' sowie folgende Beispiele: *Siz, atom enerjisi lehinde mi yoksa aleyhinde misiniz?* ‚Sind Sie für oder gegen Atomenergie?', *Ali aleyhimde konuşuyormuş* ‚Ali spricht, wie es heißt, zu meinem Nachteil'.

## ☑ Einige Zeitausdrücke

*Saat sekiz buçuk on arası ders var* ‚Zwischen halb neun und zehn Uhr ist Unterricht.'
*Postacı her gün saat sekiz buçuk ile dokuz arası gelir* ‚Der Briefträger kommt jeden Tag zwischen halb neun und neun Uhr.'
*İşim on dakika içinde biter* ‚Meine Arbeit ist innerhalb von zehn Minuten fertig.'
*İşim on dakika sonra biter* ‚Meine Arbeit ist in zehn Minuten fertig' (nach Ablauf von zehn Minuten).
*İşim on dakikaya kadar biter* ‚Meine Arbeit ist bis in zehn Minuten fertig' (vor Ablauf von zehn Minuten).
*İşim on dakikada biter* ‚Meine Arbeit ist in zehn Minuten fertig' (Dauer der Arbeitszeit: zehn Minuten).

# 10 Die Konnektive

## 10.1 Übersicht

**Konnektive** (Verknüpfungswörter) sind Bindeglieder innerhalb von Satzgliedern oder zwischen selbständigen Sätzen. In diesem Kapitel finden Sie hauptsächlich **koordinierende Konjunktionen** (beiordnende Bindewörter); sie verbinden Satzglieder, Hauptsätze und parallel stehende Nebensätze, ohne selbst ein Satzglied zu sein. Viele Konjunktionen im Türkischen sind nichttürkischen Ursprungs.

Für die im Deutschen zahlreich vertretenen **subordinierenden Konjunktionen** (unterordnenden Bindewörter), die einen *Nebensatz* einleiten und diesen mit einem übergeordneten Satz verbinden, verfügt das Türkische über andere Möglichkeiten als das Deutsche (☞ Kapitel 18, 22, 25, 27).

Beispiel für eine kausale *koordinierende* Konjunktion

Türkçe öğreniyorum, **çünkü** eşim Türk. ‚Ich lerne Türkisch, *denn* mein Ehepartner ist Türke.'

Beispiel für eine kausale *subordinierende* Konjunktion

Eşim Türk ol**duğu için** Türkçe öğreniyorum. ‚*Da* mein Ehepartner Türke ist, lerne ich Türkisch.' oder ‚Ich lerne Türkisch, *weil* mein Ehepartner Türke ist.'

Es gibt Konjunktionen, die auch als Adverb eingesetzt werden können, z.B.

Türkçe öğreniyorum, eşim Türk **çünkü**. ‚Ich lerne Türkisch, mein Ehepartner ist *nämlich* Türke.'

Manche Konjunktionen können als Partikel eingesetzt werden, z.B. **ancak** (☞ Kapitel 11).

Parti güzeldi, **ancak** Irmi gelmedi. (Konjunktion) ‚Die Party war schön, *allerdings* ist Irmi nicht gekommen.'

Parti güzeldi, Irmi **ancak** yetişti. (Partikel) ‚Die Party war schön, Irmi hat es *gerade noch* geschafft zu kommen.'

Im Abschnitt „Weitere Verknüpfungselemente" sind vor allem Adverbien aufgenommen, die einen Hauptsatz einleiten, aber auch an anderer Stelle im Satz stehen können. Es sind Satzglieder. Das Türkische kennt eine ganze Reihe von Konjunktionaladverbien, die aus einem Demonstrativpronomen und einer Postposition bestehen:

Ateşim vardı, **buna rağmen** işe gittim. ‚Ich hatte Fieber, *trotzdem* bin ich zur Arbeit gegangen.'

Ateşim vardı, işe **buna rağmen** gittim. ‚Ich hatte Fieber, zur Arbeit bin ich *trotzdem* gegangen.'

## 10.2 Hinzufügende und verbindende Konjunktionen

– **dA** ‚auch/und (dazu)' hat eine hinzufügende Funktion, steht immer **nach** der Wortform, auf die es sich bezieht, und bleibt unbetont:

| | |
|---|---|
| Sahile gidiyorum. Sen **de** gelecek misin? | ‚Ich gehe an den Strand. Kommst du *auch* mit?' |
| Udo **da** gelmek istiyor. | ‚Udo will *auch* mitkommen.' |
| En iyi doktor **da** ona yardım edemedi. | ‚*Auch* der beste Arzt konnte ihm nicht helfen.' |
| Ali iyi görünmüyor. Uzun zamandır hastaydı **da**. | ‚Ali sieht nicht gut aus. Er war *auch* lange krank.' |

> 💣 **dA** im Sinne von „auch" hat einen engen Wirkungsbereich, den das Deutsche nicht immer bietet.
>
> | | |
> |---|---|
> | Ben **de** açım. | ‚Ich bin *auch* hungrig (auch ich).' |
> | Ben açım **da**. | ‚Ich bin auch *hungrig* (und nicht nur durstig).' |
> | Sen **de** Side'ye gittin mi? | ‚Warst du *auch* in Side?' (wie ich) |
> | Sen Side'ye **de mi** gittin? | ‚Warst du *auch in Side*?' (außer in Kaş) |
> | Sen **de mi** Side'ye gittin? | ‚Warst *auch du* in Side?' |

**dA** dient der Verstärkung:

| | |
|---|---|
| Bu hiç **de** güzel değil. | ‚Das ist *überhaupt nicht* schön!' |
| Ali her gün daha **da** geç geliyor. | ‚Ali kommt jeden Tag *noch* später.' |

**dA** kann auch Sätze verbinden. Dann ist es oft mit „und" übersetzbar, aber auch mit „damit", „dass" oder „aber":

| | |
|---|---|
| Gel **de** kendin gör. | ‚Komm *und* sieh selbst!' |
| Oturun **da** yemek yiyin! | ‚Setzt euch *und* esst!' |
| Bütün gün çalıştım **da** çalıştım. | ‚Ich habe den ganzen Tag gearbeitet *und* gearbeitet.' |
| Gel **de** güven! (ironisch) | ‚Komm *und* hab mal Vertrauen!' |
| Mektubu ver **de** okuyayım. | ‚Gib schon den Brief, *damit* ich ihn lese.' |
| Ne iyi ettin **de** geldin. | ‚Wie schön, *dass* du gekommen bist.' |
| Otur **da** rahat edelim. | ‚Setz dich, *damit* wir Ruhe haben'. |
| Berlin'e geldim **de** sizi bulamadım. | ‚Ich bin nach Berlin gekommen, *aber* ich habe Sie nicht angetroffen.' |

– **dA ... dA** ‚und (außerdem)/sowie'; bei *verneintem* Prädikat ‚sowohl ... wie/als auch'

| | |
|---|---|
| Ali **de** Elif **de** Türk'tür. | ‚Ali und *auch* Elif sind Türken.' |
| Ben **de** sen **de** Side'ye gidelim. | ‚Du und *auch* ich, fahren wir doch beide nach Side.' |
| Sen **de** ben **de** İzmir'e gidiyoruz. | ‚*Sowohl* du *als auch* ich fahren nach Izmir.' |
| Beni Ece **de** Cem **de** anlamıyor. | ‚*Sowohl* Ece *als auch* Cem verstehen mich nicht.' |
| Çalışıyorum **da** okuyorum **da**. | ‚Ich arbeite, *und* ich studiere *auch*.' |

– **gerek ... gerek(se)** ‚sowohl ... als auch' (wählt aus)

| | |
|---|---|
| **Gerek** ben **gerek** sen bunu bilmeliyiz. | ‚*Sowohl* ich *als auch* du müssen das wissen.' |

## Hinzufügende und verbindende Konjunktionen

- **hem (de)** ‚und (wie, wo …)'

| Köfteler yanmış. **Hem de** nasıl! | ‚Die Frikadellen sind angebrannt. *Und wie!*' |
| Bir daire aldık. **Hem de** nerede? Antalya'nın tam merkezinde. | ‚Wir haben eine Wohnung gekauft. *Und wo?* Genau im Zentrum von Antalya.' |

- **hem … hem (de)** ‚sowohl … als auch' (verbindet Verschiedenes)

İstanbul **hem** Asya'da **hem** Avrupa'dadır. ‚Istanbul liegt sowohl in Asien als auch in Europa.'

Ben **hem** bugün **hem de** yarın dişçiye gideceğim. ‚Ich werde sowohl heute als auch morgen zum Zahnarzt gehen.'

**Hem** Bodrum **hem** Antalya **hem de** Alanya'ya gidelim. ‚Fahren wir doch sowohl nach Bodrum als auch nach Antalya und auch nach Alanya.'

- **ile** ‚und/sowie' (zwischen zwei Substantiven)

Elif **ile** Ali Efes'e gittiler. ‚Elif *und* Ali sind nach Ephesus gefahren.'

Mesut **ile** Cem ve Elif aynı akşam buluştu. ‚Mesut *sowie* Cem und Elif haben sich am selben Abend getroffen.'

- **kâh … kâh …** ‚mal … mal/bald … bald'

**Kâh** Ali damlıyor **kâh** Veli. ‚*Mal* schneit Ali herein, *mal* Veli.'

**Kâh** yağmur yağıyor **kâh** kar yağıyor. ‚*Mal* regnet es, *mal* schneit es.'

- **kaldı ki** ‚zudem'

Bu yemeği yemem. **Kaldı ki** çok da yağlı. ‚Dieses Essen esse ich nicht. *Zudem* ist es sehr fett.'

- **ne … ne (de)** ‚weder … noch'

• Das Prädikat ist bejaht, wenn Satzglieder oder Sätze im Sinne von „weder … noch" verbunden werden:

**Ne** arabam var **ne de** bisikletim. ‚Ich habe *weder* ein Auto *noch* ein Fahrrad.'

**Ne** dün ekmek aldım **ne de** bugün. ‚Ich habe *weder* gestern Brot gekauft *noch* heute.'

Gazeteyi **ne** okudum **ne** attım. ‚Ich habe die Zeitung *weder* gelesen *noch* weggeworfen.'

**Ne** filmi gördüm **ne de** kitabı okudum. ‚Ich habe *weder* den Film gesehen *noch* habe ich das Buch gelesen.'

Bana **ne** yazdın **ne de** telefon ettin. ‚Du hast mir *weder* geschrieben *noch* mich angerufen.'

Mizahın amacı **ne** güldürmektir **ne** ağlatmak. (AB, OMY, 13) ‚Ziel des Humors ist, *weder* zum Lachen *noch* zum Weinen zu bringen.'

**Ne** içeride **ne de** dışarıda sigara **içilir**. ‚*Weder* drinnen *noch* draußen wird geraucht.'

• Das Prädikat ist verneint, wenn das Verb vorausgeht oder die Bedeutung auch einem „nicht nur … sondern auch" entsprechen kann:

Bugün mektup almadım, **ne** annemden **ne** babamdan. ‚Heute habe ich keinen Brief erhalten, *weder* von meiner Mutter *noch* von meinem Vater.'

**Ne** kaynanam **ne de** karım sofraya oturmadılar. ‚*Nicht nur* meine Schwiegermutter, *sondern auch* meine Frau hat sich nicht zu Tisch gesetzt.'

Ali'ye **ne** sen **ne de** ben uğrayamazsak ayıp olur. ‚Wenn *weder* du *noch* ich bei Ali vorbeigehen können, wäre das beschämend.'

**Ne** sen **ne de** Elif gelmeyince, dondurmayı kendim yiyip bitirdim. ‚Als *weder* du *noch* Elif gekommen seid, habe ich das Eis allein aufgegessen.'

**Ne** içeride **ne de** dışarıda sigara **içilemez**. ‚*Nicht nur* drinnen, *sondern auch* draußen darf nicht geraucht werden.'

> ✓ Nicht alle doppelt oder dreifach vorkommenden **ne** sind als „weder ... noch" zu verstehen.
> Göğe bak, **ne** parlak, **ne** saf, **ne** berrak. ‚Schau zum Himmel, *wie* glänzend, *wie* rein, *wie* klar.'

- **üstelik** ‚zudem, darüber hinaus, obendrein'

En ucuz uçak biletleri. **Üstelik** 6 taksit ile! ‚Die billigsten Flugtickets. *Obendrein* in 6 Raten!'

- **ve** (A) ‚und'

Cem **ve** Ece Türk'tür. ‚Cem *und* Ece sind Türken.'

Ali bilgisayarda çalışıyor **ve** Ayşe yemek pişiriyor. ‚Ali arbeitet am Computer, *und* Ayşe kocht Essen'.

- **zira** (P) ‚denn' (im Sinne „schließlich/zumal"; kann mit *çünkü* ausgetauscht werden, aber nicht jedes *çünkü* mit *zira*)

Türkçe öğreniyorum, **zira** merak ediyorum. ‚Ich lerne Türkisch, *denn* ich interessiere mich dafür.'

## 10.3 Ausschließende Konjunktionen

- **ha ... ha ...** ‚(entweder) ... oder' (im Sinne „egal")

**Ha** sen **ha** ben, fark etmez! ‚Du *oder* ich, das ist egal!'

**Ha** geldi **ha** gelmedi, ne fark eder? ‚Er ist gekommen *oder* auch nicht, was macht es schon?'

- **ister ... ister** ‚entweder ... oder' / ‚ob ... ob' (mit Imperativ oder Voluntativ)

**İster** bugün **ister** yarın gel. ‚Komm *entweder* heute *oder* morgen' (wie du willst).

**İster** inan **ister** inanma, bugün birisine âşık oldum. ‚Glaub's, oder glaub's nicht/*Ob* du es glaubst oder nicht, heute habe ich mich in jemanden verliebt.'

- **olsun ... olsun** ‚sei ... oder sei es'

Bugün **olsun** yarın **olsun**, karar senin! ‚*Sei es* heute *oder* morgen, die Entscheidung liegt an dir!'

**İster** bugün **olsun**, **ister** yarın **olsun**, gel! ‚Egal *ob* heute *oder* morgen, komm!'

- **veya** (A + P) ‚oder (auch)', **veyahut** (A + P) (da) ‚oder (aber)'

Bir yıl 365 **veya** 366 gün. ‚Ein Jahr hat 365 *oder (auch)* 366 Tage.'

Efes **veya** Tuborg al. ‚Kaufe Efes *oder (auch)* Tuborg' (aber kein Wasser).

Efes **veyahut** Tuborg al.     ‚Kaufe Efes *oder (besser)* Tuborg.'
Efes **veyahut da** Tuborg al.     ‚Kaufe Efes *oder (aber)* Tuborg (aber nicht beides).'

– **ya ... ya (da)** ‚entweder ... oder (aber) / beziehungsweise' (mehrere Möglichkeiten)
Efes **ya da** Tuborg al.     ‚Kaufe *entweder* Efes *oder* Tuborg.'
**Ya** bugün **ya** yarın gelirim.     ‚Ich komme *entweder* heute *oder* morgen.'
**Ya** siz bize gelin **ya** biz size gelelim.     ‚Kommt *entweder* ihr zu uns, *oder* wir kommen zu euch.'

Ali yarın **ya da** öbür gün gelecek.     ‚Ali wird morgen *bzw.* übermorgen kommen.'
Ali **ya** yarın **ya da** öbür gün gelecek.     ‚Ali wird *entweder* morgen *oder* übermorgen kommen.'

– **yoksa** ‚oder (aber)' (= wenn nicht/andernfalls), auch rhetorisch
Efes **yoksa** Tuborg al.     ‚Kaufe Efes *oder* (wenn keines da ist) Tuborg'.
Bugün **yoksa** yarın gelirim.     ‚Ich komme heute *oder aber* morgen.'
Ali bugün gelecek mi **yoksa** gelmeyecek mi?     ‚Wird Ali heute kommen *oder* etwa nicht?'
Benimle geliyorsun, **yoksa**?     ‚Du kommst doch mit mir mit, *oder* (aber)?'

✓ Bei Fragen ist es möglich, eine Alternative ohne Konjunktion auszudrücken, weil die doppelt gesetzte Fragepartikel **mI** die Funktion der Konjunktion mitübernimmt:
Efes **mi** Tuborg **mu** içmek istiyorsun?     ‚Möchtest du Efes oder Tuborg trinken?'
Alman **mısın** Türk **müsün**?     ‚Bist du Deutsche oder Türkin?'

## 10.4 Einschränkende und entgegensetzende Konjunktionen

– **ama** (A) ‚aber' (nicht stellungsfest)
Aylin daha küçük, **ama** şimdiden piyano çalmayı öğreniyor.     ‚Aylin ist noch klein, *aber* sie lernt schon jetzt Klavier spielen.'
Türkçe bilmiyorum **ama**, öğreniyorum.     ‚Ich kann kein Türkisch, *aber* ich lerne es.'

– **amma ve lakin** (A) ‚allerdings auch' (nur noch selten)
İşim iyi, **amma ve lakin** yorucu.     ‚Meine Arbeit ist gut, *allerdings auch* anstrengend.'

– **ancak** ‚allerdings'
Ekmek alacağım, **ancak** şimdi değil.     ‚Ich werde Brot holen, *allerdings* nicht jetzt.'

– **fakat** (A) ‚aber, jedoch' (im Sinne ‚nur dass', satzeinleitend)
İşim iyi, **fakat** yorucu.     ‚Meine Arbeit ist gut, *jedoch* anstrengend.'

– **gerçi** (P) ... **ama** (A) ‚zwar ... aber'
**Gerçi** sana âşık oldum **ama**, seninle evlenmek aklımın ucundan bile geçmiyor.     ‚Ich habe mich *zwar* in dich verliebt, *aber* dich zu heiraten fällt mir im Traum nicht ein.'
**Gerçi** uygun bir fiyata yeni bir ev arıyoruz **ama**, bulabileceğimizi sanmıyorum.     ‚*Zwar* suchen wir eine neue Wohnung zu einem günstigen Preis, aber ich glaube nicht, dass wir eine (werden) finden können.'

- **mademki** (A + P) (auch: *madem*) ‚wenn schon/nachdem schon/da nun einmal'

| | |
|---|---|
| **Mademki** eve geldim, rahatımı da isterim. | ‚*Wenn* ich *schon* nach Hause gekommen bin, will ich auch meine Ruhe haben.' |
| **Mademki** pilavı yemek istemiyorsun, bari eti bitir. | ‚*Nachdem* du schon den Reis nicht essen willst, iss wenigstens das Fleisch auf.' |

- **meğer** ‚dabei (aber)/jedoch/indessen' wird zur Richtigstellung eines Sachverhaltes gebraucht. Etwas stärker sind **meğerse** und **meğerki**. Das Prädikat enthält dann oft **-(y)mIş** oder **-mIş**:

| | |
|---|---|
| Öğleden sonra Topkapı Sarayı'nı gezecektik, **meğer** bugün kapalıymış. | ‚Wir wollten uns am Nachmittag den Topkapı-Serail ansehen, *dabei* hat der heute geschlossen.' |
| Ben Ali'yi trenle gelecek biliyordum, | ‚Ich glaubte, Ali kommt mit dem Zug; |
|    **meğer** uçakla gelecekmiş. |    er kommt *jedoch* mit dem Flugzeug.' |
|    **meğerse** uçakla gelecekmiş. |    *dabei* kommt er doch mit dem Flugzeug.' |
|    **meğerki** uçakla gelecekmiş. |    jetzt kommt er *doch* mit dem Flugzeug.' |

- **meğerki** ‚es sei denn, (dass)' (mit Imperativ oder Optativ)

| | |
|---|---|
| Bu iş bitmeyecek, **meğerki** siz de yardım edesiniz. | ‚Diese Arbeit wird nicht fertig, *es sei denn*, Sie helfen mit.' |

- **oysa ~ oysaki** oder **halbuki** ‚dabei/indessen' (im Sinne „die Sachlage ist aber")

| | |
|---|---|
| Bana hiç SMS atmıyorsun. **Oysaki** ben sana her gün bir tane yazarım. | ‚Du schickst mir überhaupt keine SMS. *Dabei* schreibe ich dir jeden Tag eine.' |

- **ne var ki / lakin** (A) ‚jedoch, aber'

| | |
|---|---|
| Gazete okumak istiyorum. **Ne var ki** daha yapılacak işler var. | ‚Ich möchte Zeitung lesen. *Jedoch* gibt es noch einiges zu tun.' |
| İşim iyi, **ne var ki / lakin** yorucu. | ‚Meine Arbeit ist gut, *jedoch* anstrengend.' |

- **nitekim** ‚(wie) denn auch'

| | |
|---|---|
| Geç kalacaksın diye düşündüm. **Nitekim** geç de geldin. | ‚Ich habe gedacht, dass du dich verspätest. Und so bist du *denn auch* zu spät gekommen.' |
| Ben seni yenerim demiştim. **Nitekim** yendim de. | ‚Ich hatte dir gesagt, ich besiege dich. Und so habe ich dich *denn auch* besiegt.' |

- **ya** ‚und' (*kontrastiv*):

| | |
|---|---|
| Yetişirim diyorsun, **ya** yetişemezsen? | ‚Du sagst, dass du rechtzeitig ankommst, *und* wenn du nicht rechtzeitg ankommen kannst?' |

---

✓ Eine Konjunktion „sondern" kennt das Türkische nicht. Für den *sondern*-Kontrast wird die zweite Silbe von *değil* mit Steigton gesprochen:

| | |
|---|---|
| Adım Bodo **değil**, Udo. | ‚Mein Name ist nicht Bodo, *sondern* Udo.' |
| Pesimist **değilim**, optimistim. | ‚Ich bin kein Pessimist, *sondern* Optimist.' |

Wenn die Korrektur stark sein soll, kann man *tersine / aksine* (A) / *bilakis* (A) ‚im Gegenteil' oder *tam tersine / zıddına* (A) ‚ganz im Gegenteil' einsetzen:

| | |
|---|---|
| Pesimist değilim, **tersine**, optimistim. | ‚Ich bin kein Pessimist, *im Gegenteil*, ich bin Optimist'. |

## 10.5 Die unbetonte und die betonte Partikel *ki*

☑ Mit der *unbetonten* Partikel **ki** wird ein Gedanke weitergeführt. Sie verbindet zwei **Hauptsätze** und wird zum ersten Hauptsatz gehörig gesprochen. Im Wörterbuch findet man für **ki** sehr viele Übersetzungsmöglichkeiten. Manchmal kann man beide Hauptsätze durch „dass" verbinden (aber **ki** ist für deutsche *dass*-Sätze nur sehr eingeschränkt verwendbar). Am besten ersetzt man dieses **ki** im Geiste durch einen Doppelpunkt und verbindet dann die beiden Hauptsätze, entsprechend ihres Zusammenhanges, z.B.

*Seni o kadar seviyorum **ki** anlatamam* ‚Ich liebe dich so sehr, ich kann es nicht beschreiben', *Yeter **ki** beni unutma* ‚Hauptsache, du vergisst mich nicht', *Biliyorum **ki** bana güvenmiyorsun* ‚Ich weiß: Du vertraust mir nicht' → ‚Ich weiß, *dass* du mir nicht vertraust', *Dedim **ki** canım sıkılıyor* ‚Ich habe gesagt, *dass* ich mich langweile', *İyi **ki** doğdun* ‚Gut, dass du geboren wurdest', *İyi **ki** varsın* ‚Gut, dass es dich gibt', *Bir hayvan suç işlemişse, anlamalıdır **ki** o hayvan bir insandır* (AN, AD, 143) ‚Wenn ein Tier sich eines Vergehens schuldig gemacht hat, so hat man zu verstehen, dass jenes Tier ein Mensch ist', *Film o kadar sıkıcı idi **ki** sinemayı terk ettim* ‚Der Film war so langweilig, dass ich das Kino verlassen habe', *Bugün enstitüde gürültü o kadar çoktu **ki** çalışamadım* ‚Heute war im Institut ein solcher Lärm, dass ich nicht arbeiten konnte', *Bu yeni bilgisayar öylesine komplike bir şey **ki** anlatamam* ‚Dieser neue Computer ist ein dermaßen kompliziertes Ding, dass ich es nicht beschreiben kann'.

Der Satz nach **ki** kommt auch im Voluntativ oder Optativ vor (☞ 16.3, 16.4):
*Hazırlanayım **ki** çıkalım* ‚Ich mach mich mal fertig, *damit* wir gehen können', *Hemen çamaşır yıkamam lazım **ki** akşama kadar kurusun* ‚Ich muss sofort Wäsche waschen, *auf dass* sie bis zum Abend trocknet', *Dikkat et **ki** düşmeyesin* ‚Pass auf, dass du nicht fällst'.

Zu **ki** als Abtönungspartikel (☞ 11.2):

☑ Die *betonte* Partikel **ki** gehört zum *folgenden* Satzglied oder Satz und wird auch so gesprochen. Damit kann man Einschübe oder Nachträge formulieren; **ki** erhält dann oft einen starken Steigton.

*Cem bugün gelirse – **ki** gelmez – bu işi bitirebiliriz* ‚Wenn Cem heute kommt – er wird aber nicht kommen – können wir diese Arbeit beenden', *Cem bugün gelirse bu işi bitirebiliriz. – **Ki** gelmez!* ‚Wenn Cem heute kommt, können wir diese Arbeit beenden. – (Ich meine aber,) Er wird nicht kommen!'.

Mit **ki** kann ein Satzglied (insbesondere Subjekt oder Objekt) hervorgehoben werden. Solche Aussagen sind ins Deutsche mit einem Relativsatz übersetzbar (☞ 26.2.6). Aber: **ki** ist kein Relativpronomen; die Folgesätze sind **nicht** untergeordnet:

*Sen / **ki** beni tanıyorsun* ‚Du, der du mich kennst', *Kim / **ki** bu bizi öpen?* ‚Wer ist das, der uns geküsst hat?'

- Die türkische Rechtschreibung gibt im Regelfall keinen Hinweis darauf, ob ein **ki** zum Vorsatz oder Nachsatz gehört. Dafür müsste konsequent ein Komma eingesetzt werden.

## 10.6 Weitere Verknüpfungswörter

**eğer** (P) ‚wenn' und **şayet** (P) ‚falls' können Konditionalsätze einleiten, also Nebensätze. Es sind jedoch fakultative Elemente (☞ 18.2): ***Eğer/şayet** yazmazsan darılırım* ‚Wenn/ falls du nicht schreibst, nehme ich es dir übel'.

**derken** (von *demek*: de-r-ken) ‚da/in diesem Moment' und **diye** ‚meinend/in der Meinung' sind verbale Verknüpfungswörter (☞ 22.9): *Size geliyordum, **derken** fırtına koptu* ‚Ich war im Begriff zu euch zu kommen, *da* brach ein Sturm los', *Güneş yakmasın **diye** krem aldım* ‚Ich habe Creme gekauft, *damit* die Sonne mich nicht verbrennt'.

**demek** ‚das heißt (also)' (folgernd): ***Demek**, bugün gelmeyeceksiniz* ‚Das heißt also, Sie werden heute nicht kommen', *Bugün gelmeyeceksiniz **demek*** ‚Sie werden heute nicht kommen, heißt das also'.

**yani** (A) ‚das heißt/also': ***Yani** bugün gelmeyecek misiniz?* ‚Heißt das, Sie kommen heute nicht?', *Bugün gelmeyecek misiniz **yani**?* ‚Werden Sie heute *also* nicht kommen?'.

**sanki** ‚als ob' (*wörtl.:* Stell dir vor): ***Sanki** gece olmuş gibi* ‚Es ist, als ob es Nacht geworden sei', *Ne olur **sanki**, sen de gelsen* ‚Was wäre schon, wenn du auch kämst'.

**güya** (P) ‚angeblich'; *güya* kann durch türkisches *sözüm ona* ‚angeblich' oder *sözde* ‚so genannt' ausgetauscht werden: ***Güya** yedide gelecektin* ‚Angeblich wolltest du um sieben kommen'.

**münasebetiyle** (A) / **vesileyle** (A) ‚anlässlich': *Türkoloji Enstitüsü'nün kuruluşunun onuncu yıldönümü **münasebetiyle** bir eğlence gecesi düzenlenmiştir. **Bu vesileyle** birçok kimse tanıdım* ‚Anlässlich des zehnten Jahrestages der Gründung des Instituts für Turkologie ist ein bunter Abend ausgerichtet worden. Bei dieser Gelegenheit habe ich viele Leute kennengelernt'.

- Merke: *bu konuda* ‚dazu' (= zu diesem Thema) ***Bu konuda** söylenecek başka bir şey yok* ‚Dazu gibt es nichts mehr zu sagen'.

Die folgenden Verknüpfungswörter sind auch in einem guten Wörterbuch auffindbar:
*aksi hâlde* (A) ‚ansonsten', *aksi takdirde* (A) ‚andernfalls', *aynı zamanda* ‚gleichzeitig/ ebenso', *ayrıca* ‚außerdem';
*bir yandan ... öte yandan* ‚einesteils ... anderteils';
*bu bakımdan* ‚insofern', *bu nedenle / bu sebepten* (A) ‚aus diesem Grund', *bu yüzden* ‚deswegen', *bu suretle* ‚auf diese Weise';
*buna göre* ‚demzufolge, dementsprechend', *buna karşı* ‚dagegen, entgegen diesem', *buna karşılık* ‚demgegenüber', *buna rağmen* ‚trotzdem';
*bundan başka* ‚außerdem, außer diesem', *bundan ötürü* ‚deswegen', *bunun dışında* ‚abgesehen davon', *bundan önce* ‚davor', *bundan sonra* ‚danach', *bundan dolayı* ‚deshalb', *bundan ötürü* ‚deswegen', *bunun üzerine* ‚daraufhin';
*bununla birlikte* ‚dennoch, nichtsdestotrotz';
*onun için* ‚deshalb'.

# 11 Die Partikeln

## 11.1 Übersicht

Unter **Partikeln** (Singular: die Partikel) fassen wir hier einige kleine Wörter zusammen, die – isoliert gesehen – verschiedenen Wortarten zugeordnet werden können, aber eine besondere Funktion aufweisen. Wir beschränken uns auf die Auswahl einiger Abtönungspartikeln, Fokuspartikeln und Intensitätspartikeln. Zusätzlich aufgenommen ist die Negationspartikel.

**Abtönungspartikeln** sind eine Reihe kleiner „Wörter", mit denen der Sprecher seine individuelle Einstellung in einer bestimmten Situation wiedergeben kann: Er verfolgt mit dem Einsatz dieser „Wörtchen" die Absicht, beim Hörer Signale wie Erstaunen, Interesse, Zustimmung, Widerspruch etc. zu setzen. Sie entfalten ihre Bedeutung erst *im ganzen Satz*. Das Türkische ist arm an Abtönungspartikeln und transportiert diese Ideen überwiegend über die Intonation oder die Wortstellung, auch über eine Reihe von Verbalformen. Typische Abtönungspartikeln im Türkischen sind z.B. *bakalım* und *işte*, wenn sie nachgestellt sind:

| | |
|---|---|
| Gelin **bakalım**. | ‚Kommt/Kommen Sie *mal*.' |
| Telefon etmeyi unuttum **işte**. | ‚Ich habe *halt* vergessen anzurufen.' |

Beispiele für die Wortstellung oder für Suffixe sind:

| | |
|---|---|
| Adın ne *senin*? | ‚Wie heißt du *denn*?' |
| Gel**iver**. | ‚Komm *einfach*/Komm *mal eben*!' |
| Gel**sene**. | ‚Komm *doch*!' oder ‚Komm *schon*!' (mit einer gewissen Ungeduld) |

Mit einer **Fokuspartikel** hebt der Sprecher das Element, *dem er sie zuordnet*, entweder besonders hervor oder er verweist auf Alternativen. Dabei kann er andere Möglichkeiten ein- oder ausschließen:

**Einschluss:**

| | |
|---|---|
| Ben **bile** sınavı kazandım. | ‚*Sogar* ich habe die Prüfung bestanden.' (andere auch) |

**Ausschluss:**

| | |
|---|---|
| **Yalnız** ben sınavı kazandım. | ‚*Allein* ich habe die Prüfung bestanden.' (sonst niemand) |

Mit **Intensitätspartikeln** kann der Sprecher *Eigenschaften* verstärken oder abschwächen. Sie stehen *überwiegend* vor Adjektiven und Adverbien.

| | |
|---|---|
| Bizde **çok az** kar yağdı. | ‚Bei uns hat es *sehr wenig* geschneit.' |

Die **Negationspartikel** lautet **değil** ‚nicht'.

## 11.2 Abtönungspartikeln

– **acaba** ‚ob … wohl' (nicht stellungsfest)
*Der Sprecher ist sich unsicher und erwartet die Meinung des Hörers.*

| | |
|---|---|
| Kitap **acaba** bugün gelmiş midir? | ‚Ob das Buch *wohl* heute angekommen ist?' |
| On dakikalık vaktin var mı **acaba**? | ‚Hättest du *wohl* zehn Minuten Zeit?' |
| Biramız kalmış mı **acaba**? | ‚Haben wir *eigentlich* noch Bier?' |
| Cem Özkan kim **acaba**, biliyor musunuz? | ‚Wer ist *wohl* Cem Özkan, wissen Sie das?' |
| Saat kaç **acaba**? *(Interesse stark)* | ‚Wie spät ist es *eigentlich*?' |
| **Acaba** saat kaç? *(Interesse gering)* | ‚Wie spät ist es *wohl*?' |
| Bana on avro borç verebilir misin **acaba**? *(starkes Interesse)* oder Bana **acaba** on avro borç verebilir misin? | ‚Kannst du mir *wohl* zehn Euro leihen?' (im Sinne *vielleicht*) |

– **ama** ‚aber' (nachgestellt)
*Der Sprecher erinnert den Hörer an eine erwartete Tätigkeit, die eigentlich schon erledigt sein sollte (ähnlich wie* **aber***).*

| | |
|---|---|
| Şimdi ödevlerini yap **ama**! | ‚Jetzt mach *auch* deine Aufgaben!' |
| Artık yatmaya git **ama**! | ‚Jetzt geh *auch* schön ins Bett!' |

– **amma da** ‚aber'
*Gegensatz von dem, was der Sprecher erwartet und was er vorfindet. Wenn er dabei eine erstaunte Feststellung zum Sprechzeitpunkt trifft, wird er zusätzlich -mIş oder -(y)mIş einsetzen.*

| | |
|---|---|
| **Amma da** yaptın! | ‚Da hast du dir *aber* was geleistet!' |
| Siz **amma da** büyümüşsünüz! | ‚Seid ihr *aber* groß geworden!' |
| Çorba **amma da** acıymış! | ‚Die Suppe ist *aber* scharf!' |
| Senin cep telefonun **amma da** pratik**miş**! | ‚Dein Handy ist *aber* praktisch!' |

– **bakalım/bakayım** ‚mal', *wörtl.:* „wir wollen mal sehen/ich will mal sehen" (nachgestellt)
*Der Sprecher zielt auf ein für ihn und den/die Hörer einsehbares Ergebnis. Entweder fragt er sich, wie das Ergebnis wohl aussieht oder er ermuntert bzw. ist leicht ungehalten.*

| | |
|---|---|
| Elif bize gelecek mi **bakalım**? | ‚Ob Elif *wohl* wirklich zu uns kommen wird?' |
| Yazın **bakalım**. | ‚Schreibt *mal*!' |
| Gelin **bakalım**. | ‚Kommen Sie *mal*!' |
| Gel **bakalım** buraya! | ‚Komm *mal* her!' |
| Bu kadar hava atma **bakalım**. | ‚Gib *mal* nicht so an!' |
| Benim soruma cevap verme **bakalım**, ben yapacağımı bilirim. | ‚Wehe, du anwortest nicht auf meine Frage, dann weiß ich, was ich zu tun habe.' |
| Oturun **bakayım**! | ‚Nun setzt euch *schon*!' |
| Susun **bakayım**! | ‚Seid *doch mal* still!' |
| Bu adamla evlen **bakayım**! | ‚Na, dann heirate *mal* diesen Mann!' |

– **bir** ‚mal' (Die Bedeutung „einmal" überwiegt, gesprochen wird es häufig nur als **bi**.)

| | |
|---|---|
| Beni lütfen yarın **bir** arayın! | ‚Rufen Sie mich bitte morgen *mal* an!' |
| Gel **bir**! | ‚Komm *doch mal*!' |

- **dA** ‚doch, nämlich' (nachgestellt, unbetont)

*Der Sprecher gibt eine Begründung zu einem Sachverhalt ab, von dem er meint, dass der Hörer ihn nicht kennt. Oft folgt danach noch ein **ondan**.*

| | |
|---|---|
| Türkiye'ye gidecek misin? – Bu sene Türkiye'ye gidemem. Param yok **da**, *(ondan gidemem)*. | ‚Wirst du in die Türkei fahren? – Dieses Jahr kann ich nicht in die Türkei fahren. Ich habe *nämlich* kein Geld (deshalb kann ich nicht …).' |

- **hani** ‚wo denn/wie denn'

*Der Sprecher erinnert den Hörer an einen Sachverhalt.*

| | |
|---|---|
| **Hani** uykun vardı? | ‚Warst du denn nicht müde?' |
| **Hani** bana yalan söylemeyecektin? | ‚Du wolltest mich doch nicht mehr belügen, oder?' |
| **Hani** bugün yemeğe çıkacaktık? | ‚Wir wollten doch heute essen gehen, oder?' |

- **hele** ‚doch mal/doch erst mal/erst' (nicht stellungsfest)

*Der Sprecher verstärkt seine Aufforderung oder verweist auf einen für ihn verspätet eintretenden Sachverhalt.*

| | |
|---|---|
| Beni dinle **hele**! | ‚Hör mir *doch erst mal* zu!' |
| Bu ilacı için **hele**, kendinizi daha iyi hissedeceksiniz! | ‚Trinken Sie *doch erst mal* diese Medizin, dann werden Sie sich besser fühlen!' |
| Bugün gelme, **hele** yarın hiç gelme. | ‚Komm heute nicht und morgen *erst recht* nicht!' |
| Ali sana yarın paranı geri getirecekmiş. – **Hele bir** gelsin, o zaman görürüz. | ‚Ali wird dir morgen dein Geld zurückbringen. – Soll er *doch erst mal* kommen, dann sehen wir es ja.' |
| Ali sana paranı belki yarın geri getirir. – **Hele bir** gelmesin, o zaman ne yapacağımı bilirim. | ‚Ali wird dir dein Geld vielleicht morgen zurückbringen. – *Wehe*, er kommt nicht, dann weiß ich schon, was ich tun werde.' |

- **işte** ‚eben, halt' (nachgestellt)

*Der Sprecher formuliert eine für ihn offenkundig unabänderliche Situation.*

| | |
|---|---|
| Çocuklar böyle **işte**. | ‚Kinder sind *eben* so.' |
| Metin sabırsız **işte**. | ‚Metin ist *halt* ungeduldig.' |
| Başım ağrıyor. – O hâlde evde kal **işte**! | ‚Mein Kopf tut weh. – Dann bleib *eben* zu Hause!' |

- **ki** ‚denn, eigentlich, doch, so u.a.' – Endstellung im Satz, unbetont.

*Der Sprecher meldet starkes Interesse bis hin zu Zweifel an. Er möchte sich rückversichern. In bejahten und verneinten Ausrufesätzen äußert der Sprecher Widerspruch oder Missbilligung.*

| | |
|---|---|
| Saat kaç **ki**? | ‚Wie spät ist es *denn*?' |
| Seni şimdi babamın arabasıyla eve bırakacağım. – Ehliyetin var mı **ki**? | ‚Ich bringe dich jetzt mit dem Auto meines Vaters nach Hause. – Hast du *denn (auch)* einen Führerschein?' |
| Benim mesajımı okudun mu **ki**? | ‚Hast du meine SMS *eigentlich* gelesen?' |
| Arkadaşın Almanca biliyor mu **ki**? | ‚Kann dein Freund *überhaupt* Deutsch?' |
| Seninle kim irtibat kurmak ister **ki**? | ‚Wer lässt sich *schon* mit dir ein?' *(Niemand.)* |
| Kime mektup yazıyorsun **ki**? | ‚Wem schreibst du *schon*?' *(Niemandem.)* |

| | |
|---|---|
| Gel, köşedeki lokantaya gidelim. – Aman, onlarda ne var **ki**? | ‚Komm, wir gehen mal in das Restaurant an der Ecke. – Ach, was gibt es bei denen *schon*?' |
| Ali işini neden bırakmış **ki**! | ‚Warum hat Ali *auch* seine Arbeit aufgegeben!' |
| Beni ne zaman anlayacaksın **ki**! | ‚Wann wirst du mich *wohl* verstehen!' |
| Sana güvenilmez **ki**! | ‚Dir kann man *doch* nicht vertrauen!' |
| Sana seslendim. Neden cevap vermiyorsun? – Duymadım **ki** seni! | ‚Ich habe dich gerufen. Warum antwortest du nicht? – Ich habe dich *doch* nicht gehört!' |
| MSN'yi değil de, Skype'ı açsana! – Bende yok **ki**! | ‚Nicht MSN, sondern mach doch Skype an! – Hab' ich *doch* nicht!' |

*In Kombination mit **öyle** oder **o kadar**, **bu kadar** trifft der Sprecher eine verstärkende Feststellung; **o kadar**, **bu kadar** geben das Ausmaß an.*

| | |
|---|---|
| Öyle yorgunum **ki**! | ‚Ich bin *so* müde/ermüdet!' |
| Sahil *o kadar* kirli **ki**, anlatamam! | ‚Der Strand ist *dermaßen* schmutzig, ich kann es gar nicht beschreiben!' |
| Sen yokken *o kadar* korktum **ki**! | ‚Als du nicht da warst, hatte ich *dermaßen* große Angst!' |

– **ne de**

*Gegensatz von dem, was der Sprecher erwartet und was er vorfindet.*

| | |
|---|---|
| Bu **ne de** berbat bir hava yine! | ‚Das ist *vielleicht* wieder ein mieses Wetter!' |
| Sen **ne de** aptalmışsın! | ‚Du bist *vielleicht* blöd!' (Geringschätzung) |

– **sakın (ha)** ‚ja, bloß', *wörtl.:* „hüte dich"

*Der Sprecher spricht eine Warnung oder Drohung aus.*

| | |
|---|---|
| **Sakın** geç gelme! | ‚Komm *ja* nicht zu spät!' |
| **Sakın** geç gelmeyesiniz! | ‚Verspätet euch *bloß* nicht!' |
| Bilgisayarımı **sakın** ellemeyesin! | ‚Fass meinen Computer *bloß* nicht an!' |
| **Sakın** söylediklerimi unutmayın! | ‚Vergessen Sie *ja* nicht, was ich gesagt habe!' |
| **Sakın** bunu Ali yapmış olmasın! | ‚Dass das *nur* nicht der Ali gemacht hat.' |
| **Sakın** düşmeyesin! | ‚Dass du mir *nur/ja* nicht hinfällst!' |

– **ya** ‚doch, ja'

*Der Sprecher greift auf sein Wissen zurück und geht davon aus, dass der Sachverhalt auch dem Hörer oder allgemein bekannt ist. Manchmal wird der Hörer auch aufgefordert, sein Wissen zu korrigieren.*

| | |
|---|---|
| Bugün ders yok. Bunu biliyorsun **ya**! | ‚Heute ist kein Unterricht. Das weißt du *doch*!' |
| Neden denize girmiyorsun? – Yüzme bilmiyorum **ya**! | ‚Warum kommst du nicht ins Meer? – Ich kann *doch* nicht schwimmen!' |
| Postane mi? Postane karşıda **ya**. | ‚Die Post? Die Post ist *doch* da drüben.' |
| Parayı hediye etmiştim **ya** sana. | ‚Ich habe dir *doch* das Geld geschenkt.' |
| Sana parayı hediye ettim **ya**. | ‚Ich habe dir das Geld *doch* geschenkt.' |
| Süt içmem, bunu biliyorsun **ya**. | ‚Ich trinke keine Milch, das weißt du *ja*.' |

Zu **bari** ‚wenigstens' und **keşke** ‚bloß, nur, doch' in Wunschsätzen (☞ 18.4).

## 11.3 Fokuspartikeln

- **ancak** ‚nur'

| | |
|---|---|
| **Ancak** Udo bu tercümeyi yapabildi. | ‚*Nur* Udo hat diese Übersetzung machen können.' *(sonst keiner)* |
| Udo **ancak** bu tercümeyi yapabildi. | ‚Udo hat *nur* diese Übersetzung machen können.' *(mehr nicht)* |

*Aber:*

| | |
|---|---|
| Udo bu tercümeyi **ancak** yapabildi. | ‚Udo hat diese Übersetzung *gerade noch* machen können.' |

- **bari** ‚wenigstens'

| | |
|---|---|
| Ne var? Konuş **bari**! | ‚Was ist denn los? Sprich *wenigstens*!' |

- **bile** ‚selbst, sogar, schon' (nachgestellt), bei Verneinung „nicht einmal"

| | |
|---|---|
| Ben **bile** bu kitabı okudum. | ‚*Sogar/selbst* ich habe dieses Buch gelesen.' |
| Ben bu kitabı **bile** okudum. | ‚Ich habe *sogar* dieses Buch gelesen.' |
| Ben bu kitabı okudum **bile**. | ‚Ich habe dieses Buch *schon* gelesen.' |
| Ben bu kitabı elime **bile** almadım. | ‚Ich habe dieses Buch *nicht einmal* in die Hand genommen.' |
| Ece dört yaşındayken **bile** okuma biliyordu. | ‚Ece konnte *bereits* mit vier Jahren lesen.' |
| Ece dört yaşındayken okuma biliyordu **bile**. | ‚Ece konnte mit vier Jahren *bereits* lesen.' |
| Gece yarısı olmuş **bile**. | ‚Es ist *bereits* Mitternacht geworden.' |

- **dahi** sehr starkes ‚auch' *oder* ‚sogar, selbst'

| | |
|---|---|
| "Almanya" filmini görmedin mi? – Gördüm. Annemler **dahi** gördüler. | ‚Hast du nicht den Film „Almanya" gesehen? – Doch. *Sogar* meine Eltern haben ihn gesehen.' |

- **dA** ‚auch' (☞ 10.2) bzw. kontrastives oder additives ‚und'.

| | |
|---|---|
| Benim adım Aylin. – Benim **de** Songül. | ‚Ich heiße Aylin. – *Und* ich Songül.' |
| Ben **de** çiçekleri bana getirdin diye sevinmiştim… | ‚*Und* ich hatte mich gefreut, dass du mir die Blumen mitgebracht hast …' |
| Bekledim **de** gelmedin. | ‚Ich habe gewartet, *aber* (und) du bist nicht gekommen.' |

- **en az** ‚mindestens *oder* wenigstens'/**en azından** ‚zumindest *oder* wenigstens'

| | |
|---|---|
| **En az** bir haftalığına Side'ye gideceğim. | ‚Ich fahre für *wenigstens* eine Woche nach Side.' |
| **En azından** üç dil bileceksin. | ‚Du musst *mindestens* drei Sprachen können.' |

- **hatta** ‚sogar' oder **hatta … bile** ‚sogar, schon'

| | |
|---|---|
| **Hatta** bulaşık yıkadım. | ‚Ich habe *sogar* abgewaschen.' |
| **Hatta** bulaşık **bile** yıkadım. | ‚*Sogar* abgewaschen habe ich *schon*.' |

- **hiç değilse** ‚wenigstens, zumindest' oder **hiç olmazsa** (Sprechererwartung)

| | |
|---|---|
| **Hiç değilse** bir çay iç. | ‚Trink *wenigstens* einen Tee.' |
| **Hiç olmazsa** bir öpücük ver. | ‚Gib mir *wenigstens* einen Kuss.' |

Mademki daveti kabul etmiyorsun, **hiç olmazsa** teşekkür edebilirdin.
,Du hättest dich *zumindest* bedanken können, wenn du schon die Einladung nicht annimmst.'

– **hiç yoksa** ,wenigstens'
Arkadaşlarınla iletişim kurmak için **hiç yoksa** Facebook'a katıl.
,Um mit deinen Freunden in Kontakt zu treten, mache *wenigstens* bei Facebook mit.'

– **ise > -(y)sA** (Kontrast) ,(wo)hingegen, jedoch'
Sinan'ın babası Türk, annesi **ise** Alman.
,Sinans Vater ist Türke, seine Mutter *hingegen* Deutsche.'

Sen Alman'sın, ben**se** Türk'üm.
,Du bist Deutscher, ich *hingegen* Türke.'
Irmi'yi iyi tanıyorum, Bodo hakkında**ysa** pek bir şey bilmiyorum.
,Irmi kenne ich gut, über Bodo *hingegen* weiß ich nicht sehr viel.'
Udo çok iyi bir öğrenci, Jens için **ise** aynı şeyi söyleyemem.
,Udo ist ein sehr guter Student, über Jens *hingegen* kann ich nicht das gleiche sagen.'

– **işte** ,eben (hier/da)'
**İşte** bu kitabı arıyordum.
,*Eben* dieses Buch habe ich gesucht.'

– **mI** *Fragepartikel*
Bu bisküviyi şimdi sen **mi** yedin?
,Hast diesen Keks jetzt *etwa* du gegessen?'
Sen bu bisküviyi **mi** şimdi yedin?
,Hast du *etwa* diesen Keks jetzt gegessen?'
Bu bisküviyi şimdi **mi** yedin?
,Hast du diesen Keks *etwa* jetzt gegessen?'

– **sadece** ,lediglich'
Yanımda **sadece** 20 avro var.
,Ich habe *bloß* 20 Euro dabei.'

– **sırf** ,nur, bloß, ausschließlich' (schränkt stärker als *sadece* oder *yalnız* ein)
**Sırf** gelmemek için yalan söyledin.
,Du hast gelogen, *bloß* um nicht zu kommen.'
Bu oyuncağı **sırf** dışarıda kullanacaksın.
,Dieses Spielzeug darfst du *ausschließlich* im Freien verwenden.'

– **tam** ,genau, gerade, ausgerechnet'
**Tam** dört saat uyudum.
,*Genau* vier Stunden habe ich geschlafen.'
**Tam** şimdi mi sözümü kesecektin?
,Musstest du mich *gerade jetzt* unterbrechen?'

– **yálnız** ,nur'
**Yalnız** yarım saatlik vaktim var.
,Ich habe *nur* eine halbe Stunde Zeit.'
**Yalnız** yarım saatlik vaktim *kaldı*.
,Ich habe *nur noch* eine halbe Stunde Zeit.'
Cebimde **yalnız** beş avro *kalmış/kaldı*.
,Ich habe *nur noch* fünf Euro in der Tasche.'
**Yalnız** Cem toplantıya geldi.
,*Nur* Cem ist zur Versammlung gekommen.'
Cem **yalnız** toplantıya geldi.
,Cem ist *nur* zur Versammlung gekommen.'

– **ya** (Kontrast)
Nasılsınız? – İyiyim. **Ya** siz?
,Wie geht es Ihnen. – Gut. *Und* Ihnen?'
Bugün vaktim yok. – **Ya** yarın?
,Heute habe ich keine Zeit. – *Und* morgen?'

## 11.4 Intensitätspartikeln

- **acayip** ‚kurios, merkwürdig, seltsam'
*Kapalı Çarşı'da gerçekten de **acayip** güzel şeyler bulmak mümkün* ‚Im Bedeckten Basar kann man auch wirklich *merkwürdig* schöne Dinge finden'.

- **adamakıllı** ‚ordentlich, ganz schön'
***Adamakıllı** yanmışsın!* ‚Du bist aber *ordentlich* braungebrannt!'

- **bayağı** ‚ziemlich (viel), ordentlich, erheblich'
*Bu konuyu **bayağı** çok düşündüm* ‚Über dieses Thema habe ich *ziemlich* nachgedacht'.

- **bir dereceye kadar** ‚bis zu einem gewissen Grad'
*Ona **bir dereceye kadar** güven, ama sakın söz verme!* ‚Vertrau ihm bis *zu einem gewissen Grad*, aber versprich ihm bloß nichts'.

- **bir hayli** ‚beträchtlich viel, recht viel'
*Ben **bir hayli** para kaybettim* ‚Ich habe *beträchtlich viel* Geld verloren.'

- **epey** ‚recht viel, arg'
*Öf, hava bugün **epey** soğukmuş* ‚Puh, heute ist es aber *arg* kalt'.

- **gayet** ‚ganz besonders, in hohem Maße'
*Seni **gayet** iyi anlıyorum* ‚Ich verstehe dich *äußerst* gut'.

- **harika** ‚großartig, fabelhaft, wunderbar', *wörtl.:* „Wunder"
*Sahilde seksi ve **harika** güzel kızlar var* ‚Am Strand sind sexy und *fabelhaft* hübsche Mädchen'.

- **hayli** ‚ziemlich, beträchtlich'
*Beni **hayli** zor bir duruma düşürdün* ‚Du hast mich in eine *ziemlich* schwierige Lage gebracht'.

- **korkunç** ‚schrecklich'
*Bu sözlük **korkunç** pahalı* ‚Dieses Wörterbuch ist *schrecklich* teuer'.

- **müthiş** ‚furchtbar, ungeheuer'
*Mustafa **müthiş** zengin* ‚Mustafa ist *ungeheuer/irrsinig* reich'.

- **olağandışı** ‚ungewöhnlich, auffällig, abnorm'
*Doktorumuz **olağandışı** nazik* ‚Unser Arzt ist *auffällig* nett'.

- **olağanüstü** ‚außergewöhnlich, außerordentlich'
*Öğrenci **olağanüstü** çalışkandı* ‚Der Student war *außergewöhnlich* fleißig'.

- **son derece** ‚äußerst, höchst'
*Kopya çekmek **son derece** yüz kızartıcı bir tutum* ‚Abschreiben ist ein *zutiefst* verwerfliches Verhalten'.

- **üç aşağı beş yukarı** ‚über den Daumen gepeilt, so in etwa'
*Tercümen **üç aşağı beş yukarı** doğru* ‚Deine Übersetzung ist *so in etwa* richtig'.

- **yeteri kadar** ‚ausreichend, in ausreichendem Maße'
*Kahve **yeteri kadar** koyu* ‚Der Kaffee ist *ausreichend* stark/stark genug'.

## 11.5 Die Negationspartikel *değil* und Verneinungen

Mit der Negationspartikel **değil** ‚nicht/kein' verneinen wir Sätze, die ins Deutsche mit „sein" zu übersetzen sind, aber nicht im Sinne von „vorhanden sein". Mit dieser Partikel können aber auch einzelne Satzglieder verneint werden:

> ✓ **Vergleichen wir:**
> Bu kitabı okudum, ötekini **değil**.  ‚Dieses Buch habe ich gelesen, nicht das andere.'
> Bu kitabı okudum, ötekini oku**ma**dım. ‚Dieses Buch habe ich gelesen, das andere nicht.'

*Ali **değil**, Ayşe makası çöpe attı* ‚Nicht Ali hat die Schere in den Müll geworfen, sondern Ayşe', *Ali makası **değil**, tornavidayı çöpe attı* ‚Ali hat nicht die Schere, sondern den Schraubenzieher in den Müll geworfen', *Ali makası çöpe **değil**, bahçeye attı* ‚Ali hat die Schere nicht in den Müll, sondern in den Garten geworfen'.
*Sizi anlamak değil, duymadım bile* ‚Ich habe Sie nicht nur nicht verstanden, sondern auch nicht gehört', *Sizi **değil** anlamak, duymadım bile* ‚Ich habe Sie nicht verstanden, denn ich habe Sie nicht einmal gehört', ***Değil** sizi anlamak, duymadım bile* ‚(Wenn Sie denken), ich habe Sie nicht verstanden, (so muss ich sagen) ich habe Sie nicht einmal gehört'.

- **Şöyle dursun** ‚geschweige' (wird für verneinte Sätze gebraucht, im Vorsatz meistens mit Infinitiven, und der Nachsatz enthält **bile**):
  *Beni anlamak **şöyle dursun**, dinlemiyor **bile*** ‚Er hört mir nicht einmal zu, geschweige, dass er mich versteht', *Uyumak **şöyle dursun**, dinlenmek **bile** mümkün olmadı* ‚Es war nicht einmal möglich, sich auszuruhen, geschweige denn zu schlafen.'

Sätze, in denen man ausdrücken will, dass irgendwer oder irgendetwas nicht da/nicht vorhanden ist, werden mit *yok* verneint. *Yok* wird oft auch als starkes „Nein" verwendet.

> ✓ **Problem yok** oder **Problem değil**?
> Wenn Ihr Gast versehentlich ein Glas Rotwein auf Ihrer neuen weißen Tischdecke verschüttet, können Sie das herunterspielen mit *Problem değil* ‚Kein Problem'. Eigentlich haben Sie ja ein Problem, sodass *Problem yok* ‚Es gibt kein Problem' zur aktuellen Situation nicht passt.

### ⮕ Verstärkende Verneinungen mit *değil*

Verbformen der 3. Pers. Sg. kommen auch in Kombination mit **değil** vor. Fragt man z.B. *Bugün işe git**me**yecek misiniz?* ‚Werden Sie heute *nicht* zur Arbeit gehen?', ist eine Antwort *Gideceğim* ‚Ich werde gehen' schwach. Das im Deutschen vorhandene korrigierende „doch" kennt das Türkische nicht. So sagt man: *Gitmeyecek değilim* ‚Ich werde sehr wohl gehen' (wörtl.: Ich bin kein nicht Gehen-Werdender).

Es müssen auch nicht immer Fragen sein: *Sizi anla**ma**mış değilim* ‚Ich habe Sie durchaus verstanden', *Bunu yapmış değilim* ‚Ich habe das keinesfalls gemacht', *Sizi tanıyamadı değil* ‚Es ist nicht so, dass er Sie nicht erkannt hat', *Seni görmüyor değilim* ‚Ich sehe dich sehr wohl', *İçki içmez değiliz* ‚Es ist nicht so, dass wir keinen Alkohol trinken', *Kitabı geri verecek değilim* ‚Ich beabsichtige nicht, das Buch zurückzugeben', *Kitabı geri ver**me**yecek değilim* ‚Ich beabsichtige nicht, das Buch nicht zurückzugeben'.

# 12 Interjektionen und Satzäquivalente

## 12.1 Übersicht

Mit **Interjektionen** drückt man Gefühle und Empfindungen aus, z.B. Freude, Schmerz u.a. Sie werden typischerweise in der gesprochenen Sprache verwendet.

Es gibt Interjektionen, die eindeutig zugeordnet werden können, wie

| | |
|---|---|
| **İii**, bunu sakın ellemeyesin. | ‚*Igitt!* Fass das bloß nicht an!' |
| **Pis!** Bırak onu! | ‚*Pfui!* Lass das los!' |

und solche Interjektionen, die in verschiedenen Kontexten Verwendung finden und über den Intonationsverlauf identifizierbar sind:

| | |
|---|---|
| **Ah**, nerede o eski dostluklar! | ‚*Ach!* Wo sind die alten Freundschaften geblieben!' (Sehnsucht) |
| **Ah**, senin cep telefonunun ayarını bozmuşum. | ‚*Ach*, ich habe die Einstellungen deines Handys kaputt gemacht.' (Bedauern) |
| **Ah** zavallı kedicik! | ‚*Ach* das arme Kätzchen!' (Mitleid) |

**Merke:** Interjektionen werden im Türkischen nicht grundsätzlich mit Komma abgetrennt.

**Satzäquivalente** sind Begriffe, die einen ganzen Satz vertreten können, z.B Zustimmung, Ablehnung, Bedauern u.a.

| | |
|---|---|
| Doğum günüme gelebilecek misin? – **Tabii.**/**Maalesef.** | ‚Wirst du zu meinem Geburtstag kommen können? – *Natürlich./Leider nein.*' |

## 12.2 Einige Interjektionen

– **Anreden**

**Ayol** ‚He!, Na!' (Frauenausdruck): *Ayol, sen nerelerde kaldın?* ‚Na, wo steckst du denn?'
**Yahu** ‚Mensch, Menschenskind'
Nicht gerade höflich ist die Interjektion **be** ‚Mensch': *Yapma be!* ‚Lass das doch, Mensch!'

– **Aufforderungen:**

**haydi ~ hadi** ‚auf, los / na schön, also gut': *Hadi bakalım* ‚Auf, los!'.

– **Bedauern, Enttäuschung**

**Aman** ‚Ach!': *Aman sana ne oldu böyle!* ‚Ach, was ist denn mit dir (so) passiert?'
**Eyvah!** ‚Oh Schreck!'
**Öf** ‚Puh!': *Öf, hava bugün epey soğukmuş* ‚Puh, heute ist es aber arg kalt.'
**Vah vah!** ‚Ojemine!'

– **Erleichterung**

**Ha şöyle!** ‚Na also!'
**Oh!** ‚Oh!': *Oh, dünya varmış!* ‚Oh, das tut jetzt gut!'

– **Erstaunen, Überraschung, Verwunderung**
**A, Aaa** ‚Ah!': *Aaa! Kar yağıyormuş!* ‚Aah! Es schneit ja!'
**Allah Allah!** ‚O Gott, o Gott!'
**Ha** ‚Manno': *Amma yaptın ha!* ‚Manno, da hast du dir aber was geleistet!'
**Hay Allah!** ‚Oh Gott!'
**Hayrola** ‚Nanu!'
**Hoppala** ‚Oho! Hoppla! Ups!'
**O! Oo! Ooo!** ‚Oh!'
**Öf öf!** ‚Oha!'.
**Öf!** ‚Uff!': *Öf hava ne sıcak!* ‚Uff! Wie heiß es doch ist!'
**Vay** ‚Na so etwas! / Ei!'
**Vay canına** ‚Donnerwetter! Na sowas!'

– **Freude, Jubel, Begeisterung**
**Aman** ‚Ah!': *Aman ne tatlı bir bebek!* ‚Ah, was für ein süßes Baby!'
**Cici!** ‚Eia!' (Liebkosung kleiner Kinder)
**Oh** ‚Oh!': *Oh, sonunda yaz geldi!* ‚Oh! Endlich ist der Sommer da!'
**Yaşa!** (wörtlich: *Lebe!*) ‚Hurra!/Juhu!'
**Yaşasın!** ‚Juhu! Jippi!': *Yaşasın, yarın ders yok!* ‚Juhu! Morgen ist kein Unterricht!'

– **Schadenfreude, Spott**
**Oh olsun.** ‚Ätsch!'

– **Schmerz**
**Ah!**, **Ay!**, **Of!** ‚Autsch!/Auweh!'

– **Verärgerung, Überdruss, Verachtung, Geringschätzung**
**aman** ‚Phh!, Pff!'
**Eeeh!** ‚Also!': *Eeeh! Yetti artık!* ‚Also! Jetzt reicht es aber!'
**Of** ‚Uff!': *Of, bıktım artık senden!* ‚Uff, ich habe die Nase voll von dir.'
**Tuh!/Tüh!** ‚Verdammt!/Mist!'

– **Zustimmung, Zweifel**
**Hadi** ‚Na schön!': *Hadi senin istediğin olsun* ‚Na schön, machen wir, was du willst.'
**Hımm** ‚Hmm!': *Hımm, ne diyeyim?* ‚Hmm! Was soll ich sagen?'

## 12.3 Einige Satzäquivalente

**Haaa!** ‚Ach so!' (der Hörer hat verstanden); **He!** ‚Hm!' (der Hörer bestätigt, dass er noch zuhört), **Ee?** ‚Und, wie weiter?'; **Evet** ‚Ja', **Hayır** ‚Nein', **Yok** ‚Nein' *oder* **Yooo** ‚Neee', **Tabii** ‚Natürlich', **Elbette** ‚Gewiss', **Şüphesiz** ‚Zweifellos!', **Öyle** ‚So ist es', **Peki** ‚Gut/ok', **Olur** ‚Es geht/in Ordnung', **Olmaz** ‚Es geht nicht', **Olur mu?** ‚Geht das?', **Tamam mı?** ‚Fertig?/Alles klar?' (nicht zu Höhergestellten), **Asla!** ‚Niemals!', **Yazık!** ‚Schade!', **Aferin!** ‚Gut gemacht', **Bravo!** ‚Bravo!', **Harika!** ‚Fabelhaft!', **Fevkalade!** ‚Hervorragend!', **İnşallah** ‚So Gott will!/Hoffentlich!', **Maşallah** ‚Was Gott will!' (bei Erstaunen oder Bewunderung), **Aman** ‚Ach Mensch!'.
**Ayıp (A)** ‚Schande!' (im Sinne „Schämen Sie sich/Schäm dich, das tut man nicht").

# 13 Wiedergabe von „sein" und „haben"

## 13.1 Übersicht

Satzabschließende Prädikate können aus einem Verb oder einem prädikativ gebrauchten Nomen, z.B. einem Adjektiv bzw. Substantiv, bestehen.

**verbales Prädikat**
Cem **uyuyor**. ‚Cem schläft.'

**nominales Prädikat**
Cem **hasta**. ‚Cem ist krank.'
Cem **evde**. ‚Cem ist zu Hause.'

Wie Sie sehen, fehlt im Türkischen bei den nominalen Prädikaten die *Kopula* (das Satzband) „sein". Es ist ein bedeutungsleeres Element. Wenn Sie in einer Zeitungsüberschrift lesen „Bundeskanzlerin in Ankara", werden Sie auch keine Verständnisprobleme haben. In diesem Kapitel wird es um nominale Prädikate gehen.

Manche Grammatiken und Lehrbücher verzeichnen zwar einen Infinitiv **imek** für „sein", der jedoch in der Realität nicht existiert. Es gibt aber vier Funktionswörter – das sind Wörter, die primär eine grammatische und keine lexikalische Funktion erfüllen –, die mit einem **i** beginnen. Dieses **i** wird als Rest eines Verbs „sein" angesehen. Diese Funktionswörter sind *idi* (☞ 13.2.1), *imiş* (☞ 13.2.2), *ise* (☞ 18.2) und *iken* (☞ 22.9).

Auch folgendes Beispiel ist ein nominales Prädikat, aber das könnte man im Geiste mit „vorhanden" ergänzen:

Banyoda Cem **var**. ‚Im Bad ist Cem.'

Halten wir fest: Um deutsches „sein" wie „Ich bin krank" oder „Ich bin zum Arzt gegangen" *oder auch* deutsches „haben" wie „Ich habe Geschwister" oder „Ich habe gegessen" auszudrücken, bedient sich das Türkische anderer Mittel (☞ 13.2, 13.4, 14.2.4).

Es gibt aber im Türkischen ein Phänomen, das wir als *Perspektivenverlagerung* bezeichnen. Im ersten Beispiel ist *evde* ‚zu Hause' die Information, der Sprecher vermitteln will; im zweiten thematisiert er, dass die Kinder sich allesamt zu Hause aufhalten:

Çocuklar evde. ‚Die Kinder sind *zu Hause*.'
Çocuklar evde**ler**. ‚*Die Kinder* sind zu Hause.'

Diese Perspektivenverlagerung kann im Deutschen bestenfalls über die Betonung vermittelt werden. Selten gibt es Beispiele wie das nächste:

Çocuklar sevincimizdir. ‚Die Kinder *sind* unsere Freude.'
→ Sevincimiz çocuklardır. ‚Unsere Freude *sind* die Kinder.'

## 13.2 Wiedergabe von „sein"

Um „sein" im Präsens wiederzugeben, bedient sich das Türkische der Personalendungen (☞ 7.2). Für Fragen wird die Fragepartikel **mI** eingesetzt. Sie steht **vor** den Personalendungen. Die 3. Personen enthalten keine Personalendung oder man hängt ein schwach betontes **-lAr** an, dazu weiter unten.

|  | *Ich bin aktiv.* | *Bin ich aktiv?* | *Ich bin nicht aktiv.* | *Bin ich nicht aktiv?* |
|---|---|---|---|---|
| ben | aktif**im** | aktif m**iyim** | aktif değilim | aktif değil miyim |
| sen | aktif**sin** | aktif misin | aktif değilsin | aktif değil misin |
| o | aktif | aktif mi | aktif değil | aktif değil mi |
| biz | aktif**iz** | aktif m**iyiz** | aktif değiliz | aktif değil miyiz |
| siz | aktif**siniz** | aktif misiniz | aktif değilsiniz | aktif değil misiniz |
| onlar | aktif | aktif mi | aktif değil | aktif değil mi |

|  | *Ich bin Amateur.* | *Bin ich Amateur?* | *Ich bin kein Amateur.* | *Bin ich kein Amateur?* |
|---|---|---|---|---|
| ben | amatör**üm** | amatör m**üyüm** | amatör değilim | amatör değil miyim |
| sen | amatör**sün** | amatör müsün | amatör değilsin | amatör değil misin |
| o | amatör | amatör mü | amatör değil | amatör değil mi |
| biz | amatör**üz** | amatör m**üyüz** | amatör değiliz | amatör değil miyiz |
| siz | amatör**sünüz** | amatör müsünüz | amatör değilsiniz | amatör değil misiniz |
| onlar | amatör | amatör mü | amatör değil | amatör değil mi |

|  | *Ich bin Diplomat.* | *Bin ich Diplomat?* | *Ich bin kein Diplomat.* | *Bin ich kein Diplomat?* |
|---|---|---|---|---|
| ben | diplomat**ım** | diplomat m**ıyım** | diplomat değilim | diplomat değil miyim |
| sen | diplomat**sın** | diplomat mısın | diplomat değilsin | diplomat değil misin |
| o | diplomat | diplomat mı | diplomat değil | diplomat değil mi |
| biz | diplomat**ız** | diplomat m**ıyız** | diplomat değiliz | diplomat değil miyiz |
| siz | diplomat**sınız** | diplomat mısınız | diplomat değilsiniz | diplomat değil misiniz |
| onlar | diplomat | diplomat mı | diplomat değil | diplomat değil mi |

|  | *Ich bin Champion.* | *Bin ich Champion?* | *Ich bin kein Champion.* | *Bin ich kein Champion?* |
|---|---|---|---|---|
| ben | şampiyon**um** | şampiyon m**uyum** | şampiyon değilim | şampiyon değil miyim |
| sen | şampiyon**sun** | şampiyon musun | şampiyon değilsin | şampiyon değil misin |
| o | şampiyon | şampiyon mu | şampiyon değil | şampiyon değil mi |
| biz | şampiyon**uz** | şampiyon m**uyuz** | şampiyon değiliz | şampiyon değil miyiz |
| siz | şampiyon**sunuz** | şampiyon musunuz | şampiyon değilsiniz | şampiyon değil misiniz |
| onlar | şampiyon | şampiyon mu | şampiyon değil | şampiyon değil mi |

- Wörter mit lautlichen Besonderheiten (☞ 2.1.2, 2.2.2)

|  | *liberal, -li* *liberal* | *kıskanç, -cı* *eifersüchtig* | *korkak, -ağı* *ängstlich* | *miyop, -bu* *kurzsichtig* | *cömert, -di* *freigebig* |
|---|---|---|---|---|---|
| ben | liberalim | kıskancım | korkağım | miyobum | cömerdim |
| sen | liberalsin | kıskançsın | korkaksın | miyopsun | cömertsin |
| o | liberal | kıskanç | korkak | miyop | cömert |

| | | | | |
|---|---|---|---|---|
| biz liberal**iz** | kıskan**c**ız | korka**ğ**ız | miyo**b**uz | cömer**d**iz |
| siz liberal**siniz** | kıskançsınız | korkaksınız | miyopsunuz | cömertsiniz |
| onlar liberal(ler) | kıskanç(lar) | korkak(lar) | miyop(lar) | cömert(ler) |

**Bejahte Beispiele:**
*Öğretmenim* ‚Ich bin Lehrer', *Ben böyleyim* ‚Ich bin eben so', *Sensizim* ‚Ich bin ohne dich', *Küçüksün* ‚Du bist klein', *Sen delisin* ‚Du bist verrückt', *Cem burada* ‚Cem ist hier', *Kahve tatlı* ‚Der Kaffee ist süß', *Çalışkanız* ‚Wir sind fleißig', *Mutluyuz* ‚Wir sind glücklich', *Tembelsiniz* ‚Ihr seid/Sie sind faul', *Özgürsünüz* ‚Ihr seid/Sie sind frei', *Millerler İngiliz* ‚Millers sind Engländer'. Möglich ist auch: *Hep seninleyim* ‚Ich bin immer mit dir'.

**Verneinte Beispiele:**
*Öğretmen değilim* ‚Ich bin kein Lehrer', *Ben böyle değilim* ‚Ich bin eben nicht so', *Ben senin gibi değilim* ‚Ich bin nicht wie du', *Küçük değilsin* ‚Du bist nicht klein', *Cem burada değil* ‚Cem ist nicht hier', *Mutlu değiliz* ‚Wir sind nicht glücklich', *İzmir'den değiliz* ‚Wir sind nicht aus Izmir', *Çalışkan değilsiniz* ‚Ihr seid/ Sie sind nicht fleißig', *Millerler Alman değil* ‚Millers sind keine Deutschen'.
*Türk müsünüz? – Türk değilim/Değilim* ‚Sind Sie Türke? – Ich bin kein Türke/Bin ich nicht'.

**Fragende Beispiele:**
*Deli miyim?* ‚Bin ich verrückt?', *Ben senin gibi miyim?* ‚Bin ich wie du?', *Hasta mısın?* ‚Bist du krank?', *Türk müsün?* ‚Bist du Türke?', *Benden yana mısın?* ‚Bist du auf meiner Seite?', *Cem burada mı?* ‚Ist Cem hier?', *Biz yoksul muyuz?* ‚Sind wir arm?', *Evde misiniz?* ‚Seid ihr/sind Sie zu Hause?', *Çocuklar yorgun mu?* ‚Sind die Kinder müde?'.

**Fragend-verneinte Beispiele:**
*Sempatik değil miyim?* ‚Bin ich nicht sympathisch?', *Alman değil misin?* ‚Bist du kein Deutscher?', *Bu Teoman değil mi?* ‚Ist das nicht Teoman?', *Zengin değil miyiz?* ‚Sind wir nicht reich?', *İspanyol değil misiniz?* ‚Seid ihr/sind Sie keine Spanier?', *Turistler İngiliz değil mi?* ‚Sind die Touristen keine Engländer?'.

In den Mehrzahlformen steht im Türkischen nicht nur das Adjektiv in der Einzahl, sondern im Regelfall auch das Substantiv, wenn damit gesagt werden soll, dass das Subjekt als Merkmal eine *Eigenschaft* aufweist. Wenn der Sprecher jedoch an einzelne bestimmte Individuen oder Dinge denkt, wird das Prädikativ mit betontem -lAr verwendet:
*Biz bu okulun **öğretmeniyiz*** ‚Wir sind *Lehrer* dieser Schule', *Biz bu okulun **öğretmenleriyiz*** ‚Wir sind *die Lehrer* dieser Schule', *Siz iyi **insanlarsınız*** ‚Ihr (jeder von euch) seid gute Menschen.'

**Vergleichen Sie jetzt die türkische und deutsche Wortstellung:**
*Sen Elif misin? – Değilim* ‚Bist du Elif? – Bin ich nicht', *Elif sen misin? – **Ben** değilim* ‚Bist *du* die Elif? – Ich bin es nicht', **Siz** *profesör müsünüz?* ‚Sind Sie Professor?', *Profesör siz misiniz?* ‚Sind Sie der Professor?', **Ben** *öğretmenim* ‚Ich bin Lehrer', *Öğretmen **ben**im* ‚Der Lehrer bin *ich*.'

Sie sehen, dass das als bestimmt und bekannt vorausgesetzte Substantiv am Anfang des Satzes steht. Verwechseln Sie *benim* ‚mein' auch nicht mit *benim* ‚ich bin's'. Das erste *benim* wird auf der letzten Silbe betont, das zweite hingegen auf der ersten Silbe.

- Auch an Fragewörter mit Eigenbedeutung können die Personalendungen angehängt werden:

|  | kim? *wer?* |  | nerede? *wo?* |  |
|---|---|---|---|---|
| (Ben) | Kim**im**? | *Wer bin ich?* | Nerede**yim**? | *Wo bin ich?* |
| (Sen) | Kim**sin**? | *Wer bist du?* | Nerede**sin**? | *Wo bist du?* |
| O | kim? | *Wer ist er/sie?* | nerede? | *Wo ist er/sie?* |
| (Biz) | Kim**iz**? | *Wer sind wir?* | Nerede**yiz**? | *Wo sind wir?* |
| (Siz) | Kim**siniz**? | *Wer seid ihr/sind Sie?* | Nerede**siniz**? | *Wo seid ihr/sind Sie?* |
| Onlar | kim? | *Wer sind sie?* | nerede?/Neredeler? | *Wo sind sie?* |

- Die Frage *Nasılsın?* (= Wie bist du?) entspricht deutschem „Wie geht es dir?" und *Nasılsınız?* ‚Wie geht es euch/Ihnen?'. Auf die Frage *Kimsin(iz)?* bzw. wenn man sich vorstellt oder sich am Telefon meldet, antwortet man im Regelfall ohne die Personalendung, also z.B. *Ben Suzan Akman* ‚Ich bin Suzan Akman'. Man fragt *O kim?* ‚Wer ist das?', wenn man jemanden nicht kennt und auf diese Person verweist. Aber man fragt *Kim o?*, wenn es z.B. an der Tür klopft und man wissen will, wer klopft.

- Andererseits wird *değil mi?* auch wie deutsches „nicht wahr?" verwendet. Dann hört man häufig nur [demi/dimi]: *Mesut memnun, değil mi?* ‚Mesut ist zufrieden, nicht wahr?', aber: *Mesut memnun değil mi?* ‚Ist Mesut nicht zufrieden?'.

☑ **Zu den 3. Personen**

Wenn Sie über eine 3. Person sprechen, muss diese einmal genannt sein, z.B. *Sara Alman mı?* ‚Ist Sara Deutsche?'. Die Antwort lautet dann entweder *Alman* oder *Alman değil*, d.h. man benötigt das **o** nicht (☞ 7.2).

Auch eine 3. Person Pl. muss zuerst genannt sein, z.B. *Annemler tatilde* ‚Meine Eltern sind im Urlaub'. Wollen Sie jedoch auf eine Frage wie *Annenler nasıl?* ‚Wie geht es deinen Eltern?' antworten, sollten Sie auf jeden Fall das schwach betonte **-lAr** anhängen: *İyiler* ‚Es geht ihnen gut'. Damit wenden Sie sich ab von einem kurz angebundenen *iyi* ‚gut' und äußern, dass es beiden gut geht. Sollte es den Eltern nicht gut gehen, lautet die Antwort *İyi değiller* ‚Es geht ihnen nicht gut'.

Nun gibt es aber auch die Möglichkeit, *nach* einem genannten Subjekt im Plural das Prädikativ dennoch mit **-lAr** zu versehen. So kann ein Sprecher fragen: *Annenler iyiler mi?* ‚Geht es deinen Eltern gut?', und der Hörer kann antworten *Annemler iyiler* ‚Meinen Eltern geht es gut'. Damit haben Sprecher und Hörer ihre Perspektive stark auf die Eltern verlegt.

> ☺ **Faustregel:**
> Wenn das Prädikativ **-lAr** enthält, steht die Fragepartikel **mI** danach.

Ein wenig problematisch wird es, wenn das Prädikativ aus einem Adjektiv besteht, das im Kontext erlaubt, auch als Substantiv interpretiert zu werden, oder ohnehin aus einem Substantiv besteht. Das Substantiv muss dann als Eigenschaft interpretierbar sein: *Bunlar hırsızlar* ‚Das sind Diebe (und keine Engel)'. Deshalb werden Substantive im Verhältnis zu Adjektiven mit dem schwach betonten **-lAr** seltener versehen, und wenn, in der gesprochenen Sprache, weil dann hörbar ist, was gemeint ist: *Meierleri seviyorum. İyi komşular* ‚Ich mag Meiers. Es sind gute Nachbarn' (Eigenschaft: gute Nachbarn). Diese Problematik existiert nicht nach *değil* oder einem mit Lokativsuffix versehenem Prädikativ:

(1) a. *Bu dilenciler körler.*
   ,Diese Bettler sind blind.' *(Der Sprecher betont **kör**.)*
   b. *Bu dilenciler kör değiller.*
   ,Diese Bettler sind nicht blind.'

(2) a. *Bu dilenciler körler.*
   ,Diese Bettler sind Blinde.' *(Der Sprecher betont **ler**.)*
   b. *Bu dilenciler körler değil.*
   ,Diese Bettler sind keine Blinden.'

(3) a. *Bu dilenciler kör. Her gün buradalar.*
   ,Diese Bettler sind blind. *Sie* sind jeden Tag hier.'
   b. *Bu dilenciler kör değil. Aç da değiller.*
   ,Diese Bettler sind nicht blind. *Sie* sind auch nicht hungrig.'

(4) a. *Çocuklar okulda. Bu saatte hep oradalar.*
   ,Die Kinder sind in der Schule. Um diese Zeit sind *sie* immer dort.'
   b. *Çocuklar okulda değil. Sahildeler.*
   ,Die Kinder sind nicht in der Schule. *Sie* sind am Strand.'

(5) a. *Çocuklar komşulardalar.*
   ,Die Kinder sind bei den Nachbarn.'
   b. *Çocuklar komşularda değiller.*
   ,Die Kinder sind nicht bei den Nachbarn.'

> ✓ In (3)–(4) steht das letzte **-lAr** für die im Satz vorher genannten Bettler bzw. Kinder. In (5) können wir uns als Verständnishilfe ein „alle" hinzudenken, das bedeuten kann „**jedes** der Kinder" oder „die Kinder **allesamt**".

Noch einige gemischte Beispiele:

(6) *[...] basketbolcularımız yeni starlarımız olma yolunda çok kararlılar* (Oray Eğin in: Radikal, 23/08/2003)
   ,Unsere Basketballspieler sind auf dem Weg, unsere neuen Stars zu werden, sehr entschlossen.'

(7) *Belediyenin umudu fahişeler* (Milliyet, 20/12/2003)
   ,Die Hoffnung der Stadtverwaltung sind die Prostituierten.'

(8) *En az etkilenenler elitist laikler. Amerika'nın farklılıkları kabul eden demokrasisinden uzaklar. Türkiye'deki laiklerden bile daha katılar.* (Zeynep Güven in: Hürriyet, 13/07/2003)
   ,Diejenigen, die sich am wenigsten beeinflusst zeigen, sind die elitären Laizisten. Sie sind entfernt von Amerikas Demokratie, die Unterschiede akzeptiert. Sie sind sogar noch rigider als die Laizisten in der Türkei.'

> ✓ **Merke:**
> Wenn das Subjekt im Plural *nichtmenschlich* oder gar *unbelebt* ist, sieht der Sprecher äußerst häufig keine Veranlassung, sich auf dieses zu konzentrieren, obwohl auch das vorkommt. Oft belässt er das Prädikat im Singular, wird es aber in einem Folgesatz mit **-lAr** fortführen.

(9)   *Tavşan Ve Yılan Aynı Kafeste**ler*** (Überschrift)
‚Der Hase und die Schlange sind im selben Käfig.' (alle beide)

(10) a.   *Sinirlerim kuvvetli. Daha doğrusu, çok sağlam**lar**.*
‚Meine Nerven sind stark. Genauer gesagt, *sie* sind sehr robust.'
b.   *Sinirlerim kuvvetli değil. Daha doğrusu, hiç sağlam değil**ler**.*
‚Meine Nerven sind nicht stark. Genauer gesagt, *sie* sind überhaupt nicht robust.'

> ✓ **Halten wir fest:**
> Nach einem Subjekt im Plural kann das Prädikat grundsätzlich im Singular stehen. Der Sprecher möchte darüber informieren, *was, wie* oder *wo* die Subjekte sind. Verlegt er seine Perspektive jedoch auf die Subjekte, weil sie für ihn von Belang sind, wird er das Prädikat im Plural verwenden: *Wer alles ist was, wie* oder *wo?* Diese Entscheidung steht im Ermessen des Sprechers.
> Diese **Perspektivenverlagerung** ist für das Türkische typisch: Liegt das Interesse des Sprechers auf dem Prädikat oder auf dem Subjekt?

### 13.2.1 Das temporale Funktionswort *idi*

Für „sein" in der Vergangenheit benötigen wir das Funktionswort **idi**. Es kommt als selbständiges Wort vor, wird jedoch meistens angehängt. Dann lautet es **-(y)DI** und wird nicht betont. Daran werden Personalsuffixe angehängt, die aus den Possessivsuffixen entstanden sind. Wir nennen sie *possessivische Personalsuffixe*. Sie sind fett markiert:

|   | *selbständig* | *angehängt* |
|---|---|---|
| ben | id**im** | -(y)D**Im** |
| sen | id**in** | -(y)D**In** |
| o | idi | -(y)DI |

|   | *selbständig* | *angehängt* | *angehängt* |
|---|---|---|---|
| biz | id**ik** | -(y)D**Ik** | |
| siz | id**iniz** | -(y)D**InIz** | |
| onlar | idi | -(y)DI | |
| *oder* | idi**ler** | -(y)DI**lAr** | -**lArdI** |

|   | *Ich war aktiv.* | *War ich aktiv?* | *Ich war nicht aktiv.* | *War ich nicht aktiv?* |
|---|---|---|---|---|
| *ben* | aktif**tim** | aktif m**iydim** | aktif değil**dim** | aktif değil m**iydim** |
| *sen* | aktif**tin** | aktif m**iydin** | aktif değil**din** | aktif değil m**iydin** |
| *o* | aktif**ti** | aktif m**iydi** | aktif değil**di** | aktif değil m**iydi** |
| *biz* | aktif**tik** | aktif m**iydik** | aktif değil**dik** | aktif değil m**iydik** |
| *siz* | aktif**tiniz** | aktif m**iydiniz** | aktif değil**diniz** | aktif değil m**iydiniz** |
| *onlar* | aktif**ti**(ler) | aktif m**iydi**(ler) | aktif değil**di**(ler) | aktif değil m**iydi**(ler) |

## Das temporale Funktionswort *idi*

|  | Ich war Amateur. | War ich Amateur? | Ich war kein Amateur. | War ich kein Amateur? |
|---|---|---|---|---|
| ben | amatör**düm** | amatör mü**ydüm** | amatör değil**dim** | amatör değil mi**ydim** |
| sen | amatör**dün** | amatör mü**ydün** | amatör değildin | amatör değil miydin |
| o | amatör**dü** | amatör mü**ydü** | amatör değildi | amatör değil miydi |
| biz | amatör**dük** | amatör mü**ydük** | amatör değildik | amatör değil miydik |
| siz | amatör**dünüz** | amatör mü**ydünüz** | amatör değildiniz | amatör değil miydiniz |
| onlar | amatör**dü**(ler) | amatör mü**ydü**(ler) | amatör değildi(ler) | amatör değil miydi(ler) |

|  | Ich war Diplomat. | War ich Diplomat? | Ich war kein Diplomat. | War ich kein Diplomat? |
|---|---|---|---|---|
| ben | diplomatt**ım** | diplomat m**ıydım** | diplomat değil**dim** | diplomat değil mi**ydim** |
| sen | diplomatt**ın** | diplomat m**ıydın** | diplomat değildin | diplomat değil miydin |
| o | diplomatt**ı** | diplomat m**ıydı** | diplomat değildi | diplomat değil miydi |
| biz | diplomatt**ık** | diplomat m**ıydık** | diplomat değildik | diplomat değil miydik |
| siz | diplomatt**ınız** | diplomat m**ıydınız** | diplomat değildiniz | diplomat değil miydiniz |
| onlar | diplomatt**ı**(lar) | diplomat m**ıydı**(lar) | diplomat değildi(ler) | diplomat değil miydi(ler) |

|  | Ich war Champion. | War ich Champion? | Ich war kein Champion. | War ich kein Champion? |
|---|---|---|---|---|
| ben | şampiyon**dum** | şampiyon mu**ydum** | şampiyon değil**dim** | şampiyon değil mi**ydim** |
| sen | şampiyon**dun** | şampiyon mu**ydun** | şampiyon değildin | şampiyon değil miydin |
| o | şampiyon**du** | şampiyon mu**ydu** | şampiyon değildi | şampiyon değil miydi |
| biz | şampiyon**duk** | şampiyon mu**yduk** | şampiyon değildik | şampiyon değil miydik |
| siz | şampiyon**dunuz** | şampiyon mu**ydunuz** | şampiyon değildiniz | şampiyon değil miydiniz |
| onlar | şampiyon**du**(lar) | şampiyon mu**ydu**(lar) | şampiyon değildi(ler) | şampiyon değil miydi(ler) |

Dieses **idi** übersetzen wir in diesem Abschnitt mit „war" oder auch „ist gewesen". Aber es wird nicht nur dafür verwendet, wie wir noch sehen werden (☞ 14.4, 18.3.2). Damit transportiert der Sprecher alles von sich weg, was für die Gegenwart nicht gilt. Das bedeutet zunächst einmal, er verschiebt ein Ereignis in die Vergangenheit. **Wichtig: Die Fragepartikel mI steht *vor* -(y)DI.**

Üblicherweise wird **idi** zwar angehängt, aber wenn der Sprecher Wert darauf legt zu sagen, dass er weiß, dass ein Ereignis unabänderlich ist, wird er es unverbunden nachstellen. Dann gibt er dem Prädikat mehr Gewicht. (Selbständiges *idi* kommt übrigens in der türkischen Juristensprache oft vor.)

(1) *Türkiye nüfusu, 2009 yılı sonu itibarıyla 72 milyon 561.312 oldu. 2008 yılı sonunda nüfus, 71 milyon 517.100 **idi**.* (Radikal, 25/01/2010)
‚Die Bevölkerung der Türkei hat Ende 2009 (die Zahl) 72.561.312 erreicht. Ende 2008 betrug die Bevölkerungszahl 71.517.100.'

(2) *Televizyonun bilmece programıydı. Konu futbol **idi**.* (AB, OMY, 311)
‚Es war das Quizprogramm des Fernsehens. Das Thema war Fußball.'

(3) *Kenan Paşa'nın babası, büyük babası da paşa **idi**. Kayınpederi, büyük kayınpederi, onlar da paşaydılar.* (AN, Af, 36)
‚Der Vater von Kenan Pascha und auch sein Großvater waren Pascha. Sein Schwiegervater und der Vater seines Schwiegervaters, auch sie waren Pascha.'

## Bejahte Beispiele:

*Öğretmendim* ‚Ich war Lehrer', *Açtım* ‚Ich war hungrig', *Ben dün akşam evdeydim* ‚Ich war gestern Abend zu Hause', *Ben böyleydim* ‚Ich war so', *Sensizdim* ‚Ich war ohne dich', *Ben senin gibiydim* ‚Ich war wie du', *Hep seninleydim* ‚Ich war immer mit dir', *Ben senden yanaydım* ‚Ich war auf deiner Seite', *Küçüktün* ‚Du warst klein', *Ali buradaydı* ‚Ali war hier', *Mutluyduk* ‚Wir waren glücklich', *Evdeydik* ‚Wir waren zu Hause', *Biz futbolculardandık* ‚Wir gehörten zu den Fußballern' (= Wir waren von den Fußballern), *Çalışkandınız* ‚Ihr wart/Sie waren fleißig', *Özgürdünüz* ‚Ihr wart/Sie waren frei', *Onlar yorgundu* ‚Sie waren müde', *Müllerler Köln'deydi* ‚Müllers waren in Köln'.

- Manchmal kommt mitten in einem Satz ein Begriff mit **-DI** vor; das ist ein Stilmittel, das der Hervorhebung dient: *Bezginliğim sabahları erkenden kalkmaktandır. O olmasa, yoldu, otobüstü, dersti, beni etkilemez* ‚Mein Verdruss kommt vom morgens Frühaufstehen. Wenn das nicht wäre, würden mich der Weg, der Bus und der Unterricht nicht beeinträchtigen'.

## Verneinte Beispiele:

*Öğretmen değildim* ‚Ich war kein Lehrer', *Ben dün akşam evde değildim* ‚Ich war gestern Abend nicht zu Hause', *Ben böyle değildim* ‚Ich war eben nicht so', *Küçük değildin* ‚Du warst nicht klein', *Ali burada değildi* ‚Ali war nicht hier', *Ülkü evde değildi* ‚Ülkü war nicht zu Hause', *Mutlu değildik* ‚Wir waren nicht glücklich', *Tembel değildiniz* ‚Ihr wart nicht faul', *Müllerler evde değildi* ‚Müllers waren nicht zu Hause'.

## Fragende Beispiele:

*Deli miydim?* ‚War ich verrückt?', *Ben senin gibi miydim?* ‚War ich wie du?', *Hasta mıydın?* ‚Warst du krank?', *Dün akşam evde miydin?* ‚Warst du gestern Abend zu Hause?', *Üzgün müydün?* ‚Warst du traurig?', *Benden yana mıydın?* ‚Warst du auf meiner Seite?', *Cem burada mıydı?* ‚War Cem hier?', *Biz yoksul muyduk?* ‚Waren wir arm?', *Adınız neydi?* ‚Wie war Ihr Name?', *Evde miydiniz?* ‚Wart ihr zu Hause?', *Çocuklar yorgun muydu?* ‚Waren die Kinder müde?'.

## Fragend-verneinte Beispiele:

*Sempatik değil miydim?* ‚War ich nicht sympathisch?', *Memnun değil miydin?* ‚Warst du nicht zufrieden?', *Dün akşam evde değil miydin?* ‚Warst du gestern Abend nicht zu Hause?', *Bu Teoman değil miydi?* ‚War das nicht Teoman?', *Mutlu değil miydik?* ‚Waren wir nicht glücklich?', *Üniversitede değil miydiniz?* ‚Wart ihr nicht an der Universität?', *Turistler İngiliz değil miydi?* ‚Waren die Touristen keine Engländer?'.

- Auch an Fragewörter mit Eigenbedeutung wird **idi** angehängt:

|  | nerede? *wo?* | | nasıl? *wie?* | |
|---|---|---|---|---|
| (Ben) | Nerede**ydim**? | *Wo war ich?* | Nasıl**dım**? | *Wie war ich?* |
| (Sen) | Nerede**ydin**? | *Wo warst du?* | Nasıl**dın**? | *Wie warst du?* |
| (O) | Nerede**ydi**? | *Wo war er/sie?* | Nasıl**dı**? | *Wie war er/sie?* |
| (Biz) | Nerede**ydik**? | *Wo waren wir?* | Nasıl**dık**? | *Wie waren wir?* |
| (Siz) | Nerede**ydiniz**? | *Wo wart ihr/waren Sie?* | Nasıl**dınız**? | *Wie wart ihr/waren Sie?* |
| Onlar | nerede**ydi**(ler)? | *Wo waren sie?* | nasıl**dı**(lar)? | *Wie waren sie?* |

## ☑ Zur 3. Person Plural

Die 3. Pers. Pl. kommt in drei Varianten vor. Wenn das pluralische Subjekt genannt ist, kann das Prädikat im Singular stehen und wird im Folgesatz mit **-lAr** aufgenommen, z.B. *Çocuklar evde. Hastalar* ‚Die Kinder sind zu Hause. Sie sind krank.'

Aber nach einem genannten pluralischen Subjekt kann das Prädikat nicht nur im Singular, sondern auch im Plural stehen. Beginnen wir mit der leichtesten Variante, einem Prädikat im Lokativ. In (a) unten wird festgehalten, dass Ece und Elif zu Hause (und nicht z.B. im Kino waren); das ist die Information, die der Sprecher vermitteln will. In (b) markiert der Sprecher zusätzlich, dass es sich um mehr als eine Person handelt. In (c) hingegen verlegt der Sprecher seine Perspektive ganz stark auf Ece und Elif und möchte *im Prädikat* festhalten, dass er weiß, wo beide sich aufgehalten haben.

(a) Ece ve Elif evdé**ydi**.          ‚Ece und Elif waren *zu Hause*.'
(b) Ece ve Elif evdé**ydiler**.       ‚Ece und Elif *waren* (jeder) zu Hause.'
(c) Ece ve Elif evde**lérdi**.        ‚Ece und Elif, *sie* waren (beide doch) zu Hause.'
(d) Ece ve Elif evde değíl**di**.     ‚Ece und Elif waren *nicht zu Hause*.'
(e) Ece ve Elif evde değíl**diler**.  ‚Ece und Elif *waren* (jeder) nicht zu Hause.'
(f) Ece ve Elif evde değil**lérdi**.  ‚Ece und Elif, *sie* waren nicht zu Hause.'

Wenn das Prädikativ aus einem Adjektiv besteht, das auch als Substantiv interpretierbar ist, oder aus einem Substantiv und Sie finden **-lArdI**, dann gilt das **-lAr** für das Prädikativ. Es setzt dieses in die Mehrzahl wie in (5) und (6):

(4)  a. *Grev yapanlar işsizdiler.* (*Frage:* Was war mit jedem von ihnen?)
        ‚Die Streikenden waren arbeitslos.'
     b. *Grev yapanlar işsiz değildiler.*
        ‚Die Streikenden waren nicht arbeitslos.'

(5)  a. *Grev yapanlar işsizlerdi.* (*Frage:* Wer waren die Streikenden?)
        ‚Die Streikenden waren Arbeitslose.'
        *oder*
        ‚Die Streikenden waren die Arbeitslosen.'
     b. *Grev yapanlar işsizler değildi.*
        ‚Die Streikenden waren keine Arbeitslosen.'
        *oder*
        ‚Die Streikenden waren nicht die Arbeitslosen.'

Bei folgendem Beispiel passt **-lArdI**:

(6)  a. *Grev yapanlar öğrencilerdi.* (*Frage:* Wer waren die Streikenden?)
        ‚Die Streikenden waren Studenten.'
        *oder*
        ‚Die Streikenden waren die Studenten.'
     b. *Grev yapanlar öğrenciler değildi.*
        ‚Die Streikenden waren nicht die Studenten.'

**Verschiedene Beispiele:**
*Büyükbabamla anneannem de bizde***lerdi** (AN, ŞÇH, 99) ‚Auch mein Opa und meine Oma waren beide bei uns', *Bu renksiz yüzde boyalı dudakları kıpkırmızıy***dılar** (NH, YE, 13) ‚In diesem farblosen Gesicht standen (= waren) ihre geschminkten Lippen knallrot', *O zamanın gazete patronları çok cimri insan***lardı** (AN, YLBD, 29) ‚Die Zeitungschefs jener Zeit waren sehr geizige Leute', *Amerika'daki Türkler zengin insanlar değil***lerdi** (ZS, Hat, 104) ‚Die Türken in Amerika waren (allesamt) keine reichen Leute', *Dört arkadaş***tılar** ‚Sie waren vier Freunde', *Hem bu polisler [...] korumam falan değil***diler** (Mİ, DVD, 55) ‚Und diese Polizisten [...] waren nicht etwa meine Leibwache oder dergleichen'.

☑  Für die Zukunft kennt das Türkische kein eigenes Funktionswort, sondern es wird das Verb *olmak* verwendet, das je nach Kontext „werden" oder „sein" vertritt (☞ 13.5).

### 13.2.2 Das erfahrungsorientierte Funktionswort *imiş*

Das Funktionswort **imiş** kommt – wie **idi** – als selbständiges Wort vor, wird aber üblicherweise als **-(y)mIş** angehängt und bleibt dann unbetont. Zur Personenkennzeichnung werden die Personalendungen angefügt.

|  | *selbständig* | *angehängt* |
|---|---|---|
| ben | imişim | -(y)mIşIm |
| sen | imişsin | -(y)mIşsIn |
| o | imiş | -(y)mIş |

|  | *selbständig* | *angehängt* | *angehängt* |
|---|---|---|---|
| biz | imişiz | -(y)mIşIz | |
| siz | imişsiniz | -(y)mIşsInIz | |
| onlar | imiş | -(y)mIş | |
| *oder* | imişler | -(y)mIşlAr | -lArmIş |

Mit **imiş** verlassen wir – anders als bei **idi** – den *temporalen* Bereich und wechseln in den *modalen* (*modal* bedeutet, dass der Sprecher seine subjektive Einstellung zur Geltung des Inhalts der Aussage einbringt). Welche Art Modalität drückt nun **imiş** aus? Damit greift der Sprecher bei seiner Äußerung **indirekt** auf sein Wissen zurück. Das kann bedeuten,

- er trifft eine Feststellung, die auf einem positiven oder negativen Gegensatz zu seinen eigenen vorherigen Erfahrungen und Beobachtungen oder seiner Erwartungshaltung beruht, oft gepaart mit Erstaunen oder Überraschung. Dann passt im Deutschen ein als Abtönungspartikel verwendetes „ja", „aber" oder „doch", z.B. *Bu biber acıymış* ‚Diese Parika ist *ja* scharf!', interpretierbar als „Wie sich herausstellt, ist diese Paprika scharf".

- er verfügt über sein Wissen aus einer Quelle, die nicht er ist. So sagt z.B. der Gesprächspartner namens Ali: *Hastayım* ‚Ich bin krank'. Der Sprecher erzählt das jetzt weiter und äußert *Ali hastaymış*, damit der Hörer weiß, dass das Ereignis aus einer anderen Quelle stammt. Das kann man jetzt mehrfach *deuten*, und für eine passende Übersetzung ist ein Kontext notwendig: „Ali hat gesagt, er ist/sei krank", „Ali ist, wie es heißt, krank" oder „Ali ist offenbar krank". Manchmal passt auch „angeblich". Ohne weiteren Kontext kann der Hörer dem Satz *Ali hastaymış* nicht entnehmen, ob die Quelle Ali oder eine 3. Instanz ist.

In einem Satz wie *Bugün dışarısı 37 dereceymiş* ‚Heute sollen es draußen 37 Grad sein' können wir das Modalverb „sollen" einsetzen.

Üblicherweise wird **imiş** zwar angehängt, aber wenn der Sprecher Wert darauf legt zu sagen, was er über das Subjekt erfahren hat, wird er es unverbunden nachstellen. Dann gibt er dem Prädikat mehr Gewicht:

*Savaş suçlusu Sırp general çok hasta **imiş*** ‚Der serbische Kriegsverbrecher-General ist dem Vernehmen nach sehr krank' (http://www.voanews.com/turkish/news/Sava-Suclusu-Srp-General-Cok-Hasta-imi-122824849.html)
*Çok unutkan**mışım*** ‚Ich bin doch sehr vergesslich (wie ich merke)', *Çok çalışkan**mışsın***, ‚Du bist sehr fleißig, wie ich gehört habe', *Kız arkadaşım bakire değil**miş*** ‚Meine Freundin ist keine Jungfrau mehr' (Wie der Sprecher festgestellt oder erfahren hat), *Gelirler bölümünde**ymiş**, adı Figen'**miş**, gözlüklü**ymüş**, birazcık tombulcay**mış*** (Mİ, DVD, 16) ‚Sie sei in der Einkommensabteilung, hieße Figen, trüge eine Brille, sei ein klein bisschen rundlich', *Birinci değil**mişiz*** ‚Wir sind nicht die ersten' (wie sich herausstellt), *Bu ney**miş**?* ‚Was soll das denn sein?', *Elif hasta mıymış? – Değil**miş*** ‚Ist Elif etwa krank? – Offenbar nicht'.

- Wenn Sie im Deutschen etwas weitererzählen, was Sie gehört haben und nicht den Konjunktiv einsetzen wollen, dann reicht es, einmal zu Beginn zu erwähnen, dass Sie die danach folgende Information erfahren haben. Der türkische Sprecher hingegen wird jeden dieser Art Sätze mit **-(y)mIş** versehen.

- *Feststellungen* trifft der Sprecher zur Sprechzeit (Erzählzeit). Will er diese zu einem späteren Zeitpunkt weitergeben, wird er ohne entsprechenden Kontext auf **imiş > -(y)mIş** verzichten; ansonsten wird der Hörer das Berichtete als Hörensagen einordnen:

  Bu otel hiç de sakin değil**miş**    ‚Dieses Hotel ist aber überhaupt nicht ruhig!'
                                        (wie sich bei unserer Anwesenheit herausstellt)
  → Otelimiz hiç de sakin değil**di**.  ‚Unser Hotel war überhaupt nicht ruhig.'

> ✓ **Merke gut:**
> Mit **imiş > -(y)mIş** wird keine Zeitstufe angegeben. Wenn der Sprecher eine Aussage, die mit **idi** formuliert wurde, weitertransportieren und **-(y)mIş** einsetzen will/ muss, hängt er **idi** gar nicht erst an. Dann sehen solche Prädikate für die Gegenwart und die Vergangenheit identisch aus. Jetzt muss er über eine Zeitangabe wie z.B. *dün* ‚gestern' signalisieren, dass er über etwas Vergangenes redet.

*Elif dün hasta mıymış? – Değil**miş*** ‚War Elif gestern etwa krank? – War sie nicht, wie ich erfahren habe', *Eskiden ne kadar şişman**mışım**!* ‚Was war ich früher doch dick!' (wie ich auf diesem Foto sehe), *Eskiden sempatik değil**mişim*** ‚Früher sei ich nicht sympathisch gewesen' (wie man mir gesagt hat).

Die 3. Person Plural kommt wie bei **idi** in drei Varianten vor (☞ 13.2.1). Denken Sie sich einen Kommentar hinzu, etwa „wie ich gehört habe, wie es heißt, dem Vernehmen nach":

(a) Ece ve Elif evdé**ymiş**.      ‚Ece und Elif seien *zu Hause* (gewesen),'
(b) Ece ve Elif evdé**ymişler**.   ‚Ece und Elif *seien* (jeder) zu Hause (*gewesen*),'
(c) Ece ve Elif evdelér**miş**.    ‚Ece und Elif, *sie* seien (beide) zu Hause (gewesen),' [wie ich erfahren habe.]

Zu **imiş > -(y)mIş** an verbalen Prädikaten (☞ 14.5, 17.6, Kapitel 18).

> 💣 **Verwechslungsgefahr:**
> Es gibt noch ein **-mIş**, das ausschließlich an *Verbstämme* angehängt wird. Es hat zum Teil ähnliche Funktionen wie **-(y)mIş**, ist aber nicht mit dem hier behandelten gleichzusetzen (☞ 14.2.5).

### 13.3 Die Nomen *var* ‚vorhanden' und *yok* ‚nicht vorhanden'

Das Nomen *var* ist übersetzbar mit „ist vorhanden/ist (da)/es gibt" und *yok* mit „ist nicht vorhanden/ist nicht (da)/es gibt nicht". Denken Sie bitte daran, dass das deutsche „es gibt" einen Akkusativ nach sich zieht; das ist im Türkischen nicht der Fall: *Buralarda bankamatik var mı/yok mu?* ‚Gibt es hier in der Gegend einen/keinen Bankautomaten?', *Buralarda nerede banka var?* ‚Wo gibt es hier in der Gegend eine Bank?'.

- An *var* und *yok* können die Personalendungen, *idi*, *imiş* und die Possessivsuffixe angefügt werden. Zu weiteren Möglichkeiten (☞ 18.2, 22.9):

  *Yarın burada mısın? – Yok**um*** ‚Bist du morgen da? – Ich bin nicht da', *Yarın burada mısınız? – Yok**uz*** ‚Sind Sie morgen da? – Wir sind nicht da', *Bu işte yokum* ‚Da mache ich nicht mit (= Bei dieser Sache bin ich nicht dabei)', *Bu işte varsın, değil mi?* ‚Du machst doch mit (= bist doch dabei), nicht wahr?', *Dün yok muydunuz? – Yoktum* ‚Waren Sie gestern nicht da? – Ich war nicht da', *Bugün ders yok muymuş? – Varmış* ‚Ist heute etwa kein Unterricht? – Doch (wie ich erfahren habe)'.

  Werden Possessivsuffixe an *yok* angefügt, wird **k** zu **ğ**: *Varımı, yoğumu sattım* ‚Ich habe mein Hab und Gut verkauft'.

In folgenden Beispielen ist unbetontes **-lAr** möglich:

(1) *Zenginlikte var**lar**, ama vergide yok**lar**!* (www.kanal46.com/haber)
   ‚Beim Reichtum sind sie dabei, aber bei den Steuern sind sie nicht dabei!'

(2) *İzmir'in Çingeneleri: Bir var**lar**, bir yok**lar**.* (www.tumgazeteler.com)
   ‚Die Zigeuner von Izmir: Mal sind sie da, mal sind sie nicht da.'

(3) *Şükür ki, o gençler hâlâ var**lar** ve çok**lar**!* (www.haber7.com)
   ‚Gott sei Dank gibt es diese jungen Leute noch, und sie sind viele!'

- Auf eine Frage wie *Cem evde mi?* ‚Ist Cem zu Hause?' kann sowohl die Antwort *Evde değil* ‚Er ist nicht zu Hause' als auch *Evde yok* ‚Er ist (zu Hause) nicht da' kommen. Bei der ersten Variante schwingt mit, dass er sich woanders aufhält, bei der zweiten Variante wird die Anwesenheit kategorisch verneint. *Yok* wird auch anstelle von *hayır* ‚nein' verwendet, wenn eine Frage gänzlich verneint werden soll.

> ✓ Merken Sie sich folgende Konstruktionen. Die jeweils zweiten Sätze könnten Sie im Deutschen mit „vorhanden" ergänzen:
>
> | | |
> |---|---|
> | Elif mutfakta. | ‚Elif ist in der Küche.' |
> | Mutfakta Elif **var**. | ‚In der Küche ist Elif.' |
> | Cem terastaydı. | ‚Cem war auf der Terrasse.' |
> | **Terasta** Cem **vardı**. | ‚Auf der Terrasse war Cem.' |

## 13.4 Wiedergabe von „haben"

Die am häufigsten genutzte Möglichkeit, „haben" oder „nicht haben" auszudrücken, ist, an ein Nomen ein Possessivsuffix anzufügen und dann *var* oder *yok* hinzuzusetzen. Bei dieser Konstruktion steht „haben" oder „nicht haben" im Blickpunkt, und sie wird für *unbestimmt* verwendete Nomen gebraucht. *Param yok* bedeutet **nicht** „Mein Geld ist nicht vorhanden", sondern „Ich habe kein Geld". Das komplette Schema samt Possessivpronomen sieht folgendermaßen aus:

| | |
|---|---|
| (Benim) Cep telefon**um** yok. | ‚Ich habe kein Handy.' |
| (Senin) Cep telefon**un** yok. | ‚Du hast kein Handy.' |
| (Onun) Cep telefon**u** yok. | ‚Er/sie hat kein Handy.' |
| (Bizim) Cep telefon**umuz** yok. | ‚Wir haben kein Handy.' |
| (Sizin) Cep telefon**unuz** yok. | ‚Ihr habt/Sie haben kein Handy.' |
| Onların cep telefonu yok. / Cep telefon**ları** yok. | ‚Sie haben kein Handy.' |

Die Possessivpronomen sind die *Genitivformen* der Personalpronomen (☞ 7.2). Eigennamen oder sonstige Nomen in der 3. Pers. Sg. und Pl. müssen auch im Genitiv stehen:

| | |
|---|---|
| Ali'**nin** arabası var/yok. | ‚Ali hat ein Auto/kein Auto.' |
| Gül'**ün** bilgisayarı var/yok. | ‚Gül hat einen Computer/keinen Computer.' |
| Arkadaşım**ın** çok vakt**i** var. | ‚Mein Freund/Meine Freundin hat viel Zeit.' |
| Komşularımız**ın** küçük bir kedi**si** var. | ‚Unsere Nachbarn haben eine kleine Katze.' |
| Komşularımız**ın** kedi**leri** var. | ‚Unsere Nachbarn haben Katzen.' |
| Çiçekler**in** suy**u** yok. | ‚Die Blumen haben kein Wasser.' |

- Eine *haben*-Konstruktion sagt nichts über die Anzahl oder Menge aus. Insofern kann sie doppeldeutig sein: *Müllerlerin çocuğu yok* ‚Müllers haben kein Kind/keine Kinder', *Çocukları yok* ‚Sie haben kein Kind/keine Kinder'. Aber: *Müllerlerin çocukları yok* ‚Müllers haben keine Kinder'. *Arabam var* übersetzt man in der Regel mit „Ich habe ein Auto" und *Çorabım var* mit „Ich habe Strümpfe/Socken".

- In einer Gegenfrage entfällt häufig das Wort mit Possessivsuffix, weil klar ist, worüber man redet. Im Deutschen muss dann „eins/keins" oder ähnliches hinzugefügt werden:

| | |
|---|---|
| Benim sözlüğüm yok. Senin var mı? | ‚Ich habe kein Wörterbuch. Hast du eins?' |
| Bizim tatilimiz var. Sizin yok mu? | ‚Wir haben Ferien. Habt ihr/Haben Sie keine?' |
| Benim köpeğim var. Senin de var mı? | ‚Ich habe einen Hund. Hast du auch einen?' |
| Bizim kahvemiz var. Sizin de var mı? | ‚Wir haben Kaffee. Habt ihr auch welchen?' |

> ☺ **Faustregel:** Neu: *unbestimmt* – Bekannt: *bestimmt* (☞ 5.5)
> Auch wenn die folgenden Konstruktionen zum Verwechseln ähnlich aussehen, unterscheiden sie sich doch vehement. In den linken Beispielen führt der Sprecher die Nomen neu und unbestimmt ein, in den rechten greift er auf sie als bekannt und bestimmt zurück:
>
> Cep telefon**um** var ‚Ich habe *ein* Handy.' → Cep telefon**um** yeni ‚*Mein* Handy ist neu.'
> Ali'**nin** arabası var ‚Ali hat *ein* Auto.' → Ali'**nin** arabası eski ‚*Das Auto* von Ali ist alt.'

Dennoch kann die zuvor erläuterte *haben*-Konstruktion doppeldeutig sein. Wenn Sie z.B. in Ihr Auto steigen wollen, das aber nicht mehr an der geparkten Stelle steht, können Sie ausrufen *Aa, arabam yok* ‚Aa, mein Auto ist weg'.

Wenn Sie die zuvor genannten Beispiele in die Vergangenheit transportieren wollen, hängen Sie an *var* bzw. *yok* **idi** an, also *vardı* bzw. *yoktu* (☞ 13.2.1).

| | |
|---|---|
| Ali'**nin** arabası *vardı/yoktu*. | ‚Ali *hatte* ein Auto/kein Auto.' |
| Gül'**ün** bilgisayarı *vardı/yoktu*. | ‚Gül *hatte* einen Computer/keinen Computer.' |
| Dün vak**tin** yok muydu? – *Yoktu*. | ‚Hattest du gestern keine Zeit? – Keine.' |

☑ Für die Zukunft wird das Verb *olmak* verwendet (☞ 13.5).

Natürlich können Sie auch **imiş** anhängen (☞ 13.2.2).

Bizim yeni meslektaşımız evli**ymiş**, ‚Unser neuer Kollege sei verheiratet, und er
üç de çocuğu var**mış**. habe drei Kinder' (wie er sagt/wie es heißt).
Ali'**nin** kız arkadaşı var**mış**/yok**muş**. ‚Ali hat, wie er sagt, eine Freundin/keine Freundin.'

Es ist üblich, Märchen mit **imiş** > **(y)mIş** – und auch mit **-mIş** (☞ 14.2.5) – wiederzugeben: *Bir varmış, bir yokmuş. İstanbul'da bir adamın bir kızı varmış. Bu kız çok güzelmiş* ‚Es war einmal, es war keinmal. In Istanbul hatte (einmal) ein Mann eine Tochter. Diese Tochter war sehr schön'.

☑ Wenn der Besitz keine Rolle spielt oder sogar irrelevant ist und man lediglich das Vorhandensein oder die Verfügbarkeit einer Sache bejahen oder verneinen will, wird ein Personalpronomen oder ein Substantiv mit dem Lokativsuffix versehen und der Satz mit der entsprechenden Sache sowie *var/yok* vervollständigt. Oft handelt es sich dabei um eine zeitweise Verfügbarkeit. Nicht deutlich angesprochen wird, ob das Vorhandensein im Sinne eines *dabeihaben* gemeint ist oder nicht.

**Sende** mendil var mı? ‚Hast du ein Taschentuch da?', **Sizde** Almanca gazete var mı? ‚Gibt es bei Ihnen deutsche Zeitungen?', **Bende** para yok ‚Ich habe kein Geld (da)', **Bizde** güneş yok ‚Bei uns ist keine Sonne.'

Diese Konstruktion eignet sich sowohl für *unbestimmt* als auch für *bestimmt* verwendete Nomen. Achten Sie auf die Wortstellung:

| | |
|---|---|
| Sende **şemsiye** var mı? | ‚Hast du *einen* Schirm da?' |
| → **Şemsiye** sende mi? | ‚Hast du *den* Schirm?/Ist *der* Schirm bei dir?' |
| Sizde **Elif'in e-posta adresi** var mı? | ‚Haben Sie *die* E-Mail-Adresse von Elif?' |

☑ Will man eindeutig „dabeihaben" oder „nicht dabeihaben" ausdrücken, wird der Begriff *yan* ‚Seite' + einem Possessivsuffix + Lokativsuffix verwendet:

*Yanında kimlik var mı?* ‚Hast du *einen* Ausweis dabei?', *Yanımda kimlik yok* ‚Ich habe *keinen* Ausweis dabei', *Kimlik yanınızda mı?* ‚Haben Sie *den* Ausweis dabei?', *Kimlik yanımda değil* ‚*Den* Ausweis habe ich nicht dabei.'

## 13.5 „sein" und „haben" für die Zeitstufe Zukunft

Das wichtigste Verb im Türkischen ist **olmak**. Es ist aber auch das Verb, mit dem die Türkischlernenden früher oder später auf Kriegsfuß stehen. Kein Wunder, denn es ist ein Zwitterverb, dass sowohl „werden" als auch „sein" abdeckt. Das deutsche Verb „werden" enthält Dynamik und zeigt *keinen* Endpunkt an, das Verb „sein" hingegen besagt, dass das Ereignis einen Endpunkt enthält.

Wenn Sie auf einen Infinitiv nicht nur für „werden", sondern auch für „sein" zurückgreifen wollen, springt *olmak* ein:

(1) **Olmak** *ya da* **olmamak***, işte bütün mesele bu!* (Vilyım Şekspir)
‚Sein oder Nichtsein, das ist die Frage.'

Aber auch ein Infinitiv für „haben" wird damit abgedeckt; das erkennt man daran, dass die Sache, die man hat oder nicht hat, ein Possessivsuffix enthält:

(2) *Parası* **olmak** *ya da* **olmamak***, işte bütün mesele bu!*
‚Geld haben oder nicht haben, das ist die Frage.'

Um „sein" oder „haben" für die Zeitstufe Zukunft auszudrücken, wird an den Verbstamm **ol-** das Futursuffix **-(y)AcAK** (☞ 14.2.3) angehängt. Einem isolierten Satz wie *Öğretmen olacağım* kann man nicht entnehmen, ob damit „Ich werde Lehrer werden" oder „Ich werde Lehrer sein" gemeint ist. Für „haben" gibt es kein Problem, wie Sie sehen können:

| *Ich werde zu Hause sein.* | *Ich werde reich werden/sein.* | *Ich werde eine Wohnung haben.* |
|---|---|---|
| Evde olacağım. | Zengin olacağım. | Ev**im** olacak. |
| Evde olacaksın. | Zengin olacaksın. | Ev**in** olacak. |
| Evde olacak. | Zengin olacak. | Ev**i** olacak. |
| Evde olacağız. | Zengin olacağız. | Ev**imiz** olacak. |
| Evde olacaksınız. | Zengin olacaksınız. | Ev**iniz** olacak. |
| Evde olacaklar. | Zengin olacaklar. | Ev**leri** olacak. |

| *Ich werde nicht zu Hause/reich sein.* | | *Ich werde keine Wohnung haben.* |
|---|---|---|
| Evde olmayacağım. | Zengin olmayacağım. | Ev**im** olmayacak. |
| Evde olmayacaksın. | Zengin olmayacaksın. | Ev**in** olmayacak. |
| Evde olmayacak. | Zengin olmayacak. | Ev**i** olmayacak. |
| Evde olmayacağız. | Zengin olmayacağız. | Ev**imiz** olmayacak. |
| Evde olmayacaksınız. | Zengin olmayacaksınız. | Ev**iniz** olmayacak. |
| Evde olmayacaklar. | Zengin olmayacaklar. | Ev**leri** olmayacak. |

*Seninle mutlu* **olacağım** ‚Mit dir werde ich glücklich werden/sein', *Bugün vaktim yok, yarın da* **olmayacak** ‚Heute habe ich keine Zeit und morgen werde ich auch keine haben.'

Die 3. Person kann genau so doppeldeutig wie im Deutschen sein (bestimmt oder Vermutung):

*Elif şimdi evde* **olacak** ‚Elif wird jetzt zu Hause sein', *Sözlüğün bende* **olacak** ‚Dein Wörterbuch werde ich haben', *Tercümenin doğrusu bu* **olacak** ‚Die richtige Übersetzung wird diese sein.'

## 13.6 Das Modal-Enklitikon *-DIr*

Eine weitere Endung, mit der der Sprecher *Modalität* transportiert, ist die unbetonte Nachsilbe **-DIr**. Sie kommt auch als **-DIrlAr** vor, nimmt aber keinerlei sonstige personenanzeigenden Endungen an und wird immer an ein Prädikat als *letztes* Element angehängt. Damit bringt der Sprecher seine Einschätzung zum Wahrheitsgehalt eines Ereignisses ein. Das bedeutet, dass er im Hintergrund denkt: „Ich weiß, dass ... *oder* Ich glaube, dass ...".

Sie werden **-DIr** hautpsächlich in den 3. Personen vorfinden. Immer, wenn ein Sachverhalt als *generell gültig* im Sinne von „So ist es" dargestellt werden soll, wird so verfahren. In bestimmten Textsorten wie Gesetzen, Verträgen ist *-DIr* obligatorisch, in wissenschaftlichen Arbeiten, Naturgesetzen sowie offiziellen mündlichen Statements wird von *-DIr* überwiegend Gebrauch gemacht. **Nicht** angehängt wird es an Prädikate, die **idi** oder **imiş** enthalten. Zu *-DIr* auch (☞ 14.3).

*-DIr* kommt aber auch in der Literatur, in Zeitungstexten und in der gesprochenen Sprache vor. Dann wird es sporadisch eingesetzt. Wenn wir jetzt Sätze betrachten, die wir mit „sein" wiedergeben, gibt es oft keine andere Möglichkeit, als mit „ist" oder „sind" zu übersetzen:

| | | | |
|---|---|---|---|
| Bu, Berlin'**dir**. | ‚Das ist Berlin.' | Bu, Berlin değil**dir**. | ‚Das ist nicht Berlin.' |
| Bu, Berlin **midir**? | ‚Ist das Berlin?' | Bu, Berlin değil **midir**? | ‚Ist das nicht Berlin?' |

In folgendem ersten Beispiel vermittelt der Sprecher mit dem Prädikat eine neue Information, im zweiten verlegt er seine Perspektive auf Istanbul und thematisiert, was er über Istanbul weiß:

| | |
|---|---|
| İstanbul *çok büyük ve güzel bir şehir*. | ‚Istanbul *ist eine große und sehr schöne Stadt*.' |
| *İstanbul* çok büyük ve güzel bir şehir**dir**. | ‚*Istanbul* ist eine sehr große und schöne Stadt.' |
| Çocuklar *nerede*? | ‚*Wo* sind die Kinder?' (erfragt: der Ort) |
| Çocuklar nerede**dir**? | ‚Wo sind *denn die Kinder*?' (erfragt: die Kinder) |
| O *işsiz*. | ‚Er/sie *ist arbeitslos*.' |
| İşsiz o**dur**. | ‚*Arbeitslos* ist er/sie.' |

Diese Perspektivenverlagerung ist nur in relativ kurzen, überschaubaren Sätzen nachvollziehbar. So kommt *-DIr* u.a. auf einigen Verbotsschildern vor:

| | |
|---|---|
| *Park yapmak* yasak**tır**. | ‚*Parken* verboten.' (Es ist verboten zu parken.) |
| *İnşaata girmek* yasak**tır**. | ‚*Baustelle betreten* verboten.' |

Zuweilen kann man bei der Übersetzung auch unbetontes „eben" oder „doch" hinzufügen: *Berlin böyle***dir** ‚Berlin ist eben so', *Frankfurt güzel***dir** ‚Frankfurt ist doch schön' oder zur Nachhaltigkeit ein Zustandsverb einsetzen: *Berlin Almanya'da***dır** ‚Berlin liegt in Deutschland', *Can yeleği koltuğunuzun altında***dır** ‚Die Schwimmweste befindet sich unter Ihrem Sitz'.

Die Einschätzung des Sprechers/Autors kann interpretiert werden als Bestätigung seines Wissens, gekoppelt mit einer Wertung: *Âşıklar deli***dir** ‚Verliebte sind verrückt', *Dünyada her şey değişir. Bu bir kanun***dur** ‚Auf der Welt ändert sich alles. Das ist ein Gesetz', *İyiliğin varlık nedeni kötülük***tür** ‚Der Existenzgrund für das Gute ist das Schlechte', *Kadın duygusal***dır**, *kadın yüreksiz***dir**, *korkak***tır**, *kadın korunmaya muhtaç***tır** (DA, DBY, 138) ‚Eine Frau ist emotional, eine Frau ist mutlos, ängstlich, eine Frau bedarf des Schutzes', *Almanya pembe ve büyük bir elma***dır**. *Ama içi kurtlu***dur** (A. Haşim, FS, 1933, 31) ‚Deutschland ist ein rosafarbener und großer Apfel. Aber sein Inneres ist wurmstichig'.

**Erlerntes oder erfragtes Wissen**
*Vakit nakittir* ‚Zeit ist Geld', *Akıl yaşta değil baştadır* ‚Alter schützt vor Torheit nicht' (Der Verstand liegt nicht im Alter, sondern im Kopf), *Postane bu saatte açık mıdır?* ‚Hat die Post um diese Zeit noch auf?', *Övgü en iyi eğitim sistemi değil midir?* ‚Ist Lob nicht das beste Erziehungssystem?', *Türkçede kaynaştırma sesleri var mıdır?* ‚Gibt es Füllkonsonanten (-laute) im Türkischen?'.

Die Einschätzung des Sprechers kann aber auch einer Annahme/Vermutung gleichkommen. Dann kann es kontextabhängig notwendig werden, im Deutschen ein passendes Wort wie „sicher(lich)" oder „wohl" hinzuzufügen, das dieses ebenfalls signalisiert. Auf eine Frage wie *Doktor Bey nerede?* ‚Wo ist der Herr Doktor?' sind folgende Antworten denkbar: *Evde* ‚Zu Hause', *Evdedir* ‚Er ist sicher zu Hause'.
*Buralarda internetkafe yok mu? – Vardır* ‚Gibt es hier in der Gegend kein Internetcafé? – Es gibt sicher eins.' Die Silbe vor *-DIr* bekommt dann einen leichten Steigton.

Wird **-DIr** an die 1. und 2. Personen angefügt wird, formuliert der Sprecher auch seine Einschätzung. Das Modal-Enklitikon steht dann *nach* der Personalendung. Es steht auch *nach* einem Possessivsuffix oder einem Kasussuffix: *Hiç şakacı değil**imdir*** ‚Ich bin überhaupt kein Spaßvogel', *Biz kadınlar her dönemde güzel**izdir*** ‚Wir Frauen sind gewiss in jedem Stadium schön', *Siz onun tavuğu**sunuzdur*** *çünkü* (DA, DBY, 18) ‚Ihr seid nämlich seine Henne', *Ayı baba**ndır**!* (Mİ, BNA, 12) ‚Der Grobian (= der Bär) ist dein Vater!', *Biz üç kardeşiz. Evimiz üçümüz**ündür*** ‚Wir sind drei Geschwister. Unser Haus gehört uns dreien'.

- Mutmaßende Begriffe wie *herhâlde* ‚sicher/sicherlich', *inşallah* ‚so Gott will/hoffentlich', *mutlaka* ‚bestimmt', *belki* ‚vielleicht' lösen häufig *-DIr* aus:

*Elif evde mi? – Herhâlde işte**dir*** ‚Ist Elif zu Hause? – Sie ist sicherlich bei der Arbeit', *İnşallah iyisiniz**dir*** ‚Es geht euch doch hoffentlich gut', *Cem şimdi nerede? – Mutlaka evde**dir*** ‚Wo ist Cem jetzt? – Er ist bestimmt zu Hause', *Edebiyatın başlangıcı belki de masallar**dır*** (AB, OMY, 28) ‚Der Anfang der Literatur sind vielleicht die Märchen', *Sizce zina suç mu**dur**, değil mi**dir**?* ‚Ist Ihrer Meinung nach Ehebruch ein Vergehen oder nicht?'.

- Wenn Sie vorhaben, zuerst über das Prädikat zu sprechen und das Subjekt nachzutragen, sollten Sie auf jeden Fall **-DIr** anhängen, weil sonst das Prädikat nicht erkennbar ist. Auch einen isolierten Satz können Sie so bilden:

| | |
|---|---|
| Türk**tür** arkadaşım. | ‚Türke ist er, mein Freund.' |
| *Aber:* | |
| Arkadaşım *Türk*. | ‚Mein Freund ist Türke.' |
| → *Türk* arkadaşım. | ‚mein türkischer Freund' |
| Hasta**dır** yavrum. | ‚Krank ist es, mein Kleines.' |
| Öğretmendir. | ‚Er ist Lehrer / Sie ist Lehrerin.' |
| Yabancılardır. | ‚Es sind Ausländer.' |

Bei den nächsten Beispielen handelt es sich um Gleichsetzungsnominative. Die Reihenfolge der Satzglieder kann ausgetauscht werden:

| | |
|---|---|
| Türkçe öğretmenimiz Elif Hanım'**dır**. | ‚Unsere Türkischlehrerin ist Frau Elif.' |
| Elif Hanım Türkçe öğretmenimiz**dir**. | ‚Frau Elif ist unsere Türkischlehrerin.' |

- Manchmal kommt auch an einem Subjekt **-DIr** vor; das ist ein Stilmittel, das der Hervorhebung dient: *Bir yaygaradır başladı* ‚Ein fürchterliches Geschrei begann'.

☑ **Zur 3. Person Plural**

Die 3. Pers. Pl. kommt auch hier in mehreren Varianten vor. Aber **-DIr** bietet auch eine Erleichterung. So kann man bei einem Prädikativ, das aus einem Adjektiv oder einem Substantiv besteht, anhand der Reihenfolge **-DIrlAr** oder **-lArdIr** sofort erkennen, ob diese als Adjektiv zu verstehen sind oder ob das Prädikativ im Plural steht:

(1) *Grev yapanlar işsiz**dirler**.* (*Frage:* Was ist mit jedem von ihnen?)
    ‚Die Streikenden sind arbeitslos.'

(2) *Grev yapanlar işsiz**lerdir**.* (*Frage:* Wer sind die Streikenden?)
    ‚Die Streikenden sind Arbeitslose.' *oder*
    ‚Die Streikenden sind die Arbeitslosen.'

(3) *Bu soruya yanlış cevap verenler öğretmen**dirler**.* (*Frage:* Was sind *die* von Beruf?)
    ‚Diejenigen, die diese Frage falsch beantwortet haben, sind Lehrer von Beruf.'

(4) *Bu soruya yanlış cevap verenler öğretmen**lerdir**.* (*Frage:* Wer hat falsch geantwortet?)
    ‚Diejenigen, die diese Frage falsch beantwortet haben, sind die Lehrer.'

(5) *Zevkimize uyan, kulağımızı okşayan kelimeler Türk gramerine göre yapılmış kelime**lerdir**, kaideli kelime**lerdir**. Türkçe**dirler**.* (TB, In: TDİ V, 81)
    ‚Die Wörter, die unseren Geschmack treffen, die unserem Ohr schmeicheln, sind die der türkischen Grammatik entsprechend gebildeten Wörter, es sind normierte Wörter. Sie sind Türkisch.'

(6) *Bugünün çocukları mutlu ve talihli çocuk**lardır**.* (ZS, Hat, 33)
    ‚Die Kinder von heute sind glückliche und vom Schicksal begünstigte Kinder'.

(7) *Genel seçimler ve yerel seçimler oldukça farklı amaçlara yönelik**tirler**.* (TA, 68'li, 97)
    ‚Die allgemeinen Wahlen und die kommunalen Wahlen sind auf ziemlich unterschiedliche Ziele gerichtet'.

(8) a. *Çocuklar bahçede.*
       ‚Die Kinder sind im Garten.' (Wo?)
    b. *Çocuklar bahçede**ler**.*
       ‚Die Kinder sind alle im Garten.' (Wo? Allesamt oder jedes)
    c. *Çocuklar bahçede**dir**.*
       ‚Die Kinder sind sicher im Garten.' (*Die Kinder* halten sich im Garten auf.)
    d. *Çocuklar bahçede**dirler**.*
       ‚Die Kinder sind sicher im Garten.' (*Die Kinder:* allesamt oder jedes)
    e. *Çocuklar bahçede**lerdir**.*
       ‚Die Kinder sind (alle) sicherlich im Garten.' (Der Sprecher unterstellt es.)

# 14 Die Zeitformen

## 14.1 Übersicht

Der **Infinitiv** (die Nennform) des türkischen Verbs geht auf **-mAk** aus: *gelmek* ‚kommen', *almak* ‚nehmen'. Wird das Suffix abgetrennt, erhält man den Verbstamm.

- Türkische Verben werden nicht wie im Deutschen durch ein eigenes Wort „nicht" verneint, sondern durch ein *unbetontes Negationssuffix* (Verneinungssuffix) **-mA-**. Es steht nach dem Verbstamm: *gelmemek* ‚nicht kommen', *álmamak* ‚nicht nehmen'. Die Silbe vor dem Verneinungssuffix trägt einen starken Ton. Trennt man bei einem solchen Infinitiv **-mAk** ab, erhält man den verneinten Verbstamm.

Mittels unterschiedlicher **Zeitformen** erlauben die Verben, Ereignisse auf verschiedenen Zeitstufen auszudrücken. Es gibt drei Zeitstufen: *Gegenwart, Vergangenheit* und *Zukunft*:

| | |
|---|---|
| Yemek yiyorum. | ‚Ich esse.' |
| Yemek yedim. | ‚Ich habe gegessen.' |
| Yemek yiyeceğim. | ‚Ich werde essen.' |

Während dem Deutschen für diese drei Zeitstufen sechs grammatische *Zeitformen* zugeordnet werden, bietet das Türkische eine Fülle von Zeitfomen. Viele davon haben jedoch weniger mit „Zeit" als mit *Aspekt* oder *Modalität* zu tun.

Mit **Tempus** (*Plural:* die Tempora) sind die grammatischen *Formen des Verbs* gemeint, mit denen der Sprecher seinen Standpunkt in Relation zu einem Ereignis setzt. Oft wird er vom Sprechzeitpunkt ausgehen: *Jetzt, vorher, danach*. Er kann aber genauso gut ein vergangenes oder zukünftiges Ereignis als Basis wählen und weitere Äußerungen darauf beziehen.

Mit **Aspekt** (Betrachtungsweise) wird die zeitliche Struktur der Verben bezeichnet, die man mittels der verschiedenen Zeitformen darstellen kann. Wie möchte der Sprecher dem Hörer ein Ereignis erscheinen lassen? Der Aspekt kann im Deutschen oft nur durch zusätzliche lexikalische Mittel ausgedrückt werden. Für das Türkische gilt: Der Sprecher formuliert ein Ereignis

1. als **unvollendet** (mit offenem Anfang und offenem Ende)
   Telefon çaldığında duş yap**ıyor**dum. ‚Als das Telefon klingelte, duschte ich gerade.'
   oder
2. als **vollendet**
   Eve gelince duş yaptım. ‚Als ich nach Hause gekommen war, habe ich geduscht.'
   
   oder
3. als **nachträglich betrachteten** (zeitlich versetzten) Zustand
   Saatim dur**muş**. ‚Meine Uhr ist stehen geblieben.'

Mit **Aktionsart** wird die den Verben eigene zeitliche Struktur bezeichnet. Damit kann man Beginn, Dauer, Ende u.a., also einen unterschiedlichen Phasenverlauf ausdrücken:

| | |
|---|---|
| Çiçekler **açıyor**. | ‚Die Blumen *erblühen*.' |
| Çiçekler **açmış**. | ‚Die Blumen *blühen*.' |
| Çiçekler **solmuş**. | ‚Die Blumen *sind verblüht*.' |
| Köfteler **yanmış**. | ‚Die Frikadellen sind *angebrannt/verbrannt*.' |
| Karşıdaki ev **yanıyor**. | ‚Das Haus gegenüber *brennt*.' |
| Karşıdaki ev **yanmış**. | ‚Das Haus gegenüber ist *abgebrannt*.' |

Während im Deutschen die Aktionsarten häufig am Verb gekennzeichnet sind – mit oder ohne Vorsilben –, werden diese Ideen im Türkischen anders gesteuert oder man verwendet verschiedene Ausgangsverben. Eine Reihe türkischer Verben signalisieren je nach Kontext unterschiedliche Phasen eines Ereignisses, z.B. *oturmak* ‚sich setzen'/ ‚sitzen' (Beginn/Dauer); *uyumak* ‚einschlafen'/‚schlafen' (Beginn/Dauer) oder *yanmak* ‚in Brand geraten'/‚brennen'/‚verbrennen' (Beginn/Dauer/Ende).

Die Verben können in *zwei große Gruppen* geteilt werden:
1. Verben, die einen natürlichen Anfangs- oder Endpunkt haben, also *grenzbezogen* sind, z.B. *uyanmak* ‚aufwachen', *ölmek* ‚sterben', *bulmak* ‚finden'.
2. Verben, die keinen natürlichen Anfangs- oder Endpunkt haben, also *nicht-grenzbezogen* sind, z.B. *sevmek* ‚lieben', *çalışmak* ‚arbeiten', *aramak* ‚suchen'.

Verben, die zur Gruppe 1 gehören, können ein plötzlich stattfindendes Ereignis bezeichnen oder auch eine längere Dauer:

| | |
|---|---|
| Lastik **patlamış**. | ‚Der Reifen ist *geplatzt*.' |
| Kanalı iki saatte **geçtik**. | ‚Den Kanal *haben* wir in zwei Stunden *überquert*.' |

Verben, die zur Gruppe 2 gehören, können dynamisch oder statisch ein:

| | |
|---|---|
| Bahçede **oynadık**. | ‚Wir *haben* im Garten *gespielt*.' |
| Üç yıl Türkiye'de **kaldık**. | ‚Wir *waren* drei Jahre in der Türkei.' |

Türkische Verben, die einen **Beginn** bezeichnen können, sind mit Hilfe einer entsprechenden Zeitform, einem Adverbial oder auch einem entsprechenden Kasus umwandelbar in ein Verb, das **Verlauf** und eine gewisse Dauer anzeigt:

| | |
|---|---|
| Kızım hemen **uyumuş**. Hâlâ da **uyuyor**. | ‚Meine Tochter *ist* sofort *eingeschlafen*. Und sie *schläft* immer noch.' |
| Yere **oturma**. | ‚*Setz dich nicht* auf den Fußboden.' |
| Ama yerde **oturmak** istiyorum. | ‚Aber ich möchte auf dem Fußboden *sitzen*.' |

Türkische Verben, die primär einen **Verlauf** und eine gewisse Dauer bezeichnen, sind mit Hilfe einer entsprechenden Zeitform, einem Adverbial oder auch einem entsprechenden Kasus umwandelbar in ein Verb, das ein **Ende** oder einen **Beginn** anzeigt:

| | |
|---|---|
| Üç saat kitap **okudum**. | ‚Ich habe *drei Stunden lang ein Buch* gelesen.' |
| Kitabı üç saatte **okudum**. | ‚Ich habe *das Buch in drei Stunden* ausgelesen.' |
| Öğretmenini **tanıyorum**. | ‚Ich *kenne* deinen Lehrer.' |
| Seni sesinden **tanıdım**. | ‚Ich *habe* dich an deiner Stimme *erkannt*.' |

## 14.2 Die einfachen Zeiten

### 14.2.1 Das Präsens

Um das *Präsens* zu bilden, braucht man einen Verbstamm und ein Suffix, das das Präsens anzeigt. Dieses Suffix lautet **-(I)yor**, die Verneinung immer **-mIyor**. Damit wird die 3. Pers. Sg. gebildet. Für die anderen Personen werden die *Personalendungen* angehängt. Die Fragepartikel **mI** steht *vor* den Personalendungen, aber *nach* **-lAr**. In der 3. Pers. Pl. steht in einem Folgesatz **-(I)yorlar**. Es gibt zwei Möglichkeiten, den Präsensstamm zu bilden:

**I.**
1. Der Verbstamm geht auf Konsonant aus. Sie fügen **-Iyor** an, das I richtet sich nach dem Vokal davor, z.B. *gör-üyor* ‚er sieht'.
2. Der Verbstamm geht auf Vokal aus und dieser Vokal ist bereits ein **I**. Sie fügen **-yor** an, z.B. *üşü-yor* ‚er friert'.
3. Der Verbstamm geht auf Vokal aus, aber dieser Vokal ist ein **A** (das betrifft auch alle verneinten Stämme). Sie wandeln das **A** in Abhängigkeit vom Vokal davor in ein **I** um, z.B. *söylü-yor* ‚er sagt', *söylemi-yor* ‚er sagt nicht'.

**II.**
1. Der Verbstamm geht auf Konsonant aus. Sie fügen **-Iyor** an, das I richtet sich nach dem Vokal davor, z.B. *konuş-uyor* ‚er spricht', also wie oben.
2. Sie lassen bei allen Verbstämmen, die auf Vokal ausgehen, den letzten Vokal im Geiste weg und fügen **-Iyor** an, z.B. *anl-ıyor* ‚er versteht', *anlam-ıyor* ‚er versteht nicht'.

| *Stamm* | | *bejaht* | *verneint* |
|---|---|---|---|
| oku- | *lesen* | okuyor ‚er liest' | okumuyor ‚er liest nicht' |
| iste- | *wollen* | istiyor ‚er will' | istemiyor ‚er will nicht' |
| oyna- | *spielen* | oynuyor ‚er spielt' | oynamıyor ‚er spielt nicht' |
| öğren- | *lernen* | öğreniyor ‚er lernt' | öğrenmiyor ‚er lernt nicht' |
| gül- | *lachen* | gülüyor ‚er lacht' | gülmüyor ‚er lacht nicht' |
| çalış- | *arbeiten* | çalışıyor ‚er arbeitet' | çalışmıyor ‚er arbeitet nicht' |

Egal, welchen Weg Sie wählen, folgende Verben müssen Sie sich gesondert einprägen:

| | | | |
|---|---|---|---|
| de- | *sagen* | diyor ‚er sagt' | demiyor ‚er sagt nicht' |
| ye- | *essen* | yiyor ‚er isst' | yemiyor ‚er isst nicht' |
| et- | *tun* | ediyor ‚er tut' | etmiyor ‚er tut nicht' |
| git- | *gehen* | gidiyor ‚er geht' | gitmiyor ‚er geht nicht' |

Das ganze Schema, z.B. mit dem Verb *sevmek* ‚lieben', sieht dann so aus:

| | *bejaht* | *fragend* | *verneint* | *fragend-verneint* |
|---|---|---|---|---|
| (ben) | seviyórum | seviyor muyum? | sevmiyorum | sevmiyor muyum? |
| (sen) | seviyorsun | seviyor musun? | sevmiyorsun | sevmiyor musun? |
| (o) | seviyor | seviyor mu? | sevmiyor | sevmiyor mu? |
| (biz) | seviyoruz | seviyor muyuz? | sevmiyoruz | sevmiyor muyuz? |
| (siz) | seviyorsunuz | seviyor musunuz? | sevmiyorsunuz | sevmiyor musunuz? |
| (onlar) | seviyorlar | seviyorlar mı? | sevmiyorlar | sevmiyorlar mı? |

Das Präsens ist eine „aktuelle Gegenwart". Es wird verwendet, wenn

- zum Sprechzeitpunkt ein Ereignis im Verlauf ist
  Şu anda yemek **pişiriyorum**. ‚Ich koche gerade Essen.'
- zum Sprechzeitpunkt ein Ereignis nicht im Verlauf ist, aber für den Sprecher der sich wiederholende Verlauf im Vordergrund steht
  Her gün yemek **pişiriyorum**. ‚Ich koche jeden Tag Essen.'
- ein feststehendes zukünftiges Ereignis angegeben werden soll (Bewegungsverben)
  Almanya Başbakan'ı yarın Türkiye'ye **geliyor**. ‚Deutschlands Kanzlerin kommt morgen in die Türkei.'
- ein vergangenes Ereignis aktuell dargestellt werden soll
  Atatürk **diyor** ki: Biz Türkler, bütün tarihimiz boyunca hürriyet ve istiklâle timsal olmuş bir milletiz.
  (www.tsk.tr/anitkabir/atasoz.htm)
  ‚Atatürk sagt: Wir Türken sind eine Nation, die im Verlaufe unserer ganzen Geschichte der Inbegriff für Freiheit und Unabhängigkeit geworden ist.'

✓ Beim Präsens fühlt der Sprecher sich in das Ereignis involviert, oder er nimmt emotional daran teil.

**Beispiele:**

*Biz Münih'te otur**uyoruz*** ‚Wir wohnen in München', *Siz nerede çalış**ıyorsunuz**?* ‚Wo arbeiten Sie?', *Niye ağl**ıyorsun**?* ‚Warum weinst du?', *Size bir şey sormak ist**iyorum*** ‚Ich möchte Sie etwas fragen', *Seni anl**ıyoruz*** ‚Wir verstehen dich', *Dünya dön**üyor*** ‚Die Erde dreht sich', *Ali sizi bekl**iyor*** ‚Ali wartet auf Sie', *Bu çocuk babasına benz**iyor*** ‚Dieses Kind ähnelt seinem Vater'.

*Türkçe bil**iyor musunuz**?* ‚Können Sie Türkisch?', *Ne yap**ıyorsun**? – Kahve iç**iyorum*** ‚Was machst du (gerade)? – Ich trinke Kaffee', *Cem ne yap**ıyor**? – Bilmiyorum, galiba gazete oku**yor*** ‚Was macht Cem? – Ich weiß es nicht, ich glaube, er liest Zeitung', *Biz şimdi kafeteryaya gid**iyoruz**. Siz de gel**iyor musunuz**?* ‚Wir gehen jetzt in die Cafeteria. Kommt ihr auch mit?'.

*Yarın Berlin'e gid**iyorum*** ‚Morgen fahre ich nach Berlin', *Saat sekizde evden çık**ıyoruz*** ‚Wir gehen um acht aus dem Haus'.

*Saatim çalış**mıyor*** ‚Meine Uhr geht nicht', *Sizi tanı**mıyorum*** ‚Ich kenne Sie nicht', *Seni anla**mıyorum*** ‚Ich verstehe dich nicht', *Beni anla**mıyorsun*** ‚Du verstehst mich nicht', *Beni anla**mıyor musun**?* ‚Verstehst du mich nicht?', *İşe git**miyor musunuz**?* ‚Gehen Sie nicht zur Arbeit?'.

**Beispiele mit Adverbialen:**

*Dünden beri kar yağıyor* ‚Seit gestern schneit es', *Bizde iki gündür yağmur yağıyor* ‚Bei uns regnet es schon zwei Tage lang', *Bir öğrencim her zaman geç geliyor* ‚Ein Student von mir kommt immer zu spät', *Çoğu zaman bilgisayarın başında oturuyorum* ‚Ich sitze die meiste Zeit am Computer', *Sık sık başım ağrıyor* ‚Mir tut oft der Kopf weh', *Şimdi alışverişe çıkıyorum* ‚Jetzt gehe ich einkaufen', *Bir saattir seni bekliyorum* ‚Schon eine Stunde lang warte ich auf dich', *Her gün iki saat Türkçe çalışıyorum* ‚Ich lerne jeden Tag zwei Stunden Türkisch', *Bir saat sonra geliyorum* ‚Ich komme in einer Stunde'.

> 😊 **Faustregel:**
> Die Fragepartikel **mI** steht in einfachen Entscheidungsfragen zwar *vor* den Personalendungen, aber sie ist nicht stellungsfest. Wenn ein anderes Satzglied fokussiert und erfragt wird, steht sie *nach* diesem:
> 
> | | |
> |---|---|
> | Elif'e mesaj yazıyor **mu**sun? | ‚Schreibst du SMS an Elif?' |
> | Elif'e mesaj **mı** yazıyorsun? | ‚Schreibst du *eine SMS* an Elif?' |
> | Elif'e **mi** mesaj yazıyorsun? | ‚Schreibst du *an Elif*?' |

(*Ganz nebenbei:* Es kann vorkommen, dass **mI** *nach* einer Personalendung steht: *Sizi bir yerden tanıyorum **mu**? Tanıyor muyum? Yoksa benzetiyor muyum??* (Nilüfer Açıkalın, in: Milliyet, Sonntagsbeilage 10/05/1998) ‚Ich kenne Sie eigentlich irgendwoher? Kenne ich Sie? Oder verwechsle ich Sie?', *Geliyoruz **mu**, Gidiyoruz **mu**?* (http://hulyalar.blogspot.de) ‚Kommen wir eigentlich oder fahren/fliegen wir?'. Dann stellt der Sprecher sich selbst die Frage.)

### ☑ Zur 3. Person Plural

Die 3. Pers. Pl. kommt in zwei Varianten vor. Wenn das pluralische Subjekt genannt ist, kann das Prädikat im Singular stehen. Es ist die neue Information im Satz. Im Folgesatz jedoch muss das inzwischen bekannte Subjekt mit -lAr aufgenommen werden:

(1) *Grev yapanlar öğretmen. Daha iyi çalışma şartları istiyor**lar**.*
,Die Streikenden sind Lehrer (von Beruf). *Sie* wollen bessere Arbeitsbedingungen.'

(2) *Kuşlar aç. Yem arıyor**lar**.*
,Die Vögel sind hungrig. *Sie* suchen Futter.'

(3) *Çiçekler güzel. Mis gibi kokuyor**lar**.*
,Die Blumen sind schön. *Sie* duften herrlich.'

Nun kommt es aber auch vor, dass nach einem genannten pluralischen Subjekt das Prädikat im Plural steht. Dann liegt das Interesse des Sprechers auf dem Subjekt, und er äußert deutlich, dass an dem Ereignis mehrere Individuen beteiligt sind oder es mehrere betrifft:

(4) **İşçiler** grev yapıyor**lar**.  ,*Die Arbeiter* streiken.' (Die Arbeiter, *sie* streiken.)
← İşçiler grev yapıyor.  ,Die Arbeiter *streiken*.'

(5) *Bazı kadın**lar** kaş göz hokka gibi, çok güzel**ler**, ama insanda hiçbir duygu uyandırmıyor**lar**.* (DA, AGD, 17)
,Manche Frauen sind wie Gazellen, sie sind sehr schön, aber sie erwecken in einem keinerlei Gefühl.'

*Unbestimmte* Subjekte werden ein Singularprädikat erhalten; sie gehören zur neuen Information:

(6) Bahçede *çocuklar oynuyor*.  ,Im Garten *spielen Kinder*.'
(7) Çocuklar *bahçede oynuyor*.  ,Die Kinder *spielen im Garten*.'
(8) **Çocuklar** bahçede oynuyor**lar**.  ,*Die Kinder* spielen im Garten.'

- Nach einem Subjekt der 3. Pers. Sg. kann das Prädikat im Plural stehen, wenn Respekt oder Ironie ausgedrückt werden soll: *Müdür Bey sizi bekliyorlar* ,Der Herr Direktor erwarten Sie', *Oo, Ali Bey de izin istiyorlar* ,Oh, Herr Ali wollen auch Urlaub haben!'.

## 14.2.2 Der Aorist

Der *Aorist* ist eine „generelle Gegenwart". (Er wird auch *r-Präsens* genannt). Damit kann der Sprecher sein erlerntes Wissen oder seine Einschätzung zu einem Ereignis formulieren. Von der Verwendung her hat der Aorist enge Berührungspunkte zu **-DIr** (☞ 13.6).

Der *Aorist* ist die einzige Zeitform im Türkischen mit einigen Unregelmäßigkeiten. Kennzeichen ist bei bejahten Formen ein **r**, bei verneinten ein **z**. Die verkürzte Schreibweise ist **-(A/I)r/-mAz**. Dabei ist Folgendes zu beachten:

- Endet der Verbstamm auf einen Vokal, wird **-r** direkt angefügt.
- Ist der Verbstamm *einsilbig* und endet auf einen Konsonanten, wird **-Ar** angefügt. Eine Reihe einsilbiger Stämme wichtiger Verben nehmen jedoch **-Ir** an.
- Ist der Verbstamm *mehrsilbig* und endet auf einen Konsonanten, wird **-Ir** angefügt.

Die Betonung liegt auf der Silbe, die auf **-r** oder **-z** ausgeht.

| Vokalisch auslautende Verbstämme | | | Konsonantisch auslautende Verbstämme | | |
|---|---|---|---|---|---|
| | *bejaht* | *verneint* | **1. einsilbige** | *bejaht* | *verneint* |
| tanı- *kennen* | tanır | tanı**maz** | sev- *lieben* | sever | sev**mez** |
| oku- *lesen* | okur | oku**maz** | gül- *lachen* | güler | gül**mez** |
| iste- *wollen* | ister | iste**mez** | kalk- *aufstehen* | kalkar | kalk**maz** |
| anla- *verstehen* | anlar | anla**maz** | sor- *fragen* | sorar | sor**maz** |
| de- *sagen* | der | de**mez** | et- *tun* | eder | et**mez** |
| ye- *essen* | yer | ye**mez** | git- *gehen* | gider | git**mez** |
| | | | **2. mehrsilbige** | *bejaht* | *verneint* |
| | | | göster- *zeigen* | gösterir | göster**mez** |
| | | | düşün- *denken* | düşünür | düşün**mez** |
| | | | çağır- *herbeirufen* | çağırır | çağır**maz** |
| | | | unut- *vergessen* | unutur | unut**maz** |

Ausnahmen gibt es bei einigen einsilbigen Verbstämmen (meistens lauten diese auf **-l** oder **-r** aus). Die wichtigsten sind:

| | | | | | |
|---|---|---|---|---|---|
| al- *nehmen* | alır | al**maz** | ol- *werden* | olur | ol**maz** |
| bil- *wissen* | bilir | bil**mez** | öl- *sterben* | ölür | öl**mez** |
| bul- *finden* | bulur | bul**maz** | san- *meinen* | sanır | san**maz** |
| dur- *stehen* | durur | dur**maz** | ver- *geben* | verir | ver**mez** |
| gel- *kommen* | gelir | gel**mez** | var- *ankommen* | varır | var**maz** |
| gör- *sehen* | görür | gör**mez** | vur- *schlagen* | vurur | vur**maz** |
| kal- *bleiben* | kalır | kal**maz** | | | |

Zu diesen Ausnahmen gehören auch folgende Passivverben (☞ 19.4.1)

| | | |
|---|---|---|
| den- *gesagt werden* | denir | den**mez** |
| yen- *gegessen werden* | yenir | yen**mez** |

Zur Kennzeichnung der Personen werden die *Personalendungen* angehängt. Allerdings weisen die *verneinte* 1. Pers. Sg. und Pl. Unregelmäßigkeiten auf; das **-mAz** ist nicht mehr vorhanden. Es erscheint aber in der Frageform wieder, da die Fragepartikel **mI** vor die

Personalendung tritt. In der 1. Pers. Pl. der *verneinten* Formen schwankt die Betonung: *sévmeyiz* oder seltener *sevméyiz*. Das ganze Schema, z.B. mit dem Verb *sevmek* ‚lieben', sieht dann so aus:

|  | *bejaht* | *fragend* | *verneint* | *fragend-verneint* |
|---|---|---|---|---|
| (ben) | sevérim | sever miyim? | sevmém | sevmez miyim? |
| (sen) | seversin | sever misin? | sevmezsin | sevmez misin? |
| (o) | sever | sever mi? | sevmez | sevmez mi? |
| (biz) | severiz | sever miyiz? | sevmeyiz | sevmez miyiz? |
| (siz) | seversiniz | sever misiniz? | sevmezsiniz | sevmez misiniz? |
| (onlar) | severler | severler mi? | sevmezler | sevmezler mi? |

Der Aorist zeigt *keinen* aktuellen Verlauf an. Damit greift der Sprecher auf sein Hintergrundwissen zurück, das die beiden Pole „Ich weiß, dass ..." oder „Ich glaube, dass ..." umfasst.

- In bestimmten Textsorten wie Gesetzen, Verträgen werden Sie den Aorist immer finden. Er vertritt dann die verbalen Prädikate, *-DIr* die nominalen Prädikate. Wissenschaftliche Arbeiten, in denen der Verfasser sein erarbeitetes Wissen darlegt, werden oft im Aorist formuliert. Naturgesetze und Sprichwörter, die zum Allgemeinwissen gehören, werden überwiegend im Aorist dargestellt. Er steht auch für Hintergrundschilderungen in der Literatur, bei Bühnenanweisungen sowie in Anekdoten und Witzen.

| Bir, bir daha, iki ed**er**. | ‚Eins und eins ergibt zwei.' |
| Dünya güneşin etrafında dön**er**. | ‚Die Erde dreht sich um die Sonne.' |
| Su kaç derecede don**ar**? | ‚Bei wie viel Grad gefriert Wasser?' |
| Yalancının mumu yatsıya kadar yan**ar**. | ‚Lügen haben kurze Beine.' (*wörtl.*: Die Kerze des Lügners brennt bis zum Sonnenuntergang.) |

Hierhin passen auch generell dargestellte vergangene Ereignisse:

| Atatürk d**er** ki: Millet sevgisi kadar büyük bir sevgi yoktur. (www.belirligunlervehaftalar.com/Belirli.../Ataturk_Haftasi2) | ‚Atatürk sagt: Keine Liebe ist so groß wie die Liebe zur Nation.' |

✓ Beim Aorist fühlt der Sprecher sich nicht im Geschehen, sondern er spricht über das Geschehen. Er nimmt eine Erzählerperspektive „von außen" ein.

In der gesprochenen Sprache, aber auch in der Literatur, deckt der Aorist **zwei** Pole ab:
- Das Ereignis, über das der Sprecher spricht, ist zum Sprechzeitpunkt noch gar nicht eingetreten. Es hat also *Zukunftsbezug*. Der Sprecher gibt eine Absichtserklärung ab; das kann eine Annahme, ein vages Versprechen oder eine Drohung sein. Auch freundliche Fragen gehören in diese Kategorie.

| Akşama sana uğra**rım**. | ‚Am Abend komme ich bei dir vorbei.' |
| Ben bir daha evlen**mem**. | ‚Ich heirate nicht noch einmal.' |
| Seni unut**mam**. | ‚Dich vergesse ich nicht.' |
| Dikkat et, yoksa düş**ersin**. | ‚Pass auf, sonst fällst du.' |
| Pencereyi aç**ar mısın**? | ‚Würdest du (bitte) das Fenster öffnen?' |
| Ne iç**ersiniz**? | ‚Was trinken Sie?/Was möchten Sie trinken?' |

| Yemeğin yanına ne al**ır**sınız? | ‚Was nehmen Sie als Beilage zum Essen?' |
| Bak**ar mısınız**? | *zum Kellner*: ‚Schauen Sie mal her?/Würden Sie mal herschauen?' |

Lernt man jemanden kennen, wird bei der Verabschiedung oft *Beklerim* ‚Ich erwarte Sie' gesagt. Das ist eine unverbindliche Einladung, auf die man mit *İnşallah* ‚So Gott will' antworten sollte. Bei einer ernstgemeinten Einladung wird man auch die Anschrift und nähere Einzelheiten erfahren.

In dieser Verwendungsart löst der Aorist oft modale Ausdrücke wie *herhâlde* ‚sicherlich', *belki* ‚vielleicht' aus: *Belki bugün cam silerim* ‚Vielleicht putze ich heute Fenster.'

- Das Ereignis, über das der Sprecher spricht, ist zum Sprechzeitpunkt ein *genereller Tatbestand*. Die Perspektive des Sprechers liegt auf der Gepflogenheit oder der Eigenschaft des Subjekts (Wissen). Gepflogenheiten oder Eigenschaften implizieren, dass das Ereignis *mehr als einmal* stattfindet:

| (1) Paula evden şemsiyesiz çık**maz**. | ‚Paula geht nicht ohne Schirm aus dem Haus.' |
| (2) Her gün yemek pişir**ir**im. | ‚Ich koche jeden Tag Essen.' |
| (3) Kızım sebze sev**er**. | ‚Meine Tochter mag Gemüse.' |
| (4) Oğlum iyi piyano çal**ar**. | ‚Mein Sohn spielt gut Klavier.' |

Die Beispiele (1) und (2) lassen sich als Verallgemeinerung, (3) als eine Vorliebe und (4) als Fähigkeit interpretieren. In dieser Verwendungsart *kann* die Aussage im Deutschen auch mithilfe des Verbs „pflegen" formuliert oder evtl. mit „gewöhnlich, regelmäßig" erweitert werden. Sagt der Sprecher jedoch z.B. über jemanden, der von klein an behindert ist, *Ali topallar* ‚Ali hinkt', bringt er lediglich sein Wissen über Ali ein und möchte es nicht interpretiert sehen als „Ali hinkt gewöhnlich".

> ✓ *Generelle* Tatbestände lassen sich oft auch *aktuell* darstellen. Deshalb ist es möglich, dass der Sprecher an einem Tag *Her gün yemek pişiririm* äußert, an einem anderen jedoch *Her gün yemek pişiriyorum*.

**Beispiele:**
*Belki sana telefon ederim* ‚Vielleicht rufe ich dich an', *Dörtte eve giderim* ‚Um vier gehe ich nach Hause', *Seni mutlaka bekleriz* ‚Wir erwarten dich unbedingt'.
*Ne zaman gelirsin?* ‚Wann kommst du?', *Akşama sinemaya gider miyiz?* ‚Gehen wir am Abend ins Kino?', *Köpekten korkar mısınız?* ‚Haben Sie Angst vor Hunden?'.
*Ben et yemem* ‚Ich esse kein Fleisch', *İnşallah beni unutmazsın* ‚Hoffentlich vergisst du mich nicht', *Bana hiç yardım etmezsin* ‚Du hilfst mir aber überhaupt nicht'.
*Oturmaz mısınız?* ‚Wollen Sie sich nicht setzen?', *Seni bilmez miyim?* ‚Kenne ich dich etwa nicht?', *Bana niye cevap vermezsin?* ‚Warum antwortest du mir eigentlich nicht?'.

**Beispiele mit Adverbialen:**
*Şimdi alışverişe çıkarım* ‚Ich gehe gleich einkaufen', *Bir saat sonra gelirim* ‚Ich komme in einer Stunde' (Absicht), *Bir öğrencim her zaman geç gelir* ‚Ein Student von mir kommt immer zu spät', *Ali eskiden beri içki içer* ‚Ali trinkt seit langem Alkohol', *Öğleden sonraları bir saat uyurum* ‚Nachmittags schlafe ich eine Stunde'.

Wenn die Adverbialbestimmung sich auf eine kurze Zeitspanne vor und bis zur Sprechzeit oder genau zur Sprechzeit bezieht, passt der Aorist nicht. Folgende Beispiele sind unüblich: (*)Dünden beri kar yağar. / (*)Bizde iki gündür yağmur yağar. / (*)Şu anda müzik dinlerim.

> ✓ Üblicherweise wird der Hörer in der Zeitform antworten, die der Sprecher vorgibt. Aber wenn Ihnen im Gespräch jemand eine Zigarette oder einen Raki anbieten will und Sie fragt: *Sigara/rakı içer misiniz?* ‚Möchten Sie eine Zigarette rauchen/einen Raki trinken?', und Sie das nicht wollen, sollten Sie nicht mit *İçmem* antworten. Das klingt sehr kategorisch, schon fast wie ‚Ich doch nicht!' (Sie geben ja Ihre Gepflogenheit an). Sagen Sie stattdessen *İçmiyorum*.

> ☺ **Faustregel:**
> Wenn der Sprecher sich über ein Ereignis äußern will, das zur Sprechzeit im Verlauf ist, **muss** er sich für das **Präsens** entscheiden; wenn es nicht im Verlauf ist, aber im allgemeinen stattfindet, **kann** er sich für den **Aorist** oder das **Präsens** entscheiden. Bei nur möglichen Ereignissen mit Zukunftsbezug **muss** er den **Aorist** verwenden.

### ☑ Zur 3. Person Plural

Die 3. Pers. Pl. kommt in zwei Varianten vor. Wenn das pluralische Subjekt genannt ist, kann das Prädikat im Singular stehen. Es ist die neue Information im Satz. Im Folgesatz jedoch muss das inzwischen bekannte Subjekt mit -lAr aufgenommen werden:

(1) *Komşularımız kültür meraklısı. Hafta sonları tiyatroya ya da sergilere gider**ler***.
 ‚Unsere Nachbarn sind Kulturliebhaber. An den Wochenenden gehen sie ins Theater oder in Ausstellungen.'

Es kommt aber auch vor, dass nach einem genannten pluralischen Subjekt das Prädikat im Plural steht. Dann liegt das Interesse des Sprechers auf dem Subjekt (☞ S. 159).

(2) *Meselâ Cenâb beyefendiyi konuşurken bütün Türkler anlar**lar***. (ÖS, DKY, 123)
 ‚Z.B. verstehen den Herrn Cenâb, wenn er spricht, alle Türken.'

(3) *Meselâ Almanya'da türlü lehçeler konuşulur. Bir de yazı dili vardır. [...] Bunu bütün Almanlar öğrenir**ler**, konuşur**lar** ve yazar**lar***. (TB, In: TDİ V, 83)
 ‚In Deutschland z.B. werden verschiedene Dialekte gesprochen. Darüber hinaus gibt es eine Schriftsprache. [...] Diese lernen, sprechen und schreiben alle Deutschen.'

Unbelebte Subjekte können nicht tätig sein. Deshalb wird oft vermieden, das Prädikat solcher Subjekte in die Mehrzahl zu setzen. Aber gerade im *Aorist* lassen sich Beispiele mit Mehrzahlprädikaten finden. Der Sprecher berichtet von einem Ereignis, dessen Entstehung er mit Hilfe von *-lAr* ausdrückt und den Subjekten individuell zuschreibt.

(4) *-le- fiilleri kelime dağarcığımızda en kalabalık fiil ailesini teşkil eder**ler***. (TB, TG, 214)
 ‚Die Verben mit -le- bilden in unserem Wortbestand die häufigste Verbklasse.'

(5) *Özel isimler kesinlikle "the" almaz**lar***. (www.dilsitesi.com/article.htm)
 ‚Eigennamen nehmen nie und nimmer „the" an.'

## 14.2.3 Das Futur

Kennzeichen des Futurs ist das Suffix -(y)AcAK. Zur Kennzeichnung der Personen werden an -(y)AcAK die *Personalendungen* angehängt. Dabei ist zu beachten, dass in der 1. Pers. Sg. und 1. Pers. Pl. das k intervokalisch zu ğ wird (*intervokalisch* bedeutet, *zwischen* zwei Vokalen stehend); das betrifft die bejahten und verneinten Formen, aber nicht die fragenden. Das Fragewort mI steht vor den Personalendungen, aber nach -lAr.

| Vokalisch auslautende Verbstämme | | | Konsonantisch auslautende Verbstämme | | |
|---|---|---|---|---|---|
| | *bejaht* | *verneint* | | *bejaht* | *verneint* |
| iste- | isteyecek | istemeyecek | bil- | bilecek | bilmeyecek |
| üşü- | üşüyecek | üşümeyecek | gül- | gülecek | gülmeyecek |
| anla- | anlayacak | anlamayacak | kız- | kızacak | kızmayacak |
| oku- | okuyacak | okumayacak | sor- | soracak | sormayacak |

Merken Sie sich folgende Verben gesondert:

| de- | diyecek | demeyecek | et- | edecek | etmeyecek |
|---|---|---|---|---|---|
| ye- | yiyecek | yemeyecek | git- | gidecek | gitmeyecek |

| | *bejaht* | *fragend* | *verneint* | *fragend-verneint* |
|---|---|---|---|---|
| (ben) | seveceğim | sevecek miyim? | sevmeyeceğim | sevmeyecek miyim? |
| (sen) | seveceksin | sevecek misin? | sevmeyeceksin | sevmeyecek misin? |
| (o) | sevecek | sevecek mi? | sevmeyecek | sevmeyecek mi? |
| (biz) | seveceğiz | sevecek miyiz? | sevmeyeceğiz | sevmeyecek miyiz? |
| (siz) | seveceksiniz | sevecek misiniz? | sevmeyeceksiniz | sevmeyecek misiniz? |
| (onlar) | sevecekler | sevecekler mi? | sevmeyecekler | sevmeyecekler mi? |

**Zur Aussprache:**
- In flüssiger Standardsprache bieten die Futurformen einige Aussprachebesonderheiten: Verbstämme, die auf e und a ausgehen – und somit auch alle verneinten Verbstämme –, reduzieren diese Vokale unter dem Einfluss des nachfolgenden *y* in *i* und *ı*. Unabhängig davon hört man das erste *e* bzw. *a* von -(y)AcAK fast gar nicht: *bekleyecek* [bekliycek], *beklemeyecek* [beklemiycek], *anlayacak* [anlıycak], *anlamayacak* [anlamıycak].
- Die 1. Personen werden meistens verkürzt gesprochen: *gideceğim* [gidice:m], *gitmeyeceğim* [gitmiyce:m], *gideceğiz* [gidice:z], *gitmeyeceğiz* [gitmiyce:z]. Außerdem hört man oft *gelecek* [gelicek], *gülecek* [gülücek], *alacak* [alıcak], *olacak* [olucak].

Mit dem Futur werden geplante Vorhaben formuliert. Allerdings **kann** das Futur auch modale Nuancen haben, die mit „müssen/sollen/wollen" wiedergegeben werden:

*Seni akşama arayacağım* ‚Ich werde mich bei dir am Abend melden', *Taşınacağız* ‚Wir werden umziehen', *Haftaya Türkiye'ye gideceğim* ‚Nächste Woche fahre ich in die Türkei', *Sınavını geçeceksin* ‚Du wirst deine Prüfung bestehen', *Sinan partimize gelecek* ‚Sinan wird zu unserer Party kommen', *Çocuklar okulda. Birde dönecekler* ‚Die Kinder sind in der Schule. Sie kommen um eins zurück', *Beni affedecek misin?* ‚Wirst du mir verzeihen?', *Bir şey yemeyecek misiniz?* ‚Werden/wollen Sie nichts essen?', *Seni bekleyecek miyim?* ‚Soll/ muss ich auf dich warten?', *Sen şimdi uyuyacaksın* ‚Du wirst jetzt schlafen!'.

## 14.2.4 Das Präteritum

Das *Präteritum* ist im Türkischen ein *Tempus* für „Stattgefundenes". Damit formuliert der Sprecher ein Ereignis, das er als eingetreten und Tatsache hinstellt. Wenn es für Sie leichter ist, merken Sie sich das türkische Präteritum als *Ereignisvergangenheit*.

> ✓ **Präteritum** besagt, dass es sich um die *Vergangenheitsform des Verbs* handelt. Das deutsche Präteritum wurde früher *Imperfekt* genannt. Direkte Vergleiche vom deutschen Präteritum zum türkischen Präteritum zu ziehen, sind nicht hilfreich. Der deutschsprachige Sprecher verwendet in der gesprochenen Sprache für Stattgefundenes überwiegend das Perfekt, bei den Hilfs- und Modalverben jedoch das Präteritum.

Kennzeichen des Präteritums ist das Suffix **-DI**, das betont wird. Die Verneinung lautet immer **-mAdI**. Die 3. Pers. Sg. sieht folgendermaßen aus:

| Vokalisch auslautende Verbstämme | | | Konsonantisch auslautende Verbstämme | | |
|---|---|---|---|---|---|
| | *bejaht* | *verneint* | | *bejaht* | *verneint* |
| üşü- *frieren* | üşü**dü** | üşü**medi** | sev- *lieben* | sev**di** | sev**medi** |
| tanı- *kennen* | tanı**dı** | tanı**madı** | gör- *sehen* | gör**dü** | gör**medi** |
| oku- *lesen* | oku**du** | oku**madı** | al- *nehmen* | al**dı** | al**madı** |
| de- *sagen* | de**di** | de**medi** | sor- *fragen* | sor**du** | sor**madı** |
| ye- *essen* | ye**di** | ye**medi** | git- *gehen* | git**ti** | git**medi** |
| anla- *verstehen* | anla**dı** | anla**madı** | öp- *küssen* | öp**tü** | öp**medi** |
| oyna- *spielen* | oyna**dı** | oyna**madı** | çık- *hinausgehen* | çık**tı** | çık**madı** |

Für die anderen Personen benötigen wir die *possessivischen Personalsuffixe* (☞ 13.2.1). Die Fragepartikel **mI** wird in allen Personen **nachgestellt**, und das Pluralsuffix wird betont.

| 1. Pers. Sg. | ben | -DI-m |
|---|---|---|
| 2. Pers. Sg. | sen | -DI-n |
| 3. Pers. Sg. | o | -DI |

| 1. Pers. Pl. | biz | -DI-k |
|---|---|---|
| 2. Pers. Pl. | siz | -DI-nIz |
| 3. Pers. Pl. | onlar | -DI |
| | oder | -DI-lAr |

Das ganze Schema, z.B. mit dem Verb *sevmek* ‚lieben', sieht dann so aus:

| | *bejaht* | *fragend* | *verneint* | *fragend-verneint* |
|---|---|---|---|---|
| (ben) | sevd**ím** | sevdim mi? | sév**medim** | sevmedim mi? |
| (sen) | sevd**in** | sevdin mi? | sevmedin | sevmedin mi? |
| (o) | sevdi | sevdi mi? | sevmedi | sevmedi mi? |
| (biz) | sevd**ik** | sevdik mi? | sevmedik | sevmedik mi? |
| (siz) | sevd**iniz** | sevdiniz mi? | sevmediniz | sevmediniz mi? |
| (onlar) | sevdiler | sevdiler mi? | sevmediler | sevmediler mi? |

Bei der Verneinung richtet sich **-DI** natürlich nach **-mA**:

Sana bir şey sor-d**um**. : Sana bir şey sor-ma-dım. ‚Ich habe dich etwas (nichts) gefragt.'
Kızımı öp-t**üm**. : Kızımı öp-me-dim. ‚Ich habe meine Tochter (nicht) geküsst.'

Das Präteritum wird verwendet, wenn der Sprecher
- ein Ereignis selbst und bewusst erlebt hat oder ein solches erfragt

| | |
|---|---|
| Bugün erken kalk**tım**. | ‚Heute bin ich früh aufgestanden.' |
| Bir şey ye**din mi**? | ‚Hast du etwas gegessen?' |
| Dün yemeğe çık**madık**. | ‚Gestern sind wir nicht essen gegangen.' |

- ein Ereignis **nicht** bewusst oder **nicht** selbst erlebt hat, aber es dennoch als Tatsache formulieren will. Das betrifft insbesondere Nachrichten und Geschichtsbücher.

| | |
|---|---|
| 1991'de Stuttgart'ta doğ**dum**. | ‚Ich wurde 1991 in Stuttgart geboren.' |
| Atatürk 10 Kasım 1938'de öl**dü**. | ‚Atatürk ist am 10. November 1938 gestorben.' |

Das Präteritum ist zwar die Vergangenheitsform des Verbs, besagt aber nicht, wie lange das Ereignis zurückliegt, das damit formuliert wird. Ein Vergleich zum Deutschen: Wenn Sie sagen „Ich habe verstanden" oder „Ich habe mich verschluckt", wollen Sie sicher nicht ausdrücken, dass das gestern war. Sie äußern lediglich, dass es eingetreten ist. So müssen Sie auch einige türkische Präteritumsaussagen verstehen, z.B.

| | |
|---|---|
| Susa**dım**. | ‚Ich habe Durst (bekommen).' |
| Acık**tın mı**? | ‚Hast du Hunger (bekommen)?' |
| Seni özle**dim**. | ‚Ich habe nach dir Sehnsucht (bekommen).' |

**Beispiele:**

*Elif misafir gel**di*** ‚Elif ist zu Besuch gekommen', *Bir mektup al**dım*** ‚Ich habe einen Brief bekommen', *Gazete oku**dum*** ‚Ich habe Zeitung gelesen', *Anahtarı bul**dum*** ‚Ich habe den Schlüssel gefunden', *Ali benimle Türkçe konuş**tu*** ‚Ali hat mit mir Türkisch gesprochen', *Jeton düş**tü*** ‚Der Groschen ist gefallen', *Çok gül**dük*** ‚Wir haben viel gelacht'. *Ne sor**dunuz**?* ‚Was haben Sie gefragt?', *Anla**dın mı**? – Anla**madım*** ‚Hast du verstanden? – Ich habe nicht verstanden', *Dün ne yap**tınız**? – Sinemaya git**tim*** ‚Was haben Sie gestern gemacht? – Ich bin ins Kino gegangen', *Konsere git**mediniz mi**? – Git**medik*** ‚Sind Sie nicht in das Konzert gegangen? – Wir sind nicht hingegangen', *Misafirler gel**di mi**? – Gel**mediler*** ‚Sind die Gäste gekommen? – Sie sind nicht gekommen'.

**Beispiele mit Adverbialen:**

*Dünden beri bir şey ye**medim*** ‚Seit gestern habe ich nichts gegessen', *Senden çoktandır haber ala**madım*** ‚Ich habe seit langem nichts von dir gehört', *Şimdi çay iç**tim*** ‚Ich habe gerade Tee getrunken', *İki saat Türkçe çalış**tım*** ‚Ich habe zwei Stunden Türkisch gelernt', *Babam erkenden evden çık**tı*** ‚Mein Vater ist früh aus dem Haus gegangen'.

☑ **Zur 3. Person Plural** (Beispiele mit unbelebten Subjekten)

(1) *Biri kırmızı, biri beyaz iki Mercedes otomobil aynı anda benzinciye gir**diler**.* (DA, DBY, 37)
‚Zwei Mercedes-Autos, eines rot, das andere weiß, fuhren im selben Moment in die Tankstelle ein.'

(2) *Duvarlardaki resim çerçeveleri bile asılı durdukları çivilerde eğril**diler**.* (AN, Af, 38)
‚Sogar die Bilderrahmen an der Wand hatten sich an den Nägeln, an denen sie aufgehängt waren, verbogen.'

## 14.2.5 Das Perfekt

Das Perfekt ist eine Vergangenheitszeitform, mit der der Sprecher das **Ergebnis** eines Ereignisses formuliert. Wenn es für Sie leichter ist, merken Sie sich das türkische Perfekt als *Ergebnisvergangenheit*.

Wenn man morgens aus dem Fenster sieht und feststellt, dass Schnee liegt, sagt man *Kar yağmış* ‚Es hat geschneit'. Wenn die Hausfrau merkt, dass ihr dass Essen angebrannt ist, wird sie sagen *Yemeğim yanmış* ‚Mein Essen ist angebrannt'. Im Deutschen wäre in diesen Fällen „Es schneite" oder „Mein Essen brannte an" auch unangebracht. Warum? Weil der Sprecher dem Hörer damit vermittelt, dass er den Vorgang des Schneiens oder des Anbrennens vor Augen hat, den er beschreibt. Aber zum Sprechzeitpunkt ist das Schneien bereits abgeschlossen und das Anbrennen kann auch nicht mehr rückgängig gemacht werden. Der Sprecher hat also nicht das Stattgefundene selbst im Blickpunkt. Er kann sich nur darüber äußern, wie die Sachlage danach ist. Ein Ergebnis anzugeben bedeutet, dass man sich über ein Ereignis *nach dessen Abschluss*, also „zeitlich versetzt", äußert.

Kennzeichen des Perfekts ist **-mIş**. Die 3. Pers. Sg. sieht so aus:

| Vokalisch auslautende Verbstämme | | | Konsonantisch auslautende Verbstämme | | |
|---|---|---|---|---|---|
| | *bejaht* | *verneint* | | *bejaht* | *verneint* |
| üşü- | üşü**müş** | üşüme**miş** | bil- | bil**miş** | bilme**miş** |
| oku- | oku**muş** | okuma**mış** | gör- | gör**müş** | görme**miş** |
| iste- | iste**miş** | isteme**miş** | kız- | kız**mış** | kızma**mış** |
| söyle- | söyle**miş** | söyleme**miş** | sor- | sor**muş** | sorma**mış** |
| anla- | anla**mış** | anlama**mış** | | | |
| oyna- | oyna**mış** | oynama**mış** | | | |

Zur Kennzeichnung der Personen werden an **-mIş** die *Personalendungen* angehängt. Die Fragepartikel **mI** steht vor den Personalendungen, aber nach **-lAr**.

| | *bejaht* | *fragend* | *verneint* | *fragend-verneint* |
|---|---|---|---|---|
| (ben) | sevmişim | sevmiş miyim? | sévmemişim | sevmemiş miyim? |
| (sen) | sevmişsin | sevmiş misin? | sevmemişsin | sevmemiş misin? |
| (o) | sevmiş | sevmiş mi? | sevmemiş | sevmemiş mi? |
| (biz) | sevmişiz | sevmiş miyiz? | sevmemişiz | sevmemiş miyiz? |
| (siz) | sevmişsiniz | sevmiş misiniz? | sevmemişsiniz | sevmemiş misiniz? |
| (onlar) | sevmişler | sevmişler mi? | sevmemişler | sevmemişler mi? |

> ❋ **Verwechslungsgefahr:**
> Das Perfekt hat zwar Berührungspunkte zu **imiş** > **-(y)mIş** (☞ 13.2.2), drückt aber im Gegensatz zu **imiş**, das keinerlei Zeit vermittelt, ein vergangenes Ereignis aus.

> ☺ **Faustregel:**
> Jedes **-mIş**, dass direkt an einem Verbstamm hängt, ist das Perfekt. Jedes **-mIş**, das *nicht* an einem Verbstamm hängt, ist das erfahrungsorientierte Funktionswort **imiş** (☞ 13.2.2). (Auch **-ymIş** hängt nie an einem Verbstamm.)

Das Perfekt wird verwendet, wenn der Sprecher
- ein Ereignis selbst, aber *nachträglich* feststellt:

  | | |
  |---|---|
  | Susa**mışım**. | ‚Ich habe Durst (bekommen).' (wie ich merke) |
  | Bugün geç kalk**mışım**. | ‚Heute bin ich spät aufgestanden.' (wie ich sehe) |
  | Yolu şaşır**mışız**. | ‚Wir haben uns offenbar verlaufen.' |
  | Çok iç**mişiz**. | ‚Wir haben offenbar sehr viel getrunken.' |
  | Dikkat et**memiş miyim**? | ‚Habe ich etwa nicht aufgepasst?' |
  | Bira kal**mamış**. | ‚Es ist kein Bier mehr da.' (wie ich gerade sehe) |
  | Sırılsıklam ol**muşsun**! | ‚Du bist ja patschnass (geworden)!' |
  | Ellerin buz gibi ol**muş**. | ‚Deine Hände sind ja eiskalt (geworden).' |

- ein Ereignis vom Hörensagen kennt und weitererzählt. Dann kann er natürlich das Stattgefundene nicht im Blickpunkt haben. Entweder vertraut der Sprecher seiner Quelle und setzt **-mIş** nur zum Weitererzählen ein, oder er ist sich nicht sicher, wie er das Gehörte einordnen soll, dann besagt **-mIş** zusätzlich, dass er offen lässt, ob das Ereignis der Wahrheit entspricht oder nicht. Der Hörer wird ohne entprechenden Kontext in beiden Fällen davon ausgehen, dass der Sprecher sich nicht für den Inhalt verbürgt.

  (a) Die Quelle war Ihr Gesprächspartner, dem Sie vertrauen; im Deutschen können Sie sich hinzudenken: „wie er gesagt hat".

  | | |
  |---|---|
  | Arkadaşım araba al**mış**. | ‚Mein Freund hat ein Auto gekauft.' |
  | Komşumuz ev al**mış**. | ‚Unser Nachbar hat eine Wohnung gekauft.' |

  (b) Sie sind sich nicht 100%ig sicher, vor allem, wenn die Quelle eine 3. Instanz ist. Dann können Sie hinzufügen „wie ich gehört habe", das Verb „sollen" einsetzen oder auch den Konjunktiv verwenden.

  | | |
  |---|---|
  | Ali firmasından para çal**mış**. | ‚Ali soll von seiner Firma Geld gestohlen haben.' |
  | İşteyken içki iç**mişsin**. | ‚Du sollst auf der Arbeit Alkohol getrunken haben.' |
  | Cem Türkiye'ye git**miş**. | ‚Cem sei in die Türkei gefahren (wie ich gehört habe).' |

- Märchen, Anekdoten und Witze erzählt:

  | | |
  |---|---|
  | Bir dilenci, bir prensesle evlen**miş**. | ‚Ein Bettler hat eine Prinzessin geheiratet.' |

> ✓ Kontextlose Sätze mit **-mIş** sind nicht eindeutig:
>
> | | |
> |---|---|
> | Erol dün çok iç**miş**. | ‚Erol hat gestern viel getrunken, wie er gesagt hat.' |
> | | ‚Erol hätte gestern viel getrunken, wie ich gehört habe.' |
> | Işığı kapat**mamışsın**. | ‚Du hast das Licht nicht ausgemacht, wie ich feststelle.' |
> | | ‚Du hättest das Licht nicht ausgemacht, wie ich gehört habe.' |

- Feststellungen trifft der Sprecher zur Sprechzeit oder zu der Zeit, über die er erzählt/schreibt. Will er diese Feststellung zu einem späteren Zeitpunkt weitergeben, wird er ohne entsprechenden Kontext auf **-mIş** verzichten, damit der Hörer/Leser das Berichtete nicht als Hörensagen einordnet:

  | | |
  |---|---|
  | Çok kar yağ**mış**. | ‚Es hat viel geschneit.' *(wie ich gerade feststelle)* |
  | → Çok kar **yağdı**. | ‚Es hat viel geschneit.' *(gestern, vorgestern u.a.)* |

Der Sprecher kann jedoch auch nicht selbst Erlebtes mit dem Präteritum formulieren und als Tatsache darstellen, wenn er es für angebracht hält. Angenommen, er hat gerade telefonisch die Mitteilung bekommen, dass sein Opa gestorben ist und gibt das weiter; dann wird er *Dedem ölmüş* ‚Mein Opa ist tot' wählen und signalisiert damit, dass er es erfahren hat. Einen Tag später hingegen äußert er *Dün dedem öldü* ‚Gestern ist mein Opa gestorben'.

Wie sieht es nun in den 1. Personen aus? Angenommen, Sie haben eine Monatskarte für die Verkehrsbetriebe und geraten in eine Fahrscheinkontrolle. Sie suchen danach und stellen fest, dass Sie sie einzustecken vergessen haben. Das wäre ein Fall, um *Unutmuşum* ‚Die habe ich offenbar vergessen' zu sagen. Um *Unuttum* ‚Ich habe sie vergessen' zu sagen, müssten Sie zum Zeitpunkt der Kontrolle bereits wissen, dass Sie sie nicht bei sich haben.

- In Kontexten, in denen das nachträglich Festgestellte nicht relevant ist, wird mit einer Perfektform in der 1. Person signalisiert, dass irgendwelche Gründe den Sachverhalt beeinflusst haben: *Hayatımda süt içmemişim* ‚Ich habe in meinem Leben noch keine Milch getrunken', *Biz Potsdam'a hiç gitmemişiz* ‚Wir waren noch nie in Potsdam'. Manchmal kann das auch bedeuten, dass ein Ereignis etwas prahlerisch oder – abhängig vom Verb – beklagend hingestellt wird; im Deutschen fügen wir dann „nicht" hinzu: *Biz neler görmüşüz!* ‚Was haben wir nicht alles gesehen!', *Ben neler geçirmişim!* ‚Was habe ich nicht alles durchgemacht!'.

Wird einer Aussage im Präteritum eine Aussage im Perfekt angeschlossen, wird auch auf den eingetretenen Zustand verwiesen: *Bir öğrencim derse vaktinde geldi, ama iyi hazırlanmamış* ‚Ein Student von mir ist pünktlich zum Unterricht gekommen, aber er war nicht gut vorbereitet'.

- Die zeitliche Versetztheit des Perfekts ist nur in einer konkreten Situation oder im Kontrast mit anderen Zeitformen spürbar. Sollte jemand eine Schilderung oder Beschreibung, die im Präteritum formuliert wurde, ins Perfekt umsetzen, reiht er die Handlungen genau so an wie vorher: *Elif yedide kalk**mış**, giyin**miş**, kahvaltı et**miş** ve işine git**miş*** ‚Elif ist um sieben aufgestanden, hat sich angezogen, gefrühstückt und ist zur Arbeit gegangen'.

---

☺ **Faustregel:**
Wenn das Ereignis zur Sprechzeit eine eingetretene *Tatsache* ist und der Sprecher keinerlei Nuancen wie nicht verifiziertes Hörensagen implizieren will, wird er das **Präteritum** verwenden.

Minibüs denize uç**tu**: 4 ölü ‚Kleinbus ist ins Meer gestürzt: 4 Tote'
İstanbul 29 Mayıs 1453'te fethe**dildi**. ‚Istanbul wurde am 29. Mai 1453 erobert.'

Wenn das Ereignis zur Sprechzeit eine eingetretene *Tatsache* ist und der Sprecher das „zeitlich versetzt" bemerkt, wird er das **Perfekt** verwenden.

Bahçemizde bir ağaç devril**miş**. ‚In unserem Garten ist ein Baum umgestürzt.'
*(wie ich sehe)*

Wenn der Sprecher von einem Ereignis erfahren hat und es weitererzählt, wird er das **Perfekt** verwenden. Es bleibt offen, wie er dazu steht.
Zu -(y)mIş (☞ 13.2.2).

## 14.2.6 Der Kontinuativ

Der Kontinuativ -mAktA ist ein Verlaufspräsens und wird im gesprochenen Türkisch selten gebraucht. Er aktualisiert das im Prädikat ausgedrückte Ereignis; der Blickpunkt des Sprechers/Autors liegt stark auf dem Ereignis, das Subjekt spielt eine sekundäre Rolle.

Der Kontinuativ wird vom Infinitiv abgeleitet, an den das Lokativsuffix angefügt wird. Zur Kennzeichnung der Personen werden die Personalendungen angehängt. Die Fragepartikel mI steht vor den Personalendungen, aber nach -lAr. Er wird verwendet, wenn

- ausdrücklich darauf verwiesen werden soll, dass zum Sprechzeitpunkt ein Ereignis bereits im Gange ist

  | | |
  |---|---|
  | Şu anda yemek pişir**mekteyim**. | ‚Ich bin gerade am Essenkochen.' |
  | Mektup yaz**maktayım**. | ‚Ich bin am Briefeschreiben.' |
  | Dünden beri kar yağ**makta**. | ‚Seit gestern ist es am Schneien.' |
  | Bizde iki gündür yağmur yağ**makta**. | ‚Bei uns ist es seit zwei Tagen am Regnen.' |

- in der Literatur der momentane Verlauf ausdrücklich dargestellt werden soll

  | | |
  |---|---|
  | Yukarıdaki resimde, derece alan yerli ve besili ineklerimizden bir kısmını gör**mektesiniz**. (AN, SGS, 35) | ‚Auf dem Foto oben sehen Sie einen Teil unserer einheimischen und gemästeten Kühe, die prämiert wurden.' |

Der Kontinuativ kann auf zweierlei Art verneint werden: *Artık ev aramamaktayız* ‚Wir sind nicht mehr am Wohnungsuchen' (aber vielleicht suchen wir ein anderes Mal), *Artık ev aramakta değiliz* ‚Wir sind nicht mehr auf Wohnungssuche' (wir haben es aufgegeben).

Der Kontinuativ bezieht sich *nicht* auf Zukünftiges. Folgende Beispiele sind unüblich, da die Zeitspanne nach der Sprechzeit liegt:

(*)Bir saat sonra gelmekteyim. / (*)Birazdan duş yapmaktayım. / (*)Yarın çalışmaktayım.

- In Texten und Ansprachen mit offiziellem Charakter, aber auch in manchen wissenschaftlichen Arbeiten sowie im Schriftverkehr mit Behörden oder Institutionen wird der Kontinuativ anstelle des -yor-Präsens verwendet. Damit gibt der Autor eine Bestandsaufnahme seiner Informationen und Wahrnehmungen wieder, die er als gesichert und feststehend einstuft. Man könnte auch von einem *kognitiven Präsens* sprechen.

- Da das Subjekt eine zweitrangige Rolle spielt, ist es üblich, im Schriftverkehr mit Ämtern auf **-mAktA** auszuweichen. So kann man sich auf einen bestehenden Tatbestand konzentrieren, z.B. *06/11/2012 tarihli yazınızla mektubumu almadığınızı bildirmektesiniz* ‚Mit Ihrem Schreiben vom 06.11.2012 machen Sie die Mitteilung, dass Sie meinen Brief nicht erhalten haben'. Mit dieser Formulierung wendet sich der Sprecher an die Behörde, *ohne* eine Person als Ansprechpartner ins Auge zu fassen. Würde der Satz mit *bildiriyorsunuz* ‚Sie teilen mit' gebildet, entsteht der Eindruck, dass die Person, die den Brief unterschrieben hat, auch der zuständige und verantwortliche Ansprechpartner ist. Mit **-mAktA** wird deutlich, dass es um die Sache geht. Das Deutsche bietet dafür keine eigene Zeitform, sodass wir mit dem Präsens übersetzen müssen. Man kann nur die Formulierung in Amtsdeutsch bringen.

**-mAktA** wird häufig mit **-DIr** versehen (☞ 13.6, 14.3).

## 14.3 Die einfachen Zeiten in Kombination mit *-DIr*

Von den einfachen Zeiten können das Präteritum *nie* und der Aorist nur in Ausnahmefällen mit **-DIr** versehen werden: *Arızalar kaçınıl**mazdır*** (Radikal, 15/08/1998) ‚Defekte sind unvermeidbar' (Das Subjekt ist nicht tätig, und das Verb wird als Adjektiv eingesetzt).

### Präsens + -DIr
Der Sprecher gibt seine Einschätzung wieder, oft gepaart mit Vermutung/Annahme:
*Çok konuş**uyorumdur**, değil mi?* ‚Ich rede wohl sehr viel, nicht wahr?', *İçkiyi sevmiyorum. Bunu siz de biliy**orsunuzdur*** ‚Ich mag keinen Alkohol. Das wissen Sie doch auch', *Sular da ak**ıyordur** inşallah* ‚Das Wasser läuft doch hoffentlich', *Cem belki uy**uyordur*** ‚Vielleicht schläft Cem', *Seni öp**üyor mudur?*** ‚Ob er dich wohl küsst?'.

### Perfekt oder Futur + -DIr
(a) Der Sprecher gibt seine Einschätzung wieder, oft gepaart mit Vermutung/Annahme:
*Mektubumu al**mışsındır*** ‚Du wirst meinen Brief bekommen haben', *Gürol seni yanlış anla**mıştır*** ‚Gürol wird dich (sicher) falsch verstanden haben', *Çok ye**mişimdir*** ‚Ich habe wohl zu viel gegessen', *Bugün çok yorul**muşsunuzdur*** ‚Heute werden Sie sich sehr abgeplagt haben', *Belki de, dedi, Dikilitaş'**tır**. Onlar sana Dikilitaş de**mişlerdir**, sen Kabataş anla**mışsındır*** (AN, YLBD, 17) ‚Sie sagte: Vielleicht ist es Dikilitaş. Sie werden zu dir Dikilitaş gesagt haben, und du wirst Kabataş verstanden haben'.
*Sanık, suçunu itiraf et**meyecektir*** ‚Der Angeklagte wird seine Schuld nicht gestehen', *Paketi inşallah yakında al**acaksınızdır*** ‚Das Paket werden Sie hoffentlich bald erhalten', *Sigarayı bırak, faydasını gör**eceksindir*** ‚Lass das Rauchen, du wirst den Nutzen sehen'.

(b) Der Sprecher bestätigt seine Aussage:
*Dillerin doğuşu konusunda dilciler, ikiye ayrıl**mışlardır*** (HE, TD, 11) ‚Hinsichtlich der Entstehung der Sprachen gibt es unter den Linguisten zwei Auffassungen', *Atatürk Selânik'te doğ**muş***[1], *İstanbul'da öl**müştür*** ‚Atatürk ist in Thessaloniki geboren und in Istanbul gestorben', *Hayatımda süt iç**memişimdir*** ‚In meinem Leben habe ich noch keine Milch getrunken'; *Uçak saat 15.40'ta in**ecektir*** ‚Das Flugzeug wird um 15.40 Uhr landen', *1683'te Viyana ricati ile imparatorluk, Avrupa fetihlerini kaybetmeye başl**ayacaktır*** (F.R. Atay in: Türkçe Sözlük) ‚Mit dem Rückzug von Wien 1683 wird das Reich seine Europaeroberungen zu verlieren beginnen'.

### Kontinuativ + -DIr (zur Bestätigung gebraucht)
*Oğlum gazeteci olarak çalış**maktadır*** ‚Mein Sohn ist als Journalist tätig', *Güzel güzel rüyalar gör**mektesinizdir*** ‚Sie träumen bestimmt sehr schön', *Firmamız normal banka çek kartının yanısıra kredi kartı ile de satış yap**maktadır*** ‚Unsere Firma wickelt neben Verkäufen über normale Bankscheckkarten auch solche über Kreditkarten ab', *Yemeklerimizde domuz eti bulun**mamaktadır*** (Turkish Airlines) ‚Unsere Gerichte enthalten kein Schweinefleisch', *Kitap, bir girişle şu üç bölümden oluş**maktadır*** (NK, YD, 10) ‚Das Buch besteht aus einer Einleitung und folgenden drei Kapiteln'.
In der 3. Pers. Pl. kommt **-DIrlAr** vor (selten **-lArdIr**).

---

[1] **-DIr** kann ausgespart werden. Hier bedeutet *doğmuş, ölmüştür*, dass der Sprecher das Ereignis als generell bekannt darstellt, bei *doğdu, öldü* würde er die Information anbieten.

## 14.4 Die mit *idi* erweiterten Zeiten

Alle sechs einfachen Zeiten können mit **idi** (☞ 13.2.1) kombiniert werden. Üblicherweise wird **idi** als **-(y)DI** angehängt. Dennoch kann es auch unverbunden nachgestellt werden. Wenn der Sprecher das bewusst wählt, fügt er dem Prädikat mehr Gewicht und oft die Nuance der Unabänderlichkeit bei.

### 14.4.1 Das Imperfekt

Das **Imperfekt** ist die **unvollendete Vergangenheit**. Es besagt, dass der Sprecher über ein stattgefundenes Ereignis berichtet, aber keine Mitteilung darüber macht, *wann* es angefangen und *wann* es aufgehört hatte. Außerdem wird eine gewisse Dauer signalisiert. Vergleichen Sie:

*Ich betrachtete die Sonne* (Vergangenheit, eine gewisse Dauer und Unabgeschlossenheit zu jenem Zeitpunkt wird ausgedrückt), *aber:*
*Ich erblickte die Sonne* (Vergangenheit und Abgeschlossenheit wird ausgedrückt)
Die Idee der Unabgeschlossenheit für Vergangenes ist im Deutschen vom verwendeten Verb abhängig: „betrachten" erlaubt eine solche Betrachtungsweise, „erblicken" hingegen nicht. Im Türkischen kann von jedem Verb ein Imperfekt gebildet werden.

Ausgangspunkt für das **Imperfekt** ist eine Präsensform in der 3. Pers. Sg., an die **idi** in allen Personen angehängt wird. Die 3. Pers. Pl. hat zwei Varianten. In Folgesätzen (das Subjekt muss schon bekannt sein) kommt die Reihenfolge **-lArdI** vor.

|  | *bejaht* | *fragend* | *verneint* | *fragend-verneint* |
|---|---|---|---|---|
| (ben) | seviyórdum | seviyor muydum? | sévmiyordum | sevmiyor muydum? |
| (sen) | seviyordun | seviyor muydun? | sevmiyordun | sevmiyor muydun? |
| (o) | seviyordu | seviyor muydu? | sevmiyordu | sevmiyor muydu? |
| (biz) | seviyorduk | seviyor muyduk? | sevmiyorduk | sevmiyor muyduk? |
| (siz) | seviyordunuz | seviyor muydunuz? | sevmiyordunuz | sevmiyor muydunuz? |
| (onlar) | seviyordular | seviyor muydular? | sevmiyordular | sevmiyor muydular? |
|  | seviyorlárdı | seviyorlar mıydı? | sevmiyorlardı | sevmiyorlar mıydı? |

**Merke:**

| | | | | |
|---|---|---|---|---|
| de- | diyordu | diyor muydu? | demiyordu | demiyor muydu? |
| ye- | yiyordu | yiyor muydu? | yemiyordu | yemiyor muydu? |
| et- | ediyordu | ediyor muydu? | etmiyordu | etmiyor muydu? |
| git- | gidiyordu | gidiyor muydu? | gitmiyordu | gitmiyor muydu? |

**Beispiele:**
*Demin kiminle konuşuyordun?* ‚Mit wem sprachst du vorhin?' (z.B. als ich nach Hause kam – kein Hinweis auf das Ende des Gesprächs, selbst wenn es inzwischen beendet wurde), *Size bir şey sormak istiyordum* ‚Ich wollte Sie etwas fragen', *Bu sabah seni Kapalı Çarşı'da gördüm; ayakkabı alıyordun* ‚Ich habe dich heute früh im Überdachten Basar gesehen; du warst gerade beim Schuhekaufen', *Eskiden Kayseri'de oturuyorduk; beş yıl önce İstanbul'a geldik* ‚Früher wohnten wir in Kayseri; vor fünf Jahren sind wir nach Istanbul gekommen', *Sabah kahvaltısını bütün aile mutfakta yapıyorlardı* (AN, MKİE, 66) ‚Das Frühstück nahm die ganze Familie gemeinsam in der Küche ein'.

## Vergleich Präsens – Imperfekt – Präteritum:

| Kızım uyu**yor**. | Meine Tochter schläft. | **Sprechzeit** jetzt: Das Schlafen hat angefangen, aber ist noch nicht beendet. Der Anfang und das Ende sind *offen*, außerdem wird eine gewisse Dauer mitgeteilt. |
|---|---|---|
| Kızım saat onda uyu**yordu**. | Meine Tochter schlief um zehn Uhr. *oder:* Meine Tochter hat um zehn Uhr **schon** geschlafen. | Das Schlafen war **vor der** Sprechzeit. Der Anfang und das Ende sind *offen*, außerdem wird eine gewisse Dauer mitgeteilt. |
| Kızım saat onda uyu**du**. | Meine Tochter ist um zehn Uhr eingeschlafen. | Das Einschlafen war **vor** der Sprechzeit. |
| Kızım on saat uyu**du**. | Meine Tochter hat zehn Stunden geschlafen. | Das Schlafen war **vor** der Sprechzeit, ist aber zur Sprechzeit beendet. |

Nicht immer, aber oft liegt es im Ermessen des Sprechers, ob er ein vergangenes Ereignis als vollendet oder nicht vollendet darstellen will. Diese Ermessensfrage nennt man **Aspekt**. Im Deutschen kann man sich zum Verständnis des Imperfektes ein „gerade" hinzudenken:

| Ne di**yordum**? | ‚Was sagte ich *gerade*?' |
|---|---|
| Şimdi alışverişe çıkı**yordum**. | ‚*Gerade* war ich dabei, einkaufen zu gehen.' |
| Demin ne yapı**yordun**? – Çay içi**yordum**. | ‚Was machtest du vorhin? – Da habe ich *gerade* Tee getrunken.' |
| Yemek pişiri**yordum**, zil çaldı. | ‚Ich kochte *gerade* Essen, da klingelte es.' |
| Dünden beri kar yağı**yordu**, şimdi bitti. | ‚Seit gestern *schneite* es, jetzt hat es aufgehört.' |

Zur 3. Pers. Pl. (☞ 24.3).

## 14.4.2 Der Aorist in der Vergangenheit

Wird eine Aoristform der 3. Pers. Sg. mit **idi** in allen Personen kombiniert (im Regelfall angehängt), wird das Ereignis von der Gegenwart wegtransportiert. Das Schema lautet:

|  | *bejaht* | *fragend* | *verneint* | *fragend-verneint* |
|---|---|---|---|---|
| (ben) | severdim | sever miydim? | sevmezdim | sevmez miydim? |
| (sen) | severdin | sever miydin? | sevmezdin | sevmez miydin? |
| (o) | severdi | sever miydi? | sevmezdi | sevmez miydi? |
| (biz) | severdik | sever miydik? | sevmezdik | sevmez miydik? |
| (siz) | severdiniz | sever miydiniz? | sevmezdiniz | sevmez miydiniz? |
| (onlar) | severdiler | sever miydiler? | sevmezdiler | sevmez miydiler? |
|  | severlerdi | severler miydi? | sevmezlerdi | sevmezler miydi? |

**Merke:**

|  |  |  |  |  |
|---|---|---|---|---|
| de- | derdi | der miydi? | demezdi | demez miydi? |
| ye- | yerdi | yer miydi? | yemezdi | yemez miydi? |
| et- | ederdi | eder miydi? | etmezdi | etmez miydi? |
| git- | giderdi | gider miydi? | gitmezdi | gitmez miydi? |

Der Aorist deckt, wie Sie wissen, zwei Pole ab (☞ 14.2.2). So kann es nicht ausbleiben, dass auch der Aorist in der Vergangenheit – verkürzte Schreibweise -(A/I)rdI/-mAzdI – zwei Pole abdeckt. Er wird verwendet, wenn der Sprecher

- über frühere Gewohnheiten und Eigenschaften spricht

  Eskiden et ye**rdim**. ‚Früher habe ich Fleisch gegessen.'
  *oder:* ‚Früher pflegte ich Fleisch zu essen.'
  Eskiden bira iç**mezdim**. ‚Früher habe ich kein Bier getrunken.'
  *oder:* ‚Früher pflegte ich kein Bier zu trinken.'

- über Ereignisse spricht, die nicht mehr realisiert werden können oder noch nicht realisiert sind. Diese Variante wird noch bei den Bedingungssätzen wichtig. Eine zeitliche Einordnung kann nur im Gesamtkontext erfolgen.

  (a) Die Äußerung bezieht sich auf etwas, was **vor** der Sprechzeit hätte sein können:

  Ben de sizinle sinemaya geli**rdim**. ‚Ich *wäre* auch mit euch ins Kino gegangen.'
  Ben bu Türkçe kitabını al**mazdım**. ‚Ich *hätte* dieses Türkischbuch nicht gekauft.'
  Dün senin yanında olmak iste**rdim**. ‚Gestern *wäre* ich gern bei dir *gewesen*.'

  (b) Die Äußerung bezieht sich auf etwas, was **zur** oder **nach** der Sprechzeit sein könnte:

  Ben de bira içmek iste**rdim**. ‚Ich *würde* auch Bier trinken wollen.'
  Yemeğin yanına ne alı**rdınız**? ‚Was *hätten* Sie gern als Beilage zum Essen?'
  Ben bu Türkçe kitabını al**mazdım**. ‚Ich *würde* dieses Türkischbuch nicht kaufen.'
  Şimdi senin yanında olmak iste**rdim**. ‚Jetzt *wäre* ich gern bei dir.'

Auch folgendes Beispiel lässt sich nur im Kontext zuordnen:

  Böyle bir şey yap**mazdım**. ‚So etwas hätte ich nicht getan (täte ich nicht).'

> ♦ Bei einigen Verben, die mit -lA von Nomen abgeleitet sind (☞ 4.2), kann es zu Verwechslungen mit dem Pluralsuffix kommen: *Temizle-r-di* ‚Er/sie machte sauber', *Temiz-ler-di* ‚Es waren die Sauberen'.

Zur 3. Pers. Pl. (☞ 24.3).

### 14.4.3 Das Futur in der Vergangenheit

Wird eine Futurform der 3. Pers. Sg. mit **idi** in allen Personen kombiniert (im Regelfall angehängt), wird das Ereignis in die Planungsphase verschoben. Das Schema lautet:

|         | *bejaht*      | *fragend*         | *verneint*         | *fragend-verneint*     |
|---------|---------------|-------------------|--------------------|------------------------|
| (ben)   | sevecéktim    | sevecek miydim?   | sévmeyecektim      | sevmeyecek miydim?     |
| (sen)   | sevecektin    | sevecek miydin?   | sevmeyecektin      | sevmeyecek miydin?     |
| (o)     | sevecekti     | sevecek miydi?    | sevmeyecekti       | sevmeyecek miydi?      |
| (biz)   | sevecektik    | sevecek miydik?   | sevmeyecektik      | sevmeyecek miydik?     |
| (siz)   | sevecektiniz  | sevecek miydiniz? | sevmeyecektiniz    | sevmeyecek miydiniz?   |
| (onlar) | sevecektiler  | sevecek miydiler? | sevmeyectiler      | sevmeyecek miydiler?   |
|         | seveceklérdi  | sevecekler miydi? | sevmeyeceklerdi    | sevmeyecekler miydi?   |

## Die mit *idi* erweiterten Zeiten 175

Mit dem Futur in der Vergangenheit – verkürzte Schreibweise -(y)AcAktI – werden *geplante Vorhaben* formuliert, die nicht verwirklicht werden konnten oder nicht verwirklicht werden können, oft gefolgt von *ama* ‚aber'. Hin und wieder greift der Sprecher mit -(y)AcAktI auch auf ein Vorhaben zurück, das noch in der Planungsphase steckt oder steckte. Ob das Ereignis verwirklicht wurde, bleibt offen. Die Übersetzungen ins Deutsche können „wollte, sollte, würde", auch „hätte, wäre" sein, je nachdem, ob das Vorhaben für einen Zeitpunkt **vor, zur** oder erst **nach** der Sprechzeit gilt/galt. Das Futur in der Vergangenheit wird verwendet, wenn

- der Sprecher über sein eigenes Vorhaben spricht, aber weiß, dass es nicht realisiert werden konnte/kann, weil ihm etwas dazwischengekommen ist

| | |
|---|---|
| Dün sana gel**ecektim**, ama bize misafir geldi. | ‚Gestern wollte ich zu dir kommen, aber zu uns ist Besuch gekommen.' |
| Bugün/Yarın sana gel**ecektim**, ama bize misafir gelecek. | ‚Heute/Morgen wollte ich zur dir kommen, aber zu uns wird Besuch kommen.' |
| Dün doktora gid**ecektim**, ama vak**tim** olmadı. | ‚Gestern wollte ich zum Arzt gehen, aber ich hatte keine Zeit dafür (bekommen).' |
| Bugün/Yarın doktora gid**ecektim**, ama vak**tim** olmayacak. | ‚Heute/Morgen wollte ich zum Arzt gehen, aber ich werde dafür keine Zeit (bekommen).' |

In den Beispielen mit *vaktim olmayacak* sollte nicht *vaktim yoktu* stehen, denn *vaktim yoktu* bedeutet, dass der Sprecher schon wusste, dass er keine Zeit haben wird und insofern auch die Planung fehl am Platze war/ist.

- der Sprecher über sein eigenes Vorhaben spricht, dessen Realisierung noch offen ist

| | |
|---|---|
| Okul başlıyor. Çok heyecanlıyım. […] Okul eve yakın olduğu için öğle yemeğine eve gel**ecektim**. (AN, BGBG 1, 255) | ‚Die Schule fängt an. Ich bin sehr aufgeregt.' […] Da die Schule in der Nähe der Wohnung ist, würde ich zum Mittagessen nach Hause kommen.' |

- der Sprecher über das Vorhaben eines anderen spricht, von dem er aber weiß oder wusste

| | |
|---|---|
| Bugün uğra**mayacak mıydın**? | ‚Wolltest du heute nicht vorbeikommen?' |
| Mademki gid**ecektin**, neden bana „Seni seviyorum." dedin? | ‚Wenn du vorhattest zu gehen, warum hast du zu mir „Ich liebe dich" gesagt?' |
| Elif Cem'in adresini iste**yecekti**, ama sormaya cesaret edemedi. | ‚Elif wollte die Adresse von Cem haben, aber sie hat sich nicht getraut zu fragen.' *(Wie ich weiß.)* |

- der Urheber für ein Vorhaben eine 3. Instanz ist, die den Sprecher tangiert

| | |
|---|---|
| Bir firmaya üç ayrı fatura için üç ayrı tarihli çek ver**ecektik**, fakat vade konusunda anlaşamıyoruz. | ‚Wir sollten einer Firma für drei getrennte Rechnungen drei verschieden datierte Schecks geben, aber wir können uns über den Fälligkeitstermin nicht einigen.' |
| Toplantının sonunda, çay, limonata, bisküvi dağı**tacaktık**. (AN, ŞÇH, 127) | ‚Am Ende der Versammlung sollten wir Tee, Limonade und Kekse austeilen.' |
| Bir daha hamile kal**mayacaktı** annem, çünkü çok ağır hastaydı, ama hamile kaldı ve öldü. | ‚Sie sollte nicht noch einmal schwanger werden, meine Mutter, denn sie war sehr schwer krank, aber sie ist schwanger geworden und gestorben.' |

- der Sprecher eine *realitätsnahe* Voraussage abgibt

| | |
|---|---|
| Bilgisayar kursu vardı bugün, vallahi uyu**yacaktım**. | ‚Computerkurs war heute, bei Gott, ich wäre fast eingeschlafen.' |
| Çocuk neredeyse düş**ecekti**. | ‚Das Kind wäre beinahe gefallen.' |
| Gemi birazdan bat**acaktı**. | ‚Das Schiff würde in Kürze sinken.' |

> ✓ **Vergleichen wir:**
> *Dün akşam size gelecektik, ama misafir geldi* ‚Gestern abend wollten wir zu euch kommen, aber da kam Besuch' (das Kommen wird als Plan dargestellt);
> *Dün akşam size geliyorduk, ama misafir geldi* ‚Gestern abend waren wir drauf und dran, zu euch zu kommen, aber da kam Besuch' (das Kommen wird als Vorbereitung dargestellt).

➲ „wollte" ist nicht gleich „wollte"

Das Verb **istemek** ‚wollen' kann natürlich auch als Vergangenheitsform gebraucht werden. Damit wird der Wille wiedergegeben:

| | |
|---|---|
| Hesabı ben ödemek **istedim**, ama arkadaşım bırakmadı. | ‚Die Rechnung wollte ich bezahlen, aber mein Freund hat mich nicht gelassen.' |
| Hesabı ben ödemek **istiyordum**, ama arkadaşım bırakmadı. | ‚Die Rechnung wollte ich gerade bezahlen, aber mein Freund hat mich nicht gelassen.' *(Sehr plastisch dargestellter Wille, die Sprecherin hatte z.B. schon ihr Portemonnaie gezückt.)* |
| Hesabı ben **ödeyecektim**, sonra vazgeçtim. | ‚Die Rechnung wollte ich bezahlen, aber dann habe ich es gelassen.' *(Ich hatte es vor. Die anderen wussten nichts von meinem Plan.)* |
| Arkadaşım biraz sonra kalktı, bana sarıldı ve beni öpmek **istedi**. | ‚Mein Freund ist kurz danach aufgestanden, hat mich umarmt und wollte mich küssen.' |
| Arkadaşım biraz sonra kalkacak, bana sarılacak ve beni öpmek **isteyecekti**[2]. | ‚Mein Freund würde kurz danach aufstehen, mich umarmen und küssen wollen.' *(Ich kannte seine Pläne.)* |

> ☺ **Faustregel:**
> Das Futur in der Vergangenheit und der Aorist in der Vergangenheit liegen bedeutungsmäßig nicht sehr weit auseinander, dennoch gibt es Unterschiede. **-(y)AcAktI/-mAyAcAktI** zielt primär auf unverwirklichte Pläne und Voraussagen, **-(A/I)rdI** auf Absichtserklärungen und **-mAzdI** auf Ereignisse, die aus irgendwelchen Gründen gar nicht in Betracht gezogen werden/wurden.

| | |
|---|---|
| Bir daha bu kadar içki iç**meyecektim**. | ‚Noch einmal würde ich nicht so viel Alkohol trinken.' *(Das habe ich mir vorgenommen.)* |
| Ben zaten bu kadar iç**mezdim**. | ‚Ich würde ohnehin nicht so viel trinken/hätte ohnehin nicht so viel getrunken.' |

---

2 *-(y)DI* kann bei parallel stehenden Verbformen ausgespart und nur einmal gesetzt werden. Es steht dann am letzten Element.

### 14.4.4 Das Präteritum in der Vergangenheit

Das **Präteritum in der Vergangenheit** ist eine *Ereignisvorvergangenheit*, die im Deutschen keine Entsprechung hat und je nach Kontext mit dem deutschen Perfekt oder Plusquamperfekt übersetzt werden kann. Sie kommt im Türkischen nicht sehr häufig vor und ist auch kein Plusquamperfekt im Sinne einer „vollendeten Vergangenheit", sondern besagt lediglich, dass eine im Präteritum formulierbare Aussage nicht bis zum Sprechzeitpunkt (oder den Zeitpunkt, über den geschrieben wird) heranreicht.

Das Präteritum in der Vergangenheit kommt in zwei Varianten vor. Entweder wird das Verb im Präteritum durchkonjugiert und es wird **-(y)DI** ohne Personenmarkierung angehängt, oder an eine Verbalform im Präteritum 3. Pers. Sg. wird **idim, idin, idi** usw. angefügt. Dabei gibt es zwei Möglichkeiten, das Ereignis darzustellen: Entweder wird an etwas Bekanntes/Genanntes angeknüpft wie in (I), oder es wird *nicht* an etwas Genanntes/Bekanntes angeknüpft wie in (II). Die Variante (I) wird dem Gesprächsverlauf näher empfunden als die Variante (II).

- (I) Die Reihenfolge für das Bekannte/Genannte

|  | *bejaht* | *fragend* | *verneint* | *fragend-verneint* |
|---|---|---|---|---|
| (ben) | sevdímdi | sevdim miydi? | sévmedimdi | sevmedim miydi? |
| (sen) | sevdindi | sevdin miydi? | sevmedindi | sevmedin miydi? |
| (o) | sevdi idi | sevdi mi idi? | sevmedi idi | sevmedi mi idi? |
| (biz) | sevdikti | sevdik miydi? | sevmedikti | sevmedik miydi? |
| (siz) | sevdinizdi | sevdiniz miydi? | sevmedinizdi | sevmediniz miydi? |
| (onlar) | sevdi**lerdi** | sevdiler miydi? | sevmedilerdi | sevmediler miydi? |

*Sana "Bunu elleme!" de****dimdi*** ‚Ich habe dir doch gesagt: „Fass das nicht an!"', *Beyefendi, vaktiyle ben size gereken sözleri söyleyip nasihat et****medim miydi?*** [...] – *Söyle****dinizdi***. *Nasihatlar da ver****dinizdi*** (HRG, KYABE, 287) ‚Mein Herr, war es nicht so, dass ich Ihnen seinerzeit die erforderlichen Worte gesagt und Ratschläge erteilt hatte? – Das hatten Sie gesagt. Und Sie hatten auch Ratschläge erteilt', *Ama biz karımla, anlaşamadığımız sorunları tartışarak çözebileceğimize inanıyorduk. Ve hep böyle yap****tık...tı*** *onaltı gün öncesine dek* (AN, AD, 116) ‚Aber wir, meine Frau und ich, glaubten daran, Probleme, bei denen wir uns nicht einig waren, diskutierend lösen zu können. Und wir haben es immer so gehalten. ... hatten es bis vor sechzehn Tagen'.

- (II) Die Reihenfolge für das nicht Bekannte/Genannte

|  | *bejaht* | *fragend* | *verneint* | *fragend-verneint* |
|---|---|---|---|---|
| (ben) | sevdíydim | sevdi miydim? | sévmediydim | sevmedi miydim? |
| (sen) | sevdiydin | sevdi miydin? | sevmediydin | sevmedi miydin? |
| (o) | sevdiydi | sevdi miydi? | sevmediydi | sevmedi miydi? |
| (biz) | sevdiydik | sevdi miydik? | sevmediydik | sevmedi miydik? |
| (siz) | sevdiydiniz | sevdi miydiniz? | sevmediydiniz | sevmedi miydiniz? |
| (onlar) | sevdi**ydiler** | sevdi miydiler? | sevmediydiler | sevmedi miydiler? |

In der 3. Pers. Sg. kann man den Unterschied der beiden Varianten nur aufrecht erhalten, wenn im ersten Fall **idi** getrennt geschrieben wird, also **-DI idi** und nicht in Form von **-DIydI**.

*"Evlenmem." de***dimdi** *de gül***düydük** ‚Ich hatte doch gesagt: „Ich werde nicht heiraten", und wir haben gelacht', *Bu filmi gör***düydük** ‚Diesen Film hatten wir doch gesehen', *Bir süre karşı karşıya dur***duyduk** (www.radikal.com.tr/) ‚Eine Weile haben wir uns gegenüber gestanden', *Bundan sonra bir kadının iki üç kocası olacak de***dilerdi** *de ben inanma***dıydım** (HRG, KYABE, 163) ‚Von nun an wird eine Frau zwei bis drei Männer haben, hatten die gesagt, und ich habe es nicht geglaubt'.

Die Reihenfolge II eignet sich besonders, wenn der Sprecher in einem größeren Kontext die chronologische Abfolge von stattgefundenen Ereignissen unterbrechen und auf ein oder mehrere einzelne, zuvor vergangene Ereignisse zurückgreifen will. Dabei versucht er das, was er aussagt, in Erinnerung zu bringen:

*Birinci sınıfa Ankara'da başladım, ikinci sınıfı İstanbul'da okudum, anaokuluna da Ankara'da* **gittiydim***, sonra İzmir'e taşındık.* ‚Die erste Klasse habe ich in Ankara angefangen, die zweite Klasse habe ich in Istanbul besucht – in die Vorschule war ich ja auch in Ankara gegangen –, dann sind wir nach Izmir umgezogen.'

### 14.4.5 Das Plusquamperfekt

Das **Plusquamperfekt** ist die gängige *vollendete Vergangenheit* im Türkischen. Sie enthält *keine* Nuancen wie „offenbar, wie ich feststelle/gehört habe u.a.".

Ausgangspunkt für das *Plusquamperfekt* – die verkürzte Schreibweise ist **-mIştI** – ist eine Perfektform in der 3. Pers. Sg., an die **idi** in allen Personen angehängt wird. Die 3. Pers. Pl. hat zwei Varianten. In Folgesätzen (das Subjekt muss schon bekannt sein) kommt die Reihenfolge **-lArdI** vor.

|         | bejaht       | fragend          | verneint        | fragend-verneint    |
|---------|--------------|------------------|-----------------|---------------------|
| (ben)   | sevmíştim    | sevmiş miydim?   | sévmemiştim     | sevmemiş miydim?    |
| (sen)   | sevmiştin    | sevmiş miydin?   | sevmemiştin     | sevmemiş miydin?    |
| (o)     | sevmişti     | sevmiş miydi?    | sevmemişti      | sevmemiş miydi?     |
| (biz)   | sevmiştik    | sevmiş miydik?   | sevmemiştik     | sevmemiş miydik?    |
| (siz)   | sevmiştiniz  | sevmiş miydiniz? | sevmemiştiniz   | sevmemiş miydiniz?  |
| (onlar) | sevmiştiler  | sevmiş miydiler? | sevmemiştiler   | sevmemiş miydiler?  |
|         | sevmişlérdi  | sevmişler miydi? | sevmemişlerdi   | sevmemişler miydi?  |

Das Plusquamperfekt wird verwendet, wenn

- Vorzeitigkeit in Bezug auf ein anderes stattgefundenes Ereignis angegeben werden soll

  Dün yemeğe çıktık, önceki gün de yemeğe çık**mıştık**.   ‚Gestern sind wir essen gegangen, am Vortag waren wir auch essen gegangen.'
  
  Bugün nihayet perdeleri yıkadım, altı aydan beri yıka**mamıştım**.   ‚Heute habe ich endlich die Gardinen gewaschen, ich hatte sie seit sechs Monaten nicht gewaschen.'

- ein zeitlicher Abstand zur Sprechzeit signalisiert werden soll, den das Präteritum nicht immer leistet, oder wenn der Sprecher bewusst eine zeitliche Distanz herstellen will

  Biz nerede tanış**mıştık**?   ‚Wo hatten wir uns kennengelernt?'
  
  Sana ne de**miştim**?   ‚Was hatte ich dir gesagt?'

Die mit *idi* erweiterten Zeiten

☑ **Vergleichen wir noch folgende Beispiele:**

Beispiel (1) ist zwar grammatisch korrekt, aber nicht akzeptabel, weil die chronologische Abfolge gestört ist, die Beispiele (2) und (3) hingegen sind möglich:

(1) Ali düştü, Veli onu **itti**.　　　'Ali fiel hin, Veli *schubste* ihn.'
(2) Ali düştü, Veli onu **ittiydi**.　　'Ali fiel hin, Veli *hat* ihn geschubst.'
(3) Ali düştü, Veli onu **itmişti**.　　'Ali ist hingefallen, Veli *hatte* ihn geschubst.'

## 14.4.6 Der Kontinuativ in der Vergangenheit

Was über den Kontinuativ gesagt wurde, kann auch in die Vergangenheit übertragen werden. Kennzeichen ist der Infinitiv im Lokativ, an den **idi** in allen Personen angehängt wird; verkürzte Schreibweise -**mAktAydI**:

|  | *bejaht* | *fragend* | *verneint* | *fragend-verneint* |
|---|---|---|---|---|
| (ben) | sevmektéydim | sevmekte miydim? | sévmemekteydim | sevmemekte miydim? |
| (sen) | sevmekteydin | sevmekte miydin? | sevmemekteydin | sevmemekte miydin? |
| (o) | sevmekteydi | sevmekte miydi? | sevmemekteydi | sevmemekte miydi? |
| (biz) | sevmekteydik | sevmekte miydik? | sevmemekteydik | sevmemekte miydik? |
| (siz) | sevmekteydiniz | sevmekte miydiniz? | sevmemekteydiniz | sevmemekte miydiniz? |
| (onlar) | sevmekteydiler | sevmekte miydiler? | sevmemekteydiler | sevmemekte miydiler? |
|  | sevmektelérdi | sevmekteler miydi? | sévmemektelerdi | sevmemekteler miydi? |

Der Kontinuativ in der Vergangenheit wird verwendet, wenn

- ein schon eingetretenes Geschehen *nicht* als abgeschlossen, sondern mit offenem Anfang und offenem Ende dargestellt werden soll

　Demin perde as**maktaydım**.　　　'Vorhin war ich am Gardinenaufhängen.'
　Benimle ilgili bir şeyler söyle**mek-**　'Sie waren dabei, etwas im Zusammenhang mit
　**teydiniz**, kesildi telefon.　　　　mir zu sagen, da ist das Telefongespräch abgerissen.'

- ausdrücklich darauf verwiesen werden soll, dass ein Geschehen bereits im Gange war, während ein zweites Geschehen ablief, wie das folgende Beispiel zeigt:

　*Gazeteye girişimin üçüncü ayı içinde bir gece, her zamanki gibi tashih yapıyordum. Çok meraklı bir pehlivan tefrikasını tashih et***mekteydim*** (AN, YLBD, 31) 'Eines Nachts im dritten Monat nach meinem Arbeitsbeginn bei der Zeitung las ich wie immer Korrektur. Ich war dabei, eine sehr spannende Fortsetzungsserie über Ringer zu korrigieren.'

---

✓ Prädikate in Sachtexten, in denen der Autor zu einem Thema Position bezieht, werden – soweit es möglich ist – mit *-DIr* abgeschlossen. Das sieht dann so aus:
- **Für die Gegenwart:** Nominale Prädikate werden mit *-DIr*, verbale Prädikate mit dem *Kontinuativ* (die Perspektive liegt auf dem Prädikat) oder dem *Aorist* (die Perspektive liegt auf dem Subjekt) abgeschlossen.
- **Für die Vergangenheit:** Nominale Prädikate werden mit *idi/-(y)DI*, verbale Prädikate mit *-mIştIr* (oder wenn nötig, mit *-mIştI* oder *-mAktAydI*) abgeschlossen.
- **Für die Zukunft:** Nominale Prädikate werden mit *olacaktır*, verbale Prädikate mit *-(y)AcAktIr* abgeschlossen.

## 14.5 Die mit *imiş* versehenen Zeiten

Alle vorgestellten zwölf Zeiten mit *Ausnahme des Präteritums* und des *Präteritums in der Vergangenheit* können mit **imiş** > **-(y)mIş** (☞ 13.2.2) kombiniert werden. Damit werden **keine** neuen Zeitformen gebildet, sondern die Ideen von **imiş** werden hinzugefügt.

Als Ausgangspunkt dient eine 3. Pers. Sg., an die **-(y)mIş** in allen Personen angehängt wird. Bei den mit **idi** > **-(y)DI** erweiterten Zeiten muss zuerst **idi** getilgt werden, bevor **imiş** angefügt wird. Die 3. Pers. Pl. kommt in zwei Varianten vor. In Folgesätzen steht **-lArmIş**.

- *Erinnern Sie sich:* Wenn **idi** getilgt wird, muss über eine Zeitangabe signalisiert werden, dass über etwas Vergangenes gesprochen wird.

Bei den nachfolgenden Aufstellungen ist nur das erste Schema komplett. Die anderen beschränken sich auf die 3. Pers Sg. Weitere Personen sind leicht ableitbar.

### Das Präsens und das Imperfekt

| bejaht | fragend | verneint | fragend-verneint |
|---|---|---|---|
| seviyórmuşum | seviyor muymuşum? | sévmiyormuşum | sevmiyor muymuşum? |
| seviyormuşsun | seviyor muymuşsun? | sevmiyormuşsun | sevmiyor muymuşsun? |
| seviyormuş | seviyor muymuş? | sevmiyormuş | sevmiyor muymuş? |
| seviyormuşuz | seviyor muymuşuz? | sevmiyormuşuz | sevmiyor muymuşuz? |
| seviyormuşsunuz | seviyor muymuşsunuz? | sevmiyormuşsunuz | sevmiyor muymuşsunuz? |
| seviyormuşlar | seviyor muymuşlar? | sevmiyormuşlar | sevmiyor muymuşlar? |
| seviyorlármış | seviyorlar mıymış? | sevmiyorlarmış | sevmiyorlar mıymış? |

### Der Aorist und der Aorist in der Vergangenheit

| bejaht | fragend | verneint | fragend-verneint |
|---|---|---|---|
| severmiş | sever miymiş? | sevmezmiş | sevmez miymiş? |

### Das Futur und das Futur in der Vergangenheit

| bejaht | fragend | verneint | fragend-verneint |
|---|---|---|---|
| sevecekmiş | sevecek miymiş? | sevmeyecekmiş | sevmeyecek miymiş? |

### Das Perfekt und das Plusquamperfekt

| bejaht | fragend | verneint | fragend-verneint |
|---|---|---|---|
| sevmişmiş | sevmiş miymiş? | sevmemişmiş | sevmemiş miymiş? |

### Der Kontinuativ und der Kontinuativ in der Vergangenheit

| bejaht | fragend | verneint | fragend-verneint |
|---|---|---|---|
| sevmekteymiş | sevmekte miymiş? | sevmemekteymiş | sevmemekte miymiş? |

---

☺ **Faustregel:**
Mit **imiş** > **-(y)mIş** greift der Sprecher bei seiner Äußerung **indirekt** auf sein Wissen zurück. Die **Quelle** kann er selbst sein, wenn er eine schlussfolgernde Feststellung trifft. Sie kann aber auch sein Gesprächspartner oder eine 3. Instanz sein.

## 1. Die Quelle ist der Sprecher

*Kızım daha uyuyormuş* ‚Meine Tochter schläft noch' (Feststellung: Ich hatte gedacht, sie sei aufgewacht.), *Yağmur yağıyormuş!* ‚Es regnet ja!' (Wie ich gerade sehe.), *Sen beni hiç anlamıyormuşsun* ‚Du verstehst mich offensichtlich überhaupt nicht', *Toplantıya geç kaldık. Daha erken gelecekmişiz* ‚Wir sind zur Versammlung zu spät eingetroffen. Wir hätten früher kommen sollen' (Wie sich herausstellt.).

## 2. Die Quelle ist der Hörer oder eine 3. Instanz

*Sana yardım et**miyormuşum*** ‚Ich würde dir nicht helfen (sagst du)', *Seni dinle**mezmişim*** ‚Ich würde auf dich nicht hören (sagst du)', *Sen eskiden Rusça bil**iyormuşsun*** ‚Du sollst früher Russisch gekonnt haben', *Öğretmenimiz içki iç**mezmiş*** ‚Unser Lehrer trinkt, wie es heißt, keinen Alkohol', *Size dün mü gel**ecekmişiz?*** ‚Sollten wir etwa gestern zu Ihnen kommen?', *Komşumuz araba al**acakmış*** ‚Unser Nachbar will offenbar ein Auto kaufen', *Siz kitap yaz**maktaymışsınız*** ‚Sie seien dabei, ein Buch zu schreiben' (heißt es), *Yılbaşı gecesi, annemle babam, komşularımızla bir gazinoya gi**deceklermiş*** ‚In der Neujahrsnacht wollen/wollten meine Eltern (wie sie sagten) mit unseren Nachbarn in ein Kasino gehen.'

In folgendem Dialog reagiert der Hörer ungehalten:

A – Benden özür dile**yecek misin**? ‚Wirst du dich bei mir entschuldigen?'
B – Senden ne için özür dile**yecekmişim**? ‚Wofür sollte ich mich bei dir entschuldigen?' *(Wie kommst du darauf? Welchen Grund hätte ich?)*

Da das Perfekt, das mit **-mIş** gebildet wird, bereits implizieren kann, dass der Sprecher sich nicht für den Wahrheitsgehalt verbürgt, kann eine eindeutige Distanzierung nur durch zusätzliches **imiş** ausgedrückt werden.

*Komşulara hakaret et**mişmişim*** ‚Ich hätte angeblich die Nachbarn beleidigt', *Ataman'ın annesi, «Siz de gelmezseniz, darılırım» de**mişmiş*** (AN, ŞCH, 85) ‚Atamans Mutter soll gesagt haben: „Wenn auch Sie nicht kommen, nehme ich das übel".'

- In der 3. Pers. Pl. gibt die Variante **-mişmişler** eine größere Distanzierung an als die Variante **-mişlermiş**: *Ataman'ın annesi babası, «Siz de gelmezseniz, darılırız» de**mişmişler*** ‚Atamans Eltern hätten angeblich gesagt: „Wenn auch Sie nicht kommen, nehmen wir das übel".'

Auch das Plusquamperfekt **-mIştI** lautet **-mIşmIş**, wenn der Sprecher Distanz und Zweifel ausdrücken will: *Bizim firmadaki bir adam onuncu evliliğini yap**acakmış**. Daha önce dokuz evlilik yap**mışmış*** ‚Ein Mann in unserer Firma will seine zehnte Ehe eingehen (wie er sagt). Vorher will er schon neun Ehen hinter sich gehabt haben.'

Wenn über eine Person etwas weitererzählt wird, kann man ohne Zusätze nicht entscheiden, ob der Sprecher die Information von dieser Person oder noch aus einer anderen Quelle hat: *Mehmet sınavını kazan**mışmış*** ‚Mehmet *will* seine Prüfung bestanden haben' (Die Quelle ist Mehmet) oder ‚Mehmet *soll* seine Prüfung bestanden haben' (Die Quelle ist nicht Mehmet).

Es kommt auch vor, dass der Hörer ein **-(y)mIş** nachträgt:

A – Emeklilik maaşları art**acak**.     A – Die Renten werden steigen.
B – ...**mış**.     B – Angeblich.

| ☺ **Faustregel:** | |
|---|---|
| **-(A/I)rmIş** | vertritt den Aorist und den Aorist in der Vergangenheit |
| **-(I)yormuş** | vertritt das Präsens und das Imperfekt |
| **-mAktaymIş** | vertritt den Kontinuativ und den Kontinuativ in der Vergangenheit |
| **-mIşmIş** | vertritt das Perfekt und das Plusquamperfekt |
| **-(y)AcAkmIş** | vertritt das Futur und das Futur in der Vergangenheit |

### 14.6   *-mAk üzere olmak*

Mit **-mAk üzere** ‚im Begriff sein zu' wird die gedankliche Vorphase eines im Anschluss daran zu vervollständigenden Sachverhaltes bezeichnet. Es können die Personalendungen sowie **idi, imiş** und **-DIr** angefügt werden (auch **ise** und **iken** ☞ 18.2, 22.9). Die Bedeutung ist „drauf und dran (gewesen) zu sein, etwas auszuführen".

*Evden çıkmak üzereyim* ‚Ich bin drauf und dran, aus dem Hause zu gehen', *Alışverişe çıkmak üzereydim* ‚Ich war gerade im Begriff, einkaufen zu gehen', *Evlenmek üzereymişsin* ‚Du seist im Begriff zu heiraten' (wie es heißt), *Henüz ölmek üzere değilim!* ‚Ich bin noch nicht dabei zu sterben!', *Yağmur yağmak üzeredir* ‚Es wird gleich regnen.'

Auch hier wird eine Vorphase formuliert:

*Ekmek almak üzere çıkıyorum* ‚Ich gehe weg, um Brot zu kaufen (mit dem Ziel)', *Geri vermek üzere bu sözlüğü alabilirsiniz* ‚Sie können dieses Wörterbuch mitnehmen unter der Voraussetzung, dass Sie es zurückgeben.'

☑   Eine andere Verwendung ist *olmak üzere* und *başta ... olmak üzere*:

*Üçü Türk olmak üzere sekiz meslektaşım var* ‚Ich habe acht Berufskollegen, wovon drei Türken sind', *Almanya'daki üniversiteler, başta Köln Üniversitesi olmak üzere, grevde* ‚Die Universitäten in Deutschland, allen voran die Universität Köln, sind im Streik.'

### 14.7   *olmak* „werden" oder „sein"

Das Verb *olmak* wird Ihnen noch mehrmals begegnen. Im Kapitel 13 und auch in diesem Kapitel sind Sie bereits stellenweise damit konfrontiert worden, und Sie wissen auch, dass dieses Verb zur Wiedergabe von „sein" und „haben" für die Zeitstufe Zukunft benötigt wird (☞ 13.5). Zur Erinnerung ein Beispiel:

*Sabah kalkacağız, işe gideceğiz, öğlen **olacak**, yemek yiyeceğiz, öğleden sonra yine işte **olacağız**, akşam **olacak**, eve gideceğiz* ‚Am Morgen werden wir aufstehen und zur Arbeit gehen; es wird Mittag *werden*, wir werden essen; am Nachmittag *werden wir* wieder bei der Arbeit *sein*; es wird Abend *werden* und und wir werden nach Hause gehen.'

☑   Auf der Zeitstufe Gegenwart und Vergangenheit kann unterschieden werden, ob der Sprecher „sein" oder „werden" meint:

Öğretmen**im**. ‚Ich *bin* Lehrer.'  ↔  Öğretmen **oluyorum**. ‚Ich *werde* Lehrer.'
Öğretmen**dim**. ‚Ich *war* Lehrer.'  ↔  Öğretmen **oldum**. ‚Ich *wurde* Lehrer.'
Hasta**yım**. ‚Ich *bin* krank.'  ↔  Hasta **oluyorum**. ‚Ich *werde* krank.'
Hasta**ydım**. ‚Ich *war* krank.'  ↔  Hasta **oldum**. ‚Ich *bin* krank *geworden*.'

Von **idi** sind keine weiteren Vergangenheitsformen ableitbar. Das bedeutet, dass ein „ist gewesen" oder „war gewesen" oft eine Übersetzungsfrage ist: *Dün akşam evdeydim, ama önceki akşam evde değildim* ‚Gestern Abend bin ich zu Hause gewesen, aber am Abend vorher war ich nicht zu Hause gewesen.'

Wenn Sie einen Satz bilden wie *Saat altıda evdeydim* ‚Um sechs war ich zu Hause' und damit *eindeutig* ausdrücken wollen, dass Sie um sechs Uhr zu Hause *eingetroffen* sind, können Sie im Türkischen zu *olmak* wechseln, z.B.

*Evde değildim 23.00 sularında! Saat 23.30'da evde* **oldum** (http://www.gizlimabet.com) ‚Ich war nicht zu Hause um 23.00 Uhr herum. Ich bin um 23.30 Uhr zu Hause gewesen.'
*Biraz sonra evde* **olmuştum**. *Dayım kapıyı açtı. Bana kızdı* (http://www.antoloji.com/hayalet-gercekten-varmi-hikaye-2-siiri/) ‚Kurz danach war ich zu Hause. Mein Onkel öffnete die Tür. Er war wütend auf mich.'

- *olmak* wird auch für ein *üblicherweise* eingesetzt:

| | |
|---|---|
| Akşamları hep evde **oluyorum**. | ‚Abends bin ich *üblicherweise* immer zu Hause.' |
| ← Akşamları hep evde**yim**. | ‚Abends bin ich immer zu Hause.' |
| Sinan çoğu zaman evde **olmazdı**. | ‚Sinan war die meiste Zeit nicht zu Hause.' |
| Son yıllarda yılbaşı geceleri hiç evde **olmamıştım**. | ‚In den letzten Jahren war ich an den Silvesterabenden nie zu Hause (gewesen).' |

- Mit **idi** können Sie ein vergangenes Ereignis statisch formulieren, mit **oldu** das eingetretene Ergebnis später beurteilen:
*Gül'le konuşmak çok hoş***tu** ‚Mit Gül zu sprechen, *war* sehr angenehm', *Gül'le konuşmak çok hoş* **oldu** ‚Mit Gül zu sprechen, *hat sich* als sehr angenehm *herausgestellt.*'

☑ Auch „haben" kann unterschiedlich ausgedrückt werden. Wenn *olmak* statt *vardı* eingesetzt wird, merken Sie sich dafür am besten ein „bekommen" oder auch „passieren/eintreten". Das hilft Ihnen zu verstehen, dass das Ereignis dynamisch verstanden werden muss:

*Çocuğumuz* **vardı/oldu** ‚Wir hatten ein Kind / Wir haben ein Kind bekommen.'
*Arabam* **yoktu/olmadı** ‚Ich hatte kein Auto / Ich habe es nicht zu einem Auto gebracht.'
*Eskiden sık sık deprem* **olmazmış** ‚Früher soll es nicht oft Erdbeben gegeben haben.'
*Bugün ders* **olmayacaktı**, *değil mi?* ‚Heute sollte kein Unterricht sein, nicht wahr?'

Bedingt durch *idi* kann von *vardı/yoktu* kein Plusquamperfekt gebildet werden, sodass *olmuştu/olmamıştı* sowohl statisch als auch dynamisch interpretierbar sind: *Bir arabam* **olmuştu**. *Çok mutluydum* ‚Ich hatte (jetzt) ein Auto. Ich war sehr glücklich.'

☑ Manchmal kann es nötig sein, die dynamische Bedeutung von *olmak* auszuschließen. Dafür steht *var/yok olmak* oder *bulunmak* ‚sich befinden' zur Verfügung:

| | |
|---|---|
| İyi ki, varsınız; iyi ki, hep *var olacaksınız*. | ‚Gut, dass es Sie gibt, gut, dass es Sie immer *geben wird*.' |
| O zaman Berlin başkent *bulunuyordu*. | ‚Damals *war* Berlin *bereits* Hauptstadt.' |
| ← O zaman Berlin başkent *oluyordu*. | ‚Damals *wurde* Berlin Hauptstadt.' |

# 15 Die mit *olmak* zusammengesetzten Zeiten

## 15.1 Übersicht

Mit *Ausnahme des Präteritums* kann die 3. Pers. Sg. aller einfachen Zeiten mit *olmak* kombiniert werden, sodass das verbale Prädikat aus zwei Bestandteilen besteht. Der erste Bestandteil ist die bejahte oder verneinte 3. Pers. Sg. eines Verbs

- im Perfekt, z.B. yemiş/yememiş
- im Aorist, z.B. yer/yemez
- im Futur, z.B. yiyecek/yemeyecek
- im Präsens, z.B. yiyor/yemiyor
- im Kontinuativ, z.B. yemekte/yememekte

und behält alle Bedeutungsnuancen, die Sie kennen. Der zweite Teil ist *olmak*, das konjugiert wird und auf verschiedenen Zeitstufen angesiedelt werden kann, d.h. die zeitliche Einordnung übernimmt *olmak*.

Was sich jetzt so schwierig anhört, demonstrieren wir zunächst einmal an zwei nachvollziehbaren Beispielen:

(1) Saat birde yemek **yiyeceğiz**.  ‚Um ein Uhr *werden wir essen*.'
(2) Saat birde yemek ye**miş olacağız**.  ‚Um ein Uhr *werden wir gegessen haben*.'

Gleichgültig, ob der Sprecher (1) oder (2) äußert, das Ereignis „essen" ist zukünftig. Mit (1) drückt er aus, dass um ± ein Uhr mit dem Essen begonnen wird, mit (2) hingegen, dass das Essen um ein Uhr bereits beendet ist, also ein Ergebnis vorliegt. Für das Resultat ist **-mIş** zuständig, und dass das Ereignis zur Sprechzeit noch Zukunftsmusik ist, teilt uns *olmak* mit, das im Futur steht. Diese Darstellung leistet im Deutschen das *Futurperfekt* (es wird auch Futur II oder vollendete Zukunft genannt). Allerdings wird im gesprochenen Deutsch anstelle des Futurperfekts häufig das Perfekt eingesetzt; dann ist eine Zeitangabe, die *eindeutig* auf die Zukunft verweist, obligatorisch:

İşimi cumaya kadar bitir**miş olacağım**.  ‚Bis Freitag *habe ich* meine Arbeit *abgeschlossen*.'

💣* Das *deutsche Futurperfekt* bietet einen Stolperstein. Damit können auch Vermutungen/Annahmen über ein *vergangenes* Ereignis *aus Sicht des Sprechers* formuliert werden. Dann ist im Türkischen **-mIş** in Kombination mit **-DIr** zuständig (☞ 14.3).

Songül daha aramadı. Paketi henüz al**mamıştır**.  ‚Songül hat sich noch nicht gemeldet. Sie wird das Paket noch nicht bekommen haben.'

Falls Sie sich unsicher sind, welche Übersetzungsvariante Sie zu nehmen haben, prüfen Sie, ob Sie den deutschen Satz auch folgendermaßen formulieren könnten: ‚Sie hat das Paket wohl/sicherlich noch nicht bekommen (anders kann es nicht sein).' Wenn das akzeptabel ist, entscheiden Sie sich für **-mIş + -DIr**.

## 15.2 -mIş olmak (oder bulunmak)

Mit **-mIş olmak** kann man ein *Resultat* auf verschiedenen Zeitstufen ansiedeln. Eine der Möglichkeiten ist, das deutsche *Futurperfekt* wiederzugeben:

| | |
|---|---|
| Yirmi dakika sonra Tegel Havaalanı'na in**miş olacağız**. | ‚In zwanzig Minuten *werden wir* auf dem Airport Tegel *gelandet sein*.' |
| İki yıl sonra Türkiye'ye temelli dön**müş olacağım**. | ‚In zwei Jahren *werde ich* für immer in die Türkei *zurückgekehrt sein*.' |
| Badanacı yarın mutfağı bitir**miş olacak**. | ‚Der Maler *wird* morgen die Küche *fertig haben*.' |

Äußerungen mit Zukunftsbezug sind immer Voraussagen. Der Sprecher kann nicht garantieren, dass das Ereignis auf jeden Fall eintritt. Sie sind schnell auch als Annahme interpetierbar:

| | |
|---|---|
| Cem randevumuzu unut**muş olacak**. | ‚Cem *wird* unser Treffen *vergessen haben*.' (So sieht es aus, aber vielleicht kommt er noch.) |
| ← Cem randevumuzu unut**muştur**. | ‚Cem *hat* sicher unser Treffen *vergessen*.' (Einen anderen Grund kann es nicht geben.) |

Annahmen können auch im *Aorist* dargestellt werden:

| | |
|---|---|
| İnşallah bu bölümden sonra 'olmak' fiilini de anla**mış olurum**. | ‚Hoffentlich werde ich nach diesem Kapitel auch das Verb *olmak* verstanden haben.' |
| Babanı uyandırma. Aksi takdirde dinlen**memiş olur**. | ‚Wecke deinen Papa nicht auf. Sonst wird er nicht ausgeruht sein.' |

Das Ereignis wird weder als zukünftig noch als vergangen, sondern als üblicherweise stattfindend geschildert:

| | |
|---|---|
| Postacı genellikle saat on bire kadar gel**miş oluyor**. | ‚Der Briefträger ist im Allgemeinen bis elf Uhr dagewesen.' |
| Saat altıda genellikle uyan**mış oluyorum**. | ‚Um sechs Uhr bin ich im Allgemeinen bereits aufgewacht.' |

Wenn *olmak* als Vergangenheitsform eingesetzt wird, wird das herbeigeführte Ergebnis als Folge eines anderen Sachverhaltes ausgedrückt:

| | |
|---|---|
| İyi ki İzmir'de bir gün daha kaldık. Böylece Fuarın açılışını da gör**müş olduk**. | ‚Gut, dass wir noch einen Tag länger in Izmir geblieben sind. Somit haben wir auch die Eröffnung der Messe gesehen.' |
| Ehliyetim yok ama, var dedim. Yalan söyle**miş oldum**. | ‚Ich habe keinen Führerschein, aber ich habe gesagt, ich habe einen. Ich habe somit gelogen.' |
| Niye bize uğramadın? Görüş**müş olurduk**. | ‚Warum bist du nicht bei uns vorbeigekommen? Wir hätten uns somit gesehen und gesprochen.' |

Soll auf eine unabänderliche Lage hingewiesen werden, wird **bulunmak** ‚sich befinden' eingesetzt. Dabei kann die Nuance des Bedauerns entstehen:

| | |
|---|---|
| Bugün komşuya hakaret et**miş bulundum**. | ‚Heute habe ich doch tatsächlich den Nachbarn beleidigt.' |

## 15.3 -(A/I)r/-mAz olmak

Die Kombination **-(A/I)r/-mAz olmak** bezeichnet das *Aneignen* oder *Ablegen* einer Gepflogenheit/Eigenschaft. Nicht immer, aber manchmal kann man im Deutschen dafür ein Substantiv finden.

| | |
|---|---|
| Ali sigara iç**er oldu**. | ‚Ali ist Raucher geworden.' |
| Ali uğra**maz oldu**. | ‚Ali kommt nicht mehr vorbei.' |
| Erken kalk**ar oldum**. | ‚Ich bin Frühaufsteher geworden.' |
| Etye**mez oldum**. | ‚Ich bin Vegetarier geworden.' |
| İnşallah bir gün beni anla**r olursun**. | ‚Hoffentlich wirst du eines Tages mich auch verstehen.' |

> ✓ Bei Fragen, die mit dem verneinten Aorist gebildet sind und denen ein *olur mu?* folgt, steckt die Idee „Kann es das geben, dass …? " dahinter. Der Sprecher meint aber: „Natürlich gibt es das nicht" (die Übersetzung ist etwas freier):
>
> | | |
> |---|---|
> | Ali seni sev**mez olur mu**? | ‚Wieso sollte Ali dich denn nicht lieben?' |
> | Seni anla**maz olur muyum**? | ‚Wieso sollte ich dich denn nicht verstehen?' |

## 15.4 -(y)AcAk oldu

Mit **-(y)AcAk oldu** wird ein Ereignis bezeichnet, dessen Umsetzung in Betracht gezogen wurde, das aber nicht verwirklicht oder im Anfangsstadium abgebrochen/verhindert wurde:

| | |
|---|---|
| "Nedir bu halin?" di**yecek oldum**, vazgeçtim. | ‚Ich wollte schon sagen „Was ist mit dir?", ließ es aber sein.' |
| Yerden kalk**acak oldum**, baktım ki, ayaklarım uyuşmuş. | ‚Ich dachte daran vom Fußboden aufzustehen, da merkte ich, dass meine Beine (Füße) eingeschlafen waren.' |
| "Niye bir tane ağaç dikmezsin?" diye sor**acak oldum**, fakat pişman oldum. Adam akıl satmaya başladı. | ‚Ich war schon dabei zu fragen „Wieso pflanzt du keinen Baum?", habe es aber bereut. Der Mann fing an, Belehrungen zu erteilen.' |

## 15.5 -(I)yor olmak

Mit **-(I)yor olmak** wird ein Ereignis mitten im Verlauf oder sehr aktuell dargestellt:

| | |
|---|---|
| Yarın bu saatte seni havaalanında bekl**iyor olacağız**. | ‚Morgen um diese Uhrzeit werden wir am Flughafen bereits auf dich warten.' |
| Yarın bu saatte sahilde güneşlen**iyor olacağız**. | ‚Morgen um diese Uhrzeit werden wir uns am Strand bereits sonnen.' |
| Seneye bu vakitler yeni evimizde otur**uyor oluruz** sanırım. | ‚Nächstes Jahr zu dieser Zeit werden wir wohl in unserer neuen Wohnung wohnen, denke ich.' |
| Beni dinle**miyor oldunuz**. | ‚Sie hören mir (neuerdings) auch nicht mehr zu.' |

## 15.6 -mAktA olmak

Wenn der Sprecher sich stark auf den Verlauf konzentriert, ist auch **-mAktA olmak** möglich:

| | |
|---|---|
| Eylülden itibaren Ankara Üniversitesi'nde Türkoloji oku**makta olacağım**. | ‚Ab September werde ich an der Universität Ankara Turkologie studieren.' |

# 16 Die Aufforderungs- und Wunschformen

## 16.1 Übersicht

Unter *Modus* (Aussageweise) versteht man, welche Sichtweise des Sprechers *konjugierte Verben* uns vermitteln. Beginnen wir mit Deutsch, weil das für Sie am leichtesten nachvollziehbar ist.

Das Deutsche kennt drei *Modi*: *Indikativ* (Wirklichkeitsform), *Konjunktiv* (Möglichkeitsform) und *Imperativ* (Befehlsform).

Das Türkische unterscheidet zwei *Modi*, und zwar einen Modus, der teilweise dem *Indikativ* entspricht, und einen *Wunschmodus*, in dem diejenigen Konjugationsformen zusammengefasst werden, die Bedingungen, Wünsche und Notwendigkeit bezeichnen. Auch der Imperativ gehört hier dazu.

Dass einige der türkischen Indikativformen bereits *modale* Werte enthalten, wissen Sie schon (☞ 14.2.2, 14.2.3, 14.2.5).

Einen Konjunktiv als verbale Kategorie kennt das Türkische nicht, d.h. es gibt keine Formen wie z.B. ist > sei, war > wäre, hat > habe, hatte > hätte usw. Aber was der deutsche Sprecher mit dem Konjunktiv I oder II ausdrücken will, z.B. indirekte Rede, mögliche oder unwirkliche Ereignisse, Bedingungen u.ä., ist natürlich auch im Türkischen möglich, aber mit verschiedenen verbalen Kategorien. Das bedeutet, dass Sie sich jedes Mal überlegen müssen, welche sprachliche Absicht Sie mit einem deutschen Konjunktiv verbinden, damit Sie die richtige türkische Entsprechung einsetzen.

In diesem Kapitel fassen wir drei Kategorien zusammen, die *modale Aussageweisen* bezeichnen, und zwar

- den Imperativ (die Befehlsform)
- den Voluntativ (die Wollen-Form)
- den Optativ (die Wunschform)

Nur für den Imperativ kennt das Deutsche eine eigene vergleichbare Kategorie. Der Voluntativ und der Optativ müssen umschrieben werden.

Aus praktischen Gründen werden Sie im nächsten Kapitel die Wiedergabe deutscher Modalverben finden. Für die Bedingungssätze gibt es ein gesondertes Kapitel (☞ 18).

✓ Halten wir noch fest: Der Oberbegriff **Modalität** ist nicht ausschließlich eine Eigenschaft von Verben. Auch verschiedene Adverbien oder die Satzintonation können einem Satz eine subjektive Färbung verleihen.

## 16.2 Der Imperativ

Der Verbstamm ist identisch mit dem Imperativ 2. Pers. Sg. Die 2. Pers. Pl. gibt es in zwei Varianten: **-(y)In/-(y)InIz**. Sie richtet sich in beiden Varianten entweder an mehrere Personen, die man duzt, oder an eine bzw. mehrere Personen, die man siezt.

Die kürzere Variante ist die gängigere; damit hat der Sprecher die angeredete Person bzw. die angeredeten Personen im Blickpunkt, bei der Langform jedoch die *Handlung*, die auszuführen oder zu unterlassen ist. Man findet sie besonders auf Gebots- und Verbotstafeln, in Kochbüchern und bei Aufgabenstellungen in Schulbüchern. Die Langform wird oft als höflicher empfunden:

| | | | |
|---|---|---|---|
| Gel! | ‚Komm!' | Gitme! | ‚Geh nicht!' |
| Gel**in(iz)**! | ‚Kommt!/Kommen Sie!' | Git**meyin(iz)**! | ‚Geht nicht!/Gehen Sie nicht!' |
| Pasaportunuzu ver**in**. | | ‚Geben Sie Ihren Pass!' (Ich meine Sie.) | |
| Pasaportunuzu ver**iniz**. | | ‚Geben Sie Ihren Pass!' (Reichen Sie ihn her.) | |

- Die Verben *demek* und *yemek* sowie *etmek* und *gitmek*

| | bejaht | verneint | bejaht | verneint |
|---|---|---|---|---|
| (sen) | de | deme | et | etme |
| (siz) | de**y**in/de**y**iniz | demeyin/demeyiniz | ed**in**/ed**in**iz | etmeyin/etmeyiniz |
| (sen) | ye | yeme | git | gitme |
| (siz) | yi**y**in/yi**y**iniz | yemeyin/yemeyiniz | gid**in**/gid**in**iz | gitmeyin/gitmeyiniz |

- Für „sein" und „werden" wird das Verb *olmak* eingesetzt:

  Saat onda burada ol/ol**un**.  ‚Sei/Seien Sie um zehn Uhr hier!'
  Sakın hasta olma/ol**mayın**.  ‚Werde/Werden Sie bloß nicht krank!'

- Merken Sie sich den warmherzigen Dankesausdruck *Sağ ol!* ‚Danke dir! (= Sei gesund am Leben!)', *Sağ ol**un**!* ‚Danke euch/Ihnen! (= Seid/Seien Sie gesund am Leben!)'.

✓ Vom Imperativ werden keine Fragen gebildet.

**Beispiele für den Imperativ:**
*Buraya gel!* ‚Komm hierher!', *Elini yıka!* ‚Wasch deine Hände!', *Sözümü kesme!* ‚Unterbrich mich nicht! (= Schneid mein Wort nicht ab!)', *Bunu içme!* ‚Trink das nicht!', *İçeriye girin!* ‚Treten Sie ein!', *Oturun!* ‚Setzt euch! / Setzen Sie sich!', *Gece sokağa çıkmayın* ‚Gehen Sie nachts nicht raus!'.
*Kemerlerinizi bağlayınız!* ‚Schnallen Sie sich an!', *Yerlere tükürmeyiniz* ‚Spucken Sie nicht auf den Boden!', *Çimenlere basmayınız!* ‚Betreten Sie nicht den Rasen!'.

Mit dem Imperativ werden auch zahlreiche Wünsche ausgesprochen, z.B.
- Jemand hat ein neues Kleidungsstück: *Güle güle giy/giyin!* ‚Trage/tragen Sie es mit Freuden!'.
- Jemand hat ein neues Auto oder Gerät: *Güle güle kullan/kullanın!* ‚Gebrauche/gebrauchen Sie es mit Freuden!'.
- Jemand verabschiedet sich vor einer Reise: *Güle güle git/gidin, güle güle gel/gelin!* ‚Fahre/fahren Sie mit Freuden, und komme/kommen Sie mit Freuden wieder!'.

## Konkurrenzformen des Imperativs

Die Formen -sAnA/-sAnIza sind eine Konkurrenzform zum Imperativ. Es sind die Potentialisformen -sAn/-sAnIz (☞ 18.3.1), denen ursprünglich eine Interjektion nachgestellt und später angehängt wurde. Sie verstärken die Aussage, beinhalten den Wunsch nach Veränderung und können freundlich und ermunternd, aber auch ungeduldig oder vorwurfsvoll klingen:

| | | | |
|---|---|---|---|
| Gel**sene**! | ‚Komm mal/doch/schon!' | Git**mesene**! | ‚Geh doch nicht!' |
| Gel**senize**! | ‚Kommt mal/doch/schon!' ‚Kommen Sie mal/doch/schon!' | Git**mesenize**! | ‚Geht doch nicht! /‚Gehen Sie doch nicht!' |

*Ye**sene*** ‚Iss doch mal!', *Yemeğini bitir**sene**!* ‚Iss doch mal auf!', *Söyle**sene**!* ‚Nun sag doch schon!', *Bak**sana** ne aldım!* ‚Schau doch mal, was ich gekauft habe!', *Bak**masana** öyle* ‚Schau doch nicht so!', *De**sene**, daha ekmek almamız lazım* ‚Sag bloß, wir müssen noch Brot kaufen', *Otur**sanıza**!* ‚Setzen Sie sich doch!', *Bu kadar gürültü yap**masanıza**!* ‚Macht doch nicht so viel Lärm!', *Bağır**masanıza*** ‚Schreien Sie doch nicht!'.

## 16.3 Der Voluntativ

### Der Voluntativ 1. Pers. Sg. und Pl.

**Die 1. Pers. Sg.** wird mit dem Suffix **-(y)AyIm** gebildet (das Suffix hat starke Endbetonung). Damit bildet der Sprecher *spontane* Willensäußerungen für seine Person. Diese signalisieren die innere Entscheidung und Bereitschaft, eine Handlung in die Tat umsetzen zu wollen oder bei Verneinung nicht umsetzen zu wollen. Auch einen spontanen Wunsch kann er damit wiedergeben. Da dafür dem Deutschen eine eigene Form fehlt, muss auf Umschreibungen wie „mal" oder auch „ich möchte (nicht)/will (nicht)" ausgewichen werden:

| | |
|---|---|
| Kim alışverişe gidecek? – Ben gid**eyim**. | ‚Wer geht einkaufen? – Ich gehe mal.' |
| Defterine bir bak**ayım**. | ‚Lass mich mal/ich möchte mal in dein Heft schauen.' |
| Bu sözlüğü al**mayayım**. | ‚Dieses Wörterbuch will ich mal nicht kaufen.' |

- Für nicht spontane, sondern gehegte Wünsche wie „Ich möchte in die Türkei fahren" eignet sich diese Form nicht. Dann sagt man *Türkiye'ye gitmek istiyorum*.

Bei Fragen erwartet der Sprecher vom Hörer eine Entscheidung:

| | |
|---|---|
| Gel**eyim** mi? | ‚Soll ich kommen?'. |
| Ödevlerine bir bak**ayım** mı? | ‚Soll ich mir mal deine Aufgaben ansehen?' |
| Ne y**iyeyim**? | ‚Was soll ich essen?' |

**Die 1. Pers. Pl.** wird mit dem Suffix **-(y)AlIm** gebildet. Die letzte Silbe wird betont. Damit bildet der Sprecher *spontane* Entscheidungen bzw. Aufforderungen, bei denen er immer einen oder mehrere Hörer einschließt:

| | |
|---|---|
| Hadi gid**elim**! | ‚Gehen wir (mal)!/Lass/Lasst uns gehen.' |
| Teyzeni bugün ara**mayalım**. | ‚Lass uns deine Tante heute nicht anrufen.' |
| Gid**elim** mi? | ‚Gehen wir?/Wollen wir gehen?' |
| Dersten sonra ne yap**alım**? | ‚Was wollen wir nach dem Unterricht machen?' |

- Als Abtönungspartikel wird nachgestelltes *bakalım* ‚mal sehen/schauen' gebraucht. In Kombination mit einem Imperativ übersetzen wir das mit „mal": *Gel bakalım* ‚Komm mal her'. Oft gebraucht wird auch *N'apalım* [na:palım] < *Ne yapalım* ‚Was kann man da machen!'.

**Zur Aussprache:**
Abweichend vom Schriftbild bieten die Voluntativformen der 1. Personen in flüssiger Standardsprache einige Aussprachebesonderheiten:
- Verbstämme, die auf e und a ausgehen und somit auch alle verneinten Verbstämme, reduzieren diese Vokale unter dem Einfluss des nachfolgenden *y* in i und ı: *bekliyeyim, beklemiyeyim, anlıyayım, anlamıyayım; bekliyelim, beklemiyelim, anlıyalım, anlamıyalım.*
- Das Suffix der 1. Pers. Sg. ist häufig gekürzt zu hören: *bakayım* [bakıym], *bakmayayım* [bakmıym], *bekleyeyim* [bekliym], *beklemeyeyim* [beklemiym].

⊃ **Der Voluntativ 3. Pers. Sg. und Pl.**

Mit dem Suffix **-sIn(lAr)**, das an einen **Verbstamm** angehängt wird, werden indirekte Aufforderungen gebildet, die eine **dritte** Person betreffen. Es wird mit „sollen" wiedergegeben. Allerdings werden mit dem gleichen Suffix auch zahlreiche Wünsche formuliert:

| | |
|---|---|
| Cem gel**sin**. – Ali de gel**sin** mi? | ‚Cem soll kommen. – Soll Ali auch kommen?' |
| Kimse beni rahatsız et**mesin**. | ‚Niemand soll mich stören.' |
| Kolay gel**sin**! | ‚Es möge (die Arbeit) leicht fallen!' |
| Yaşa**sınlar**! | ‚Hoch sollen sie leben!' |
| Misafirler nereye otur**sunlar**? | ‚Wohin sollen sich die Gäste setzen?' |

💣 **Verwechslungsgefahr:**
Jedes *-sIn*, das an einem **Verbstamm** hängt, bezeichnet die *3. Person des Voluntativs*. Jedes *-sIn*, das *nicht* an einem Verbstamm hängt, ist die *Personalendung 2. Pers. Sg.*

- Die Verben *demek* und *yemek* sowie *etmek* und *gitmek*

| | bejaht | verneint | bejaht | verneint |
|---|---|---|---|---|
| (ben) | di**yeyim** | demeyeyim | e**deyim** | etmeyeyim |
| (o) | de**sin** | demesin | et**sin** | etmesin |
| (biz) | di**yelim** | demeyelim | e**delim** | etmeyelim |
| (ben) | yi**yeyim** | yemeyeyim | gi**deyim** | gitmeyeyim |
| (o) | ye**sin** | yemesin | git**sin** | gitmesin |
| (biz) | di**yelim** | yemeyelim | gi**delim** | gitmeyelim |

Für „sein" wird das Verb *olmak* eingesetzt:

| | |
|---|---|
| Hasta ol**mayayım**. | ‚Ich will doch nicht krank werden.' |
| Çabuk ol**alım**. | ‚Beeilen wir uns.' |
| Bayramınız kutlu ol**sun**! | ‚Ihr Feiertag soll gesegnet sein!' |
| Her şey gönlünce ol**sun**! | ‚Es sei alles nach deinem Herzenswunsch'. |

Der Optativ

> ✓ *Afiyet olsun!* ‚Wohl bekomm's!' bedeutet wörtlich „Es soll Wohlbefinden sein/ ergeben!". Es kann zu Beginn eines Essen gesagt werden; wir übersetzen dann mit „Guten Appetit!". Der Gastgeber wird es aber auch immer als Antwort auf den Dank für Speis und Trank äußern.
> *Geçmiş olsun!* ‚Es sei vorbei!' (sagt man im Sinne von „Gute Besserung!" oder nach überstandenem Unglück)

**Die Formen des Imperativs und Voluntativs;** nur die 2. Personen sind der Imperativ.

|        | *bejaht* | *fragend* | *verneint* | *fragend-verneint* |
|--------|----------|-----------|------------|--------------------|
| (ben)  | gele**yím** | geleyim mi? | gélmeyeyim | gelmeyeyim mi? |
| (sen)  | gel      | ∅         | gelme      | ∅ |
| (o)    | gél**sin** | gelsin mi? | gelmesin  | gelmesin mi? |
| (biz)  | gele**lím** | gelelim mi? | gelmeyelim | gelmeyelim mi? |
| (siz)  | gél**in**/gél**iniz** | ∅ | gelmeyin/gelmeyiniz | ∅ |
| (onlar)| gél**sinler** | gelsinler mi? | gelmesinler | gelmesinler mi? |

- Für den Voluntativ der 1. Personen gibt es weder Vergangenheits- noch Zukunftsformen. Die 3. Person des Voluntativs hingegen kann mit **idi** oder **imiş** kombiniert werden; damit wird die ganze Aussage in die Vergangenheit transportiert bzw. indirekt dargestellt: *Elif, Bilge Nine'nin geldiğini ne bilsindi?* ‚Wie sollte Elif wissen, dass Oma Bilge gekommen war?', *Annem dedi ki, Pervin Abla bize uğrasınmış* ‚Meine Mutter hat gesagt, Schwester Pervin solle vorbeikommen'.

## 16.4 Der Optativ

Der Optativ ist im Türkischen eine Wunschform, die man als Mögen/Möchte-Form umschreiben kann und im Standardtürkischen fast nur noch in den 2. Personen vorkommt, die 3. Pers. Sg. ist eher selten. Die 1. Personen sind schon lange außer Gebrauch, die 3. Pers. Pl. wird auch nicht mehr verwendet.

Kennzeichen des Optativs ist das Suffix **-(y)A**, an das die Personalendungen angehängt werden.

|        | *bejaht* | *verneint* | *bejaht* | *verneint* |
|--------|----------|------------|----------|------------|
| (sen)  | gel**é**sin | gélmeyesin | yapasın | yapmayasın |
| (o)    | gel**e**   | gelmeye    | yapa     | yapmaya    |
| (siz)  | gel**e**siniz | gelmeyesiniz | yapasınız | yapmayasınız |

**Merke:**

|        | *bejaht* | *verneint* | *bejaht* | *verneint* |
|--------|----------|------------|----------|------------|
| (sen)  | di**y**esin | demeyesin | ed**e**sin | etmeyesin |
| (o)    | di**y**e    | demeye    | ed**e**    | etmeye    |
| (siz)  | di**y**esiniz | demeyesiniz | ed**e**siniz | etmeyesiniz |
| (sen)  | yi**y**esin | yemeyesin | gid**e**sin | gitmeyesin |
| (o)    | yi**y**e    | yemeye    | gid**e**    | gitmeye    |
| (siz)  | yi**y**esiniz | yemeyesiniz | gid**e**siniz | gitmeyesiniz |

Die Funktion, spontane Wünsche wiederzugeben, hat in der 1. Pers. Sg. der Voluntativ übernommen.

Die 2. Personen des Optativs drücken ein „Nahelegen" aus, also eine Mischung zwischen direkter Aufforderung und Bitte, z.B.

| | |
|---|---|
| Sağ ol**asın**. | ‚Du mögest bedankt sein!' |
| ← Sağ ol! | ‚Sei bedankt!' |
| Beni unut**mayasın**. | ‚Dass du mich nicht vergisst' (Du mögest mich nicht vergessen.) |
| ← Beni unut**ma**. | ‚Vergiss mich nicht!' |

**Beispiele für die 2. Personen**
*Dersini hemen yap**asın*** ‚Mach doch deine Aufgaben sofort! (= Du mögest ... machen!)', *Eve geç kal**mayasın*** ‚Komm nur nicht zu spät nach Hause (= Du mögest nicht zu spät nach Hause kommen)', *Düş**meyesin**!* ‚Dass du mir nur nicht fällst!'. *Camları da sil**esiniz*** ‚Sie möchten noch die Fenster putzen (= Sie mögen ...)', *Sık sık mektup yaz**asınız**!* ‚Schreiben Sie doch oft!', *Kimseye bahset**meyesiniz**!* ‚Erzählen Sie nur nicht jemandem davon!'.

Die nur noch selten gebrauchte **3. Person** drückt einen (Segens-)Wunsch aus; sie ist weitgehend durch -sIn(lAr) verdrängt worden (☞ 16.3). Als Frage gestellt, gibt sie ein Erstaunen bzw. eine Verwunderung wieder. In den verneinten Formen wünscht der Sprecher, dass ein Geschehen, das eintreten könnte, **nicht** eintritt:

| | |
|---|---|
| Almanya'yı terk etmeyiz böyle bil**ine** (http://www.hurriyet.com.tr) (28/02/2012) | ‚Deutschland verlassen wir nicht, das möge so im Bewusstsein sein.' |
| Kolay gel**e**! | ‚Es möge leicht fallen!/Gutes Gelingen!' |
| İşin rasgel**e**. | ‚Komm gut voran!' |
| Hayır ol**a**. / Hayrol**a**. | ‚Es möge Gutes sein!' (Sagt man bei Erstaunen: Nanu?, Was ist los?) |
| Kim ol**a**? / Ne ol**a**? | ‚Wer mag das sein? / Was mag das sein?' |
| Allah ver**meye**! [vérmiye] | ‚Gott behüte!' (= Gott möge nicht geben) |

- An die Optativform -(y)A kann **idi** oder **imiş** angehängt werden, also -(y)A**ydI** oder -(y)A**ymIş**, und zwar in allen Personen. Mit *idi* drückt das einen unerfüllten Wunsch aus, mit *imiş* eine indirekte Betrachtung. Obwohl diese Formen in allen Personen verwendbar sind, kommen sie kaum noch vor. So ist -(y)A**ydI** weitgehend von -s**AydI** (☞ 18.4) verdrängt worden.

| | bejaht | verneint | | bejaht | verneint |
|---|---|---|---|---|---|
| (ben) | gel**éy**dim | gél**meyey**dim | (biz) | gel**ey**dik | gel**meyey**dik |
| (sen) | gel**ey**din | gel**meyey**din | (siz) | gel**ey**diniz | gel**meyey**diniz |
| (o) | gel**ey**di | gel**meyey**di | (onlar) | gel**ey**di(ler) | gel**meyey**di(ler) |

| | |
|---|---|
| Keşke evde kal**aydın**! | ‚Wärst du doch zu Hause geblieben!' |
| Türkçedeki *olmak* fiili keşke tek anlamlı ol**aydı**! | ‚Hätte doch das Verb *olmak* im Türkischen nur eine einzige Bedeutung!' |
| Niye kork**aymış** Hulusi. (Mİ, BNA, 46) | ‚Warum sollte er Angst haben, der Hulusi.' |

# 17 Wiedergabe deutscher Modalverben

## 17.1 Übersicht

> Mit den Modalverben kann der Sprecher die Art und Weise eines Ereignisses modifizieren und ausdrücken, was möglich, erlaubt, notwendig, erforderlich, gewünscht oder gewollt ist.
>
> ✓ Das Deutsche kennt sechs Modalverben; sie werden mit einem Infinitiv verbunden:
> *können, dürfen, müssen, sollen, mögen, wollen*
> Verneintes *brauchen* wird auch als Modalverb verwendet.
>
> Die deutschen Modalverben werden in zwei Gruppen gegliedert: *Objektiv* und *subjektiv* verwendbare Modalverben. Außerdem hat jedes der deutschen Modalverben mehr als eine Lesart; so kann „können" implizieren, dass der Sprecher eine Möglichkeit, eine Fähigkeit oder auch eine Erlaubnis ausdrückt.
>
> Das Türkische kennt zwei Vollverben, die auch als Modalverben eingesetzt werden: *istemek* „wollen" und *gerekmek* „erfordern/nötig sein". Alle anderen Ideen, die die deutschen Modalverben transportieren, werden auf recht unterschiedliche Weise wiedergegeben.
>
> Um den Beschreibungen in diesem Kapitel folgen zu können, sollten Sie bereits wissen, dass das Türkische einen Vollinfinitiv auf **-mAk** und einen Kurzinfinitiv auf **-mA** kennt (☞ 20.2). Nur der Kurzinfinitiv lässt sich mit Possessivsuffixen versehen, und diese Variante benötigen wir zur Wiedergabe einiger Modalverben.
>
> ✓ Es kann auch vorkommen, dass die deutschen Modalverben als Vollverben eingesetzt werden; dann fehlt der übliche Infinitiv, z.B.
>
> Döner sevmiyorum.  ‚Ich mag keinen Döner.'
> Döner istemiyorum.  ‚Ich will keinen Döner.'
> Isolde çok iyi Türkçe biliyor.  ‚Isolde kann sehr gut Türkisch.'
>
> Sofern der Einsatz der deutschen Modalverben als Vollverben im Türkischen auch möglich ist, finden Sie in dem vorliegenden Kapitel Beispiele dafür. Aufgenommen wurden auch die türkischen Varianten für „brauchen" und „mögen".
>
> Es kommt aber vor, dass dieser deutsche Vollverbgebrauch eine *Ellipse* (Auslassung) ist, die im gegebenen Kontext rekonstruierbar sein muss. So ist z.B. eine Äußerung wie „Ich muss jetzt zum Unterricht" im Geiste mit „gehen" oder „fahren" zu ergänzen. Solche Ellipsen kennt das Türkische nicht. Jeder, der Türkisch unterrichtet, wird schon einmal mit der Frage konfrontiert worden sein „Wie heißt denn auf Türkisch ‚Ich kann nicht'?". Und schon muss der Lehrer/die Lehrerin gestehen, dass man das gar nicht so sagen kann, sondern nur „Ich kann nicht kommen/fahren/schwimmen u.a.".

## 17.2 „können"

### ◐ Das Possibilitivsuffix -(y)Abil- (Die Möglichkeitsform)

Das Verb „können" wird durch eine zusammengesetzte und auch zusammengeschriebene Verbalform ausgedrückt. Das Grundverb erhält die betonte Silbe **-(y)A** (ein Konverbsuffix ☞ 22.3), daran wird **bilmek** angefügt. Damit kann man alle Zeitformen bilden, aber am häufigsten wird der **Aorist** verwendet.

| | |
|---|---|
| gel**e**bilmek ‚kommen können' | unut**a**bilmek ‚vergessen können' |
| bekl**eye**bilmek ‚warten können' | anl**aya**bilmek ‚verstehen können' |
| **Merke:** di**ye**bilmek ‚sagen können', yi**ye**bilmek ‚essen können' | |

Mit diesem „können" werden Möglichkeit, Erlaubnis und Vermutung ausgedrückt. Eine Fähigkeit *kann* dieses „können" auch implizieren, aber es wird nicht ausdrücklich darauf hingewiesen.

*Sana bugün uğray**abil**irim* ‚Heute kann ich bei dir vorbeikommen', *Bana adresini yaz**abil**ir misin?* ‚Kannst du mir deine Adresse (auf)schreiben?', *Beni on dakika bekley**ebil**ir misin?* ‚Kannst du zehn Minuten auf mich warten?', *Bunu bana tercüme ed**ebil**ir misiniz?* ‚Können Sie mir das übersetzen?', *Bu küçük harfleri seç**ebil**iyor musun?* ‚Kannst du diese winzig kleinen Buchstaben ausmachen/erkennen?', *Bu resimdeki hanım Irmi ol**abil**ir mi?* ‚Kann die Dame auf diesem Bild Irmi sein?', *Kendini yalnız hissetmek insanı hasta ed**ebil**ir* ‚Sich allein zu fühlen, kann einen krank machen', *Turistlere tercümanlık yap**abil**dim* ‚Ich habe für die Touristen dolmetschen können', *Şimdi eve gid**ebil**irsiniz* ‚Jetzt könnt ihr nach Hause gehen', *Ildar enstitüde piyano çal**abil**ir* ‚Ildar kann im Institut Klavier spielen' (Möglichkeit oder Erlaubnis), *İstanbul'a çarşamba kar yağ**abil**ir* ‚In Istanbul kann es am Mittwoch schneien', *Türkçe anlay**abil**ir misiniz?* ‚Können Sie Türkisch verstehen?'.

| | |
|---|---|
| ✓ Es kann vorkommen, dass auch Aoristformen ein „können" implizieren, wenn die Eigenschaft des Subjektes gemeint ist (☞ 14.2.2): | |
| Stres hasta eder mi? | ‚Macht Stress krank?' (Kann er?) |
| Bu su içilir. | ‚Dieses Wasser kann man trinken (ist trinkbar).' |

### ◐ Das Impossibilitivsuffix -(y)AmA- (Die Unmöglichkeitsform)

Auch „nicht können" wird durch eine zusammengesetzte Verbalform ausgedrückt. Allerdings entfällt das Verb *bilmek*. Für die verneinte Form wird **-(y)AmA-** benötigt.

| | |
|---|---|
| gel**eme**mek ‚nicht kommen können' | unut**ama**mak ‚nicht vergessen können' |
| bekl**eyeme**mek ‚nicht warten können' | anl**ayama**mak ‚nicht verstehen können' |

*İyi uyuy**abil**din mi? – İyi uyu**yama**dım* ‚Hast du gut schlafen können? – Ich habe nicht gut schlafen können', *Sesimi duy**abil**iyor musun? – Duy**amı**yorum* ‚Kannst du meine Stimme hören? – Ich kann sie nicht hören', *Türkiye'ye gel**ebil**ecek misiniz? – Gel**emey**eceğiz* ‚Werden Sie in die Türkei kommen können? – Wir werden nicht kommen können', *Bana borç para gönder**ebil**ir misin? – Gönder**emem*** ‚Kannst du mir leihweise Geld schicken? – Ich kann keins schicken', *Bilgisayarınızda virüs ol**abil**ir mi? – Ol**amaz*** ‚Kann auf Ihrem Computer ein Virus sein? – Es kann keiner darauf sein', *Türkçe anlaş**abil**ir misiniz? –*

*Anlaşamam* ‚Können Sie sich auf Türkisch verständigen? – Ich kann mich nicht verständigen', *Ali sürücü sınavını kazanabilmiş mi? – Kazanamamış* ‚Hat Ali seine Fahrprüfung bestehen können? – Er hat sie nicht bestehen können.'

> ✓ Mit verneintem „können" gibt der Sprecher auch an, dass die *Ursache* für das „nicht können" nicht bei ihm liegt oder er es vielleicht versucht hat, aber der Versuch missglückt ist. Nicht immer muss dann in der deutschen Übersetzung das Verb „können" vorkommen; manchmal passt auch „leider":
> *Pasaportunu buldun mu? – Bulamadım.*
> ‚Hast du deinen Pass gefunden? – Ich habe ihn nicht gefunden/nicht finden können.'
> *Türkçenin yan cümleleri bana zor geliyor. Onları hiçbir zaman öğrenemeyeceğim.*
> ‚Die türkischen Nebensätze fallen mir schwer. Die werde ich nie lernen (können).'
> *Bu ne ağacıdır? – Bilemiyorum.*
> ‚Was ist das für ein Baum? – Ich weiß es *leider* nicht.'

Wird „können" im Aorist eingesetzt, kann man als Frageform auch um Erlaubnis bitten, während die verneinte Form ein Verbot oder einen Tadel beinhalten kann.
*Buraya oturabilir miyim?* ‚Kann ich mich hier hinsetzen?', *Buraya oturamazsınız* ‚Hier können Sie sich nicht hinsetzen', *Benimle böyle konuşamazsınız* ‚Mit mir können Sie so nicht sprechen!'.

☑ **Die Suffixe -mAyAbil- und -(y)AmAyAbil-**

Es ist auch möglich, das Grundverb zu verneinen. Das ist sozusagen das Spiegelbild von -(y)AmA-. Während bei -(y)AmA- ausgedrückt wird, dass der Sprecher oder das Subjekt etwas **nicht kann**, wird bei -mAyAbil- gesagt, dass diese etwas können, nämlich die Handlung des Grundverbs *nicht* ausführen. Die **Ursache** dafür liegt oft nicht bei ihnen. Im Deutschen müsste man die Infinitive anders anordnen:

| | |
|---|---|
| gel-meye + bilmek > gel**meyebil**mek | ‚nicht-kommen können' |
| anla-maya + bilmek > anla**mayabil**mek | ‚nicht-verstehen können' |
| gel**eme**mek | ‚nicht-können kommen' |
| anlay**ama**mak | ‚nicht-können verstehen' |

*Hafta sonu bir parti vereceğim. Gelebilir misin? – Henüz bilemiyorum* ‚Ich werde am Wochenende eine Party geben. Kannst du kommen? – Ich weiß es noch nicht', *Geç gelebilirim, hatta gel*mey*ebilirim* ‚Es kann sein, dass ich spät komme oder sogar gar nicht komme (wenn etwas dazwischenkommt)', *Şu sıra kimseye uğrayamıyorum* ‚Zurzeit kann ich bei niemandem vorbeigehen', *Partinize de gel*mey*ebilirim* ‚Es kann sein, dass ich *auch* zu eurer Party nicht komme', *Partinize gel*mey*ebilirim de* ‚Ich kann zu eurer Party auch *nicht* kommen', *Aşk bazen karşılık gör*mey*ebilir* ‚Es kann sein, dass Liebe manchmal keine Erwiderung erfährt', *Bir grafikere sadece bir Mac ve iki program yeterli gel*mey*ebilir* ‚Für einen Grafiker können nur ein Mac und zwei Programme nicht ausreichend sein', *Bazı yazarların makalelerini oku*may*abilirim, beğen*mey*ebilirim, fakat diğer güzel yazıları okurum* ‚Es mag sein, dass ich die Artikel mancher Autoren nicht lese oder dass sie mir nicht zusagen, aber die anderen schönen Artikel lese ich', *Herkes Türkçe bil**meyebil**ir* ‚Nicht jeder kann Türkisch können.'

Das Suffix **-mAyAbil-** wird auch eingesetzt, wenn man jemandem eine erbetene Handlung nicht untersagen, sondern freistellen will:

| | | |
|---|---|---|
| Cem'in partisine gidebilir miyim? | | ‚Kann/darf ich zur Party von Cem gehen?' |
| (a) | Gid**emez**sin. | ‚Du darfst nicht gehen.' |
| (b) | Gidebilirsin, git**meyebil**irsin de. | ‚Du kannst gehen, kannst aber auch nicht gehen.' oder: ‚... brauchst nicht zu gehen.' |

Es ist sogar möglich, das Grundverb mit dem Unmöglichkeitssuffix zu versehen. Dann wird *die Möglichkeit einer Unmöglichkeit* ausgedrückt:

*Bugün gel**emeyebil**irim* ‚Es kann sein, dass ich heute nicht kommen kann' (*wörtl.*: Ich kann heute nicht kommen können.), *İnternete gir**emeyebil**irim* ‚Es kann sein, dass ich nicht ins Internet kommen kann', *Sizin bilgisayarınız benim Word dosyalarımı ok**uyamayabil**ir* ‚Es kann sein, dass Ihr Computer meine Word-Dokumente nicht lesen kann.'

### ☑ „können" als Fähigkeit

Für eine erlernte oder nicht erlernte Fähigkeit wird das Verb **bilmek** eingesetzt und entweder mit einem Nomen oder einem Kurzinfinitiv (☞ 20.2) kombiniert. Der Kurzinfinitiv steht im Nominativ, wenn damit eine allgemeine Fähigkeit gemeint ist, aber im Akkusativ, wenn von einem einzelnen Element einer Fähigkeit konkret die Rede ist:

*Fransızca biliyorum/bilmiyorum* ‚Ich kann (kein) Französisch', *Ok**uma** yaz**ma** bilmiyorum* ‚Ich kann nicht lesen und schreiben', *Rusça ok**umayı** yaz**mayı** bilmiyorum* ‚Russisch lesen und schreiben kann ich nicht', *Konuş**ma** bilmiyor* ‚Er kann nicht sprechen (weil er z.B. stumm ist)', *Konuş**mayı** bilmiyor* ‚Er kann nicht reden' („sprechen" ja, aber nicht „reden"), *Araba kullan**mayı** biliyorum* ‚Ich kann Auto fahren', *Yüz**me** biliyor musun? – Biraz, ama yüz**meyi** biliyorum diyemem* ‚Kannst du schwimmen? – Ein wenig, aber ich kann nicht sagen, dass ich (richtig) schwimmen kann', *Benim 24 aylık bir oğlum var. Dünya tatlısı bir şey. Yalnız konuşmayı daha öğrenemedi, yani çiş veya kaka de**meyi** bilmiyor* ‚Ich habe einen 24 Monate alten Sohn. Ein ganz süßes Ding. Nur sprechen hat er noch nicht gelernt, also er kann nicht „Pipi" oder „Aa machen" sagen.'

**Alternativen:**

Wird der Kurzinfinitiv mit Possessiv- *und* Akkusativsuffix eingesetzt, stellt der Sprecher die Tätigkeit als Teil seines Wesens oder von jemandem anderen dar:

*Konuş**masını** bilmiyor* ‚Er versteht nicht zu reden' (Urteil über das Verhalten beim Reden von jemandem), *Bazı ebeveynler, çocuklara "Hayır" de**mesini** bilmiyor* ‚Manche Eltern können den Kindern nicht „Nein" sagen', *Patronun para harca**masını** iyi biliyor* ‚Dein Chef versteht sich gut darauf, Geld auszugeben', *Dinle**mesini** biliyorum* ‚Ich verstehe mich darauf zuzuhören', *Teşekkür et**mesini** biliyorum* ‚Ich weiß mich zu bedanken.'

Weitere Alternativen:

*Bugün bize misafir gel**mesi** mümkün/muhtemel* ‚Es ist möglich/wahrscheinlich, dass heute zu uns Besuch kommt', *Elif'in şu an üniversitede ol**ması** mümkün (değil)* ‚Es ist (nicht) möglich, dass Elif momentan an der Universität ist.'

☑ **Komplexe Formen**

Bei den komplexen Formen wird die Ursache im Regelfall dem Subjekt *zugeschrieben*:
*Bu adam yüzme bil**me**k olabilir* ‚Es kann sein, dass dieser Mann nicht schwimmen kann' (Möglichkeit einer nicht erlernten Fähigkeit), *Elçi Türkçe bilmiyor olabilir mi?* ‚Kann es sein, dass der Botschafter kein Türkisch kann?', *Arkadaşın seni anlamıyor olabilir* ‚Es kann sein, dass dein Freund dich nicht versteht', *Sen beni anlamadın, ben de seni anla**mamış** olabilirim* ‚Du hast mich nicht verstanden, aber es mag sein, dass auch ich dich nicht verstanden habe', *Kimliğini evde unut**muş** olabilir misin?* ‚Kannst du deinen Ausweis zu Hause vergessen haben?' (Könnte es sein ... /Hast du vielleicht ...), *Bu ödevi tek başına çöz**müş** ola**maz**sın* ‚Diese Aufgabe kannst du nicht allein gelöst haben'.

## 17.3 „dürfen"

Sowohl **-(y)Abil-** als auch **-(y)AmA-** werden auch für „dürfen/nicht dürfen" gebraucht:
*Yüzmeye gid**ebil**ir miyim?* ‚Kann/darf ich schwimmen gehen?', *Size bir şey sor**abil**ir miyim?* ‚Darf ich Sie etwas fragen?', *Bu halı çok güzel. Acaba fiyatını sor**abil**ir **miydim**?* ‚Dieser Teppich ist sehr schön. Dürfte ich wohl nach dem Preis fragen?'.

Man kann auch die Verben *müsaade etmek* ‚erlauben' (der Sprecher bittet oder bekommt die Erlaubnis) oder *izin vermek* ‚gestatten/genehmigen' (der Sprecher erbittet die Genehmigung des Hörers) einsetzen. Das, was erlaubt oder nicht erlaubt wird, steht im Dativ. Möchte der Sprecher für seine Person sagen, dass ihm etwas erlaubt wurde oder nicht, wird er *müsaade*[1] verwenden:
*Sigara iç**meye** müsaade var mı?* ‚Ist es erlaubt zu rauchen?', *Artık sigara iç**meme** müsaade yok* ‚Ich darf nicht mehr rauchen', *Gözümden ameliyat oldum. On gün kadar kitap, gazete oku**mama** müsaade yok* ‚Ich bin am Auge operiert worden. Etwa zehn Tage darf ich keine Bücher und Zeitungen lesen', ***İzin verirseniz** birkaç soru sorayım* ‚Wenn Sie gestatten, möchte ich ein paar Fragen stellen'.

Unpersönliches „erlauben" wird mit *müsaade çıkmak* wiedergegeben:
*Haziranda izin yapmaya müsaade çıktı/çıkmadı* ‚Es ist (nicht) erlaubt worden, im Juni Urlaub zu machen', *Haziranda izin yapmama müsaade çıktı/çıkmadı* ‚Es ist (nicht) erlaubt worden, dass ich im Juni Urlaub mache.'

Wenn mit „nicht dürfen" eine Verhaltensregel gemeint ist, wird die Notwendigkeitsform eingesetzt (☞ 17.6):
Böyle bir şey söyle**memelisin**.              ‚So etwas darfst du nicht sagen.'

**Alternativen für Verbote:**
Sigara içmek yasaktır.                ‚Rauchen verboten.'
Girilmez.                             ‚Eintritt verboten.' (Man geht nicht hinein.)
Burada park yapmaya hakkınız yok.     ‚Sie haben nicht das Recht, hier zu parken.'

---
1  *müsaade* ‚Erlaubnis' kann durch *izin, -zni* ‚Genehmigung' ausgetauscht werden, wenn eindeutig auf eine genehmigende Instanz hingewiesen werden soll.

> ✓ **Merke:**
> Für „dürfte" oder „müsste" als *Mutmaßung* wird **olsa gerek** eingesetzt:
> 
> | | |
> |---|---|
> | Elif bu saatte evde **olsa gerek**. | ‚Elif dürfte/müsste um diese Zeit zu Hause sein.' |
> | Elif şimdi uyuyor **olsa gerek**. | ‚Elif dürfte jetzt schlafen.' |
> | Sinan Türkiye'ye varmış **olsa gerek**. | ‚Sinan dürfte in der Türkei angekommen sein.' |

## 17.4 „brauchen"

Deutsches „brauchen" als Vollverb haben wir hier aufgenommen, weil der Übergang zu „müssen" so leichter verständlich wird.

Eine Möglichkeit, „brauchen" wiederzugeben, ist die Verwendung von *lazım* ‚nötig, notwendig' oder *gerek* ‚Notwendigkeit; notwendig'. Etwas schwächer ist *gerekli* ‚nötig'. Die Verneinung lautet *lazım/gerekli değil*. Verneintes *gerek* ist als Substantiv im Sinne ‚Notwendigkeit, notwendige Voraussetzung' zu verstehen. Es können **idi**, **imiş**, **-DIr** (sowie **ise** und **iken** ☞ 18.2, 22.9) angehängt werden. Es gibt auch ein Verb *gerekmek* „benötigen, erfordern". Die Person oder die Sache, die etwas braucht, steht im **Dativ**:

*Bize başka ne lazım?* ‚Was brauchen wir noch?', *Bana iyi bir sözlük lazım/gerek* ‚Ich brauche ein gutes Wörterbuch (= Mir ist ein gutes Wörterbuch nötig.)', *Sana yeni cep telefonu lazım değil* ‚Du brauchst kein neues Handy', *Derste bana tebeşir lazımdı* ‚Im Unterricht habe ich Kreide gebraucht', *Derste bana mendil lazım oldu* ‚Im Unterricht brauchte ich (unvorhergesehen) ein Taschentuch (wurde mir ein Taschentuch nötig)', *Yarın bana para lazım olacak* ‚Morgen werde ich Geld brauchen.'

> ✓ Für die Vergangenheit wird **lazımdı/lazım değildi** (statisch) oder **lazım oldu/lazım olmadı** (dynamisch) eingesetzt, für das Futur **lazım ol(ma)mak**.

*Bana para gerek* ‚Ich brauche Geld', *Bana para gerekli* ‚Ich bräuchte Geld', *Sevmek için para gerek değil* ‚Um zu lieben, braucht man kein Geld (ist keine notwendige Voraussetzung)', *Bu kadar lüks araba gerekli değil* ‚Ein derartiges Luxusauto ist nicht nötig', *Bana sen gereksin* ‚Ich brauche dich', *Bana para gerekiyor* ‚Ich benötige Geld', *Bana para gerekecek* ‚Ich werde Geld benötigen'.

- Eine weitere Möglichkeit, „brauchen/benötigen" wiederzugeben, ist **bir şeye ihtiyacı olmak** ‚Bedarf/Bedürfnis haben an'. Damit sagt der Sprecher *nicht*, was **er** benötigt, sondern **wen** *oder* **was** er benötigt.

  | | |
  |---|---|
  | (Benim) Sana ihtiyacım var. | ‚Ich brauche *dich*.' |
  | Sen bana lazımsın. | ‚*Ich* brauche dich.' |
  | Kızımızın mayoya ihtiyacı var. | ‚Unsere Tochter benötigt *einen Badeanzug*.' |
  | Kızımıza mayo lazım. | ‚*Unsere Tochter* braucht einen Badeanzug.' |

- *Lazım* und *gerek* können nicht als Adjektiv vor einem Substantiv stehen, es heißt dann immer *lüzumlu* oder *gerekli*: *Gerekli kâğıtları getirin* ‚Bringen Sie die erforderlichen Papiere mit'.

## 17.5 „müssen"

Möchte man mit „müssen" eine objektive Notwendigkeit ohne zusätzliche Nuancen wie Verpflichtung oder Zwang ausdrücken, fügt man an einen Kurzinfinitiv Possessivsuffixe (☞ 5.7) an und vervollständigt die Aussage mit *lazım/gerek* oder dem Verb *gerekmek*. Das komplette Schema samt Possessivpronomen sieht folgendermaßen aus:

| (Benim) çalış**mam** lazım. | ‚Ich muss arbeiten.' |
|---|---|
| (Senin) çalış**man** lazım. | ‚Du musst arbeiten.' |
| (Onun) çalış**ması** lazım. | ‚Er/sie muss arbeiten.' |
| (Bizim) çalış**mamız** lazım. | ‚Wir müssen arbeiten.' |
| (Sizin) çalış**manız** lazım. | ‚Ihr müsst/Sie müssen arbeiten.' |
| Onların çalış**ması** lazım. / Çalış**maları** lazım. | ‚Sie müssen arbeiten.' |

**Beispiele:**
*Daha bulaşık yıka***mam** *lazım* ‚Ich muss noch abwaschen', *Bugün ders ver***men** *lazım mı?* ‚Musst du heute Unterricht geben?', *Gül'ün bugün işe git***mesi** *lazım değil* ‚Gül muss heute nicht zur Arbeit gehen', *Benim de dün işe git***mem** *lazım değildi* ‚Und ich musste gestern nicht zur Arbeit gehen', *Bunu birkaç defa oku***mam** *lazım olacak* ‚Das werde ich einige Male lesen müssen', *Doktora git***mem** *gerek/gerekli/gerekiyor* ‚Ich muss zum Arzt gehen', *Doktora git***mem** *gerekli değil/gerekmiyor* ‚Ich muss nicht zum Arzt gehen'.

Will man auf das Eintreten der Notwendigkeit hinweisen, wird *lazım* mit *gelmek* kombiniert oder *gerekmek* eingesetzt:
*Gül'ü bekle***mem** *lazım geldi* ‚Ich musste auf Gül warten.' (Es wurde nötig, auf Gül zu warten), *Doktora git***mem** *lazım gelecek/gerekecek* ‚Ich werde zum Arzt gehen müssen'.

Unpersönliches „müssen" wird mit dem Vollinfinitiv wiedergegeben:
*Dikkatli olmak lazım* ‚Man muss aufpassen', *Dikkatli olmak lazımdı* ‚Man musste aufpassen', *Alışverişe gitmek gereksizdi* ‚Es war unnötig, einkaufen zu gehen'.

- **Merke:** *Hemen öde***menizin** *gereği yok* ‚Sie brauchen nicht gleich zu bezahlen', *Bugün alışverişe git***meye** *gerek yok* ‚Heute muss nicht einkaufen gegangen werden' (aus irgendeinem Grund), *Bugün alışverişe git***menin** *gereği yok* ‚Heute muss nicht(s) eingekauft werden' (Wir brauchen nichts).

☑ **Innerer oder äußerer Zwang**

Für stärkeres „müssen" im Sinne einer Unumgänglichkeit gibt es folgende Möglichkeiten:

**1. Der Sprecher folgt einem inneren Zwang**
*Bu sana son mektubum, ayrıl***maya** *mecburum. Ne olur anla beni, bu aşktan korkuyorum, sevmekten korkuyorum, artık başka çare yok* ‚Das ist mein letzter Brief an dich, ich muss mich trennen. Bitte, verstehe mich, ich habe Angst vor dieser Liebe, ich habe Angst zu lieben, es gibt keinen anderen Ausweg mehr', *Arapça öğren***meye** *mecburum* ‚Ich muss Arabisch lernen (Ich fühle mich gezwungen, Arabisch zu lernen.)', *Bugün* **mecburen** *dişçiye git***mem** *lazım* ‚Heute muss ich gezwungenermaßen zum Zahnarzt gehen', *Dişçiye gitmek zorunlu* ‚Zum Zahnarzt zu gehen, ist unumgänglich', *Derste durmadan hapşır***mak** *durumunda kaldım* ‚Im Unterricht musste ich ständig niesen.'

**2.** Der Sprecher folgt einem äußeren Zwang oder wird dem ausgesetzt

*Pekines cinsi köpeğimden rahatsızlığım nedeniyle ayrı**lmak zor-un-da-yım/mecburiyet-in-de-yim**²* ‚Von meinem Hund, einem Pekinesen, muss ich mich aufgrund meines Leidens trennen', *Annem ve babam her gelişlerinde vize a**lmak durum-un-da kalıyorlar*** ‚Meine Eltern müssen sich für jede Einreise ein Visum besorgen', *Fenerbahçe'den ayrı**maya mecbur bırakıldım*** ‚Ich war (durch die Umstände) gezwungen, mich von Fenerbahçe zu trennen.'

### 17.6 Der Nezessitativ: „müssen" oder „sollen"

Für den **Nezessitativ** können Sie sich auch den Begriff *Notwendigkeitsform* merken. Soll mit „müssen" aus Sicht des Sprechers eine Verpflichtung, eine Verhaltensregel oder ein nachhaltiger Ratschlag ausgedrückt werden, wird an einen Verbstamm das Suffix **-mAlI** angehängt, gefolgt von den *Personalendungen*. Die 3. Pers. erscheint oft mit **-DIr** zur Bestätigung. Im Deutschen wird **-mAlI** in bejahten Sätzen mit „müssen" oder „sollen", auch „sollte" wiedergegeben, in verneinten Sätzen oft mit „nicht dürfen":

*Bugün artık dişçiye git**meliyim*** ‚Heute muss ich endlich zum Zahnarzt gehen', *Ben seni terk et**meliyim**. Hayata yeni bir başlangıç yap**malıyım*** ‚Ich muss dich verlassen. Ich muss einen neuen Anfang für das Leben finden' (So spüre ich es.), *Bu sözcüğü not et**meliyim*** ‚Dieses Wort muss ich mir aufschreiben', *Evli bir erkek benimle evlenmek istiyor. Ne yap**malıyım?*** ‚Ein verheirateter Mann will mich heiraten. Was soll ich tun? (Was ist angebracht?)', *İslamı öğrenmek için hangi kitapları oku**malıyım?*** ‚Welche Bücher sollte ich lesen, um etwas über den Islam zu lernen/erfahren?', *Yalnız kalmak istiyorum diyebil**melisin*** ‚Du musst sagen können, ich will allein bleiben', *Haftada en azından bir defa odanı topla**malısın*** ‚Mindestens einmal in der Woche musst du dein Zimmer aufräumen', *Yemekten önce ellerini yıka**malısın*** ‚Vor dem Essen musst du deine Hände waschen', *Derse zamanında gel**melisiniz*** ‚Zum Unterricht müsst ihr rechtzeitig kommen', *Alıngan ol**mamalıyım*** (AN, AD, 76) ‚Ich darf nicht nachtragend sein', *Ağla**mamalısın*** ‚Du darfst nicht weinen', *Türkologlar dil bilimine eğil**meli*** (Prof. Ercilasun, turkoloji@yahoogroups.com) ‚Die Turkologen müssen sich der Sprachwissenschaft annehmen', *Herkes yedide hazır ol**malıdır*** ‚Jeder muss um sieben bereit/fertig sein'.

Die 3. Person kann unpersönlich gebraucht werden:

*Göreme'yi herkes gör**meli*** ‚Göreme muss/sollte jeder sehen', *Bu yumurtaları al**malı mı, al**mamalı mı?*** ‚Sollte man diese Eier kaufen oder nicht kaufen?', *Ne de**meli!*** ‚Was soll man da sagen!'.

Die Form **-mAlI** kann *nicht* mit **-(y)AcAk** versehen werden. Aber **idi** oder **imiş** können angehängt werden (sowie **ise** und **iken** ☞ 18.2, 22.9):

*Geç gel**memeliydik**, erken çık**malıydık*** ‚Wir hätten nicht zu spät kommen sollen, wir hätten früher aus dem Haus gehen müssen', *Beni demin gör**meliydiniz!*** ‚Vorhin hätten Sie mich sehen müssen!', *Biliyorum olur böyle şeyler ama, bizde ol**mamalıydı*** (DA, AADY, 95) ‚Ich

---

2 Die Trennstriche sind eingefügt, um zu verdeutlichen, dass der Vollinfinitiv mit den nachfolgenden Begriffen *zor*, *mecburiyet* und *durum* verkettet ist.

weiß, es passieren solche Sachen, aber bei uns hätte es nicht vorkommen dürfen', *Ali bugün gelmeliydi* ‚Ali hätte heute kommen müssen', *Ece doktora gitmeli miymiş?* ‚Sollte Ece etwa zum Arzt gehen?' *oder:* ‚Hätte Ece etwa zum Arzt gehen sollen?'.

**Vergleiche:**
*Ece geçen hafta Münih'e gitmeliydi, çünkü annesi hastalanmıştı* ‚Ece hätte letzte Woche nach München fahren sollen/müssen, denn ihre Mutter war erkrankt.'
*Ece'nin geçen hafta Münih'e gitmesi gerekti, çünkü annesi hastalanmıştı* ‚Ece musste letzte Woche nach München fahren, denn ihre Mutter war erkrankt.'
*Ece çoktan dönmeliydi* ‚Ece hätte schon längst zurückkommen müssen', *Ece çoktan dönmüş olmalıydı* ‚Ece hätte schon längst zurück sein müssen', *Cem de Münih'e gitmeliydi* ‚Cem hätte auch nach München fahren sollen.'
*Ara vermemiz gerekiyordu* ‚Wir mussten (notwendigerweise) eine Pause einlegen', *Ara vermek zorundaydık* ‚Wir mussten eine Pause einlegen' (die Umstände erforderten das), *Ara vermeliydik* ‚Wir hätten eine Pause einlegen sollen' (es wäre angebracht gewesen).

> ✓ **Vergleichen wir:**
> Bunu söylememeliydin!     ‚Das hättest du nicht sagen dürfen!' (Vorhaltung)
> Bunu söylemeyecektin!     ‚Das hättest du nicht sagen sollen!' (Tadel)

☑ Mit **-mAlI** kann auch eine starke Wahrscheinlichkeit ausgedrückt werden (dann ohne **-DIr**):
Uyuyor olmalı.                  ‚Er dürfte wahrscheinlich schlafen.'
Uyumuş olmalı.                  ‚Er müsste eingeschlafen sein.'
Ali çok zengin **olmalı**. Beş evi, iki    ‚Ali muss sehr reich sein. Er hat fünf Häuser,
arabası ve bir yatı var.        zwei Autos und eine Jacht.'

- Ein isolierter Satz wie *Mesut milyoner olmalı* kann bedeuten „Mesut muss Millionär sein", aber auch „Mesut muss Millionär werden.'

## 17.7 „sollen"

Das deutsche Verb „sollen" hat im Türkischen keine genaue Entsprechung, sondern wird durch zahlreiche verschiedene Formen und Suffixe wiedergegeben, je nachdem, welche Intention der deutschsprachige Muttersprachler damit ausdrücken will. Hier folgt ein kurzer Überblick:

- **Ratschläge sowie persönliche Meinung über ein Verhalten**

*Kendine gözlük tedarik etmelisin* ‚Du solltest dir eine Brille besorgen', *İnsan arada bir perhiz yapmalı* ‚Man sollte ab und zu Diät halten', *Bu haplardan her gün üç tane alacakmışım* ‚Von diesen Tabletten soll ich jeden Tag drei Stück nehmen' (hat mir der Arzt aufgetragen), *Bu haplardan her gün üç tane almalıymışım* ‚Von diesen Tabletten sollte ich jeden Tag drei Stück nehmen (oder müsste ich eigentlich)', *Arkadaşımın şifresini çaldım. Şimdi ona ne demeliydim?* ‚Ich habe das Kennwort meines Freundes geklaut. Was sollte ich ihm jetzt sagen?', *Arkadaşım senelerdir içki içti. Sakıncasını sonradan görecekti* ‚Mein Freund hat jahrelang Alkohol getrunken. Den Nachteil sollte er später erleben'.

- **Forderungen und Aufforderungen**

Für Forderungen an die 2. Person, die einem Gebot oder Befehl nahekommen, steht im Türkischen das Futur zur Verfügung, während mit **-mAlI** lediglich ein nachdrücklicher Ratschlag erteilt wird:
*Babana ve anana hürmet ed**eceksin*** ‚Du sollst deinen Vater und deine Mutter ehren',
*Babana ve anana hürmet et**melisin*** ‚Du solltest deinen Vater und deine Mutter ehren',
*Öldür**meyeceksin**!* ‚Du sollst nicht töten!', *Öldür**memelisin**!* ‚Du darfst nicht töten!'.

Aufforderungen, die eine 3. Person betreffen, werden mit **-sIn** (☞ 16.3) gebildet:
*Hatice eve gel**sin**. – Neden gel**sin**?* ‚Hatice soll nach Hause kommen. – Warum soll sie kommen?', *Ali hediyelerimi geri göndermedi – Neden gönder**sindi**/gönder**sinmiş** ki?* ‚Ali hat meine Geschenke nicht zurückgeschickt – Warum sollte er sie denn zurückschicken?'.

- **Weitergeben von Informationen anderer**

Zu **-mIş** und **-(y)mIş** (☞ 13.2.2, 14.2.5, 14.5).
*Ali patronundan fazla para iste**miş**, kabak da kendi başına patla**mış*** ‚Ali soll von seinem Chef mehr Geld verlangt haben, und die Suppe müsse er jetzt auslöffeln', *Yarın hava 36 derece olacak**mış*** ‚Morgen sollen es 36 Grad werden.'

- **Fragen**

*Sana yardım ed**eyim** mi?* ‚Soll ich dir helfen? (Möchtest du, dass ich …)', *Seni bekl**eyecek miyim**?* ‚Soll/muss ich auf dich warten?', *Buraya ne yaz**ayım**?* ‚Was soll ich hierhin schreiben?', *Buraya ne yaz**malıyım**?* ‚Was soll/muss ich hier hinschreiben?', *Neden gelecek**mişim**?* ‚Warum sollte ich kommen?' (Grund wird erfragt.).

## 17.8 „wollen"

Das Verb **istemek** wird als Vollverb eingesetzt, kann aber mittels verschiedener Zeitformensuffixe modale Nuancen erhalten. Die Präsensform ist mit „will" oder „möchte" übersetzbar. Die verneinte Aoristform ist kategorischer als die verneinte Präsensform:
*Döner istiyorum/istemiyorum* ‚Ich will/möchte (keinen) Döner', *Döner isterim/istemem* ‚Ich möchte Döner/will keinen Döner', *Döner isterdim* ‚Ich hätte gern Döner', *Döner isteyecektim, ama vazgeçtim* ‚Ich wollte Döner (haben), habe aber es gelassen.'

Wird **istemek** in Zusammenhang mit einem weiteren Verb gebraucht, steht dieses in den meisten Fällen im Infinitiv. Damit formuliert der Sprecher *seinen feststehenden* Wunsch/ Willen, das Ereignis auszuführen. Verwendet er vor *istemek* jedoch den Kurzinfinitiv im Akkusativ, wählt er aus *verschiedenen* möglichen Ereignissen eines als Plan oder Absicht aus:
*Vasıflarıma uygun, 50–55 yaş arası, dürüst, doktor bir beyle tanışmak ve evlen**mek** istiyorum* ‚Ich möchte einen zu meinen Eigenschaften passenden, zwischen 50 und 55 Jahre alten, aufrichtigen Arzt kennenlernen und heiraten', *O adamla evlen**meyi** istemiyorum* ‚Den Mann *heiraten* will ich nicht', *Kontratımın sonunda futbolu bırak**mak** istiyorum* ‚Am Ende meines Vertrages will ich mit dem Fußball aufhören', *Futbolu bırak**mayı** istiyorum* (http://besiktashaberleri.bloggum.com) ‚Den Fußball *aufgeben* will ich.'

> ✓ **„wollte"**
> 
> | | |
> |---|---|
> | 39 yaşındayım, arkadaşım olsun istedim, evlen**mek istedim**. | ‚Ich bin 39 Jahre alt, ich wollte eine Freundin haben, und ich wollte heiraten.' *(Wille)* |
> | Evlen**ecektim**, iştahım kaçtı. | ‚Ich wollte heiraten, (aber) mir ist die Lust vergangen.' *(unverwirklichter Plan)* |

Möchte der Sprecher außer sich eine andere Person ins Spiel bringen, muss diese am Verb gekennzeichnet werden. Dafür steht der Kurzinfinitiv -mA zur Verfügung (☞ 20.2).

| | |
|---|---|
| Sigara iç**menizi** istemiyorum. | ‚Ich möchte *nicht*, dass Sie rauchen.' |
| Sigara iç**memenizi** istiyorum. | ‚Ich möchte, dass Sie *nicht* rauchen.' |
| Cem'**in** gel**mesini** istiyorum. | ‚Ich möchte, dass Cem kommt.' |

- **Fragen**

*Çay içmek **istemiyor musun**?* ‚Willst du keinen Tee trinken?', *Oturmayacak mısın?* ‚Wirst/ willst du dich nicht setzen?', *Oturmaz mısın?* ‚Magst du dich nicht setzen?', *Oturmuyor musun?* ‚Setzt du dich nicht?', *Yemekten sonra ne yapalım?* ‚Was wollen wir nach dem Essen machen?'.

- „wollen" im Sinne einer Bewertung (für belebte und unbelebte Subjekte geeignet):

*Kızım dinle**mek bilmiyor*** ‚Meine Tochter will (einfach) nicht hören', *Sağanak yağışlar dinmek bilmiyor* ‚Die sintflutartigen Regenfälle wollen nicht nachlassen/aufhören', *Telefon bugün susmak bilmiyor* ‚Das Telefon will heute nicht schweigen.'

- Will man mit „wollen" eine Notwendigkeit ausdrücken, wird das Verb im Passiv verwendet (☞ 19.4.1).

*Bu kararın iyi düşün**ülmesi** gerek* ‚Diese Entscheidung will (= muss) gut überdacht werden', *Senin pantolonun yıkanmak ister* ‚Deine Hose will gewaschen werden.'

- Mit „wollen" kann man auch große Skepsis ausdrücken (☞ 14.5):

*Ali İngiliz kraliçesinden bir mektup almışmış* ‚Ali will von der englischen Königin einen Brief erhalten haben.'

☑ **Einige Vergleiche Türkisch – Deutsch**[3]

*Yarın makalesini bitirmek istiyor* ‚Sie will morgen ihren Artikel fertig schreiben', *Yarın makalesini bitirecek* ‚Sie wird morgen ihren Artikel fertig schreiben', *Yarın makalesini bitirmek niyetinde* ‚Sie beabsichtigt, morgen ihren Artikel fertig zu schreiben', *Yarın makalesini bitirmiş olmak niyetinde* ‚Sie beabsichtigt, morgen ihren Artikel fertig geschrieben zu haben', *Yarın makalesini bitirmiş olacak* ‚Sie wird morgen ihren Artikel fertig geschrieben haben', *Yarın makalesini bitirir* ‚Sie wird wohl morgen ihren Artikel fertig schreiben', *Yarın makalesini bitirmiş olabilir* ‚Sie kann morgen ihren Artikel fertig geschrieben haben', *Yarın makalesini bitirmiş olacaktır* ‚Sie wird morgen ihren Artikel fertig geschrieben haben' (sicherlich oder bestimmt), *Yarın makalesini bitiremez* ‚Sie wird wohl

---

[3] Die deutschen Beispiele stammen überwiegend aus Abraham, Werner & Leiss, Elisabeth [Hgg.] (2009) und sind auf das Türkische umgesetzt.

morgen ihren Artikel nicht fertig schreiben können', *Yarın makalesini bitirmemiş olabilir* ‚Es kann sein, dass sie morgen ihren Artikel nicht fertig geschrieben hat', *Yarın makalesini bitirmiş olacakmış* ‚Sie will morgen ihren Artikel fertig geschrieben haben (Die Quelle ist „sie" oder eine 3. Instanz)', *Bütün gün ışığı açık bırakmış olmalı* ‚Sie muss den ganzen Tag das Licht angelassen haben', *Bütün gün ışığı açık bırakmış olsa gerek* ‚Sie dürfte/müsste den ganzen Tag das Licht angelassen haben'.

## 17.9  „mögen"

Für deutsches „mögen" im Sinne von „gern haben/gern tun" wird überwiegend das Verb *sevmek* ‚lieben' verwendet:

*Türkçe dilbilgisi öğrenmeyi seviyorum* ‚Ich lerne gern türkische Grammatik' (Ich liebe es, türkische Grammatik zu lernen), *Ben ise dilbilgisi öğrenmeyi hiç sevmiyorum* ‚Ich hingegen lerne Grammatik überhaupt nicht gern', *Kitap okumayı severim* ‚Ich mag Bücher lesen', *Patronumu sevmem* ‚Ich mag meinen Chef nicht'.

**Alternativen:**
*Senden hoşlanıyorum* ‚Ich habe Gefallen an dir', *Evimizi beğeniyorum* ‚Unsere Wohnung sagt mir zu/gefällt mir', *Antrenörümüzü beğenmiyorum* ‚Unseren Trainer mag ich nicht' (er sagt mir nicht zu), *Bu yemeği beğenmedim* ‚Dieses Essen hat mir nicht zugesagt'.

Wenn Sie „mögen" im Sinne von „gefallen" gebrauchen wollen, geht man in eine Konstruktion wie unten. Die wörtliche Übersetzung von *Bu film hoşuma gidiyor/gitmiyor* lautet „Dieser Film geht (nicht) zu meinem Angenehmen". An das Wort *hoş* ‚angenehm' werden die Possessivsuffixe und an diese das Dativsuffix angehängt. Das komplette Schema sieht so aus:

| | |
|---|---|
| Bu film (benim) hoş**uma** gidiyor/gitmiyor. | ‚Dieser Film gefällt mir/gefällt mir nicht.' |
| Bu film (senin) hoş**una** gidiyor/gitmiyor. | ‚Dieser Film gefällt dir/gefällt dir nicht.' |
| Bu film (onun) hoş**una** gidiyor/gitmiyor. | ‚Dieser Film gefällt ihm/gefällt ihm nicht.' |
| Bu film (bizim) hoş**umuza** gidiyor/gitmiyor. | ‚Dieser Film gefällt uns/gefällt uns nicht.' |
| Bu film (sizin) hoş**unuza** gidiyor/gitmiyor. | ‚Dieser Film gefällt euch/gefällt euch nicht.' |
| Bu film onların hoş**una** gidiyor/gitmiyor. | ‚Dieser Film gefällt ihnen/gefällt ihnen nicht.' |
| Bu film hoş**larına** gidiyor/gitmiyor. | ‚Dieser Film gefällt ihnen/gefällt ihnen nicht.' |

Das Verb *gitmek* ‚gehen' wird in der 3. Pers. Sg. gebraucht:

*Türkiye hoşunuza gitti mi?* ‚Hat die Türkei euch/Ihnen gefallen?', *Çok hoşumuza gitti* ‚Sie hat uns sehr gefallen', *Bu yemek çok hoşuma gitti* ‚Dieses Essen hat mir sehr gut geschmeckt', *Dilbilgisi öğrenmek hoşuma gider* ‚Grammatik zu lernen, gefällt mir', *Türkçe öğrenmek Irmi'nin hoşuna gider* ‚Türkisch zu lernen, gefällt Irmi', *Bu hediye hoşuna gidecek* ‚Dieses Geschenk wird dir gefallen.'

| | |
|---|---|
| ✓ **Vergleichen Sie jedoch:** | |
| Hoşuma gidiyor**um**. | ‚Ich gefalle mir.' |
| Sen hoşuma gidiyor**sun**. | ‚Du gefällst mir.' |

Zu „mögen" als indirekte freundliche Aufforderung (☞ 16.4) und im Sinne einer Einräumung (☞ 27.4).

# 18 Die Bedingungsformen

## 18.1 Übersicht

Die Bedingungsformen zählen zum *Modus* der türkischen Verbformen (☞ 16.1). Es gibt zwei Arten von Bedingungsformen:

- Das konditionale Funktionswort **ise > -(y)sA**, das wie **idi** oder **imiş** *selbständig* oder *angehängt* vorkommt;
- Die nichtreale Bedingungs- und Wunschform **-sA**, die wie **-DI** oder **-mIş** stets an einem *Verbstamm* zu finden ist und die auch als **-sAydI** vorkommt.

Mit Bedingungsformen bilden wir primär **Konditionalsätze**. Diese kann man in zwei große Gruppen einteilen:

**Reale Konditionalsätze**

Der Sprecher geht davon aus, dass die Bedingung realisierbar ist, war oder sein wird. Im Türkischen benötigen wir für die Zeitstufen Gegenwart, Vergangenheit und Zukunft je ein Prädikat (nominal oder verbal), das uns das mitteilt. Im Deutschen werden diese Sätze mit dem *Indikativ* gebildet. Eine einleitende Konjunktion „wenn" oder „falls" ist im Türkischen möglich, aber nicht obligatorisch.

Hava güzel ol**ursa** yüzmeye gideriz.   ‚Wenn es (das Wetter) schön wird, gehen wir schwimmen.'

**Nichtreale Konditionalsätze**

Der Sprecher geht davon aus, dass die Bedingung nur in seiner Vorstellung erfüllbar ist *oder* dass sie weder erfüllbar war noch erfüllbar sein wird. Im Türkischen benötigen wir dafür einen Verbstamm, der ja bekanntlich *keine* Zeitstufe ausdrückt. Im Deutschen werden solche Sätze mit dem *Konjunktiv* gebildet.

**(a) Potentialer Konditionalsatz** (auch *Potentialis* genannt)

Hava güzel ol**sa** yüzmeye giderdik.   ‚Wenn es (das Wetter) schön wäre, würden wir schwimmen gehen.'

**(b) Irrealer Konditionalsatz** (auch *Irrealis* genannt)

Hava güzel ol**saydı** yüzmeye giderdik.   ‚Wenn das Wetter schön gewesen wäre, wären wir schwimmen gegangen.'

Die türkischen Konditionalsätze sind diejenigen Nebensätze, die mit deutschen Nebensätzen am meisten vergleichbar sind. Allerdings werden mit den Bedingungsformen auch Sätze gebildet, die man den *Konzessivsätzen* zuordnen muss (☞ 27.3).

Die nichtreale Bedingungs- und Wunschform wird auch für irreale Wunschsätze verwendet. Dann stehen sie autonom ohne einen Nachsatz.

## 18.2 Das konditionale Funktionswort *ise* und reale Konditionalsätze

Mit dem konditionalen Funktionswort **ise** > **-(y)sA** werden **reale Konditionalsätze** gebildet. Es kommt selbständig oder angehängt vor

- an nominalen Prädikaten mit indikativisch zu verstehendem „sein" oder „haben", auch auch an denjenigen, die *idi* > *-(y)DI* oder *imiş* > *-(y)mIş* enthalten;
- an allen Zeitformen, auch an denjenigen, die *idi* > *-(y)DI* oder *imiş* > *-(y)mIş* enthalten;
- am Nezessitativsuffix *-mAlI* (☞ 17.6).

Als Ausgangspunkt dient eine 3. Pers. Sg.; in allen Personen wird **ise** nachgestellt oder als unbetontes **-(y)sA** angehängt. Zur Personenkennzeichnung werden die possessivischen Personalsuffixe angefügt (☞ 13.2.1). Die 3. Pers. Pl. kommt in zwei Varianten vor. In Folgesätzen steht **-lArsA**.

|  | selbständig | angehängt |
|---|---|---|
| ben | isem | -(y)sAm |
| sen | isen | -(y)sAn |
| o | ise | -(y)sA |

|  | selbständig | angehängt | angehängt |
|---|---|---|---|
| biz | isek | -(y)sAk |  |
| siz | iseniz | -(y)sAnIz |  |
| onlar | ise | -(y)sA |  |
| *oder* | iseler | -(y)sAlAr | -lArsA |

⇨ **Nominale Konditionalsätze**

Die Beispiele in der folgenden Tabelle sind unvollständige Aussagen. Für die 1. Pers. Sg. lauten sie: „Wenn ich geizig/krank/traurig/müde bin …"

|  | Vokalischer Auslaut | | Konsonantischer Auslaut | |
|---|---|---|---|---|
|  | *geizig* | *krank* | *traurig* | *müde* |
| ben | cimriysem | hastaysam | üzgünsem | yorgunsam |
| sen | cimriysen | hastaysan | üzgünsen | yorgunsan |
| o | cimriyse | hastaysa | üzgünse | yorgunsa |
| biz | cimriysek | hastaysak | üzgünsek | yorgunsak |
| siz | cimriyseniz | hastaysanız | üzgünseniz | yorgunsanız |
| onlar | cimriyse(ler) | hastaysa(lar) | üzgünse(ler) | yorgunsa(lar) |
|  | cimrilerse | hastalarsa | üzgünlerse | yorgunlarsa |

**Beispiele:**

*Ya gerçekten hastaysam?* ‚Und wenn ich wirklich krank bin?', *Ben ben değilsem ben kimim?* ‚Wenn ich nicht ich bin, wer bin ich dann?', *Yorgunsan git biraz uzan* ‚Wenn du müde bist, geh und leg dich ein wenig hin', *Bu akşam evde isen, sana uğrarım* ‚Wenn du heute Abend zu Hause bist, komme ich bei dir vorbei', *Bu akşam evde değilsen yarın uğrarım* ‚Wenn du heute Abend nicht zu Hause bist, komme ich morgen vorbei', *Paula hastaysa kendisini ziyaret edelim* ‚Wenn Paula krank ist, besuchen wir sie doch mal!', *Cem dişçiye gitmek mecburiyetinde ise gitsin* ‚Wenn Cem zum Zahnarzt gehen muss, soll er gehen', *Araba senin ise bizi biraz gezdir* ‚Wenn das Auto dir gehört, fahr uns ein wenig spazieren', *Hazırsak çıkalım* ‚Wenn wir fertig sind, gehen wir', *Arkadaşlar sizde iseler ben de geliyorum* ‚Wenn die Freunde bei euch sind, komme ich auch'.

İse kann an **var** und **yok** angefügt werden: *Vaktin var**sa** forumdaki yazıları oku* ‚Wenn du Zeit hast, lies die Beiträge im Forum', *Bir internet siteniz var**sa** yaşadınız!* ‚Wenn Sie eine Internetseite haben, dann sind Sie aus dem Schneider!'.
*Bilgisayarın yok**sa** al bir tane* ‚Wenn du keinen Computer hast, kauf dir einen', *İşin yok**sa**, sinemaya gidelim* ‚Wenn du nichts vorhast, lass uns ins Kino gehen'.

> ✓ Auf eine Frage wie *Bugün vaktiniz var mı?* ‚Haben Sie heute Zeit?' kann der Hörer mit **var** oder **yok** antworten. Bei einer Antwort mit **var** kann das Gespräch folgendermaßen fortgeführt werden: *Vaktiniz var**sa** bize gelin* ‚Wenn Sie Zeit haben, kommen Sie doch zu uns!'. Lautet die Antwort jedoch **yok**, wird der Sprecher von **varsa** in **olursa** wechseln: *Vaktiniz ol**ursa** bize gelin* ‚Wenn Sie mal Zeit haben, kommen Sie doch zu uns!'. *Vaktiniz olursa* bedeutet ‚wenn Sie Zeit bekommen'.

*Köpeğiniz var**sa** bakamıyorsanız, bizi arayın* ‚Wenn Sie einen Hund haben und sich nicht um ihn kümmern können, rufen Sie uns an', *Köpeğiniz ol**ursa** adını ne koymak istersiniz?* ‚Wenn Sie einen Hund bekommen, welchen Namen möchten Sie ihm geben?'

Bana ihtiyacın ol**ursa** söyle,    ‚Wenn du mich brauchst, sage es,
   bütün gün *evde olurum*.    dann bin ich den ganzen Tag zu Hause.'
   ben bütün gün *evdeyim*.    ich bin den ganzen Tag zu Hause.'

İse kann auch an Prädikate, die bereits **idi** enthalten, angefügt werden; **idi** steht dann oft getrennt. Dabei gibt es zwei Möglichkeiten: Entweder wird **idi** durchkonjugiert und es wird -sA ohne Personenmarkierung angehängt, oder an **idi** wird **isem, isen, ise** usw. angefügt. Damit kann man an etwas Bekanntes/Genanntes anknüpfen oder auch nicht (☞ 14.4.4).

**Beispiele für das Bekannte/Genannte:**
*Dün akşam aç yattım. – Aç **idinse** niye bir şey söylemedin?* ‚Gestern Abend bin ich hungrig schlafen gegangen. – Wenn du hungrig warst, wieso hast du dann nichts gesagt?', *Böyle muhteşem oynamak Fenerbahçe'nin takım tabiatında **var idi ise** bu rötar niye be çocuklar* (Milliyet, 03/05/1994) ‚Wenn es in der Natur der Mannschaft von Fenerbahçe lag, so prächtig zu spielen, warum dann diese Verspätung, Menschenskinder!'.

**Beispiele für das nicht Bekannte/Genannte:**
*Demin kendime bir döner aldım. – Aç **idiysen** niye bir şey söylemedin?* ‚Vorhin habe ich mir einen Döner gekauft. – Warum hast du nichts gesagt, wenn du hungrig warst?', *Elinde bu CD var**dıysa**, neden mahkemeye vermedi?* ‚Wenn er diese CD zur Verfügung hatte, warum hat er sie nicht dem Gericht übergeben?'.

- İse kann auch an Prädikate, die bereits **imiş** enthalten, angefügt werden: *Partiye gelmek için vakti yok **imişse** niye söz vermiş?* ‚Wenn er keine Zeit hatte zur Party zu kommen, warum hat er es versprochen?'.

## ⮕ Verbale Konditionalsätze

Von allen Zeiten ist der **Aorist** diejenige Zeitform, die am häufigsten als Bedingung auftritt, weil der Sprecher damit seiner Einschätzung Ausdruck verleiht. Im Nachsatz steht oft ebenfalls der Aorist, aber auch der Imperativ bzw. Voluntativ oder das Futur.

|  | bejaht |  | verneint |  |
|---|---|---|---|---|
| (ben) | sever**sem** | sorar**sam** | sevmez**sem** | sormaz**sam** |
| (sen) | sever**sen** | sorar**san** | sevmez**sen** | sormaz**san** |
| (o) | sever**se** | sorar**sa** | sevmez**se** | sormaz**sa** |
| (biz) | sever**sek** | sorar**sak** | sevmez**sek** | sormaz**sak** |
| (siz) | sever**seniz** | sorar**sanız** | sevmez**seniz** | sormaz**sanız** |
| (onlar) | sever**seler** | sorar**salar** | sevmez**seler** | sormaz**salar** |
|  | severler**se** | sorarlar**sa** | sevmezler**se** | sormazlar**sa** |

Der Aussage mit **ise** > **-(y)sA** folgt ein passender Nachsatz.

| | |
|---|---|
| Cem gelir**se** | ‚Wenn Cem kommt, |
| Cem geliyor**sa** | ‚Wenn Cem kommt (bereits auf dem Wege ist), |
| Cem gelecek**se** | ‚Wenn Cem kommen wird, |
| Cem geldi**yse** | ‚Wenn Cem gekommen ist, |
| Cem gelmiş**se** | ‚Wenn Cem eingetroffen ist, |
| beni bir arasın. | soll er sich bei mir mal melden.' |
| Cem uyumakta**ysa** rahatsız etmeyeyim. | ‚Wenn Cem gerade schläft (am Schlafen ist), will ich nicht stören.' |
| Cem gelmeli**yse** ben gitmeliyim. | ‚Wenn Cem kommen soll/muss, muss ich gehen.' |

**Beispiele für Aoristformen:**
*Türkiye'ye gid**ersem** Bursa'ya da uğrarım* ‚Wenn ich in die Türkei fahre, besuche ich auch Bursa', *Kar yağ**arsa** kayak yaparız* ‚Wenn Schnee fällt, können wir Ski fahren', *Şimdi bir şey yemek ist**ersek** vapura yetişemeyiz* ‚Wenn wir jetzt etwas essen wollen, können wir das Schiff nicht erreichen', *Mektup yaz**arsan** memnun olurum* ‚Wenn du (einen Brief) schreibst, freue ich mich'.

**Beispiele für Präsensformen:**
*Başka birisiyle konuş**uyorsam** araya girme* ‚Wenn ich mit jemand anderem spreche, rede (geh) nicht dazwischen!', *Yanılmıyorsam bu Cem'in arabası* ‚Wenn ich mich nicht täusche, ist das das Auto von Cem', *Otobüse yetişmek istiyorsak acele etmemiz gerekir* ‚Wenn wir den Bus erreichen wollen, müssen wir uns beeilen', *Evde sıkılıyorsanız biraz dışarıda dolaşın* ‚Wenn Sie sich zu Hause langweilen, gehen Sie doch ein wenig draußen spazieren', *Yemek yiyorlarsa rahatsız etmeyelim* ‚Wenn sie (gerade) essen, wollen wir nicht stören'.

**Beispiele für Futurformen:**
*Eve gitmeyeceksen, kütüphaneye gidelim* ‚Wenn du nicht nach Hause gehen wirst, lass uns in die Bibliothek gehen', *Bu akşam yola çıkacaksanız biraz dinlenmeniz gerek* ‚Wenn ihr heute Abend aufbrechen wollt, müsst ihr euch ein wenig ausruhen', *Pasaportun uzatılacaksa bir an önce git yaptır* ‚Wenn dein Pass verlängert werden muss, dann geh so bald wie möglich und lass es machen'.

**Zum Präteritum:**
Auch beim Präteritum gibt es zwei verschiedene Anordnungen von **ise**, je nachdem, ob der Sprecher das Ereignis als bekannt/genannt darstellen will oder nicht.

- Die Reihenfolge für das Bekannte/Genannte

|  | bejaht |  | verneint |  |
|---|---|---|---|---|
| (ben) | sevdímse | sordumsa | sévmedimse | sormadımsa |
| (sen) | sevdinse | sordunsa | sevmedinse | sormadınsa |
| (o) | sevdi ise | sordu ise | sevmedi ise | sormadı ise |
| (biz) | sevdikse | sorduksa | sevmedikse | sormadıksa |
| (siz) | sevdinizse | sordunuzsa | sevmedinizse | sormadınızsa |
| (onlar) | sevdilerse | sordularsa | sevmedilerse | sormadılarsa |

*Neden sordunuz? – Sordumsa günah mı yani?* (AN, YLBD, 20) ‚Warum haben Sie gefragt? – Ist das denn eine Sünde, wenn/dass ich gefragt habe?', *Vur dedikse öldür demedik* ‚Wenn ich „schlag zu" gesagt habe, habe ich doch nicht „töte (ihn)" gesagt' (Im Türkischen steht „wir"; das soll hier auf eine Regel hindeuten).

- Die Reihenfolge für das nicht Bekannte/Genannte

|  | bejaht |  | verneint |  |
|---|---|---|---|---|
| (ben) | sevdíysem | sorduysam | sévmediysem | sormadıysam |
| (sen) | sevdiysen | sorduysan | sevmediysen | sormadıysan |
| (o) | sevdiyse | sorduysa | sevmediyse | sormadıysa |
| (biz) | sevdiysek | sorduysak | sevmediysek | sormadıysak |
| (siz) | sevdiyseniz | sorduysanız | sevmediyseniz | sormadıysanız |
| (onlar) | sevdiyseler | sorduysalar | sévmediyseler | sormadıysalar |

*Paramı evde unutmadıysam çantamda olacak* ‚Wenn ich mein Geld nicht zu Hause vergessen habe, muss es in meiner Handtasche sein', *Dikkat ettiysen yorum yapmadım* ‚Wenn du aufgepasst hast, hast du bemerkt, dass ich keinen Kommentar abgegeben habe'.

> ✓ Die Form **varmışsa** kann von dem Verb *varmak* ‚ankommen, gelangen' abgeleitet sein, also **varmış + ise**, es kann aber auch **var + imiş + ise** sein:
> *Yanlış bir karara varmışsan, düzelt bunu* ‚Wenn du zu einer falschen Entscheidung gekommen bist, korrigiere sie.'
> *Sözlüğün varmışsa niçin benimkini istedin?* ‚Wenn du doch ein Wörterbuch hast/ hattest, wozu hast du dann meins gewollt?'

**Gemischte Beispiele:**
*Artık çalışmıyorsan, son aylığını da alama**mışsan** ve buraya gelemeyecek**sen**, şimdi umutsuzluğa kapılır**sın**, hiçbir şey değişmez* ‚Wenn du keine Arbeit mehr hast (nicht mehr arbeitest), auch deinen letzten Monatslohn nicht bekommen hast (konntest), nicht hierherkommen kannst und deswegen jetzt in Hoffnungslosigkeit verfällst, wird sich nichts ändern'.
*Yemek ye**mekteyseniz** rahatsız etmeyelim* ‚Wenn Sie beim Essen sind, wollen wir nicht stören', *Elif cam sil**mekteyse** rahatsız etmeyeyim* ‚Wenn Elif am Fensterputzen ist, will ich nicht stören'.
**Eğer** *bir evcil köpeğiniz **varsa**, köpek sahibi olmayı çok istiyor**sanız** ya da siz de bir köpek tutkunuy**sanız** bu grup sizin için biçilmiş kaftan* ‚Wenn Sie einen Haushund haben, sehr gern Hundebesitzer werden wollen oder auch ein Hundeliebhaber sind, dann ist diese Gruppe für Sie maßgeschneidert'.

☑ Konditionalsätze können mit **eğer** ‚wenn' oder **şayet** ‚falls' verstärkt werden. Sie stehen meistens am Anfang des Nebensatzes, können jedoch auch nachgetragen werden. Ihre Verwendung macht **ise > -(y)sA nicht** überflüssig:
*Eğer geli**rsen** sevinirim. / Geli**rsen** eğer, sevinirim* ‚Wenn du kommst, freue ich mich.'

**Die mit *idi* + *ise* erweiterten Zeitformen**

Diese komplexen Formen kommen in verschiedener Kombination vor:
gelecek idin ise / gelecek idinse / gelecektinse ‚wenn *du* kommen wolltest'
gelecek idi isen / gelecek idiysen / gelecektiysen ‚wenn du *kommen wolltest*'

*Bize gelmeyecek **idinse** niye söz verdin?* ‚Wenn du nicht zu uns kommen wolltest, warum hast du es dann versprochen?'
*Ali'yi seviyor **idiysem** sana ne?* ‚Wenn ich Ali damals geliebt habe, was geht es dich an?'

Auch die mit *imiş* versehenen Zeitformen können *ise* annehmen. Die 3. Pers. Pl. hat sehr viele Varianten; das betrifft nicht nur die Zusammen- oder Auseinanderschreibung von *imiş*, *ise* und *-lAr*, sondern auch die Reihenfolge dieser Elemente.

**Beispiel für den Nezessitativ:**
*Erkek çalışmalı mı? Çalış**malıysa**, kadın neden çalışmasın?* ‚Soll/Muss der Mann arbeiten? Wenn er arbeiten soll, warum soll dann die Frau nicht arbeiten?'

➲ **Kombinationen mit *olursa* für eine Eventualität**

*Bir şey yememiş **olursan** yemek ısıtırım* ‚Falls du noch nichts gegessen haben solltest, mache ich Essen warm', *Yeşim'i görecek **olursan**, benden selam söyle* ‚Falls du Yeşim sehen solltest, grüße sie von mir', *Şayet buraya gelecek **olursa**, bize önceden haber versin* ‚Falls sie vorhat hierherzukommen, soll sie uns vorher Bescheid geben', *Mesela kadın asgari ücretten maaş alsın, kirada otur**uyor olursa** nasıl geçinecek?* ‚Beispielsweise bekommt die Frau nur einen Mindestlohn; wie soll sie auskommen, falls sie zur Miete wohnt?'.

## 18.3 Nichtreale Konditionalsätze

### 18.3.1 Potentiale Konditionalsätze

Mit **potentialen Konditionalsätzen** werden Ereignisse formuliert, die *potentiell* (möglicherweise erfüllbar) oder *hypothetisch* (nur angenommen) sind. Ist das Ereignis *potentiell*, verwenden wir im Deutschen den *Konjunktiv*. Ist es *hypothetisch*, verwenden wir den *Indikativ*.

Der *potentiale* Konditional wird mit dem Suffix **-sA** gebildet, das direkt an einen *Verbstamm* angehängt wird. Zur Kennzeichnung der Personen werden die possessivischen Personalsuffixe angefügt (☞ 13.2.1). Eine Zeitstufe wird *nicht* angegeben. Im Nachsatz steht im Regelfall der *Aorist*, bei nur vorgestellten Ereignissen auch der *Aorist in der Vergangenheit*. Sollte der Sprecher über eine vertane Chance reden wollen, wird er *-(y)AcAktI* verwenden.

Aussagen mit **-sA** werden selten mit **eğer** oder **şayet** kombiniert.

## Nichtreale Konditionalsätze

**Beispiele:**
*Yağmur yağmasa piknik yapardık* ‚Wenn es nicht regnen würde, hätten wir picknicken können' (Aber es regnet.), *Antalya'ya gelebilsen sevinirim/sevinirdim* ‚Wenn du nach Antalya kommen könntest, freue ich mich/würde ich mich freuen', *Biraz Türkçe öğrensen forumlardaki tercümelere gerek kalmaz* ‚Wenn du ein wenig Türkisch lernen würdest, würde es keine Notwendigkeit für Übersetzungen in Foren geben', *Bugün vaktin olsa kafeteryaya gidebilirdik* ‚Wenn du heute Zeit hättest, könnten wir in die Cafeteria gehen'.

| | |
|---|---|
| Burada veteriner olsa | ‚Wäre hier ein Tierarzt, |
| bu köpek yaş**ardı**. | wäre dieser Hund (wahrscheinlich) am Leben.' |
| bu köpek yaş**ayacaktı**. | würde dieser Hund (sicher noch) leben.' |

**Vergleiche:**
*üzgün olsam* ‚wenn ich traurig wäre' : *üzgün olursam* ‚wenn ich traurig werde' : *üzgünsem* ‚wenn ich traurig bin';
*vaktim olsa* ‚wenn ich Zeit hätte', *vaktim olursa* ‚wenn ich mal Zeit habe' : *vaktim varsa* ‚wenn ich Zeit habe'.

☑ Manchmal kann ein und dieselbe Idee mit dem *potentialen Konditional* oder dem *Aorist im Konditional* ausgedrückt werden. Beim potentialen Konditional liegt die Perspektive auf dem Ereignis, beim Aorist im Konditional auf dem Ereignisträger:
*Şimdi bira iç**mesen** Türk kahvesi yapardım* ‚Wenn du jetzt kein Bier trinken würdest, würde ich einen türkischen Mokka machen', *Şimdi bira iç**mezsen** Türk kahvesi yaparım* ‚Wenn du jetzt kein Bier trinkst, mache ich einen türkischen Mokka';
*Müslüman ol**san** seninle evlenirdim* ‚Wenn du Moslemin wärst, würde ich dich heiraten', *Müslüman ol**ursan** seninle evlenirim* ‚Wenn du Moslemin wirst, heirate ich dich'.

> ✓ **Merke:**
> *Potentiale Konditionalformen* sind nicht immer mit dem Konjunktiv zu übersetzen:
> *Gel**sen** de gel**mesen** de şimdi parka çıkacağım* ‚Ob du mitkommst oder nicht, ich gehe jetzt in den Park' (☞ 27.3 Kausalsätze, Konzessivsätze).

Der *potentiale Konditional* von **olmak** kommt nach Verbformen wie *gitmiş, gidiyor, gider, gidecek* vor. Damit ist eine genauere zeitliche Situierung ist möglich (☞ Kapitel 15):
*Yağmur yağmamış olsa bahçede oturabilirdik* ‚Würde es nicht geregnet haben, hätten wir im Garten sitzen können' *oder:* ‚Hätte es nicht geregnet, hätten wir im Garten sitzen können', *Hâlâ çalışıyor olsam sana para yardımı yapabilirdim* ‚Würde ich immer noch arbeiten, würde ich dir finanziell helfen können', *Seni sevmeyecek olsam irtibatımızı keserdim* ‚Würde ich dich nicht lieben wollen, hätte ich unsere Verbindung gelöst'.

*Ali rakı içmiş olsa anlaşılırdı* ‚Hätte Ali Raki getrunken, hätte man das gemerkt', *Ali işte rakı içiyor olsa haberim olurdu* ‚Würde Ali bei der Arbeit Raki trinken, wüsste ich davon', *Ali rakı iç**er** olsa dedikleri doğru olurdu* ‚Würde Ali (überhaupt) Raki trinken, wäre das, was sie sagen, richtig', *Ali rakı **içecek** olsa bana söylerdi* ‚Würde Ali Raki trinken wollen, würde er es mir sagen'.

☑ **Verdoppelte -*sA*-Formen**

Mit verdoppelten -*sA*-Formen wird die Idee „bestenfalls/wenn überhaupt" angezeigt. Entweder ist der Sprecher sich sehr sicher, oder er gibt eine Grenze an: *Arabanın tamiri olsa olsa 300 avro olur* ‚Die Reparatur des Wagens wird bestenfalls/höchstens 300 Euro betragen', *İşte Christiane karışsa karışsa söze burada karışacaktır* (Aİ, HB, 37) ‚Eben, Christiane würde, wenn überhaupt, an dieser Stelle ins Wort fallen'.

☑ **olsa gerek** ‚dürfte/müsste' (☞ 17.3)

Mit *olsa gerek* wird eine Mutmaßung ausgedrückt: *Bu iş pek de güzel olmasa gerek* ‚Diese Arbeit dürfte nicht besonders schön sein', *Sizi tanımamış olsa gerek* ‚Er hat Sie wahrscheinlich nicht erkannt'.

Zu -*sAnA* und -*sAnIzA* (☞ 16.2).

### 18.3.2 Irreale Konditionalsätze

Mit **irrealen Konditionalsätzen** werden Ereignisse formuliert, die zu keiner Zeit zugetroffen haben oder zutreffen werden. Dafür wird im Deutschen der *Konjunktiv* eingesetzt.

Der **irreale** Konditional wird mit -*sA idi* > -*sAydI* gebildet, das direkt an einen **Verbstamm** angehängt wird. Zur Kennzeichnung der Personen werden die possessivischen Personalsuffixe angefügt (☞ 13.2.1). Eine Zeitstufe wird *nicht* angegeben. Im Nachsatz steht der *Aorist in der Vergangenheit,* als bei sicher eingeschätzten Ereignissen -*(y)AcAktI* und bei als eingetreten angenommenen Ereignissen das *Plusquamperfekt*.

Aussagen mit -*sAydI* werden mit **eğer** oder **şayet** kombiniert.

> 💣 **Verwechslungsgefahr:**
> Jedes -**sA** oder -**sAydI**, das an einen Verbstamm angefügt ist, bezeichnet den potentialen bzw. irrealen Konditional. Jedes -**sA**, das *nicht* an einen Verbstamm angefügt ist, ist angehängtes **ise** ebenso wie -**ysA**.
>
> Cem gel**seydi** diskoya gidebilirdik. ‚Wenn Cem *gekommen wäre*, hätten wir in die Disko gehen können.'
> Cem gel**diyse** diskoya gidebiliriz. ‚Wenn Cem *gekommen ist*, können wir in die Disko gehen.'

**Beispiele:**
*Ali seçimi kazansaydı ne yapabilirdi?* ‚Was hätte Ali tun können, wenn er die Wahl gewonnen hätte?', *Seçimi kaybetti ama seçimi kazansaydı değişen bir şey olmayacaktı* ‚Er hat die Wahl verloren, aber wenn er sie gewonnen hätte, hätte sich sicher nichts geändert', *Kazansaydı bazı konularda mutabakata varmıştık* ‚Wenn er gewonnen hätte, würden wir bei einigen Themen eine Übereinkunft erzielt haben'.

**Vergleiche:**
*Bugün seçim olsaydı hangi partiye oy verirdiniz?* ‚Welcher Partei würden Sie Ihre Stimme geben, wenn heute Wahlen wären?', *Dün seçim olsaydı hangi partiye oy verirdiniz?* ‚Welcher Partei hätten Sie Ihre Stimme gegeben, wenn gestern Wahlen gewesen wären?',

*Yarın seçim olsaydı hangi partiye oy verirdiniz?* ‚Welcher Partei würden Sie Ihre Stimme geben, wenn morgen Wahlen wären?'.
*Bugün seçim olsa hangi partiye oy verirsiniz?* ‚Wenn heute Wahlen wären, welcher Partei würden Sie dann Ihre Stimme geben?', *Yarın seçim olsa hangi partiye oy verirsiniz?* ‚Wenn morgen Wahlen wären, welcher Partei würden Sie dann Ihre Stimme geben?'.

> ✓ Der Unterschied zwischen **-sAydI** und **-sA** ist manchmal schwer fassbar. Sollten sie austauschbar sein, ergibt das Satzglied mit **-sAydI** die neue Information. Wenn es passt, kann man im Deutschen den Nebensatz nachtragen:
> *(Eğer) Doktor olsaydı ölmeyecekti* ‚Er wäre sicher nicht gestorben (*oder:* hätte nicht sterben müssen), wenn ein Arzt da gewesen wäre'.
> *(Mesela) Doktor olsa ölmeyecekti* ‚Wäre ein Arzt da gewesen, wäre er sicher nicht gestorben'. (Der Sprecher äußert sich über das Fehlen eines Arztes.)

*Param olsaydı seyahat ederdim* ‚Ich würde reisen (und z.B. kein Haus kaufen), wenn ich Geld hätte', *Param olsa seyahat ederdim* ‚Wenn ich Geld hätte (aber ich habe keins), würde ich reisen'; *Goethe bu yazdığın şiiri görseydi çok mutlu olurdu* ‚Goethe wäre sehr glücklich gewesen, wenn er dieses Gedicht, das du geschrieben hast, gesehen hätte', *Goethe bu yazdığın şiiri görse çok mutlu olurdu* ‚Hätte Goethe dieses Gedicht, das du geschrieben hast, gesehen, wäre er sehr glücklich gewesen'.

In der 3. Pers. Pl. kommt nicht nur **-sAlArdI**, sondern öfters auch **-sAydIlAr** vor:

*Lotoda kazansalardı mutlu olurlardı* ‚Wenn sie im Lotto gewonnen hätten, wären sie glücklich geworden', *Lotoda kazansaydılar mutlu olurlardı* ‚Sie wären glücklich geworden, wenn sie im Lotto gewonnen hätten'.

Der *irreale Konditional* von **olmak** kommt nach Verbformen wie *gitmiş, gidiyor, gider, gidecek* vor. Damit ist eine genauere zeitliche Situierung ist möglich (☞ Kapitel 15):

*Eşini aldatmamış olsaydın senden boşanmazdı* ‚Wenn du deine Frau nicht betrogen hättest, hätte sie sich nicht scheiden lassen', *Okumuş olsaydım profesör olmuştum* ‚Wenn ich studiert hätte, wäre ich schon Professor geworden', *Güzel eşinizle birlikteliğiniz için onun dinine girdiğinizi söylemiş olsaydınız gözümde yücelecektiniz. Ama şimdi?* (AN, AD, 21) ‚Wenn Sie gesagt hätten, dass Sie zum Zwecke einer Gemeinsamkeit mit Ihrer schönen Ehefrau deren Religion angenommen haben, wären Sie in meinen Augen erhaben geworden. Aber jetzt?', *Hâlâ çalışıyor olsaydım bu foruma bu kadar vakit ayıramazdım* ‚Wenn ich immer noch arbeiten würde, könnte ich für dieses Forum nicht so viel Zeit erübrigen', *Eğer hukuk okuyacak olsaydım noter olurdum* ‚Wenn ich Jura studiert hätte, wäre ich Notar geworden' (Wenn ich vorgehabt gehabt hätte, Jura zu studieren, …).

*Ali rakı içmiş olsaydı sarhoş olurdu* ‚Wenn Ali Raki getrunken hätte, wäre er betrunken geworden', *Ali işte rakı içiyor olsaydı işten çıkarılırdı* ‚Wenn Ali bei der Arbeit Raki trinken würde, würde er entlassen', *Ali rakı içer olsaydı dedikleri doğru olurdu* ‚Wenn Ali (überhaupt) Raki trinken würde, wäre das, was sie sagen, richtig', *Ali rakı içecek olsaydı bana söylerdi* ‚Wenn Ali Raki hätte trinken wollen, hätte er es mir gesagt'.

Noch vier Beispiele im Vergleich: (1) kann man **vor** der Ankunft von Hakan äußern, (2) ist doppeldeutig und spekulativ gemeint, (3) und (4) sagen aus, dass keiner der Sachverhalte zutrifft:

(1) *Hakan en erken trene yetişmiş olsa son trenle dönebilir.*
 'Wenn Hakan den frühesten Zug erreicht haben sollte, kann er mit dem letzten Zug zurückfahren.'

(2) *Hakan en erken trene yetişmiş olsa son trenle dönebilirdi.*
 'Wenn Hakan den frühesten Zug erreicht haben sollte (*oder:* erreicht hätte), könnte er mit dem letzten Zug zurückfahren.'

(3) *Hakan en erken trene yetişmiş olsaydı son trenle dönebilirdi.*
 'Wenn Hakan den frühesten Zug erreicht hätte, hätte er mit dem letzten Zug zurückfahren können.'

(4) *Hakan gelmiş olsaydı, bugün Berlin'de olmuş olacaktı.*
 'Wenn Hakan gekommen wäre, dann wäre er heute schon in Berlin.'

- **-sAymIş**
 Wird -(y)mIş an -sA oder -sAydI angehängt, lauten beide **-sAymIş**, und es kann nur im Kontext unterschieden werden, welche der beiden Formen gemeint ist:
 *Cem telefon numaranı bilseymiş seni ararmış* 'Wenn Cem deine Telefonnummer wüsste, würde er dich anrufen', *Cem haber verseymiş çok iyi olurdu* 'Es wäre sehr gut gewesen, wenn Cem Bescheid gegeben hätte'.
 *Havalar bir ısınsaymış yüzmeye gidermişiz* 'Wenn es mal wärmer würde, würden wir schwimmen gehen' (wie gesagt wird), *Toplantıya geç gelmeseymişiz daha önlerde yer bulabilirmişiz* 'Wenn wir zu der Versammlung nicht zu spät gekommen wären, hätten wir weiter vorne Platz finden können (wie wir festgestellt haben)'.

### 18.4 Irreale Wünsche

Irreale Wünsche können unterteilt werden in

a) erfüllbar gedachte Wünsche und ☞ **-sA**,
b) unerfüllbare oder nicht mehr erfüllbare Wünsche ☞ **-sAydI**.

*Ah, bir zengin olsam...* 'Ach, wenn ich einmal reich wär'', *Havalar bir ısınsa!* 'Würde es sich doch mal erwärmen!', *Şu yemeğini bir bitirsen!* 'Würdest du doch (dieses) dein Essen aufessen!', *Bugün yemeğe çıksak!* 'Würden wir doch heute essen gehen!', *Bu kadar gürültü yapmasanız!* 'Würdet ihr doch nicht so viel Lärm machen!'.
*Ah, erkek olsaydım* 'Ach, wäre ich doch ein Mann', *Zamanında gelseydin!* 'Wärest du mal rechtzeitig gekommen', *Türkçeyi daha iyi öğrenseydim!* 'Hätte ich doch Türkisch besser gelernt!', *Beni arasaydınız!* 'Hätten Sie mich doch angerufen!'.

Solche Wünsche können mit **keşke ~ keşki** oder **bari** verstärkt werden:

***Keşke** tatil olsa!* 'Wären doch Ferien!', ***Keşke** tatil olsaydı!* 'Wenn doch Ferien (gewesen) wären!', *Üzücü haberi aldım, **keşke** almamış olsaydım!* 'Ich habe die traurige Nachricht erhalten, wenn ich sie doch bloß nicht erhalten hätte!', ***Bari** tatil olsa!* 'Wären doch wenigstens Ferien!', ***Bari** tatil olsaydı!* 'Wenn wenigstens Ferien (gewesen) wären!'.

## ☑ Unschlüssigkeit

Mit den 1. Personen des potentialen und irrealen Konditionals, als Frage gestellt und oft verstärkt mit *acaba* ‚ob wohl', wird Unschlüssigkeit ausgedrückt. Der Sprecher erwartet nicht unbedingt eine eindeutige Antwort vom Hörer, aber evtl. einen Ratschlag:

*Eve gitsem mi acaba?* ‚Ob ich wohl ich nach Hause gehen sollte?', *Alışverişe çıksam mı, çıkmasam mı?* ‚Sollte ich einkaufen gehen oder nicht?', *Para çeksek mi acaba?* ‚Ob wir wohl Geld abheben sollten?', *Şimdi ne yapsam?* ‚Was sollte ich wohl jetzt machen?', *Yemeğe nereye gitsek?* ‚Wo sollten wir zum Essen hingehen?'. *Eve gitse miydim?* ‚Hätte ich vielleicht nach Hause gehen sollen?', *Elif'e uğrasa mıydık?* ‚Hätten wir vielleicht bei Elif vorbeigehen sollen?'.

## 18.5 Weitere Verwendung der Bedingungsformen

Werden reale Konditionalsätze mit einem *Fragewort* eingeleitet, ergeben sie eine *verallgemeinernde* Bedeutung. Oft wird dann das tragende Verb im Nebensatz wiederholt, und zwar in den 1. und 3. Personen im Voluntativ und in den 2. Personen im Imperativ. Solche Sätze werden ins Deutsche im *Indikativ* übertragen:

*Bugün ne yiyelim? – **Ne istersen*** ‚Was wollen wir heute essen? – Was du willst', *Çay yapayım mı? – **Nasıl istersen*** ‚Soll ich Tee machen? – Wie du willst', *Nereye oturayım? – **Nereye istersen*** ‚Wo soll ich mich hinsetzen? – Wohin du willst'. **Nasıl istiyorsan** *öyle yapalım* ‚Machen wir es so, wie du willst', **Kim gelecekse** *gelsin* ‚Wer kommen will, soll kommen', **Nereye oturmak isterseniz** *oturun* ‚Setzen Sie sich, wohin Sie wollen', **Ne zaman gelirsen** *gel* ‚Komm, wann du willst', **Ne öğrendiysem** *senden öğrendim* ‚Was ich gelernt habe, habe ich von dir gelernt', *Ne olursa olsun gel!* ‚Komm auf jeden Fall!' (Was auch passiert, soll passieren, komm!/Gleich was passiert, komm!).

Zur Verstärkung kann **her** den Fragewörtern vorangestellt werden, z.B. *her kim* ‚wer auch immer', *her ne* ‚was auch immer':

*Beni **kim** sorarsa haber ver* ‚Wer auch nach mir fragt, gib (mir) Bescheid', *Beni **her kim** sorarsa haber ver* ‚Wer auch immer nach mir fragt, gib Bescheid', *Ne olmuşsa bize olmuş* ‚Was auch passiert ist, es hat uns getroffen', *Her ne olmuşsa bize olmuş* ‚Was immer auch passiert ist, es hat uns getroffen'.

- **hiç değilse/olmazsa/yoksa** ‚wenigstens' (☞ 11.3), **kim ise** ‚wer es auch ist', **nedense** ‚warum auch immer', **neredeyse** ‚fast', **neyse** ‚wie dem auch sei', **öyleyse** ‚dann' (wenn es so ist).

*Bana **hiç değilse** bir mesaj at* ‚Schreib mir wenigstens eine Mail', ***Hiç olmazsa** yarın gel* ‚Komm wenigstens morgen', ***Hiç yoksa** maden suyu al* ‚Kauf wenigstens Mineralwasser', ***Kim ise** girsin* ‚Wer es auch ist, er soll hereinkommen', *Ali **nedense** hep geç geliyor* ‚Ali kommt, warum auch immer, ständig zu spät', *Ay, **neredeyse** düşecektim* ‚Ach, fast wäre ich gefallen', ***Neyse**, onu geçelim* ‚Wie dem auch sei, lassen wir das Thema fallen', ***Öyleyse** başka bir gün gelirim* ‚Dann komme ich an einem anderen Tag'

☑ Werden potentiale oder irreale Konditionalsätze mit einem *Fragewort* eingeleitet, ergeben sie ebenfals eine *verallgemeinernde* Bedeutung. Solche Sätze kann man ins Deutsche im *Indikativ* übertragen, aber man kann auch „mögen" einsetzen:
*Ne iste**sen** yapıyorum* ‚Was du auch willst, mache ich', *Ne zaman yemeğe çıkalım de**sem** vaktim yok dersin* ‚Wann ich auch sage/sagen möge: ‚Gehen wir doch essen!', sagst du: ‚Ich habe keine Zeit', *Kimi gör**sem** bana seni soruyor* ‚Wen ich auch sehe, er fragt mich nach dir', *Seni kiminle tanıştır**sam** burun kıvırıyorsun* ‚Mit wem ich dich auch bekannt mache, rümpfst du die Nase', *Nereye git**sem** yanımda götürüyorum sevgimi ve nefretimi* ‚Wohin ich auch gehen mag, ich nehme sie mit mir mit, meine Liebe und meinen Hass', *Ne kadar uğraş**sam** anlatamıyorum* ‚Wie viel ich mich auch abmühe, ich kann es gar nicht beschreiben', *Ne yap**sam** yapayım olmuyor gene* ‚Was ich auch tun mag, es klappt wieder nicht', *Beni nerede gör**se** borç para ister* ‚Wo er mich auch sieht, will er Geld leihen', *Hangi işi teklif et**sem**, kabul etmez* ‚Welche Arbeit ich auch vorschlage, er akzeptiert sie nicht';
*Eskiden beni ne zaman gör**seydi** borç para isterdi* ‚Wann immer er mich früher gesehen hat, wollte er Geld leihen'.

**Vergleiche:**
*Nerede oturs**ak** diye bakınırken Rumeli Hisarı'nda çok hoş bir yere rastladık* ‚Während wir uns umschauten, wo wir uns wohl hinsetzen könnten, sind wir in Rumeli Hisarı auf einen sehr netten Ort gestoßen', *Misafir odamız hiç olmamıştır. Biz nerede otur**ursak** misafir de orada oturacak* ‚Ein Besuchszimmer haben wir nie gehabt. Wo wir sitzen, dort sitzt auch der Besuch'.

- **nasıl olsa** ‚ohnehin' und **ne de olsa** ‚immerhin'
*Nasıl olsa çok kira ödüyoruz* ‚Ohnehin zahlen wir viel Miete', *Ne de olsa çok kira ödüyoruz* ‚Immerhin zahlen wir viel Miete'.

- Idiomatisch ist: *Kim gel**se** beğenirsiniz* ‚Was meinen Sie, wer da gekommen ist?'.

# 19 Die Handlungsrichtungen der Verben

## 19.1 Übersicht

Als **Handlungsrichtung des Verbs** *(Genus verbi,* Mehrzahl: *Genera verbi)* werden im Deutschen **Aktiv** und **Passiv** bezeichnet. Damit kann man ein Ereignis aus unterschiedlicher *Perspektive* darstellen.

Im Türkischen werden außer **Aktiv** weitere vier Handlungsrichtungen unterschieden, die alle am *Verbstamm* durch Suffixe gekennzeichnet werden:

- Das multiplikative Verbalsuffix *-(I)ş*
  sev-**iş**-mek ,Zärtlichkeiten austauschen, miteinander Sex haben'
- Das Kausativ
  sev-**dir**-mek ,jmdn. erfreuen, jmdn. für etw. begeistern'
- Das Passiv
  sev-**il**-mek ,geliebt werden'
- Das Reflexiv
  sev-**in**-mek ,sich freuen'

## 19.2 Das multiplikative Verbalsuffix *-(I)ş*

Das Suffix **-(I)ş** kann an zahlreiche transitive und intransitive Verbstämme (☞ 3.4) angehängt werden. Das Negationssuffix folgt. Mit den neu gebildeten Verben wird ausgedrückt, dass das Ereignis aus mehreren Phasen besteht oder wiederholt stattfindet. Es läuft entweder durcheinander oder nacheinander ab.

Bei transitiven Ausgangsverben besteht die *Tendenz,* neue Verben zu bilden, die ein **Mit-** oder **Gegeneinander** ausdrücken. Deshalb wird dieses Suffix auch *Reziprok-* oder *Reziprok-Kooperativsuffix* genannt. Sollen die daran *aktiv* Beteiligten erwähnt werden, werden sie mit **ile** ,mit' angebunden. Das kann außer dem Subjekt *eine* weitere Person sein, aber es können auch mehrere sein. Der Blickpunkt des Sprechers liegt nicht auf dem Subjekt, sondern auf dem Ereignis:

| bul-mak | *finden* | → | bul-**uş**mak | *sich treffen* |
| gör-mek | *sehen* | → | gör-**üş**mek | *sich (sehen) und sprechen* |
| öp-mek | *küssen* | → | öp-**üş**mek | *sich küssen* |
| vur-mak | *schlagen* | → | vur-**uş**mak | *sich (einander) schlagen* |
| *Aber:* | | | | |
| bur-mak | *kräuseln, winden* | → | bur-**uş**mak | *zerknittern* |
| kar-mak | *mischen* (Karten) | → | kar-**ış**mak | *sich einmischen* (mit Dativ) |

Wenn die Bedeutung des Verbs es zulässt, ist auch ein Objekt möglich:
  Sizinle bir konuyu gör**üş**mek istiyorum.   ,Ich möchte mit Ihnen ein Thema besprechen.'

Bei intransitiven Ausgangsverben besteht die *Tendenz*, neue Verben mit sehr unterschiedlicher Bedeutung zu bilden. Sie geben meistens keine Wechselseitigkeit an. Das Subjekt kann sogar unbelebt sein. Deshalb ist es sinnvoll, bei Verben mit **-(I)ş** ein Wörterbuch zu konsultieren. Solche Verben regieren oft, aber nicht ausschließlich, den *Dativ*.

| | | | | |
|---|---|---|---|---|
| bağır-mak | *schreien* | → | bağr-**ış**mak | *herumschreien* |
| çık-mak | *hinausgehen* | → | çık-**ış**mak | *ausschimpfen u.a.* |
| dön-mek | *sich drehen* | → | dön-**üş**mek | *umwandeln* |
| gel-mek | *kommen* | → | gel-**iş**mek | *sich entwickeln* |
| gir-mek | *hineingehen* | → | gir-**iş**mek | *etw. in Angriff nehmen* |
| kalk-mak | *aufstehen* | → | kalk-**ış**mak | *sich unterstehen, wagen* |
| koş-mak | *rennen* | → | koş-**uş**mak | *umherrennen, zusammenströmen* |
| ol-mak | *werden* | → | ol-**uş**mak | *entstehen* (nach und nach werden) |
| yat-mak | *sich hinlegen* | → | yat-**ış**mak | *sich legen* (Wind, Zorn) |
| yet-mek | *ausreichen* | → | yet-**iş**mek | *erreichen* |
| uç-mak | *fliegen* | → | uç-**uş**mak | *umherfliegen* (Vögel) |
| *Aber:* | | | | |
| bak-mak | *schauen* | → | bak-**ış**mak | *sich Blicke zuwerfen* |
| gül-mek | *lachen* | → | gül-**üş**mek | *gemeinsam lachen* |

**Beispiele:**
*Bu konuda anlaştık mı?* ‚Haben wir uns darüber geeinigt?', *Saat kaçta buluşalım?* ‚Um wie viel Uhr wollen wir uns treffen?', *Yarın görü**ş**ürüz* ‚Morgen sehen/sprechen wir uns', *Vuruşmayın!* ‚Schlagt euch nicht!', *O akşam sadece bakıştık* ‚An jenem Abend haben wir uns nur angeschaut', *Bu kalabalık otobüse sıkışmayalım* ‚Quetschen wir uns nicht in diesen vollen Bus', *Turistler sahile ko**ş**uştu* ‚Die Touristen strömten zum Strand', *Ne böyle bağrışıyorsunuz?* ‚Was schreit ihr so herum?', *Kuşlar uç**uş**uyorlar* ‚Die Vögel fliegen umher'.
*Türk bayrağı nasıl ol**uş**muş?* ‚Wie ist die türkische Fahne entstanden?', *Bu kitaptaki bir sayfa buruşmuş* ‚Eine Seite in diesem Buch ist zerknittert', *Bana karışma!* ‚Misch dich bei mir nicht ein!', *Babam bana çıkıştı* ‚Mein Vater hat mich ausgeschimpft', *Bira almak için param çıkışmadı* ‚Um Bier zu kaufen, hat mein Geld nicht ausgereicht', *Bu göl çöplüğe dönüşmüş* ‚Dieser See hat sich zur Müllhalde gewandelt', *Temizlik yapmaya giriştim* ‚Ich habe mich ans Putzen gemacht', *Bilgisayarımı açmaya kalkışma!* ‚Wage nicht, meinen Computer einzuschalten', *Hiddetim yatıştı* ‚Mein Zorn hat sich gelegt', *Konferansın başlangıcına yetişemedim* ‚Ich habe den Anfang des Vortrags verpasst (nicht erreichen können)', *Üstünü değiş* ‚Zieh dich um!'.

> ✓ Es gibt Verben, die von einem Nomen abgeleitet sind und die sowohl mit dem Suffix **-lA** als auch zusätzlich mit **-ş** vorkommen. Aber es gibt auch Verben, die das Suffix **-lA-ş** enthalten, zu denen jedoch keine Variante mit **-lA** existiert.

| | | | | |
|---|---|---|---|---|
| anla-mak | *verstehen* | → | anla-ş- | *sich verstehen* |
| karşı-la- | *empfangen, abholen* | → | karşıla-ş- | *sich begegnen* |
| *mektup-la- | | → | mektup-laş- | *sich schreiben* |
| *Türk-le- | | → | Türk-leş- | *sich türkifizieren* |

## 19.3 Die Satzglied mehrenden Verbalsuffixe: Die Kausative

Die **Kausativsuffixe** erlauben, in einem Satz zusätzliche *Mitspieler* (☞ 3.4) hinzuzufügen. Das bedeutet,

I.  aus einem intransitiven Verb wird ein transitives Verb gebildet

| Das Ausgangsverb ist intransitiv | Das Kausativverb ist transitiv |
|---|---|
| Yemek pişiyor. *Das Essen kocht.* | Yemek pişir**iy**orum. *Ich koche Essen.* |
| Şişe doldu. *Die Flasche ist voll (geworden).* | Şişeye su dol**dur**dum. *Ich habe Wasser in die Flasche gefüllt.* |
| Ağlama. *Weine nicht.* | Beni ağlatma. *Bring mich nicht zum Weinen.* |

II. oder aus einem transitiven Verb wird ein neues transitives Verb gebildet, das weitere Satzglieder zulässt.

| Das Ausgangsverb ist transitiv | Das Kausativverb ist ebenfalls transitiv |
|---|---|
| Beni bekledin. *Du hast auf mich gewartet.* | Beni beklettin. *Du hast mich warten lassen.* |
| Arabamı tamir ettim. *Ich habe mein Auto repariert.* | Arabamı tamir et**tir**dim. *Ich habe mein Auto reparieren lassen.* |
| Camları sildim. *Ich habe die Fenster geputzt.* | Camları (kızıma) sil**dir**dim. *Ich habe die Fenster (meine Tochter) putzen lassen.* |

**Belebte** (meist menschliche) **Subjekte** bezeichnen in Kombination mit einem Kausativverb ein Bewirken oder ein Veranlassen, manchmal auch ein unabsichtliches Zulassen:

Avro boz**dur**dum.  ‚Ich habe Euro umgetauscht.'
Gönlümü evli bir insana kap**tır**dım.  ‚Ich habe mein Herz an einen verheirateten Menschen verloren' (es entreißen lassen).

**Unbelebte Subjekte** bezeichnen bei Kausativverben ein Bewirken:

Dünkü film beni gül**dür**dü.  ‚Der gestrige Film hat mich zum Lachen gebracht.'
Dünkü film beni ağlattı.  ‚Der gestrige Film hat mich zum Weinen gebracht.'

Es gibt fünf verschiedene Kausativsuffixe, die an den Stamm eines Grundverbs (oder auch eines erweiterten Verbstammes) angehängt werden und einige unregelmäßige Formen. Das Negationssuffix folgt.

1. Das Kausativsuffix **-DIr-**
   ist das häufigste; es wird jedoch **nicht** an *mehrsilbige* Verbstämme angehängt, die auf **Vokal**, **-l** oder **-r** enden.
2. Das Kausativsuffix **-t-**
   wird an mehrsilbige Verbstämme angehängt, die auf **Vokal**, **-l** oder **-r** enden.

## Beispiele für -DIr-:

| | | | |
|---|---|---|---|
| binmek | *einsteigen/aufsitzen* | → bin**dir**mek | *einsteigen/aufsitzen lassen* |
| sönmek | *erlöschen* | → sön**dür**mek | *auslöschen* |
| inanmak | *glauben* | → inan**dır**mak | *glauben machen/überzeugen* |
| susmak | *schweigen* | → sus**tur**mak | *zum Schweigen bringen* |
| bilmek | *wissen* | → bil**dir**mek | *mitteilen (wissen lassen)* |
| öpmek | *küssen* | → öp**tür**mek | *küssen lassen* |
| yapmak | *machen* | → yap**tır**mak | *machen lassen* |
| bozmak | *kaputt-/kleinmachen* | → boz**dur**mak | *umtauschen* (Geld) |

*Lambayı sön**dür*** ‚Mach die Lampe aus', *Çilekleri dondurdum* ‚Ich habe die Erdbeeren eingefroren', *Çocukları otobüse bin**dir**dim* ‚Ich habe die Kinder in den Bus gesetzt', *Çocuğa saat kaçta ye**dir**din?* ‚Um wie viel Uhr hast du das Kind gefüttert?', *Köpeğe ne ye**dir**din?* ‚Was hast du dem Hund zu fressen gegeben?', *Köpeği gez**dir**din mi?* ‚Hast du den Hund ausgeführt?', *Ayaklarını masadan in**dir*** ‚Nimm die Füße vom Tisch!', *Arkadaşını niye kız**dır**dın?* ‚Warum hast du deinen Freund verärgert?', *Türkçeyi sana kim sev**dir**di?* ‚Wer hat dich für Türkisch begeistert?', *Komşumuz bebeğini al**dır**mış* ‚Unsere Nachbarin hat ihr Baby abtreiben lassen', *Ev yap**tır**dık* ‚Wir haben ein Haus bauen lassen', *Bununla beni inan**dır**amazsın* ‚Damit kannst du mich nicht überzeugen', *Kim kimi öl**dür**müş?* ‚Wer hat wen getötet?', *Soğanları önce tuzla öl**dür*** ‚Entschärfe zuerst die Zwiebeln mit Salz'.

> ✓ **Merke:**
> Annem giysisini **giy**di. ‚Meine Mutter hat (sich) ihr Kleid angezogen.'
> Annem kardeşime giysisini **giydir**di. ‚Meine Mutter hat meiner Schwester das Kleid angezogen.'
> Annem kardeşimi **giydir**di. ‚Meine Mutter hat meine Schwester angezogen.'

## Beispiele für -t-:

| | | | |
|---|---|---|---|
| düzelmek | *sich bessern* | → düzel**t**mek | *(etw.) verbessern/in Ordnung bringen* |
| istemek | *wollen* | → iste**t**mek | *(eine Sache) bestellen, auftragen* |
| anlamak | *verstehen* | → anla**t**mak | *erzählen* |
| tanımak | *erkennen/kennen* | → tanı**t**mak | *bekannt machen* |
| okumak | *lesen/studieren* | → oku**t**mak | *(vor)lesen lassen/unterrichten/ (Schul-/Universitäts-)Ausbildung zukommen lassen* |
| hatırlamak | *sich erinnern* | → hatırla**t**mak | *(jmdn. an etw.) erinnern* |

*Anlat bakalım, dün ne yaptın?* ‚Erzähl mal, was hast du gestern gemacht?', *Birisi cep telefonumu yürütmüş* ‚Jemand hat mein Handy mitgehen lassen', *Saçlarını düzelt* ‚Bring deine Haare in Ordnung', *Polis üniversiteyi boşalttı* ‚Die Polizei hat die Universität geräumt', *Sana bir şey anlatmak istiyorum* ‚Ich möchte dir etwas erzählen', *Mektubu okuttum* ‚Ich habe den Brief (vor)lesen lassen', *Üç çocuğumu da okuttum* ‚Ich habe alle meine drei Kinder studieren lassen', *Sana bir şey hatırlatmak istiyorum* ‚Ich möchte dich an etwas erinnern', *Limon istettim* ‚Ich habe Zitrone bestellt (= aufgetragen)'.

3. Das Kausativsuffix **-Ir-**
   kommt bei einigen einsilbigen, konsonantisch auslautenden Verbstämmen vor.

| | | | |
|---|---|---|---|
| bitmek | *enden* | → bit**ir**mek | *(etw.) beenden* |
| düşmek | *fallen* | → düş**ür**mek | *fallen lassen/verlieren* |
| kaçmak | *fliehen* | → kaç**ır**mak | *entführen/(etw.) verpassen* |
| yatmak | *sich hinlegen/liegen* | → yat**ır**mak | *hinlegen/einzahlen* (Geld) |
| doymak | *satt werden* | → doy**ur**mak | *satt machen/sättigen* |
| içmek | *trinken* | → iç**ir**mek | *zu trinken geben* |
| geçmek | *vorbeigehen* | → geç**ir**mek | *vorbeigehen lassen/verbringen* |
| duymak | *hören/fühlen* | → duy**ur**mak | *bekanntgeben/verlauten lassen* |

*Çocuğu yatır artık* ‚Leg das Kind endlich schlafen!', *Hesaba 1000 avro yatırdım* ‚Ich habe auf das Konto 1000 Euro eingezahlt', *Kediye su içirdim* ‚Ich habe der Katze zu trinken gegeben', *Haberleri kaçırdım* ‚Ich habe die Nachrichten verpasst', *Aklını kaçırdın galiba* ‚Du hast offenbar den Verstand verloren', *Tatilimizi Türkiye'de geçirdik* ‚Wir haben unsere Ferien in der Türkei verbracht', *Paramı düşürdüm* ‚Ich habe mein Geld verloren', *Numarayı düşüremedim* ‚Ich habe die (Telefon)Nummer nicht anwählen können', *Ablam ikiz doğurmuş* ‚Meine ältere Schwester hat Zwillinge zur Welt gebracht', *Haftaya ders yok. Duyurmak istiyorum* ‚Nächste Woche ist kein Unterricht. Ich möchte es bekannt geben'.

4. Das Kausativsuffix **-Ar-**
   erscheint nur in wenigen Verben; die wichtigsten sind:

| | | | |
|---|---|---|---|
| gitmek | *gehen* | → gid**er**mek | *(etw.) beseitigen* |
| çıkmak | *hinausgehen* | → çık**ar**mak | *herausholen, -ziehen u.a.* |
| kopmak | *abreißen, -gehen* | → kop**ar**mak | *(etw.) abreißen/abbrechen* |

*Beni bir ara, merakımı gider* ‚Ruf mich mal an und beseitige meine Sorge', *Susuzluğumu bira ile gidereceğim* ‚Ich werde meinen Durst mit Bier löschen', *Mantonuzu çıkarın* ‚Ziehen Sie Ihren Mantel aus/Legen Sie ab!', *Bu dedikoduyu kim çıkarmış?* ‚Wer hat denn diesen Tratsch aufgebracht?', *Hıncını benden çıkarıyorsun* ‚Deine Wut lässt du an mir aus', *Çiçekleri koparmayın* ‚Brechen Sie die Blumen nicht ab', *Benden yine para koparmaya çalışma* ‚Versuche nicht, bei mir wieder Geld loszueisen!'.

5. Das Kausativsuffix **-It-**
   kommt bei einigen einsilbigen, meistens auf **-k** endenden Verbstämmen vor.

| | | | |
|---|---|---|---|
| akmak | *fließen* | → ak-**ıt**mak | *fließen/abfließen lassen* |
| kokmak | *(gut oder übel) riechen* | → kok**ut**mak | *mit Geruch erfüllen* |
| korkmak | *Angst haben* | → kork**ut**mak | *Angst einjagen* |
| sarkmak | *herabhängen/sich hinauslehnen* | → sark**ıt**mak | *(etw.) herab-, hinaushängen* |
| ürkmek | *erschrecken* (intransitiv: Ich erschrak.) | → ürk**üt**mek | *(jmnd.) erschrecken* (transitiv: Ich erschreckte ihn.) |

*Çok ter akıttık* ‚Wir haben viel Schweiß vergossen', *Buraları kok**ut**tun* ‚Du hast hier alles zum Stinken gebracht', *Çocuğu kork**ut**ma* ‚Mach dem Kind keine Angst!', *Saçlarını sark**ıt**ma* ‚Lass deine Haare nicht offen hängen', *Beni ürk**üt**tün* ‚Du hast mich erschreckt'.

**Merke:**
Einige dieser Verben kommen mit -It- oder mit -DIr- vor:

| | | | |
|---|---|---|---|
| az-ıtmak | *etw. zu weit treiben* | ↔ az-dırmak | *überhand nehmen lassen* |
| sap-ıtmak | *überschnappen* | ↔ sap-tırmak | *abbiegen lassen, abschweifen* |

*Çocuklar artık çok azıttı* ‚Die Kinder treiben es jetzt zu weit', *Bol cep harçlığı onları azdırdı* ‚Das reichliche Taschengeld hat sie über die Stränge schlagen lassen/ist ihnen zu Kopf gestiegen', *Sapıttın mı ne?* ‚Bist du übergeschnappt, oder was?', *Turistleri galiba yanlış yola saptırdım* ‚Ich habe die Touristen offenbar einen falschen Weg abbiegen lassen', *Konuyu yine saptırıyorsun* ‚Du schweifst wieder vom Thema ab'.

6. Merke auch *emmek* ‚saugen' → *emzirmek* ‚stillen' sowie folgende unregelmäßige Bildungen:

| | | | | |
|---|---|---|---|---|
| gelmek | *kommen* | → | getirmek | *(her-)bringen/holen* |
| görmek | *sehen* | → | göstermek | *zeigen* |
| kalkmak | *aufstehen* | → | kaldırmak[1] | *aufheben/wegräumen* |
| öğrenmek | *lernen* | → | öğretmek | *lehren* |
| ısınmak | *sich erwärmen* | → | ısıtmak | *etw. erwärmen/warm machen* |
| aldanmak | *sich täuschen* | → | aldatmak | *jmdn. täuschen/hinters Licht führen* |
| kurtulmak | *gerettet werden* | → | kurtarmak | *etw./jmdn. retten* |

*Bana bir bardak su getirir misin?* ‚Würdest du mir ein Glas Wasser bringen?', *Sana yeni bilgisayarımı göstereyim mi?* ‚Soll ich dir meinen neuen Computer zeigen?', *Oyuncaklarını buradan kaldır* ‚Räum deine Spielsachen von hier weg!', *Ben sana Türkçe öğreteyim, sen de bana Almanca öğret, olur mu?* ‚Ich bring dir mal Türkisch bei, und du lehrst mich Deutsch, ja?', *Açsındır herhâlde, yemek ısıtayım* ‚Du bist sicherlich hungrig, ich mach mal Essen warm', *Beni yine aldattın* ‚Du hast mich wieder getäuscht/hintergangen', *İmdat, yüzemiyorum, kurtarın beni!* ‚Hilfe, ich kann nicht schwimmen, rettet mich!'.

☑ **Beteiligte *Mitspieler* in Kausativsätzen**

In Kausativsätzen, in denen einem transitiven Verb ein Kausativsuffix angefügt wurde, kann man einen weiteren Beteiligten ungenannt lassen oder ihn nennen. Wenn man ihn nennt, steht er im Dativ. Dieses Satzglied kann der ausführende Beteiligte sein, aber auch derjenige, dem etwas widerfährt.

Wenn das Objekt *unbestimmt* ist, wird der Ausführende davor genannt. Ist es jedoch *bestimmt*, kann der Sprecher wählen, ob er sein Interesse auf das Objekt oder den Ausführenden legt.

---

1 *kaldırmak* ist nicht das Kausativ zu *kalmak*. Im Sinne von „von etw. ablassen, etw. dalassen" wird ein anderes Verb, nämlich *bırakmak*, verwendet.

| | |
|---|---|
| Mektup yazdırdım. | ‚Ich habe einen Brief schreiben lassen.' |
| **Babama** mektup yazdırdım. | ‚Ich habe meinen Vater einen Brief schreiben lassen.' |
| Mektubu **babama** yazdırdım. | ‚Ich habe den Brief meinen Vater schreiben lassen.' *(Was habe ich mit dem Brief machen lassen?)* |
| **Babama** mektubu yazdırdım. | ‚Ich habe meinen Vater den Brief schreiben lassen.' *(Wem habe ich etwas aufgetragen?)* |
| Paralarımı bir **komisyoncuya** kaptırdım. | ‚Ich habe mir mein Geld von einem Makler wegschnappen lassen.' |
| Mektubun **bana** üzüntülerimi unut**tur**du. | ‚Dein Brief hat mich meine Sorgen vergessen lassen.' |

☑ **Vermehrung der Kausativsuffixe**

Die Kausativsuffixe können vermehrt werden. Dafür benötigt man lediglich -DIr- oder -t-, denn alle Kausativverbstämme enden auf -r- oder auf -t-. Endet der Stamm auf -r-, wird -t- angehängt; endet er auf -t-, wird -tIr- angefügt. Weitere anzuhängende Kausativsuffixe folgen diesem Muster.

Die Hauptaufgabe der vermehrten Kausativsuffixe ist, weitere *Mitspieler* am Ereignis zuzulassen, **ohne** sie alle zu nennen. Werden sie genannt, steht der Ausführende wieder im Dativ. Oft jedoch wird man in solchen Fällen einfachere Konstruktionen ohne vermehrte Kausativsuffixe verwenden. Für die Übersetzung ins Deutsche sei angemerkt, dass man evtl. das Ausgangsverb verlassen und auf ein neues Verb zurückgreifen muss, z.B. *doğmak* ‚geboren werden' → *doğurmak* ‚gebären, zur Welt bringen' → *doğurtmak* ‚entbinden' → *doğurtturmak* ‚entbinden lassen' → *doğurtturtmak* (doğ-ur-t-tur-t-) ‚veranlassen zu entbinden'.

| | |
|---|---|
| Yemek piş-**ir**-**t**-tim. | ‚Ich habe Essen kochen lassen.' |
| Abla**m**a yemek piş**ir**ttim. | ‚Ich habe meine ältere Schwester Essen kochen lassen.' |
| Yemeği abla**m**a piş**ir**ttim. | ‚Das Essen habe ich meine ältere Schwester kochen lassen.' |
| Abla**m**a yemeği piş**ir**ttim. | ‚Meine ältere Schwester habe ich das Essen kochen lassen.' |
| Kendini özle-**t**-tin. | ‚(In mir) hast du Sehnsucht nach dir erweckt.' |
| Avro boz-**dur**-t. | ‚Lass Euro umtauschen!' |
| Borcumuzu hesapla-**t**-**tır**-dım. | ‚Ich habe unsere Schulden berechnen lassen.' |

☑ Oft sind die weiteren ungenannten Mitspieler zwar menschlich, es ist jedoch möglich, ein nicht belebtes Satzglied unerwähnt zu lassen wie in (2):

(1) *Mustafa Sandal, Ruslara Türkçe şarkı söyle-t-ti* ‚Mustafa Sandal hat die Russen *türkische Lieder* singen lassen.'

(2) *Mustafa Sandal, Ruslara söyle-t-tir-di* ‚Mustafa Sandal hat die Russen singen lassen.'

> ✓ **Wichtig:**
> Enthält ein Verb zwei oder drei angehängte Kausativsuffixe, bei denen von der Logik her schon eines oder zwei reichen würden, wird ausgesagt, dass das Subjekt seinen Willen durchsetzt. Isolierte Sätze sind deshalb nicht eindeutig.

| | |
|---|---|
| Kızıma 'Teşekkür ederim.' de-**dir-t**-tim. | ‚Ich habe meine Tochter „Danke" sagen lassen.' (Ich habe einen Mittler eingeschaltet, oder ich habe sie dazu gebracht, danke zu sagen.) |
| Saçlarımı kes-**tir-t**-mem. | ‚Ich lasse mir meine Haare nicht schneiden.' |
| Sizi buradan geç-**ir-t**-mem. | ‚Ich lasse Sie hier nicht durch.' |
| Oğlu**ma** ilacını iç-**ir-t**-tim. | ‚Ich habe meinem Sohn sein Medikament eingeflößt/ihn sein Medikament trinken lassen.' |
| Bu yalanı bana şeytan söyle-**t-tir-t**-ti. | ‚Diese Lüge hat mich der Satan sagen lassen.' |
| Rektör, üniversiteyi boşal-**t-tır-t**-tı. | ‚Der Rektor hat die Universität räumen lassen.' |
| Sevgilisi**ne** annesi**ni** öl-**dür-t-tür**-dü. | ‚Sie hat ihren Liebhaber veranlasst, ihre Mutter zu töten.' |

Viele Verbstämme, die das Suffix -(y)Iş- oder -lA-ş- enthalten, können mit -tIr- erweitert werden, wenn nötig, auch mit -tIr-t- oder -tIr-t-tIr-. Die neuen Verben sind entweder multiplikativ und transitiv *oder* nur multiplikativ:

| | | | | |
|---|---|---|---|---|
| ol-**uş**- | entstehen | → | ol-**uş-tur**- | entstehen lassen, schaffen |
| gör-**üş**- | sich sehen und sprechen | → | gör-**üş-tür**- | sich sprechen lassen |
| kar-**ış**- | sich einmischen | → | kar-**ış-tır**- | etw. vermischen |
| gel-**iş**- | sich entwickeln | → | gel-**iş-tir**- | etw. entwickeln |
| koş-**uş**- | umherrennen | → | koş-**uş-tur**- | dauernd hin- und herrennen |
| yat-**ış**- | sich legen (Wind, Zorn) | → | yat-**ış-tır**- | beruhigen, beschwichtigen |
| yet-**iş**- | erreichen | → | yet-**iş-tir**- | etw. erreichen machen/lassen |
| karşı-**la-ş**- | sich begegnen | → | karşı-**la-ş-tır**- | etw. vergleichen |

Es gibt auch Verben, die das Suffix **-(I)ş-tIr-** enthalten, zu denen jedoch keine Variante mit **-(I)ş** existiert.

| | | |
|---|---|---|
| *ara-ş- | ara-**ş-tır**- | etw. recherchieren, erforschen |
| *sor-uş- | sor-**uş-tur**- | einer Sache nachforschen |

*Türkçemi geliştirmem gerekiyor* ‚Ich muss mein Türkisch weiterentwickeln', *Üstünü değiştir* ‚Zieh etwas anderes an', *Hava kirliliği büyük bir tehlike oluşturuyor* ‚Die Luftverschmutzung erzeugt eine große Gefahr', *Çalışma masamı karıştırmışsın yine* ‚Du hast offensichtlich meinen Schreibtisch wieder durcheinandergebracht', *Çocuklarınızı çok iyi yetiştirmişsiniz* ‚Sie haben Ihre Kinder sehr gut erzogen', *Bütün gün ko**ş**uşturdum* ‚Den ganzen Tag bin ich hin- und hergerannt', *Arkadaşım beni başka erkeklerle gör**üş**türtmüyor* ‚Mein Freund lässt mich nicht mit anderen Männern reden', *Üniversiteler hakkında bilgi ara**ş**tırıyorum* ‚Ich sammle Informationen über die Universitäten', *Beş hafta geçti, paket hâlâ ulaşmamış. Postaneden sor**uş**turacağım* ‚Fünf Wochen sind vergangen, und das Paket ist immer noch nicht angekommen. Ich werde durch die Post nachforschen lassen'.

## 19.4 Die Satzglied mindernden Verbalsuffixe: Das Passiv und das Reflexiv

### 19.4.1 Das Passiv

Das **Passivsuffix** lautet -Il-. Bei Verbstämmen, die auf **Vokal** oder -l enden, lautet es jedoch -(I)n- und überschneidet sich dann mit dem *Reflexivsuffix* (☞ 19.4.2). Diese Suffixe werden an ein Grundverb angefügt, auch an ein erweitertes. Das Negationssuffix folgt.

Die **Passivkategorie** im Türkischen ist nur teilweise mit der Passivkategorie im Deutschen vergleichbar. Das türkische Passiv ist sozusagen das *Spiegelbild der transitiven und kausativen Verben*. Während diese im Satz noch weitere *Mitspieler* (☞ 3.4) fordern oder zulassen, wird beim Passiv ein *Mitspieler* oder sogar mehr als einer getilgt. Das bedeutet,

**I.** aus einem transitiven Verb wird ein intransitives Verb gebildet

| Das Ausgangsverb ist transitiv | Das Passivverb ist intransitiv |
|---|---|
| Mektubu yazdım. | Mektup yazıldı. |
| *Ich habe den Brief geschrieben.* | *Der Brief wurde geschrieben.* |
| Çamaşırı yıkadım. | Çamaşır yıka**n**dı. |
| *Ich habe die Wäsche gewaschen.* | *Die Wäsche wurde gewaschen.* |
| Pasaportumu buldum. | Pasaportum bul**un**muş. |
| *Ich habe meinen Pass gefunden.* | *Mein Pass ist gefunden (worden).* |

Die obigen Beispiele zeigen, dass das handelnde Subjekt *(das Agens)* getilgt und das betroffene Objekt *(das Patiens)* zum grammatischen Subjekt wird. Die Stelle des Objekts bleibt leer.

*22 kişi serbest bırakıldı* ‚22 Personen sind freigelassen worden', *Hesap ödendi* ‚Die Rechnung wurde bezahlt', *Param çalındı* ‚Mein Geld wurde gestohlen', *Yemek pişirildi* ‚Das Essen wurde gekocht', *Hatalarım düzeltildi* ‚Meine Fehler wurden korrigiert'.

Wenn ein *bestimmtes* direktes Objekt zum grammatischen Subjekt wird, bleibt es definit und verweist auf etwas Bekanntes. Auch ein *unbestimmtes* direktes Objekt kann zum Subjekt werden. Die Entscheidung, ob dieses neue Subjekt unbestimmt oder bestimmt zu verstehen ist, muss im Kontext gelöst werden. Das Problem taucht nicht auf, wenn weitere Satzglieder im Dativ, Lokativ oder Ablativ vorhanden sind:

| | |
|---|---|
| Bulaşıklar yıka**n**dı. | ‚Das Geschirr ist abgewaschen.' |
| Şiirler ok**un**du. | ‚(Die) Gedichte wurden vorgetragen.' |
| Çocuklara hediye ver**il**di. | ‚Den Kindern wurden Geschenke gegeben.' |
| Hediyeler çocuklara ver**il**di. | ‚Die Geschenke wurden den Kindern gegeben.' |
| Balkonda çay iç**il**di. | ‚Auf dem Balkon wurde Tee getrunken.' |
| Çay balkonda iç**il**di. | ‚Der Tee wurde auf dem Balkon getrunken.' |
| Pazardan kavun al**ın**dı. | ‚Auf dem Markt sind Melonen gekauft worden.' |
| Kavunlar pazardan al**ın**dı. | ‚Die Melonen sind auf dem Markt gekauft worden.' |

Passivkonstruktionen werden überwiegend in der 3. Person verwendet. Aber Passivaussagen sind auch bei anderen Personen möglich:

*Doktora gönder**il**dim* ‚Ich bin zum Arzt geschickt worden', *Polise götür**ül**düm* ‚Ich bin zur Polizei gebracht worden', *Bir partiye davet ed**il**dik* ‚Wir sind auf eine Party eingeladen worden', *Öp**ül**dün* ‚Du bist geküsst'.

II. aus einem intransitiven Verb wird ein neues intransitives Verb gebildet. Es ist ein unpersönliches Verb, das wir mit „man" übersetzen und allgemeingültig verstehen:

| Das Ausgangsverb ist intransitiv | Das unpersönliche Verb ist intransitiv |
|---|---|
| Buna gülmedik. *Darüber haben wir nicht gelacht.* | Buna gül**ün**mez. *Darüber lacht man nicht.* |
| Derste uyumayın. *Schlaft nicht im Unterricht.* | Derste uy**un**maz. *Im Unterricht schläft man nicht.* |
| Sokakta öpüşüyorlar. *Die Leute küssen sich auf der Straße.* | Sokakta öpüş**ül**mez. *Auf der Straße küsst man sich nicht.* |

*Girilmez!* ‚Eintritt verboten!' (Man geht nicht hinein.), *Sigara içilmez* ‚Nichtraucher' (Aufschrift), *Bu su içilir mi?* ‚Kann man dieses Wasser trinken?', *Buradan çıkılmaz* ‚Hier kann man nicht raus(gehen)', *Irkçı doğulmaz* ‚Man wird nicht als Rassist geboren', *Şair doğulmaz, şair olunur* ‚Man wird nicht als Dichter geboren, sondern man wird zum Dichter'.

> ✓ **gitmek** und **gelmek** im Vergleich
> *Havaalanına nasıl gidilir?* ‚Wie kommt man zum Flughafen?' (= Wie geht man zum Flughafen? – Der Sprecher befindet sich **nicht** am Flughafen);
> *Havaalanına nasıl gelinir?* ‚Wie kommt man zum Flughafen?' (= Wie kommt man zum Flughafen? – Der Sprecher befindet sich am Flughafen und erkundigt sich schon vorsorglich nach der Fahrverbindung).

- Manchmal meint der Sprecher mit „man" sich selbst; das geben wir auch mit Passivverben wieder:
  *Sesiniz duyulmuyor* ‚Man hört Ihre Stimme nicht' (*am Telefon*: Bitte, sprechen Sie lauter).

- Auch eine Reihe subjektloser Sätze werden so gebildet:
  *Telefon edildi* ‚Es wurde telefoniert', *Futbol oynandı* ‚Es wurde Fußball gespielt', *Dans edildi* ‚Es wurde getanzt', *Partide öpüşüldü, kucaklaşıldı* ‚Auf der Party küsste und umarmte man sich', *Rakı içildi* ‚Es wurde Raki getrunken'.

III. aus einem Kausativverb wird ein neues intransitives, und zwar passives Verb gebildet

| Das Ausgangsverb ist ein Kausativverb | Das neue Verb ist passiv |
|---|---|
| Varış saatinizi bil**dir**iniz. *Teilen Sie Ihre Ankunftszeit mit.* | Varış saatimiz bil**diril**ecek. *Unsere Ankunftszeit wird mitgeteilt werden.* |
| Ben ışığı sön**dür**düm. *Ich habe das Licht ausgemacht.* | Işık sön**dürül**dü. *Das Licht ist ausgemacht worden.* |

Während bei *Kausativverben*, denen das Suffix -Il- angehängt wird, das türkische Passivverständnis weitgehend mit dem deutschen Passivverständnis übereinstimmt, muss man sich die Ableitungen mit -Il- und -(I)n- von *Grundverben* gesondert ansehen. Sie haben meistens eine passive *oder* eine reflexive Lesart. Zugegebenermaßen können Übersetzungsprobleme auftauchen. Für die richtige Interpretation hilft im Regelfall der Kontext und vor allem, ob das Subjekt **belebt** oder **unbelebt** ist:

*7 köy yolu ulaşıma kapandı* ‚Sieben Dorfstraßen sind für den Verkehr unpassierbar (sind zu[gemacht])', *İçime kapandım* ‚Ich habe mich in mich zurückgezogen', *Üç yıl Ankara'da bulundum* ‚Ich habe mich drei Jahre in Ankara aufgehalten (befunden)', *Yeni bir dükkân açıldı* ‚Ein neues Geschäft hat (sich) aufgemacht', *Berlin'e taşındık* ‚Wir sind nach Berlin gezogen', *Köprü taşındı* ‚Die Brücke ist verlegt worden'.

> ☺ **Faustregel:**
> Die Passivsuffixe lassen eine außerhalb des Subjekts liegende Quelle unerwähnt.

Nun gibt es aber auch Sätze wie die folgenden beiden, von denen wir (1) passiv übersetzen werden, aber bei (2) unsicher sind, wie die Übersetzung aussehen soll:

(1) Çamaşır yıkandı. ‚Die Wäsche wurde gewaschen.'
(2) Çocuk yıkandı. ‚Das Kind hat sich/wurde gewaschen.'

Wenn Sie jetzt einen türkischen Muttersprachler fragen, der kein Deutsch kann, ob bei (2) das Kind sich gewaschen hat oder gewaschen wurde, wird er wahrscheinlich verständnislos blicken und sagen: „Das ist doch egal. Der Waschvorgang ist erledigt". Und genau so egal ist es eigentlich bei (1); aber weil es sich um ein unbelebtes Subjekt handelt, würden wir so eine Frage gar nicht erst stellen.

Machen wir den Test umgekehrt. Sie sagen auf Deutsch: „Das Kind ist gewaschen". Ihr türkischer Tandempartner, der Deutsch lernt, möchte jetzt wissen, ob das Kind sich gewaschen hat oder gewaschen wurde. Was werden Sie antworten?

☑ Auch eine Reihe von Ableitungen mit -Il- sind nicht passiv zu verstehen, z.B.
  Bu forumdan çekildim. ‚Ich habe mich aus diesem Forum zurückgezogen.'

Das kann man interpretieren als
*(Ben) kendimi bu forumdan çektim* ‚Ich habe mich (selbst) aus diesem Forum gezogen'; getilgt wurde *kendimi*, das ursprüngliche Subjekt bleibt erhalten. Weitere Beispiele:

| | | | |
|---|---|---|---|
| sokmak | *etw. hineinstecken* | → Sok**ul**ma bana! | ‚Komm mir nicht so nah!' |
| üzmek | *jmdn. traurig machen* | → Buna üz**ül**düm. | ‚Das tut mir leid/Das bedauere ich.' |
| sarmak | *etw. einwickeln* | → Anneme sar**ıl**dım. | ‚Ich habe meine Mutter umarmt.' |
| yormak | *jmdn. ermüden* | → Yor**ul**dum. | ‚Ich bin ermüdet/erschöpft.' |
| bozmak | *etw. kaputt machen* | → Cem'e boz**ul**dum. | ‚Ich bin auf Cem sauer.' |
| dökmek | *etw. ausschütten* | → Saçlarım dök**ül**dü. | ‚Meine Haare sind ausgefallen.' |

> ✓ Einige dieser mit -Il- versehenen Verben werden auch verwendet, um Absichtlichkeit *auszuschließen*. Der deutschsprachige Muttersprachler sieht z.B., dass der türkische Partner seinen Tee verschüttet oder das Teeglas zerbrochen hat und wird üblicherweise sagen: „Çayını döktün/dökmüşsün" bzw. „Bardağı kırdın/kırmışsın". Der türkische Partner wird folgendermaßen darauf reagieren: „Dökmedim, döküldü/dökülmüş" bzw. „Kırmadım, kırıldı/kırılmış", um auszudrücken, dass ihm das unabsichtlich passiert ist.

- **Gesondert muss man sich merken:**
  anlaşılmak ‚verstanden werden': *Anlaşıldı mı?* ‚Wurde (das) verstanden?/Ist das klar?'.

☑ **Phraseologische Verben mit *etmek* und *olmak***

1. Einige phraseologische Verben mit *etmek* ‚tun' werden mittels *olmak* ‚werden/sein' zu intransitiven Verben: *tıraş etmek* ‚jemanden rasieren' → *tıraş olmak* ‚sich rasieren', *kaybetmek* ‚etwas verlieren' → *kaybolmak* ‚verlorengehen':
*Berber oğlumu tıraş etti* ‚Der Friseur hat meinen Sohn rasiert', *Tıraş oldum* ‚Ich habe mich rasiert', *Paramı kaybettim* ‚Ich habe mein Geld verloren', *Anahtarlarım kaybolmuş* ‚Meine Schlüssel sind weg.'

2. Die Passivformen zu *etmek* und *olmak* lauten *edilmek* und *olunmak*. Eine Reihe phraseologischer Verben können mit *edilmek* oder *olunmak* gebildet werden, z.B. *rica edilmek/olunmak* ‚gebeten werden'. In der ersten Variante bezieht der Sprecher sich auf einen nicht genannten Urheber, in der zweiten Variante nicht. Auch *olunulmak* kommt vor:
*Nasıl meşhur edilir?* ‚Wie wird jemand/etwas berühmt gemacht?', *Nasıl meşhur olunur?* ‚Wie wird man berühmt?'.
*Cem Ankara'ya tayin edildi* ‚Cem ist nach Ankara versetzt worden' (auf Grund der Entscheidung von jemandem), *Cem Ankara'ya tayin olundu* ‚Cem wurde nach Ankara versetzt' (auf Grund einer Entscheidung), *Cem Ankara'ya tayin oldu* ‚Cem ist nach Ankara versetzt' (lediglich die Versetzung interessiert), *Eksiklerim konusunda yardımcı olunuldu* ‚In Bezug auf meine Mängel hat *man* mir geholfen'.

☑ **Nennung des Urhebers**

I. Soll der Urheber genannt werden, wird das mit **tarafından** ‚von' (☞ 9.5) ausgedrückt:

'Faust' kimin tarafından yazıldı? ‚Von wem wurde „Faust" geschrieben?'
'Faust' Goethe tarafından yazıldı. ‚„Faust" wurde von Goethe geschrieben.'

Ist der Urheber sehr wichtig, werden Aktivformen vorgezogen. So sagt man nicht „Ich bin von einem Hund gebissen worden", sondern *Beni köpek ısırdı* ‚Mich hat ein Hund gebissen'. Oft wird die Passiv-Idee auch durch ein aktives Verb in der 3. Pers. Pl. ausgedrückt, Vergleichen Sie:

Türkiye'de ne yerler? ‚Was essen sie (die Leute) in der Türkei?'
Türkiye'de ne yenilir? ‚Was isst man in der Türkei?'

II. In der Nachrichten- und Amtssprache wird der Urheber oft durch **-CA** angezeigt (mit vorherigem Possessivsuffix **-(s)IncA**). vor. Meistens handelt es sich dabei um Behörden bzw. Institutionen oder als Kollektiv auftretende Personen. Die Urheberschaft wird auf sie *eingeschränkt*. In der Übersetzung kann der Urheber mit „seitens", manchmal auch mit „durch", angeschlossen werden: *Avrupa Birliği'nce* ‚seitens der Europäischen Union', *Sanıkların avukatlarınca, tutukluluğun kaldırılması istendi* ‚Seitens der Verteidiger der Angeklagten wurde die Aufhebung der Inhaftierung beantragt.'

*Belediyece çöp bırakılmaması rica edilir* ‚Seitens der Stadtverwaltung wird gebeten, keinen Müll zu hinterlassen' (die Stadtverwaltung bringt sich ein).
*Çöp bırakılmaması Belediye tarafından rica olunur* ‚Von der Stadtverwaltung wird gebeten, keinen Müll zu hinterlassen' (die Betroffenen sind Ziel der Aussage).

Die Satzglied mindernden Verbalsuffixe: Das Passiv und das Reflexiv 229

☑ **Verdoppelung der Passivsuffixe**

Sowohl transitive als auch intransitive Verbstämme können ein doppeltes Passivsuffix erhalten, die Reihenfolge ist also **-Il-In-** oder **-(I)n-Il-**. Damit geht einher der Hinweis auf *mehr als einen ausgeblendeten Mitspieler*.

Die Verdoppelung erscheint bei vielen Verben, besonders häufig bei *söylemek, demek* ‚sagen' und *yemek* ‚essen'. Nur *söylenmek* erlaubt auch eine reflexive Interpretation, sodass Aussagen, dass die Verwendung der Suffixe **-(I)n-Il-** Doppeldeutigkeiten ausschließt, näher betrachtet werden müssen:

- Die Verdoppelung besagt, dass mehrere *ungenannte Täter* beteiligt sind
 Şarkılar söyle**nil**di, türküler söyle**nil**di. ‚Es wurden Lieder und Volksweisen gesungen.'
 Yaşamaz de**nil**di! ‚Es wurde gesagt: Es wird nicht überleben!'
- Die Verwendung der einfachen Variante verändert den Sinn
 Üniversiteye nasıl yazı**lın**ır? ‚Wie schreibt *man sich* an der Universität ein?'
 ← Üniversiteye nasıl yazı**lır**? ‚Wie schreibt man *an die* Universität?'
- Die einfache Variante lässt erwarten, dass ein Subjekt genannt werden müsste
 Doğu Anadolu'ya neden gönder**ilin**ir? ‚Warum wird *man* nach Ostanatolien geschickt?'
 ← Doğu Anadolu'ya neden gönder**ilir**? ‚Warum wird [...] nach Ostanatolien geschickt?'
 Denizde nasıl boğ**ulun**ur? ‚Wie ertrinkt *man* im Meer?' (erstickt man)
 ← Denizde nasıl boğ**ulur**? ‚Wie ertrinkt [...] im Meer?' (erstickt)

Erst das zusätzliche Passivsuffix erlaubt zu verstehen, dass ein unpersönliches Subjekt ausgeblendet ist. Streicht man dieses zusätzliche Passivsuffix, müsste ein unpersönliches Subjekt als Satzglied genannt werden; das ist im Regelfall dann *insan* ‚Mensch':

*İnsan* Doğu Anadolu'ya neden gönder**ilir**? ‚Warum wird *man* nach Ostanatolien geschickt?'
*İnsan* denizde nasıl boğ**ulur**? ‚Wie ertrinkt *man* im Meer?'

*Vali, yıkılma ihtimali olan binaların yakınında bul**unul**mamasını da istedi* (Radikal, 01/09/1999) ‚Der Gouverneur hat auch verlangt, dass *man sich* nicht in der Nähe der Gebäude aufhalten soll, die einsturzgefährdet sind.'

☑ **Passiv + -(y)Abil- oder -(y)AmA-**

Wenn ein Passivverb mit dem Möglichkeits- bzw. Unmöglichkeitssuffix **-(y)Abil-/ -(y)AmA-** versehen werden soll, enthält im Regelfall nur das Grundverb das Passivsuffix:

*Bu su iç**ilebil**ir mi?* ‚Kann man dieses Wasser trinken?', *Ultrasonda ne gör**ülebil**ir?* ‚Was kann man beim Ultraschall sehen?', *Kurban Bayramında nerelere gid**ilebil**ir?* ‚Wo überall kann man am Opferfest hingehen/fahren?', *Bursa'dan Ankara'ya üç saatte gid**ilemez*** ‚Von Bursa nach Ankara kann man nicht in drei Stunden fahren', *Kimler kan ver**ebil**ir?* ‚Wer alles kann Blut spenden?'.

Seltener kommt zusätzlich auch **bil-** passiv vor; dann ist die Aussage ganz unpersönlich gebraucht. Der Sprecher könnte ein Agens nicht einmal mit ... *tarafından* anschließen:

*Nasıl bir kahvaltı ile kilo ver**ilebilin**ir* (www.diyetci.net) ‚Mit welcher Art von Frühstück kann man abnehmen?', *Keşke daha çok burs ver**ilebilin**se* (http://gundem.milliyet.com.tr) (02/02/2012) ‚Wenn doch noch mehr Stipendien vergeben werden könnten.'

**Zusammenfassend** kann gesagt werden, dass die mit dem Passivsuffix versehenen Grundverben allesamt intransitive Verben bilden, die kein direktes Objekt zulassen. Ein Teil dieser Verben ist ausschließlich intransitiv zu verstehen, ein anderer Teil entspricht dem deutschen Passivverständnis, und es kann bei Bedarf der Urheber hinzugesetzt werden.

Eines der Verben, die doppeldeutig sind, ist *yıkanmak* ‚gewaschen werden, sich waschen':

| | |
|---|---|
| Bulaşık yıkandı. | ‚Das Geschirr ist abgewaschen.' |
| Bulaşık annem tarafından yıkandı. | ‚Das Geschirr wurde von meiner Mutter abgewaschen.' |
| Çocuk yıkandı. | ‚Das Kind hat sich/wurde gewaschen.' |
| Çocuk annem tarafından yıkandı. | ‚Das Kind ist von meiner Mutter gewaschen worden.' |

Bildet man aus *yıkan-* ein *yıkanıl-*, ist die Aussage ganz unpersönlich gemeint. Ein Täter kann nicht mehr mit *tarafından* angeschlossen werden:

| | |
|---|---|
| Tişörtüm bir kez giyildi, bir kez de yıkanıldı. | ‚Mein T-Shirt wurde einmal getragen und einmal gewaschen.' |

## ⮕ Weitere Beispiele im Vergleich Türkisch – Deutsch

Ein Vorgangs- und Zustandspassiv kennt das Türkische nicht. Zwar bezeichnet das Perfekt **-mIş** einen Zustand, aber bei einer Übersetzung kann man oft mindestens in Klammern noch ein „worden" hinzusetzen. Äußerst häufig wird für den Zustand ein von einem Verb abgeleitetes Adjektiv eingesetzt, sofern es vorhanden ist.

| | |
|---|---|
| Pantolonunu buruşturdun. | ‚Du hast deine Hose zerknittert.' |
| Pantolonun buruşmuş. | ‚Deine Hose ist zerknittert.' |
| *(Als Ergebnis eines Vorgangs: Vorher war sie nicht zerknittert, jetzt ist sie es.)* | |
| Pantolonun buruşturulmuş. | ‚Deine Hose ist zerknittert worden.' |
| *(Jemand oder etwas hat deine Hose zerknittert.)* | |
| Pantolonun buruşuk. | ‚Deine Hose ist zerknittert.' |
| *(Feststellung des Zustandes: Der Vorgang des Zerknittertwerdens wird nicht angesprochen.)* | |
| Kapı açıldı/açılmış. | ‚Die Tür hat sich geöffnet.' |
| Kapı açtırıldı/açtırılmış. | ‚Die Tür ist geöffnet worden' (durch jmdn. veranlasst). |
| Kapı açık. | ‚Die Tür ist geöffnet = offen.' |
| Üç dükkân kapalı. | ‚Drei Geschäfte haben zu.' |
| Üç dükkân kapandı. | ‚Drei Geschäfte haben zugemacht.' |
| Üç dükkân belediyece kapatıldı. | ‚Drei Geschäfte sind seitens der Stadtverwaltung zugemacht/geschlossen worden.' |

Auch das deutsche *bekommen*-Passiv kann nur eingeschränkt wiedergegeben werden:

| | |
|---|---|
| Ehliyetin elinden alınacak. | ‚Dir wird dein Führerschein weggenommen werden.' |
| Ehliyetine el koyacaklar. | → ‚Du bekommst deinen Führerschein weggenommen.' |

### 19.4.2 Das Reflexiv

Das Reflexivsuffix lautet **-(I)n-**. Es wird an zahlreiche transitive und einige intransitive Grundverbstämme angehängt und bildet fast ausschließlich intransitive Verben. Das Negationssuffix folgt.

Der Grundgedanke ist, dass das Subjekt *die Quelle* und auch *das Ziel* der Handlung darstellt, also gleichzeitig Objekt ist. Die Handlung wirkt auf das Subjekt zurück. Es ergibt sich auch nicht immer eine mit dem Deutschen vergleichbare Reflexivbedeutung:

**I.**

| Das Ausgangsverb ist transitiv | Das neue Verb ist Reflexiv |
|---|---|
| Ben sana hediye almam. *Ich kaufe dir kein Geschenk.* | O zaman alınırım. *Dann nehme ich das übel.* |

**II.**

| Das Ausgangsverb ist intransitiv | Das neue Verb ist Reflexiv |
|---|---|
| Bu üç dilim ekmek sana yetiyor mu? *Reichen dir diese drei Scheiben Brot?* | Bazen üç dilim ekmekle yet**in**iyorum. *Manchmal begnüge ich mich mit drei Scheiben Brot.* |

- Es gibt Verben wie *yıkanmak*, die nicht nur eine passive, sondern auch eine reflexive Lesart haben. Ohne das Suffix **-(I)n-** können sie ein externes Objekt zu sich nehmen:

| | |
|---|---|
| Yıka**nd**ım. | ‚Ich habe mich gewaschen.' |
| Kendimi yıkadım. | ‚Ich habe mich (selbst) gewaschen.' |
| Oğlumu yıkadım. | ‚Ich habe meinen Sohn gewaschen.' |
| Tara**nd**ım. | ‚Ich habe mich gekämmt.' |
| Kendimi taradım. | ‚Ich habe mich (selbst) gekämmt.' |
| Saçlarımı taradım. | ‚Ich habe meine Haare gekämmt.' |

- Bei einigen Verben wie *utanmak* ‚sich schämen', *dinlenmek*[2] ‚sich ausruhen' kann das **-(I)n-** nicht abgetrennt werden:

| | |
|---|---|
| Senden utanıyorum. | ‚Ich schäme mich vor dir.' |
| Kendimden utanıyorum. | ‚Ich schäme mich vor mir selbst.' |
| Taklitlerden sakının. | ‚Hüten Sie sich vor Imitationen.' |
| Hafta sonunda dinlenmek istiyorum. | ‚Am Wochenende möchte ich mich ausruhen.' |

**Merke:**

| | |
|---|---|
| Altın küpe takı**nd**ım. | ‚Ich habe *mir* goldene Ohrringe angesteckt.' |
| Altın küpelerimi taktım. | ‚Ich habe meine goldenen Ohrringe angesteckt.' |
| Sür**ün**üyoruz. | ‚Wir schleppen uns so dahin.' |
| Gül her gün losyon sür**ün**üyor. | ‚Gül trägt jeden Tag Lotion auf.' |
| Gül her gün yüzüne losyon sürüyor. | ‚Gül trägt auf ihr Gesicht jeden Tag Lotion auf.' |

---

2 *dinlenmek* ‚sich erholen' ist nicht von *dinlemek* ‚hören, zuhören' abgeleitet.

- Es gibt zahlreiche Reflexivverben im Türkischen wie *sevinmek* ‚sich freuen', *sığınmak* ‚sich flüchten zu, Asyl suchen', die zwar mit dem Grundverb zusammenhängen, deren Bedeutung sich aber nicht automatisch erschließt:

*Seviniyorum* ‚Ich freue mich', *Bir sığınma evine sığınacağım* ‚Ich werde in einem Zufluchtshaus (= Frauenhaus) Zuflucht suchen', *Berlin'den Frankfurt'a taşındık* ‚Wir sind von Berlin nach Frankfurt umgezogen', *Bir saattir ne aranıyorsun?* ‚Was suchst du seit einer Stunde herum?', *Bir çıkıp etrafa bakınacağım* ‚Ich gehe mal raus und werde mich in der Gegend umsehen', *Dışarıda biraz gezinelim* ‚Lass uns draußen ein wenig umherspazieren', *Buraya döndük diye dövünüyorum* ‚Ich könnte mich ohrfeigen (schlage mich), weil wir hierher zurückgekehrt sind', *Benden para dilenme!* ‚Bettele bei mir nicht um Geld!', *Sana bir daha aldanmam* ‚Auf dich falle ich nicht noch einmal herein', *Böyle sorulardan kaçınıyorum* ‚Von solchen Fragen halte ich mich fern', *Araba kara saplandı* ‚Der Wagen hat sich im Schnee festgefahren'.

- Bei einigen Verben sind die Reflexivformen von den Verben mit **-Il** deutlich unterscheidbar. Vergleichen Sie:

| | |
|---|---|
| Bira istemeye çek**in**dim. | ‚Ich habe mich geniert, Bier zu verlangen.' |
| | *(Die Schüchternheit geht vom Subjekt aus.)* |
| Bu forumdan çek**il**dim. | ‚Ich habe mich aus diesem Forum zurückgezogen.' |
| | *(Der Rückzug hat einen äußeren Anlass.)* |
| Neyle geç**in**iyorsun? | ‚Womit bringst du dich durch?/Wovon lebst du?' |
| Bu sokaktan geç**il**miyor. | ‚Durch diese Straße kommt man nicht durch.' |
| Bu konuda fikir ed**in**dim. | ‚Dazu habe ich mich schlaugemacht.' |
| Bu konuda fikir ed**il**di. | ‚Dazu wurden Informationen eingezogen.' |
| Bu battaniye ile sar**ın**ayım. | ‚Ich hülle mich mal mit dieser Decke ein.' |
| Hediyeler sarıldı. | ‚Die Geschenke sind eingepackt (umwickelt).' |

- Einige mit **-(I)n-Il-** gebildete Verben passen sehr gut auch in dieses Kapitel:

| | |
|---|---|
| Hamamda terle**n**ir ve sonra yıka**n**ılır. | ‚Im Hamam schwitzt *man* und wäscht *sich* dann.' |
| Burada soy**unul**maz. | ‚Hier zieht *man sich* nicht aus.' |

- Es gibt Verben, die von einem Nomen abgeleitet sind, das Suffix **-lA** und zusätzlich **-n** enthalten. Einige sind *passiv*, andere *passiv* oder *reflexiv* zu interpretieren:

| | | | | |
|---|---|---|---|---|
| karşı-la- | *empfangen, abholen* | → | karşıla-n- | *empfangen werden* |
| zor-la- | *jmdn. zwingen* | → | zorla-n- | *sich schwertun, gezwungen werden* |

- Ebenso gibt es Verben, die das **-lA-n** enthalten, zu denen jedoch keine Variante mit **-lA** existiert.

| | | |
|---|---|---|
| *endişe-le- | endişe-len- | *sich Sorgen machen* |
| *hasta-la- | hasta-lan- | *erkranken* |

*Türkçe mektup yazmakta zorlanıyorum* ‚Es fällt mir schwer, Briefe auf Türkisch zu schreiben', *Türkçe mektup yazmaya zorlandım* ‚Ich war gezwungen (durch die Umstände), einen Brief auf Türkisch zu schreiben', *Beni aramıyorsun. Endişeleniyorum* ‚Du meldest dich nicht bei mir. Ich mache mir Sorgen'.

- Einige Verben bilden das Reflexiv mit dem Reflexivpronomen *kendi*:
  *Kendimi iyi* hissetmiyorum.  ,Ich fühle *mich* nicht *gut*.'
  *Kendimi* öldüreceğim.  ,Ich werde *mich* umbringen.'
  *Aber:*
  Sadece bir defa öl**ün**üyor.  ,*Man* stirbt nur einmal.'

- Das Verb *komak* wird in der Regel als *koymak* ,setzen, stellen, legen' gebraucht. Es gibt die Ableitungen *konmak* ,sich niederlassen (z.B. Vögel)' sowie *konulmak* und *koyulmak*:
  Yemeğe tuz ko**nul**du.  ,Dem Essen ist Salz hinzugefügt worden.'
  Masaya tabaklar koy**ul**du.  ,Auf den Tisch sind Teller gestellt worden.'

Wenn die Bedeutung des reflexiven Verbs es erlaubt, kann auch das *Kausativsuffix* **-DIr** angehängt werden:

*Beni çok sevindirdin* ,Du hast mich sehr erfreut', *Beni utandırdın* ,Du hast mich in Verlegenheit gebracht', *Seni evlendirelim mi?* ,Sollen wir dich verheiraten?', *Bizi endişelendirmeyin* ,Versetzen Sie uns nicht in Sorge', *Bu evde sizi barındıramam* ,In dieser Wohnung kann ich euch nicht unterbringen.'

- Merke auch: *Hiç görünmüyorsunuz* ,Sie sind gar nicht zu sehen / Man trifft Sie ja gar nicht mehr' : *Hiç gözükmüyorsunuz* ,Sie lassen sich gar nicht sehen'.

## ⊃ Die verbstammerweiternden Suffixe im Zusammenspiel

Es gibt nur wenige Verben, die mit allen Suffixen kombinierbar sind. Die nachfolgenden Verbformen mit *tanı-* ,kennen' zeigen die Reihenfolge der Suffixe auf:[3]

1. Simplex      *tanı-*           *Irmi'yi tanıyorum* ,Ich kenne Irmi'
2. Passiv       *tanı-n-*         *Irmi tanınıyor* ,Irmi ist bekannt'
3. Reziprok     *tanı-ş-*         *Irmi'yle tanışıyoruz* ,Irmi und ich kennen uns'
4. Kausativ     *tanı-ş-tır-*     *Irmi'yle tanıştırayım* ,Ich möchte mit Irmi bekannt machen'
5. Passiv       *tanı-ş-tır-ıl-*  *Irmi'yle tanıştırıldım* ,Ich bin mit Irmi bekannt gemacht worden'
6. Negation     *tanı-ş-tır-ıl-ma-*  *Irmi'yle tanıştırılmadım* ,Ich bin mit Irmi nicht bekannt gemacht worden'

a. Possibilität: *tanı-ş-tır-ıl-abil-*
   *Irmi'yle tanıştırılabildik* ,Wir konnten mit Irmi bekannt gemacht werden'
b. Impossibilität: *tanı-ş-tır-ıl-ama-*
   *Irmi'yle tanıştırılamadık* ,Wir konnten mit Irmi nicht bekannt gemacht werden'
c. Negation + Possibilität: *tanı-ş-tır-ıl-ma-yabil-*
   *Irmi'yle tanıştırılmayabilirdik* ,Es hätte sein können, dass wir mit Irmi nicht bekannt gemacht worden wären'
d. Impossibilität + Possibilität: *tanı-ş-tır-ıl-ama-yabil-*
   *Irmi'yle tanıştırılamayabilirdik* ,Es hätte sein können, dass wir mit Irmi nicht hätten bekannt gemacht werden können'.

---

3  Die türkischen Beispiele sind Lewis (1991: 152f.) entnommen.

# 20 Die Verbalnomen

## 20.1 Übersicht

> Ein **Verbalnomen** – was ist das? Ein Verb, ein Nomen oder gar beides? Richtig – es ist beides, ein Zwitter sozusagen. Verbalnomen sind von einem einfachen oder erweiterten Verbstamm, z.B. einem mit Reflexivsuffix versehenen Verbstamm, abgeleitete nominale Formen, die
> 
> - wie ein Verb durch das Negationssuffix **-mA-** verneint werden können und
> - wie ein Nomen im Satz gebraucht werden.
>
> Darüber hinaus können sie gegebenenfalls
> - Ergänzungen in einem bestimmten Kasus zu sich nehmen sowie
> - das Pluralsuffix und Possessivsuffixe annehmen.
>
> Im Türkischen gibt es drei *Verbalnomen*, die man auch im Wörterbuch findet. Das sind
> - das Verbalnomen auf **-mAk**, auch *Infinitiv* oder *Vollinfinitiv* genannt, z.B. *uçmak* ‚fliegen',
> - das Verbalnomen auf **-mA**, auch *Kurzinfinitiv* genannt, z.B. *uçma* ‚(das) Fliegen', und
> - das Verbalnomen auf **-(y)Iş**, mit dem von Verbstämmen abgeleitete Verbalnomen gebildet werden, die einen begrenzten Prozess bezeichnen, z.B. *uçuş* ‚der Flug'.
>
> Alle drei Verbalnomen haben wichtige Funktionen in einem Satz. In diesem Kapitel geht es darum, Sie mit den Formen vertraut zu machen.
>  Sie werden die Verbalnomen im Kapitel 25 ausführlicher wiederfinden.

## 20.2 Die Infinitive *-mAk* und *-mA*

Der **Vollinfinitiv** ist eingeschränkt deklinierbar (im Genitiv jedoch *nie*). Possessivsuffixe oder das Pluralsuffix kann man **nicht** anhängen. Ausgenommen sind die zu Substantiven gewordenen wenigen Begriffe wie *ekmek* ‚Brot', *yemek* ‚Essen'.

Er entspricht einem deutschen kleingeschriebenen Infinitiv und ist darüber hinaus oft mit einem deutschen *zu*-Infinitiv vergleichbar:

| | |
|---|---|
| Türkçe öğren**mek** istiyorum. | ‚Ich möchte Türkisch lernen.' |
| Münih'te ev bul**mak** zor. | ‚In München eine Wohnung zu finden, ist schwierig.' |

Der **Kurzinfinitiv** hingegen wird wie ein normales Substantiv behandelt und kann Possessivsuffixe, das Pluralsuffix und Kasussuffixe annehmen. Er schwankt zwischen nominaler und verbaler Interpretation: so kann ein *konuşma* – je nach Verwendung – sowohl „(das) Reden/Sprechen" wie auch „die Rede" bedeuten als auch „(zu) reden" ergeben.

Vergleichen wir zunächst einmal Beispiele mit den beiden Infinitiven:

(1) Vergi kaçır**mak** Elif'i ürkütür. ‚Steuern *zu hinterziehen*, erschreckt Elif.'
(2) Vergi kaçır**ma** Elif'i ürkütür. ‚Steuern *hinterziehen* (Steuerhinterziehung) erschreckt Elif.'
(3) Hayvanlara eziyet **etmek** günahtır. ‚Es ist Sünde, Tiere *zu quälen*.'
(4) Hayvanlara eziyet **etme** günahtır. ‚Tiere *quälen* (Tierquälerei) ist Sünde.'
(5) sınırdışı edil**mek** endişesi ‚die Sorge, *ausgewiesen zu werden*'
(6) sınırdışı edil**me** endişesi ‚die Sorge *vor Ausweisung*'

An dieser Stelle wollen wir zwei Begriffe einführen, nämlich **Ereignisträger** und **Ereignisausführung**. Wie Sie sehen, ist das grammatische Subjekt in den Beispielen (1) – (6) nicht identisch mit der Person, die das äußert oder über die gesprochen wird. Mit anderen Worten, es gibt einen *Ereignisträger*, der unabhängig vom Subjekt ist. (Der Ereignisträger muss nicht immer ein belebtes Wesen sein, sodass man genauer „Referent" sagen sollte, also der- oder dasjenige, worauf der Sprecher Bezug nimmt.)

Die Beispiele (1), (3) und (5) enthalten noch eine wichtige Besonderheit; sie schließen eine individuelle *Ereignisausführung* ein. In den Beispielen (2), (4) und (6) hingegen äußert sich der Sprecher nicht über eine Ausführung; sie sind sehr viel allgemeiner gehalten.

Beim *Vollinfinitiv* betrachtet der Sprecher das Ereignis konkret. Mit dem *Kurzinfinitiv* spricht er allgemein über das Ereignis, *ohne* eine Ausführung ein- oder auszuschließen. Dabei hat er entweder keinen Ereignisträger im Sinn wie unten in (7), oder er zeigt einen Ereignisträger mit Hilfe eines Possessivsuffixes an wie in (8):

(7) bekleme salonu ‚Wartesaal'
(8) Doktora git**mem** lazım. ‚Ich muss zum Arzt gehen.'

Das Deklinationsschema der beiden Infinitive sieht folgendermaßen aus:

| | Der Vollinfinitiv | | Der Kurzinfinitiv | | | |
| | | | *ohne Possessivsuffixe* | | *mit Possessivsuffixen* | |
|---|---|---|---|---|---|---|
| *Nom* | gel**mek** | al**mak** | gel**me** | al**ma** | gel**mem** | al**mam** |
| *Gen* | — | — | gel**menin** | al**manın** | gel**men** | al**man** |
| *Akk* | gel**meği*** | al**mağı*** | gel**meyi** | al**mayı** | gel**mesi** | al**ması** |
| *Dat* | gel**meğe*** | al**mağa*** | gel**meye** | al**maya** | gel**memiz** | al**mamız** |
| *Lok* | gel**mekte** | al**makta** | gel**mede** | al**mada** | gel**meniz** | al**manız** |
| *Abl* | gel**mekten** | al**maktan** | gel**meden** | al**madan** | gel**meleri** | al**maları** |

*1977 wurde die Rechtschreibung des Vollinfinitivs im Akkusativ und Dativ geändert und der Rechtschreibung des Kurzinfinitivs im Akkusativ und Dativ angeglichen. Der Versuch, diese Rechtschreibänderung rückgängig zu machen, ist misslungen. In älteren Texten findet man sowohl -mAğA/-mAğI als auch -mAyA/-mAyI. Somit konnte unterschieden werden, ob der Autor einen Ereignisträger und eine Ereignisausführung einschließt oder nicht:

*Ayşe öl**meğe** karar vermişti. Öl**meye** karar vermek, öldür**meğe** karar vermekten güçtür.*
(NH, YE, 61)

‚Ayşe hatte sich entschlossen *zu sterben*. Es ist schwieriger, sich *zum Sterben* zu entscheiden, als sich zu entscheiden, *zu töten*.'

- **Übrigens:** Es gibt im Deutschen Nebensätze mit *zu*-Infinitiven, bei denen der Ereignisträger erschlossen werden muss, im Türkischen aber an der Verbform erkennbar ist:

| | |
|---|---|
| Düğününe gel**meye** (*alt:* gelmeğe) söz veriyorum. | ‚Ich verspreche, zu deiner Hochzeit *zu kommen.*' (Das Subjekt „ich" wird kommen.) |
| Cem'e gel**mesini** emrettim. | ‚Ich habe Cem befohlen *zu kommen.*' (Das Objekt „Cem" soll kommen.) |

Im **Nominativ, Lokativ** und **Ablativ** sind die Unterschiede immer noch vorhanden: *Burada durakla**mak**/durakla**ma** yasaktır* ‚Es ist verboten, hier ist anzuhalten/das Anhalten ist hier verboten', *Taşın**makta**/Taşın**mada** yarar var* ‚Es ist vorteilhaft umzuziehen/Umziehen hat Vorteile', *Uzağı gör**mekten** yoksunsun* ‚Es mangelt dir daran, das Weite zu sehen', *Uzağı gör**meden** yoksunsun* ‚Es mangelt dir an Weitsicht'.

- Es gibt zahlreiche Wortverkettungen mit den Infinitiven; der Kurzinfinitiv überwiegt dabei: *dinlenmek arzusu* ‚der Wunsch auszuruhen', *dinlenme arzusu* ‚der Wunsch nach Ausruhen'; *içme suyu* ‚Trinkwasser', *okuma kitabı* ‚Lesebuch', *arama motoru* ‚Suchmaschine', *çamaşır yıkama günü* ‚Waschtag', *hayvan koruma derneği* ‚Tierschutzverein'.

> 💣 **Verwechslungsgefahr:**
> Verwechseln Sie den Kurzinfinitiv nicht mit dem verneinten Imperativ der 2. Pers. Sg.; ersterer hat Endbetonung: *yemé içmé* ‚Essen und Trinken' : *Yéme içme* ‚Iss und trink nicht'.

☑ Steht das Verb **olmak** im Genitiv, muss man sich den Kontext ansehen, ob es als „werden" oder „sein" zu verstehen ist. Ein isoliertes *Türk olmanın gururu* kann bedeuten „der Stolz, Türke zu sein", aber evtl. auch „der Stolz, Türke geworden zu sein".

☑ Wenn ein Adverbial der Zeit oder des Ortes durch das Suffix **-ki** adjektiviert ist und als Attribut vor dem Kurzinfinitiv steht, ist dieser stets substantivisch zu übersetzen:
*Cem'in dün konuşması lazımdı* ‚Cem hätte gestern sprechen müssen', *Cem'in dünkü konuşması hoşuma gitmedi* ‚Die gestrige Rede von Cem hat mir nicht gefallen'.
*katilin Bonn'da yakalanması* ‚die Festnahme des Mörders in Bonn', *katilin Bonn'daki yakalanması* ‚die in Bonn erfolgte Ergreifung des Mörders'.

## 20.3 Resultative Substantive und Adjektive auf *-mA*

Einige Begriffe auf **-mA** geben das Resultat eines vorherigen Ereignisses an: *kızartma* ‚Braten', *kıyma* ‚Gehacktes', *dolma* ‚Gefülltes' (z.B. *biber dolması* ‚gefüllte Paprikaschoten'), *dondurma* ‚Speiseeis' (= Gefrorenes), *dövme* ‚Tätowierung'.

In attributiver Funktion werden sie mit dem Grundwort **nicht** verkettet:
***takma** isim* ‚Pseudonym (= Anhängename)', ***asma** köprü* ‚Hängebrücke', *Necdet **doğma** **büyüme** Bitlisli* ‚Necdet ist ein waschechter Bitliser', *Meryem'den **olma** İsa* ‚Jesus, geboren von der Maria', *elden **düşme** bilgisayar* ‚ein Computer aus zweiter Hand', *Nuh Nebi'den **kalma** araba* ‚ein vorsintflutliches Auto (= ein vom Propheten Noah übrig gebliebenes Auto)'.

## 20.4 Das Verbalnomen auf -(y)Iş

Mit dem Suffix **-(y)Iş** werden von Verben abgeleitete Substantive gebildet, die einen zeitlich begrenzten *Prozess* bezeichnen. Auf einen Ereignisträger wird nicht verwiesen. Es gibt mehrere lexikalisierte Begriffe wie *kalkış* ‚Abfahrt/Abflug', *varış* ‚Ankunft', *gidiş dönüş* ‚Hin- und Rückfahrt', *görüş* ‚Anschauung', *giriş* ‚Eingang', *çıkış* ‚Ausgang'.

Diese Nomen zeigen bei *grenzbezogenen* Verben den Prozess **und** eine Grenze (Anfang oder Ende) an:

*güneşin doğuşu* ‚der Aufgang der Sonne', *Titanik'in batışı* ‚der Untergang der Titanic', *ampulün bulunuşu* ‚die Erfindung der Glühlampe', *İslamiyetin doğuşu* ‚die Geburt des Islam' (die Entstehungsphase ist mitgemeint), *Serginin açılışı saat yirmide* ‚Die Eröffnung der Ausstellung ist um 20 Uhr', *Antalya'ya varışınız saat kaçta?* ‚Um wie viel Uhr ist eure Ankunft in Antalya?', *Babam bazen aylarca kaybolurdu. Bu kayboluşları sorumsuzluğundan değildi* ‚Mein Vater verschwand manchmal monatelang. Dieses mehrmalige Verschwinden von ihm basierte nicht auf seiner Verantwortungslosigkeit' (genauer: Entschwinden).

Werden diese Nomen von *nichtgrenzbezogenen* Verben abgeleitet oder solchen Verben, die auch eine *nichtgrenzbezogene* Phase haben (wie *otur-* ‚sitzen'), vermitteln sie nur den Prozess:

*Sabah yürüyüşüne çıktık* ‚Wir haben einen Morgenspaziergang, -marsch unternommen'. *Dokunuşlarını özledim* ‚Ich vermisse deine Berührungen'.

Die Prozesshaftigkeit kann dazu führen, die Haltung (Art und Weise) des Subjektreferenten zur Situation, in die er eingebunden ist, wiederzugeben, sodass bei einer Übersetzung evtl. ein Nebensatz gewählt werden muss:

*Bakışın beni rahatsız ediyor* ‚Dein Blick stört mich', *Gülüşün hoşuma gidiyor* ‚Es gefällt mir, wie du lachst', *Şunun oturuşuna bak* ‚Schau dir an, wie der/die dasitzt'.

Doppeldeutig ist wieder das Verbalnomen von **olmak**:

*Raporda, insanın hayvan oluşu değil, maymunun insan oluşu söz konusudur* ‚In dem Bericht ist nicht von der Tierwerdung des Menschen, sondern von der Menschwerdung des Affen die Rede.'
*İnsanın "insan oluşu" eğitim meselesidir* ‚Das „Menschsein" eines Menschen ist ein Erziehungsproblem.'

**Merke:** Das Verbalnomen auf **-(y)Iş** wird nicht mit dem Possibilitivsuffix **-(y)Abil-** kombiniert, wohl aber mit dem Impossibilitivsuffix **-(y)AmA**:

*Gül'ün partimize katılamayışına üzüldüm* ‚Die Tatsache, dass Gül an unserer Party nicht teilnehmen konnte, hat mich betrübt (= ihr Nicht-Teilnehmen-Können).'

---

✓ Das Verbalnomen auf **-(y)Iş** wird *im Regelfall* nicht von Verbstämmen gebildet, die das multiplikative Verbalsuffix **-(I)ş** enthalten (☞ 19.2). Dann wird **-mA** angehängt: *gelişme* ‚Entwicklung', *tartışma* ‚Diskussion, Debatte'. Wenn solche Begriffe mit dem Pluralsuffix versehen sind, können sie kontextabhängig auch so übersetzt werden: *bağrışmalar* ‚das Geschreie', *koşuşmalar* ‚die Rennerei', *öpüşmeler* ‚das Geküsse'.

# 21 Die Partizipien

## 21.1 Übersicht

> Für **Partizip** wird auf Deutsch auch der verständliche Begriff *Mittelwort* gebraucht. Sie werden von Verben gebildet und können wie ein Adjektiv verwendet werden:
>
> | | |
> |---|---|
> | pi**şmiş** patatesler | ‚gekochte Kartoffeln' |
> | ak**ar** su | ‚fließend Wasser' (*nicht:* fließendes Wasser!) |
> | gel**ecek** hafta | ‚kommende Woche' |
> | ge**çen** hafta | ‚vergangene Woche' |
> | tanı**dık** bir kişi | ‚eine bekannte Person' |
>
> Drei dieser Partizipien haben Sie schon bei den Zeitformen kennengelernt. Das ist nicht ganz ungewöhnlich, denn statt *pişmiş patatesler* ‚gekochte Kartoffeln' könnten Sie auch sagen *Patatesler pişmiş* ‚Die Kartoffeln sind gekocht.'
>
> Die oben aufgeführten Partizipien stehen – wie kann es auch anders sein – unflektiert vor den Substantiven. Eine Personenkennzeichnung benötigen sie nicht.
>
> Zwei dieser Partizipien allerdings, nämlich **-(y)AcAK** und **-DIK**, kommen äußerst häufig mit Possessivsuffixen zur Personenkennzeichnung vor. Sie vertreten dann einen Teil der deutschen Relativsätze (☞ Kapitel 26). In attributiver Funktion kommen sie aber auch bei einer Reihe von Adverbialsätzen vor (☞ Kapitel 27). Und wenn man diese Partizipien substantiviert und flektiert, decken sie zahlreiche Subjekt- und Ergänzungssätze ab (☞ Kapitel 25).

## 21.2 Das Perfektpartizip

Das **Perfektpartizip -mIş** ist das am leichtesten nachvollziehbare Partizip. Es beschreibt ein zum Sprechzeitpunkt *vollendetes* Ereignis als Resultat ohne Nuancen wie Hörensagen oder Distanzierung. Dass diesem Ereignis eine Handlung, eine Tätigkeit oder ein Vorgang vorausging, wird nicht angesprochen:

*Birleşmiş Milletler* ‚Vereinte Nationen', *geçmiş günler* ‚vergangene Tage', *eskimiş sözcükler* ‚veraltete Wörter', *sararmış fotoğraflar* ‚vergilbte Fotos', *paslanmış çiviler* ‚verrostete Nägel', *soyulmuş salatalık* ‚geschälte Gurke', *verilmiş bir söz* ‚ein gegebenes Wort', *genişletilmiş baskı* ‚erweiterte Auflage', *gözden geçirilmiş baskı* ‚durchgesehene Auflage', *tanınmış futbolcu* ‚der bekannte Fußballspieler'.

Kochbücher sind für diese Partizipien eine gute Fundgrube:

*üstü kazınmış, dörde bölünmüş 1 havuç, soyulmuş ve sekize bölünmüş 2 büyükçe soğan* (EMY, AVAYÖ, 239)
‚1 abgeschabte, in vier Stücke zerteilte Mohrrübe, 2 geschälte und in acht Stücke zerteilte größere Zwiebeln.'

Jetzt folgen zwei wichtige Hinweise:
1. Um die Verben als Perfektpartizip in der oben geschilderten Weise einsetzen zu können, müssen sie grenzbezogen sein, also einen Endpunkt angeben können. Das ist bei Passivverben der Fall. Nicht jedoch bei jedem aktiv gebrauchten Verb. So kann man weder auf Türkisch noch auf Deutsch sagen *gelmiş bir girişimci ,*ein gekommener Unternehmer', weil das Verb gelmek ‚kommen' keinen natürlichen Endpunkt aufweist. Es ist jedoch möglich, durch einen Zusatz dieses Verb in ein grenzbezogenes umzuwandeln, z.B. *Almanya'ya gelmiş bir girişimci* ‚ein nach Deutschland gekommener Unternehmer'.
2. Im Deutschen sind die meisten transitiven Verben als Partizip II nicht mehr aktiv, sondern passiv zu verstehen, z.B. „das gekaufte Auto". Diesen Wandel machen türkische Verben nicht mit, sondern man muss auch beim Perfektpartizip einen aktiven oder passiven Verbstamm wählen, z.B. *kocasını terk etmiş bir kadın* ‚eine Frau, die ihren Mann verlassen hat' (= eine ihren Mann verlassen habende Frau) : *terk edilmiş koca* ‚der verlassene Mann'.

Wenn irgend möglich, sollte man das türkische Perfektpartizip ins Deutsche mit einem Partizip II übertragen: *Cem oku**muş** bir hanımla evlenmek istiyor* ‚Cem möchte eine gebildete (= studierte) Dame heiraten'. Geht das nicht, kann man sich erst einmal mit einer holprigen Übersetzung behelfen und dann nach einer adäquaten Formulierung suchen: *yüksek öğrenim gör**müş** kimseler* ‚Hochschulausbildung genossen habende Personen' → ‚Personen mit Hochschulausbildung'.

Das *Bezugselement* dieser Konstruktionen kann bestimmt oder unbestimmt sein:
*1995'te tanın**mış** yazar Aziz Nesin öldü* ,1995 ist der bekannte Schriftsteller Aziz Nesin gestorben', *Veril**miş** bir sözü unutmamalısın* ,Du darfst ein gegebenes Wort nicht vergessen', *Bende bu kitabın gözden geçiril**miş** baskısı var* ‚Ich habe *die* durchgesehene Auflage dieses Buches', *Bende bu kitabın gözden geçiril**miş** bir baskısı var* ‚Ich habe *eine* durchgesehene Auflage dieses Buches.'

Es gibt auch einige lexikalisierte Perfektpartizipien: *dolmuş* ‚Sammeltaxi', *geçmiş* ‚Vergangenheit'.

## 21.3 Das Aoristpartizip

Das **Aoristpartizip** -(A/I)r/-mAz gibt eine *nicht einmalige* Eigenschaft an. Man kann es mit solchen deutschen Partizipien I vergleichen, die klassenbildend sind, z.B. *paslanmaz çelik* ‚nichtrostender Stahl'. Was verbindet diese beiden Partizipien, und was weicht voneinander ab? Es verbindet beide, dass sie *keinen* aktuellen Verlauf anzeigen. Sie unterscheiden sich jedoch darin, dass im Deutschen äußerst häufig nicht auf ein Partizip, sondern auf ein Adjektiv zurückgegriffen werden muss; für aktive Verben oft eines auf *-fähig*, für passiv gebrauchte oft eines auf *-bar*, z.B. *evlenebilir yaşta* ‚in heiratsfähigem Alter', *içilir su* ‚trinkbares Wasser'. Manchmal sehen die Übersetzungen auch ganz anders aus, z.B. *çalar saat* ‚Wecker' (= klingelfähige Uhr). Weitere Beispiele:

*kaynar su* ‚siedendheißes Wasser', *yana**rdağ*** ‚Vulkan' (= brennfähiger Berg), *benzer bir olay* ‚ein ähnlicher Vorfall,' *soğuktan korur bir giyecek* ‚ein vor Kälte schützendes Klei-

dungsstück', *yıkanır pantolon* ‚waschbare Hose', *oturulur bir ev* ‚ein bewohnbares Haus', *güvenilir bilgi* ‚zuverlässige Information', *silinebilir duvar kâğıdı* ‚abwaschbare Tapete', *açılır kapanır masa* ‚Ausziehtisch' (= auf- und zumachbarer Tisch);
*dayanılmaz bir işkence* ‚eine unerträgliche Tortur', *işe yaramaz bir bilgisayar* ‚ein zu nichts tauglicher Computer', *ölmez şair* ‚der unsterbliche Dichter', *Ali, okumaz yazmaz bir kişi değil* ‚Ali ist kein Analphabet' (= keine nicht lesen und schreiben könnende Person), *Ne anlaşılmaz adamsın!* ‚Was bist du für ein unverständlicher Mensch', *akıl almaz şeyler* ‚unbegreifliche Dinge', *göz gözü görmez karanlıkta* ‚in der stockdunklen Finsternis' (= in der ein Auge das andere nicht sehen könnenden Dunkelheit), *inanılmaz gaf* ‚unglaublicher Missgriff';
substantiviert: *Norveç Tanrıtanımazlar Derneği* ‚Norwegischer Atheistenverein'.

- Merke auch: *işitilir işitilmez bir ses* ‚eine kaum hörbare Stimme' und die idiomatische Wendung *Ali olur olmaz şeyler söyler* ‚Ali redet alles Mögliche daher'.

Es gibt auch einige lexikalisierte Aoristpartizipien: *gelir* ‚Einkommen', *gider* ‚Ausgaben', *okur* ‚Leser', *düşünür* ‚Denker', *çıkar* ‚Vorteil, Interesse; Profit', *çıkmaz* ‚Sackgasse' (kurz für: *çıkmaz yol*), *tutar* ‚Summe'.

☑ **Die Aoristpartizipien + -lI, -sIz und -lIk:**

Das bejahte Aoristpartizip kommt manchmal mit *-lI, -sIz* und *-lIk* vor: *geçer* ‚vorübergehend' → *geçerli* ‚gültig' : *geçersiz* ‚ungültig'; *benzer* ‚ähnlich' → *benzersiz zenginlik* ‚Reichtum ohnegleichen' sowie *benzerlik* ‚Ähnlichkeit'.

Das verneinte Aoristpartizip kommt häufiger mit dem Suffix *-lIk* vor: *anlaşmazlık* ‚Meinungsverschiedenheit', *uyuşmazlık* ‚Nichtübereinstimmung', *doymazlık* ‚Unersättlichkeit', *saldırmazlık* ‚Nichtangriff', *dokunulmazlık* ‚Immunität' (z.B. Politiker).

Die doppelt verneinte Form *-mAmAzlIk* verweist auf eine überzogene Lage (☞ 23.5): *doymamazlık* ‚Gier', *çekememezlik* ‚Nichtertragenkönnen; Neid, Eifersucht'.

## 21.4 Das Futurpartizip

Das **Futurpartizip -(y)AcAK** drückt nicht nur ein Ereignis aus, das noch *erwartet wird*, sondern auch eines, das *erwartet wurde*. Da dem Deutschen ein Futurpartizip fehlt, muss man entweder mit einem *Partizip I* übersetzen oder mit einem Relativsatz (☞ 26.2.3) anschließen. Lediglich die Passivformen können oft mit einem *zu*-Partizip (einem Gerundivum) wiedergegeben werden.

*gelecek ay* ‚kommenden Monat', *geçecek günler* ‚vergehende Tage', *başlayacak ders* ‚beginnender Unterricht', *doğacak çocuklar* ‚(noch) zur Welt kommende Kinder', *düşündürecek bir olay* ‚ein nachdenklich machender Vorfall';
*yapılacak işler* ‚auszuführende Arbeiten', *ütülenecek gömlekler* ‚zu bügelnde Hemden', *soyulacak salatalık* ‚zu schälende Gurke', *verilecek bir söz* ‚ein zu gebendes Wort', *genişletilecek baskı* ‚zu erweiternde Auflage', *gözden geçirilecek sayfalar* ‚durchzusehende Seiten', *mektuplaşacak iki arkadaş* ‚zwei Freunde, die sich schreiben werden'.

Als Substantiv verwendbar ist *gelecek* ‚Zukunft' und *açacak* ‚Öffner' (Dose/Flasche).

## Das Verbaladjektiv auf -(y)AcAk

Formengleich mit dem Futurpartizip gibt es noch ein gleichlautendes Verbaladjektiv auf -(y)AcAk, das aktiv gebraucht wird, aber passiv zu verstehen ist und eine andere Funktion hat. Das Bezugswort ist nicht das zur **-(y)AcAk**-Form gehörende Subjekt:

*içecek bir şey* ‚etwas zu trinken', *yiyecek bir şey* ‚etwas zu essen', *oturacak yer* ‚ein Platz zum Sitzen/Sitzplatz', *Yapacak çok işim var* ‚Ich habe noch viel zu tun', *Kaybedecek zamanım yok* ‚Ich habe keine Zeit zu verlieren', *Şu sıra başımı kaşıyacak vaktim yok* ‚Derzeit weiß ich nicht, wo mir der Kopf steht' (Ich habe keine Zeit, mir den Kopf zu kratzen), *Şikâyet edecek kimse yok* ‚Es ist niemand da, bei dem man sich beschweren kann'.

Dazu gibt es auch einige lexikalisierte Begriffe: *yiyecek* ‚Lebensmittel', *içecek* ‚Getränk', *alacak* ‚Forderung', *verecek* ‚Verbindlichkeit'.

## 21.5 Das -(y)An-Partizip

Das **-(y)An-Partizip**, für das es keine eindeutige deutsche Übersetzung gibt, werden wir hier nur streifen. Es nimmt nicht an der Zeitenbildung teil. Seine große Domäne sind Relativsätze (☞ Kapitel 26). Dieses Partizip drückt *Dynamik* und *Verlauf*, aber keine Zeitstufe aus.

Das Suffix **-(y)An** wird an bejahte oder verneinte Verbstämme angehängt und betont:

| bejaht | verneint | bejaht | verneint |
|---|---|---|---|
| isteyén | istémeyen | gelén | gélmeyen |
| anlayan | anlamayan | alan | almayan |

**Merke:**

| | | | |
|---|---|---|---|
| diyen | demeyen | eden | etmeyen |
| yiyen | yemeyen | giden | gitmeyen |

- Als lexikalisiertes Substantiv kommt das *-(y)An*-Partizip auch vor, z.B. *bakan* ‚Minister', meistens jedoch mit einem zusätzlichen Wort, z.B. *iş alan* ‚Arbeitnehmer', *iş veren* ‚Arbeitgeber', *oyunbozan* ‚Spielverderber', *gökdelen* ‚Wolkenkratzer (= Himmelanbohrer)'.

| ✓ Vergleich Verlauf : Nichtverlauf | |
|---|---|
| a**k**an su | ‚(aus)fließendes Wasser' |
| a**k**ar su | ‚fließend Wasser' |

## 21.6 Das -DIK-Partizip

Das **-DIK-Partizip** hat im Deutschen auch keine Entsprechung. Eine Zeitstufe wird damit ebenfalls *nicht* ausgedrückt, aber ein Ereignis, das nach *Einschätzung* des Sprechers zutrifft oder nicht zutrifft und zum Sprechzeitpunkt ein (auch gedachtes) Faktum ist.

Als reines Attribut kommt das **-DIK**-Partizip nicht übermäßig häufig vor. Meistens ist es dann verneint. Bei aktiven Formen gibt der Sprecher seine eigene Stellungnahme wieder, bei passiven Formen bezieht er andere ein oder schließt sich anderen an. Die bejahten Begriffe *tanıdık bildik* ‚Bekannte (und Vertraute)' werden als lexikalisiertes Substantiv oder Adjektiv verwendet.

(1) *tanıdık, bildik bir kişi*
    ‚eine bekannte, vertraute Person'
(2) *Tanıdık, tanımadık herkesle şakalaşma!*
    ‚Albere nicht mit jeder bekannten und unbekannten Person herum!'
(3) *hiç alışılmadık Afrika görüntüleri* (AİS, HB, 55)
    ‚ganz ungewohnte Afrika-Impressionen'
(4) *Özelleştirme adı altında yabancılara satılmadık bir şeyimiz kalmadı.*
    (http://www.facebook.com/BanuAVAR/posts/188013291246308)
    ‚Es ist uns nichts geblieben, was den Ausländern unter dem Deckmantel „Privatisierung" nicht verkauft worden wäre.'
(5) *Gelin girmedik ev olur, ölüm girmedik ev olmaz.* (Sprichwort)[1]
    ‚Es gibt von einer Braut unbetretene Wohnungen, aber keine vom Tod unbetretene Wohnungen.'
(6) *Seni aramadık yer bırakmadım.*
    (http://www.edebiyatogretmeni.net/forum/sizin_duz_yazilariniz/sevginin_gozyaslari_m_faruk_bulut-t18014.0.html)
    ‚Ich habe keinen Ort ausgelassen, an dem ich dich nicht gesucht habe.'

**Vergleiche:**
(7) *Doğmadık çocuğa don biçilmez.* (Sprichwort)
    ‚Einem ungeborenen Kind schneidet man keine Hose zu.'
    *Sinn:* ‚Über ungelegte Eier redet man nicht.'
(8) *Doğmamış çocuğa don biçilmez.*
    ‚Einem noch nicht geborenen Kind schneidet man keine Hose zu.'

## 21.7 Das alte Futurpartizip -(y)AsI

Die alte Form **-(y)AsI** mit der emotionalen Nuance, dass der Sprecher etwas verwirklicht sehen will, kommt nicht sehr oft vor (☞ 23.4). Wird sie attributiv verwendet, spricht der Sprecher oft eine Verwünschung aus, z.B. *kör olası herif* ‚der verdammte Kerl' (der erblinden sollende Kerl, soll er doch erblinden). Sie kommt auch mit dem Suffix **-CA** in abgeschwächter Form vor: *kör olasıca herif* ‚der verdammte Kerl' (der erblinden sollende Kerl, eigentlich hat er das verdient).

*Geberesi herif!* ‚Der verrecken sollende Kerl!', *Canı çıkası herif!* ‚Der verfluchte Kerl!' (der seinen Geist aufgeben sollende Kerl), *Yere batası hükümet!* ‚Die verdammte Regierung!' (die im Erdboden versinken sollende Regierung).

Es gibt auch *olası* ‚wahrscheinlich' und *şaşılası* ‚erstaunlich' ohne verwünschende Nuance: *olası bir felaket* ‚eine wahrscheinliche Katastrophe', *şaşılası şey* ‚eine erstaunliche Sache'.

---

1 Mit *ev* ‚Wohnung' ist hier gleichzeitig die Familie gemeint.

# 22 Die Konverbien

## 22.1 Übersicht

Was ist ein **Konverb**[1]? Es ist ein Adverb, gebildet aus einem Verb. Damit wird ein Ereignis verkürzt und mit einem weiteren verknüpft. Konverbsuffixe werden an einen *Verbstamm* angehängt. Ihnen ist gemeinsam, dass sie *keine* Zeitstufe und *keine* Personenkennzeichnung enthalten. Deshalb muss man sich die Zeitstufe und die Person aus dem nachfolgendem Verb oder dem Rest des Satzes erschließen. Die meisten dieser Suffixe liefern eine adverbiale (z.B. modale, temporale) Information. Deshalb können Sie sich diese Suffixe auch als *Verbaladverbsuffixe* merken. Was es bedeutet, *keine* Zeitstufe und *keine* Personenangabe zu enthalten, können wir uns an folgenden Beispielen ansehen:

| | |
|---|---|
| Elif gül**erek** odaya giriyor. | ‚Elif kommt *lachend* in das Zimmer.' |
| Elif gül**erek** odaya girdi. | ‚Elif ist *lachend* in das Zimmer gekommen.' |
| Elif gül**erek** odaya girecek. | ‚Elif wird *lachend* in das Zimmer kommen.' |

In den Beispielen oben ist *gülerek* als einzelne Adverbiale verwendet. Weitaus häufiger jedoch werden mit den Konverbien Adverbialsätze gebildet (☞ Kapitel 27). Dieses Kapitel macht Sie hauptsächlich mit den Konverbsuffixen vertraut:

- Das Konverb auf -(y)ArAk
- Das Konverb auf -(y)A und dessen Verdoppelung
- Das Konverb auf -(y)Ip
- Das Konverb auf -(y)IncA
- Das Konverb auf -(y)AlI
- Das Konverb auf -mAdAn

In dieses Kapitel aufgenommen ist auch

- Das temporal-adversative Funktionswort **iken** > **-(y)ken**;
  es wird *nicht* an einen Verbstamm angehängt.

## 22.2 Das Konverb auf *-(y)ArAk*

Mit dem Suffix **-(y)ArAk** wird ein Konverb gebildet, das beschreibt, was das *Subjekt* des Satzes als (meistens kontinuierliches) Begleitereignis zum übergeordneten Verb ausführt (ausgeführt hat oder ausführen wird). Hin und wieder liegt das mit **-(y)ArAk** formulierte Ereignis auch vor der Haupthandlung. Bei kurzen Sätzen passt im Deutschen oft ein adverbial gebrauchtes Partizip, bei längeren „indem/dadurch, dass" (☞ 27.4).

---

1 Der Begriff „Konverb" wird in den Lehrwerken nicht einheitlich gebraucht. Wir zählen nur diejenigen dazu, bei denen das adverbbildende Suffix *direkt an einen Verbstamm*, auch an einen erweiterten, angehängt und im heutigen Türkisch als Einheit gesehen wird.

Das Suffix *-(y)ArAk* wird an bejahte oder verneinte Verbstämme angehängt:

| bejaht | verneint | bejaht | verneint |
|---|---|---|---|
| iste**yerek** | istéme**yerek** | gel**erek** | gélme**yerek** |
| anla**yarak** | anlama**yarak** | oku**yarak** | okuma**yarak** |

**Merke:**

| | | | |
|---|---|---|---|
| di**yerek** | deme**yerek** | ed**erek** | etme**yerek** |
| yi**yerek** | yeme**yerek** | gid**erek** | gitme**yerek** |

**Beispiele:**
*Çocuklar koşarak yanıma kadar geldiler* ‚Die Kinder sind *rennend* zu mir gekommen', *Yolculuğu uyuyarak geçirdim* ‚Ich habe die Reise *schlafend* verbracht', *Oturarak ütü yaptım* ‚Ich habe *im Sitzen* gebügelt', *Bunu bilmeyerek yaptım* ‚Das habe ich *unwissentlich* getan', *Bu istemeyerek oldu* ‚Das ist *unabsichtlich* passiert', *İçkili olarak eve gelme* ‚Komm nicht *alkoholisiert (seiend)* nach Hause'.

- **olarak** ‚als' und **giderek** ‚immer mehr (= laufend); ständig'
  *Ben aslında öğretmenim, ama şimdi taksi şoförü olarak çalışıyorum* ‚Ich bin eigentlich Lehrer, aber jetzt arbeite ich *als* Taxifahrer', **Giderek** *daha geç geliyorsun* ‚Du kommst laufend später'.

- Die Form **-(y)ArAktAn** (mit Ablativsuffix) ist nicht häufig. Sie verleiht dem damit gebildeten Verb eine Nuance der Annäherung, die man mit „quasi, gleichsam" wiedergeben kann: *Sen başka partidesin diyerekten sen bana düşmansın* (www.osmanli.de) ‚Indem du quasi äußerst: „Du bist in einer anderen Partei", bist du mir feindlich gesinnt (Feind)'.

## 22.3  Das Konverb auf *-(y)A*

Bei einer mit dem Suffix **-(y)A** gebildeten Konverbform hat der Sprecher sein Augenmerk auf dem Begleitereignis selbst und kann es statisch wiedergeben. Diese Verbformen sind nicht zahlreich und können als Vokabel gelernt werden:

*Biri on geçe eve geldim* ‚Ich bin zehn nach eins nach Hause gekommen', *Doğuma on gün kala bebeğimi kaybettim* ‚Zehn Tage vor der Geburt habe ich mein Baby verloren', *Dosyalarımı rastgele sildim* ‚Ich habe meine Dateien wahllos gelöscht', *Bu şiiri ortaklaşa tercüme edelim* ‚Lass uns dieses Gedicht in Zusammenarbeit übersetzen', *Öyleyse nöbetleşe yapalım* ‚Dann machen wir das abwechselnd'.

Manchmal wird so eine Verbform auch attributiv gebraucht: *2000'e 4 kala Türkiyesi'nden iki fotoğraf* (Cumhuriyet Hafta, 26/04/1996) ‚Zwei Fotos von der Türkei 4 (Jahre) vor 2000', *Bizim köy çok sapa bir yerde* ‚Unser Dorf liegt an einer sehr abgelegenen Stelle'.

- ☑ Die wichtigste dieser Verbformen ist das von *demek* ‚sagen' abgeleitete Konverb **diye** ‚sagend/meinend'. Es wird wie eine *Konjunktion* gebraucht und verbindet zwei selbständige, wörtlich geäußerte oder gedachte Aussagen. In der gesprochenen Sprache wird von *diye* reichlich Gebrauch gemacht. Man benötigt es als Abschluss

- der direkten Rede, wenn sie mit einem anderen Verb als *demek* beendet wird. Dann bleibt *diye* unübersetzt. Bei Nachfragen oder weitergeleiteten Fragen passt „ob":

| | |
|---|---|
| Elif: "Çay ister misin?" **diye** sordu. | ‚Elif hat gefragt: „Möchtest du Tee?".' |
| Elif çay ister misin **diye** sordu. | ‚Elif hat gefragt, ob du Tee möchtest'. |
| Cem, partiye gelecek misin **diye** sordu. | ‚Cem hat gefragt, ob du zur Party kommst'. |

- von geäußerten Gedanken:

| | |
|---|---|
| Yağmur yağar mı **diye** düşünüyorum. | ‚Ich überlege, ob es wohl regnen wird.' |
| Camları sileyim mi **diye** düşünüyorum. | ‚Ich überlege, ob ich Fenster putzen soll.' |

- von subjektiven Begründungen (Übersetzung „**weil**"):

| | |
|---|---|
| Kimse yok **diye** eve gittim. | ‚Ich bin nach Hause gegangen, weil niemand da ist.' |
| Başım ağrıyor **diye** yattım. | ‚Ich habe mich hingelegt, weil mein Kopf wehtut.' |
| Ece gelmem dedi **diye** sen de mi gelmeyeceksin? | ‚Wirst du auch nicht kommen, weil Ece gesagt hat, dass sie nicht mitkommt?' |
| Sorunlarımızı anneme, üzülür **diye** anlatmadım. | ‚Unsere Probleme habe ich meiner Mutter nicht erzählt, weil sie sie betrüben werden.' |

- von Absichten des Sprechers (Übersetzung „**damit**"). In diesem Fall stehen solche Äußerungen im Imperativ, Voluntativ oder Optativ:

| | |
|---|---|
| Sana, ye **diye** bunu verdim. | ‚Ich habe dir das gegeben, damit du es isst.' |
| Elif'i göreyim **diye** geldim. | ‚Ich bin gekommen, damit ich Elif sehe.' |
| Sana, okuyasın **diye** kitap aldım | ‚Ich habe dir ein Buch gekauft, damit du liest.' |

- einer nicht näheren Bezeichnung oder Verwechslung von Objekten:

| | |
|---|---|
| Ali **diye** birisi | ‚ein gewisser Ali' |
| Öf, çaya şeker **diye** tuz koydum. | ‚O je, ich habe in den Tee statt Zucker Salz getan.' |

Wenn Sätze mit **diye** (*weil* oder *damit*) die Antwort auf eine Frage sind, ist es selten üblich, den ganzen Satz zu wiederholen. Es ist jedoch möglich, einen Satz mit **diye** nachzutragen:

(1) *Niye dünkü partiye gelmedin? – Canım istemedi **diye** (partiye gelmedim).*
    ‚Weshalb bist du nicht zur gestrigen Party gekommen? – Weil ich keine Lust hatte.'

(2) *Ne diye pencereyi açtın? – Temiz hava girsin **diye** (pencereyi açtım).*
    ‚Wieso hast du das Fenster aufgemacht? – Damit frische Luft hereinkommt.'

(3) *Çocuk dikkat çekmek istiyor, öğretmeni onunla ilgilensin **diye**.*
    ‚Das Kind will auf sich aufmerksam machen, damit sein Lehrer sich um es kümmert'.

> ☺ **Faustregel:**
> Wenn Sie längere Sätze mit **diye** sehen, ersetzen Sie *diye* im Geiste durch einen Doppelpunkt (oder durch „meinend"). Überlegen Sie dann, wie Sie die Aussagen sinnvoll verbinden können.

*Karım da, ben de kediyi çok severiz. Ama kanaryamızı parçalar **diye** korkumuzdan kedi besleyemiyoruz* (AN, AD, 116) ‚Sowohl meine Frau als auch ich mögen Katzen sehr. Aber wir können aus Angst, sie könnte unseren Kanarienvogel zerfetzen, keine Katze halten', Orhan Pamuk, *"Artık Türkiye, Avrupa'ya doğru yürümüyor **diye** ağlamıyorum. Avrupa, üst sınıf için bir rüya olmaya devam ediyor. [...]" dedi* (http://www.ntvmsnbc.com/) ‚Orhan Pamuk sagte: „Ich weine nicht darüber, dass die Türkei nicht mehr auf Europa zugeht. Europa bleibt für die Oberschicht weiterhin ein Traum [...]".'

## 22.4 Das doppelt verwendete Konverb auf -(y)A

Weitaus häufiger wird diese Konverbform verdoppelt gebraucht. Sie kommt auch verneint vor:

| bejaht | verneint | bejaht | verneint |
|---|---|---|---|
| isteyé isteyé | istémeye istémeye | gelé gelé | gélmeye gélmeye |
| anlaya anlaya | anlamaya anlamaya | okuya okuya | okumaya okumaya |
| **Merke:** | | | |
| diye diye | demeye demeye | ede ede | etmeye etmeye |
| yiye yiye | yemeye yemeye | gide gide | gitmeye gitmeye |

Mit den Verdoppelungen verlegt der Sprecher seine Perspektive ganz stark auf den Begleitumstand und stellt ihn dynamisch und intensiviert dar. Eine Unterbrechung und Wiederholung der Handlung ist möglich.

**Beispiele:**
*Çikolata yiye yiye şişmanlayacaksın* ‚Vor lauter Schokolade essen wirst du dick werden', *Teşekkür ede ede ayrıldı* ‚Er ging, sich überschwänglich bedankend, weg', *Sana seve seve yardım ederim* ‚Ich helfe dir sehr gern', *Güle güle git, güle güle gel!* ‚Geh mit Freuden und komm mit Freuden' (Auf jeden Abschiedsgruß kann mit *güle güle* geantwortet werden; dann steht es ohne nachfolgendes Verb), *Yemeği istemeye istemeye yedim* ‚Das Essen habe ich ganz widerwillig gegessen', *Konuşmaya konuşmaya Almancayı unutacağım* ‚Ich werde vor lauter Nichtsprechen noch Deutsch verlernen', *Güldüre güldüre türbülanstan geçirdiler* (http://www.hurriyet.com.tr/) ‚Sie haben sie, immer wieder zum Lachen bringend, durch die Turbulenzen gebracht' (Überschrift einer Zeitungsnachricht, dass die Piloten die Passagiere mit Witzen zum Lachen gebracht haben, um sie von den Turbulenzen abzulenken), *Çocuklar uyuya uyuya büyür, ihtiyarlar uyuya uyuya ölür* (Sprichwort) ‚Kinder wachsen beim Schlafen, Alte sterben beim Schlafen' (schlafenderweise), *Güneydoğu'da sarp kayaların arasında kıvrıla kıvrıla bir yol gider* (Radikal, 08/08/2010) ‚Im Südosten schlängelt sich zwischen den steilen Felsen ein Weg entlang'.

> ✓ **Vergleichen wir:**
> *Bulaşığı istemeye istemeye yıkadım* ‚Das Geschirr habe ich *ganz lustlos* abgewaschen', *Bulaşığı istemeyerek yıkadım* ‚Das Geschirr habe ich *ungern* abgewaschen'.

- **Merke:** *Gele gele bugüne mi geldik?* ‚Sind wir schließlich und endlich auf den heutigen Tag gekommen?', *Gide gide bara mı gidecekti?* ‚Musste er schließlich und endlich in eine Bar gehen?', *Kala kala elimde bu kitaplar kaldı* ‚Schließlich und endlich sind mir nur diese Bücher übrig geblieben'.

Solche Verdoppelungen werden auch aus verschiedenen Verbstämmen gebildet: *Çocuklar düşe kalka büyüyorlar* ‚Die Kinder wachsen so lala (= fallend aufstehend) auf', *Piknikten güle oynaya döndük* ‚Vom Picknik sind wir unheimlich lustig (= lachend tanzend) zurückgekommen', *Stattan itile kakıla çıktık* ‚Aus dem Stadion sind wir hin- und hergeschubst herausgekommen'.

## 22.5 Das Konverb auf -*(y)Ip*

Mit dem Suffix **-(y)Ip** werden zwei (manchmal sogar drei oder vier) miteinander in Beziehung stehende Ereignisse zu einer engen Kombination wie *gidip gelmek* ‚hin- und herlaufen' verknüpft; das zweite Ereignis bildet die Vervollständigung des ersten. Wir übersetzen in den meisten Fällen mit „und". Das Suffix *-(y)Ip* sagt nichts darüber aus, ob die so verknüpften Ereignisse gleichzeitig oder nacheinander, einmal oder mehrmals stattfinden. Das muss man dem Kontext entnehmen. Das mit *-(y)Ip* gebildete Verb hängt zwar vom übergeordneten Verb ab, ist diesem bedeutungsmäßig jedoch nicht untergeordnet.

Das Suffix *-(y)Ip* wird an bejahte oder verneinte Verbstämme angehängt:

| bejaht | verneint | bejaht | verneint |
|---|---|---|---|
| isteyíp | istémeyip | gelíp | gélmeyip |
| anlayıp | anlamayıp | alıp | almayıp |
| **Merke:** | | | |
| diyip | demeyip | edip | etmeyip |
| yiyip | yemeyip | gidip | gitmeyip |

**Beispiele:**
*Kahvaltı edip evden çıktım* ‚Ich habe gefrühstückt und bin aus dem Haus gegangen',
*Kahvaltı edip evden çıkacağım* ‚Ich werde frühstücken und (aus dem Haus) gehen'.
*Lokantada çok yiyip içtik* ‚Wir haben im Restaurant viel gegessen und getrunken' (Gleichzeitigkeit), *Lokantada yemek yiyip eve döndük* ‚Wir haben im Restaurant gegessen und sind nach Hause zurückgekehrt' (Vorzeitigkeit), *Ardından bir adet domatesi de soyup, doğrayıp az tuz ekleyip malzemeye ilave edip kavuruyoruz* (www.yemek-tariflerim.org) ‚Danach schälen wir auch eine Tomate, schneiden sie klein, fügen wenig Salz hinzu, geben alles den Zutaten hinzu und braten es', *Ne durup bakıyorsun?* ‚Was stehst du da und schaust?', *Öğretmen olup köyde çalışacağım* ‚Ich werde Lehrer werden und auf einem Dorf arbeiten';
*Buraya oturmayıp şuraya oturalım* ‚Setzen wir uns nicht hierhin, sondern dahin', *Basılı sözlük almayıp hep internetten mi sözcük arıyorsun?* ‚Kaufst du kein gedrucktes Wörterbuch und suchst dir die Wörter immer aus dem Internet?'.

Häufig bezieht sich eine Verneinung des Hauptverbs auch auf die Form mit **-(y)Ip**. Nur der Kontext sagt, ob die erste Aussage bejaht zu verstehen ist:
*Telefon edip haber vermedim* ‚Ich habe nicht angerufen und nicht Bescheid gegeben', *İzmir'e gidip Efes'i görmemek olmaz* ‚Es geht nicht an, nach Izmir zu fahren und sich Ephesus nicht anzusehen', *Kaçmak isteyip kaçamamak problemim var* ‚Ich habe das Problem, fliehen zu wollen und nicht fliehen zu können'.

Nicht selten steht ein **dA** nach **-(y)Ip**; damit werden unausgesprochene Gründe angegeben:
*Telefon edip de haber vermedim* ‚Ich habe nicht angerufen und (dadurch) Bescheid gegeben', *Kimse gidip de uyandırmasın* ‚Niemand soll hingehen und ihn aufwecken', *Cesaret edip de öksüremiyorum* ‚Ich wage ja gar nicht zu husten', *Gidip de gelmemek, gelip de gitmemek var* ‚Es ist möglich, wegzufahren und nicht wiederzukommen (oder) zu kommen und nicht zu gehen', *Ali'ye parasını geri vermeyeceğim – Vermeyip de ne yapacaksın?*

‚Dem Ali werde ich sein Geld nicht zurückgeben – Nicht zurückgeben und dann?' (Was willst du anstellen, wenn du es nicht gibst?), *Eğer fantastik şeylere inanıyorsanız, bir kitabın başına otur**up**, kalkamamak istiyorsanız: Bu kitap sizin için yazılmış!* (www.netkitap.com) ‚Wenn Sie an phantastische Sachen glauben und sich mit einem Buch hinsetzen und nicht wieder aufstehen (können) wollen: Dann ist dieses Buch für Sie geschrieben!', *Hiçbir kursa git**meyip** de çok iyi Türkçe öğrenen insanlar var* ‚Es gibt Leute, die sehr gut Türkisch gelernt haben, *obwohl* sie nie einen Kurs besucht haben.'

| ✓ Merke: | |
|---|---|
| **Seni** gelip alırım. | ‚Ich komme und hole dich ab.' |
| **Sana** gelip alırım. | ‚Ich komme zu dir und hole **es** ab.' |

- Doppelt gebrauchte Verbalformen mit **-(y)Ip** bezeichnen eine Wiederholung:
  *Cem dön**üp** dön**üp** baktı* ‚Cem drehte sich immer wieder um und schaute'.

- Mit **-(y)ArAk**, **-(y)A -(y)A** und **-(y)Ip** gebildete Sätze enthalten im Regelfall nur ein Subjekt. Ist das Subjekt jedoch unpersönlich und sind die Verben intransitiv, kommt auch Subjektwechsel vor:
  ***Toplantılar** yapılıp **pastalar** kesiliyor* (Hürriyet-Kelebek, 15/04/2000) ‚Es werden Versammlungen gemacht und Kuchen aufgeschnitten'.

## 22.6 Das Konverb auf *-(y)IncA*

Mit dem Suffix **-(y)IncA** werden Konverbien gebildet, die wir mit „wenn" oder „als" übersetzen im Sinne von „Wenn (das eingetreten ist), dann (passiert das)" oder „Als (das eingetreten ist), da (passierte das)", d.h., das damit formulierte Ereignis muss eingetreten sein, bevor das Ereignis im Nachsatz anfängt (oft ein Ursache-Folge-Verhältnis). Es bleibt aber offen, wann sich das zweite Ereignis anschließt. Eine Alternative, dass das erste Ereignis nicht eingetreten ist oder nicht eintreten könnte, steht nicht zur Debatte.

Da dieses Suffix auch mit „wenn" übersetzt werden kann und Sie schon **ise** für „wenn" kennen (☞ 18.2), wollen wir den Unterschied an zwei Sätzen demonstrieren:

(1) Ders bit**ince** eve gideceğim. ‚Wenn der Unterricht zu Ende ist, gehe ich nach Hause.'
(2) Ders biter**se** eve gideceğim. ‚Wenn der Unterricht zu Ende geht, gehe ich nach Hause.'

In (1) äußern Sie, dass Sie nach Beendigung des Unterrichts nach Hause gehen werden. Sollten Sie jedoch versehentlich (2) sagen, bedeutet das „Falls der Unterricht zu Ende geht, gehe ich nach Hause", was nicht sein kann; denn **ise** ist ein „wenn", das man mit „falls" austauschen kann.

Das Suffix **-(y)IncA** wird an bejahte oder verneinte Verbstämme angefügt. Die Betonung liegt auf der ersten Silbe dieses Suffixes.

| *bejaht* | *verneint* | *bejaht* | *verneint* |
|---|---|---|---|
| iste**yín**ce | isté**meyin**ce | gel**ín**ce | gél**meyin**ce |
| anla**yın**ca | anla**mayın**ca | al**ın**ca | al**mayın**ca |
| **Merke:** | | | |
| de**yin**ce (1. Silbe e) | de**meyin**ce | ed**ın**ce | et**meyin**ce |
| yi**yin**ce | ye**meyin**ce | gid**ın**ce | git**meyin**ce |

**Beispiele:**

*Yağmur dinince alışverişe çıkarım* ‚Wenn der Regen aufhört, gehe ich einkaufen', *Yağmur dinince alışverişe çıktım* ‚Als der Regen aufgehört hat, bin ich einkaufen gegangen', *Dizüstü bilgisayarım bozulunca internetsiz kaldım* ‚Als mein Laptop kaputt ging, war ich ohne Internet', *Elif gelmeyince eve gittim* ‚Als Elif nicht kam, bin ich nach Hause gegangen', *Hazır olunca haber ver* ‚Gib Bescheid, wenn du fertig bist', *Ben olmayınca parti olmaz* ‚Ohne mich gibt es keine Party', *Para olmayınca insan nasıl yaşasın?* ‚Wie soll der Mensch leben, wenn er kein Geld zur Verfügung hat?'.

- **-(y)A gelince** ‚was anbetrifft (= wenn man zu ... kommt)':
  *Sana gelince, bu yaz nereye gideceksin?* ‚Und was dich anbetrifft, wohin wirst du diesen Sommer fahren?'

## 22.7 Das Konverb auf *-(y)AlI*

Mit **-(y)AlI** ‚seit(dem)/seither' verlegt der Sprecher sein Interesse auf den Beginn des Ereignisses im Trägersatz. Er orientiert sich vom Sprechzeitpunkt aus *rückwärtsblickend*.

**Beispiele:**

*Spor yapalı kendimi daha iyi hissediyorum* ‚Ich fühle mich besser, seitdem ich Sport treibe', *Türkiye'ye gitmeyeli yıllar oldu* ‚Es ist Jahre her, dass ich nicht mehr in die Türkei gefahren bin'.

Die Doppelformen **-DI -(y)AlI** zeigen den Beginn eines Ereignisses und dessen Fortdauer bis zum Sprechzeitpunkt an:

*Berlin'e geldik geleli yağmur yağıyor* ‚Es regnet, seit wir in Berlin angekommen sind.'

Ziemlich selten sind **-(y)AlI beri** oder **-(y)AlIdAn beri**

*Berlin'e geleli beri yağmur yağıyor* ‚Es regnet seit der/unserer Ankunft in Berlin.'
*Berlin'e geleliden beri yağmur yağıyor* ‚Seit der/unserer Ankunft regnet es in Berlin.'

## 22.8 Das Konverb auf *-mAdAn*

Mit dem Konverb auf **-mAdAn** wird ein **fehlender** oder nicht eingetreten gedachter Begleitumstand ausgedrückt. Die Silbe vor **-mA-** wird betont.

**Beispiele:**

*Kahvaltı etmeden evden çıktım* ‚Ich bin, ohne zu frühstücken, aus dem Haus gegangen', *Selam vermeden geçtin* ‚Du bist vorbeigegangen, ohne zu grüßen', *Para olmadan insan nasıl yaşasın?* ‚Wie soll der Mensch ohne Geld (zu haben) leben?'.

> 💣 **Verwechslungsgefahr:**
> Das Konverbsuffix **-mAdAn** unterscheidet sich von einem Verbalnomen auf **-mA** im Ablativ nur durch die Betonung; natürlich hilft der Kontext.
> *Demin konuşmadan çıktım* ‚Vorhin bin ich, ohne etwas zu sagen, rausgegangen'.
> *Deminki konuşmadán bir şey anlamadım* ‚Von dem Gespräch vorhin habe ich nichts verstanden.'

## 22.9 Das temporal-adversative Funktionswort *iken*

Mit **iken** > **-(y)ken**, das *nicht* an Verbstämme angehängt wird, werden zwei Ereignisse verbunden, die gleichermaßen zutreffen. Häufig laufen sie zeitgleich ab, sie können aber auch eine bloße Gegenüberstellung herstellen. Die Übersetzungsmöglichkeiten sind zahlreich: „während", „als", „bei", manchmal auch „solange", „wenn", „obgleich".

Wenn *iken* angehängt wird, also *-(y)ken*, wird es *nicht* vokalharmonisch angepasst. Es kommt an nominalen Prädikaten vor und an Verbalformen der 3. Person wie *gelir, geliyor, gelecek, gelmiş* (Sg. oder Pl.), aber nicht an einer Form wie *geldi*. Wenn es an Verbformen vorkommt, ist der Aorist am meisten vertreten.

Das Subjekt von Haupt- und Nebensatz kann identisch, aber auch verschieden sein.

Das mit *iken* formulierte Prädikat gibt

(a) einen Zeitabschnitt an, in dem sich das Trägersatz-Ereignis abspielt oder abgespielt hat. Dieses beansprucht den Zeitabschnitt nur zum Teil, evtl. auch sehr kurz:
*Ben Türkiye'deyken dedem ölmüş* ‚Während/Als ich in der Türkei war, ist mein Opa gestorben', *Annem dinlenirken ben bulaşık yıkarım* ‚Während meine Mutter sich ausruht, wasche ich das Geschirr ab', *Eve giderken Elif'e rastladım* ‚Auf dem Nachhauseweg habe ich Elif getroffen';

(b) einen Zustand an, in dem sich das Subjekt oder Objekt befindet oder befunden hat:
*Çocukken süt içmezdim* ‚Als Kind habe ich keine Milch getrunken', *Meyveyi tazeyken ye* ‚Iss das Obst, solange es frisch ist' (im Frischezustand), *Mesut sakalsız iken daha yakışıklıydı* ‚Mesut sah ohne Bart besser aus (im Bartlossein-Zustand)'.

**Beispiele:**
*On beş yaşındayken İngilizce bilirdim* ‚Im Alter von 15 Jahren konnte ich Englisch', *Yemekteyken konuşma* ‚Sprich nicht beim Essen', *Bir genç adam, Amerika'lı dolar milyonerinin kızını suda boğulurken kurtardı* (AB, OMY, 39) ‚Ein junger Mann rettete die Tochter des amerikanischen Dollar-Millionärs vor dem Ertrinken', *Baban evde yokken size gelmem* ‚Ich komme nicht zu euch, wenn dein Vater nicht zu Hause ist', *Et ucuz değilken her gün et alıyoruz* ‚Obgleich Fleisch nicht billig ist, kaufen wir jeden Tag Fleisch';
*Dün güneş varken bugün dışarısı sisli* ‚Während es gestern sonnig war, ist es heute (draußen) neblig'.

Seltener findet man Verbalformen wie *geliyor, gelecek, gelmiş* in Kombination mit **iken**:
*Tam işe gidiyorken misafir geldi* ‚Gerade als (ich) mich auf den Weg zur Arbeit machte, kam Besuch', *Kayseri'ye kadar gelmişken Göreme'ye de gidelim* ‚Wenn wir schon bis Kayseri gekommen sind, fahren wir doch auch nach Göreme', *Kayseri'ye kadar gitmişken Göreme'ye de gidelim* ‚Wenn wir schon bis Kayseri gefahren sein werden, fahren wir doch auch nach Göreme' (Der Sprecher ist noch nicht in Kayseri.), *Elif yedide evde olacakken onda geldi* ‚Obgleich Elif um sieben zu Hause sein sollte, kam sie (erst) um zehn'.

- **derken**: ‚da; in dem Moment' (☞ 10.6): *Size geliyordum, derken Ali geldi* ‚Ich war gerade dabei zu euch zu kommen, da kam Ali'.

- **durup dururken** ‚einfach so/grundlos': *Durup dururken yalan söylüyorsun* ‚Du lügst einfach so'.

# 23 Aktionsarten und Rektion

## 23.1 Übersicht

**Aktionsarten** geben die den Verben eigene zeitliche Struktur an, z.B. Beginn, Verlauf, Ende, wie „erblühen, blühen, verblühen". Diese Thematik ist im Kapitel *Die Zeitformen* (☞ 14.1) angesprochen. In diesem Kapitel wollen wir die Thematik etwas ausdehen.

Zu den türkischen Aktionsarten zählen einige *Verbkombinationen* wie *-(y)Ivermek* oder kombiniert mit *durmak* ‚stehen', *kalmak* ‚bleiben', *gelmek* ‚kommen'. Das erste Verb trägt die Hauptbedeutung, und das zweite Verb wird wie ein Hilfsverb gebraucht, dessen Grundbedeutung jedoch immer latent durchschlägt. Diese Verbkombinationen werden auch **Hilfsverbverbindungen** genannt.

Dieses Kapitel enthält Hilfsverbverbindungen und weitere Möglichkeiten einer Phasendarstellung. Im Anschluss finden Sie einige Verben mit unterschiedlicher Rektion, die dadurch verschiedene Bedeutungen oder Lesarten erhalten.

## 23.2 Die Hilfsverbverbindungen

➲ *-(y)Ivermek*

Die häufigste Hilfsverbverbindung ist **-(y)Ivermek**, die an einen Verbstamm angefügt wird (Betonung auf **I**). Dieses **-(y)I** vor *vermek* ist ein altes Konverbsuffix; *-(y)Ivermek* ist jedoch als lexikalisierte Einheit zu betrachten. Mit Ausnahme von *-mAktA* kann sie mit allen Zeitformen und Personen kombiniert werden, auch verneint oder fragend.

In Kombination mit Vergangenheitsformen wird ein unerwarteter Situationswechsel bezeichnet: *gülüvermek* „auflachen", aber auch „loslachen". Bei Imperativ- und Voluntativformen wird dem Ereignis oft eine gewisse Einfachheit und Zwanglosigkeit zugewiesen, gepaart mit der Erwartungshaltung des Sprechers, dass die Handlung ausgeführt werden wird. Diese Nuance bedingt, dass *-(y)Ivermek* nicht in offiziellen Schreiben vorkommt und auch nicht gegenüber einem Vorgesetzten eingesetzt werden sollte.

*Bir akşam dedem geli**ver**di* ‚Eines Abends tauchte *unversehens* mein Opa auf', *Çocuk kucağımda uyuy**uver**miş* ‚Das Kind ist auf meinem Schoß *unversehens* eingeschlafen', *Şu kahve falıma bir bakıverir misin?* ‚Würdest du mir *mal* aus diesem Kaffeesatz lesen?', *Bana bir ara açık adresini yazıver* ‚Schreib mir demnächst (wenn es zeitlich passt) *mal* deine komplette Anschrift', *Çantamı bir tutuver* ‚Halt mal *eben* meine Tasche', *Parayı sen veriver!* ‚Gib du *doch schon mal* das Geld!', *Siz alışverişe kendiniz çıkıverin* ‚Geht ihr doch *ganz einfach* selbst einkaufen', *Gül postaneye mi gidecek? Bu paketi de götürüversin* ‚Geht Gül zur Post? Dann soll sie doch auch dieses Paket mitnehmen/hinbringen'.

Manchmal wird das Grundverb verdoppelt:
*Birkaç mevsim daha **geli geliverecek**. Ve biz de nihayet beraber olacağız* ‚Es werden nach und nach noch einige Jahreszeiten kommen. Und auch wir werden endlich zusammen sein'.

Die Verneinung kommt in zwei Varianten vor: **-(y)Ivermemek** als Verneinung des Ereignisses und **-mAyIvermek** als Äußerung, was der Ereignisträger unterlässt (oder unterlassen sollte):

*Uyumak istiyorum, ama uykum bir türlü **gelivermiyor*** ‚Ich möchte schlafen, aber der Schlaf *will partout nicht kommen*‘, *Bir gol atıldı, hakem de **görmeyiverdi*** ‚Es wurde ein Tor geschossen, und der Schiedsrichter hat es *schlichtweg übersehen*‘.

> ✓ **Merke:**
> Das alte Konverbsuffix **-(y)I** enthält auch: al**ıkoymak** ‚jmdn. von etwas abhalten':
> Sizi işinizden al**ıkoymak** istemiyorum ‚Ich möchte Sie nicht von Ihrer Arbeit abhalten.'

   *-(y)Ip durmak* und *-(y)Adurmak*

Eine Verbkombination mit **durmak** bezeichnet eine Dauer im Sinne des Tätigseins. Entweder wird das Hauptverb unverbunden vorangestellt und beide Handlungen werden getrennt dargestellt (Unterbrechungen möglich), oder es enthält das Suffix **-(y)Ip** und wird mit *durmak* eng verknüpft. Allerdings lässt der Sprecher in beiden Varianten offen, ob die Tätigkeit auch Früchte getragen hat. Auch diese Hilfsverbverbindung sollte nicht offiziell eingesetzt werden.

Wenn das Hauptverb das Konverbsuffix **-(y)A** enthält, muss noch eine zweite Tätigkeit hinzugefügt werden:

*Ev işleriyle uğra**ştım durdum*** ‚Ich habe mich *immer wieder* mit Hausarbeit beschäftigt', *Ev işleriyle uğra**şıp durdum*** ‚Ich habe mich *ständig* mit Hausarbeit beschäftigt', *Sen çalı**şadur**, ben alışverişe gideyim* ‚Arbeite du mal *weiter*, ich gehe einkaufen', *Udo sözlükten gerekli sözcükleri ara**yadursun**, biz bu arada ödevlere devam edelim* ‚Udo soll mal die erforderlichen Vokabeln aus dem Wörterbuch *weiter heraussuchen*, wir fahren inzwischen mit den Hausaufgaben fort'.

> ✓ **Merke:** Nicht jede Kombination mit *-(y)Ip durmak* ist als Dauer zu verstehen; es kann auch die Bedeutung von *durmak* als Vollverb durchschlagen:
> Caddeyi ge**çip durdum** ‚Ich habe die Straße überquert und bin stehengeblieben/habe angehalten.'

   *-(y)Ip kalmak* und *-(y)Akalmak*

Einige wenige Verben werden mit **kalmak** kombiniert. Diese Verbindung besagt, dass man in eine Situation hineingerät und darin für eine Weile verharrt. Entweder wird das Hauptverb unverbunden vorangestellt und beide Ereignisse werden getrennt dargestellt, oder es enthält das Suffix **-(y)Ip** und wird mit *kalmak* eng verknüpft.

*Ne alacağımı şaşırdım kaldım* ‚Fassungslos stand ich da und wusste nicht, was ich kaufen sollte', *Bizde basın hürriyeti de, öbür hürriyetler de çoktur. Hatta bu kadar hürriyeti biz ne yapalım diye şaşırdık kaldık* (AN, YLBD, 99) ‚Bei uns sind Pressefreiheit und auch andere Freiheiten reichlich vorhanden. Mehr noch, wir wissen gar nicht mehr, was wir mit so viel Freiheit anfangen sollen', *Ne alacağımı şaşırıp kaldım* ‚Ich wusste nicht mehr, was ich kaufen sollte'.

Wenn das Hauptverb das Konverbsuffix -(y)A enthält, wird ein Zustand ausgedrückt, der sich der Bedeutung des Hauptverbs *nähert*. Es wird besonders hervorgehoben, dass man ungewollt in eine Situation hineingeraten ist:
*Bu sabah uyuyakalmışım* ‚Heute früh habe ich **ver**schlafen', *Televizyonun önünde uyuyakalmışım* ‚Ich bin vor dem Fernseher offenbar **ein**genickt', *Bu dükkândaki fiyatları görünce donakaldım* ‚Als ich die Preise in diesem Geschäft sah, war ich starr', *Üniversitede bu kadar polis görünce şaşakaldım* ‚Als ich in der Universität so viele Polizisten sah, kam ich aus dem Staunen nicht mehr heraus', *Resmini aldım, belki bir saat bakakaldım* ‚Ich habe dein Foto erhalten und vielleicht eine Stunde lang darauf gestarrt', *Bu müziği duyunca oturduğum yerde kalakaldım* ‚Als ich diese Musik hörte, blieb ich wie festgenagelt sitzen'.

### ⮕ *-(y)Agelmek* und *-(y)Ip gitmek*

**-(y)Agelmek** bezeichnet ein Ereignis, das angefangen hat und zum Sprechzeitpunkt hinführt. Diese Variante kommt oft in Sachtexten mit dem Verb *devam edegelmek* ‚andauern' vor und drückt dann einen Anfang und eine kontinuierliche Dauer aus. Ob eine längere Dauer ausgedrückt wird oder nicht, hängt jedoch von der Verbkombination ab; eine längere Dauer entfällt z.B. bei *çıkagelmek* ‚erscheinen'. **-(y)Ip gitmek** hingegen bezeichnet den Übergang in ein kontinuierliches oder diskontinuierliches Dauern.
*Bu, öteden beri devam ed**egelmektedir*** ‚Das dauert seit eh und je an', *Biraz sonra Ali çık**ageldi*** ‚Etwas später erschien Ali'.
*Yaşamınız böyle sür**üp gidiyor*** (DA, DBY, 31) ‚Ihr Leben wird so weiter verlaufen', *Bu, daha yıllarca böylece sür**üp gidecek*** ‚Das wird noch viele Jahre lang so weitergehen', *Unutul**up gitmiş** bir isimdir* (EÇ, TNK, 92) ‚Es ist ein in Vergessenheit geratener Name'.

### ⮕ *-mAyAgörmek* und *-(y)Ayazmak*

**-mAyAgörmek** bedeutet, dass man *zusehen soll*, *nicht* in eine ungewollte Lage zu kommen. **-(y)Ayazmak** ist sehr selten und bedeutet, dass man eine unangenehme Situation gerade noch vermeiden konnte.
*Benim halime düş**meyegörün!*** ‚Kommen Sie bloß nicht in meine Lage!', *Başınız uzun süre ağrı**mayagörsün*** ‚Ihre Kopfschmerzen sollen mal bloß nicht lange anhalten', *Demin düş**eyazdım*** ‚Vorhin wäre ich fast gefallen', *Orhan Duru ve ben, onu döv**eyazdık*** (Aİ, HB, 23) ‚Orhan Duru und ich hätten ihn fast verprügelt'.

### ⮕ *-(y)Ip geçmek*

Diese Verbindung kann doppeldeutig sein. Entweder wird Flüchtigkeit ausgedrückt oder die Bedeutung von *geçmek* ‚überqueren, vorbeigehen' schlägt durch:
*Bugünkü gazeteyi oku**yup geçtim*** ‚Die Zeitung von heute habe ich *überflogen*', *Bizi durmadan arabalar solla**yıp geçiyor*** ‚Uns *überholen* unentwegt Autos'.

## 23.3 Andere Möglichkeiten der Phasendarstellung

Mit den oben aufgeführten Beispielen sind die Möglichkeiten, Phasen auszudrücken, nicht erschöpft. Hier folgen einige weitere Beispiele:

*Yemek yedim* ‚Ich habe gegessen' : *Yemeği yedim* ‚Ich habe das Essen gegessen' : *Yemeği bitirdim* ‚Ich habe aufgegessen'.

*Kitap okudum* ‚Ich habe gelesen' : *Kitabı okudum* ‚Ich habe das Buch gelesen' : *Kitabı bitirdim* ‚Ich habe das Buch ausgelesen' *oder* ‚Ich habe das Buch zu Ende geschrieben';
**Üç saat** *kitap* okudum ‚Ich habe *drei Stunden lang ein Buch* gelesen', *Kitabı* **üç saatte** okudum ‚Ich habe *das Buch in drei Stunden* ausgelesen'.

*Öğretmeninizi tanıyorum* ‚Ich *kenne* Ihren Lehrer', *Sizi sesinizden tanıdım* ‚Ich *habe* Sie an der Stimme *erkannt*', *Yangın ormanı* **yer bitirir** ‚Feuer vernichtet den Wald (= Ein Brand frisst den Wald und beendet ihn)', *Adam motoru çalıştırdı* ‚Der Mann hat den Motor *in Gang gesetzt*', *Alışverişe çıkmak üzereyiz* ‚Wir sind *im Begriff*, einkaufen zu gehen'.

*Küçük kız* **koşup geldi** ‚Das kleine Mädchen kam *angerannt*', **Kaçıp gideceğim** ben buralardan ‚*Verschwinden* werde ich von hier', *Dost dediklerim düşman* **olup çıktı**! ‚Diejenigen, die ich für Freunde hielt, haben sich als Feinde *herausgestellt*'.

*İki çocuk* **açlıktan** *öldü* ‚Zwei Kinder sind *verhungert*', *Bir adam* **donarak** *öldü* ‚Ein Mann ist *erfroren*', *İki genç* **boğularak** *öldü* ‚Zwei junge Männer sind *ertrunken*', *Komşusunu* **bıçaklayarak** *öldürdü* ‚Er hat seinen Nachbarn *erstochen*'.

*Küçük kız* **gülümsüyor** ‚Das kleine Mädchen lächelt', *Patron Ali'yi işten* **kovmuş** ‚Der Chef hat Ali gefeuert' (von der Arbeit gejagt: *kovmak* ‚mit Worten verjagen'), *Bahçedeki köpekleri* **kovaladık** ‚Wir haben die Hunde im Garten weggejagt', *Üstündeki tozu* **silk** ‚Schüttel den Staub von dir ab', *Masa örtüsünü* **silkele** ‚Schüttel die Tischdecke aus'.

☑ Mit der **-DI -(y)AcAk** wird ein nicht verwirklichtes Geschehen bezeichnet, dessen Verwirklichung man aber jeden Moment oder auch überhaupt vermutet:
*Baktım, çocuk düştü düşecek, koşarak yanına gittim* ‚Ich sah, dass das Kind gleich fallen würde, und rannte zu ihm hin', *Türkiye'ye döndük döneceğiz derken otuz yıldır buralardayız* ‚Während wir immer davon reden, in die Türkei zurückzukehren, sind wir schon dreißig Jahre hier'. Übrigens, die türkische Variante von eBay nennt sich *GittiGidiyor*.

- **Merke:** *oldu olacak* ‚wenn schon, denn schon' im Sinne von „wenn die Sachlage schon bis hierher gediehen ist, dann kann man auch noch das und das tun": *Bütün akşam televizyon seyrettik.* **Oldu olacak** *bu sonuncu filmi de seyredelim* ‚Wir haben den ganzen Abend ferngesehen. Wenn schon, denn schon, sehen wir uns auch diesen letzten Film noch an'.

☑ Mit **-(y)An -(y)AnA** wird ein „einer nach dem anderen" ausgedrückt:
*Sigarayı bıraktırma merkezlerine* **koşan koşana** (www.milliyet.com.tr) ‚Einer nach dem anderen rannte in das Raucherabgewöhnungszentrum', *Futbol takımımızda teknik direktörlerden* **giden gidene** ‚In unserem Fußballverein verschwindet ein Technischer Direktor nach dem anderen'.

☑ Mit **oldum olası** kann man eine Idee „seit eh und je" signalisieren:
*Bu oğlan **oldum olası** çok terbiyelidir* ‚Dieser Knabe verhält sich seit eh und je sehr wohlerzogen', *Amerika ile Küba arası, **oldum olası** açık* (Aİ, HB, 136) ‚Die Beziehungen zwischen Amerika und Kuba sind seit eh und je gestört'.

## 23.4 Kombinationen mit *-(y)AsI*

Das alte Futurpartizip *-(y)AsI* (☞ 21.7) kommt ab und zu in Kombination mit *var* bzw. *yok* oder *gelmek* bzw. *tutmak* vor. Diese Form bezeichnet in (1) eine vorhandene Lust oder Neigung, in (2) eine aufgekommene Lust oder Neigung, etwas zu tun, in (3) hingegen bezeichnet es eine plötzliche Laune, etwas zu tun:

(1) Bira iç**esim** var.  ‚Ich habe Lust, Bier zu trinken.'
(2) Bira iç**esim** geldi.  ‚Ich habe Lust bekommen, Bier zu trinken.'
(3) Şimdi bira iç**esim** tuttu.  ‚Jetzt hat es mich überkommen, Bier zu trinken.'

- Einige wenige dieser Formen werden mit dem Dativsuffix versehen. Die Wichtigste ist *veresiye* ‚auf Pump (kaufen)', wörtlich: „bis zum Gebenwollen". In manchen türkischen Geschäften steht: *Veresiyemiz yoktur* ‚Bei uns gibt es keinen Pump' – damit ist gemeint, dass Anschreiben nicht erwünscht ist. Weitere Beispiele: *Seni çıldırasıya seviyorum* ‚Ich liebe dich unsagbar (= bis an den Rand des Verrücktwerdens)', *Doyasıya uyumak istiyorum* ‚Ich möchte mal gehörig ausschlafen (= bis an den Rand des Gesättigtseins)'. *Bugünlerde ölesiye çalışıyorum* ‚In diesen Tagen arbeite ich bis zum Letzten (= bis zum Geht-nicht-mehr)'.

## 23.5 Kombinationen mit *-mAmAzlIk*

Das doppelt verneinte Aoristpartizip (☞ 21.3) wird mit wenigen Verben kombiniert. In Verbindung mit *etmemek* ‚nicht tun' wird das mögliche Unterlassen einer Handlung korrigiert, in Verbindung mit *edememek* ‚nicht tun können' wird die Unumgänglichkeit einer Handlung ausgedrückt:

*Yaz**mamazlık** etmedik* ‚Wir haben nicht versäumt zu schreiben', *Git**memezlik** edemezdim* ‚Ich hätte nicht anders gekonnt als hinzugehen.'

Die Verbindung *-mAmAzlIktan gelmek* steht im Sinne „so tun, als ob":

*Duy**mamazlıktan** geldim* ‚Ich tat so, als ob ich nicht hörte/gehört hätte'.

- In ähnlichem Sinne, aber neutraler, kommt auch *-mAzdAn/-mAzlIktAn gelmek* vor:
*Bu duyuruları gör**mezden** geldim* ‚Ich habe diese Ankündigungen geflissentlich übersehen', *Neden beni gör**mezden** geliyorsun?* ‚Warum ignorierst du mich?', *O günden sonra Mehmet'i gör**mezlikten** geldim* ‚Nach jenem Tage habe ich Mehmet einfach übersehen'.

Seltener kommt *-mAmAzlIğA getirmek* ‚es dazu bringen, nicht zu …' bzw. *-mAmAzlIğA vurmak* ‚vorgeben, nicht zu …' vor:

*Duy**mamazlığa** getirdim* ‚Ich schaffte es, nicht zuzuhören (Ich stellte mich dumm)', *Anla**mamazlığa** vurma* ‚Gib nicht vor, du würdest nicht verstehen'.

## 23.6 Zur Rektion einiger Verben

Einige Verben regieren bei Substantiven und Pronomen immer den Ablativ. Wenn sie jedoch eine Verbergänzung zu sich nehmen, kann diese in der Form *-mAktAn* oder *-mAyA* verwendet werden. Zu diesen Verben gehören *kork-* ‚Angst haben', *çekin-* ‚sich scheuen', *usan-* ‚etw. leid sein, einer Sache überdrüssig sein', *utan-* ‚sich schämen'. Dann bezeichnet *-mAktAn* eine grundsätzliche Einstellung des Sprechers, *-mAyA* eine auf die individuelle Situation bezogene Äußerung:

*Köpeğe dokun**maktan** korkarım* ‚Ich habe Angst davor, Hunde zu berühren', *Köpeğe dokun**maya** korkuyorum* ‚Ich wage nicht, den Hund zu berühren', *Öğretmenimize soru sor**maktan** çekiniyorum* ‚Ich scheue mich stets, unserer Lehrerin Fragen zu stellen', *Öğretmenimize soru sor**maya** çekindim* ‚Ich scheute mich, unserer Lehrerin Fragen zu stellen', *Seni sensiz yaşa**maktan** usandım, bıktım hayal kur**maktan*** ‚Ich bin es leid, (dich) ohne dich zu leben, ich habe es satt, Luftschlösser zu bauen', *Gürültü yapmayın şimdiden. Ben söyle**meye** usanıyorum* ‚Macht nicht jetzt schon Lärm. Mir langt es, das zu sagen', *Bir günahımı söyle**mekten** utandım* ‚Ich habe mich davor geschämt, eine Sünde (von mir) zu offenbaren', *Babam akşamcı, ama bütün sınıfın önünde söyle**meye** utandım* ‚Mein Vater ist Abendtrinker, aber ich habe Hemmungen gehabt, es vor der ganzen Klasse zu sagen'.

Auch zahlreiche andere Verben können mit mehr als einem Kasus kombiniert werden, z.B.

**çıkmak** (∅) ‚wachsen, sprießen', (-den) ‚herausgehen aus, hinaufgehen nach', (-i) ‚herauf-, hinaufgehen', (-e): ‚in/auf etwas gehen/führen': *Bıyığı çıktı* ‚Er hat einen Schnurrbart bekommen', *Evden çıktım* ‚Ich bin aus dem Haus gegangen', *Merdivenden çık* ‚Komm über die Treppe rauf' (nimm die Treppe), *Merdiveni çık* ‚Komm die Treppe hoch' (nimm diesen Weg), *Dağa çıktık* ‚Wir haben eine Bergtour gemacht', *Bu yol nereye çıkar?* ‚Wo führt dieser Weg hin?'.

**memnun olmak** (-e) ‚erfreut sein über', (-den) ‚zufrieden sein mit': *Tanıştığımıza memnun oldum* ‚Ich habe mich gefreut, dass wir uns kennengelernt haben', *İşimden memnunum* ‚Ich bin mit meiner Arbeit zufrieden'.

**sormak** (∅/-i) ‚nach etw./jmdm. fragen', (-e) ‚jmdn. fragen' (die Perspektive des Sprechers liegt auf dem Angeredeten) und seltener mit (-den) ‚von jmdm. etwas erfragen' (der Sprecher fordert etwas ein): *Bira sormuştum* ‚Ich hatte nach Bier gefragt', *Öğretmeni sordum* ‚Ich habe nach dem Lehrer gefragt', *Öğretmene bir şey sordum* ‚Ich habe den Lehrer etwas gefragt'; *Senden sözlüğü soruyorum* ‚Ich *frage dich* nach dem Wörterbuch!'.

**sürmek** (∅/-i) ‚vor sich herschieben/hinschieben/auftragen/berühren': *Önüne bir gazete sürdüm* ‚Ich schob eine Zeitung vor ihn hin', *Ruj sürdüm* ‚Ich habe Lippenstift/Rouge aufgetragen', *Bana el sürme!* ‚Berühre mich nicht!'. Merke auch: *Araba sürmesini biliyor musun?* ‚Kannst du Auto fahren?', *Çift sürdük* ‚Wir haben gepflügt'.

- Manchmal wird nur der nominale Bestandteil eines ansonsten mit *etmek* gebrauchten phraseologischen Verbs verwendet. Der Kasus, den das Nomen regiert, bleibt erhalten, z.B. *bir kimseyi ziyaret etmek* ‚jemanden besuchen' – *ziyaret* ‚Besuch' regiert den Akkusativ. So kann man sowohl *Teyzemi ziyaret etmeye gittim* ‚Ich bin meine Tante besuchen gegangen' als auch *Teyzemi ziyarete gittim* ‚Ich bin zu meiner Tante zu Besuch gegangen' sagen.

# 24 Informationsstruktur und Kongruenz

## 24.1 Übersicht

Hauptsätze kann man einteilen in

**Aussagesatz:** Ulf Türkçe öğreniyor. ‚Ulf lernt Türkisch.'

**Fragesatz:** Kim Türkçe öğreniyor? ‚Wer lernt Türkisch?'

**Aufforderungssatz:** Türkçe çalışsana! ‚Lern doch mal für Türkisch!'

**Ausrufesatz:** Ne güzel türkü! ‚Was für ein schönes türkisches Volkslied!'

**Wunschsatz:** Keşke Türkçeyi iyi bilsem! ‚Wenn ich doch gut Türkisch könnte!'

Diese Art Sätze gehören zu den **einfachen** Sätzen. Aber im Normalfall haben wir es mit **komplexen** Sätzen zu tun, also Haupt- und Nebensätzen. Diese Thematik wird in den nächsten Kapiteln behandelt.

Das Türkische gehört zu den **SOV** (Subjekt-Objekt-Verb)-Sprachen. Diese Reihenfolge ist richtig, wenn man Sachtexte betrachtet. Aber sobald die Sätze mehr Satzglieder als nur Subjekt-Objekt-Verb enthalten, ist die Wortstellung nicht mehr konstant, sondern kann verändert werden. Das Beispiel (1) transportiert denselben Inhalt wie (2), aber mit unterschiedlicher **Informationsstruktur**:

(1) Arkadaşım ve ben yarın yeni bir araba alacağız.
‚Mein Freund und ich werden morgen ein neues Auto kaufen.'

(2) Yarın arkadaşım ve ben yeni bir araba alacağız.
‚Morgen werden mein Freund und ich ein neues Auto kaufen.'

In der gesprochenen Sprache und der Literatur wird von solchen Umstellungen reichlich Gebrauch gemacht, auch bei kürzeren Sätzen, z.B.

(3) Babamla alışverişe gittim. ‚Ich bin mit meinem Vater einkaufen gegangen.'
(4) Alışverişe babamla gittim. ‚Zum Einkaufen bin ich mit meinem Vater gegangen.'

In einem weiteren Abschnitt beschäftigen wir uns mit der **Kongruenz** (Übereinstimmung zusammengehörender Satzglieder), insbesondere der Subjekt-Prädikat-Kongruenz in der 3. Pers. Pl., z.B.

(5) Çocuklar top oynuyor. ‚Die Kinder *spielen Ball*.'
(6) Çocuklar top oynuyor**lar**. ‚*Die Kinder* spielen Ball.'

Im letzten Abschnitt finden Sie Hinweise zur Endungsaussparung, z.B.

(7) Antalya ve Alanya'**ya** gittim. ‚Ich bin *nach* Antalya und Alanya gefahren.'

## 24.2 Zur Informationsstruktur

Der Sprecher wählt ein Gesprächsthema, dem er eine Information hinzufügt. **Worüber** will er **was** berichten? Üblicherweise wird er mit einem einfachen oder mehrteiligen Satzglied beginnen, das ihm zwar wichtig erscheint, aber nicht die eigentliche Information enthält, die er bringen will:

(1) **Eşim** *Ocak 2012 tarihinden beri yanımda yaşıyor.*
,**Mein Mann** lebt seit Januar 2012 bei mir.'
(2) **Ocak 2012 tarihinden beri** *eşim yanımda yaşıyor.*
,**Seit Januar 2012** lebt mein Mann bei mir.'

In (1) spricht die Sprecherin über ihren Ehemann, in (2) über ein bestimmtes Datum. Das, worüber eine Aussage getroffen wird, ist das **Topik**. Daran schließt sich eine kürzere oder längere **Informationsaussage** an.

Wir hatten schon über *Genitiv-Topiks* gesprochen (☞ 5.10). Wenn Sie sagen *Ali'nin arabası var* ,Ali hat ein Auto', sprechen Sie über Ali und fügen die Information hinzu, dass er ein Auto hat. Es gibt zahlreiche Genitiv-Topiks im Türkischen, aber nicht jedes Topik muss im Genitiv stehen:

(3) **Ben** bugün yemek pişirdim.    ,*Ich* habe heute Essen gekocht.'
(4) **Bugün** ben yemek pişirdim.    ,*Heute* habe ich Essen gekocht.'
(5) **Yemeği** bugün ben pişirdim.    ,*Das Essen* habe heute ich gekocht.'

Die **Informationsaussage** kann aus einem oder mehreren Satzgliedern bestehen. Die dem Sprecher wichtigste „neue Information" stellt er direkt vor das Prädikat; im Deutschen steht sie ebenfalls weit rechts im Satz. Ein direktes Objekt (manchmal auch ein Subjekt) wird als „neue Information" häufig „unbestimmt" dargestellt und in der Folge als „bestimmt" und somit „genannt/bekannt" weitergeführt:

(6) *Demin* **bir hanım** *aradı.* **Bu hanım** *daha bugün seninle görüşmek istiyormuş.*
,Vorhin hat *eine Dame* angerufen. *Diese Dame* will heute noch mit dir sprechen (wie sie sagte).'
(7) *Bir arkadaşım Side'de* **ucuz bir pansiyon** *arıyor.* **Bu pansiyon** *sahilden uzak olmasınmış.*
,Eine Freundin von mir sucht in Side *eine billige Pension* ,*Diese Pension* soll nicht weit vom Strand sein (wie sie sagt).'
(8) *Yeni* **bir araba** *aldık.* **Araba** *beş kapılı.*
,Wir haben *ein neues Auto* gekauft. *Das Auto* hat fünf Türen.'

Der Sprecher kann jedoch auch auf das genannte/bekannte Satzglied mit einem anderen Begriff Bezug nehmen:

(9) *Yeni bir araba aldık.* **Rengi** *kırmızı.*
,Wir haben ein neues Auto gekauft. *Die/Seine Farbe* ist rot.'
(10) *Taze üzümlerimiz var.* **Kilosu** *üç liraya.*
,Wir haben frische Weintrauben. *Das Kilo* zu drei Lira.'
(11) *Klima alacağım.* **Evimiz** *çok sıcak oluyor.*
,Ich werde eine Klimaanlage kaufen. *Unsere Wohnung* wird sehr heiß.'

Wird die Abfolge der Satzglieder in einem längeren Satz geändert, entstehen immer wieder Aussagen, die man als neutral bezeichnen kann – sie könnten in mehreren Kontexten stehen – oder aber solche, für die es einen besonderen Anlass geben muss. In einem Reiseführer über Istanbul sind die Beispiele (12) und (13) denkbar; das Topik ist fett geschrieben, die wichtigste Information, die der Autor vermitteln will, kursiv:

(12) **29 Ekim 1973'te** İstanbul'da *Boğaziçi Köprüsü hizmete açılmıştır.*
 ‚**Am 29. Oktober 1973** ist in Istanbul *die Bosporus-Brücke ihrer Bestimmung übergeben worden.*‘

(13) **Boğaziçi Köprüsü** İstanbul'da *29 Ekim 1973'te hizmete açılmıştır.*
 ‚**Die Bosporus-Brücke** ist in Istanbul *am 29. Oktober 1973 ihrer Bestimmung übergeben worden.*‘

Für (14) unten müsste bereits ein Anlass da sein, über Istanbul zu sprechen. Und (15) ist zwar ein grammatisch richtiger Satz, hinterlässt aber den Eindruck, dass die Bosporus-Brücke auch anderswo ihrer Bestimmung hätte übergeben werden können, was natürlich nicht sein kann.

(14) **İstanbul'da** Boğaziçi Köprüsü *29 Ekim 1973'te hizmete açılmıştır.*
 ‚**In Istanbul** ist die Bosporus-Brücke *am 29. Oktober 1973 ihrer Bestimmung übergeben worden.*‘

(15) **Boğaziçi Köprüsü** 29 Ekim 1973'te *İstanbul'da hizmete açılmıştır.*
 ‚**Die Bosporus-Brücke** ist am 29. Oktober 1973 *in Istanbul ihrer Bestimmung übergeben worden.*‘

In türkischen Grammatiken werden Sie den Begriff *devrik cümle* ‚Satzbruch‘ finden. Damit werden Wortstellungen bezeichnet, die der Regel **SOV** (☞ S. 257) widersprechen, und es wird suggeriert, dass abweichende Wortstellungen schlichtweg falsch seien. Zweifellos kommt es vor, dass ein türkischer Muttersprachler einen Satz abbricht und danach falsch anschließt, aber das ist kein Merkmal türkischer Muttersprachler. Fehler im Satzbau sind auch bei deutschsprachigen Muttersprachlern zu finden.

Was mit *devrik cümle* eigentlich gemeint ist, bezieht sich auf die Informationsstruktur. Wir illustrieren das an fünf Beispielen:[1]

(16) **Çetin** *kitabı yırttı.* (Antwort auf die Frage: Was hat Çetin gemacht?)
 ‚Çetin hat das Buch zerrissen.‘

(17) **Kitabı** *Çetin yırttı.* (Antwort auf die Frage: Was hat Çetin zerrissen?)
 ‚Das Buch hat Çetin zerrissen.‘

(18) **Yırttı** *kitabı Çetin.* (Antwort auf die Frage: Was hat Çetin mit dem Buch gemacht?)
 ‚Zerrissen hat Çetin das Buch.‘

(19) **Yarın** *gezmeğe gideceğim.* (Antwort auf die Frage: Was steht morgen an?)
 ‚Morgen werde ich spazieren gehen.‘

(20) **Gezmeğe gideceğim** *yarın.* (Antwort auf die Frage: Was machst du denn morgen?)
 ‚Spazieren gehen werde ich morgen.‘

---

1 Die Beispiele sind Acarlar (1972: 256) entnommen.

## ☑ Hervorhebung durch Betonung

In Aussagesätzen kann der Sprecher auch über die Betonung einzelne Satzglieder hervorheben und fokussieren. So könnte ein Satz wie „Cem wird mit seiner Frau morgen nach Istanbul fahren" folgendermaßen betont werden:

(21) a. CEM hanımıyla yarın İstanbul'a gidecek.
   b. Cem hanıMIYla yarın İstanbul'a gidecek.
   c. Cem hanımıyla YArın İstanbul'a gidecek.
   d. Cem hanımıyla yarın İsTANbul'a gidecek.

Wenn dazu Fragen gestellt werden sollten, können die Antworten auf Türkisch sehr kurz ausfallen:

(22) a. *Kim yarın İstanbul'a gidecek? – Cem.*
   ‚Wer wird morgen nach Istanbul fahren? – Cem.'
   b. *Cem kiminle İstanbul'a gidecek? – Hanımıyla.*
   ‚Mit wem wird Cem nach Istanbul fahren? – Mit seiner Frau.'
   c. *Cem ne zaman İstanbul'a gidecek? – Yarın.*
   ‚Wann wird Cem nach Istanbul fahren? – Morgen.'
   d. *Cem nereye gidecek? – İstanbul'a.*
   ‚Wohin wird Cem fahren? – Nach Istanbul.'

## ☑ Stellungsmöglichkeiten in Kombination mit einem direkten Objekt

| | |
|---|---|
| Cem kime **para** verdi? | ‚Wem hat Cem Geld gegeben?' |
| Cem garsona para verdi. | ‚Cem hat dem Kellner Geld gegeben.' |
| Cem garsona **ne** verdi? | ‚Was hat Cem dem Kellner gegeben?' |
| Para verdi. | ‚Er hat Geld gegeben.' |
| *Aber:* | |
| Cem **parayı** kime verdi? | ‚Wem hat Cem das Geld gegeben?' |
| Cem parayı garsona verdi. | ‚Cem hat das Geld dem Kellner gegeben.' |
| Cem **neyi** garsona verdi? | ‚Was hat Cem dem Kellner gegeben?' |
| Parayı verdi. | ‚Er hat das Geld gegeben.' |
| Cem garsona para **verdi mi**? | ‚Hat Cem dem Kellner Geld gegeben?' |
| Cem garsona **para mı** verdi? | ‚Hat Cem dem Kellner (etwa) Geld gegeben?' |
| Cem **garsona mı** para verdi? | ‚Hat Cem (etwa) dem Kellner Geld gegeben?' |
| **Cem mi** garsona para verdi? | ‚Hat der Cem dem Kellner Geld gegeben?' |
| Cem parayı garsona **verdi mi**? | ‚Hat Cem das Geld dem Kellner gegeben?' |
| Cem parayı **garsona mı** verdi? | ‚Hat Cem das Geld (etwa) dem Kellner gegeben?' |
| Cem **parayı mı** garsona verdi? | ‚Hat Cem (etwa) das Geld dem Kellner gegeben?' |
| **Cem mi** parayı garsona verdi? | ‚Hat der Cem das Geld dem Kellner gegeben?' |
| Garsona Cem **para mı** verdi? | ‚Hat dem Kellner Cem (etwa) Geld gegeben?' |
| Garsona **Cem mi** para verdi? | ‚Hat dem Kellner der Cem Geld gegeben?' |
| **Garsona mı** Cem para verdi? | ‚Hat (etwa) dem Kellner Cem Geld gegeben?' |
| Garsona parayı **Cem mi** verdi? | ‚Hat dem Kellner das Geld der Cem gegeben?' |

## 24.3 Zur Kongruenz

☑ **Kasus-Numerus-Kongruenz nicht vorhanden**

Eine Übereinstimmung in Kasus und Numerus zwischen deklinierbaren Wortarten als Attribute und nachfolgenden Substantiven kennt das Türkische nicht.

*Bu genç kız, yaşlı bir adamla evlendirildi* ‚Dieses junge Mächen ist mit *einem alten Mann* verheiratet worden', *Bu güzel halıyı geçen yıl almıştık* ‚Diesen *schönen* Teppich hatten wir vergangenes Jahr gekauft', *En güzel halılar nerede satılıyor?* ‚Wo werden *die schönsten* Teppiche verkauft?'.

☑ **Subjekt-Prädikat-Kongruenz**

Im **Singular** müssen Subjekt und Prädikat in Person und Numerus übereinstimmen (zu Respekt oder Ironie in der 3. Pers. Sg. ☞ 14.2.1):

*Ben hastayım. Üşüyorum* ‚Ich bin krank. Ich friere', *Sen üzgün müsün? Yoksa yorgun musun?* ‚Bist du traurig? Oder bist du müde?', *Cem nerede? Evde mi?* ‚Wo ist Cem? Ist er zu Hause?'

Im **Plural** müssen Subjekt und Prädikat nur in der 1. und 2. Pers. Pl. übereinstimmen. Prädikative Substantive stehen im Singular, wenn sie lediglich die Klasse oder Eigenschaft bezeichnen. Sind jedoch individualisierte Substantive gemeint, erhalten sie das Pluralsuffix:

*Biz Almanız* ‚Wir sind Deutsche', *Siz Türk müsünüz?* ‚Seid ihr/sind Sie Türken?', *Biz bu derneğe üyeyiz* ‚Wir sind *Mitglied* dieses Vereins', *Biz bu derneğin üyeleriyiz* ‚Wir sind *(die) Mitglieder* dieses Vereins', *Siz ikiniz de sağlıklı insanlarsınız* ‚Ihr seid beide gesunde Menschen.'

Auch verbale Prädikate kongruieren mit dem Subjekt:

*Biz şimdi eve gidiyoruz. Siz ne yapacaksınız?* ‚Wir gehen jetzt nach Hause. Was werden Sie/werdet ihr machen?'

Wenn der Sprecher zusammen mit einer weiteren Person etwas ausführt und diese Person zuerst nennt, steht das Prädikat in der 1. Pers. Pl.:

*Arkadaşımla ben konsere gittik* ‚Mein Freund und ich, *wir* sind ins Konzert gegangen.' (zwei Personen), *Arkadaşımla konsere gittik* ‚*Wir* sind mit meinem Freund ins Konzert gegangen' (zwei oder mehr Personen), Aber: *Ben arkadaşımla konsere gittim* ‚Ich bin mit meinem Freund ins Konzert gegangen.'

☑ **Die 3. Person Plural**

Nach einem genannten Subjekt der 3. Pers. Pl. kann das Prädikat grundsätzlich im Singular stehen (☞ Kapitel 13 und 14). In einem **Folgesatz** wird der Sprecher das Subjekt nicht neu nennen, sondern als **-lAr** aufnehmen.

(1) *Öğrencilerimiz çok çalışkan. Ayrıca çok yardımseverler.*
‚Unsere Schüler sind *sehr fleißig*. Außerdem sind *sie* sehr hilfsbereit.'
(2) *Öğretmenlerimizin ikisi Türk. Futbol derneğimize de üyeler.*
‚Zwei unserer Lehrer sind *Türken*. *Sie* sind auch Mitglied in unserem Fußballverein.'

(3) Çocuklar biraz önce okuldan **döndü**. Şimdi bahçede oynuyor**lar**.
    ‚Die Kinder *sind* vorhin aus der Schule *gekommen*. Jetzt spielen *sie* im Garten.'

Es ist möglich, *nach* einem genannten Subjekt im Plural das Prädikat ebenfalls in den Plural zu setzen (☞ 13.2., 14.2.1, 14.2.2). Meistens hat der Sprecher dabei *menschliche* oder *belebte* Subjekte im Sinn. Wir beschränken uns auf verbale Prädikate. Nicht immer deutlich ist, ob der Sprecher das Subjekt im Sinne von „jedes von ihnen" oder „allesamt" meint:

(4) Erdoğan, [...] *"Açın kapıyı, basın mensupları çıksınlar!" dedi.* (Cumhuriyet, 09/02/2010)
    ‚Erdoğan sagte: "Machen Sie die Türen auf, die Pressevertreter sollen hinaus(gehen)!"'

(5) *Çocuklar toplu halde okula gidip gelsinler.* (Mİ, BNA, 15)
    ‚Die Kinder sollen alle zusammen in die Schule gehen und zurückkommen.'

(6) *Bütün yolcular gelmişler, yerlerini almışlar, ona rağmen uçak bir türlü kalkmadı.* (ZS, Hat, 299)
    ‚Alle Reisenden waren gekommen, hatten ihre Plätze eingenommen, und trotzdem ist das Flugzeug einfach nicht abgeflogen.'

(7) *Tüm aktörler siyasi, ekonomik, kültürel kararlarda yer almalılar.*
    (www. tarihikentlerbirligi.org/icerik)
    ‚Alle Akteure sollen/müssen sich an politischen, wirtschaftlichen und kulturellen Entscheidungen beteiligen'.

Bei *unbelebten* Subjekten besteht die Tendenz, das Prädikat im Singular zu verwenden, da diese Subjekte nicht tätig sein können. Steht das Prädikat dennoch im Plural, meint der Sprecher „jedes von ihnen". Auch in Folgesätzen wird er das Prädikat im Plural verwenden:

(8) *Söylenen sözler, sesten milyonlarca mâna alabilirler.* (HB, ÖÇ, 15)
    ‚Gesprochene Worte können durch den Tonfall millionenfache Bedeutungen annehmen.'

In den Beispielen oben sind die Subjekte *bestimmt* zu verstehen. Wenn das Subjekt *unbestimmt* ist und im Informationsbereich steht, bleibt das Prädikat im Singular. Vergleichen wir:

(9) *Karşıdaki parkta çocuklar oynuyor.*
    ‚Im Park gegenüber *spielen Kinder*.'

(10) ***Çocuklar** karşıdaki parkta oynuyor**lar**.*
    ‚*Die Kinder* spielen im Park gegenüber.'

Bei Passivsätzen ist die Fragestellung: *Mit wem/was alles wird/wurde etwas gemacht?*

(11) [...] *evlerinin önünden kaçırılan T. (11) ve S. (9) kardeşler, tecavüz edildikten sonra işkenceyle öldürüldüler. Ailenin komşusu olan iki katil, yakalandı.* (Milliyet, 31/12/2003)
    ‚Die Geschwister T. (11) und S. (9), die vor ihrem Haus [...] entführt wurden, sind, nachdem sie sexuell missbraucht wurden, misshandelt und *getötet worden*. Die beiden Mörder, die Nachbarn der Familie sind, wurden gefasst.'

(12) *Sözü geliştirmek üzere kelimeler öbeklenirler [...].* (TB, TG, 117)
    ‚Um die Aussage zu erweitern, werden die Wörter gruppiert.'

(13) *Üniversiteler yeni bir yasayla merkezi denetime bağlandılar.* (TA, 68'li, 55)
    ‚Die Universitäten sind durch ein neues Gesetz zentraler Kontrolle unterworfen worden.'

Bei verbalen Prädikaten, die mit *-DIr, idi, imiş, ise* erweitert werden, kann der Sprecher sogar wählen, ob er an das Verb zuerst *-lAr* anhängt und dann *-DIr, idi, imiş, ise* anfügt oder ob er *-lAr* als letztes Element bringt. Im Regelfall wird er zuerst das Verb in den Plural setzen und daran *-DIr, idi, imiş, ise* anhängen. Das ist die übliche Reihenfolge für Folgesätze, aber auch für Sätze, in denen das Subjekt im Plural genannt ist. Der Sprecher hat sein Augenmerk auf dem **Ereignis**, das alle Subjektreferenten *betrifft*.

(14) *Ama halk arasında ana bir ve baba bir (ama özellikle ana bir) kardeşlere genellikle üvey kardeş denir. Hattâ bazı sözlüklerimiz de kelimeye bu anlamı yüklemiş**lerdir**, ama bu kesinlikle yanlıştır.* (ŞY, DT, 66)
‚Aber im Volk werden Geschwister, die eine gemeinsame Mutter oder einen gemeinsamen Vater (besonders aber eine gemeinsame Mutter) haben, im allgemeinen als Stiefgeschwister bezeichnet. Sogar manche unserer Wörterbücher haben dem Wort diese Bedeutung beigemessen, aber das ist definitiv falsch.'

(15) *Çocuklarım, karım, babam televizyonun önünde gülmekten kırılıyor**lardı**.* (Mİ, BNA, 40)
‚Meine Kinder, meine Frau und mein Vater bogen sich vor dem Fernseher vor Lachen.'

(16) *Adam ve hayattaki tek arkadaşı olan köpeği bir kazada birlikte ölmüş**lerdi**.* (www.suleymancakir.com)
‚Der Mann und sein Hund, der in seinem Leben sein einziger Freund war, sind bei einem Unfall gemeinsam umgekommen.'

(17) *Almanlar su yerine bira içiyor**larmış**.* (http://www.eksisozluk.com/)
‚Die Deutschen trinken dem Vernehmen nach anstelle von Wasser Bier.'

(18) *Efendim büyüklerimiz 'Ateş olmayan yerden duman çıkmaz' demiş**lerse**, vardır bir sebebi.* (http://www.radikal.com.tr/)
‚Also, wenn unsere Altvordern gesagt haben: „Von nichts kommt nichts (Kein Rauch ohne Feuer)", dann wird es schon einen Grund geben.'

Seltener steht *-lAr* am Schluss. Dann liegt die Perspektive des Sprechers auf den **Subjektreferenten**, die er als handelnde „Täter" einstuft und denen man gegebenenfalls auch Absicht unterstellen kann. So sollte das Beispiel (16) nicht alternativ *ölmüştüler* lauten. Auch ein Verb wie *bayılmak* ‚in Ohnmacht fallen' eignet sich für diese Reihenfolge nicht.

(19) *İtalya gibi ülkeler serbest dolaşımı istemiyor**dular**.* (www.haber7.com)
‚Länder wie Italien wollten keine Freizügigkeit (Recht auf Einreise und Aufenthalt).'

(20) *Eşimin yanına eltilerim gelir**diler**.* (www.kadinlarkulubu.com/archive/t-251992.html)
‚Zu meinem Ehemann kamen meine Schwägerinnen.'

(21) *Rusya 24 Nisan 1877'de Osmanlı Devleti'ne savaş açmıştı da Romenler, Sırplar, Karadağlılar ve Bulgarlar gecikmeden Rusya'nın yanında yer al**mıştılar**.* (http://www.gebzegazetesi.com/yazar.asp?yaziID=12547)
‚Russland hatte am 24. April 1877 dem Osmanischen Reich den Krieg erklärt, und so hatten die Rumänen, Serben, Montenegriner und Bulgaren sich umgehend Russland angeschlossen (ihren Platz neben Russland eingenommen).'

☺ **Faustregel:**
Steht *-lAr* an vorletzter Stelle → die Perspektive liegt auf dem **Ereignis**, steht *-lAr* an letzter Stelle → die Perspektive liegt auf dem **Subjekt**.

Bei nicht realen Bedingungssätzen kommen beide Varianten vor; im Deutschen kann man dann die Stellung des Nebensatzes wechseln:

(23) *Bu olaylar bu boyuta gelmeden bize gelseydiler çözüm bulmaya çalışırdık.* (www.yeniasir.com.tr)
‚Wir hätten versucht, eine Lösung zu finden, wenn sie zu uns gekommen wären, bevor diese Vorfälle dieses Ausmaß angenommen haben.'

(24) *Eğer Almanlar savaşı zaferle sonuçlandırmış olsalardı, Türkiye onun tam bir sömürgesi olacaktı.* (ZS, Hat, 233)
‚Wenn die Deutschen den Krieg mit einem Sieg beendet hätten, wäre die Türkei gänzlich eine Kolonie von ihnen geworden.'

- Bei *-mAktA* und *-mAlI* ist die Reihenfolge **-DIrlAr** üblich:

(25) *[...] her yerde, Türk öğretim üyeleri ders vermektedir. Bu bilim elçilerimiz yüzümüzü ağartmaktadırlar.* (TA, 68'li, 49)
‚Überall gibt türkisches Lehrpersonal Unterricht. Diese (unsere) Botschafter der Wissenschaft machen uns Ehre.'

(26) *Öz lisanını seven şairler âbidelerini bu sağlam zemin üzerine kurmalıdırlar.* (ÖS, DKY, 129)
‚Dichter, die ihre eigene Sprache lieben, müssen ihre Sprachdenkmäler auf ein festes Fundament stellen.'

## 24.4 Endungs- und Wortaussparung

Bei parallel stehenden Elementen können im Türkischen formenbildende und wortbildende Suffixe oder Teile von komplexen Verbformen ausgespart werden. Es sind

- das Pluralsuffix bei Nomen:
  *elma ve armutlar* ‚Äpfel und Birnen'

- die Kasussuffixe:
  *İstanbul ve Ankara'nın üniversiteleri* ‚die Universitäten von Istanbul und Ankara'
  *İstanbul ve Ankara'yı bilmiyorum.* ‚Ich kenne Istanbul und Ankara nicht.'
  *İstanbul ve Ankara'ya gittim.* ‚Ich bin nach Istanbul und Ankara gefahren.'
  *İstanbul ve Ankara'da arkadaşlarım var.* ‚Ich habe in Istanbul und Ankara Freunde.'
  *İstanbul ve Ankara'dan mektup aldım.* ‚Ich habe aus Istanbul und Ankara Post erhalten.'

- die Possessivsuffixe an Nomen:
  *abla ve ağabeylerim* ‚meine älteren Schwestern und Brüder'. Nicht ausgespart werden sie bei *annem babam* ‚meine Eltern'.

- das Suffix **-lI**:
  *25/11/2012 tarih ve 339 sayılı yazınızı aldım* ‚Ich habe Ihr Schreiben Nr. 339 vom 25.11.12 erhalten', aber: *sütlü ve şekerli kahve* ‚Kaffee mit Milch und Zucker' : *süt ve şekerli kahve* ‚Milch und Kaffee mit Zucker'.

- die Personalendungen, wenn die Person und Zeitform identisch ist:
  *Her gün bilgisayarda çalışıyor, sayfalarca yazı yazıyorum* ‚Ich arbeite jeden Tag am Computer und schreibe seitenlange Manuskripte', *Sabahları saat sekizde evimden*

*çıkar, dokuzdan az önce de işimde **olurum*** ‚Morgens gehe ich um acht Uhr aus dem Haus und bin kurz vor neun bei meiner Arbeitsstelle', *Biz, bildiğiniz gibi, Sümerlilerin, Hititlerin, hatta Etrüsklerin İç-Asya'dan göçmen Türkler olduğunu, biraz da inanmaya inanmaya **okur dururuz*** (Aİ, HB, 50) ‚Wir lesen, wie Sie wissen, immer wieder, ohne ganz daran zu glauben, dass die Sumerer, Hethiter, sogar die Etrusker aus Innerasien eingewanderte Türken seien'.

- -DIr, -(y)DI, -(y)mIş, -(y)sA, wenn die Person und meistens auch die Zeitform gleich ist:
  *Yarı ağa, yarı muhtar **evi**, yarı da **köy kahvesiydi** bu ev* (ÜD, FTSh, 98) ‚Dieses Haus, es war ein halbes Großgrundbesitzer- und ein halbes Dorfvorstandshaus und dazu ein halbes Dorfcafé'.
  *Burada toprak hafifçe **bayırlaşıyor**, bu yüzden iniş beni bavulumun ağırlığı ile öne, aşağıya **çekiyordu*** (MCA, Raz, 9) ‚Hier wölbt sich der Boden leicht, und so zog mich der abfallende Weg wegen des Gewichtes meines Koffers nach vorn und nach unten'.
  *Ayrıca o günkü postayla gelen üç dergiyi **okuyacak**, bir kitabı da şöyle bir karıştırıp gözden **geçirecektim*** (AN, YLBD, 92) ‚Außerdem wollte ich drei Zeitschriften, die an jenem Tag mit der Post gekommen waren, lesen und ein Buch mal so durchblättern und überfliegen'.
  *Sık sık gelirdi bize, durumumuzu **sorar**, tek tek hepimizin ne derdi var **öğrenir**, öğütler **verir** ve çok **kalmaz**, giderdi* (MCA, Raz, 13) ‚Er kam oft zu uns, fragte nach unserem Wohlbefinden, erkundigte sich danach, was jeden einzelnen von uns bedrücke, erteilte Ratschläge und blieb nicht lange, sondern ging wieder weg', *Arkadaşım Amerika'da eğitim **görmüş** ve doktora **yapmıştı*** ‚Mein Freund hatte in Amerika eine Ausbildung erhalten und promoviert'.
  *Bu cevabımın, postada **kaybolmaz**, bir yanda unutulup **kalmaz**, posta dağıtıcısı zarfın üstündeki adresi **okuyabilirse**, sana ulaşacağını umarım* (nach AN, NM, 92) ‚Ich hoffe, dass dich diese meine Antwort, wenn sie nicht bei der Post verlorengeht oder nicht irgendwo in Vergessenheit gerät und wenn der Briefträger die Anschrift auf dem Umschlag lesen kann, erreichen wird'.
  *Akşam yemeğimizi **yemiş**, sinemaya gitmeye **hazırlanıyorduk*** (AN, YLBD, 42) ‚Wir hatten unser Abendessen gegessen und bereiteten uns darauf vor, ins Kino zu gehen'.

- parallel stehende Prädikate oder Teile von Prädikaten:
  *Fikrini tamamiyle **anlamak**, herifi sonuna kadar **dinlemek** gerekti* (HRG, KYABE, 177) ‚Es war notwendig, seine Gedanken vollständig zu verstehen und den Kerl bis zum Schluss anzuhören'.
  *Uzmanlar, batı bölgelerindeki soğuk ve yağışlı havanın bir iki gün içinde kuzey ve doğuya **kayacağını**, ancak yarından itibaren Akdeniz üzerinden yeni bir yağışlı hava kütlesinin **geleceğini** belirttiler* (Milliyet, 24/03/1998) ‚Die Fachleute haben hervorgehoben, dass das kalte und regnerische Wetter in den westlichen Gebieten in ein bis zwei Tagen nach Norden und Osten ziehen wird und dass allerdings ab morgen vom Mittelmeer her eine neue regnerische Wetterfront kommen wird'.
  *Kırım'a **dönmüş** ve **dönmekte olan** Kırım Tatarları nerede?* ‚Wo sind die Krim-Tataren, die auf die Krim zurückgekehrt sind und noch zurückkehren?'.

# 25 Subjekt- und Ergänzungssätze

## 25.1 Übersicht

> Im Kapitel Grundbegriffe sind Sie mit den Satzgliedern und deren Benennung vertraut gemacht worden (☞ 3.5). Aber nicht nur einzelne Wörter können als Subjekt, Objekt, Ergänzung, Adverbiale, Prädikat oder Attribut fungieren, sondern auch Nebensätze. Hauptsätze gehören zu den **einfachen** Sätzen. Aber im Normalfall haben wir es mit **komplexen** Sätzen zu tun, die Nebenordnungen und Unterordnungen aufweisen.
>
> **Nebenordnung**
> Zwei (oder mehrere) Hauptsätze werden verbunden:
>
> Cem çalışıyor ve Elif dinleniyor. ‚Cem arbeitet und Elif ruht sich aus.'
>
> Auch zwei Nebensätze können verbunden werden, wenn sie gleichrangig sind:
>
> Ali, *Cem'in çalıştığını ve Elif'in dinlendiğini* görüyor. ‚Ali sieht, *dass Cem arbeitet und Elif sich ausruht.*'
>
> **Unterordnung**
> Nebensätze sind einem übergeordneten Satz (einem *Trägersatz*) untergeordnet. Das ist *primär* ein Hauptsatz, kann aber auch ein Nebensatz sein. Im Türkischen stehen die Nebensätze entweder vollständig **vor** dem übergeordneten Satz, oder sie sind in diesen eingebettet. In folgendem Beispiel beginnt der Trägersatz mit einem Subjekt, bevor der Nebensatz einsetzt, und wird erst danach abgeschlossen:
>
> Cem, *Elif uyuduğu için* gürültü yapmıyor. ‚Cem macht keinen Lärm, *weil Elif schläft.*'
>
> Ein Nebensatz kann auch einem anderen Nebensatz untergeordnet werden:
>
> Cem, *Elif'in uyuyup uyumadığını bilmediği için* gürültü yapmıyor. ‚Cem macht keinen Lärm, *weil er nicht weiß, ob Elif schläft.*'
>
> Werden zwei oder mehrere Hauptsätze miteinander verbunden, nennt man das **Satzreihe**. Werden jedoch Haupt- und Nebensätze miteinander verbunden, nennt man das **Satzgefüge**.
>
> Man kann drei Typen von Nebensätzen unterscheiden:
>
> 1. **Attributsätze.** Sie charakterisieren immer ein übergeordnetes Nomen oder eine übergeordnete Nomengruppe.
> 2. **Adverbialsätze.** Sie sind sehr reichhaltig und geben hauptsächlich Informationen zur Zeit, zum Ort und zur Art und Weise. Auch Bedingungssätze gehören dazu.
> 3. **Ergänzungssätze** (wir gliedern sie auf in *Subjekt- und Ergänzungssätze*), die weder Attribut- noch Adverbialsätze sind. Sie geben den Inhalt eines Sachverhaltes an. Diese Nebensätze haben die Funktion eines Subjekts, eines direkten Objekts, einer Ergänzung im Dativ, Ablativ, Lokativ oder eines Prädikats.

## Übersicht

In diesem Kapitel finden Sie *Subjektsätze* und *Ergänzungssätze*. Sie geben an, was man sagt, glaubt, wünscht *oder* erfragt etc., auch indirekte Fragesätze gehören hierzu.

Die **Subjektsätze** stehen im *Nominativ* und ersetzen ein *Subjekt* des übergeordneten Satzes. Unter **Ergänzungssätze** fassen wir die *Objektsätze* zusammen, die ein *direktes Objekt* des übergeordneten Satzes vertreten und im Türkischen immer im *Akkusativ* stehen, sowie diejenigen Ergänzungssätze, die im *Dativ, Ablativ* oder *Lokativ* stehen. Auch die wenigen *Genitivergänzungen* werden wir ansprechen.

Sowohl die Subjekt- als auch die Ergänzungssätze hängen von einem *übergeordneten* Prädikat ab, das auch für den *Kasus des Nebensatzes* verantwortlich ist. Um Subjekt- und Ergänzungssätze zu bilden, werden folgende Suffixe benötigt, die gegebenenfalls auch flektiert werden müssen:

**-mAk** oder **-mA** bzw. **-mAsI** (☞ 20.2),

in geringem Umfang auch **-(y)Iş** (☞ 20.4)

sowie

**-DIğI** und **-(y)AcAğI**, deren Verwendung erklärt wird.

**Wie erkennt man Subjektsätze?**
Sie gehen vom übergeordneten Prädikat aus und fragen *wer?* oder *was?*

*Burada olmanız* bizi sevindiriyor.   ‚*Dass ihr hier seid*, freut uns.'
→ Wer oder was freut uns?
*Cem'in gelip gelmeyeceği* belli değil.   ‚Es ist ungewiss, *ob Cem kommt*.'
→ Wer oder was ist ungewiss?

**Wie erkennt man Ergänzungssätze?**
Sie gehen vom übergeordneten Prädikat aus und sehen sich an, welchen Kasus das Verb verlangt. Wenn es sich um ein Verb handelt, das den Akkusativ regiert, können Sie fragen *kimi?* ‚wen?' oder *neyi?* ‚was?':

*Cem'in nerede oturduğunu* bilmiyorum. ‚Ich weiß nicht, *wo Cem wohnt*.'
→ *Neyi bilmiyorum?* ‚Was weiß ich nicht?'

Allerdings stimmen die Kasus nicht immer mit dem Deutschen überein. Deshalb ist es besser, wenn Sie sich das übergeordnete Prädikat ansehen und dann nach einer Ergänzung suchen, die das geforderte Kasussuffix enthält und auch inhaltlich dazu passt:

*Ece'nin yalan söylediğine* inanmıyorum. ‚Ich glaube nicht, *dass Ece gelogen hat*.'
*Elif'in geç kalacağından* korkuyorum. ‚Ich befürchte, *dass Elif zu spät kommen wird*.'
*Bu ilacı almakta* tereddüt ediyorum. ‚Ich zögere, *dieses Medikament zu nehmen*.'
*Beni anlamadığının* farkındayım. ‚Ich bin mir dessen bewusst, *dass du mich nicht verstehst*.'

Die oben erwähnten türkischen Formen können auch ein **Prädikat** bilden:

En önemlisi *bana yardım etmendir*.   ‚Das Wichtigste ist, *dass du mir hilfst*.'

## 25.2 Nebensätze mit *-mAk*, *-mA* und *-mAsI*

Mit Infinitivergänzungen (☞ Kapitel 17 und 20) kann man eine ganze Reihe von deutschen Infinitivsätzen mit *zu* abdecken, aber auch einen Teil der *dass-* und *ob-*Sätze. Wenn der Sprecher **-mAk** einsetzt, schließt er eine *Ereignisausführung* und einen *Ereignisträger* ein. Bildet er jedoch Nebensätze mit **-mA/-mAsI**, konzentriert er sich auf das angesprochene *Ereignis*. Der Referent, den er eventuell mit Hilfe eines Possessivsuffixes anzeigt, dient der Orientierung, damit klar wird, wen oder was er meint. Ob das Ereignis nur eine Wunschvorstellung ist oder auch verwirklicht wurde, ist dem *übergeordneten Prädikat* zu entnehmen. So sind zunächst einmal zwei Fälle zu unterscheiden:

1. Der Nebensatz hängt von Prädikaten ab, mit denen der Sprecher den Vollzug bzw. Nichtvollzug einer *Handlung* wünscht, erbittet, empfiehlt, erlaubt, verbietet oder als notwendig ansieht. Häufig ist die Handlung *nicht* eingetreten, man weiß auch nicht, ob sie eintreten wird.

2. Der Nebensatz hängt von Prädikaten ab, mit denen der Sprecher den *reinen Ablauf oder Verlauf eines Ereignisses* angeben kann. Es kann eingetreten oder nicht eingetreten sein. Wenn er damit ein eingetretenes Ereignis formuliert, findet dieses oft *in der Gegenwart* oder *im Allgemeinen* statt.

Einige Verben und nominale Prädikate sind ausschließlich mit **-mAsI** kombinierbar. Zu diesen Verben gehören z.B. *dilemek* ‚(jmdm. etw.) wünschen‘, *arzulamak* ‚(sich etw.) wünschen‘, *amaçlamak* ‚anstreben‘, *beklemek* ‚warten‘, *rica etmek* ‚bitten‘, *emretmek* ‚befehlen‘, *tavsiye etmek* ‚empfehlen‘, *teklif etmek* ‚vorschlagen‘, *yasaklamak* ‚verbieten‘, *izin vermek* ‚erlauben‘, *karşı olmak* ‚dagegen sein‘, *muhtemel olmak* ‚wahrscheinlich sein‘.

- **Subjektsätze**

*Türkçe öğren**mek** zevkli* ‚Türkisch zu lernen ist vergnüglich‘, *Seni sev**mek** hatam oldu* ‚Es war mein Fehler, dich zu lieben‘, *Uygun bir erkek bul**mak** kolay değil* ‚Es ist nicht leicht, einen passenden Mann zu finden‘, *Okumuş ol**mak** cehaleti kaldırmıyor* ‚Studiert zu haben, eliminiert nicht die Ignoranz.‘

*Sinan'ın iş bul**ması** gerekiyor* ‚Es ist notwendig, dass Sinan Arbeit findet‘, *Dişçiye git**mem** gerekirdi* ‚Ich hätte zum Zahnarzt gehen müssen‘, *Bara git**men** doğru değil* ‚Es ist nicht richtig, dass du in die Bar gehst‘, *Beni aldat**man** iğrenç* ‚Dass du mich betrügst, ist abscheulich‘, *Tıraş ol**maman** beni rahatsız ediyor* ‚Dass du dich nicht rasierst, stört mich‘, *Ali'nin boşanmak iste**mesi** aptallık* ‚Dass Ali sich scheiden lassen will, ist eine Dummheit‘, *Bugün Cem'in uğra**ması** muhtemeldir* ‚Es ist wahrscheinlich, dass heute Cem vorbeikommt.‘

- **Ergänzungssätze**

1. Das Subjekt des Hauptsatzes und des Nebensatzes ist identisch.

*Türkiye'ye git**mek** istiyorum* ‚Ich möchte in die Türkei fahren‘, *Türkçe öğren**meye** çalışıyorum* ‚Ich bemühe mich, Türkisch zu lernen‘, *Zengin ol**mayı** amaçlıyorum* ‚Ich strebe (es) an, reich zu werden‘, *Dişçiye git**meye** söz veriyorum* ‚Ich verspreche, zum Zahnarzt zu gehen‘, *Seni yalnız bırak**mayı** düşünmüyorum* ‚Ich gedenke nicht, dich allein zu lassen‘, *Kahve falına bak**masını** biliyor musun?* ‚Verstehst du, aus dem Kaffeesatz zu lesen?‘.

**2. Das Subjekt des Hauptsatzes und des Nebensatzes ist *nicht* identisch.**

Wenn der Nebensatz mit einem Infinitivsatz übersetzbar ist, muss das Subjekt des türkischen Nebensatzes entweder in den deutschen Hauptsatz gezogen werden wie in (a) oder es entfällt sogar wie in (b), da der Referent erschlossen werden kann (☞ 20.2.):

**(a)**
*Mektup yaz**manı** rica ediyorum* ‚Ich bitte *dich* zu schreiben', *Doktor sigara iç**memi** yasak etti* ‚Der Arzt hat *mir* verboten zu rauchen', *Doktor sigara iç**mesini** yasak etti* ‚Der Arzt hat *ihm/ihr* verboten zu rauchen', *Side'ye git**mene** izin vermiyorum* ‚Ich erlaube *dir* nicht, nach Side zu fahren.'

**(b)**
*Eva'ya, TÖMER'de bir yoğun kursa katıl**masını** tavsiye ettim* ‚Ich habe Eva empfohlen, bei TÖMER an einem Intensivkurs *teilzunehmen*', *Ali'ye gel**mesini** emrettim* ‚Ich habe Ali befohlen *zu kommen*.'

Wenn der Nebensatz mit einem *dass*-Satz übersetzt werden muss, wird das Subjekt des türkischen Nebensatzes im deutschen Nebensatz ebenfalls angegeben:

*Türkçe öğren**meni** istiyorum* ‚Ich möchte, dass *du* Türkisch lernst', *Yalan söyle**meni** hoş karşılamıyorum* ‚Ich halte es nicht für gut, dass *du* lügst', *Teşekkür et**meni** söyledim* ‚Ich habe gesagt, dass *du* dich bedanken sollst', *Bu kişiyle evlen**mene** karşıyım* ‚Ich bin dagegen, dass *du* diese Person heiratest', ***Havanın** ısın**masını** bekliyorum* ‚Ich warte darauf, dass *es* wärmer wird', *Bir gün beni yalnız bırak**mandan** çok korkuyorum* ‚Ich habe große Angst davor, dass *du* mich eines Tages allein lässt', *Geç kal**manızı** istemiyorum* ‚Ich möchte *nicht*, dass *ihr* euch verspätet', *Geç kal**mamanızı** istiyorum* ‚Ich möchte, dass ihr euch *nicht* verspätet.'

Beim nächsten Beispiel weiß man nicht, ob der Sprecher den Satz äußert, bevor der Hörer angefangen hat zu rauchen oder danach. Es ist auch unwichtig, denn er untersagt die *Handlung* als solche: *Bizde sigara iç**meni** istemiyorum* ‚Ich möchte nicht, dass du bei uns rauchst.'

## 25.3 Nebensätze mit *-DIğI* und *-(y)AcAğI*

Die Suffixe **-DIğI** und **-(y)AcAğI** basieren auf dem *-DIK*-Partizip (☞ 21.6.) und dem Futurpartizip *-(y)AcAK* (☞ 21.4.) und enthalten in dieser Version ein Possessivsuffix der 3. Pers. Sg. Das Possessivsuffix ist austauschbar mit Possessivsuffixen anderer Personen; deshalb werden *-DIğI* und *-(y)AcAğI* auch oft Possessivpartizipien genannt. Aber diese Partizipien führen ein Doppelleben: Sie können *wie ein Adjektiv vor einem Nomen* stehen (☞ 26.2.2), sie können aber auch *von einem Prädikat abhängen* und sind dann *deklinierbar*. Hängen sie von einem Prädikat ab, haben sie die Funktion eines Partizips verloren.

> ✓ **Zur zeitlichen Struktur:**
> **-DIğI** gibt keine Zeitstufe an. Das Ereignis findet nach *Einschätzung* des Sprechers statt oder hat stattgefunden. Das bedeutet im Regelfall Gegenwart oder Vergangenheit. Für die richtige zeitliche Einordnung ist primär das übergeordnete Prädikat oder der Kontext verantwortlich.
>
> **-(y)AcAğI** wird verwendet, wenn das Ereignis noch erwartet wird oder erwartet wurde, aber *nicht* eingetreten ist.

Mit *-DIğI* und *-(y)AcAğI* kann man zahlreiche Nebensätze bilden; viele davon werden im Deutschen mit „dass" eingeleitet. In welchem Kasus *-DIğI/-(y)AcAğI* zu stehen haben, hängt vom Prädikat des übergeordneten Satzes ab. Sowohl *-DIğI* als auch *-(y)AcAğI* enthalten **immer** einen *Ereignisträger*, auf den der Sprecher sein Interesse verlagert und über den er spricht. Außerdem spiegeln sie auch die *Ereignisausführung* wider.

Mit *-DIğI* gebildete Nebensätze können, solange es inhaltlich nicht absurd wird, auch mit *-(y)AcAğI* verwendet werden. Unten sehen Sie, wie die Formen gebildet werden. Hier je ein übersetztes Beispiel: *Uyuduğumu biliyordun* ‚Du wusstest, dass ich schlafe', *Uyuyacağımı biliyordun* ‚Du wusstest, dass ich schlafen wollte'.

| (benim) | Uyu-**duğ**-um-u | Uyu-**yacağ**-ım-ı | biliyordun. |
| (senin) | Uyu-**duğ**-un-u | Uyu-**yacağ**-ın-ı | biliyordun. |
| (onun) | Uyu-**duğ**-un-u | Uyu-**yacağ**-ın-ı | biliyordun. |
| (bizim) | Uyu-**duğ**-umuz-u | Uyu-**yacağ**-ımız-ı | biliyordun. |
| (sizin) | Uyu-**duğ**-unuz-u | Uyu-**yacağ**-ınız-ı | biliyordun. |
| onların | Uyu-**duğ**-un-u | Uyu-**yacağ**-ın-ı | biliyordun. |
|  | Uyu-**duk**-lar-ın-ı | Uyu-**yacak**-lar-ın-ı | biliyordun. |

☑ **Merke:** *Sen [benim uyuduğumu] biliyordun* ‚Du wusstest, dass *ich* schlafe'. *Sen [annemin uyuduğunu] biliyordun* ‚Du wusstest, dass *meine Mutter* schläft'. Der Nebensatz steht nicht voran, sondern ist in den Hauptsatz eingebettet.

Einige Verben und nominale Prädikate sind ausschließlich mit **-DIğI/-(y)AcAğI** kombinierbar. Zu diesen Verben gehören z.B. *bilmek* ‚wissen', *bildirmek* ‚mitteilen', *anlatmak* ‚erzählen', *öğrenmek* ‚erfahren', *fark etmek* ‚bemerken', *iddia etmek* ‚behaupten', *tespit etmek* ‚feststellen', *itiraf etmek* ‚gestehen', *sanmak* ‚glauben/meinen', *tahmin etmek* ‚vermuten', *emin olmak* ‚sicher sein', *pişman olmak* ‚bereuen'. Es gibt aber auch Verben wie *görmek* ‚sehen', *duymak* ‚hören', *düşünmek* ‚denken, überlegen', *göstermek* ‚zeigen', *haber vermek* ‚Bescheid geben', *merak etmek* ‚gespannt sein auf', *söylemek* ‚sagen', die überwiegend, jedoch nicht ausschließlich in diese Gruppe gehören.

- **Subjektsätze**

*Senin bira içmediğin doğru değil* ‚Es stimmt nicht, dass du kein Bier getrunken hast', *Tıraş olmadığın belli* ‚Es ist augenscheinlich, dass du dich nicht rasiert hast', *Ece'nin Türkiye'ye gittiği biliniyor* ‚Es ist bekannt, dass Ece in die Türkei gefahren ist', *Uçağın düştüğü sanılıyor* ‚Es wird angenommen, dass das Flugzeug abgestürzt ist', *Havanın soğuyacağı tahmin ediliyor* ‚Es wird vermutet, dass es kälter wird', *Ali'nin boşanacağı kesin* ‚Es ist definitiv, dass Ali sich scheiden lassen wird', *Cem'in istediği oldu* ‚Es ist eingetreten, was Cem wollte', *Yazdıklarınız okunmuyor* ‚Das, was Sie geschrieben haben, ist nicht lesbar.'

✓  **Merke:**
*Passivverben* sind intransitive Verben; vor ihnen kann *kein* Akkusativobjekt stehen.

- **Ergänzungssätze**

1. Das Subjekt von Hauptsatz und Nebensatz ist *identisch*.

*Ece, gazete okuduğunu söyledi* ‚Ece hat gesagt, dass sie Zeitung gelesen hat', ***Elif**, Berlin'de oturduğunu söyledi* ‚Elif hat gesagt, dass sie in Berlin wohnt', ***Cem**, çay içtiğini söyledi* ‚Cem hat gesagt, dass er Tee getrunken hat', ***Ece**, Türkiye'ye gideceğini söyledi* ‚Ece hat gesagt, dass sie in die Türkei fahren wird', ***Ece**, Münih'te oturacağını söyledi* ‚Ece hat gesagt, dass sie in München wohnen wird', *Seni anlamadığımı sanmıyorum* ‚Ich glaube nicht, dass ich dich nicht verstanden habe', *Seni anlamayacağımı sanmıyorum* ‚Ich glaube nicht, dass ich dich nicht verstehen werde', *Evlendiğime pişmanım* ‚Ich bereue es, dass ich geheiratet habe', ***Fatma**, Ali'yle evleneceğini söylemişti, ama sonradan vazgeçmiş* ‚Fatma hatte gesagt, dass sie Ali heiraten wollte, hat/habe aber später darauf verzichtet', ***Aylin** evlendiğine pişman olduğunu söyledi* ‚Aylin hat gesagt, dass sie es bereut/bereuen würde, dass sie geheiratet hat.'

> ✓ **Merke:**
> Im Deutschen mit dem Konjunktiv ausgedrückte „konjunktivische Ideen" – also nicht gesicherter Wahrheitsgehalt oder gar eine Distanzierung – werden in diesen Sätzen **nicht** aufrechterhalten.

2. Das Subjekt von Hauptsatz und Nebensatz ist *nicht* identisch.

***Ece'nin** Türkiye'ye gittiğini biliyorum* ‚Ich weiß, dass Ece in die Türkei gefahren ist', ***Elif'in** Berlin'de oturduğunu biliyorum* ‚Ich weiß, dass Elif in Berlin wohnt', ***Ece'nin** Türkiye'ye gideceğini biliyorum* ‚Ich weiß, dass Ece in die Türkei fahren wird', ***Ece'nin** Münih'te oturacağını biliyorum* ‚Ich weiß, dass Ece in München wohnen wird.' *Senin evlendiğini öğrendim* ‚Ich habe erfahren, dass du geheiratet hast', *Senin evleneceğini öğrendim* ‚Ich habe erfahren, dass du heiraten wirst', ***Ali'nin** para çaldığına inanmıyorum* ‚Ich glaube es nicht, dass Ali Geld gestohlen hat', ***Havanın** birden soğuduğunu hissetmiyor musun?* ‚Spürst du nicht, dass es plötzlich kalt geworden ist?', *İşe gideceğini sanıyordum* ‚Ich glaubte, dass du zur Arbeit gehen würdest.'

☑ Für „sein" und „haben" wird das Verb *olmak* eingesetzt. Damit die *haben*-Konstruktion nicht mit „sein" verwechselt wird, enthält das, was man hat oder nicht hat, ein *Possessivsuffix*.

***Ece'nin** hasta olduğunu biliyorum* ‚Ich weiß, dass Ece krank ist', ***Ece'nin** dün akşam evde olmadığını biliyorum* ‚Ich weiß, dass Ece gestern Abend nicht zu Hause war'. ***Ali'nin** bisikleti olduğunu biliyorum* ‚Ich weiß, dass Ali ein Fahrrad hat', ***Ali'nin** arabası olmadığını biliyorum* ‚Ich weiß, dass Ali kein Auto hat.'

☑ **Zur 3. Person**

Zwar steht in den 3. Personen bei den bisher behandelten Nebensätzen das Subjekt äußerst häufig im *Genitiv*, aber wenn es *nicht spezifisch* gebraucht wird, steht es im *Nominativ*:

| | |
|---|---|
| **Taksi** gelmesini bekliyoruz. | ‚Wir warten darauf, dass *ein Taxi* kommt.' |
| **Taksinin** gelmesini bekliyoruz. | ‚Wir warten darauf, dass *das Taxi* kommt.' |
| **Misafir** geleceğini söyledim. | ‚Ich habe gesagt, dass *Besuch* kommt.' |
| **Misafirin** geleceğini söyledim. | ‚Ich habe gesagt, dass *der Besuch* kommt.' |

| | |
|---|---|
| **Yemek** pişirildiğini söyledim. | ‚Ich habe gesagt, dass *Essen* gekocht wurde.' |
| **Yemeğin** pişirildiğini söyledim. | ‚Ich habe gesagt, dass *das Essen* gekocht wurde.' |
| Bahçeye **çocuklar** geldiğini sanıyorum. | ‚Ich glaube, dass in den Garten *Kinder* gekommen sind.' |
| **Çocukların** bahçeye geldiğini sanıyorum. | ‚Ich glaube, dass *die Kinder* in den Garten gekommen sind.' |

Sollte zwischen das im Nominativ stehende Subjekt und das Prädikat *ein Satzglied eingeschoben* werden, muss der Genitiv verwendet werden:

| | |
|---|---|
| **Yarın** haber verileceğini söyledim. | ‚Ich habe gesagt, dass *morgen* Bescheid gegeben wird.' |
| Haberin **yarın** verileceğini söyledim. | ‚Ich habe gesagt, dass der Bescheid *morgen* gegeben wird.' |

- Die mit *-DIğI* dargestellte Aussage bezieht sich zwar *überwiegend* auf die Gegenwart oder Vergangenheit; es ist aber durchaus möglich, damit ein auf die Zukunft bezogenes, als *eingetreten betrachtetes* Ereignis zu formulieren. Vergleichen Sie:

  *Cem'e yarın evde olma**dığımı** ilet* ‚Richte Cem aus, dass *ich* morgen nicht zu Hause bin', *Cem'e yarın evde olma**yacağımı** ilet* ‚Richte Cem aus, dass *ich* morgen nicht zu Hause *sein werde*.'

- Beispiele, in denen Verben mit *-DIğI* in verschiedenen Kasus stehen:

> *Arapça öğrenmek iste**diğim** kesin* ‚Es ist definitiv, dass ich Arabisch lernen will'.
> *Arapça öğrenmek iste**diğimin** farkında değil* ‚Er ist sich dessen nicht bewusst, dass ich Arabisch lernen will'.
> *Arapça öğrenmek iste**diğimi** bilmiyor* ‚Sie weiß nicht, dass ich Arabisch lernen will'.
> *Arapça öğrenmek iste**diğime** inanmıyor* ‚Sie glaubt nicht, dass ich Arabisch lernen will'.
> *Arapça öğrenmek iste**diğimde** ısrar ediyorum* ‚Ich bestehe darauf, dass ich Arabisch lernen will'.
> *Arapça öğrenmek iste**diğimden** korkuyor musun?* ‚Hast du Angst davor, dass ich Arabisch lernen will?'

## 25.4 Nebensätze mit *-DIğI/-(y)AcAğI* oder mit *-mAsI*

Es gibt Prädikate, die sowohl mit **-DIğI/-(y)AcAğI** als auch mit **-mAsI** kombinierbar sind. Das sind solche, die Beurteilungen oder Gemütsbewegungen ausdrücken. Will der Sprecher das Ereignis im Nebensatz beurteilen, wird er *-mAsI* wählen.

*Eşimin çocuk iste**mediği** doğru* ‚Es ist *wahr*, dass meine Frau keine Kinder will/wollte' (z.B. der Beruf ging ihr vor), *Eşimin çocuk iste**memesi** doğru* ‚Es ist *richtig*, dass meine Frau auf den Wunsch, ein Kind zu bekommen, verzichtet' (z.B. die Ärzte raten ihr von einer Geburt ab).

*Ali'nin iş bul**duğuna** sevindim* ‚Ich freue mich, dass *Ali* Arbeit gefunden hat' (Der Sprecher freut sich darüber, dass es *Ali* geglückt ist, Arbeit zu finden), *Ali'nin iş bul**masına** sevindim* ‚Ich freue mich darüber, dass Ali *Arbeit gefunden hat*' (Der Sprecher hatte es erhofft und freut sich über die Tatsache der *Arbeitsfindung*).

*Öğretmen, öğrencilerin geç geldiğine dikkat çekti* ‚Der Lehrer hat darauf aufmerksam gemacht, dass die Schüler zu spät gekommen sind', *Öğretmen, öğrencilerin geç gelmesine dikkat çekti* ‚Der Lehrer hat darauf aufmerksam gemacht, dass die Schüler zu spät kommen' (Der Lehrer lenkt die Aufmerksamkeit auf *das Zuspätkommen* der Schüler).

*Çocuğun düşeceğinden korkuyorum* ‚Ich habe Angst davor, dass das Kind fällt' (Angst davor, dass dem Kind etwas passiert), *Uçağın düşmesinden korkuyorum* ‚Ich habe Angst davor, dass das Flugzeug abstürzt' (Angst vor einem Absturz).

*Senin içki içmediğin doğru değil* ‚Es *stimmt nicht*, dass du keinen Alkohol getrunken hast', *Senin içki içmen doğru değil* ‚Es ist *nicht richtig*, dass du Alkohol trinkst'.

*Hasan'ın yalan söylediğine üzülüyorum* ‚Ich bedauere, dass Hasan gelogen hat', *Hasan'ın yalan söylemesine üzülüyorum* ‚Ich bedauere, dass Hasan lügt'.

*Ali'nin yardım istediği bir rastlantı değil* ‚Es ist kein Zufall, dass Ali um Hilfe gebeten hat', *Ali'nin yardım isteyeceği bir rastlantı değil* ‚Es ist kein Zufall, dass Ali um Hilfe bitten wird', *Ali'nin yardım istemesi bir rastlantı değil* ‚Alis Bitte um Hilfe ist kein Zufall'.

*Cem'in kamp yerine gittiğini söyledim* ‚Ich habe gesagt, dass Cem auf den Campingplatz gefahren ist', *Cem'in kamp yerine gideceğini söyledim* ‚Ich habe gesagt, dass Cem auf den Campingplatz fahren wird', *Cem'in kamp yerine gitmesini söyledim* ‚Ich habe gesagt, dass Cem auf den Campingplatz fahren soll'.

*Partinizin güzel geçmesini umuyorum* ‚Ich hoffe, dass eure Party gut verlaufen wird', *Evet, ben de partimizin güzel geçeceğini umuyorum* ‚Ja, ich hoffe/verspreche mir auch, dass unsere Party gut verlaufen wird', *Partinizin güzel geçtiğini umuyorum* ‚Ich hoffe, dass eure Party gut verlaufen ist'.

*Çocukların dövüldüğünü nasıl karşılıyorsunuz?* ‚Wie stehen Sie dazu, dass Kinder verprügelt werden?', *Çocukların dövülmesini nasıl karşılıyorsunuz?* ‚Wie stehen Sie zum Verprügeln von Kindern?'.

*Kimin geldiği önemli değil, kimin gelmediği de* ‚Es ist nicht wichtig, wer gekommen ist, auch nicht, wer nicht'.

| ✓ **Merke:** | |
|---|---|
| Kompozisyon **yazmayı** unuttum. | ‚Ich habe *vergessen*, einen Aufsatz zu schreiben.' |
| Kompozisyon **yazmasını** unuttum. | ‚Ich habe *verlernt*, Aufsätze zu schreiben.' |
| Kompozisyon **yazdığımı** unuttum. | ‚Ich habe *vergessen*, dass ich einen Aufsatz geschrieben habe.' |
| Kompozisyon **yazacağımı** unuttum. | ‚Ich habe *vergessen*, dass ich einen Aufsatz schreiben soll/muss.' |

☑ **bilmek** ‚wissen' und **sanmak** ‚glauben/vermuten'

*bilmek* und *sanmak* erlauben Einschübe in Hauptsatzform: *Veli'yi öldü biliyordu* ‚Sie hielt Veli für gestorben', *Seni anladım sanıyorum* ‚Ich glaube, ich habe dich verstanden'. Aber: *Veli'nin öldüğünü biliyordu* ‚Sie wusste, dass Veli gestorben war', *Seni anladığımı sanıyorum* ‚Ich glaube, dass ich dich verstanden habe'.

## ⊃ Abgeschlossenheit oder Verlauf anzeigen

Sollte es notwendig werden, *Abgeschlossenheit* anzuzeigen, wird **-mIş olduğu/olacağı** eingesetzt, und für *Verlauf* **-mAktA olduğu** (seltener kommt **-(I)yor olduğu** vor, die Perspektive liegt auf dem Subjekt):
*Ali'nin üniversitede oku**muş** olduğunu biliyorum* ‚Ich weiß, dass Ali an der Universität studiert hat', *Ali'nin üniversitede oku**makta** olduğunu/oku**yor** olduğunu biliyorum* ‚Ich weiß, dass Ali an der Universität *studiert*/dass *Ali* an der Universität studiert', *Üçte dön**müş** olacağımı söyledim* ‚Ich habe gesagt, dass ich um drei zurück sein werde'.

Auch hier es es möglich, die Perspektive auf das Ereignis zu verlegen:
*Çevremdeki kişilerin de kitabı **okumuş** olması kitap satın alma kararımda etkilidir* (http://anket.marmara.edu.tr) ‚Der Umstand, dass auch Leute in meinem Umfeld das Buch gelesen haben, ist bei meiner Entscheidung, ein Buch zu kaufen, ausschlaggebend.'

- Mit **-(y)AcAk olması** kann ein zukünftiges Geschehen als feststehend dargestellt werden. Ein Wechsel in **-(y)AcAğI** ist möglich, bezieht sich dann aber auf ein geplantes Vorhaben:
  *Bu site sayesinde yazılarımı birçok hayvanseverin **okuyacak olması** beni çok heyecanlandırıyor* (www.fatihbelediyesiyedikulehayvanbarinagi.com) ‚Die Tatsache, dass dank dieser Webseite viele Tierliebhaber meine Artikel lesen werden, versetzt mich in Begeisterung.'

## 25.5 Die indirekte Rede

Die direkte Rede wird mit dem Verb *demek* ‚sagen' abgeschlossen, die indirekte Rede mit *söylemek* ‚sagen'. Bei der Umwandlung ist darauf zu achten, ob ein Pronomen zu verschieben ist:

| | |
|---|---|
| Ben "Döner yedi**m**." dedim. | ‚Ich habe gesagt: „Ich habe Döner gegessen".' |
| → Ben, döner yediğ**imi** söyledim. | ‚Ich habe gesagt, dass ich Döner gegessen habe.' |
| Sen "Bir şey yemedi**m**." dedin. | ‚Du hast gesagt: „Ich habe nichts gegessen".' |
| → Sen, bir şey yemediğ**ini** söyledin. | ‚Du hast gesagt, dass du nichts gegessen hast.' |
| Ayşe "Köfteler**im** yanmış." dedi. | ‚Ayşe hat gesagt: „Meine Frikadellen sind angebrannt".' |
| → Ayşe, köfteler**inin** yandığ**ını** söyledi. | ‚Ayşe hat gesagt, dass ihre Frikadellen angebrannt sind.' |
| Ali "Şu an çay içiyorum." dedi. | ‚Ali hat gesagt: „Momentan trinke ich Tee".' |
| → Ali, şu an çay içtiğ**ini** söyledi. | ‚Ali hat gesagt, dass er momentan Tee trinkt.' |
| Cem "Size mektup yazarım." dedi. | ‚Cem hat gesagt: „Ich schreibe euch".' |
| → Cem, bize mektup yazacağ**ını** söyledi. | ‚Cem hat gesagt, dass er uns schreibt.' |
| Ece, "Side'ye gideceğ**im**." dedi. | ‚Ece hat gesagt: ‚Ich werde nach Side fahren".' |
| → Ece, Side'ye gideceğ**ini** söyledi. | ‚Ece hat gesagt, dass sie nach Side fahren wird.' |
| "Dün evdeydi**m**/evde değildi**m**." dedim. | ‚Ich habe gesagt: „Gestern war ich (nicht) zu Hause".' |
| → Dün evde olduğ**unuzu**/olmadığ**ınızı** söylediniz. | ‚Sie haben gesagt, dass Sie gestern zu Hause waren/nicht zu Hause waren.' |
| "Biz iyiyiz." dedik. | ‚Wir haben gesagt: „*Uns* geht es gut".' |
| → İyi olduğ**unuzu** söylediniz. | ‚Sie haben gesagt, dass es *Ihnen* gut geht.' |

| | |
|---|---|
| Cem'in bisikleti var/yok. | ‚Cem hat ein Fahrrad/kein Fahrrad.' |
| → Cem, bisikleti olduğunu/olmadığını söyledi. | ‚Cem hat gesagt, dass er ein/kein Fahrrad hat.' |
| "Bizim iki çocuğumuz var." dedim. | ‚Ich habe gesagt: „*Wir* haben zwei Kinder".' |
| → Sizin iki çocuğunuz olduğunu söyledin. | ‚Du hast gesagt, dass *ihr* zwei Kinder habt.' |
| "Çocuğumuz olmadı." dedim. | ‚Ich habe gesagt: „*Wir* haben keine Kinder bekommen".' |
| → Çocuğunuzun olmadığını söyledin. | ‚Du hast gesagt, dass *ihr* keine Kinder bekommen habt.' |

Sätze im Imperativ sowie Voluntativ (Ausnahme 1. Pers. Sg.) werden mit **-mAsI** in die indirekte Rede umgewandelt. Das Nezessitativsuffix **-mAlI** wird durch *-mAsI* + das Verb *gerekmek* ‚erfordern, nötig sein' ersetzt:

| | |
|---|---|
| Ece "Bugün **bize** gel." dedi. | ‚Ece hat gesagt: „Komm heute *zu uns*!".' |
| → Ece, bugün **onlara** gel**memi** söyledi. | ‚Ece hat gesagt, dass ich heute *zu ihnen* kommen soll.' |
| Cem "Duş yapayım." dedi. | ‚Cem hat gesagt: „Ich dusche mal".' |
| → Cem, duş yapmak iste**diğini** söyledi. | ‚Cem hat gesagt, dass er duschen will.' |
| Eşim "Yemeğe çıkalım!" dedi. | ‚Mein Mann hat gesagt: „Gehen wir essen!"' |
| → Eşim, yemeğe çık**mamızı** söyledi. | ‚Mein Mann hat gesagt, dass wir essen gehen.' |
| Babam "Ece çay yap**sın**!" dedi. | ‚Mein Vater hat gesagt: „Ece soll Tee machen!"' |
| → Babam, Ece'nin çay yap**masını** söyledi. | ‚Mein Vater hat gesagt, dass Ece Tee machen soll.' |
| "Çok su iç**melisin**." dedim. | ‚Ich habe gesagt: „Du solltest viel Wasser trinken!"' |
| → Çok su iç**men gerektiğini** söyledim. | ‚Ich habe gesagt, dass du viel Wasser trinken solltest.' |
| "Çok Türkçe kitap oku**malıyım**." dedim. | ‚Ich habe gesagt: „Ich muss viele türkische Bücher lesen!"' |
| → Çok Türkçe kitap oku**mam gerektiğini** söyledim. | ‚Ich habe gesagt, dass ich viele türkische Bücher lesen müsse.' |

> ✓ **Merke:**
> Will man einen im Aorist formulierten Satz in die indirekte Rede übertragen, muss überlegt werden, ob das Ereignis generell stattfindet oder der Inhalt sich auf Zukünftiges bezieht.
> Sara "Ben sabahları erken kalkarım." dedi.
> ‚Sara hat gesagt: „Ich stehe morgens früh auf".'
> → Sara, sabahları erken kalk**tığını** söyledi.
> ‚Sara hat gesagt, dass sie morgens früh aufsteht.'
> Sara "Bugün yağmur yağmaz." dedi.
> ‚Sara hat gesagt: „Heute wird es nicht regnen".'
> → Sara, bugün yağmur yağma**yacağını** söyledi.
> ‚Sara hat gesagt, dass es heute nicht regnen wird.'

## Übersetzungsmöglichkeiten der indirekten Rede

| | |
|---|---|
| "Şu sıra Orhan Pamuk'un bir kitabını okuyorum." dedi. | ‚Er hat gesagt: „Ich lese zurzeit ein Buch von Orhan Pamuk".' |
| → Şu sıra Orhan Pamuk'un bir kitabını okuduğunu söyledi. | ‚Er hat gesagt, dass er zurzeit ein Buch von Orhan Pamuk liest/läse/lesen würde.' |
| "Geçen yıl Orhan Pamuk'un bir kitabını okumuştum." dedi. | ‚Er hat gesagt: „Ich hatte vergangenes Jahr ein Buch von Orhan Pamuk gelesen".' |
| → Geçen yıl Orhan Pamuk'un bir kitabını okumuş olduğunu söyledi. | ‚Er hat gesagt, dass er vergangenes Jahr ein Buch von Orhan Pamuk gelesen hatte/hätte.' |
| "Yakında Orhan Pamuk'un bir kitabını okuyacağım." dedi. | ‚Er hat gesagt: „Ich werde bald ein Buch von Orhan Pamuk lesen".' |
| → Yakında Orhan Pamuk'un bir kitabını okuyacağını söyledi. | ‚Er hat gesagt, dass er bald ein Buch von Orhan Pamuk lesen wird/würde.' |

## ⊃ Zur unechten Genitiv-Possessiv-Verbindung

Dass die unechte Genitiv-Possessiv-Verbindung (☞ 5.10) eine ganz andere Funktion hat, demonstriert das nächste Beispiel. Das Subjekt des Satzes ist nach rechts verschoben und kongruiert mit dem passenden Possessivsuffix, das *nicht* – wie man bei einer Genitiv-Possessiv-Verbindung erwartet – die 3. Pers. Sg. anzeigt:

| | |
|---|---|
| Son gelen**in** ben olmadığ**ım**a sevindim. | ‚Ich freue mich, dass nicht ich der Zuletztgekommene bin.' |
| ← Ben son gelen olmadığ**ım**a sevindim. | ‚Ich freue mich, dass ich nicht der Zuletztgekommene bin.' |

## 25.6 Indirekte Fragesätze

Mit **-DIğI/-(y)AcAğI** werden auch zahlreiche indirekte Fragesätze gebildet:

*Udo'nun **ne** istediğini / **nereye** gittiğini / **nereden** geldiğini / **nerede** oturduğunu / **kiminle** konuştuğunu / **kimi** öptüğünü / **kime** mektup yazdığını / **kimden** korktuğunu / **neden** ağladığını / **ne kadar** bira içtiğini / eve **nasıl** gittiğini / **saat kaçta** geldiğini / **ne zaman** evde olduğunu / **ne zaman** evde olacağını / **kaç** çocuğu olduğunu* <u>bilmiyorum.</u>
‚<u>Ich weiß nicht</u>, was Udo will, wohin Udo gegangen ist, woher Udo gekommen ist, wo Udo wohnt, mit wem Udo gesprochen hat, wen Udo geküsst hat, wem Udo geschrieben hat, vor wem Udo Angst hat, warum Udo weint/geweint hat, wie viel Bier Udo getrunken hat, wie Udo nach Hause gekommen ist, um wie viel Uhr Udo gekommen ist, wann Udo zu Hause war/ist, wann Udo zu Hause ist/sein wird, wie viele Kinder Udo hat.'
*Sana neler aldığımı göstereyim mi?* ‚Soll ich dir zeigen, was ich alles gekauft habe?', *Sana neler alacağımı söyleyeyim mi?* ‚Soll ich dir sagen, was ich alles kaufen werde?', *Bana nereye gittiğini söylemedin* ‚Du hast mir nicht gesagt, wo du hingegangen bist', *Bana nereye gideceğini söylemedin* ‚Du hast mir nicht gesagt, wo du hingehen wirst', *Otobüsün kaçta kalkması gerekiyor?* ‚Um wie viel Uhr muss der Bus abfahren?', *Ne zaman nereye gelmem gerekiyor?* ‚Wann und wohin muss ich kommen?'.

Subjekt- und Ergänzungssätze

⊃ **Wiedergabe von *ob*-Sätzen**

Die einfachste Art, einen **ob**-Satz zu bilden, ist folgende:

*Ali geldi mi? – Geldi mi, gelmedi mi, bilmiyorum* ‚Ist Ali gekommen? – Ich weiß nicht, ob er gekommen ist oder nicht' (Ist er gekommen, ist er nicht gekommen, ich weiß es nicht).

Ansonsten wird **-(y)Ip -mAdIğI/-mAyAcAğI** oder **-(y)Ip -mAmAsI** eingesetzt:

*Ali'nin telefon ed**ip** et**mediğini** bilmiyorum* ‚Ich weiß nicht, ob Ali angerufen hat', *Ali'nin telefon ed**ip** et**meyeceğini** bilmiyorum* ‚Ich weiß nicht, ob Ali anrufen wird';
*Seni anlay**ıp** anla**madığımı** bilmiyorum* ‚Ich weiß nicht, ob ich dich verstanden habe', *Seni anlay**ıp** anla**mayacağımı** bilmiyorum* ‚Ich weiß nicht, ob ich dich verstehen werde';
*Cem'in gel**ip** gel**mediğini** bilmiyorum* ‚Ich weiß nicht, ob Cem kommen konnte', *Cem'in gel**ip** gel**emeyeceğini** bilmiyorum* ‚Ich weiß nicht, ob Cem kommen können wird';
*Ali'nin içki iç**ip** iç**mediği** beni ilgilendirmez* ‚Es interessiert mich nicht, ob Ali getrunken hat', *Ali'nin içki iç**ip** iç**memesi** beni ilgilendirmez* ‚Es interessiert mich nicht, ob Ali trinkt';
*Sınavı kazan**ıp** kazan**madığım** belli değil* ‚Es ist nicht klar, ob ich die Prüfung bestanden habe', *Sınavı kazan**ıp** kazan**amayacağım** belli değil* ‚Es ist nicht klar, ob ich die Prüfung werde bestehen können', *Sınavı kazan**ıp** kazan**mamam** şansa bağlı* ‚Ob ich die Prüfung bestehe, ist Glückssache (hängt vom Glück ab)'.

• **Merke:** Bei Sätzen, die mit „ob" zu übersetzen sind und „können" enthalten, reicht es aus, das zweite Verb dieser Konstruktion damit zu markieren. Nur dann, wenn der Sprecher große Zweifel anmeldet, wird er auch das erste Verb kennzeichnen:
*Gel**ip** gel**emeyeceğimi** bilmiyorum* ‚Ich weiß nicht, ob ich kommen kann.'
*yarat**abilip** yarat**amamak** sorunu* (Aİ, HB, 98) ‚das Problem, (etwas) kreieren zu können oder nicht kreieren zu können'.

## 25.7 Hauptsatzprädikate mit *-DIğI/-(y)AcAğI* oder *-mAsI*

*En kötüsü, Cem'in işini kaybet**tiğidir*** ‚Das Schlimmste ist, dass Cem seine Arbeit verloren hat', *En kötüsü, Cem'in işini kaybed**eceğidir*** ‚Das Schlimmste ist, dass Cem seine Arbeit verlieren wird', *En kötüsü, Cem'in işini kaybet**mesidir*** ‚Das Schlimmste ist, dass Cem seine Arbeit einbüßt', *Benim merak ettiğim neden bazı insanların başarılı olup bazılarının ol**amadığıdır*** ‚Was mich interessiert ist, warum manche Menschen erfolgreich sind und manche es nicht werden konnten', *Otobiyografi bir kimsenin şimdiki ve geçmiş yaşamını yazılı olarak anlat**masıdır*** ‚Eine Autobiografie von jemandem ist die Beschreibung seines gegenwärtigen und vergangenen Lebens'.
*Önemli bir nokta, bebeğin yeterli derecede kilo **alıp almadığıdır*** ‚Eine wichtige Frage ist, (ein wichtiger Punkt), ob der Säugling ausreichend zunimmt', *Sorun, beni kaybetme riskini göze **alıp almayacağındır*** ‚Das Problem ist, ob du das Risiko, mich zu verlieren, auf dich nimmst', *Önemli diğer bir durum annenin yeteri kadar iyot **alıp almamasıdır**. Bu nedenle gebelik süresince iyotlu tuz yemek çok önemlidir* (http://www.saglikkutuphanesi.com) ‚Eine wichtige andere Angelegenheit ist, ob die Mutter ausreichend Jod aufnimmt. Deshalb ist es sehr wichtig, während der Schwangerschaft Jodsalz zu essen'.

## 25.8 Nebensätze mit -(y)Iş

Auch die Verbalnomen auf **-(y)Iş** (☞ 20.4) können in verschiedenen Satzgliedpositionen stehen. Sie enthalten die Idee eines *Prozesses*. Mit *-mAsI* hingegen wird ein allgemeines *Kontinuum* angegeben, mit *-DIğI* wird auf eine *individuelle Situation* reflektiert:

*Çocuğun bağır**ışını** duydum* ‚Ich habe *den Schrei* des Kindes gehört', *Çocuğun bağır**masını** duydum* ‚Ich habe *das Schreien* des Kindes gehört', *Çocuğun bağır**dığını** duydum* ‚Ich habe gehört, dass *das Kind geschrien hat*'.
*Sovyetler Birliği'nin dağıl**ışı**, sosyalist ekonomi düzeninin çöküşü olarak algılandı* ‚Der Zerfall der Sowjetunion wurde als Niedergang der sozialistischen Wirtschaftsordnung wahrgenommen', *Sovyetler Birliği'nin dağıl**ması** Orta Asya Türk Cumhuriyetlerine bağımsızlığını kazandırdı* ‚Das Zerfallen der Sowjetunion hat den mittelasiatischen Türk-Republiken zur Unabhängigkeit verholfen', *1991'de bu çöküş süreci tamamlanmış ve 8 Aralık'ta Sovyetler Birliği'nin dağıl**dığı** resmen açıklanmıştır* (www.guneyturkistan.wordpress.com) ‚1991 war der Prozess dieses Niedergangs beendet, und am 8. Dezember wurde offiziell mitgeteilt, dass die Sowjetunion zerfallen sei'.
*Ormanların yok **oluşuna** mani olmak lazım* ‚Man muss gegen die Vernichtung der Wälder einschreiten', *Ormanların yok **olmasına** mani olmak lazım* ‚Man muss verhindern, dass die Wälder vernichtet werden', *Ormanların yok **olduğuna** kani olduk* ‚Wir haben uns davon überzeugt, dass die Wälder vernichtet wurden'.

## 25.9 -DIğI/-(y)AcAğI var/yok und -mIşlIğI var/yok

☑ **-DIğI var/yok** ergibt:

*Domuz eti ye**diğiniz** var mı? – Ye**diğim** yok* ‚Essen Sie (überhaupt) Schweinefleisch? – Ich esse überhaupt keins' (= Es ist nicht der Fall, dass ich welches esse.).

**-(y)AcAğI var/yok** bezieht sich auf eine Erwartung.
*Bugün çamaşır yıka**yacağın** var mı?* ‚Hast du heute vor, Wäsche zu waschen?'

Ob die damit ausgedrückte Handlung generell oder einmalig zu verstehen ist, ist dem Kontext zu entnehmen. In beiden Fällen aber wird das Subjekt als der verantwortliche Mitspieler eingestuft.

Kombiniert man **-DIğI/-(y)AcAğI** oder **-mAsI** mit **iyi olmak**, wird das positive (bei Verneinung: negative) Ergebnis eines Ereignisses bezeichnet:
*Erken gel**diğin** iyi oldu* ‚Es ist gut, dass du früh gekommen bist.'
*Erken gel**eceğin** iyi olacak* ‚Es wird gut sein, wenn du früh kommen wirst.'
*Doktora git**mem** iyi oldu* ‚Dass ich zum Arzt gegangen bin, war gut.'

☑ Das mit **-lIk** erweiterte Perfektpartizip + Possessivsuffix + **var/yok** ergibt:

*Antalya'ya git**mişliğiniz** var mı? – Git**mişliğim** var/yok* ‚Waren Sie eigentlich schon einmal in Antalya? – Ich war schon einmal dort./Ich war noch keinmal dort.'

# 26 Attributsätze

## 26.1 Übersicht

Die wichtigste Gruppe der **Attributsätze** bilden die Relativsätze. Genau genommen, kennt das Türkische gar keine **Relativsätze**, wenn man davon ausgeht, dass die meisten Relativsätze im Deutschen mit einem Relativpronomen eingeleitet werden. Die gibt es im Türkischen nicht. Aber der Begriff Relativsatz hat sich auch für das Türkische eingebürgert, sodass wir es dabei belassen.

Wie Sie bereits wissen, stehen im Türkischen die Attribute unveränderlich **vor** ihrem Bezugswort oder ihrer Bezugswortgruppe, also links davon (☞ 3.5). Damit wir einen Satz vor ein Nomen stellen können, muss das Verb dieses Satzes eine adjektivische Form erhalten. Das bedeutet, das Verb muss in ein Partizip (☞ Kapitel 21) umgewandelt werden, z.B.

| **Top oynayan** çocukları tanıyor musun? | ‚Kennst du die Kinder, *die Ball spielen*?' |
| | ‚Kennst du die *Ball spielenden* Kinder?' |

Allerdings ist uns mit dem *-(y)An*-Partizip (☞ 21.5) allein nicht gedient. Wir benötigen ein weiteres Partizip, das uns erlaubt, auch verschiedene Personen kenntlich zu machen. Das übernimmt das *-DIK*-Partizip *mit Possessivsuffixen*. Es wird deshalb auch *Possessivpartizip* genannt und als *-DIğI* zitiert (☞ 25.3). In dieser Variante enthält es bereits das Possessivsuffix 3. Pers. Sg. Wozu ein Partizip mit Personenkennzeichnung nötig ist, können Sie an folgendem Beispiel sehen; das Possessivsuffix *-im* in *verdiğim* zeigt die 1. Pers. Sg. an, also den Sprecher:

| Top **verdiğim** çocuklar mutlu. | ‚Die Kinder, denen *ich* einen Ball gegeben habe, sind glücklich.' |

Natürlich ist das Possessivsuffix austauschbar:

| Top **verdiğin** çocuklar mutlu. | ‚Die Kinder, denen *du* einen Ball gegeben hast, sind glücklich.' |
| Elif'in top **verdiği** çocuklar mutlu. | ‚Die Kinder, denen *Elif* einen Ball gegeben hat, sind glücklich.' |

Außer den Relativsätzen gibt es noch **verkettete Attributsätze**. Die verketteten Elemente bilden mit dem Bezugselement, das ein Possessivsuffix enthält, eine enge Einheit:

| Cem'in bugün gelme ihtimali düşük. | ‚Die Wahrscheinlichkeit, *dass Cem heute kommt*, ist gering.' |
| Bunu yapmamış olduğu iddiası doğru. | ‚Seine Behauptung, *das nicht getan zu haben*, stimmt.' |
| Paranın kimden olduğu sorusuna cevap vermedi. | ‚Auf die Frage, *von wem das Geld stammt*, hat er nicht geantwortet.' |

## 26.2 Relativsätze

### 26.2.1 Relativsätze mit dem *-(y)An*-Partizip

**I. Der türkische Nebensatz enthält kein Subjekt**

Für einen Teil der Relativsätze benötigen wir das *-(y)An*-Partizip (☞ 21.5). Wie die Beispiele (1)–(6) zeigen, enthalten die in Klammern stehenden türkischen Sätze gar kein Subjekt. Die deutschen Relativsätze hingegen weisen ein Relativpronomen im Nominativ auf; es ist das Subjekt des Nebensatzes, das sich auf das vorher genannte Substantiv bezieht und mit dem Subjekt des Hauptsatzes *identisch* ist.

(1) [Bizde çalış**an**] adam Türk. ‚Der Mann, *der* bei uns arbeitet, ist Türke.'
(2) [Bizde çalış**an**] kadın Türk. ‚Die Frau, *die* bei uns arbeitet, ist Türkin.'
(3) [Bizde çalış**an**] kız Türk. ‚Das Mädchen, *das* bei uns arbeitet, ist Türkin.'
(4) [Çok iç**en**] Ali hastalanmış. ‚Ali, *der* viel trinkt, ist erkrankt.'
(5) [Dün bize gel**en**] bey, doktordur. ‚Der Herr, *der* gestern zu uns kam, ist Arzt.'
(6) [Yarın gel**meyen**] arkadaşlarımızı listeden sileceğim. ‚Unsere Kameraden, *die* morgen nicht auftauchen, werde ich aus der Liste streichen.'

> ✓ In den Beispielen (1)–(3) ist das Ereignis **unabgeschlossen**, in (4) findet es im **Allgemeinen** statt, in (5) ist es **beendet** und in dem selteneren Beispiel (6) geht der Sprecher davon aus, dass das Nebensatzereignis eintreten wird.

Für die zeitliche Einordnung benötigt man entweder den Kontext oder ein Adverbial der Zeit, z.B.

**Şu anda** müzik dinleyen kız Ece'dir. ‚Das Mädchen, das *gerade* Musik hört, ist Ece.'
**Biraz önce** müzik dinleyen kız Ece'dir. ‚Das Mädchen, das *vorhin* Musik gehört hat, ist Ece.'

Warum der türkische Nebensatz kein Subjekt enthält, ist vielleicht leichter zu verstehen, wenn wir von zwei Hauptsätzen ausgehen. Der *zweite* Hauptsatz soll zum Nebensatz werden. Da die Subjekte in beiden Sätzen identisch sind, wird das Subjekt des zweiten Hauptsatzes getilgt.

|  | Ulf Bonn'da oturuyor. | (Ulf) Türkçe öğreniyor. |
|---|---|---|
| Türkçe öğrenen | Ulf Bonn'da oturuyor. |  |
|  | *Ulf, der Türkisch lernt, wohnt in Bonn.* | |
|  | Kaleci düştü. | (Kaleci) Topu tutamadı. |
| Topu tutamayan | kaleci düştü. |  |
|  | *Der Torwart, der den Ball nicht halten konnte, ist gefallen.* | |

*Doğru yazmaya özen göstermeyen bir kişisin* ‚Du bist eine Person, die sich nicht bemüht, richtig zu schreiben', *Türkçe çalışmayan öğrencilerim yok* ‚Ich habe keine Studenten, die für das Türkische nichts tun', *Köpekten korkan çocuklar kaçtılar* ‚Die Kinder, die vor Hunden Angst haben, sind weggelaufen', *Çocukları korkutan köpeği kovdum* ‚Ich habe den Hund, der die Kinder geängstigt hat, verjagt'.

# Relativsätze

> ✓ **Merke:**
> „sein" und „werden" wird mit **olmak** wiedergegeben. Ein eventuell vorkommendes Substantiv ist nicht Subjekt, sondern Prädikativ.

*Evli olan Irmi Münih'te oturuyor* ‚Irmi, die verheiratet ist, wohnt in München', *Yeni olmayan bu bilgisayarı istemem* ‚Ich will diesen Computer, der nicht neu ist, nicht', *Türkçe öğretmeni olan Alman arkadaşım her yıl iki aylığına Side'ye gidiyor* ‚Meine deutsche Freundin, die Türkischlehrerin ist, fährt jedes Jahr für zwei Monate nach Side', *Cep telefonu olabilen bir kol saati istiyorum* ‚Ich möchte eine Armbanduhr, die ein Handy sein kann'.

Wenn der deutsche Nebensatz ein unpersönliches „man" enthält oder ein Prädikat im Passiv ohne genanntes Subjekt, wird der türkische Nebensatz passiv formuliert. Im Deutschen notwendige einleitende Präpositionen entfallen, solange es keine Missverständnisse gibt: *Sıkça sorulan sorular* ‚häufig gestellte Fragen = FAQs', *En korkulan köpek Pitbull Terrier* ‚Der Hund, vor dem sich am meisten gefürchtet wird, ist der Pitbull Terrier', *Buluşulan lokanta uzaktı* ‚Das Restaurant, in dem man sich getroffen hat, war weit entfernt', *Alay edilen çocuk ağlıyor* ‚Das Kind, über das gespottet wurde, weint/Das Kind, über das man gespottet hat, weint'.

> ✓ Isolierte Beispiele sind nur dann eindeutig übersetzbar, wenn das verwendete Verb es erlaubt (*sevmek* ist nichtgrenzbezogen, *bulmak* ist grenzbezogen).
> sev**ilen** çocuklar ‚die geliebten Kinder' sind *Kinder, die geliebt werden*
> bul**unan** anahtar ‚der gefundene Schlüssel' ist ein *Schlüssel, der gefunden worden ist/wurde*.

- Wenn ein Verb mehrere Deutungen zulässt, wird ein entsprechendes Nomen mit Kasussuffix vorangestellt. Manchmal ist auch vorangestelltes *kendisiyle* nötig:

| | |
|---|---|
| çıkan bir grup | ‚eine Gruppe, die hinausging/herauskam/hinaufging' |
| **dışarıya** çıkan bir grup | ‚eine Gruppe, die hinausging' |
| **içeriden** çıkan bir grup | ‚eine Gruppe, die herauskam' |
| **yukarıya** çıkan bir grup | ‚eine Gruppe, die hinaufging' |

*Altımda oturan aile izinde* ‚Die Familie, die *unter mir* wohnt, ist in Urlaub', *Önümde duran müşteri nezaketsiz* ‚Die Kundin, die *vor mir* steht, ist unhöflich', *Obama kendisiyle alay eden generali kovdu* (www.nethaber.com) (24/06/2010) ‚Obama hat den General, der sich *über ihn* lustig gemacht hat, gefeuert'.

- Das Bezugsnomen kann in jedem Kasus stehen und auch *ile* annehmen:

| | |
|---|---|
| Gelen **bey** kimdi? | ‚Wer war der Herr, der gekommen ist?' |
| Gelen **beyin** adı ne? | ‚Wie ist der Name des Herrn, der gekommen ist?' |
| Gelen **beyi** tanıyor musun? | ‚Kennst du den Herrn, der gekommen ist?' |
| Gelen **beye** teşekkür ettin mi? | ‚Hast du dem Herrn, der gekommen ist, gedankt?' |
| Gelen **beyde** cep telefonu vardı. | ‚Der Herr, der gekommen ist, hatte ein Handy bei sich.' |
| Gelen **beyden** adres aldım. | ‚Ich habe von dem Herrn, der gekommen ist, die Adresse notiert.' |
| Gelen **beyle** nerede buluştun? | ‚Wo hast du dich mit dem Herrn, der gekommen ist, getroffen?' |

- Das *-(y)An*-Partizip ist je nach den Möglichkeiten des zugrunde liegenden Verbstammes mit Ergänzungen und Adverbialen erweiterbar:
*Her akşam saat altıdan yediye kadar evinde arkadaşlarıyla beraber müzik dinleyen kızın adı Elif* ‚Das Mädchen, das jeden Abend von sechs bis sieben Uhr in seiner Wohnung zusammen mit seinen Freundinnen Musik hört, heißt Elif', *Geçen yıl sizleri işten çıkaran firmadan kalan paranızı alabildiniz mi?* ‚Habt ihr euer restliches (= verbliebenes) Geld von der Firma bekommen können, die euch letztes Jahr entlassen hat?', *Dün akşam bize gelen hanıma bir şey söyledin mi?* ‚Hast du der Dame, die gestern Abend zu uns gekommen ist, etwas gesagt?', *Almanya'da olan ablamdan mektup aldım* ‚Ich habe von meiner älteren Schwester, die in Deutschland ist, einen Brief bekommen', *Seni durakta bekleyen kızla ne zaman tanıştın?* ‚Wann hast du das Mädchen kennengelernt, das auf dich an der Haltestelle wartete?'.

## II. Der türkische Nebensatz enthält ein Subjekt der 3. Person mit Possessivsuffix

Wenn der türkische Nebensatz ein Subjekt der 3. Person mit Possessivsuffix enthält, steht dieses in einem **possessiven** Verhältnis zum Subjekt des Hauptsatzes. Das Subjekt des Nebensatzes kann *unbestimmt* oder *bestimmt* sein.

1. Auch für die Wiedergabe von „haben" benötigt man das Verb **olmak**. Damit die Konstruktion nicht mit „sein" verwechselt wird, enthält das, was man hat oder nicht hat, ein **Possessivsuffix**. Das Subjekt des Nebensatzes ist *unbestimmt* formuliert.

|  | Ece Köln'de oturuyor. | (Ece'nin) Kızı var. |
|---|---|---|
| Kızı **olan** | Ece Köln'de oturuyor. |  |
|  | *Ece, die eine Tochter hat, wohnt in Köln.* | |
|  | Erol mutlu. | (Erol'un) Kızları var. |
| Kızları **olan** | Erol mutlu. |  |
|  | *Erol, der Töchter hat, ist glücklich.* | |
|  | Elif bir kedi istiyor. | (Elif'in) Kedisi yok. |
| Kedisi ol**mayan** | Elif bir kedi istiyor. |  |
|  | *Elif, die keine Katze hat, möchte eine Katze haben.* | |

> 💣 **Verwechslungsgefahr:**
> Wenn Sie bei einem Satz wie *Kedisi olmayan Elif bir kedi istiyor* ‚Elif, die keine Katze **hat**, möchte eine Katze haben' das Possessivsuffix vergessen, ergibt das Folgendes:
> *Kedi ol**mayan** Elif bir kedi istiyor* ‚Elif, die keine Katze **ist**, möchte eine Katze haben (!)'

*Birçok Türk tanıdığı olan bir arkadaşım var* ‚Ich habe einen Freund, der viele türkische Bekannte hat', *İçinizde bilgisayarı olmayan birisi var mı?* ‚Gibt es einen unter euch, der keinen Computer hat?', *Türkiye'de temsilciliği olmayan ülkelerin vize işlemleri* ‚Visaformalitäten der Länder, die in der Türkei keine Vertretung haben', *Dönüşü Olmayan Yolculuk* ‚Eine Reise ohne Rückkehr' (Titel eines Buches von *Nâzım Hikmet*).

2. In den folgenden Beispielen ist das Subjekt des Nebensatzes *bestimmt* gebraucht. Im Deutschen leiten wir mit „dessen, deren" ein.

|  | Ece Köln'de oturuyor. | (Ece'nin) Kızı evli. |
|---|---|---|
| **Kızı evli olan** | Ece Köln'de oturuyor. |  |
|  | *Ece, deren Tochter verheiratet ist, wohnt in Köln.* | |
|  | Erol mutlu. | (Erol'un) Kızları evli. |
| **Kızları evli olan** | Erol mutlu. |  |
|  | *Erol, dessen Töchter verheiratet sind, ist glücklich.* | |
|  | Ayşe üzgün. | (Ayşe'nin) Oğlu çalışmıyor. |
| **Oğlu çalışmayan** | Ayşe üzgün. |  |
|  | *Ayşe, deren Sohn nicht arbeitet, ist traurig.* | |

*Oğulları çalışma**yan** Ali mutsuz* ‚Ali, dessen Söhne nicht arbeiten, ist unglücklich', *Çocuğu dövülen Hakan kızgın* ‚Hakan, dessen Kind verprügelt wurde, ist wütend', *Anadili Türkçe olan birisine ihtiyacım var* ‚Ich brauche jemanden, dessen Muttersprache Türkisch ist', *Burada psikolojisi kötü olan başkaları da var* ‚Hier gibt es auch noch andere, deren Psyche gestört ist', *Canı yüzmek istemeyen nine güneşleniyor* ‚Die Oma, die keine Lust hat zu schwimmen, sonnt sich (= deren Seele nicht schwimmen will)', *Cep telefonu çalınan turist polise gitti* ‚Der Tourist, dessen Handy gestohlen wurde, ist zur Polizei gegangen', *Çocukları korkutulan komşumu teselli ettim* ‚Meine Nachbarin, deren Kinder geängstigt wurden, habe ich getröstet'.

**III. Der türkische Nebensatz enthält ein Subjekt der 3. Person ohne Possessivsuffix**

Es gibt noch eine dritte Möglichkeit. Der türkische Nebensatz enthält ein Subjekt der 3. Person im *Nominativ*. Es enthält kein Possessivsuffix. Sollte dennoch eines vorkommen, gehört es zu einer Wortverkettung. Dieses Subjekt ist „nicht spezifisch" oder „neu" gebraucht, mit anderen Worten, *unbestimmt* formuliert:

|  | Eve hekim girer. | (Eve) Güneş girmez. |
|---|---|---|
| **Güneş girmeyen** | eve hekim girer. |  |
|  | *In ein Haus, in das keine Sonne kommt, geht der Arzt. (Türkisches Sprichwort)* | |

**Doktor** *gitmeyen köylerimiz var* ‚Wir haben Dörfer, in die keine *Ärzte* gehen', **Yangın** *çıkan gemi batmak üzere* ‚Das Schiff, auf dem *Feuer* ausbrach, ist im Begriff zu sinken', **Ateş** *olmayan yerden duman çıkmaz* (Sprichwort) ‚Von nichts kommt nichts' (Kein Rauch ohne Feuer), **Pirinç** *yetiştirilen sulak tarlaya ne ad verilir?* (http://cevaplar.mynet.com) ‚Wie benennt man das unter Wasser gesetzte Feld, auf dem *Reis* angebaut wird?', *Bunlar içinde* **su** *çıkan mağaralar* ‚Das sind Höhlen, aus denen *Wasser* sickert', *Ortasından* **Yol Geçer** *Gibraltar Havaalanı* (http://nayirnolamaz.com) ‚Der Flughafen Gibraltar, durch dessen Mitte eine *Straße* verläuft', *Sizce en çok* **para** *verilen meslek nedir?* (http://cevaplar.mynet.com) ‚Welcher ist ihrer Meinung nach der Beruf, in dem man am meisten *Geld* verdient?', *Bizde* **Türkçe dersi** *verilen okullar yok* ‚Bei uns gibt es keine Schulen, in denen *Türkischunterricht* erteilt wird', *Almanya'da* **Türk dilleri** *okutulan üniversiteler var* ‚In Deutschland gibt es Universitäten, an denen *Türksprachen* gelehrt werden'.

## Attributsätze

☑ **Satzgefüge**

Die Relativsätze unten sind zur besseren Erkennung in Klammern gesetzt:

(1) *[Türkçeyi iyi bilen] bir arkadaşım, şimdi Arapça öğrenmek istiyor.*
 ‚Ein Freund von mir, der Türkisch sehr gut kann, möchte jetzt Arabisch lernen.'

(2) *Sunexpress'in, [Samsun-Antalya seferini yapan] uçağı saat 14.05'te havalandı.*
 (http://www.haberform.com)
 ‚Das Flugzeug von Sunexpress, das auf dem Flug Samsun-Antalya war, ist um 14.05 Uhr gestartet.'

(3) *[Münih'te oturan ve Türkçe öğrenen] Irmi, tanıdığımdır.*
 ‚Irmi, die in München wohnt und Türkisch lernt, ist meine Bekannte.'

(4) *[Dört hafta önce postalanan] paketi [ancak dün alabilen] annem postaneye şikâyette bulundu.*
 ‚Meine Mutter, die das Paket, das vor vier Wochen abgeschickt wurde, erst gestern erhalten konnte, hat sich bei der Post beschwert.'

(5) *[Türkçe öğrenen] öğrencilerim arasında [Türkçeye ve başka Türk dillerine emek veren] Michael adında bir öğrencim vardı.*
 ‚Ich hatte unter den Studenten, die Türkisch gelernt haben, einen Studenten namens Michael, der in das Türkische und andere Türksprachen große Mühe gesteckt hat.'

(6) *... Panayırında [besili ve çok süt veren] [inekler arasında yapılan] yarışmada [derece alan] ineklerin sahiplerine mükâfatları dağıtılmıştır. Yukarıdaki resimde, [derece alan] yerli ve besili ineklerimizden bir kısmını görmektesiniz.* (AN, SGS, 35)
 ‚An die Besitzer derjenigen Kühe, die bei dem auf dem Markt soundso unter den wohlgenährten und viel Milch gebenden Kühen veranstalteten Wettbewerb einen Preis erhalten haben, wurden die Prämien verteilt. Auf dem Foto oben sehen Sie einen Teil unserer prämierten heimischen und wohlgenährten Kühe.'

(7) *[Eski Çekoslovakya'da 1989'da yapılan] [Kadife Devrimin öncülerinden olan] Havel, [Çek Cumhuriyeti'nde 1990'da yapılan] ilk serbest seçimlerde cumhurbaşkanı oldu. [Ülkenin 1993 yılında Çek Cumhuriyeti ve Slovakya olarak barışçı bir şekilde ikiye bölünmesinde de önemli rol oynayan] Havel, yeni Çek Cumhuriyeti'nin de ilk cumhurbaşkanı olarak seçildi. [1998'de yeniden Cumhurbaşkanı seçilen] Havel, Şubat 2003'te eski siyasi rakiplerinden Vaclav Klaus tarafından yenilgiye uğratıldı ve cumhurbaşkanlığı dönemi sona erdi.* (Radikal, 18/12/2011)
 ‚Havel, der zu den Vorreitern der Samtenen Revolution gehörte, die sich in der alten Tschechoslowakei 1989 vollzog, wurde bei den ersten freien Wahlen, die in der Tschechischen Republik 1990 stattfanden, Präsident. Havel, der auch bei der einvernehmlichen Teilung des Landes 1993 in eine Tschechische Republik und Slowakei eine wichtige Rolle spielte, wurde auch zum ersten Präsidenten der Tschechischen Republik gewählt. Havel, der 1998 wieder zum Präsidenten gewählt worden war, wurde im Februar 2003 von Václav Klaus, einem seiner früheren politischen Gegner, zur Aufgabe veranlasst, und seine Präsidentschaftsära endete.'

## 26.2.2 Relativsätze mit den Possessivpartizipien *-DIğI* und *-(y)AcAğI*

### I. Relativsätze mit dem Possessivpartizip *-DIğI*

Möchte man einen Relativsatz bilden, in dem das Subjekt je nach Bedarf *gewechselt* werden kann, wird das *-(y)An*-Partizip *nicht* verwendet. Das übernimmt das Possessivpartizip *-DIğI*. Das Subjekt ist in diesem Fall „spezifisch" oder „bekannt".

> ✓ Auch das Possessivpartizip *-DIğI* gibt keine Zeitstufe an. Es besagt, dass nach Wissen oder Einschätzung des Sprechers das Ereignis stattfindet oder stattgefunden hat und für ihn eine Tatsache ist.

Unten sehen Sie, wie die Formen gebildet werden. Hier je ein übersetztes Beispiel: *istediğim çanta* ‚die Tasche, die ich will/wollte', *aldığım çanta* ‚die Tasche, die ich gekauft habe'. Ein genanntes Subjekt in der 3. Person steht im Genitiv.

| (benim) | iste**diğim** | aldı**ğım** | (bizim) | iste**diğimiz** | aldı**ğımız** | çanta |
|---|---|---|---|---|---|---|
| (senin) | iste**diğin** | aldı**ğın** | (sizin) | iste**diğiniz** | aldı**ğınız** | çanta |
| (onun) | iste**diği** | aldı**ğı** | onların | iste**diği** | aldı**ğı** | çanta |
| | | | | iste**dikleri** | aldı**kları** | çanta |

**Beispiele:**
*Tanıştığım garson çok yakışıklı* ‚Der Kellner, den *ich* kennengelernt habe, ist sehr gutaussehend', *Aradığım sözlük bu* ‚Das Wörterbuch, das *ich* gesucht habe, ist das hier', *İstediğin kartları getirdim* ‚Ich habe die Karten, die *du* wolltest, mitgebracht', *Dinlediğin şarkıyı kim söylüyor?* ‚Wer singt das Lied, das *du* dir anhörst?', *Cem'in bulduğu yüzük bu* ‚Der Ring, den *Cem* gefunden hat, ist der hier', *Bir öğrencimin aldığı sözlük piyasaya yeni çıkmış* ‚Das Wörterbuch, das *ein Student von mir* gekauft hat, sei neu auf den Markt gekommen', *Alay ettiğiniz çocuk ağlıyor* ‚Das Kind, das *ihr* gehänselt habt, weint', *Bilmedikleri bir nedenle bir saat rötarla hareket ediliyor* ‚Aus einem Grund, den *sie* nicht kennen, wird mit einer Stunde Verspätung abgefahren'.

Bei den Beispielen oben steht das deutsche Relativpronomen im Akkusativ (wen oder was?). Aber das ist kein Kriterium für das Türkische. Die gleiche Konstruktion trifft auch für Relativpronomen im Dativ zu (wem?): *Yardım ettiğim adam hasta* ‚Der Mann, dem *ich* geholfen habe, ist krank'. Allerdings kann deutsches „dessen, deren" einen Stolperstein darstellen:

> 💣 **Verwechslungsgefahr, die das Deutsche bieten kann:**
> Kızı Türkçe öğre**nen** komşum Rus. ‚Mein Nachbar, *dessen Tochter* Türkisch lernt, ist Russe. → WER?
> Kızını tanı**dığım** komşum Rus. ‚Mein Nachbar, *dessen Tochter* ich kenne, ist Russe. → WEN?
> Kızına ders ver**diğim** komşum Rus. ‚Mein Nachbar, *dessen Tochter* ich Unterricht erteile, ist Russe. → WEM?

*Patronunu tanımadığımız bu kıza nasıl yardım edelim?* ‚Wie sollen wir diesem Mädchen, dessen Chef wir nicht kennen, helfen?', *Sevgilisi olduğum kişiyi kaybettim* ‚Ich habe die Person, deren Geliebte(r) ich geworden war, verloren'.

Deutsche Relativsätze enthalten oftmals eine einleitende Präposition. Die benötigt man *nicht*, solange die Kombination Partizip + Nomen nur eine Deutung zulässt:
*Görüş**tüğüm** hanım yeni meslektaşımdır* ‚Die Dame, *mit* der ich gesprochen habe, ist meine neue Kollegin', *Konuş**tuğun** çocuk Ali'nin çocuğu muydu?* ‚War das Kind, *mit* dem du gesprochen hast, Alis Kind?', *Otur**duğumuz** ev dört katlı* ‚Das Haus, *in* dem wir wohnen, hat vier Stockwerke', *Bin**diğimiz** otobüs yanlıştı* ‚Der Bus, *in* den wir gestiegen sind, war falsch', *Ece'**nin** tanıştırıl**dığı** adam kim?* ‚Wer ist der Mann, *mit* dem Ece bekannt gemacht wurde?', *Yangı**nın** çık**tığı** gemi kurtarılamadı* ‚Das Schiff, *auf* dem das Feuer ausgebrochen war, konnte nicht gerettet werden', *Çocukların kaç**tıkları** köpek kuduzdu* ‚Der Hund, *vor* dem die Kinder weggelaufen sind, hatte Tollwut', *Akmanların otur**dukları** ev çok büyük* ‚Das Haus, *in* dem Akmans wohnen, ist sehr groß'.

Wenn die Kombination Partizip + Nomen mehrdeutig ist, stellt man ein passendes Orts- oder Raumnomen mit Possessiv- und Kasussuffix voran. Manchmal ist auch vorangestelltes *kendisiyle* nötig:

| | |
|---|---|
| üstünde oturduğum ağaç | ‚der Baum, auf dem ich sitze' |
| altında oturduğum ağaç | ‚der Baum, unter dem ich sitze' |
| arkasında oturduğum ağaç | ‚der Baum, hinter dem ich sitze' |
| önünde oturduğum ağaç | ‚der Baum, vor dem ich sitze' |
| yanı**na** oturduğum kız | ‚das Mädchen, neben das ich mich gesetzt habe' |
| yanı**nda** oturduğum kız | ‚das Mädchen, neben dem ich sitze' |
| yanlarından geldiğim aile | ‚die Familie, von der ich komme' |
| M., kendisiyle gurur duyduğum birisidir. | ‚M. ist jemand, auf den ich stolz bin.' |

✓ **Der Relativsatz kann in einem Hauptsatz eingebettet sein:**
| | |
|---|---|
| Elif [istediği] çantayı aldı. | ‚Elif hat die Tasche, die sie wollte, gekauft.' |
| Elif [se**nin** istediğ**in**] çantayı aldı. | ‚Elif hat die Tasche, die du wolltest, gekauft.' |
| Elif [annesinin istediği] çantayı aldı. | ‚Elif hat die Tasche, die ihre Mutter wollte, gekauft.' |

Das Bezugsnomen kann in jedem Kasus stehen und auch *ile* annehmen:
[Side'de buluştuğum]

| | |
|---|---|
| arkadaş büyük bir otelin sahibi. | ‚Der Freund, [mit dem ich mich in Side getroffen habe], ist der Besitzer eines großen Hotels.' |
| arkadaş**ın** iki çocuğu var. | ‚Der Freund, [...] hat zwei Kinder.' |
| arkadaş**ı** on yıldır tanıyorum. | ‚Den Freund, [...] kenne ich seit zehn Jahren.' |
| arkadaş**a** bir kitap gönderdim. | ‚Dem Freund, [...] habe ich ein Buch geschickt.' |
| arkadaş**ta** sayısız kitaplar var. | ‚Der Freund, [...] hat zahlreiche Bücher.' |
| arkadaş**tan** fotoğraflar aldım. | ‚Von dem Freund, [...] habe ich Fotos bekommen.' |
| arkadaş**la** sık sık telefonlaşıyoruz. | ‚Mit dem Freund, [...] telefoniere ich oft.' |

- Merke gesondert die alte und heute lexikalisierte Form *ne idüğü belirsiz herif* ‚ein dahergelaufener Kerl'. Dieses *idüğü* besteht aus dem *i-*, was wir auch in *i-di* haben, sowie dem Possessivpartizip *-DIğI*; heute sagt man *olduğu*.

## II. Relativsätze mit dem Possessivpartizip -(y)AcAğI

Wenn zur Sprechzeit das Ereignis *erwartet wird* oder *wurde*, verwendet man anstelle von *-DIğI* das mit Possessivsuffixen versehene Futurpartizip *-(y)AcAğI*. Sollte sich solch ein erwartetes Ereignis auf die Vergangenheit beziehen, muss im Deutschen „sollte/wollte" oder auch „würde" hinzugefügt werden. Auch mit *-(y)AcAğI* kann das Subjekt je nach Bedarf gewechselt werden. Das Subjekt ist in diesem Fall „spezifisch" oder „bekannt".

Unten sehen Sie, wie die Formen gebildet werden. Hier je ein übersetztes Beispiel: *isteyeceğim çanta* ‚die Tasche, die ich verlangen will/wollte', *alacağım çanta* ‚die Tasche, die ich kaufen werde/wollte'. Ein genanntes Subjekt in der 3. Person steht im Genitiv.

| (benim) | iste**yeceğim** | ala**cağım** |         | (bizim)  | iste**yeceğimiz** | ala**cağımız** | çanta |
|---------|-----------------|--------------|---------|----------|-------------------|----------------|-------|
| (senin) | iste**yeceğin** | ala**cağın** |         | (sizin)  | iste**yeceğiniz** | ala**cağınız** | çanta |
| (onun)  | iste**yeceği**  | ala**cağı**  |         | onların  | iste**yeceği**    | ala**cağı**    | çanta |
|         |                 |              |         |          | iste**yecekleri** | ala**cakları** | çanta |

*Tanışacağım adam Türk* ‚Der Mann, den ich kennenlernen werde, ist Türke', *Yardım edeceğim adam Türk* ‚Der Mann, dem ich helfen werde, ist Türke', *Kızıyla tanışacağım adam Türk* ‚Der Mann, dessen Tochter ich kennenlernen werde, ist Türke', *Benim evleneceğim kız başkasına gönül vermiş* ‚Das Mädchen, das ich heiraten wollte, hat sein Herz an einen anderen verloren'.

- Diese Partizipien sind je nach den Möglichkeiten des zugrunde liegenden Verbstammes erweiterbar: *Dün saat beşte babamla birlikte süpermarketten **aldığım** bisiklet on sekiz vitesli* ‚Das Fahrrad, das ich gestern um fünf Uhr gemeinsam mit meinem Vater im Supermarkt gekauft habe, hat achtzehn Gänge', *Yarın saat beşte babamla birlikte süpermarketten **alacağım** bisiklet on sekiz vitesli olacak* ‚Das Fahrrad, das ich morgen um fünf Uhr gemeinsam mit meinem Vater im Supermarkt kaufen werde, wird achtzehn Gänge haben'.

☑ **Satzgefüge**

(1) *[Mezununun hemen iş bulacağı] okul geliyor!* (www.kocaeliggk.com)
‚Es kommt die Schule, deren Absolventen sofort Arbeit finden!'

(2) *[Johannesburg'daki 88 bin kişilik seyirci kapasiteli Soccer City Stadı'nda oynan**an**] karşılaşmayı Almanya, [60. dakikada Türk asıllı futbolcu Mesut Özil'in **attığı**] golle maçı 1-0 kazanabildi.* (Cumhuriyet, 24/06/2010)
‚Das Spiel, das im achtundachtzigtausend Personen fassenden Stadion Soccer City in Johannesburg ausgetragen wurde, konnte Deutschland durch das Tor, das der türkischstämmige Fußballspieler Mesut Özil in der 60. Minute schoss, mit 1:0 gewinnen.'

(3) *[3 bin 600 adet dükkânın bulun**duğu**], [yazları [[çalış**an**]] sayısının 30 bine ulaş**tığı**] ve [mevsimine göre günde 250 bin ile 400 bin kişinin ziyaret et**tiği**] Kapalıçarşı, pazar günleri de ziyarete açılmaya hazırlanıyor.* (www.gercekgundem.com) (21/07/2010)
‚Der Bedeckte Basar mit 3600 Läden, in dem in den Sommermonaten die Zahl der Arbeitenden auf 30000 anwächst und den je nach Jahreszeit täglich 250000 bis 400000 Personen besuchen, bereitet sich darauf vor, auch sonntags geöffnet zu haben.'

### 26.2.3 Das Futurpartizip -(y)AcAk (olan)

Für die Erwartungsebene übernimmt die Aufgaben vom -(y)An-Partizip das Futurpartizip (☞ 21.4). Dafür gibt es zwei Varianten: Entweder nur -(y)AcAk, das keinen Verlauf angibt, oder -(y)AcAk olan, das einen gegebenen Verlauf vermittelt. So sagt man: *gelecek hafta* ‚kommende Woche', aber nicht: **gelecek olan hafta* ‚die Woche, die kommen wird' sowie: *gelecek olan Ali* ‚Ali, der kommen wird', aber nicht: **gelecek Ali* ‚kommender Ali'.

Da dem Deutschen ein Futurpartizip fehlt, muss man entweder mit einem *Partizip I* übersetzen oder mit einem Relativsatz anschließen. Manchmal sind auch andere Alternativen nötig. Lediglich die Passivformen können oft mit einem *zu*-Partizip wiedergegeben werden:

(1) a. *Üç gün sürecek şölen yarın başlıyor.*
   ‚Das drei Tage *dauernde* Fest beginnt morgen.'
   b. *Üç gün sürecek olan şölen yarın başlıyor.*
   ‚Das Fest, das drei Tage *dauern wird*, beginnt morgen.'

(2) a. *Bugün yapılacak toplantı üçte başlıyor.*
   ‚Die heute *stattfindende* Versammlung fängt um drei an.'
   b. *Bugün yapılacak olan toplantı üçte başlıyor.*
   ‚Die Versammlung, die heute *stattfinden wird*, fängt um drei an.'

(3) a. *Gözden geçirilecek sayfalar bunlar mı?*
   ‚Sind die durchzusehenden Seiten die hier?'
   b. *Gözden geçirilecek olan yazılar nerede?*
   ‚Wo sind die Schriften, die durchzusehen sind?'

Das Futurpartizip hat häufig *modale* Nuancen. Das wird ganz deutlich, wenn sich das Ereignis auf etwas bezieht, das vor der Sprechzeit stattfinden sollte:

(4) *Çay getirecek çocuk nerede kaldı?*
   ‚Wo ist der Junge geblieben, der Tee *bringen sollte/wollte*?'
   *Gemeint ist:* Wo bleibt der Junge mit dem Tee?

(5) *Domuz gribi korkusundan aynı hafta sonu Londra'ya gelecek bir arkadaşım caydı.*
   (www.milliyet.com.tr)
   ‚Aus Angst vor der Schweinegrippe hat ein Kollege von mir, der am gleichen Wochenende nach London kommen wollte, einen Rückzieher gemacht.'

(6) *Gelecek yıl 40 yaşına girecek 1. Köprü büyük bir bakıma girecek. Bir yıl kapanacak köprü trafikte kaos yaratacak. Böylece Boğaziçi Köprüsü'nün ağır bakımı için 2 yıllık erteleme opsiyonunu da sonuna kadar kullanacak olan Ulaştırma Bakanlığı, bakımdan önce 3. Köprü'yü hizmete sokarak kâbus senaryosunu ortadan kaldırmak istiyor.*
   (http://www.radikal.com.tr/Radikal.aspx?aType=RadikalDetayV3&ArticleID=1076171&CategoryID=77)
   ‚Die kommendes Jahr 40 Jahre alte „Erste Brücke" wird einer großen Überholung unterzogen. Die Sperrung der Brücke für ein Jahr wird ein Verkehrschaos zur Folge haben. Das Verkehrsministerium, das für die Generalüberholung der Bosporus-Brücke seine Option für einen zweijährigen Aufschub voll ausschöpfen will, möchte somit das Alptraum-Szenario verhindern, indem es vor der Überholung die Dritte Brücke ihrer Bestimmung übergibt.'

Die Wahl des einen oder anderen Partizips hängt mit der Informationsstruktur zusammen. Mit *-(y)AcAk* formuliert der Sprecher die Aussage als *neue* Information, mit *-(y)AcAk olan* als *bekannt*. Folgende Zeitungsüberschriften demonstrieren das; die erstmalige Nennung ist die neue Information, danach wird sie als bekannt weitergeführt:

(7) *Bursa'da Yapılacak Türk-Arap Turizm Buluşması, Arap Basınında*
*Bursa'da gerçekleşecek olan Türk-Arap Turizm Buluşması Arap basınında da geniş yer buldu.*
(http://www.haberler.com/bursa-da-yapilacak-turk-arap-turizm-bulusmasi-arap-3503754-haberi/)
‚In Bursa geplantes Türkisch-Arabisches Tourismus-Treffen in der arabischen Presse
Das Türkisch-Arabische Tourismus-Treffen, das in Bursa durchgeführt werden wird, hat in der arabischen Presse eine breite Resonanz gefunden.'

Tendenziell kann man sagen, dass bei geplanten Ereignissen, bei denen der Sprecher nicht weiß, wie sie ausgehen, er eine größere Freiheit in der Wahl von *-(y)AcAk* oder *-(y)AcAk olan* hat als bei solchen, deren Ausgang schon bekannt ist.

(8) *Kızı Bursa'da Türkçe öğrenecek olan Alman baba Bursa'ya geldi.*
‚Der deutsche Vater, dessen Tochter in Bursa Türkisch lernen wird, ist in Bursa eingetroffen.'

(9) *Dün bana uğrayacak olan bir öğrencim hastalanmış.*
‚Ein Schüler von mir, der mich gestern aufsuchen wollte, ist erkrankt.'

Wie die Beispiele oben zeigen, kann das Bezugsnomen *bestimmt* oder *unbestimmt* sein. Nur dann, wenn es *nicht spezifisch*, also ganz unbestimmt ist, wird lediglich *-(y)AcAk* verwendet.

(10) *Anadolu'nun birçok şehrinde artık içki içilebilecek lokanta bulmak meseledir.*
(www.hurriyet.com.tr) (20/05/2008)
‚In vielen Städten Anatoliens ist es inzwischen ein Problem, ein Restaurant zu finden, in dem man Alkohol trinken kann.'

(11) *Eve gelecek Çocuk Bakıcısı Aranıyor.*
(http://ilan.elookat.com/ilan-Eve-gelecek-Cocuk-Bakicisi-Araniyor-uasuAAN-2810964.htm)
‚Kindermädchen für häusliche Betreuung gesucht.'

**Vergleiche:**
*Doktor gitmeyen köylerimiz var.* ‚Wir haben Dörfer, in die keine *Ärzte* gehen.'
*Doktor gitmeyecek köylerimiz var.* ‚Wir haben Dörfer, in die keine *Ärzte* gehen werden.'
*Doktor gitmeyecek olan köylerimiz var.* ‚Wir haben Dörfer, in die *Ärzte* nicht gehen werden.'

**Beispiele für „sein" und „haben":**
*Öğretmen olacak bir öğrencim vardı* ‚Ich hatte einen Studenten, der Lehrer werden/sein wollte'; *Toptancı olacak olan Ali pazarda çalışıyor* ‚Ali, der Großhändler werden wird, arbeitet auf dem Markt';
*Bilgisayarı olacak öğrencilerim çok* ‚Ich habe viele Studenten, die einen Computer bekommen werden', *Minibüsü olacak olan Ali pazarda çalışıyor* ‚Ali, der einen Kleinbus haben wird, arbeitet auf dem Markt'.

- Merke gesondert: *adam olacak çocuk* ‚ein Kind, das wer werden wird'.

## 26.2.4 Das Perfektpartizip -mIş (olan)

Es kann nötig werden, Abgeschlossenheit auszudrücken, was das *-(y)An*-Partizip nicht leistet. Dafür steht das Perfektpartizip (☞ 21.2) zur Verfügung, und zwar in den Varianten *-mIş* oder *-mIş olan*. Mit *-mIş* wird nur das Resultat angegeben, mit *-mIş olan* greift der Sprecher auf ein vorheriges gegebenes Ereignis zurück. Der Unterschied tritt bei Kochrezepten deutlich zu Tage; so werden Sie üblicherweise Beispiel (1) finden und nicht Beispiel (2):

(1) *Şimdi küçük doğran**mış** (bu) soğanı ve kıyıl**mış** maydanozu ilave edin.*
 ‚Fügen Sie jetzt die(se) klein geschnittene Zwiebel und die gehackte Petersilie hinzu.'

(2) *Şimdi küçük doğran**mış olan** soğanı ve kıyıl**mış olan** maydanozu ilave edin.*
 ‚Fügen Sie jetzt die Zwiebel, die klein geschnitten wurde, und die Petersilie, die gehackt wurde, hinzu.'

(3) *Bir gün gene, sırf daktiloların Raif Efendiye ehemmiyet vermemeleri yüzünden geç kal**mış olan** bir tercüme için Hamdi, bizim odaya kadar gelmiş(ti).* (SA, KMM, 23)
 ‚Eines Tages war Hamdi wieder wegen einer Übersetzung, die überfällig war, nur weil die Stenotypistinnen dem Raif Efendi keine Bedeutung beimaßen, (bis) in unser Zimmer gekommen.'

> ✓ Auch wenn das türkische Perfektpartizip ins Deutsche hin und wieder mit einem Relativsatz übertragen werden muss, sind die ohne *olan* erweiterten Konstruktionen nicht als *satzwertig* anzusehen; sie können nur beschränkt erweitert werden:
>
> *1995'te tanınmış yazar XYZ öldü.*
> ‚1995 ist der bekannte Schriftsteller XYZ gestorben.'
> *1995'te tanınmış olan yazar XYZ öldü.*
> ‚Der Schriftsteller XYZ, der 1995 bekannt wurde, ist gestorben.'

(4) a. *Bazan büyük kâşifler gibi Afrikada gezer, yamyamlar arasında **görülmemiş maceralar** geçirir, bazan meşhur bir ressam olur ve Avrupayı dolaşırdım.* (SA, KMM, 72)
 ‚Manchmal reiste ich wie große Entdecker in Afrika umher, erlebte unter den Kannibalen *nie gesehene Abenteuer*, und manchmal wurde ich ein berühmter Maler und bereiste Europa'.

Der obige Originaltext wird jetzt mit **olan** erweitert:

b. *Bazan büyük kâşifler gibi Afrika'da gezer, **yamyamlar arasında görülmemiş olan maceralar** geçirir, bazan meşhur bir ressam olur ve Avrupa'yı dolaşırdım.*
 ‚Manchmal reiste ich wie große Entdecker in Afrika umher, erlebte Abenteuer, *die unter den Kannibalen nie gesehen worden waren*, und manchmal wurde ich ein berühmter Maler und bereiste Europa'.

**Beispiele für „sein" und „haben":**
*Öğretmen ol**muş** bir kimse böyle hata yapar mı?* ‚Macht jemand, der Lehrer geworden ist, solch einen Fehler?', *Öğretmen ol**muş olan** bir öğrencim vardı* ‚Ich hatte einen Studenten, der Lehrer geworden war', *Bilgisayarı olmamış olan öğrencim yok* ‚Ich habe keinen Studenten, der keinen Computer gehabt hätte'.

- Mit *-mIş* kann der Sprecher die Aussage als *neu*, mit *-mIş olan* als *bekannt* formulieren:

(5) *İki tür destan vardır: Biri çok eskiden saz ozanları ya da ulusal bir ozan tarafından söylenmiş doğal destan'dır [...] Öteki de yakın çağlarda belli bir ozan tarafından yazılmış olan yapma destan'dır.* (MY, ÖEB, 88f.)
 ‚Es gibt zwei Arten Epen: Das eine ist das in sehr alter Zeit von Liedermachern aus dem Volk oder einem nationalen Sänger vorgetragene natürliche Epos [...] Und das andere ist das künstliche Epos, das in jüngerer Zeit von einem bestimmten Volksdichter verfasst wurde.'

(6) *Bu süreçte gruba katkıda bulunmuş olan bütün üyelerimize çok çok teşekkür ediyor ve yeni yöneticimiz olacak arkadaşımıza başarılar diliyorum.* (Prof. Dr. Erdoğan Boz, 2012)
 ‚Allen unseren Mitgliedern, die in dieser Zeitspanne Beiträge zur Gruppe geleistet haben, danke ich vielmals und wünsche Erfolg demjenigen unserer Kollegen, der unser neuer Leiter sein wird.'

Das Bezugsnomen kann *bestimmt* oder *unbestimmt* sein. Wenn es *nicht spezifisch*, also ganz unbestimmt ist wie in (8), wird lediglich *-mIş* verwendet:

(7) a. *Türkiye'de basılmış kitabım geldi.*
 ‚Mein in der Türkei gedrucktes Buch ist eingetroffen.'
 b. *Türkiye'de basılmış bir kitabım geldi.*
 ‚Ein in der Türkei gedrucktes Buch von mir ist eingetroffen.'
 c. *Türkiye'de basılmış olan kitabım geldi.*
 ‚Mein Buch, das in der Türkei gedruckt wurde, ist eingetroffen.'
 d. *Türkiye'de basılmış olan bir kitabım geldi.*
 ‚Ein Buch von mir, das in der Türkei gedruckt wurde, ist eingetroffen.'
 e. *Türkiye'de basılmış kitaplar*
 ‚in der Türkei gedruckte Bücher'
 f. *Türkiye'de basılmış olan kitaplar*
 ‚(die) Bücher, die in der Türkei gedruckt wurden'

(8) *Üniversite bitirmiş birisi üniversite bitirmemiş birisinden her zaman üstündür.* (www.farketing.com)
 ‚Jemand, der sein Studium abgeschlossen hat, ist stets dem überlegen, der sein Studium nicht abgeschlossen hat.'

**Zur Kommasetzung:** Bei komplexen Sätzen sollte nach einleitenden Zeit- oder Ortsangaben ein Komma stehen, wenn sie sich inhaltlich auf den *Hauptsatz* beziehen:

(9) *2012 yılında, Almanya'da çalışmış olan tanınmış futbolcu Türkiye'ye döndü.*
 ‚Im Jahre 2012 ist der bekannte Fußballer, der in Deutschland gearbeitet hatte, in die Türkei zurückgekehrt.'

(10) *Almanya'da, Türk diline çok emek vermiş bir profesörün yeni bir kitabı çıktı.*
 ‚In Deutschland ist ein neues Buch eines Professors erschienen, der sich um die türkische Sprache sehr verdient gemacht hat.'

Fehlt das Komma, kann man diese Sätze so oder auch anders verstehen, nämlich: ‚Der bekannte Fußballer, der im Jahre 2012 in Deutschland gearbeitet hatte, ist in die Türkei zurückgekehrt.' *oder:* ‚Es ist ein neues Buch eines Professors erschienen, der sich in Deutschland um die türkische Sprache sehr verdient gemacht hat.'

## ⊃ Relativsätze, die Abgeschlossenheit oder Verlauf anzeigen

Weder das *-(y)An*-Partizip noch das Possessivpartizip *-DIğI* geben genaue Auskunft über die Zeitstufe. Deshalb ist grundsätzlich der Kontext oder ein Adverbial der Zeit notwendig; damit begnügt sich im Regelfall *die gesprochene Sprache*. Es kann aber durchaus nötig werden, sich genauer auszudrücken. Dann wird Abgeschlossenheit mit *mIş olan/olduğu*, gegenwärtiger oder vergangener Verlauf mit *-mAktA olan/olduğu* angezeigt. So ist das Beispiel (1a) doppeldeutig und wird in (1b) präzisiert:

(1) a. *Ders hazırla**yan** öğrenciler ara yapıyorlar.*
‚Die Studenten, die Unterrichtsaufgaben vorbereitet haben/vorbereiten, machen eine Pause.'
b. *Ders hazırla**mış olan**/hazırla**makta olan** öğrenciler ara yapıyorlar.*
‚Die Studenten, die Unterrichtsaufgaben vorbereitet haben/vorbereiten (= am Vorbereiten sind), machen eine Pause.'

(2) *[Türkiye'ye dön**müş olan** ve bana çok çok SMS yaz**an**] meslektaşıma bir hediye göndermek istiyorum.*
‚Meinem Kollegen, der in die Türkei zurückgekehrt ist und mir sehr viele SMS schreibt, möchte ich ein Geschenk schicken.'

(3) *[Alanya veya Antalya'da yaşa**yan**] Almanlar, [daha önce Almanya'da bulun**muş olan** veya Almanca bil**en**] Türklerle Almanca konuşma, bir araya gelme şansına sahiptir.*
‚Die in Alanya oder Antalya lebenden Deutschen haben das Glück, sich mit Türken, die früher in Deutschland waren oder die Deutsch können, auf Deutsch zu unterhalten und sich mit ihnen zu treffen.'

(4) *[Yemiş olduğum] pasta bozuk çıktı.*
‚Der Kuchen, den ich gegessen hatte, hat sich als verdorben herausgestellt.'

(5) *[Öğretmenimizin de anla**mamış olduğu**] bir cümleyi göstereyim.*
‚Ich zeige mal einen Satz, den auch unser Lehrer nicht verstanden hat.'

(6) *[Telekom'da sür**mekte olan**] grevde yeni bir adım bugün yaşanacak.*
‚Bei dem Streik, der bei der Telekom andauert, wird man heute einen neuen Schritt erleben.'

(7) *[Londra Heathrow'a in**mekte olan**] [THY uçağının gözlemci koltuğunda oturan] bir pilot, [yaklaş**makta olan**] özel jeti son anda görmüş.* (http://www.ntvmsnbc.com/)
‚Ein Pilot, der auf dem Beobachtungssitz in einer Maschine von Turkish Airlines saß, die im Anflug auf London Heathrow war, hat den Privatflieger, der sich näherte, im letzten Moment gesehen.'

(8) *[Yazmakta olduğum] tezi dün bitirmiş oldum.*
‚Die Abschlussarbeit, die ich am Schreiben war, habe ich gestern zu Ende gebracht.'

☑ Sollte über einen in Erwägung gezogenen Plan gesprochen werden, wird **-(y)AcAk olduğu** verwendet:

*Gidecek olduğum ülkeler Bulgaristan, Romanya, Ukrayna, Rusya, Gürcistan'dır.*
‚Die Länder, in die ich vorhabe zu fahren, sind Bulgarien, Rumänien, die Ukraine, Russland und Georgien.'

## ⊃ Verschiedene Nomen eines Hauptsatzes erhalten einen Relativsatz

Was der Sprecher als **Gesprächsthema** wählt (☞ 24.2) und welche **Information** er danach liefern will, kann in Hauptsätzen durch die relativ variable Satzstellung vermittelt werden. Die Satzstellung innerhalb von Relativsätzen ist nicht so variabel; deshalb ist die Wahl des Partizips wichtig. Vergleichen Sie auch noch einmal Relativsätze ohne und mit eigenem Subjekt in der 3. Person (☞ 26.2). Enthält ein zugrunde liegender Hauptsatz mehrere nominale Bestandteile, kann jeder für sich durch einen Relativsatz beschrieben werden.

(1)   *Bu salonda **toplantı** yapılacak.*
      ‚In diesem Saal wird eine Versammlung stattfinden.'
   a. *Toplantı yapıl**acak** salon nerede?*
      ‚Wo ist der Saal, in dem eine Versammlung stattfinden wird?'
   b. *Bu salonda yapıl**acak** toplantı saat kaçta başlıyor?*
      ‚Um wie viel Uhr beginnt die in diesem Saal stattfindende Versammlung?'

(2)   ***Toplantı** bu salonda yapılacak.*
      ‚Die Versammlung wird in diesem Saal stattfinden.'
   a. *Toplantı**nın** yapıl**acağı** salon nerede?*
      ‚Wo ist der Saal, in dem die Versammlung stattfinden wird?'
   b. *Bu salonda yapıl**acak olan** toplantı saat kaçta başlıyor?*
      ‚Um wie viel Uhr beginnt die Versammlung, die in diesem Saal stattfinden wird?'

(3)   *Bu salonda **toplantı** yapıldı.*
      ‚In diesem Saal hat eine Versammlung stattgefunden.'
   a. *Toplantı yapıl**an** salon nerede?*
      ‚Wo ist der Saal, in dem eine Versammlung stattgefunden hat?'
   b. *Bu salonda yapıl**an** toplantı saat kaçta bitti?*
      ‚Um wie viel Uhr war die Versammlung, die in diesem Saal stattgefunden hat, zu Ende?'

(4)   ***Toplantı** bu salonda yapıldı.*
      ‚Die Versammlung hat in diesem Saal stattgefunden.'
   a. *Toplantı**nın** yapıl**dığı** salon nerede?*
      ‚Wo ist der Saal, in dem die Versammlung stattgefunden hat?'
   b. *Bu salonda yapıl**an**/yapıl**mış olan** toplantı saat kaçta bitti?*
      ‚Um wie viel Uhr war die Versammlung, die in diesem Saal stattgefunden hat, zu Ende?'

(5)   *Öğretmen öğrencilerine ödev verdi.*
      ‚Der Lehrer hat seinen Schülern Aufgaben gegeben.'
   a. *Öğretme**nin** öğrencilerine ver**diği** ödevler çok ağır.*
      ‚Die Aufgaben, die der Lehrer seinen Schülern gegeben hat, sind sehr schwierig.'
   b. *Öğretme**nin** ödev ver**diği** öğrencileri yardım bekliyorlar.*
      ‚Die Schüler des Lehrers, denen dieser Aufgaben gegeben hat, erwarten Hilfe.'
   b. *Öğrencilerine ödev ver**en** öğretmen ara yapıyor.*
      ‚Der Lehrer, der seinen Schülern Aufgaben gegeben hat, macht eine Pause.'

## ➲ Zur Wahl der Partizipien

### I. Nominale Prädikate

Für „sein" und „haben" wird primär **olan** verwendet. Sollte **olmak** auch die Bedeutung „werden" zulassen und möchte man das ausschließen, wird auf **bulunmak** zurückgegriffen:

| | |
|---|---|
| Buzdolabında *meyve suyu* var. | ‚Im Kühlschrank ist Obstsaft.' |
| → içinde meyve suyu ol**an** buzdolabı | ‚der Kühlschrank, in dem Obstsaft ist' |
| *Meyve suyu* buzdolabında. | ‚Der Obstsaft ist im Kühlschrank.' |
| → Meyve suyu**nun** ol**duğu** buzdolabı | ‚der Kühlschrank, in dem der Obstsaft ist' |
| Çantada *Cem'in sözlüğü* var. | ‚In der Tasche ist Cems Wörterbuch.' |
| → içinde Cem'in sözlüğü ol**an** çanta | ‚die Tasche, in der Cems Wörterbuch ist' |
| *Cem'in sözlüğü* çantada. | ‚Cems Wörterbuch ist in der Tasche.' |
| → Cem'in sözlüğü ol**duğu**/bulun**duğu** çanta | ‚die Tasche, in der das Wörterbuch von Cem ist' |

In den Beispielen *Buzdolabında meyve suyu var > içinde meyve suyu olan buzdolabı* und *Çantada Cem'in sözlüğü var > içinde Cem'in sözlüğü olan çanta* **muss** eine Ortsangabe aufrechterhalten werden, denn *meyve suyu olan buzdolabı* bedeutet ‚der Kühlschrank, der Obstsaft ist' und *Cem'in sözlüğü olan çanta* ‚die Tasche, die Cems Wörterbuch ist'. Man kann aber ausweichen in *Meyve suyu bulunan buzdolabı* ‚der Kühlschrank, in dem sich Obstsaft *befindet*'.

- **Merke:** Wenn das Subjekt der 3. Person im Nebensatz in einem possessiven Verhältnis zum Subjekt des Hauptsatzes steht, kann **olan** ausgespart werden. Selten ausgespart wird olan, wenn das Bezugsnomen *menschlich* und *bestimmt* ist:

| | |
|---|---|
| ısığı bol **olan** bir yer | ‚ein Platz, wo viel Licht ist' |
| → ısığı bol bir yer | ‚ein Platz mit viel Licht' |
| perde**si** açık **olan** pencere | ‚das Fenster, dessen Gardine zurückgezogen ist' |
| → perde**si** açık pencere | ‚das Fenster mit der zurückgezogenen Gardine' |

### II. Verbale Prädikate

Folgende Konstruktionen werden im Regelfall nur mit *intransitiven* Verben gebildet. Das *neu* und *unbestimmt* eingeführte Subjekt der 3. Person *innerhalb* eines Relativsatzes bleibt im **Nominativ**. Das *bekannt* oder *bestimmt* verwendete Subjekt steht *normalerweise* im **Genitiv**.

| | |
|---|---|
| Çocuğa *hediye* verildi. | ‚Dem Kind ist ein Geschenk gegeben worden.' |
| → hediye veril**en** çocuk | ‚das Kind, dem ein Geschenk gegeben wurde' |
| *Hediye* çocuğa verildi. | ‚Das Geschenk ist dem Kind gegeben worden.' |
| → Hediye**nin** verildiği çocuk | ‚das Kind, dem das Geschenk gegeben wurde' |
| Üniversitede *Türk dilleri* okutuluyor. | ‚An der Universität werden Türksprachen gelehrt.' |
| → Türk dilleri okutul**an** üniversite | ‚die Universität, an der Türksprachen gelehrt werden' |
| *Türk dilleri* üniversitede okutuluyor. | ‚Die Türksprachen werden an der Universität gelehrt.' |
| → Türk dilleri**nin** okutul**duğu** üniversite | ‚die Universität, an der die Türksprachen gelehrt werden' |

- **Merke:** In seltenen Fällen findet man auch Beispiele mit transitiven Verben. Im ersten Beispiel ist **arı** Subjekt (im Deutschen würde man eine Passivkonstruktion wählen), im zweiten Beispiel ist **öğrenci** unmarkiertes Objekt:

    (1) ***Arı sokan*** *arıcı kalp krizinden öldü!* (www.haber7.com) (12/07/2010)
    ‚Der Imker, den Bienen gestochen haben, ist an einem Herzinfarkt gestorben.'

    (2) ***Öğrenci döven*** *polislere 'işkence' davası açıldı.* (Radikal, 01/12/2009)
    ‚Gegen die Polizisten, die einen Studenten verprügelt haben, wurde ein Verfahren wegen Misshandlung eröffnet.'

    Im Extremfall kann es vorkommen, dass nur der Kontext zeigen kann, ob solch ein Substantiv im Nominativ als Subjekt oder Objekt zu verstehen ist:

    (3) ***Köpek ısıran*** *Maradona taburcu oldu.* (www.habervitrini.com) (31/03/2010)
    ‚Maradona, den ein Hund gebissen hat, ist aus der Klinik entlassen worden.'

    (4) ***Köpek ısıran*** *insan gördün mü?* (www.turkforum.net)
    ‚Hast du einen Menschen gesehen, der Hunde beißt/gebissen hat?'

☑ **Allgemeiner oder individueller Verlauf**

Manchmal kann in der 3. Person das *-(y)An*-Partizip *oder* ein Possessivpartizip eingesetzt werden. Dann bezeichnet das *-(y)An*-Partizip ein im Allgemeinen stattfindendes, das Possessivpartizip hingegen ein individuell stattfindendes/stattgefundenes Ereignis.

(5) *Hastaya **ilaç verilen** günler salı ve cuma.*
‚Die Tage, an denen dem Kranken *Medikamente* verabreicht *werden*, sind Dienstag und Freitag.'

(6) *Hastaya **ilaç verildiği** günler salı ve cuma idi.*
‚Die Tage, an denen dem Kranken *Medikamente* verabreicht *wurden*, waren Dienstag und Freitag.'

(7) *Hastaya **ilacın verildiği** günler salı ve cuma idi.*
‚Die Tage, an denen dem Kranken *das Medikament* verabreicht *wurde*, waren Dienstag und Freitag.'

(8) *Hastaya **ilaç verileceği** günler salı ve cuma olacak.*
‚Die Tage, an denen dem Kranken *Medikamente* verabreicht *werden sollen*, sind Dienstag und Freitag.'

(9) ***Gelinen*** *yer mi,* ***gidilen*** *yol mu önemlidir?* (www.kadinlararasi.com)
‚Ist der Ort, aus dem man kommt, oder der Weg, auf dem man geht, wichtig?'

(10) *Şehirlerarası otobüslerde **sigara içildiği**, sokak aralarında **halı yıkandığı** yıllar geçmişe ait.* (http://friendfeed.com/sehirleraras-otobuslerde-sigara-icildigi)
‚Die Jahre, in denen in den Überlandbussen geraucht und zwischen den Straßen Teppiche gewaschen wurden, gehören der Vergangenheit an.'

(11) *Cumhurbaşkanlığının kristal bardaklarında **içilen** bir sürü demli çayın **içildiği** toplantılar* (www.genckolik.net)
‚Zusammenkünfte, bei denen eine Menge starker Tee getrunken wurde, der üblicherweise aus Kristallgläsern des Staatspräsidentenamtes getrunken wird.'

## ⊃ Modalität in Relativsätzen

Relativsätze, in denen Modalität ausgedrückt werden soll, bilden im Allgemeinen keine Besonderheiten, z.B.

*Okuyabildiğim sayfaları gözden geçirdim* ‚Die Seiten, die ich lesen konnte, habe ich durchgesehen', *Anlayamadığın konuları bir daha sor* ‚Frag bei den Themen, die du nicht verstehen konntest, nochmal nach', *Sana gereken sözlük büyük bir sözlük mü olsun?* ‚Soll das Wörterbuch, das du brauchst, ein großes Wörterbuch sein?', *Öğrenmek zorunda olduğun dil hangisi?* ‚Welche ist die Sprache, die du lernen musst?', *Öğrenmek zorunda olacağın dil hangisi?* ‚Welche ist die Sprache, die du wirst lernen müssen?'.

Allerdings ist das Nezessitativsuffix -mAlI in einem Relativsatz nicht verwendbar; man muss auf das Verb *gerekmek* ‚erfordern, nötig sein' ausweichen:

| | |
|---|---|
| Bu mektubu okumalısın. Hoşuna gidecek. | ‚Diesen Brief musst du lesen. Er wird dir gefallen.' |
| → Okuman gere**ken** bu mektup hoşuna gidecek. | ‚Dieser Brief, den du lesen musst, wird dir gefallen.' |
| Bu mektubu okumalıydın. Hoşuna giderdi. | ‚Diesen Brief hättest du lesen müssen. Er hätte dir gefallen.' |
| → Okuman gere**ken** bu mektup hoşuna giderdi. | ‚Dieser Brief, den du hättest lesen müssen, hätte dir gefallen.' |
| Bu kitabı mı okuman gerekiyor? | ‚Musst du *dieses Buch* lesen?' |
| → Okuman gere**ken** kitap bu mu? | ‚Ist das das Buch, das du lesen musst/sollst?' |
| Bu kitabı mı okuman gerekiyordu? | ‚Musstest/solltest du *dieses Buch* lesen?' |
| → Okuman gere**ken** kitap bu muydu? | ‚War das das Buch, das du lesen musstest/solltest?' |

Somit kann man bei mit *gerekmek* gebildeten Relativsätzen nicht unterscheiden, ob ein entsprechender Hauptsatz mit -mAlI oder *gerekmek* gebildet worden wäre:

| | |
|---|---|
| Kalkması gere**ken** otobüs bu değil mi? | ‚Ist das nicht der Bus, der abfahren muss?' |
| Gitmem gere**ken** otobüs geliyor. | ‚Der Bus, mit dem ich fahren muss, kommt.' |

Problematisch erweisen sich isolierte Fragmente. So sind folgende Aussagen doppeldeutig, weil man nicht ersehen kann, worauf sich das Possessivsuffix an *gitmesi* bezieht:

| | |
|---|---|
| gitm**esi** gereken otobüs | ‚der Bus, der abfahren soll |
| *oder:* | ‚der Bus, mit dem er/sie fahren soll |
| kitap okum**ası** gereken çocuk | ‚das Kind, das ein Buch vorlesen muss |
| *oder:* | ‚das Kind, dem er/sie ein Buch vorlesen muss |

Solche Unklarheiten sind in einem Kontext lösbar. Auch die Kombination des als Partizip gebrauchten Verbs mit dem Bezugselement ist wichtig:

| | |
|---|---|
| Otobüs geliyor. Cem'in gitmesi gerekiyor. | ‚Der Bus kommt. Cem muss wegfahren.' |
| → Cem'in gitmesi gereken otobüs geliyor. | ‚Der Bus, mit dem Cem fahren muss, kommt.' |
| gitm**esi** gereken köy | ‚das Dorf, in das er/sie gehen muss/soll' |

Bei diesen Konstruktionen handelt es sich um eingebettete Nebensätze (☞ Kapitel 25).

Eine andere Möglichkeit ist, aus *gereken* ein *gerektiği* zu bilden. Das Possessivsuffix an *gerektiği* verweist auf jemand Genanntes/Bekanntes zurück:

| | |
|---|---|
| satması **gerektiği** futbolcu | ‚der Fußballspieler, den er (der Verein) verkaufen muss' |
| Cem'in gitmesi **gerektiği** otobüs geliyor. | ‚Der Bus, *zu dem* Cem gehen muss, kommt.' |

Aber der Wechsel von *-(y)An* zu *-DIğI* enthält noch eine Besonderheit. Mit *-(y)An* kann der Sprecher eine **Vorausschau** (ein Geschehen, das noch eintreten muss oder soll) formulieren, mit *-DIğI* ein jedoch individuelles Geschehen als **Rückblick** angeben, was sich dann als Vergangenheit interpretieren lässt:

| | |
|---|---|
| Cem'in kitap okuması gerek**en** topluluk | ‚die Versammlung, der Cem ein Buch vorlesen muss/soll' |
| şiir okuması gerek**tiği** topluluk | ‚die Versammlung, der er ein Gedicht vortragen muss/musste' |
| Artık git**men gereken** zaman gelir. | ‚Nunmehr wird die Zeit kommen, zu der du gehen musst.' |
| Kal**man gerektiği** zaman gittin, git**men gerektiği** zaman geldin. | ‚Als es nötig war, dass du bleibst, bist du gegangen, als es nötig war, dass du gehst, bist du gekommen.' |

### ⊃ Zur Stellung der Demonstrativpronomen

Die Demonstrativpronomen stehen vor dem Bezugselement, auf das sie sich beziehen:

(1) *Kralın anısına **yapılacak bu** gecenin bir kraliyet şatosunda gerçekleşmesi gerektiğini düşünmüşler.* (www.hafifmuzik.org)
 ‚Sie haben gedacht, dass dieser Abend, der zum Gedenken an den König stattfinden wird, in einem Königsschloss verwirklicht werden sollte.'

(2) ***Bu yapılacak** ultrasonografide ana amaç, bebeklerde olabilecek sakatlıkları tespit edebilmektir.* (www.ultragebelik.com)
 ‚Das Hauptziel bei dieser vorzunehmenden Ultraschalluntersuchung ist es, mögliche Behinderungen bei den Babys festzustellen.'

### ⊃ Relativsätze mit *-(A/I)r/-mAz olan/olduğu*

Die Aoristpartizipien werden selten mit *olan/olduğu* erweitert. Entweder handelt es sich um ein zweiteiliges Verb wie *uğramaz olmak* ‚nicht mehr aufsuchen' oder um ein Aoristpartizip, das ausschließlich als Adjektiv zu verstehen ist:

*Bir daha geri gel**mez olan** gençliğimi özlüyorum* ‚Ich sehne mich nach meiner Jugend, die nicht noch einmal zurückkehren wird', *Bora, görüş**mez olduğumuz** eski bir dost* ‚Bora ist ein früherer Freund, mit dem wir keine Verbindung mehr haben', *Domuz Müslüman Türk halkı için avlanabilir, fakat kesinlikle yen**mez olan** bir hayvandır* ‚Das Schwein ist für das muslimische türkische Volk ein jagbares, jedoch auf jeden Fall nicht essbares Tier', *18 yaşını geçmiş ve tam çalışabil**ir olan** herkes sınırsızca kayıt yaptırma hakkına sahiptir* ‚Jeder, der das Alter von 18 vollendet hat und voll arbeitsfähig ist, hat das unbegrenzte Recht, sich registrieren zu lassen.'

## 26.3 Relativsätze ohne Bezugsnomen

Es ist möglich, das Bezugsnomen eines Relativsatzes auszulassen und die Partizipien substantiviert zu verwenden. Sollte das „gedachte" Bezugselement ein Pluralsuffix und/oder auch ein Kasussuffix enthalten, werden diese am Partizip gekennzeichnet:

| | |
|---|---|
| [Çiçek **getiren**] bey kimdi? | ‚Wer war der Herr, der Blumen gebracht hat?' |
| → Çiçek **getiren** kimdi? | ‚Wer war der, der Blumen gebracht hat?' |
| [Çiçek **getiren**] çocuk**lar** kimdi? | ‚Wer waren die Kinder, die Blumen gebracht haben?' |
| → Çiçek getiren**ler** kimdi? | ‚Wer waren die, die Blumen gebracht haben? |
| [Olan] şey**leri** unutamıyorum. | ‚Ich kann die Sachen, die passiert sind, nicht vergessen.' |
| → Olan**ları** unutamıyorum. | ‚Ich kann all das, was passiert ist, nicht vergessen.' |
| [Dolmuş ve minibüse binen] kişi**lere** kötü haber | ‚Schlechte Nachricht für die Personen, die in einen Dolmusch oder Kleinbus einsteigen' |
| → Dolmuş ve minibüse binen**lere** kötü haber | ‚Schlechte Nachricht für diejenigen, die in einen Dolmusch oder Kleinbus einsteigen' |
| [Yalan söyleyen] kişi**lerden** nefret ederim. | ‚Ich hasse Leute, die lügen.' |
| → Yalan söyleyen**lerden** nefret ederim. | ‚Ich hasse diejenigen, die lügen.' |
| Gülü **seven** dikenine katlanır. (Atasözü) | ‚Wer die Rose liebt, nimmt ihre Dornen in Kauf.' |
| Bu kızla **evlenen** mutlu olmaz. | ‚Wer dieses Mädchen heiratet, wird nicht glücklich.' |
| Doğru söyleyeni dokuz köyden kovarlar. (Atasözü) | ‚Den, der die Wahrheit sagt, verjagt man aus neun Dörfern.' (den die Wahrheit Sagenden ...) |
| Bana yardım edene pasta var. | ‚Wer mir hilft, bekommt Kuchen.' |
| Anlayana sivrisinek saz, anlamayana davul zurna az. (Atasözü) | ‚Für den, der versteht, klingt eine Mücke wie eine Saz (ein Saiteninstrument), für den, der nicht versteht, sind Trommel und Oboe zu wenig.' |
| Resimde görüleni nasıl silerim? | ‚Wie kann ich das löschen, was auf dem Bild zu sehen ist?' (gesehen wird) |
| Türk ve Ermeni gençler „olmaz" denileni gerçekleştiriyor. (Radikal, 12/07/2010) | ‚Die türkischen und armenischen Jugendlichen verwirklichen das, was man für „unmöglich" gehalten hat.' |
| Sizde çalış**mış olan** kim? | ‚Wer ist derjenige, der bei euch gearbeitet hat/hatte?' |
| Sizde çalış**mış olanlar** kim? | ‚Wer sind diejenigen, die bei euch gearbeitet haben/hatten?' |
| Sizde çalış**makta olanlar** kim? | ‚Wer sind diejenigen, die bei euch arbeiten?' |
| İnecek var mı? | ‚Will jemand aussteigen? (= Gibt es einen Aussteigenwollenden?)' |
| Çiçek **getirecek olan** kim? | ‚Wer ist derjenige, der Blumen bringen wird?' |
| Sizden gelecek**leri** bekliyoruz. | ‚Wir warten darauf, was von Ihnen kommt.' |
| Türkiye düşünülemezi düşünmeli. (Radikal, 11/07/2010) | ‚Die Türkei muss an das Undenkbare denken.' (an das, was man nicht für möglich halten kann) |

## Relativsätze ohne Bezugsnomen

☑ **Substantivische Verwendung der Possessivpartizipien:**

| | |
|---|---|
| [Benim **aldığım**] dergi bu değil. | ‚Das ist nicht die Zeitschrift, die ich gekauft habe.' |
| → Benim **aldığım** bu değil. | ‚Das ist nicht die, die ich gekauft habe.' |
| [Senin oku**duğun**] kitabı ben de okudum. | ‚Das Buch, das du gelesen hast, habe ich auch gelesen.' |
| → Senin oku**duğunu** ben de okudum. | ‚Dasjenige, das du gelesen hast, habe ich auch gelesen.' |
| [Senin kork**tuğun**] köpek**ten** ben de korktum. | ‚Vor dem Hund, vor dem du Angst hattest, habe ich auch Angst bekommen.' |
| → Senin kork**tuğundan** ben de korktum. | ‚Vor dem, vor dem du Angst hattest, habe ich auch Angst bekommen.' |
| Benim aldığım sözlükte on boş sayfa var, [Ece'nin al**dığı**] sözlük**te** boş sayfa yok. | ‚In dem Wörterbuch, das ich gekauft habe, sind zehn Blankoseiten, in dem Wörterbuch, das Ece gekauft hat, sind keine Blankoseiten.' |
| → Ece'nin al**dığında** boş sayfa yok. | ‚In dem, das Ece gekauft hat, sind keine Blankoseiten.' |

> ✓ **Merke:**
> Wenn der Relativsatz mit einem Possessivpartizip gebildet ist und das „gedachte" Bezugsnomen im Plural steht, muss **-lAr** zuerst an **-DIk** bzw. **-(y)AcAk** angehängt werden, bevor das Possessivsuffix folgt. Eventuelle Kasussuffixe stehen am Schluss.

| | |
|---|---|
| [Benim çektiğim] resim**ler** bunlar. | ‚Das sind die Fotos, die ich aufgenommen habe.' |
| → Benim çektik**ler**im bunlar. | ‚Das sind die, die ich aufgenommen habe.' |
| [Yazdığın] şey**ler**den bir şey anlamadım. | ‚Ich habe von den Dingen, die du geschrieben hast, nichts verstanden.' |
| → Yazdık**lar**ından bir şey anlamadım. | ‚Ich habe von dem, was du geschrieben hast, nichts verstanden.' |
| Ece, [annesinin aldığı] öteberi**leri** buzdolabına koydu. | ‚Ece hat die Sachen, die ihre Mutter gekauft hat, in den Kühlschrank gestellt.' |
| → Ece, annesinin aldık**lar**ını buzdolabına koydu. | ‚Ece hat das, was ihre Mutter gekauft hat, in den Kühlschrank gestellt.' |
| [Senin güvenmediğin] kişi**lere** ben de güvenmiyorum. | ‚Den Personen, denen du nicht vertraust, vertraue ich auch nicht.' |
| → Senin güvenmedik**ler**ine ben de güvenmiyorum. | ‚Denjenigen, denen du nicht vertraust, vertraue ich auch nicht.' |
| [Bugün yapacağın] iş**leri** anlat. | ‚Erzähle von den Sachen, die du heute machen wirst.' |
| → Bugün yapacak**lar**ını anlat. | ‚Erzähle davon, was du heute machen wirst.' |
| Cem, [bugün ilk defa göreceği] kişi**leri** merak ediyor. | ‚Cem ist auf die Personen gespannt, die er heute zum ersten Mal sehen wird.' |
| → Cem, bugün ilk defa görecek**ler**ini merak ediyor. | ‚Cem ist auf die gespannt, die er heute zum ersten Mal sehen wird.' |

## 26.4 Auf Hörensagen beruhende Informationen weitergeben

Will man bei Nebensätzen mit *-(y)An/-(y)AcAK* oder *-DIğI/-(y)AcAğI* vermitteln, dass die Information auf Hörensagen beruht, und eventuell auch Distanzierung vom mitgeteilten Inhalt ausdrücken, gibt es folgende Möglichkeiten.

**I.** Der Nebensatz wird als Ergänzungssatz in einen Relativsatz eingebettet:

(1) *Babasının Türk olduğunu **öğrendiğim** Cem bizde çalışmak istiyor.*
 ‚Cem, über den ich erfahren habe, dass sein Vater Türke ist, möchte bei uns arbeiten.'

(2) *Arabası olduğunu **öğrendiğim** Ali dün kaza yapmış.*
 ‚Ali, über den ich erfahren habe, dass er ein Auto hat, hätte gestern einen Unfall gebaut.'

(3) *Babasının arabası olduğunu **öğrendiğim** arkadaşım hava atıyor.*
 ‚Mein Freund, dessen Vater, wie ich erfahren habe, ein Auto hat, gibt an.'

(4) *Kızının cesetinin bulunduğunu **öğrenen** baba sinir krizleri geçirdi.*
 ‚Der Vater, der erfuhr, dass die Leiche seiner Tochter aufgefunden wurde, erlitt einen Nervenzusammenbruch.'

(5) ***Sözde** hasta olduğunu telefon ederek **söyleyen** Petra'ya inanmıyorum.*
 ‚Der Petra, die telefonisch mitgeteilt hat, dass sie krank wäre, glaube ich nicht.'

(6) ***Sözde** bir prensesle evleneceğini **söyleyen** Ali'ye inanmıyorum.*
 ‚Dem Ali, der angeblich bald eine Prinzessin heiraten würde, glaube ich nicht.'

**II.** Der Nebensatz wird als Subjektsatz in einen Relativsatz eingebettet; das benötigte *-(y)An*-Partizip steht im Passiv. Diese Art ist typisch für Nachrichten.

(7) *Kaza yaptığı söylen**ilen**/bildir**ilen**/anlatılan/ileri sür**ülen**/iddia ed**ilen** Bodo kaza yerinden kaçmış.*
 ‚Bodo, über den gesagt/mitgeteilt/erzählt/vorgebracht/behauptet wird, dass er einen Unfall gebaut hat, habe Fahrerflucht begangen.'

(8) *Tarkan'ın, Ayda'yla 20 Ekim'de evlenecek olması, şu sıralar sosyetede en çok konuş**ulan** konuların başında geliyor.*
 ‚Die Tatsache, dass Tarkan und Ayda am 20. Oktober heiraten, ist derzeit das am meisten kursierende Thema in der Schickeria.'

(9) *İzmir'de bir mağazayı kundakladıkları iddia ed**ilen** 2 kişi yakalandı.* (www.sondakika.com).
 ‚In Izmir sind zwei Personen, von denen behauptet wird, ein Kaufhaus in Brand gesetzt zu haben, festgenommen worden.'

(10) *Mozart'ın ölmeden önce son kez kullandığı düşün**ülen** ve uzun yıllar kayıp olan eski bir piyano Almanya'da ortaya çıktı.* (www.haberforum.com) (08/08/2010)
 ‚Ein altes Klavier, von dem angenommen wird, dass Mozart es vor seinem Tode zum letzten Mal benutzt hat und das viele Jahre verschollen war, ist in Deutschland aufgetaucht.'

## 26.5 Notwendige und nicht notwendige Relativsätze

Man kann Relativsätze danach unterteilen, ob das Nomen, auf das sie sich beziehen, eine *notwendige* Erklärung benötigt, oder ob die Erklärung *nicht notwendig*, also weglassbar ist:

**1. Notwendige Erklärung** (*restriktive* Relativsätze)

*Elektrik ampülünü icat ed**en** Edison'du* ‚Es war Edison, der die Glühbirne erfand' (Das Beispiel ist umwandelbar in *Derjenige, der die Glühbirne erfand, war Edison.*), *Dün benimle beraber yüzme kursuna gid**en** bir hanıma rastladım* ‚Gestern habe ich eine Frau getroffen, die mit mir zusammen im Schwimmkurs war', *Cem, Ece'nin tavsiye et**tiği** kitabı okuyor* ‚Cem liest das Buch, das Ece empfohlen hat.'

**2. Nicht notwendige Erklärung** (*appositive* Relativsätze)

*Ankara'da doğ**an** Ece Köln'de büyüdü* ‚Ece, die in Ankara geboren wurde, ist in Köln aufgewachsen', *Yirmi yıldır tanı**dığım** Elif Türkçe öğretmeni oldu* ‚Elif, die ich seit 20 Jahren kenne, ist Türkischlehrerin geworden.'

☑ **Sätze mit *ki***

Zu den nicht notwendigen Relativsätzen gehören „weiterführende Relativsätze". Sie stehen in einem lockeren Verhältnis zum Bezugselement oder beziehen sich auf den ganzen Satz davor. Diese *müssen* im Türkischen mit **ki** (☞ 10.4) angeschlossen werden:

*Kızım saçlarını kırmızıya boyatmak istiyor, **ki buna** hiç de razı değilim* ‚Meine Tochter will sich ihre Haare rot färben lassen, womit ich überhaupt nicht einverstanden bin.'

Manchmal kann man solche mit **ki** angeschlossener Sätze mit einem Relativsatz übersetzen. *Aber:* Die Partikel **ki** ist kein Relativpronomen; diese Sätze sind *nicht* untergeordnet:

*Sen **ki** beni tanıyorsun, niçin benim hakkımda böyle kötü düşünüyorsun?* ‚Du, der/die du mich kennst, wieso denkst du so schlecht über mich?'

☑ Deutsche **weiterführende Nebensätze** werden im Türkischen mit **ki** angeschlossen, sind aber Hauptsätze.

*Elif beni davet etti **ki** buna sevindim* ‚Elif hat mich eingeladen, worüber ich mich freue', *Mustafa boşanmak istiyor **ki** şaşıyorum* ‚Mustafa will sich scheiden lassen, was mich wundert', *Tam eve girmiştik **ki** fırtına başladı* ‚Wir hatten gerade das Haus betreten, als ein Sturm anfing.'

## 26.6 Verkettete Attributsätze

Man kann nicht nur Substantive miteinander verketten (wie *telefon numarası* ☞ 4.4), sondern auch **-mAk, -mA, -mAsI** sowie **-DIğI** und **-(y)AcAğI** mitsamt ihren Erweiterungen an ein Nomen ketten. Das Nomen erhält ein *Possessivsuffix*. Diese Konstruktionen entsprechen deutschen *Attributsätzen*, die Infinitivsätze sind, oder mit „dass" bzw. einem Fragewort eingeleitet werden. Verkettete Attributsätze kann man nur in den wenigsten Fällen aus dem Satz eliminieren, ohne dass dieser unverständlich wird.

## I. Verkettungen mit *-mAk* oder *-mA*

*Türkçe konuşmak arzusundayım* ‚Ich habe den Wunsch, Türkisch zu sprechen', *Bunu söylemek cesaretinde bulunamadım* ‚Ich habe nicht den Mut aufbringen können, das zu sagen', *Yer vermek lütfunda bulunabilir misiniz?* ‚Können Sie so liebenswürdig sein, Platz zu machen?', *Fırtına nedeniyle dalga boyunun yaklaşık 2 metreye ulaştığı Marmaris'te, balıkçılar ile tekne sahiplerine denize açılmama uyarısı yapıldı* ‚In Marmaris, wo aufgrund des Unwetters die Wellenhöhe ca. 2 m erreichte, wurde für die Fischer und Bootseigner die Warnung herausgegeben, nicht aufs Meer hinauszufahren'.

## II. Verkettungen mit *-mAsI* sowie *-DIğI* oder *-(y)AcAğI*

*Tabii işlerin kötü gitmesi ihtimali her zaman vardır* ‚Natürlich ist die Wahrscheinlichkeit immer gegeben, dass die Geschäfte (die Angelegenheiten) sich negativ entwickeln'.
*Yolcular rahatsız oldukları şikâyetinde bulundu* ‚Die Passagiere haben sich darüber beschwert, dass sie gestört werden', *Meslek şanslarının ne olduğu sorusu yerinde* ‚Die Frage, wie die Berufsaussichten sind, ist berechtigt', *Satılan kitapların ne kadarının gerçekten okunduğu sorunu var* ‚Es gibt das Problem, wie viele der verkauften Bücher tatsächlich gelesen werden/wurden'.
*Gelip gelmeyeceğin sorusu önemli* ‚Die Frage, ob du kommst, ist wichtig', *Babam olduğunun anlaşılıp yalancılığımın ortaya çıkacağı korkusu, babamın olduğunu saklamak yalancılığından çok daha baskındı* (AN, BGBG1, 347f.) ‚Die Angst, dass bemerkt werden könnte, dass ich einen Vater habe und meine Verlogenheit aufgedeckt würde, war sehr viel bedrückender als das Verheimlichen der Tatsache, dass es meinen Vater gibt, was einer Lüge gleichkam'.

☑ Auch ganze Sätze können verkettet werden. Oft werden dabei indirekt gemeinte Aussagen als direkte formuliert. Im Deutschen bietet sich die indirekte Übersetzung an:
*Cem benim "Bu akşam uğrayabilir misin?" sorusuna, "Henüz bilmiyorum, vaktim olmayabilir" cevabını verdi* ‚Cem hat auf meine Frage, ob er heute Abend vorbeikommen könne, geantwortet, dass er es noch nicht wisse und es sein könne, dass er keine Zeit habe.'

- **Mögliche Probleme**

In einigen Fällen kann auf den ersten Blick die Entscheidung, ob man es mit einem verketteten Attributsatz zu tun hat oder nicht, schwer fallen, vor allen Dingen dann, wenn dem Nomen ein **-I** angehängt ist. Das könnte ja ein Possessivsuffix oder ein Akkusativsuffix nach konsonantischem Auslaut sein. Dann hilft nur genaues Analysieren:

*Hükümet'in aksini iddia etmesi sonucu değiştirmiyor* (www.habername.com) ‚Die Tatsache, dass die Regierung das Gegenteil behauptet, ändert das Ergebnis nicht'.

Das Prädikat heißt *değiştirmiyor*; es ist ein transitives Verb und fordert ein Akkusativobjekt. Bei einer Verkettung müsste *sonuç* ein Possessivsuffix **und** das Akkusativsuffix enthalten. Dann kann das Subjekt des Satzes auch nur noch *er/sie* sein:

*Hükümet'in aksini iddia ettiği sonucunu değiştirmiyor* ‚Er/sie ändert das Ergebnis, dass die Regierung das Gegenteil behauptet, nicht'.

# 27 Adverbialsätze

## 27.1 Übersicht

Auch *Adverbialbestimmungen*, die die näheren Umstände eines Ereignisses beschreiben, können zu ganzen Sätzen ausgebaut werden. Wir gliedern die **Adverbialsätze** in folgende Hauptgruppen, die jeweils noch einmal untergliedert werden können:

- **Temporalsätze**

| | |
|---|---|
| *Antalya'ya geldiğimiz zaman* sizi ziyaret ederiz. | ‚*Wenn wir nach Antalya kommen (gekommen sind)*, werden wir euch besuchen.' |
| *Evden çıktığımda* sağanak yağmur başladı. | ‚*Als ich aus dem Haus trat*, fing es an zu gießen.' |

- **Kausalsätze**

| | |
|---|---|
| *Param olmadığından* Türkiye'ye gidemiyorum. | ‚Ich kann nicht in die Türkei fahren, *weil ich kein Geld habe*.' |

- **Modalsätze**

| | |
|---|---|
| *Yağmur yağmazsa* yüzmeye gideriz. | ‚*Wenn es nicht regnet*, gehen wir schwimmen.' |
| *Herkesin duyacağı kadar* bağırdı. | ‚Er schrie *so laut, dass es jeder hören konnte*.' |
| *Yatakta kalacağına* işe gitti. | ‚*Anstatt im Bett zu bleiben*, ist sie zur Arbeit gegangen.' |

- **Lokalsätze**

| | |
|---|---|
| *Kaldığın yerde* kal. | ‚Bleib, *wo du bist*.' |

- **Adversativsätze**

| | |
|---|---|
| *Dün hava sıcakken* bugün dışarısı buz gibi. | ‚*Während es gestern warm war*, ist es heute draußen eiskalt.' |

Für die Adverbialsätze benötigen Sie keine neuen Suffixe. Aber die schon bekannten Suffixe werden unterschiedlich, zum Teil auch erweitert, eingesetzt.

☺ **Faustregel:**
Wenn nicht ausdrücklich anders angegeben, können die hier behandelten Haupt- und Nebensätze das gleiche, aber auch verschiedene Subjekte enthalten:

| | |
|---|---|
| Eve gelince yemek yer**im**. | ‚Wenn *ich* nach Hause komme, esse *ich*.' |
| **Babam** eve gelince yemek yer**iz**. | ‚Wenn *mein Vater* nach Hause kommt, essen *wir*.' |

Genannte Subjekte im Nebensatz stehen im *Nominativ*; Abweichungen sind angegeben. Topiks von *haben*-Konstruktionen stehen nach wie vor im *Genitiv*.

## 27.2 Temporalsätze

1. Mit **-DIğI/-(y)AcAğI zaman** ‚wenn/als' wird ein *Zeitraum* angegeben. Das Nebensatzgeschehen kann vorzeitig, gleichzeitig oder nachzeitig sein:

*İzmir'e git**tiğim zaman** Efes'i de göreceğim* ‚Wenn ich nach Izmir fahre, werde ich auch Ephesus sehen', *İzmir'e git**tiğim zaman** Efes'i de gördüm* ‚Als ich nach Izmir gefahren bin, habe ich auch Ephesus gesehen', *Üniversitede oku**duğum zaman** haftada üç gün bir ofiste çalışıyordum* ‚Als ich studierte, habe ich drei Tage in der Woche in einem Büro gearbeitet', *Cem evde ol**madığı zaman** ne annesine ne iş yerine telefon ederim* ‚Wenn Cem nicht zu Hause ist, rufe ich weder seine Mutter noch bei seiner Arbeitsstelle an', *Ali'nin arabası ol**duğu zaman** Türkiye'ye gidecek* ‚Wenn Ali ein Auto hat, wird er in die Türkei fahren'. *Elif Türkiye'den dön**düğü zaman** annesi babası tatile çıkmak üzereydi / annesi babası tatile çıkmıştı / annesi babası tatile çıktı* ‚Als Elif aus der Türkei zurückkam, waren ihre Eltern dabei, in Urlaub zu fahren / waren ihre Eltern in Urlaub gefahren / sind ihre Eltern in Urlaub gefahren'.

*Gel**dikleri** zaman haber ver!* ‚Gib Bescheid, wenn sie da sind', *İzmir'e gel**diğim zaman** seni ararım* ‚Wenn ich nach Izmir gekommen bin, rufe ich dich an' (ab der Ankunft in Izmir), *İzmir'e gel**eceğim zaman** seni ararım* ‚Wenn ich nach Izmir kommen werde, rufe ich dich an' (vor der Ankunft in Izmir).

Der Begriff *zaman* ‚Zeit' ist austauschbar mit *vakit* ‚Zeit' (gibt einen zeitlichen Fixpunkt an) oder anderen Zeitbegriffen, z.B. *-DIğI sırada* ‚zu der Zeit, als/während':

*İzmir'e gel**diğimiz vakit** yağmur yağıyordu* ‚Als wir in Izmir ankamen, regnete es', *Lisede ol**duğum sırada** Rusça öğrendim* ‚Zu der Zeit, als ich auf dem Gymnasium war, habe ich Russisch gelernt', *Aydın evde ol**duğu akşamlar**, televizyonun karşısına geçiyor* (DA, AADY, 135) ‚An den Abenden, an denen Aydın zu Hause ist, setzt er sich vor den Fernseher'.

Wenn die Zeit eingegrenzt werden soll, wird an den Zeitbegriff das Lokativsuffix angefügt, z.B. *şu an* ‚momentan' → *şu anda* ‚in diesem Moment':

*Eve gir**diğim anda** ışık söndü* ‚In dem Moment, in dem ich das Haus betrat, ging das Licht aus', *Daha bankaların bilin**mediği zamanlarda** şimdiki bankaların yaptığı işi yapan bir adam vardı* (AN, Hop, 111) ‚In den Zeiten, in denen die Banken noch nicht bekannt waren, gab es einen Mann, der die Aufgaben erledigte, die die Banken heute erledigen'.

---

✓ **Steht das Subjekt im Nominativ oder Genitiv?**

Wenn *-DIğI/-(y)AcAğI* mit einem Nomen wie *sabah, gün, saat* kombiniert wird und das Subjekt im Nominativ steht, sieht der Sprecher den Nebensatz als *gegebene Einheit* an. Verwendet er jedoch den Genitiv, ist das Subjekt das *Gesprächsthema*, dem er die Zeitangabe als *Information* hinzufügt:

**Cem** geldiği gün yağmur yağdı.  ‚Am Tage, als Cem kam, regnete es.'
**Cem'in** geldiği gün yağmur yağdı.  ‚An dem Tag, an dem Cem kam, regnete es.'

Der folgende Satz ist ein normaler Relativsatz:
**Cem'in** Side'ye geldiği gün çok sıcaktı (← O gün çok sıcaktı) ‚Der Tag, an dem Cem nach Side kam, war sehr heiß.'

*gazetemiz çıktığı şu saatlerde* (Milliyet, 21/11/1991) ‚in den Stunden, in denen unsere Zeitung erschien', **gazetemizin** *çıktığı şu saatlerde* ‚in den Stunden, in denen *unsere Zeitung* erschien'.
**Ben** *eve geldiğim saatte sen uykudan kalkıyorsun* ‚Zu der Uhrzeit, wenn ich nach Hause komme, stehst du auf', **Benim** *eve geldiğim saatte sen uykudan kalkıyorsun* ‚Zu der Uhrzeit, wenn *ich* nach Hause komme, stehst du auf'.

- In folgendem Beispiel wird der Genitiv genutzt, um das Subjekt *bestimmt* oder *unbestimmt* darzustellen:

    **Misafirin** *geldiği gün yağmur yağdı* ‚An dem Tage, an dem *der Besuch* kam, regnete es', **Misafir** *geldiği gün yağmur yağdı* ‚An dem Tag, als *Besuch* kam, regnete es'.

- Im nächsten Beispiel handelt es sich um einen Objektsatz; der Genitiv muss stehen:

    *Erol'**un** Antalya'ya gel**diği zamanı** hatırlıyorum* ‚Ich erinnere mich *an die Zeit*, als Erol nach Antalya gekommen ist.'

2. Mit **-DIğIndA** ‚wenn/als' wird ein *Zeitpunkt* angegeben:

*Doğ**duğumda** Berlin'de oturuyormuşuz* ‚Als ich geboren wurde, wohnten wir in Berlin' (wie ich erfahren habe), *Antalya'ya in**diğimizde** şakır şakır yağmur yağıyordu* ‚Als wir in Antalya landeten, goss es in Strömen', *Lokantaya gir**diğimizde** gece yarısı olmuştu bile* ‚Als wir das Restaurant betraten, war es schon Mitternacht geworden', *Bu kız öldürül**düğünde** 9 yaşındaydı* ‚Als dieses Mädchen getötet wurde, war es 9 Jahre alt', *Her gel**diğimde** aynı şeyleri tekrarlıyorsun* ‚Jedes Mal, wenn ich komme, wiederholst du dasselbe'.
*Sinan'ın parası ol**duğunda** bunu hemen harcıyor* ‚Wenn Sinan Geld (zur Verfügung) hat, gibt er es gleich aus'.

Es gibt viele Kontexte, in denen entweder *-diğinde* oder *-diği zaman, -diği vakit* verwendet werden kann. Aber in folgendem Beispiel sollte nur *-diği zaman* stehen, um den Zeitraum auszudrücken: *İlk defa Paris'e gittiğim zaman on beş yaşındaydım* ‚Als ich zum ersten Mal nach Paris gefahren bin, war ich fünfzehn Jahr alt'.

3. Mit **-(y)IncA** ‚wenn/als' wird ein Ursache-Folge-Verhältnis angegeben:

Mit einem Konverb auf *-(y)IncA* (☞ 22.6) wird ein Ereignis beschrieben, das eingetreten ist oder als eingetreten betrachtet wird, bevor sich ein anderes *anschließt*. Wann sich das zweite Geschehen anschließt, wird nicht ausdrücklich gesagt:
*Konferans bit**ince** eve gideceğim* ‚Wenn der Vortrag zu Ende ist, gehe ich nach Hause',
*Konferans bit**ince** eve gittim* ‚Als der Vortrag zu Ende war, bin ich nach Hause gegangen',
*Seni gör**ünce** zevkten dört köşe oluyorum* ‚Wenn ich dich sehe, freue ich mich wie ein Schneekönig', *Yaz ol**unca** Türkiye'ye gideceğiz* ‚Wenn es Sommer wird, werden wir in die Türkei fahren'.
*Cem'i evden çık**ınca** gördüm* ‚Ich habe Cem, als *er* aus dem Haus kam, gesehen' *oder:* ‚Ich habe Cem gesehen, als *ich* aus dem Haus ging', *Evden çık**ınca** Cem'i gördüm* ‚Ich habe Cem gesehen, als *ich* aus dem Haus ging.'

> ♦ **Wenn das Wörtchen „wenn" nicht wär'**
> Güneş çık**ınca**     ,Wenn die Sonne herauskommt,
> Güneş çık**tığı** zaman   ,Wenn die Sonne herausgekommen ist/scheint,
> Güneş çık**tığında**   ,Wenn die Sonne aufgeht,
> Güneş çık**arsa**     ,Wenn = Falls die Sonne herauskommt,
>         yüzmeye gideriz.        gehen wir schwimmen.'

Während **-DIğI zaman** und **-DIğIndA** oft austauschbar sind, muss für **-(y)IncA** bereits eine Situation vorliegen, in der der Nebensatz eine Begründung für den Hauptsatz enthält. So ist es möglich zu sagen *Film bitince yatarım* oder *Film bittiği zaman yatarım* ‚Wenn der Film zu Ende ist, gehe ich zu Bett'. Im ersten Fall ist das Ende des Films der Anlass, im zweiten Fall interessiert den Sprecher nur die Zeit. Außerdem kann im Nachsatz von *-(y)IncA* kein Ereignis stehen, das vor dem Ereignis im Nebensatz stattgefunden hat. Dann wechselt man zu *-DIğI zaman* oder *-DIğIndA*: *Evden çıktığımda yağmur yağmaya başlamıştı bile* ‚Als ich aus dem Haus trat, hatte es schon angefangen zu regnen'.

4.  **-(y)IncAyA kadar** und **-(y)AnA kadar** ‚bis'

Das Konverb auf **-(y)IncA** oder das **-(y)An**-Partizip, beide mit Dativsuffix und gefolgt von **kadar**, entsprechen einem mit „bis" (bei Verneinung mit „solange") eingeleiteten Nebensatz: *Ben gelinceye kadar bekleyin* ‚Warten Sie, bis ich wiederkomme *(Warten Sie die Zeit ab)*', *Ben gelene kadar bekleyin* ‚Warten Sie, bis ich wieder da bin *(Warten Sie auf mein Eintreffen)*', *18 yaşına gelmeyinceye kadar seninle evlenemem* ‚Ich kann dich nicht heiraten, solange ich nicht 18 Jahre alt geworden bin'.

5.  **-(A/I)r -mAz** ‚gleich wenn/sobald/sowie/kaum dass'

Eine bejahte und eine verneinte Aoristform in der 3. Person besagt, dass das Ereignis im Hauptsatz sich unmittelbar anschließt:
*Ders biter bitmez eve gideceğim* ‚Gleich, wenn der Unterricht zu Ende ist, gehe ich nach Hause', *Eve gelir gelmez yattım* ‚Gleich, nachdem ich zu Hause war, habe ich mich hingelegt', *Otele varır varmaz yemek yeriz* ‚Sobald wir im Hotel angekommen sind, essen wir', *Bu çocuk oyunlara katılır katılmaz kavga çıkar* ‚Sobald dieses Kind mitspielt, bricht Streit aus'.

• **Merke:** *Bu işi ister istemez bitireceğim* ‚Diese Arbeit werde ich *wohl oder übel* beenden'.

6.  **-mAdAn önce** bedeutet „bevor". Wenn der Kontext eindeutig ist, kann für „bevor" auch nur **-mAdAn** (☞ 22.8) gebraucht werden:

*Ankara'ya gitmeden önce teyzeme uğradım* ‚Bevor *ich* nach Ankara gefahren bin, habe *ich* meine Tante besucht', **Sen** *Ankara'ya gitmeden önce (ben) teyzeme uğradım* ‚Bevor *du* nach Ankara gefahren bist, habe *ich* meine Tante besucht'; *Ankara'ya gitmeden önce teyzeme uğrayacağım* ‚Bevor *ich* nach Ankara fahre, werde *ich* meine Tante besuchen', **Siz** *Ankara'ya gitmeden önce (biz) teyzemize uğrayacağız* ‚Bevor *ihr* nach Ankara fahrt, werden *wir* unsere Tante besuchen'; *Sofraya oturmadan önce ellerini yıka* ‚Wasch dir die Hände, bevor du zu Tisch kommst';
*Tarih ve coğrafya atlaslarınız, okullar açılmadan hazır* ‚Eure Geschichts- und Geographieatlanten sind vor Schulanfang bereit'.

7. **-DIktAn sonra** bedeutet „nachdem" (manchmal passt auch „als" oder „wenn"):

*Eve geldikten sonra yemek yedim* ‚Nachdem *ich* nach Hause gekommen war, habe *ich* gegessen', *Eşim eve geldikten sonra yemek yedik* ‚Nachdem/Als mein Mann nach Hause gekommen war, haben *wir* gegessen', *Eve geldikten sonra yemek yiyeceğim* ‚Nachdem *ich* nach Hause gekommen bin, werde *ich* essen', *Eşim eve geldikten sonra yemek yiyeceğiz* ‚Nachdem *mein Mann* nach Hause gekommen ist, werden *wir* essen', *Yemek yedikten sonra daima Türk kahvesi içerim* ‚Nachdem ich gegessen habe, trinke ich immer einen türkischen Mokka', *Gül iyi olduktan sonra yine derse gidecek* ‚Wenn Gül gesund geworden ist, wird sie wieder zum Unterricht gehen', *Ali'nin arabası olduktan sonra burnu büyüdü* ‚Nachdem Ali ein Auto bekommen hat, ist er hochnäsig geworden'.

- **Merke:** *Sen ilaçları almadıktan sonra ben ne yapayım?* ‚Was soll ich machen, nachdem du die Medikamente nicht einnimmst?'

Zwischen **-mAdAn** und **önce** sowie **-DIktAn** und **sonra** können Zeitausdrücke treten:

*Bir şey yemeden **bir saat** önce bu ilacı alacaksın* ‚Eine Stunde, bevor du etwas isst, sollst du dieses Medikament einnehmen', *Bir şey yedikten **bir saat** sonra bu ilacı alacaksın* ‚Eine Stunde, nachdem du etwas gegessen hast, sollst du dieses Medikament einnehmen.'

> **Stolperfalle:**
> Bei einigen Adverbialsätzen kann es vorkommen, dass der Nebensatz kein Subjekt enthält, das Subjekt des Hauptsatzes aber auch nicht passt. Dann ist im Regelfall das Subjekt des Nebensatzes der Sprecher selbst oder die Person/die Sache, über die er gerade gesprochen hat:
> *Eve gel**meden** önce/Eve gel**dikten sonra** yağmur yağmaya başladı* ‚Bevor (ich) zu Hause ankam,/Nachdem (ich) zu Hause war, fing es an zu regnen.'
> *Eve gelir gel**mez** kavga başladı* ‚Kaum dass (ich) zu Hause war, fing Streit an.'

8. Mit **-DIktAn itibaren** ‚ab' wird ebenfalls ein temporaler Nebensatz gebildet:

*Gazete çıktıktan itibaren ideolojisini sergiledi* ‚Ab dem Zeitpunkt, da die Zeitung erschienen ist, hat sie ihre politische Anschauung dargelegt'.

- Möchte der Sprecher seine Perspektive von einer individuellen Situation weg auf ein allgemein gültiges Ereignis verlegen, wird **-mAsIndAn önce/sonra/itibaren** eingesetzt; das spezifische Subjekt steht dann im Genitiv, das nicht spezifische im Nominativ: *köprünün taşınmasından sonra* ‚nach der Verlegung der Brücke', *taş çıkarılmasından sonra* ‚nach dem Entfernen von Steinen', *Pasaportun konsolosluğa verilmesinden itibaren vize işlemi 2 gün sürmektedir* (www.kahire.net/consult) ‚Ab der Einreichung des Passes beim Konsulat dauern die Visumsformalitäten zwei Tage'.

9. **-DIğIndAn beri** ‚seitdem' (gibt einen Anfangspunkt an)

Mit *-DIğIndAn beri* ‚seit(dem)' wird der Anfangspunkt eines eingetretenen Ereignisses angegeben. Der Sprecher orientiert sich von da ab *vorwärtsblickend* zur Sprechzeit hin:

*Doğduğumdan beri Berlin'de oturuyorum* ‚Seitdem ich geboren wurde, wohne ich in Berlin', *Tahsilini bitirdiğinden beri iş arıyor* ‚Seitdem er sein Studium beendet hat, sucht er Arbeit', *Ali'nin işi olduğundan beri bizi aramıyor* ‚Seitdem Ali Arbeit hat, meldet er sich nicht mehr bei uns'.

## 10. -(y)AlI ‚seit(dem)/seither' (gibt den Anfang des Ereignisses im Hauptsatz an)

Mit einem Konverb auf *-(y)AlI* (☞ 22.7) verlegt der Sprecher sein Interesse auf den Beginn des Ereignisses im Trägersatz. Vergleichen Sie:

*Babam öleli memlekete gitmedim* ‚Ich bin nicht in die Heimat gefahren, seit mein Vater gestorben ist' (Ich spreche über den Beginn des Nichtfahrens, das ist der Tod meines Vaters) : *Babam öldüğünden beri memlekete gitmedim* ‚Seit mein Vater gestorben ist, bin ich nicht in die Heimat gefahren' (Ich spreche über den Zeitpunkt des Todes meines Vaters, an den sich das Nichtfahren anschließt).
*Annemlere yazmayalı iki hafta oldu* ‚Es ist zwei Wochen her, dass ich meinen Eltern nicht geschrieben habe', *Katil yakalanalı iki haftayı geçti* ‚Seit der Festnahme des Mörders sind über zwei Wochen vergangen', *Askerliğini bitireli üç ay olmuştu* ‚Seit Beendigung seines Militärdienstes waren es gerade drei Monate'.

Wenn man jemanden eine längere Zeit nicht gesehen hat, kann man fragen: *Nasılsınız görüşmeyeli?* ‚Wie geht es Ihnen, seit wir uns nicht mehr gesehen haben?'. So ein Satz sollte **nicht** mit *-dIğIndAn beri* gebildet werden; das ergibt nämlich Folgendes: *Görüşmediğimizden beri nasılsınız?* ‚Wie geht es Ihnen, seitdem wir nicht mehr miteinander gesprochen haben?'.

## 11. -DIğI/-(y)AcAğI sürece ‚solange'

Mit *-DIğI/-(y)AcAğI sürece* ‚solange' wird die Dauer eines Ereignisses bezeichnet. Statt *-DIğI/-(y)AcAğI sürece* wird auch *-DIğI/-(y)AcAğI müddetçe* (A) verwendet.

*Kızımın nerede kaldığını bilmediğim sürece uyuyamam* ‚Solange ich nicht weiß, wo meine Tochter abgeblieben ist, kann ich nicht schlafen', *O resme baktığım sürece ağladım* ‚Solange ich jenes Bild ansah, habe ich geweint', *Ece beni davet etmediği sürece gitmem* ‚Solange mich Ece nicht einlädt, gehe ich nicht hin', *Vaktinde geldiğiniz sürece mesele yok* ‚Solange Sie pünktlich kommen, gibt es kein Problem', *Ateşin olduğu sürece yatakta kalman lazım* ‚Solange du Fieber hast, musst du im Bett bleiben', *Ali evde olduğu sürece telefona çıkmam* ‚Solange Ali zu Hause ist, gehe ich nicht ans Telefon.'

## 12. Das temporal-adversative Funktionswort *iken*

Zu *iken* > *-(y)ken* (☞ 22.9, 27.6). Noch einige Beispiele:

*Yolda postacıyı beklerken yağmur yağmaya başladı* ‚Als (ich) auf der Straße auf den Briefträger wartete, fing es an zu regnen', *Sırası gelmişken söyleyeyim: Pazar günü Müllerler gelecek* ‚Wenn wir schon einmal bei diesem Thema sind, teile ich mit: Am Sonntag kommen Müllers', *Yemeklerden önce hesabı getirin. Biz yemek yerken zam filan gelir de* (AE, GE, 17) ‚Bringen Sie vor den Speisen die Rechnung. Während wir essen, kann nämlich eine Preissteigerung oder so eintreten', *Karpuz alacakken kavun almışım* ‚Obgleich ich Wassermelonen kaufen wollte, habe ich Honigmelonen gekauft'.

*Van'dan iş için gelir**lerken**... Kamyonet, Ölüdeniz'den Fethiye istikametine seyir halin-de**yken** Oluklu mevkisinde yoldan çıkarak devrildi* (http://www.yeniasir.com.tr) ‚Als sie zum Arbeiten aus Van kamen ... Der Kleinlaster ist auf der Fahrt von Ölüdeniz in Richtung Fethiye in Höhe von Oluklu vom Weg abgekommen und umgekippt'.
*Cem'i yemek ye**rken** gördüm* ‚Ich habe Cem beim Essen gesehen'. Das kann bedeuten: „Ich habe Cem gesehen, während *er* aß" *oder*: „Ich habe Cem gesehen, während *ich* aß"; *Yemek yerken Cem'i gördüm* ‚Beim Essen habe ich Cem gesehen = Ich habe Cem gesehen, während *ich* aß'.
*Arabayı alı**rkenki** faturadaki fiyat mıdır?* ‚Ist der Preis auf der Rechnung der vom Kauf des Autos?'.

- Wenn deutsches „während" als Präposition gebraucht wird, tritt im Türkischen *sırasında* ein: *Yemek sırasında fazla konuşma* ‚Sprich nicht so viel während des Essens'.

## 27.3 Kausalsätze (Begründungssätze)

**1.** Mit **-DIğI/-(y)AcAğI için** ‚da/weil' wird an etwas Bekanntes/Genanntes angeschlossen:

*Soyadını yazma**dığın** için kim olduğunu çıkaramadım* ‚Da du deinen Nachnamen nicht mitgeschrieben hast, konnte ich nicht herausfinden, wer du bist', *Beni bekleme**diğiniz** için eve gittim* ‚Da ihr nicht auf mich gewartet habt, bin ich nach Hause gegangen', *Elif niçin gelmedi? – İşi ol**duğu** için* ‚Warum ist Elif nicht gekommen? – Weil sie zu tun hat', *Meseleyi bana anlatma**dıkları** için bu konuda bir şey diyemem* ‚Da sie mir nichts von der Angelegenheit erzählt haben, kann ich nichts sagen', *Bugün misafir gele**ceği** için pasta yaptım* ‚Da heute Besuch kommt, habe ich Kuchen gebacken', *Evde kimse ol**madığı** için dışarıda bekledim* ‚Da zu Hause niemand war, habe ich draußen gewartet', *Hasta ol**duğum** için derse gelemem* ‚Da ich krank bin, kann ich nicht zum Unterricht kommen', *Dün dersim olma**dığı** için sinemaya gittim* ‚Da ich gestern keinen Unterricht hatte, bin ich ins Kino gegangen', *Ali'nin ateşi ol**duğu** için yatakta kalması lazım* ‚Da Ali Fieber hat, muss er im Bett bleiben'.

> ✓ **Merke:**
> *Mektup yaz**dığın** için teşekkür ederim* ‚Ich danke, dass du geschrieben hast', *Hemen cevap yazama**dığımız** için özür dileriz* ‚Wir bitten um Entschuldigung, dass wir nicht sofort antworten konnten.'

- Möchte der Sprecher seine Perspektive von einer individuellen Situation weg auf ein allgemein gültiges Ereignis verlegen, wird er nicht mit *-DIğI için* operieren, sondern mit *-mAsI nedeniyle / -mAsI sebebiyle* (A); das spezifische Subjekt steht dann im Genitiv, das nicht spezifische im Nominativ: *köprünün taşın**ması** nedeniyle* ‚auf Grund der Verlegung der Brücke', *taş çıkarıl**ması** nedeniyle* ‚auf Grund des Entfernens von Steinen'.

**2.** Mit **-DIğIndAn/-(y)AcAğIndAn** ‚weil' wird nicht an etwas Bekanntes/Genanntes angeschlossen:

*Geç kal**dığımdan** yemeğe yetişemedim* ‚Ich war nicht rechtzeitig zum Essen da, weil ich mich verspätet habe', *Cem henüz dönme**diğinden** gelemem* ‚Ich kann nicht kommen, weil Cem noch nicht zurück ist', *Sınavı kazanamaya**cağımdan** bugün okula gitmeyeceğim* ‚Ich werde heute nicht in die Schule gehen, weil ich die Prüfung nicht bestehen werde'.

*Evde olamayacağımdan bugün gelme* ‚Komm heute nicht, weil ich (leider) nicht zu Hause sein werde', *Ali'nin misafiri olacağından gelemeyecek* ‚Ali wird nicht kommen können, weil er Besuch bekommen wird'.

**Vergleiche:**
*Eşim Türk, onun için Türkçe öğreniyorum* ‚Mein Ehepartner ist Türke, *deshalb* lerne ich Türkisch', *Türkçe öğreniyorum, çünkü eşim Türk* ‚Ich lerne Türkisch, *denn* mein Ehepartner ist Türke', *Eşim Türk olduğu için Türkçe öğreniyorum* ‚*Da* mein Ehepartner Türke ist, lerne ich Türkisch', *Eşim Türk olduğundan Türkçe öğreniyorum* ‚Ich lerne Türkisch, *weil* mein Ehepartner Türke ist', *Eşim Türk diye baktığımız daireyi kiralayamadık* ‚Die Wohnung, die wir uns angesehen haben, konnten wir nicht anmieten, *weil* mein Mann Türke ist *(subjektives weil)*'.
*Ali'yi, tecrübesiz olduğu için değil, dikkatsiz olduğundan tenkit ettim* ‚Ich habe Ali nicht kritisiert, weil er unerfahren ist, sondern weil er unachtsam war.'

> ✓ **Merke:**
> Der Ablativ an einer solchen Form kann auch vom übergeordneten Prädikat verlangt sein: *Sınavı kazanamayacağımdan korkuyorum* ‚Ich befürchte, dass ich die Prüfung nicht bestehen kann'.

**3. -DIğIndAn/-(y)AcAğIndAn ötürü/dolayı** ‚(deswegen/deshalb) weil'

*Dün alışverişe çıktığımızdan ötürü size gelemedik* ‚Wir konnten gestern zu euch (deswegen) nicht kommen, weil wir einkaufen gegangen sind', *Bugün alışverişe çıkacağımdan ötürü sana gelemem* ‚Ich kann (deshalb) nicht zu dir kommen, weil ich heute einkaufen gehen werde', *Borçları şu anda işsiz olduğumdan dolayı ödeyemiyorum* ‚Die Schulden kann ich nicht zahlen, weil ich im Moment arbeitslos bin', *Ali hasta olduğundan ötürü derse gelemedi* ‚Ali konnte nicht zum Unterricht kommen, weil er krank ist'.

- Möchte der Sprecher seine Perspektive von einer individuellen Situation weg auf ein allgemein gültiges Ereignis verlegen, wird er nicht mit *-DIğIndAn ötürü* operieren, sondern mit *-mAsIndAn ötürü*: *Bilmem ki hâlâ karar veremedin mi? Karar veremedinse hemen ver ve polis ol. Bunu sana on yıllık polis olmamdan ötürü rahatça önerebilirim* (Mİ, BNA, 54) ‚Ich weiß nicht, ob du dich immer noch nicht entscheiden konntest. Wenn du dich nicht entscheiden konntest, tue es sofort und werde Polizist. Das kann ich dir deswegen gut vorschlagen, weil ich seit zehn Jahren Polizist bin'.

⇨ **Finalsätze** (Absichtssätze)

**1.** Mit **-mAk için** ‚um zu' oder **-mAk üzere** ‚um zu; zwecks; mit dem Ziel' werden Absichtssätze ohne Subjektwechsel formuliert:

*Türkçe kitaplar okuyabilmek için Türkçe öğreniyorum* ‚Um türkische Bücher lesen zu können, lerne ich Türkisch', *PDF dosyaları okuyabilmek üzere Adobe Reader™ yazılımını indirmek için tıklayın* ‚Zum Lesen von PDF Dateien klicken Sie (hier), um die Software Adobe Reader™ herunterzuladen', *Motoru tamir edilmek için söküyorlar* ‚Um den Motor zu reparieren, bauen sie ihn aus', *Motoru tamir edilmek üzere söküyorlar* ‚Sie bauen den Motor zwecks Reparatur aus'.

2. Mit **-mAsI için** ‚damit' werden Absichtssätze mit Subjektkennzeichnung formuliert:

*Uykusuz kalma**man için** hemen yat* ‚Damit du nicht schlaflos bleibst, geh gleich zu Bett',
*Eş**im**in Almanca öğren**mesi için** onu bir kursa yazdıracağım* ‚Damit mein Mann Deutsch lernt, werde ich ihn in einem Kurs anmelden'.

**Vergleiche:**
*Hatice üniversitede okumak istiyor; **bunun için** Almanya'ya geldi* ‚Hatice möchte studieren; *dazu* ist sie nach Deutschland gekommen', *Hatice üniversitede oku**mak üzere** Almanya'ya geldi* ‚Hatice ist mit dem Ziel zu studieren nach Deutschland gekommen'.
*Cem Ali'yi, Mustafa'yla görüş**mek için** / görüş**mek üzere** / görüş**mesi için** / görüş**ebilsin diye** öbür odaya gönderdi* ‚Cem hat Ali ins andere Zimmer geschickt, um mit Mustafa zu sprechen / mit dem Ziel, mit Mustafa zu sprechen / damit er (Ali) mit Mustafa spricht / damit er (Ali) mit Mustafa sprechen kann'.
*Cem Mustafa'yla görüş**ebilsin diye** Ali'yi, öbür odaya gönderdi* ‚Cem hat, damit er mit Mustafa sprechen kann, Ali ins andere Zimmer geschickt'.
*Sokak gürültüsü bizi rahatsız etmesin **diye** pencereyi kapat* ‚Mach das Fenster zu, damit der Straßenlärm uns nicht stört', *Pencereyi kapat **ki** sokak gürültüsü bizi rahatsız etmesin* ‚Mach das Fenster zu, der Straßenlärm soll uns nicht stören (damit der …)'.
*Kişisel sebeplerle sezaryeni tercih etmek isteyen anne adaylarını normal doğum yapmaya yönlendir**mek amacıyla** bir bilgilendirme kampanyasına başlıyoruz* (Radikal, 07/10/2010) ‚Wir beginnen eine Aufklärungskampagne mit dem Zweck, die zukünftigen Mütter, die aus persönlichen Gründen den Kaiserschnitt vorziehen, zu einer normalen Geburt zu bewegen'.

## ⇨ Konditionalsätze (Bedingungssätze)

Die **Konditionalsätze** sind Adverbialsätze. Andererseits gehören die türkischen Bedingungsformen zur Formenlehre und zum Modus (☞ Kapitel 18). Noch einige Beispiele:

*Hamile kalmaya karar vermeden önce... Geçmişte düşük yaptı**ysanız** veya gebe kalmakta zorluk çekti**yseniz** bunu doktorunuzla görüşmelisiniz [...] Eğer sigara ve alkol kullanıyor**sanız**, kötü besleniyor**sanız** ve düzenli egzersiz yapmıyor**sanız** gebelikten önce yaşam tarzınızı mutlaka değiştirmelisiniz* (http://www.bebek.com/) ‚Vor der Entscheidung, schwanger zu werden … Wenn Sie in der Vergangenheit eine Fehlgeburt oder Probleme hatten schwanger zu werden, müssen Sie das mit Ihrem Arzt besprechen […] Und wenn Sie rauchen und Alkohol trinken, sich schlecht ernähren und nicht regelmäßig Gymnastik betreiben, sollten Sie vor der Schwangerschaft Ihre Lebensweise auf jeden Fall ändern'.

**Vergleiche:**
*Ali yemek yeme**mişse** kendisine bir şeyler hazırla* ‚Wenn Ali nichts gegessen hat, bereite ihm einiges zu', *Ali yemek yememiş ol**ursa** kendisine bir şeyler hazırla* ‚Falls Ali nichts gegessen haben sollte, bereite ihm einiges zu'.
*Bana sorar**san** Türkçe kolay* ‚Wenn du mich fragst, Türkisch ist leicht', *Bana soracak ol**ursan** Türkçe kolaydır* ‚Falls du mich fragen solltest, so ist Türkisch leicht'.
*Bir öğrencim **ne zaman isterse** gelir* ‚Ein Schüler von mir kommt, wenn er will *(und wenn nicht, kommt er nicht)*, *Bir öğrencim **istediği zaman** gelip gider* ‚Ein Schüler von mir kommt und geht, wann er will *(er kommt und geht, wie es ihm einfällt)*'.

## 1. -DIğI/-(y)AcAğI takdirde ‚vorausgesetzt, dass/falls/sofern'

Eine notwendige Voraussetzung wird mit *-DIğI/-(y)AcAğI takdirde* formuliert:

*Cem gecikmediği takdirde saat 9'da burada olacak* ‚Vorausgesetzt, dass Cem sich nicht verspätet, wird er um 9 Uhr hier sein', *Cem gelmediği takdirde ne yaparız?* ‚Was machen wir, sofern Cem nicht kommt?', *Gelemediğin takdirde haber ver* ‚Falls du nicht kommen kannst, gib Bescheid', *Taksitleri vaktinde ödeyemeyeceğiniz takdirde zamanında haber verin* ‚Im Falle, dass Sie die Raten nicht pünktlich zahlen können, geben Sie rechtzeitig Bescheid'.

*Öğretmenimiz hasta olmadığı takdirde geç kalmaz* ‚Sofern unser Lehrer nicht krank ist, verspätet er sich nicht'; *Ali'nin vakti olduğu takdirde sana yardım eder* ‚Falls Ali Zeit hat, hilft er dir'.

- Möchte der Sprecher seine Perspektive von einer individuellen Situation weg auf ein allgemein gültiges Ereignis verlegen, wird er nicht mit *-DIğI takdirde* operieren, sondern mit *-mAsI hâlinde* (A) ‚für den Fall, dass'; das spezifische Subjekt steht dann im Genitiv, das nicht spezifische im Nominativ: *Bu formülün hükümetçe benimsenmesi halinde en düşük dereceli memurun cebine ilk 6 ay boyunca aylık 15 TL ilave para girecek* (http://www.sgk.com.tr) ‚Für den Fall, dass diese Formel seitens der Regierung angenommen wird, werden in die Tasche des niedrigstbezahlten Beamten sechs Monate lang monatlich 15 TL mehr fließen', *Yağmur yağması hâlinde içeri gireriz* ‚Falls es regnen sollte, gehen wir ins Haus'.

- Merke gesondert: *Haftaya geri almak şartıyla sana 100 avro borç veririm* ‚Ich leihe dir 100 € unter der Voraussetzung (= unter der Bedingung), dass ich sie nächste Woche zurückbekomme'.

## 2. -DI mI/-DI mIydI

Bedingungen, bei denen die Zeit eine Rolle spielt, werden wie *Fragesätze* formuliert. *-DI mI* verwendet der Sprecher, wenn seine Perspektive auf dem Subjekt und der Realisierung des Ereignisses liegt, und *-DI mIydI*, wenn seine Perspektive auf dem Ereignis selbst liegt:

*Bu garsona elini verdin mi kolunu kaptırırsın* ‚Gibst du diesem Kellner die Hand, so lässt du dir deinen Arm entreißen' (Gibst du ihm den kleinen Finger, so nimmt er die ganze Hand); *Yaz geldi miydi turizm kış geldi miydi eğitim! Yağmur yağdı mıydı oh ne alâ yağmadı mıydı ah ne fena!* (http://portal.kibris.net/) ‚Ist der Sommer erst mal da, der Tourismus; ist der Winter erst mal da, die Fortbildung! Regnet es, o wie gut, regnet es nicht, ach wie schlecht!'.

⮕ **Konzessivsätze** (Einräumungssätze)

## 1. Mit -DIğI/-(y)AcAğI hâlde ‚obwohl/obgleich' (häufig nur *halde* geschrieben)

*Dün yağmur yağdığı hâlde piknik yaptık* ‚Obwohl es gestern regnete, haben wir Picknick gemacht', *Yağmur yağacağı söylendiği hâlde yağmadı* ‚Obwohl, wie gesagt wurde, es regnen sollte, hat es nicht geregnet', *Taksiyle havaalanına gittiğimiz hâlde uçağa yetişemedik* ‚Obwohl wir mit dem Taxi zum Flughafen gefahren sind, haben wir das Flugzeug nicht erreicht', *Elif beni çağır**dığı hâlde** gitmedim* ‚Obwohl Elif mich eingeladen hat, bin ich nicht hingegangen', *Yorgun ol**duğum hâlde** erken kalktım* ‚Obwohl ich müde war, bin ich früh aufgestanden', *Ali'nin işi ol**duğu hâlde** ne çalışma ne de oturma izni uzatılmış* ‚Obwohl Ali eine Arbeit hatte, ist weder seine Arbeits- noch seine Aufenthaltsgenehmigung verlängert worden'.

- Manchmal ist *olduğu hâlde* auch wörtlich gemeint, z.B. *Başbakan, yanında dışişleri bakanı **olduğu hâlde** İngiltere'ye gitti* ‚Der Ministerpräsident ist in Begleitung des Außenministers (= in dem Zustand, dass an seiner Seite der Außenminister war) nach England gefahren'.

2.  **-mAsInA rağmen/karşın** ‚trotz der Tatsache, dass/obwohl'

Wesentlich stärker als *-DIğI hâlde* ist *-mAsInA rağmen* (A) / *-mAsInA karşın*:

*Taksiyle havaalanına git**memize rağmen** uçağa yetişemedik* ‚Trotz der Tatsache, dass wir mit dem Taxi zum Flughafen gefahren sind, haben wir das Flugzeug nicht erreicht', *Telefonum 3 defa servise git**mesine rağmen** şarj tutmuyor!* ‚Obwohl mein Telefon drei Mal in der Werkstatt war, funktioniert das Ladegerät nicht!', *Yağmur yağ**masına rağmen** dışarı çıktın* ‚Trotz des Regens bist du rausgegangen', *Ece hasta ol**masına rağmen** üniversiteye gitti* ‚Obwohl Ece krank ist, ist sie zur Universität gegangen', *Vaktim olma**masına rağmen** sana yardım ederim* ‚Ich helfe dir, wenngleich ich keine Zeit habe'.

Sollte das Subjekt im Genitiv stehen, rückt der Sprecher dieses in den Blickpunkt: *Ali**'nin** mektup yaz**masına rağmen** cevap vermedin* ‚Trotz der Tatsache, dass *Ali* geschrieben hat, hast du nicht geantwortet', *Taksi şoförü, bakanın söyle**mesine rağmen** kavşakta ve köprüde çalışma başlatılmamasını anlamadığını söyledi* ‚Der Taxifahrer sagte, dass er nicht verstünde, dass es trotz der Aussage *des Ministers* an der Kreuzung und an der Brücke keine Anzeichen für den Beginn der Arbeiten gebe'.

3.  **-mAklA birlikte/beraber** ‚wenngleich/gleichzeitig mit'

*İlaçlar önemli yararlara sahip ol**makla birlikte** istenmeyen yan etkilere de neden olabilirler* (http://www.yoncalihastanesi.gov.tr) ‚Wenngleich Medikamente wichtigen Nutzen erbringen, können sie auch ungewollte Nebenwirkungen haben', *Çalışma müsaadem uzatıl**makla beraber** oturma müsaadem de uzatılmadı* ‚Gleichzeitig mit der Nichtverlängerung meiner Arbeitserlaubnis wurde auch meine Aufenthaltserlaubnis nicht verlängert'.

4.  **-sA bile** ‚selbst wenn'

*Seni sev**sem bile**, sana dönemem* ‚Selbst wenn ich dich lieben würde, könnte ich nicht zu dir zurückkehren', *Vaktim ol**sa bile** gelmem* ‚Selbst wenn ich Zeit hätte, käme ich nicht', *Böyle diyeme**sem bile**, demeyi içimden geçiriyordum* ‚Selbst wenn ich es so nicht sagen könnte, ging mir durch den Kopf, es zu sagen.'

5.  **-sA dA/-(y)sA dA** ‚auch wenn' oder **dA -sA/dA /-(y)sA** ‚wenn auch'

*Vaktim ol**sa da** gelmem* ‚Auch wenn ich Zeit hätte, käme ich nicht', *Okuduğumu ve duyduğumu anlayamıyorum, anla**sam da** yanlış anlıyorum!* ‚Das, was ich lese und höre, verstehe ich nicht; auch wenn ich es verstehe, verstehe ich es falsch!', *Bir sonraki trenle git**sek de** olur* ‚Es geht, auch wenn wir einen Zug später nehmen'.

*Bir sonraki trenle **de** gitsek olur* ‚Es geht, wenn wir auch einen Zug später nehmen', *Bir sonraki trenle gidersek **de** olur* ‚Es geht, auch wenn wir mit einem Zug später fahren.'

6. Zu den Einräumungssätzen gehören auch folgende Konstruktionen:

*İste**sen de** iste**mesen de** bu ilacı alacaksın* ‚Ob du willst oder nicht, dieses Medikament wirst du nehmen', *Yağmur yağ**sın** yağ**masın**, her gün yürüyüş yaparım* ‚Ob es regnet oder nicht, ich unternehme jeden Tag einen Fußmarsch', *Ne kadar soğuk **olursa olsun** yatak odamızda kalorifer yanmaz* ‚So kalt es auch ist, in unserem Schlafzimmer ist keine Heizung an.'

⊃ **Konsekutivsätze** (Folgesätze)

Sätze mit „so ... dass/sodass" können mit **-(y)AcAk kadar** wiedergegeben werden, aber oft wird **ki** eingesetzt: *Babam, öle**cek kadar** hasta değildi* ‚Mein Vater war nicht *so* krank, *dass* er hätte sterben müssen', *Babam hasta değildi **ki** ölsün* ‚Mein Vater war doch nicht krank, *sodass* er hätte sterben müssen', *Çiğ yemedim **ki** karnım ağrısın* ‚Ich habe es doch nicht roh gegessen, sodass mein Bauch weh tun müsste'.

## 27.4 Modalsätze

⊃ **Instrumentalsätze**

1. **-(y)ArAk** ‚indem .../dadurch, dass ...' oder ‚und (dadurch)'

Wenn für die Übersetzung von *-(y)ArAk*-Formen ein adverbial gebrauchtes Partizip (☞ 22.2) nicht passt, muss man in die oben angegebenen Varianten ausweichen:

*Uwe çok çalış**arak** sınavı kazandı* ‚Uwe lernte fleißig und bestand (dadurch) die Prüfung', *Kış aylarında Kıbrıs'tan Türkiye'ye geçerken Akdeniz üzerinde yoğun fırtınalara maruz kalıyoruz. Yolcularla sık sık konuşup, espriler yap**arak**, yolculuk hakkında bilgi ver**erek** onları rahatlatıyoruz* (http://www.hurriyet.com.tr/gundem/) ‚In den Wintermonaten sind wir auf dem Flug von Zypern in die Türkei über dem Mittelmeer intensiven Stürmen ausgesetzt. Indem wir mit den Passagieren oft reden, ihnen Witze erzählen und Informationen über den Flug erteilen, beruhigen wir sie'.

Bei verneinten Formen müssen wir manchmal mit „ohne dass" übersetzen: *Mehmet, cevap ver**meyerek** odadan çıktı* ‚Mehmet ist aus dem Zimmer gegangen, ohne dass er geantwortet hätte'.

2. **-mAklA** ‚mit .../dadurch, dass ...'

*Ağla**makla** hiçbir şeyi halledemezsin* ‚Mit Weinen kannst du gar nichts erreichen (lösen).'

⊃ **Komparativsätze** (Vergleichssätze)

1. Mit **-DIğI/-(y)AcAğI kadar** ‚so viel/wenig wie' oder ‚so lange wie' wird ein *Maß* ausgedrückt:

*Yiyebil**diğin kadar** ye* ‚Iss, *so viel* du (essen) kannst', *Uyuyabile**ceğim kadar** uyuyacağım* ‚Ich werde *so lange* schlafen, wie ich kann', ***Ben iste**diğim kadar** kalayım* ‚Ich möchte *so lange* bleiben, wie ich will'.

Bei Subjektwechsel:
***Ben istediğim kadar** çalışacaksın* ‚So viel/lange ich will, wirst du arbeiten', ***Benim istediğim kadar** çalışacaksın* ‚Du wirst arbeiten, so lange ich *es* will'.

- Formulierungen mit -(y)AcAk kadar ‚so (viel)' ähneln denjenigen mit -(y)AcAğI kadar: *Birkaç soruyu cevapla**yacak kadar** vaktiniz var mı?* ‚Haben Sie *so viel* Zeit, einige Fragen zu beantworten?', *Yürü**meyecek kadar** halsizim* ‚Ich bin *so* schwach, dass ich kaum laufen kann', *Düş**ecek kadar** yorgunum* ‚Ich bin *zum Umfallen* müde'.

**Vergleiche:**
*Kalabil**diğin kadar** kal* ‚Bleib solange du (bleiben) kannst', ***Ne kadar** kalabilirsen kal!* ‚Bleib, so lange du (bleiben) kannst'.

2. Mit **-DIğI/-(y)AcAğI gibi** ‚so wie' wird eine *Gleichheit/Ähnlichkeit* ausgedrückt:
*Ben iste**diğim gibi** giyineyim* ‚Ich möchte mich *so* anziehen, *wie* ich will', *İste**diğin gibi** otur* ‚Setz dich *so* hin, *wie* du willst'.

Bei Subjektwechsel:
*Babam iste**diği gibi** bir evlat olamayacağım* ‚So wie mein Vater will, werde ich (ihm) kein Sohn (Kind) sein können', *Hiçbir zaman baba**mın** iste**diği gibi** bir evlat olamayacağım* ‚Ich werde niemals so ein Sohn sein können, wie mein Vater *es* will'.

**Vergleiche:**
*Her zaman ol**duğu gibi** geç kalktın* ‚Du bist *wie üblich* zu spät aufgestanden', *Her zaman**ki gibi** geç kalktın* ‚Du bist *wie immer* zu spät aufgestanden'.
*Bu olay, sana aktarıl**dığı gibi** değil* ‚Dieser Vorfall ist nicht so, wie *er* dir übermittelt wurde', *Bu olay, sana aktarıl**an gibi** değil* ‚Dieser Vorfall entspricht nicht dem dir übermittelten'.

3. **Realer Vergleich**
*Dünkü konser, tahmin et**tiğimden** güzeldi* ‚Das gestrige Konzert war schöner, als ich vermutet hatte', *Fırtına, bekle**diğimden** çabuk başladı* ‚Das Gewitter hat schneller angefangen, als ich es erwartet habe', *Fırtına, beklenil**diğinden** çabuk başladı* ‚Das Gewitter hat schneller angefangen, als es erwartet wurde', *Korkutan, korkut**tuğundan** daha çok korkar ve korktuğu için korkutur* (AN, KK, 47) ‚Der Angstmachende hat mehr Angst als der, dem er Angst einjagt, und jagt Angst ein, weil er Angst hat'.

4. **Irrealer Vergleich: -mIş gibi/-(y)AcAk gibi** ‚als ob, als wenn u.a.'
Nach Nomen und Verbalformen wie *gidiyor, gider, gidecek, gitmiş* (aber nicht *gitti*) oder deren Erweiterungen mit *imiş* wird *gibi* ‚wie' im Sinne von „als ob" gebraucht.
*Dün**müş gibi** eski yılları hatırlıyorum* ‚Ich erinnere mich an die früheren Jahre, als sei es gestern', verstärkt auch: **sanki** *dün**müş gibi**/dün**müş gibi* **sanki** ‚als ob es gestern wäre'; *Beni anlamıyor**muş gibi** bakma!* ‚Schau nicht so, als verstündest du mich nicht', *Bu su iç**ilecek gibi** değil* ‚Dieses Wasser sieht nicht so aus, dass man es trinken könnte', *Hiç bit-*

*meyecekmiş gibi ömrünü tüketme!* ‚Vergeude dein Leben nicht, als wenn es nie aufhören würde'.

### 5. -CAsInA

Ein eingeschränkterer Vergleich im Sinne von „als ob" wird wie folgt gebildet:
*Ali her şeyi biliyormuşçasına konuşur* ‚Ali redet so, als ob er alles wüsste!', *Evlenmekten vazgeçecekmişçesine konuşuyorsun* ‚Du redest, als ob du das Heiraten aufgeben wolltest', *Çocuk yardım dilenircesine yüzüme baktı* ‚Das Kind schaute mich an, als ob es um Hilfe betteln würde'.

- **Merke:** Im Sinne von „es sieht aus, als ob" wird *-(y)A benzemek* verwendet, das am häufigsten mit Verbformen wie *gitmiş* oder *gidecek* (aber nicht *gitti*) verbunden wird: *Yorulmuşa benziyorsun* ‚Du siehst aus, als ob du erschöpft wärest', *Yağmur yağacağa benzer* ‚Es sieht aus, als ob es regnen würde'.
Im Sinne von „es kommt mir so vor, als ob" wird *gibime gelmek* verwendet: *Ali çok içiyor gibime geliyor* ‚Es kommt mir so vor, als ob Ali sehr viel trinken würde'. Wenn der Hörer das bestätigen will, wird er im Regelfall scherzhaft folgendermaßen antworten: *Gibisi de fazla* ‚Und das *gibi* ist zu viel' (damit meint er, dass das „als ob" zu viel sei).

### 7. -DIkçA ‚je mehr ... desto' oder ‚sooft/jedes Mal'; bei Verneinung ‚solange'

Mit *-DIkçA* wird ein „in dem Maße, wie", also eine fortlaufende Vermehrung **oder** eine proportionale Steigerung ausgedrückt:
*Tutumunu hoşgördükçe şımarıyorsun* ‚Je mehr ich dein Verhalten toleriere, umso naseweiser/großspuriger wirst du', *Fırsat buldukça konserlere giderim* ‚Sooft ich Gelegenheit finde, besuche ich Konzerte', *Arkadaşım gözlerime baktıkça içim sımsıcak oluyor* ‚Jedes Mal, wenn mein Freund in meine Augen schaut, wird es mir ganz warm ums Herz', *Öğrencilerim gün geçtikçe çoğalıyor* ‚Die Zahl meiner Studenten wird mit jedem Tag (= je mehr Tage vergehen) größer', *Sen yazmadıkça ben de yazmam* ‚Solange du nicht schreibst, schreibe ich auch nicht'.

- **oldukça** ‚ziemlich' und **gittikçe** ‚allmählich, mehr und mehr'
*Komşumuz oldukça yaşlı bir adam* ‚Unser Nachbar ist ein ziemlich alter Mann', *İlişkilerimiz gittikçe seyrekleşti* ‚Unsere Verbindungen verliefen sich mehr und mehr'.
Nicht immer austauschbar ist **gittikçe** mit **giderek** (☞ 22.2); für *giderek* muss das Subjekt tätig sein können.

- Es gibt Verdoppelungen mit Verben: *Leipzig güzelleştikçe güzelleşiyor* ‚Leipzig wird unentwegt schöner', *Sabırsızlandıkça sabırsızlanıyorum* ‚Ich werde immer ungeduldiger', *Hava karardıkça kararıyor* ‚Es wird zunehmend dunkler'.

**Vergleiche:**
*Her denedikçe başarı elde etti* ‚Sooft er es versuchte, hatte er Erfolg', *Kaç defa denediyse de başarı elde edemedi* ‚Wie oft er es *auch* versuchte, er hatte keinen Erfolg'.

## 8. -DIğInA/-(y)AcAğInA göre ‚in Anbetracht dessen/wie/da ja/nachdem' oder ‚soviel'

Wenn mit *-DIğInA göre* eine Begründung angegeben und ein Subjekt genannt wird, steht dieses im Nominativ: *Bunu **ben** bil**diğime** göre başkaları da bilir* ‚Nachdem/Da (sogar) ich das weiß, wissen das auch andere', *Annem söylediğine göre bu protein denilen şeyler kesinlikle çok önemlidir* ‚Wie meine Mutter sagt, sind diese Proteine genannten Dinger auf jeden Fall sehr wichtig'.
*Sonradan öğreneceğime göre bildiklerim doğru değilmiş* ‚Wie ich dann später erfahren sollte, stellte sich das, was ich wusste, als nicht richtig heraus'.

Wird *-DIğInA göre* jedoch einschränkend verwendet und ein Subjekt genannt, steht dieses im Genitiv: ***Benim** bildiğime göre, yarın grev var* ‚Soviel ich weiß, ist morgen Streik', *Annem**in** söylediğine göre evleniyormuşsun* ‚Nach dem, was meine Mutter gesagt hat, würdest du heiraten.'

## ⊃ Restriktivsätze

Restriktivsätze schränken die Gültigkeit des Ereignisses im Hauptsatz ein:

### 1. Mit **-DIğI/-(y)AcAğI kadarıyla** wird ein „soviel; soweit" ausgedrückt:

***Ben** bildiğim kadarıyla insanlar hayvansal ve bitkisel gıdalarla beslenir* ‚Soviel ich weiß, ernähren sich die Menschen von tierischer und pflanzlicher Nahrung', ***Benim** bildiğim kadarıyla Başkent Üniversitesi Hastanesi küvez için her gün ücret alıyor* ‚Soweit ich weiß, nimmt das Krankenhaus der Universität Başkent für den Brutkasten eine tägliche Gebühr', *Anladığım kadarıyla maç ertelenmiş* ‚Soweit ich verstanden habe, ist das Spiel verschoben worden'.

### ☑ Merke:
*Tatilde olabildiğince dinlen!* ‚Erhole dich im Urlaub soweit/so gut wie möglich!'
*Elimden geldiğince yardım ederim* ‚Ich helfe dir, soweit es in meiner Macht steht'.
Aber: *Elimden geldiği kadar yardım ederim* ‚Ich helfe dir, so viel ich kann'.

### 3. Mit **-mAktAn/-DIğIndAn/-(y)AcAğIndAn başka** wird ein „außer dass" ausgedrückt:

*Sana yalvarmaktan başka ne yapabilir?* ‚Was kann sie tun, außer dich anzuflehen?', *Ali yardım ettiğinden başka Veli de yardımcı oldu* ‚Außer dass Ali geholfen hat, war auch Veli behilflich', *Ali yardım edeceğinden başka Veli de yardımcı olacak* ‚Außer dass Ali helfen wird, wird auch Veli helfen'.

### 4. -mAsInA

Eine besondere Art von Einschränkung bilden Prädikate in der Form **-mAsInA** (Kurzinfinitiv + Possessivsuffix + Dativsuffix). Sie relativieren eine Aussage im Sinne „eigentlich schon" oder „schon, aber", häufig gefolgt von **ama** oder **dA**. Das Verb mit **-mAsInA** kann auch zuerst genannt werden.
*Bira içer misiniz? – İçerim içmesine, ama her gün değil* ‚Trinken Sie Bier? – Eigentlich **schon** (ich trinke, was das Trinken anbelangt), aber nicht jeden Tag'.

*Bira içer misiniz? – İçmesine içmem, ama bugün içeyim* ‚Trinken Sie Bier? – Eigentlich nicht (was das Trinken anbelangt, trinke ich keines), aber heute trinke ich mal (welches)', *Bugün zamanın var mı? – Var olmasına var, ama belki dinlenirim* ‚Hast du heute Zeit? – Eigentlich schon, (haben schon, was das Haben anbelangt), aber vielleicht ruhe ich mich aus'.

## ⊃ Modalsätze des fehlenden Begleitumstandes

**1. -mAdAn** ‚ohne zu (vorher)'

Mit dem Konverb auf **-mAdAn** wird ein **fehlender** oder nicht eingetreten gedachter Begleitumstand ausgedrückt. Die Silbe vor **-mA-** wird betont (☞ 22.8). Eine Verbalform auf **-mAdAn** erlaubt Subjektwechsel. Im Deutschen muss man dann von „ohne zu" nach „ohne dass" wechseln:

*Gül seni gör**meden** ayrıldı* ‚Gül ist weggegangen/weggefahren, ohne dich zu sehen/gesehen zu haben', *Gül seni gör**meden** sen ayrıldın* ‚Du bist weggegangen/weggefahren, ohne dass Gül dich gesehen hat'.

**2. -mAksIzIn** ‚ohne zu/ohne dass'

Ein **außer Acht gelassenes** Mittel wird mit **-mAksIzIn** (-mAk + Privativsuffix + Instrumentalissuffix) ausgedrückt, das überwiegend in offiziellen Texten vorkommt. Das Subjekt wird nicht gewechselt:

*Camilerimiz din, dil, ırk, kültürlü, kültürsüz ayırımı yap**maksızın** herkese açıktır* (www.ortadogugazetesi.net) ‚Unsere Moscheen stehen jedem ohne Unterschied im Hinblick auf Religion, Sprache oder Kultur offen', *Macarca öğren**meksizin** Macaristan'a gitti* ‚Ohne Ungarisch zu lernen ist er nach Ungarn gefahren'.

**Vergleiche:**

*Bu kitap, yayınevinden izin al**maksızın** kopya edilemez* ‚Dieses Buch darf ohne Zustimmung des Verlages nicht kopiert werden', *Bu kitap, yayınevinden izin al**madan** kopya edilemez* ‚Dieses Buch darf, ohne die Zustimmung des Verlages einzuholen/eingeholt zu haben, nicht kopiert werden'.

## ⊃ Modalsätze des stellvertretenden Begleitumstandes (Substitutivsätze)

**1. -mAktAnsA** ‚lieber/besser ... statt zu ...'

Der Vollinfinitiv im Ablativ mit angehängtem *ise* ergibt „lieber ... statt zu ...". Das Subjekt wird **nicht** gewechselt:

*Boş otur**maktansa** Türkçe çalış* ‚Lern lieber Türkisch statt untätig herumzusitzen', *Çay iç**mektense** kahve içelim* ‚Trinken wir besser Kaffee anstatt Tee', *Evde kal**maktansa** bir Türk lokantasına gidip güzel bir yemek yiyelim* ‚Statt zu Hause zu bleiben, gehen wir doch lieber in ein türkisches Restaurant und essen ein gutes Essen', *Bütün gün internette sörf yap**maktansa** biraz dışarı çıkmayı tercih etsen!* ‚Wenn du doch lieber ein wenig nach draußen gingst, anstatt den ganzen Tag im Internet zu surfen'.

- Seltener kommt folgende Konstruktion vor; dann wird das Ereignis im Regelfall als nicht eingetreten betrachtet:
*Kendi başına gelecek hertürlü belaya, cezaya razıydı, ama kendi yüzünden başkalarının suçlanıp işkence gör**melerindense**, cezalandırıl**malarındansa** ölmeyi yeğlerdi* (AN, AD, 145) ‚Er war bereit, jedes Missgeschick und jede Strafe auf sich zu nehmen, aber er zog es vor zu sterben, anstatt dass seinetwegen andere beschuldigt und misshandelt sowie bestraft würden.'

### 2. -(y)AcAğInA ‚statt dass'

-(y)AcAğInA (< -(y)AcAK + Possessivsuffix + Dativ) ergibt „statt dass" und erlaubt, für verschiedene Personen Possessivsuffixe anzuhängen. Manchmal wird dabei eine Missbilligung ausgedrückt:
*Ben gel**eceğime** sen gel* ‚Statt dass ich komme, komm doch du', *Ders çalış**acağına** yine televizyonun önünde oturuyorsun* ‚Anstatt zu lernen, sitzt du wieder vor dem Fernseher', *Cem bana yardım ed**eceğine** bira içiyor* ‚Statt dass Cem mir hilft, trinkt er Bier'.

**Vergleiche:**
*Böyle tembel tembel otur**acağına** bana yardım etsen!* ‚Würdest du mir doch helfen, anstatt so faul herumszusitzen',
*Böyle tembel tembel otur**maktansa** bana yardım etsen!* ‚Würdest du mir doch lieber helfen, anstatt so faul herumszusitzen'.

### 3. -(y)AcAk yerde/-(y)AcAğI yerde ‚statt dass'

Auch diese Form ergibt „anstelle/anstatt dass". Das eine steht stellvertretend für das andere:
*Cem çay iç**ecek yerde** bira içiyor* ‚Statt dass Cem Tee trinkt, trinkt er Bier', *Bana yardım ed**ecek yerde** oyun oynuyor* ‚Anstelle mir zu helfen, spielt er'.

## 27.5 Lokalsätze

Mit -DIğI yer + Kasussuffixen können Sätze, die einen Ort angeben, gebildet werden:
*İste**diğin yere** git* ‚Geh, wohin du willst', *Götür beni gitt**iğin** yere* ‚Nimm mich dahin mit, wohin du gehst', *Otur**duğun yerde** otur* ‚Bleib sitzen, wo du sitzt', *Sizin rüyanızın bitt**iği yerde** benimki başlıyor* ‚An der Stelle, an der Ihr Traum endet, fängt meiner an', *Sizin rüyanızın bit**eceği yerde** benimki başlayacak* ‚An der Stelle, an der Ihr Traum enden wird, fängt meiner an (wird anfangen …)', *Bakanın açılış yap**acağı yerde** bomba paniği yaşandı* ‚Da, wo der Minister eine Eröffnung durchführen wollte, gab es Panik wegen einer Bombe', *Gel**diğin yerden** ne getirdin?* ‚Was hast du mitgebracht von dort, woher du kommst?'.

## 27.6 Adversativsätze

*Ben et yeme**ken** oğlum her gün et ister* ‚Während ich kein Fleisch esse, will mein Sohn jeden Tag Fleisch haben', *19 Mayıs Bayramı her yıl coşkulu törenlerle kutlanır**ken**, bu yıl sönük geçti* ‚Während der Feiertag 19. Mai jedes Jahr mit enthusiastischen Veranstaltungen begangen wurde, ist er dieses Jahr glanzlos ausgefallen'.

# 28 Weiteres zur Syntax

## 28.1 Einfache und komplexe Sätze

Wenn Sie sich durch die einzelnen Kapitel bis hierher durchgekämpft haben, wissen Sie schon sehr viel zur Wortstellung. Wir beginnen mit einem *einfachen* Satz, also einem Hauptsatz, und gehen über zu *komplexen* Sätzen.

Wenn das Subjekt topikfähig ist, steht es am Anfang, das Prädikat am Ende. Dazwischen werden vom Prädikat geforderte Ergänzungen positioniert. Weitere Angaben können bei Bedarf passend hinzugefügt werden. Folgendes Beispiel zeigt eine neutrale Abfolge auf.

(1) *Ece aldı.* (Dieser Satz ist unvollständig; er kann aber die Antwort auf eine Frage sein.)
‚Ece hat gekauft.'
*Ece çiçek aldı.*
‚Ece hat Blumen gekauft.'
*Ece annesine çiçek aldı.*
‚Ece hat ihrer Mutter Blumen gekauft.'
*Ece hasta annesine çiçek aldı.*
‚Ece hat ihrer kranken Mutter Blumen gekauft.'
*Ece hasta annesine pazardan çiçek aldı.*
‚Ece hat ihrer kranken Mutter auf dem Markt Blumen gekauft.'
*Ece hasta annesine karşıdaki pazardan çiçek aldı.*
‚Ece hat ihrer kranken Mutter auf dem Markt gegenüber Blumen gekauft.'
*Ece bugün hasta annesine karşıdaki pazardan çiçek aldı.*
‚Ece hat heute ihrer kranken Mutter auf dem Markt gegenüber Blumen gekauft.'
*Ece bugün öğleden sonra hasta annesine karşıdaki pazardan çiçek aldı.*
‚Ece hat heute Nachmittag ihrer kranken Mutter auf dem Markt gegenüber Blumen gekauft.'
*Arkadaşım Ece bugün öğleden sonra hasta annesine karşıdaki pazardan çiçek aldı.*
‚Meine Freundin Ece hat heute Nachmittag ihrer kranken Mutter auf dem Markt gegenüber Blumen gekauft.'

Erinnern wollen wir auch an spezifische und nicht spezifische Subjekte:

(2) *Biz evde yokken **hırsız** eve girmiş ve paranın hepsini çalmış.*
(http://www.turkiyegazetesi.com/haberdetay.aspx?NewsID=12310#.T8TdDY7G8hk)
‚In unserer Abwesenheit ist *der Dieb* in die Wohnung eingedrungen und hat das ganze Geld gestohlen.'

(3) *Bir gün Nasreddin Hoca'nın evine **hırsız** girmiş.*
(http://www.fikracenneti.com/search/Hırsız)
‚Eines Tages ist in das Haus von Nasreddin Hoca *ein Dieb* eingedrungen.' (Vielleicht waren es auch Diebe, am besten zu übersetzen mit: wurde eingebrochen.)

Das Topik kann das Subjekt sein, muss es aber nicht:

(4) *Eski Türkler tüccar bir millet de değildiler.* (www.turkoloji.cu.edu.tr)
,Die alten Türken waren auch kein Volk von Kaufleuten.'

(5) *Bunlar Türkiye'yi fakirlikten kurtaracak insanlardı.* (EÇ, TNK, 11)
,Das waren Menschen, die die Türkei aus der Armut befreien würden'.

(6) *Bir kadın bir çocuğu 20 yılda büyütür, başka bir kadın 20 dakikada bozar.* (http://forum.memurlar.net/konu/863829/)
,Eine Frau erzieht ein Kind in 20 Jahren, eine andere Frau zerstört es in 20 Minuten.'

(7) *Bir kadın bir mektup zarfının üzerini bir hocaya okutmak istemiş.* (ÖS, DKY, 118)
,Eine Frau hat die Beschriftung auf einem Briefumschlag einen Hodscha vorlesen lassen wollen.'

(8) *Kurtuluşum, gemiden telsizle bildirildi.* (AN, AD, 32)
,Meine Rettung wurde vom Schiff aus per Funk mitgeteilt.'

(9) *Çağdaş olmak, çağa ayak uydurmak demek.* (TA, 68'li, 45)
,Zeitgenössisch sein bedeutet, sich der Zeit anzupassen.'

(10) *Onu en yerinde sözlerle öven Einstein olmuştu.* (AB, OMY, 46)
,Als derjenige, der sie mit den passendsten Worten lobte, hatte sich Einstein erwiesen.'

(11) *Otobüsün birinde, bir adam birinin ayağına bastı.* (Mİ, BNA,12)
,In einem Bus ist ein Mann auf den Fuß von jemandem getreten.'

(12) *Danimarka tarihinde ilk kez bir kadın milletvekili parlamento başkanlığına getirildi.* (Milliyet, 24/03/1998)
,In der Geschichte Dänemarks ist zum ersten Mal eine Abgeordnete zur Parlamentspräsidentin ernannt worden.'

(13) *Yatak odamızdaki gardrobun üstünde üç bavul var.* (AN, AD, 46)
,Auf dem Kleiderschrank in unserem Schlafzimmer sind drei Koffer.'

(14) *Gelenim gidenim yoktu zaten.* (http://www.belgeler.com/)
,Mich hat ohnehin niemand aufgesucht (kein Kommender und Gehender von mir).'

(15) *Bir Fransızca şiiri ablam haftalarca ezberleyememişti.* (AN, ŞÇH, 157)
,Ein französisches Gedicht hatte meine ältere Schwester wochenlang nicht auswendig lernen können.'

(16) *Size ilginç bir olayı anlatayım.* (www.kenthaber.com/)
,Ich erzähle Ihnen mal einen interessanten Vorfall.'

(17) *Çok konuşanları sevmiyorum.* (www.testindir.com/)
,Ich mag keine Leute, die viel reden.'

(18) *Türkiye'de şu anda saat kaç?* (www.saatkac.com/)
,Wie spät ist es in diesem Moment in der Türkei?'

(19) *Ankara'dan Oğlum Geldi, Evde Bir Bayram Havası...* (Überschrift) (www.cnnturk.com/)
,Aus Ankara ist mein Sohn gekommen, zu Hause ist Festtagsstimmung ...'

Die Wortstellung in türkischen Hauptsätzen ist relativ frei, in Nebensätzen jedoch nicht. So kann der folgende Satz auf dreierlei Art wiedergegeben werden. Und wenn im türkischen Satz nach *Anja* kein Komma steht (wie es meistens anzutreffen ist), kann man *Anja* sowohl als das Subjekt des Nebensatzes wie auch als das Subjekt des Hauptsatzes interpretieren:

(20) *Anja <Kaş'ta bir ay tatil yaptıktan sonra> Almanya'ya döndü.*
   a. ‚Nachdem Anja in Kaş einen Monat Ferien gemacht hatte, kam sie nach Deutschland zurück.'
   b. ‚Anja kam, nachdem sie in Kaş einen Monat Ferien gemacht hatte, nach Deutschland zurück.'
   c. ‚Anja kam nach Deutschland zurück, nachdem sie in Kaş einen Monat Ferien gemacht hatte.'

Das nächste Beispiel enthält einen Relativsatz, der im Türkischen vor dem Nomen stehen muss, das er beschreibt:

(21) *Michael, [herkesin merak ettiği] bir öğrenim yöntemini ortaya attı.*
   a. Michael brachte eine neue Lernmethode, auf die jeder gespannt war, ins Spiel.
   b. Michael brachte eine neue Lernmethode ins Spiel, auf die jeder gespannt war.

Allerdings kann auch das Deutsche verwirrend sein. Übersetzt man das folgende Beispiel, ohne zwei Sätze daraus zu bilden, ist man geneigt, das Relativpronomen „die" auf das nächststehende Substantiv zu beziehen, das ist die „Geschichte". Erst das pluralische Prädikat im Nebensatz zeigt uns, dass wir nach einem Substantiv im Plural suchen müssen. Das Beispiel zeigt auch, dass der erste Relativsatz dem zweiten *untergeordnet* ist – er beschreibt „die großen Zivilisationen" –, während der zweite Relativsatz aus zwei *nebengeordneten* Nebensätzen besteht (☞ 25.1):

(22) *[[Anadolu topraklarında birbirini izleyen] [büyük uygarlıklardan birini **kuracak** ve İslâm dinini bu bölgeye **yayacak olan**]] Selçukluların Anadolu'nun tarih sahnesine girişi 1071 Malazgirt zaferi ile başlar.* (NT, ASS, 5)
   ‚Der Auftritt der Seldschuken auf dem Schauplatz der Geschichte Anatoliens, die eine der großen, auf dem anatolischen Territorium aufeinander folgenden Zivilisationen gründen und die Religion des Islam in diesem Gebiet verbreiten sollten, beginnt mit dem Sieg bei Manzikert im Jahre 1071'.

Nebengeordnet sind auch folgende Relativsätze:

(23) *[Kimsenin görmek istemediği] [kan donduran] haber* (www.radikal.com.tr/) (20/07/2010)
   ‚Nachricht, die niemand sehen will und die das Blut in den Adern gefrieren lässt'

Im nächsten Beispiel finden Sie drei nebengeordnete Objektsätze. Im zweiten Objektsatz sind zwei Ereignisse mit *-(y)Ip* verknüpft. Ausführlich könnte der zweite Objektsatz lauten: *ama uslu durmadıklarını ve birbiriyle kavga ettiğini.*

(24) *Fraklı garson uzun uzun, (ıstakozların otele canlı geldiğini), (ama uslu durmayıp birbiriyle kavga ettiğini) ve (birbirini yaraladıklarını) anlattı.* (AB, OMY, 43)
   ‚Der Ober im Frack erzählte lang und breit, dass die Hummer ins Hotel lebend gekommen seien, aber nicht brav gewesen wären, sondern miteinander gestritten und einander verletzt hätten'.

Wie Sie bereits wissen, hängt ein Nebensatz von einem übergeordneten Satz – einem Trägersatz – ab oder ist in ihn eingebettet. Der Trägersatz kann der Hauptsatz, aber auch ein Nebensatz sein. Dazu das Beispiel (25): Der Nebensatz 1. Grades hängt unmittelbar vom Hauptsatz ab und steht davor. Der Nebensatz 2. Grades steht vor dem 1. Grades:

(25)

|  |  | *eve döndüm.* |
|---|---|---|
|  | *görünce* | Hauptsatz |
| *Eczanenin kapalı olduğunu* | Nebensatz 1. Grades |  |
| Nebensatz 2. Grades |  |  |
| ‚Als ich sah, dass die Apotheke geschlossen hatte, bin ich nach Hause zurückgekehrt'. | | |

(26) <*[Sahilde tanıştığım] bir hanımla bir lokantaya gidince,*> *[onun tanıdığı ve Türkçe konuşabilen] iki Alman kızına rastladık.*
‚Als ich mit einer Dame, die ich am Strand kennengelernt hatte, in ein Restaurant gegangen war, trafen wir zwei deutsche Mädchen, die sie kennt und die Türkisch sprechen können.'

Die Definition Hauptsatz ist nicht unproblematisch. Es gibt Hauptsätze wie in (27), die ohne Nebensatz nicht auskommen, während in (28) die Nebensätze weggelassen werden können und man dennoch einen verständlichen Satz hat.

(27) *Almanya'dan Türkiye'ye seyahat eden bir yolcu uçağının, bomba tehdidi nedeniyle Yunanistan'a acil iniş yaptığı* **bildirildi***.* (Milliyet, 22/01/2010)
‚**Es wurde mitgeteilt**, dass ein Passagierflugzeug auf dem Flug von Deutschland in die Türkei aufgrund einer Bombendrohung in Griechenland eine Notlandung durchgeführt hat.'

(28) **Kekemelik** *[uygarlıktan etkilenen ve (uygarlıkla arttığı) söylenilen]* **bir özürdür***.* (http://www.iyiodev.com)
‚**Stottern ist eine Behinderung**, von der gesagt wird, dass sie von der Zivilisation beeinflusst wird und sich in der Zivilisation verstärkt.'

(29) *[Denizli'nin 18 kilometre kuzeyinde yer alan] [Hierapolis (Pamukkale) antik kentindeki kazılara 32 yıldır başkanlık eden] İtalyan profesör Francesco D'Andria, ([Hz. İsa'nın 12 havarisinden biri olan ve 2 bin yıl önce Romalılar tarafından öldürülen] St. Philippus'un mezarını bulduklarını) açıkladı.* (Cumhuriyet, 27/07/2011)
‚Der italienische Professor Francesco D'Andria, der seit 32 Jahren die Ausgrabungen in der 18 km nördlich von Denizli gelegenen antiken Stadt Hierapolis (Pamukkale) leitet, erklärte, dass sie das Grab des St. Philippus gefunden hätten, der einer der 12 Jünger von Jesus gewesen und vor zweitausend Jahren von den Römern getötet worden sei'.

(30) *Anneler gününe çok az zaman kaldı.* <*(Annenize ne hediye alacağınıza) karar veremediyseniz*> *ona lezzetli bir sürpriz hazırlayabilirsiniz.* (http://mutfak.milliyet.com.tr/)
‚Bis Muttertag ist nur noch sehr wenig Zeit. Wenn Sie sich noch nicht entscheiden konnten, was Sie ihrer Mutter schenken wollen, können Sie ihr eine schmackhafte Überraschung zubereiten'.

(31) *İlkbaharla birlikte, [kış uykusuna yatan] canlılar uyanır; [ölmüş sanılan] tabiat, <silkinerek> canlanır; kara, deniz ve havada yeniden yaşam kavgası başlar; (göçmen kuşların geri döndükleri ve yuva yapma çabasına giriştikleri) görülür...*
(http://www.diyanet.gov.tr/yayin/basiliyayin/ywebkyazdir.asp?id=626&yid=22)
‚Zusammen mit dem Frühjahr erwachen die Lebewesen, die sich zum Winterschlaf gelegt hatten; die abgestorben geglaubte Natur schüttelt sich und lebt auf; auf dem Festland, im Meer und in der Luft beginnt von Neuem ein Überlebenskampf; man sieht, dass die Zugvögel zurückgekehrt sind und sich der Mühe unterworfen haben, Nester zu bauen.'

(32) *(Nevşehir'de 21 ilköğretim öğrencisinin [Okul Sütü Programı kapsamında dağıtılan] {sütten zehirlendiği şüphesiyle} hastaneye kaldırıldığı), (inceleme sonucunda öğrencilerin zehirlenmediğinin belirlendiği) bildirildi.* (Cumhuriyet, 03/05/2012)
‚Es wurde mitgeteilt, dass in Nevşehir 21 Hauptschüler in ein Krankenhaus eingeliefert wurden mit Verdacht auf Vergiftung durch die im Rahmen des Schulmilch-Programmes verteilte Milch und dass sich aufgrund der Untersuchung herausgestellt hat, dass die Schüler nicht vergiftet waren.'

Satzgefüge können sehr komplex sein. Aber es gibt einen Typ von Satzgefügen – er enthält weder Subjekt- oder Ergänzungssätze noch Relativsätze –, bei denen der Sprecher sich erst am Ende das Satzes entscheidet, ob und wie er diesen weiterführen will:

(33) a. *Sabahleyin erkenden kalktım.*
‚Am Morgen bin ich schon früh aufgestanden.'
b. *Sabahleyin erkenden kalkıp bakkala uğradım.*
‚Am Morgen bin ich schon früh aufgestanden und beim Lebensmittelhändler vorbeigegangen.'
c. *Sabahleyin erkenden kalkıp bakkala uğrayarak kahvaltılık birşeyler aldım.*
‚Am Morgen bin ich schon früh aufgestanden und habe, beim Lebensmittelhändler vorbeischauend, einiges zum Frühstück gekauft.'
d. *Sabahleyin erkenden kalkıp bakkala uğrayarak kahvaltılık birşeyler aldıktan sonra eve geldim.*
‚Nachdem ich am Morgen schon früh aufgestanden war und beim Lebensmittelhändler vorbeischauend einiges zum Frühstück gekauft hatte, bin ich nach Hause gekommen.'
e. *Sabahleyin erkenden kalkıp bakkala uğrayarak kahvaltılık birşeyler aldıktan sonra eve gelip karnımı doyurdum.*
‚Nachdem ich am Morgen schon früh aufgestanden war und beim Lebensmittelhändler vorbeischauend einiges zum Frühstück gekauft hatte, bin ich nach Hause gekommen und habe mich satt gegessen.'
f. Der Originalsatz lautet: *Sabahleyin erkenden kalkıp bakkala uğrayarak kahvaltılık birşeyler aldıktan sonra eve gelip karnımı doyurunca kendime geldim.* (DA, TG, 37)
‚Nachdem ich am Morgen schon früh aufgestanden war und beim Lebensmittelhändler vorbeischauend einiges zum Frühstück gekauft hatte, bin ich, als ich nach Hause gekommen war und mich satt gegessen hatte, zu mir gekommen.'

Wenn Sie erkennen können, wie viele Nebensätze ein Satzgefüge enthält, klammern Sie diese zunächst einmal ein. Damit kommen Sie schnell zum Hauptsatz. Anschließend sehen Sie sich an, zu welchen Satzgliedern die Nebensätze gehören und fügen sie ein. Sollten Sie noch nicht so weit sein, beginnen Sie beim Prädikat des Hauptsatzes und arbeiten Sie sich in kleinen Schritten *nach vorne*. Wir demonstrieren das an folgendem Beispiel:

(34) *Jonah Projesi adlı balina yardım örgütü başkanı Kimberly Muncaster, Yeni Zelanda'nın ıssız kuzey sahiline vuran 15 kara cinsi balinayı kurtarmak için seferber olan gönüllülerin bölgeye ulaştıklarında, daha önce sahile vurarak öldükleri belirlenen 58 balina bulduklarını söyledi.* (Cumhuriyet, 20/08/2010)

*söyledi* ‚er/sie sagte' (in folgenden Teilstücken mit ... angegeben)
*58 balina bulduklarını söyledi* ‚..., dass sie 58 Wale gefunden hätten'
*öldükleri belirlenen 58 balina bulduklarını söyledi* ‚..., dass sie 58 Wale gefunden hätten, bei denen sich herausgestellt hat, dass sie verendet waren'
*daha önce sahile vurarak öldükleri belirlenen 58 balina bulduklarını söyledi* ‚..., dass sie 58 Wale gefunden hätten, bei denen sich herausgestellt hat, dass sie bereits vorher gestrandet und verendet waren'
*bölgeye ulaştıklarında, daha önce sahile vurarak öldükleri belirlenen 58 balina bulduklarını söyledi* ‚..., dass, als sie das Gebiet erreicht haben, 58 Wale gefunden hätten, bei denen sich herausgestellt hat, dass sie bereits vorher gestrandet und verendet waren'

- So, jetzt kommt *gönüllülerin* ‚die Freiwilligen', sie stehen im Genitiv. Wir müssen einen Bogen schlagen von *gönüllülerin* zu *58 balina bulduklarını söyledi* ‚..., dass die Freiwilligen 58 Wale gefunden hätten'. Die Freiwilligen sind jedoch in *ulaştıklarında* ‚als sie erreicht haben' aufgenommen und können im Deutschen vorgezogen werden.

*gönüllülerin bölgeye ulaştıklarında, daha önce sahile vurarak öldükleri belirlenen 58 balina bulduklarını söyledi* ‚..., dass die Freiwilligen, als sie das Gebiet erreichten, 58 Wale gefunden hätten, bei denen sich herausgestellt hat, dass sie bereits vorher gestrandet und verendet waren'
*15 kara cinsi balinayı kurtarmak için seferber olan gönüllülerin bölgeye ulaştıklarında, daha önce sahile vurarak öldükleri belirlenen 58 balina bulduklarını söyledi* ‚..., dass, als die Freiwilligen, die sich aufgemacht hatten, 15 gestrandete Grindwale zu retten, das Gebiet erreichten, 58 Wale gefunden hätten, bei denen sich herausgestellt hat, dass sie bereits vorher gestrandet und verendet waren'
*Yeni Zelanda'nın ıssız kuzey sahiline vuran 15 kara cinsi balinayı kurtarmak için seferber olan gönüllülerin bölgeye ulaştıklarında, daha önce sahile vurarak öldükleri belirlenen 58 balina bulduklarını söyledi* ‚..., dass, als die Freiwilligen, die sich aufgemacht hatten, 15 an der menschenleeren Nordküste Neuseelands gestrandete Grindwale zu retten, das Gebiet erreichten, 58 Wale gefunden hätten, bei denen sich herausgestellt hat, dass sie bereits vorher gestrandet und verendet waren'

→ ‚Kimberly Muncaster, der Vorsitzende der Hilfsorganisation namens „Jonah Projekt" zum Schutz der Wale, sagte, dass, als die Freiwilligen, die sich aufgemacht hatten, 15 an der menschenleeren Nordküste Neuseelands gestrandete Grindwale zu retten, das Gebiet erreichten, 58 Wale gefunden hätten, bei denen sich herausgestellt hat, dass sie bereits vorher gestrandet und verendet waren.'

(35) *Bir insanın bir başka insanı neden öldürdüğünü anlamak nispeten kolaydır.* (Radikal, 28/08/2003)
‚Es ist relativ leicht zu verstehen, warum ein Mensch einen anderen Menschen getötet hat.'

(36) *Peru'da arkeologlar insan kurban edilmesi için kullanıldığını düşündükleri antik bir tören alanı bulduklarını açıkladı.* (Milliyet, 26/07/2010)
‚In Peru haben Archäologen erklärt, dass sie einen antiken Zeremonieplatz gefunden haben, von dem sie annehmen, dass er zum Opfern von Menschen gebraucht wurde.'

(37) *Benim duvarlardaki fotoğraflara dikkatle baktığımı görünce, hoşlanmış olacak ki dayım, kolumdan tutarak bunlardan birinin önüne götürdü beni. Bu fotoğrafta bir lokomotif ateşçisi kazana kömür atmaktaydı. Biraz dikkat edince bu ateşçinin dayımdan başkası olmadığını anladım.* (MCA, Raz, 25)
‚Als er sah, dass ich die Fotografien an der Wand aufmerksam betrachtete, muss es ihm gefallen haben, sodass mein Onkel mich am Arm fasste und mich vor eine dieser hinzog. Auf diesem Foto schaufelte der Heizer einer Lokomotive Kohle in den Kessel. Als ich etwas genauer schaute, begriff ich, dass dieser Heizer niemand anderes als mein Onkel war.'

(38) *Akademi'de iken tanıdığım bir kız arkadaşım, bana büyük kentin yakınında, ailesi ile oturduğu evini anlatırken, aklımdan o evde o kızla sevişmenin ne olağanüstü bir mutluluk olacağını geçirmiştim de, böyle bir düş kurmanın yersizliğini düşünüp kendime gülmüştüm.* (MCA, Raz, 28)
‚Als mir eine Freundin, die ich auf der Akademie kennengelernt hatte, von dem Haus erzählte, in dem sie in der Nähe einer großen Stadt zusammen mit ihrer Familie wohnte, war mir durch den Kopf gegangen, welch außerordentliches Glück es sein müsste, in jenem Haus mit jenem Mädchen Sex zu haben, und hatte dann daran gedacht, dass es unpassend war, sich einen solchen Traum auszumalen, und über mich gelacht.'

(39) *1933 yılında, üniversite reformu için yapılan çağrıyı hemen kabul ederek, henüz daha 33 yaşında genç bir bilim adamıyken, ırksal nedenlerle Hitler faşizminden kaçıp Türkiye'ye gelmiş, İstanbul Üniversitesi İktisat Fakültesi'nin kurucusu, 1952'de ülkesine döndükten sonra da 2 kez Frankfurt Üniversitesi'ne rektör seçilen, uzun süre Federal Almanya İktisat ve Maliye Bakanlığı Bilimsel Danışma Kurulu üyesi ve başkanı olmuş ünlü maliyeci Prof. Fritz Neumark [...] Türkiye anılarını yazdığı kitabına, "Boğaziçine Sığınanlar" adını vermiştir...*
(Ceyhun, Demirtaş: *Ah, Şu Biz "Karabıyıklı" Türkler.* Istanbul 1992)
‚Der berühmte Finanzwissenschaftler Prof. Fritz Neumark[1], Gründer der Wirtschaftswissenschaftlichen Fakultät der Universität Istanbul, der im Jahre 1933, den Ruf zur Universitätsreform sofort annehmend, als noch junger Wissenschaftler im Alter von 33 Jahren aus rassistischen Gründen vor dem Hitler'schen Faschismus geflohen und in die Türkei gekommen war und 1952 nach seiner Rückkehr in die Heimat zwei Mal zum Rektor der Universität Frankfurt gewählt wurde und lange Zeit Mitglied und Vorsitzender des Wissenschaftlichen Beirats beim Bundesministerium für Wirtschaft und Finanzen war, hat seinem Buch, in dem er seine Türkei-Erinnerungen verewigt hat, den Namen „Zuflucht am Bosporus" gegeben.'

---

1  Fritz Neumark, *20. Juli 1900 in Hannover, †9. März 1991 in Baden-Baden.

Einfache und komplexe Sätze

## ⊃ Suffixbestimmung

Manche Türkischlernende finden es besser, wenn sie erst einmal die einzelnen Suffixe erkennen können, um dann den Satz zu verstehen. Wir nehmen jetzt einige Sätze aus diesem Kapitel auf. Die für Sie zu erkennenden Suffixe sind durch Striche abgeteilt.

(2') *Biz ev-de yok-ken hırsız ev-e gir-miş ve para-nın hep-sin-i çal-mış.*
             1     2            3   4        5       6 7  8

| | | | |
|---|---|---|---|
| 1 | Lokativsuffix | 5 | Genitivsuffix |
| 2 | angehängtes *iken* | 6 | Possessivsuffix 3. Pers. Sg. |
| 3 | Dativsuffix | 7 | Akkusativsuffix |
| 4 | Perfekt 3. Pers. Sg. | 8 | Perfekt 3. Pers. Sg. |

(5') *Bun-lar Türkiye'-yi fakir-lik-ten kurtar-acak insan-lar-dı.*
           1           2       3    4         5         6  7

| | | | |
|---|---|---|---|
| 1 | Pluralsuffix | 5 | Futurpartizip |
| 2 | Akkusativsuffix | 6 | Pluralsuffix |
| 3 | denominales Nominalsuffix | 7 | angehängtes *idi* |
| 4 | Ablativsuffix | | |

(8') *Kurtul-uş-um, gemi-den tel-siz-le bil-dir-il-di.*
             1  2        3     4  5     6 7  8

| | | | |
|---|---|---|---|
| 1 | Verbalnomen | 5 | angehängtes *ile* |
| 2 | Possessivsuffix 1. Pers. Sg. | 6 | Kausativsuffix |
| 3 | Ablativsuffix | 7 | Passivsuffix |
| 4 | Privativsuffix | 8 | Präteritum 3. Pers. Sg. |

(15') *Bir Fransız-ca şiir-i abla-m hafta-lar-ca ezber-le-yeme-mişti.*
                  1      2     3       4  5       6   7    8

| | | | |
|---|---|---|---|
| 1 | Äquativsuffix | 5 | Äquativsuffix |
| 2 | Akkusativsuffix | 6 | denominales Verbalsuffix |
| 3 | Possessivsuffix 1. Pers. Sg. | 7 | Impossibilitivsuffix |
| 4 | Pluralsuffix | 8 | Plusquamperfekt 3. Pers. Sg. |
| | | | (*oder:* Perfektpartizip + angehängtes *idi*) |

(16') *Siz-e ilginç bir olay-ı anla-t-ayım.*
            1                2      3   4

| | | | |
|---|---|---|---|
| 1 | Dativsuffix | 3 | Kausativsuffix |
| 2 | Akkusativsuffix | 4 | Voluntativ 1. Pers. Sg. |

(26') *Sahil-de tanı-ş-tığ-ım bir hanım-la bir lokanta-ya gid-ince, onun tanı-dığ-ı ve*
        1     2 3 4              5              6       7            8 9

*Türk-çe konuş-abil-en iki Alman kız-ın-a rastla-dık.*
   10     11   12             13 14     15

| | | | | |
|---|---|---|---|---|
| 1 | Lokativsuffix | | 9 | Possessivsuffix 3. Pers. Sg. |
| 2 | multiplikatives Verbalsuffix | | 10 | Äquativsuffix |
| 3 | -DIK-Partizip | | 11 | Possibilitivsuffix |
| 4 | Possessivsuffix 1. Pers. Sg. | | 12 | -(y)An-Partizip |
| 5 | angehängtes *ile* | | 13 | Possessivsuffix 3. Pers. Sg. |
| 6 | Dativsuffix | | 14 | Dativsuffix |
| 7 | Konverbsuffix | | 15 | Präteritum 1. Pers. Pl. |
| 8 | -DIK-Partizip | | | |

(35') *Bir insan-ın bir başka insan-ı neden öl-dür-düğ-ün-ü anla-mak nispeten kolay-*
          1                  2        3   4  5  6      7

*dır.*
 8

| | | | | |
|---|---|---|---|---|
| 1 | Genitivsuffix | | 5 | Possessivsuffix 3. Pers. Sg. |
| 2 | Akkusativsuffix | | 6 | Akkusativsuffix |
| 3 | Kausativsuffix | | 7 | Verbalnomen (Vollinfinitiv) |
| 4 | -DIK-Partizip | | 8 | Modal-Enklitikon |

## 28.2 Problemfelder

Zwei Kasus, nämlich der Genitiv und der Akkusativ, sind hin und wieder Problemkinder. So können Sätze, die mit einem Nomen + Possessivsuffix + *var/yok* gebildet sind, doppeldeutig sein. Bei verneinten Varianten ist das im Deutschen gut wiederzugeben:

(Benim) / Arabam yok.                           ‚Ich habe kein Auto.'
(Benim) Arabam / yok.                           ‚Mein Auto ist weg.'

Der Unterschied wird deutlich, wenn diese Sätze als Nebensatz konzipiert werden:

*Arabam olmadığını söyledim* ‚Ich habe gesagt, dass ich kein Auto habe', *Arabamın olmadığını söyledim* ‚Ich habe gesagt, dass mein Auto weg ist', *Param olmadığını söyledim* ‚Ich habe gesagt, dass ich kein Geld habe', *Paramın olmadığını söyledim* ‚Ich habe gesagt, dass ich mein Geld nicht dabeihabe.'

Im ersten folgenden Beispiel legt der Sprecher sein Interesse auf Cem und im zweiten auf dessen Ankunft:

*Cem'in geldiği haberi beni sevindirdi* ‚Die Nachricht, dass Cem gekommen ist, hat mich erfreut', *Cem'in geldiğinin haberi beni sevindirdi* ‚Die Nachricht über das Eingetroffensein von Cem hat mich erfreut.'

Wenn das direkte Objekt ein **bir** enthält, kann es für den Sprecher spezifisch sein, oder auch nicht. In folgendem Beispiel ist es spezifisch zu verstehen, der Sprecher bringt jedoch „eine Frau" als neue Information ein, und man sieht erst am Nachsatz deutlich, dass „die Frau" für ihn bekannt war: *Oldukça varlıklı **bir kadın** tanıyorum. Kocası ölünce kendisinden çok küçük bir adamla evlendi.* (http://listweb.bilkent.edu.tr./kadin/2000/Jul/0008.html) ‚Ich kenne eine ziemlich begüterte Frau. Als ihr Mann gestorben war, heiratete sie jemand sehr viel Jüngeren als sie selbst.' Wollte der Sprecher aus seiner Sicht die Aussage gleich als bekannt darstellen, wird er folgendermaßen formulieren: *Oldukça varlıklı olan **bir kadını** tanıyorum* ‚Ich kenne eine Frau, die ziemlich begütert ist'.

Eine andere Möglichkeit ist, das Nomen durch einen Nebensatz oder ein entsprechendes Attribut einzuschränken: *Kocasını çok seven **bir kadını** tanıyorum* ‚Ich kenne eine Frau, die ihren Mann sehr liebt', *Bu albümdeki **bir fotoğrafı** hatırlıyorum* ‚Ich erinnere mich an ein Foto in diesem Album.'

Manchmal kann die Wahl zwischen **-DIğI** oder **-mAsI** schwerfallen. Wenn das Ereignis im Interesse des Sprechers steht, wird er *-mAsI* einsetzen, vor allen Dingen dann, wenn er es als *allgemein* oder als *unabgeschlossen* darstellen will. Wenn der Sprecher konkret etwas über die Ereignisausführung und den Ereignisträger weiß, wird er *-DIğI* verwenden:

(1) *Müşteriler, gerekli bilgilerin geç açıklan**masından** yakınıyor.*
‚Die Kunden beklagen die zu späte Darlegung der erforderlichen Informationen.'
*oder:* ‚Die Kunden beklagen die Tatsache, dass die erforderlichen Informationen zu spät dargelegt **werden**.'

(2) *Müşteriler, gerekli bilgilerin geç açıklan**dığından** yakınıyor.*
‚Die Kunden beklagen, dass die erforderlichen Informationen zu spät dargelegt **wurden** (von jemandem).'

(3) *Şimdi saat 14 ve bugün için paketin gel**mesine** dair pek ümidim kalmadı.*
‚Jetzt ist es 14 Uhr, und ich habe kaum noch Hoffnung, dass das Paket heute eintrifft.'

(4) *Eve, paketin gel**diğine** dair bir kağıt gelmiş. Ben eve getirirler sanıyordum.*
‚Es ist eine Benachrichtigung zu Hause angekommen, dass das Paket eingetroffen sei. Ich dachte, sie bringen es nach Hause.'

In folgendem Beispiel muss **-mAsI** verwendet werden, damit der Sprecher seine Perspektive vom Subjekt abwenden kann. Mit **-DIğI** würde er äußern, dass er *weiß*, was das Subjekt ausgeführt hat:

(5) *Sele kurban gidenlerin cesetlerinin 7 Ağustos'tan bu yana buluna**maması**, / Beşköy'de sinirleri gerdi.* (Radikal)
‚Der Umstand, dass die Leichen derer, die der Überschwemmung zum Opfer gefallen sind, vom 7. August bis heute nicht aufgefunden werden konnten, hat in Beşköy die Nerven angespannt.'

Mit *bulunamadığı* gebildet, ergibt sich folgende Bedeutung: ‚…, dass die Leichen derer, die der Überschwemmung zum Opfer gefallen sind, sich nicht haben finden lassen (können) *oder* dass die Leichen nicht anwesend sein konnten, …'.

In einigen Fällen kann es vorkommen, dass **-mAsI** mit **-DIğI/-(y)AcAğI** auf gar keinen Fall konkurrieren können, nämlich dann, wenn **-DIğI/-(y)AcAğI** unmittelbar **vor** einem Nomen stehen und man den damit gebildeten Satz als Relativsatz interpretieren muss. In folgendem Originalbeispiel ist **yapması** der Kern des Subjektsatzes. In dem nächsten, bewusst abgewandelten Beispiel wird der Verein **Erzurumspor** zum Subjekt, das durch einen Relativsatz näher beschrieben ist:

(6) *Maç öncesi iki takım futbolcuları ısınırken Mehter takımının sahaya girerek* **gösteri yapması** */ Erzurumspor taraftarlarını coşturdu.* (Milliyet)
,Während im Vorfeld des Spiels die Fußballspieler beider Mannschaften sich aufwärmten, begeisterte die Darbietung der auf das Spielfeld einziehenden Janitscharenkapelle die Anhänger von Erzurumspor.'

(6') *Maç öncesi iki takım futbolcuları ısınırken Mehter takımının sahaya girerek gösteri* **yaptığı Erzurumspor** */ taraftarlarını coşturdu.*
,Während im Vorfeld des Spiels die Fußballspieler beider Mannschaften sich aufwärmten, begeisterte (der Verein) Erzurumspor, dem die auf das Spielfeld einziehende Janitscharenkapelle eine Darbietung brachte, seine Anhänger.'

Ein anderes Thema ist die (Nicht)Verwendung von *-lAr* nach einem genannten pluralischen Subjekt (☞ 14.2). So liegt in (6) und (7) das Interesse des Autors darauf, was mit den Gefangenen bzw. der genannten Gruppe passierte, in (8) steht jedoch die Nachricht der Freilassung im Vordergrund.

(7) *Rum ve kent nüfusunun önemlice bir kısmı, Ege adalarına ve İstanbul'a kaçar. Tutsak edilenler ise köle pazarında satılırlar.* (DA, TT, 158)
,Ein beträchtlicher Teil der griechischen sowie der städtischen Bevölkerung flieht auf die Ägäischen Inseln und nach Istanbul. Diejenigen hingegen, die gefangen genommen werden, werden auf dem Sklavenmarkt verkauft.'

(8) *Dilleri Türkçe, dinleri hıristiyan olan bu grup, Cumhuriyet'ten sonra Rum sayılıp Yunanistan'a göçürülmüşlerdir.* (DA, TT, 159)
,Diese Gruppe, deren Sprache Türkisch und deren Religion das Christentum war, wurde nach der Republiksgründung als Griechen eingestuft und nach Griechenland zwangsumgesiedelt.'

(9) *Cezayir'de aylarca aşırı dincilerin rehin aldığı 9'u Alman, 14 turist serbest* **bırakıldı** *ama, Almanya, 6 milyon avro fidye ve masrafları onlardan istiyor.* (Hürriyet, 20/08/2003)
,In Algerien sind 14 Touristen, 9 davon Deutsche, die die Radikalislamisten Monate lang als Geiseln hielten, zwar freigelassen worden, aber Deutschland will die sechs Millionen Euro Lösegeld und die Kosten von ihnen erstattet haben.'

Das *-(I)p*-Konverb ist das schillerndste Konverb. Es legt sich nicht auf eine Bedeutung fest, und ein nachfolgendes verneintes Verb verneint auch nicht immer das *-(I)p*-Verb:

(10) *Beni* **arayıp** *da bulamadıysan evden taşındığım içindir.* (DA, AADY, 9)
,Wenn du mich gesucht hast, aber nicht finden konntest, ist es, weil ich aus der Wohnung ausgezogen bin.'

(11) *Çocuk sahibi olmak iste***yip** *bu arzularına kavuşamayanlara sesleniyoruz...* (Reklame)
,Wir wenden uns an diejenigen, die ein Kind bekommen wollen und diesen Wunsch bislang nicht verwirklichen konnten.'

# Tabellen zur Deklination und Konjugation

## 1. Die Personenanzeiger

|             | Gruppe I    | Gruppe II          | Gruppe III         | Possessivsuffixe |
|-------------|-------------|--------------------|--------------------|------------------|
|             | ☞ 7.2       | ☞ 13.2.1, 14.2.4   | ☞ 16.2, 16.3       | ☞ 5.7            |
| 1. Pers. Sg.| -(y)Im      | -m                 | -(y)AyIm           | -(I)m            |
| 2. Pers. Sg.| -sIn        | -n                 | ∅                  | -(I)n            |
| 3. Pers. Sg.| ∅           | ∅                  | -sIn               | -(s)I(n)         |
| 1. Pers. Pl.| -(y)Iz      | -k                 | -(y)AlIm           | -(I)mIz          |
| 2. Pers. Pl.| -sInIz      | -nIz               | -(y)In, -(y)InIz   | -(I)nIz          |
| 3. Pers. Pl.| (-lAr)      | (-lAr)             | -sIn(lAr)          | -lArI(n)         |

## 2. Die Kasussuffixe und Deklinationsbeispiele

|           |         | Mit Possessivsuffix der |              |
|-----------|---------|-------------------------|--------------|
|           | ☞ 5.8   | 3. Pers. Sg.            | 3. Pers. Pl. |
| *Nominativ* | ∅     | -(s)I                   | -lArI        |
| *Genitiv*   | -(n)In | -(s)In-In               | -lArIn-In    |
| *Akkusativ* | -(y)I  | -(s)In-I                | -lArIn-I     |
| *Dativ*     | -(y)A  | -(s)In-A                | -lArIn-A     |
| *Lokativ*   | -DA    | -(s)In-dA               | -lArIn-dA    |
| *Ablativ*   | -DAn   | -(s)In-dAn              | -lArIn-dAn   |

| yaşlı adam    | *der alte Mann*       | yaşlı bir adam    | *ein alter Mann*       |
|---------------|-----------------------|-------------------|------------------------|
| yaşlı adamın  | *des alten Mannes*    | yaşlı bir adamın  | *eines alten Mannes*   |
| yaşlı adamı   | *den alten Mann*      | yaşlı bir adamı   | *einen alten Mann*     |
| yaşlı adama   | *(zu) dem alten Mann* | yaşlı bir adama   | *(zu) einem alten Mann*|
| yaşlı adamda  | *bei dem alten Mann*  | yaşlı bir adamda  | *bei einem alten Mann* |
| yaşlı adamdan | *von dem alten Mann*  | yaşlı bir adamdan | *von einem alten Mann* |

| çocuk doktoru    | *(der) Kinderarzt*     | çocuk doktorları    | *(die) Kinderärzte*     |
|------------------|------------------------|---------------------|-------------------------|
| çocuk doktorunun | *des Kinderarztes*     | çocuk doktorlarının | *der Kinderärzte*       |
| çocuk doktorunu  | *den Kinderarzt*       | çocuk doktorlarını  | *die Kinderärzte*       |
| çocuk doktoruna  | *(zu) dem Kinderarzt*  | çocuk doktorlarına  | *(zu) den Kinderärzten* |
| çocuk doktorunda | *bei dem Kinderarzt*   | çocuk doktorlarında | *bei den Kinderärzten*  |
| çocuk doktorundan| *von dem Kinderarzt*   | çocuk doktorlarından| *von den Kinderärzten*  |

## 3. Weitere Deklinationstabellen

**Personalpronomen** ☞ Seite 74   **Substantivierte Possessivpronomen** ☞ Seite 75
**Demonstrativpronomen** ☞ Seite 77   **Reflexivpronomen** ☞ Seite 82
**Reziprokpronomen** ☞ Seite 83   **kim/ne/hangi** ☞ Seite 85f.   **Ortspronomen** ☞ Seite 79
**Indefinitpronomen mit Possessivsuffixen** ☞ Seite 93   **Raumnomen** ☞ Seite 97

## Übersicht über die Aspektotempora (Doppelformen: neu/bekannt)

| **Präsens** | **Imperfekt** | **Beide mit imiş** |
|---|---|---|
| seviyorum | seviyordum | seviyormuşum |
| seviyorsun | seviyordun | seviyormuşsun |
| seviyor | seviyordu | seviyormuş |
| seviyoruz | seviyorduk | seviyormuşuz |
| seviyorsunuz | seviyordunuz | seviyormuşsunuz |
| seviyorlar | seviyordular/seviyorlardı | seviyormuşlar/seviyorlarmış |

| **Aorist** | **Aorist in der Vergangenheit** | **Beide mit imiş** |
|---|---|---|
| severim | severdim | severmişim |
| seversin | severdin | severmişsin |
| sever | severdi | severmiş |
| severiz | severdik | severmişiz |
| seversiniz | severdiniz | severmişsiniz |
| severler | severdiler/severlerdi | severmişler/severlermiş |

| **Futur** | **Futur in der Vergangenheit** | **Beide mit imiş** |
|---|---|---|
| seveceğim | sevecektim | sevecekmişim |
| seveceksin | sevecektin | sevecekmişsin |
| sevecek | sevecekti | sevecekmiş |
| seveceğiz | sevecektik | sevecekmişiz |
| sevecekiniz | sevecektiniz | sevecekmişsiniz |
| sevecekler | sevecektiler/seveceklerdi | sevecekmişler/seveceklermiş |

| **Perfekt** | **Plusquamperfekt** | **Beide mit imiş** |
|---|---|---|
| sevmişim | sevmiştim | sevmişmişim |
| sevmişsin | sevmiştin | sevmişmişsin |
| sevmiş | sevmişti | sevmişmiş |
| sevmişiz | sevmiştik | sevmişmişiz |
| sevmişsiniz | sevmiştiniz | sevmişmişsiniz |
| sevmişler | sevmiştiler/sevmişlerdi | sevmişmişler/sevmişlermiş |

| **Präteritum** | **Präteritum in der Vergangenheit** | **Beide mit imiş** |
|---|---|---|
| sevdim | sevdiydim/sevdimdi | |
| sevdin | sevdiydin/sevdindi | |
| sevdi | sevdiydi/sevdi idi | *Gibt es nicht.* |
| sevdik | sevdiydik/sevdikti | |
| sevdiniz | sevdiydiniz/sevdinizdi | |
| sevdiler | sevdiydiler/sevdiler idi | |

| **Kontinuativ** | **Kontinuativ i. d. Vergangenheit** | **Beide mit imiş** |
|---|---|---|
| sevmekteyim | sevmekteydim | sevmekteymişim |
| sevmektesin | sevmekteydin | sevmekteymişsin |
| sevmekte(dir) | sevmekteydi | sevmekteymiş |
| sevmekteyiz | sevmekteydik | sevmekteymişiz |
| sevmektesiniz | sevmekteydiniz | sevmekteymişsiniz |
| sevmekte(dir)ler | sevmekteydiler/sevmektelerdi | sevmekteymişler/sevmektelermiş |

## Übersicht über den realen Konditional (Doppelformen: neu/bekannt)

| Präsens | Imperfekt | Beide mit imiş |
|---|---|---|
| seviyorsam | seviyorduysam/seviyordumsa | seviyormuşsam |
| seviyorsan | seviyorduysan/seviyordunsa | seviyormuşsan |
| seviyorsa | seviyorduysa/seviyordu ise | seviyormuşsa |
| seviyorsak | seviyorduysak/seviyorduksa | seviyormuşsak |
| seviyorsanız | seviyorduysanız/seviyordunuzsa | seviyormuşsanız |
| seviyorsalar/seviyorlarsa | seviyorduysalar/seviyorlar idiyse | seviyormuşsalar/seviyormuşlarsa |

| Aorist | Aorist in der Vergangenheit | Beide mit imiş |
|---|---|---|
| seversem | severdiysem/severdimse | severmişsem |
| seversen | severdiysen/severdinse | severmişsen |
| severse | severdiyse/severdi ise | severmişse |
| seversek | severdiysek/severdikse | severmişsek |
| severseniz | severdiyseniz/severdinizse | severmişseniz |
| severseler/severlerse | severdiyseler/severler idiyse | severmişseler/severlermişse |

| Futur | Futur in der Vergangenheit | Beide mit imiş |
|---|---|---|
| seveceksem | sevecektiysem/sevecektimse | sevecekmişsem |
| seveceksen | sevecektiysen/sevecektinse | sevecekmişsen |
| sevecekse | sevecektiyse/sevecekti ise | sevecekmişse |
| seveceksek | sevecektiysek/sevecektikse | sevecekmişsek |
| sevecekseniz | sevecektiyseniz/sevecektinizse | sevecekmişseniz |
| sevecekseler/seveceklerse | sevecektiyseler/sevecekler idiyse | sevecekmişseler/-lerse |

| Perfekt | Plusquamperfekt | Beide mit imiş |
|---|---|---|
| sevmişsem | sevmiş idiysem/idimse | sevmişmişsem |
| sevmişsen | sevmiş idiysen/idinse | sevmişmişsen |
| sevmişse | sevmiş idiyse/idi ise | sevmişmişse |
| sevmişsek | sevmiş idiysek/idikse | sevmişmişsek |
| sevmişseniz | sevmiş idiyseniz/idinizse | sevmişmişseniz |
| sevmişseler/sevmişlerse | sevmiş idiyseler/sevmişler idiyse | sevmişmişseler/sevmişmişlerse |

| Präteritum | Präteritum i. d. Vergangenheit | Beide mit imiş |
|---|---|---|
| sevdiysem/sevdimse | sevdi idiysem/sevdim idiyse | |
| sevdiysen/sevdinse | sevdi idiysen/sevdin idiyse | |
| sevdiyse/sevdi ise | sevdi idiyse/sevdi idiyse | *Gibt es nicht.* |
| sevdiysek/sevdikse | sevdi idiysek/sevdik idiyse | |
| sevdiyseniz/sevdinizse | sevdi idiyseniz/sevdiniz idiyse | |
| sevdiyseler/sevdiler ise | sevdi idiyseler/sevdiler idiyse | |

| Kontinuativ | Kontinuativ i. d. Vergangenheit | Beide mit imiş |
|---|---|---|
| sevmekteysem | sevmekte idiysem/idimse | sevmekteymişsem |
| sevmekteysen | sevmekte idiysen/idinse | sevmekteymişsen |
| sevmekteyse | sevmekte idiyse/idi ise | sevmekteymişse |
| sevmekteysek | sevmekte idiysek/idikse | sevmekteymişsek |
| sevmekteyseniz | sevmekte idiyseniz/idinizse | sevmekteymişseniz |
| sevmekteyseler/-lerse | sevmekte idiyseler/-ler idiyse | sevmekteymişseler |

## Übersicht über den potentialen und irrealen Konditional, den Nezessitativ sowie die Wunsch- und Aufforderungsformen

| **Potentialis** | **Irrealis** | **Beide mit imiş** |
|---|---|---|
| sevsem | sevseydim | sevseymişim |
| sevsen | sevseydin | sevseymişsin |
| sevse | sevseydi | sevseymiş |
| sevsek | sevseydik | sevseymişiz |
| sevseniz | sevseydiniz | sevseymişsiniz |
| sevseler | sevseydiler/sevselerdi | sevseymişler/sevselermiş |

| **Nezessitativ** | **Nezessitativ in der Vergangenheit** | **Beide mit imiş** |
|---|---|---|
| sevmeliyim | sevmeliydim | sevmeliymişim |
| sevmelisin | sevmeliydin | sevmeliymişsin |
| sevmeli | sevmeliydi | sevmeliymiş |
| sevmeliyiz | sevmeliydik | sevmeliymişiz |
| sevmelisiniz | sevmeliydiniz | sevmeliymişsiniz |
| sevmeliler | sevmeliydiler/sevmelilerdi | sevmeliymişler/sevmelilermiş |

| **Optativ** | **Optativ in der Vergangenheit** | **Beide mit imiş** (selten) |
|---|---|---|
| ∅ | seveydim | seveymişim |
| sevesin | seveydin | seveymişsin |
| seve | seveydi | seveymiş |
| ∅ | seveydik | seveymişiz |
| seveseniz | seveydiniz | seveymişsiniz |
| ∅ | seveydiler | seveymişler |

| **Voluntativ / Imperativ** | | |
|---|---|---|
| seveyim | ∅ | ∅ |
| sev | ∅ | ∅ |
| sevsin | sevsindi | sevsinmiş |
| sevelim | ∅ | ∅ |
| sevin/seviniz | ∅ | ∅ |
| sevsinler | sevsindiler/sevsinlerdi | sevsinmişler/sevsinlermiş |

# Sach- und Stichwortverzeichnis

**A**
-A 28, 31, 108
-A- 26
Abgeschlossenheit 274, 292
Ablativ 49, 58, 63, 93, 236
Ablativergänzung 18, 59
Absichtlichkeit 227
Abstrakta 40
Abtönungspartikeln 78, 127f.
acaba 128
acayip 133
-(A)ç 28
adamakıllı 133
adet 70
adına 117
Adjektive 61f.
Adverbbildung, nicht-türkische 108
Adverbialangabe 57
Adverbiale 18, 53, 61, 95, 105ff.
Adverbialergänzung 18
Adverbialsätze 247ff., 266, 303
Adverbien 94
Adversativsätze 250, 319
Agens 225
agentiv 262
ağabey 46
ait 114
-(A/I)r 28, 160, 239
-(A/I)r -mAz 306
-(A/I)r/-mAz ol- 186
-(A/I)r/-mAz olan 297
-(A/I)r/-mAz olduğu 297
-(A/I)rdI 174
-(A)k 28
Akkusativ 49, 54, 321ff.

Aktionsarten 156, 251ff.
-(A)l 23
-(A)l- 26
-AlA- 28
aleyhte 118
alıkoy- 252
als (Lehrer) 244
als (zeitlich) 248, 250, 304f.
alt 95
am (Montag) 101
ama 123, 128
amma da 128
amma ve lakin 123
-AmAk 28
-(A)nAk 28
ancak 123, 131
-ane 31, 108
Angaben 18
anlaşıl- 227
ansızın 23
Aorist 160ff., 180
Aorist i. d. Verg. 173, 180
Aoristnomen 30
Aoristpartizip 239
Apostroph 3, 49
Äquativsuffix 21
-(A)r- 27
-Ar 160
-Ar- 28, 221
ara 95
-ArdI 173
-(A)rI 23
arka 95
artık 102
Aspekt 155
aşağı 96
aşağı yukarı 103
aşkın 116
Attribute 19

attributiv 61
Attributsätze 266, 279ff.
Attributsätze, verkettete 301f.
auch wenn 313
Aufforderungs- und Wunschformen 187
Ausgangspunkt 58
-(A)v 28
-Ay 23
aynı 92
az 90f.
az çok 91

**B**
bakalım 128
bakayım 128
bakımından 116
bana 74
bari 131, 214
baş 112
başına 116
başka 92, 115
başta ... olmak üzere 182
bayağı 133
bazı 90
Bedingungsformen 205ff.
   weitere Verwendung 215f.
Bedingungssätze 205ff., 264
ben 74
bence 21
bende 74
benden 74
beni 74
benim 74
beri 96, 115
beriki 92

Berufsbezeichnungen 25
beş vakit namaz 69
bestimmt 43f., 149, 258, 289
Bestimmungswort 32
Betonung 11, 260
bevor 306
bi- 31
bil- 273
bile 55, 131
binde 67
Bindekonsonanten 8
Bindevokale 8
Bindewörter 119
bir 43f., 67, 128, 327
bir dereceye kadar 133
bir hayli 133
bir şey 89
bir şeye ihtiyacı ol- 198
biraz 91
birbiri 83
birçok 90
biri / birisi 88, 93
birkaç 91
birtakım 91
biz 74
bizim 74
bizler 73
bizzat 82
bırak- 222
boyu 116
boyunca 116
böyle 66, 105
brauchen 198
Bruchzahlen 69
bu 65, 76
bu kadar 65
bu konuda 126
bu yana 115
buçuk 69, 97
bulun- 183
bunlar 76f.
bunun kadar 65
bura(sı) 79
burada 79, 95

buraya 79
bütün 90

**C**
-cA 29
-CA1 21, 64, 75, 78, 81, 106, 190, 242
-CA2 21
-cAğIz 21
-cAK 21
-CAnA 21
-CAsInA 21, 316
-CI 22, 30
-cIK ~ -CIK 22f., 81, 88
-CIl 23
civarında 98

**Ç**
-çe 31
çevre 96
çoğu 10, 91, 93
çok 64, 90
çünkü 122

**D**
da 309
dA 55, 80, 120, 129, 131, 247
-DA (Lokativ) 49
-dA- 27
dA ... dA 120
dA -sA 313
dA -(y)sA 313
dabeihaben 150
daha 63
dahi 131
dahil 112
dair 114
damit, 311
-DAn (Ablativ) 49, 93, 236
-dar 31
-DAş 23
Dativ 36, 56f.
Dativergänzung 18, 56
Datumsangabe 100

defa 69
değil 134
değin 114
dek 114
Deklination 13, 49ff.
deklinieren 13
demek 126
Demonstrativpronomen 65, 76f., 297
denom. Nominalsuffixe 21ff.
denom. Verbalsuffixe 26
derhal 104
derken 126, 250
devamınca 116
deverb. Nominalsuffixe 28
deverb. Verbalsuffixe 28
devrik cümle 259
-DI 165
-DI idi 177
-DI ise 210
-DI mI/-DI mIydI 312
-DI -(y)AcAk 254
-DI -(y)AlI 249
-DIğI 269, 277, 302, 327f.
-DIğI sırada 304
-DIğI var/yok 278
-DIğI yer 319
-DIğI/-(y)AcAğI 272, 276f.
-DIğI/-(y)AcAğI gibi 315
-DIğI/-(y)AcAğI halde 312
-DIğI/-(y)AcAğI için 309
-DIğI/-(y)AcAğI iyi ol- 278
-DIğI/-(y)AcAğI kadar 314
-DIğI/-(y)AcAğI kadar/kadarıyla 317
-DIğI/-(y)AcAğI müddetçe 308
-DIğI/-(y)AcAğI sürece 308
-DIğI/-(y)AcAğI takdirde 312
-DIğI/-(y)AcAğI zaman 304
-DIğInA/-(y)AcAğInA göre 317
-DIğIncA 21, 317

-DIğIndA 305
-DIğIndAn beri 307
-DIğIndAn/-(y)AcAğIndAn 309
-DIğIndAn/-(y)AcAğIndAn başka 317
-DIğIndAn/-(y)AcAğIndAn dolayı 310
-DIğIndAn/-(y)AcAğIndAn ötürü 310
-DIK-Partizip 241
-DIkçA 316
-DIktAn itibaren 307
-DIktAn sonra 307
-DIr 152, 179
-DIr- 28, 219
-DIrlAr 152
dış 95
dışarı 96
-DIydI 177
-DIysA 210, 212
diğer 92
Diminutivsuffix 22
dip 95
Direktivsuffix 23
Distributivzahlen 26, 68
diye 244
doğru 114
dolayı 115
dolayısıyla 117
Doppelkonsonanten 2
Doppelvokale 2
dort 80
dürfen 197
durup dururken 250

E
Echofragen 87
eğer 126, 211
einander 83
eksik 92
Ellipse 193
emzir- 222
en 63
en az / en azından 131

-en 31, 108
Endungs- und Wortaussparung 53, 264
Enklitika 6
Entscheidungsfrage 84, 87
etmek 228
epey 133
Ereignis 15
Ereignisausführung 235, 270
Ereignisträger 235, 270
Ereignisvergangenheit 165
Ereignisvorvergangenh. 177
Ergänzungen 16f.
Ergänzungsfrage 84, 87
Ergänzungssätze 266, 268, 271
Ergebnisvergangenheit 167
ertesi 92
eskiden 104
esnasında 117
etraf 96
Eventualität 210
evvel 115

F
fakat 123
Feststellungen 168
fevkalade 64
Finalsätze 310
flektieren 13
Flexion 13
Fokuspartikeln 127, 131
Fragepartikel 6, 84
Fragewörter 72
Füllkonsonanten 8
Funktionswort 137
  erfahrungsorientiert 146ff.
  konditional 206ff.
  temporal 142ff.
  temporal-adversativ 250, 308
Fürwörter 72ff.
Futur 164, 180

Futur II 184
Futur i. d. Verg. 174, 180
Futurpartizip 240, 288
Futurpartizip, alt 242

G
-gA 29
-GAç 29
-GAn 29
gayet 64, 133
gayri 31
gece 98
gel- 226
genannt/bekannt 258
Genitiv 54, 93, 271f., 327
Genitivattribute 59
Genitivergänzung 18
Genitiv-Possessiv-Verbindung, echte 59
  unechte 60, 276
Genitiv-Topiks 60, 276, 326
Geschlecht, grammatisches, natürliches 39
gerçi 123
gereğince 117
gerek 198
gerek ... gerek(se) 120
gerek- 199, 296
gerekli 198
geri 96
Gesprächsthema 258, 293
getir- 222
-GI 29
gibi 65, 113
-gIç 29
giderek 244, 316
-gil 23
-GIn 29, 61
git- 226
gittikçe 21, 316
göre 114
göster- 222
grenzbezogen 155f., 237, 239

Grundwort 32
Grundzahlen 66
gün 105
gündüzün 99
güya 126

**H**
ha ... ha ... 122
haben 149, 271, 282
hakkında 118
halbuki 124
Handlungsrichtungen der Verben 217
-hane 31
hangi(si) 86
hani 129
hariç 112
harika 133
has 114
hatta 131
hayli 133
hele 129
hem 31
hem (de) 121
hem ... hem (de) 121
hemen 104
hep 90
hepsi 90
her biri 89
her şey 90
her 215
herhangi 88
herkes 89
hesabına 117
hiç 89
hiç değilse 131, 215
hiç olmazsa 131, 215
hiç yoksa 132, 215
hiçbir şey 89
hiçbir yerde 95
Hilfsverbverbindungen 251
Hörensagen 168, 300
hoşuna git- 204
hususunda 117

**I**
-I 29
-Ik 61
-(I)k 29
-(I)k- 27
-Il- 28, 225
-(I)lI 29, 61
-Il-In- 229
-(I)m 29, 45
-(I)mIz 45
-(I)msA- 27, 28
-(I)msI 23, 61
-(I)mtırak 23, 61
-In 29
-(I)n 23, 45
-(I)n- 28, 225, 231
-(I)ncI 23, 67
-(In)ç 29
-(I)n-Il- 229
-(I)nIz 45
-(I)ntI 30
-Ir 160
-Ir- 28, 221
-(I)ş 217
-(I)ş- 28
-(I)ş-tIr 224
-It- 28, 221
-(I)yor 157
-(I)yor ol- 186
-(I)yor olduğu 274
-(I)yordu 172
-(I)yordur 171
-(I)z 23

**İ**
-i/-î 26, 31, 61
iç 95
içeri 96
içesi gel- 255
içesi tut- 255
içesi var 255
için 112
içinde 117
idi 142, 208
idik 142

idiler 142
idim 142
idin 142
idiniz 142
iken 250, 308
ikisi / ikisi de 93
ile 75, 78, 106, 112, 121
ileri 96
ilk 67
imek 137
imiş 146, 180
imişse 208
Imperativ 188f., 245
Imperfekt 172, 180
Impossibilitiv 194
indem 314
Indikativ 187
Indirekte Fragesätze 276
Indirekte Rede 274
Infinitiv 155
Information 258, 293
Informationsstruktur 257, 289
insan 89, 229
Instrumentalis 23, 318
Instrumentalsätze 314
Intensitätspartikeln 127, 133
Intensivierungen 36
Interjektionen 135
Interrogativadverbien 85
Interrogative 84
intransitiv 15, 219, 294
Inversion 84
ise 132, 206
ismen 82
iste- 176, 202
ister ... ister 122
ister istemez 306
işbu 78
işte 78, 129, 132
iterativ 29
itibaren 115
izin ver- 197

**J**
Jahreszeiten 100

**K**
-kâr 31
ki betont 125
ki unbetont 125, 129, 301, 314
-ki1, adjektivierend 23, 71, 236
-ki2, substantivierend 24, 64, 75
-kin- 71, 75
kaç 86
kadar 65, 113f.
kâh ... kâh ... 121
kala 98
kaldı ki 121
kaldır- 222
kanalıyla 117
Kardinalzahlen 66
karşı 95, 114
karşılık 114
karşın 114
Kasus 13, 53ff.
kat 69
Kausalsätze 309
Kausativsuffixe 28, 219ff.
kendi 81, 233
kendi kendine 83
kendileri 74
kendiliğinden 83
kendisi 74, 81
kere 69
keşke ~ keşki 214
kez 69
kışın 100
kim ise 215
kim 53, 85
kimde 57
kimden 58
kime 56
kimi 54, 90
kimin 59
kimse 88

Klassenzugehörigkeit 40
Klitika, klitisch 6, 72
Kollektivbegriffe 69
Kommasetzung 291
Komparativ 63
Komparativsätze 314
Komposition 20
Konditionalsätze 205ff., 311
   irreale 212
   potentiale 211
   reale 205f.
Kongruenz,
   Kasus-Numerus 261
   Subjekt-Prädikat 261
Konjugation 14
konjugieren 14
Konjunktionen,
   ausschließende 122
   einschränkende und entgegensetzende 123
   hinzufügende und verbindende 120
   koordinierende 119
Konjunktiv 187, 271
Konkreta 40
Konnektive 119
können 194
Konsekutivsätze 314
Konsonanten 9
Konsonantenassimilation 9
Konsonantenverdoppelung 11
Konsonantenwandel 10
Kontinuativ 58, 170, 180
Kontinuativ i. d. Verg. 179f.
konusunda 117
Konverbien 243, 251
Konzessivsätze 312
korkunç 133
kurtar- 222
kurtul- 222
Kurzinfinitiv 30, 234

**L**
-lA- 27
lakin 124
-lA-n- 27
-lA-n 232
-lAr 6, 40, 72, 263
-lArdI 142
-lArI 99
-lArI(n) 45
-lArsA 206
-lA-ş- 27
lazım 198
lehte 118
Lesart 40
-leyin 24, 99
-lI 24, 33, 68, 81, 240
-lI -lI 24
-lIğInA 104
-lIK 24, 240
Lokalsätze 319
Lokativ 57, 236
Lokativergänzung 18, 58
lüzumlu 198

**M**
-mA 30, 234, 268, 302
-mA- 155
-mAcA 30
-mAdAn önce 306
-mAdAn 249, 318
mademki 124
-mAdI 165
-mAğA/-mAğI 235
-mAk 30, 155, 234, 268, 302
-mAk için 310
-mAk mecburiyetinde 200
-mAk şartıyla 312
-mAk üzere 310
-mAk üzere ol- 182
-mAk zorunda 200
-mAklA 314
-mAklA birlikte/beraber 313
-mAklIk 25

-mAksIzIn 318
-mAktA 170, 264
-mAktA ol- 186
-mAktA olan 292
-mAktA olduğu 274, 292
-mAktAdIr 171
-mAktAn 256
-mAktAn başka 317
-mAktAnsA 318
-mAktAydI 179
-mAlArIndAnsA 318
-mAlI 200, 264, 296
man 89, 226, 228f.
-mAmAzlIğA getir- 255
-mAmAzlIğA vur- 255
-mAmAzlIk 240
-mAmAzlIk edeme- 255
-mAmAzlIk etme- 255
-mAmAzlIktan gel- 255
Märchen 150
-mAsI 268, 272, 277, 327f.
-mAsI halinde 312
-mAsI için 311
-mAsI iyi ol- 278
-mAsInA 317
-mAsInA rağmen/karşın 313
Maßangabe 70
Materialangabe 59
-mAyA 256
-mAyA mecbur 199
-mAyAbil- 195
-mAyAgör- 253
-mAyIver- 252
-mAz 30, 160, 239
-mAzdAn gel- 255
-mAzdI 174
-mAzdIr 171
-mAzlIktAn gel- 255
meğer 124
meğerki / meğerse 124
mI 55, 84, 123, 132, 159
-mIş 30, 167, 238
-mIş gibi 315
-mIş ol- 185

-mIş (olan) 290
-mIş olan/olduğu 292
-mIş olduğu/olacağı 274
-mIş sanıl- 324
-mIşlIğI var 278
-mIşlIk 25
-mIşmIş 181
-mIştI 178
-mIştIr 171
-mIyor 157
misil 69f.
Mitspieler des Verbs 16, 219, 222
Modal-Enklitikon -DIr 152
modal 146
Modalität 152, 187, 296
Modalsätze 314ff.
Modalverben 193
Modus 187
mögen 204
Möglichkeitsform 194
Monate 100
-(m)sAr 26
multiplikatives Verbalsuffix -(I)ş 27f., 217
münasebetiyle 126
müsaade et- 197
müssen 199f.
müteakip 116
müthiş 133

**N**
na- 32
nachdem 307
namına 118
nasıl 87
nasıl olsa 216
Nationalitäts- und Religionsbegriffe 33
ne 46, 53, 85
ne ... ne (de) 121
ne de 130
ne de olsa 216
ne diye 87
ne gibi 87

ne için 87
ne idüğü belirsiz 286
ne kadar 86
ne var ki 124
ne zaman 57, 87
Nebeneinanderstellung 35
Nebenordnung 266
Nebensätze 205ff., 266ff., 279ff., 303ff., 320ff.
  weiterführende 301
nece 22
neci 22
neden? 87
nedeniyle 117
nedense 215
Negationspartikel 127, 134
Negationssuffix 155
neme lazım 86
nere 79
nerede 57, 79, 95
nereden 58, 79
neredeyse 215
nereye 56, 79
nereyi 54
nesi 46
neyden 85
neyi 46, 54
neyse 215
Nezessitativ 200
-(n)In (Genitiv) 49
nice 91
nicht spezifisch 44, 271, 290
nichtgrenzbezogen 156, 237
niçin 87
nitekim 124
niye 87
noksan 92
Nomen, nominal 14
Nominalkomposita 20, 35
Nominativ 49, 53, 236
Notwendigkeitsform 200
Numerus 14, 40
numerusneutral 40

## O

o 65, 72ff., 76
o kadar 65
ob-Sätze 277
Objekt, direktes 16f.
   bestimmt 54, 225
   gattungsbezogen 55
   markiert 54
   unbestimmt 53, 222
   unmarkiert 53, 55
Objektsprädikativ 53
obwohl 312
ohne zu 318
olabildiğince 315
olağandışı 133
olağanüstü 64, 133
olanca 21
olarak 106, 244
oldukça 316
oldum olası 255
olmak 150f., 182, 228, 236f., 271
olmak üzere 182
olsa 211
olsa gerek 198, 212
olsaydı 212
olsun ... olsun 122
olursa 207, 210
olursa olsun 314
onca 21, 78
onlar 72ff., 76f.
onlarca 21
Optativ 191, 245
ora 79
oraya 79
Ordinalzahlen 23, 67
Ort 57
orta 95
ortalık 96
Ortsbereichnomen 95, 110
Ortspronomen 79
oysa(ki) 124

## Ö

öbür 92
öğlen 23
öğret- 222
ön 95
önce 102, 115
öte 96
öteki 92
ötürü 116
öyle 66, 105
öyleyse 215
özgü 114

## P

parça 70
Partikeln 6, 127
Partizipien 238
Passiv 28, 225ff.
Passivsätze 262
Patiens 225
pek 64
-perest 32
Perfekt 167, 180
Perfektnomen 30
Perfektpartizip 238, 290
Personalendungen 72, 138
Personalpronomen 72, 74
Perspektivenverlagerung 137, 142, 262
peş 112
Phasendarstellung 254
Plusquamperfekt 178, 180
Phraseologische Verben mit et- und ol- 228
Plural 6, 13, 40f., 42
Plural, 3. Pers. 46, 145, 154, 159, 163, 166, 261, 328
Positiv 63, 65
Possessivkompositum 20, 32
Possessivpartizipien 269, 295
   substantivische Verwendung 299
Possessivpronomen 45
Possessivsuffixe 32f., 36, 45, 81, 282
   Aussparung 48
   keine Doppelsetzung 47
   Verweisrichtung 48
Possibilitiv 194
Possibilitiv + Passiv 229
Postpositionalgruppe als Ergänzung 18
Postpositionen 109ff.
Postpositionen mit
   Possessivsuffix 116
   ohne Possessivsuffix 112
Postpositionen, mit
   Ablativ 115
   Akkusativ 116
   Dativ 114
   Nominativ bzw. Genitiv 112
Prä- und Suffixe (A)+(P) 31
Prädikat 17, 137
Prädikativ 17, 53, 60
Prädikatsnomen 17
Präsens 157, 180
Präsens, kognitives 170
Präteritum 165
Präteritum i. d. Verg. 177
Preisangabe 57, 59
Privativsuffix 318
Pronomen 72
Pronomen, indefinite 88
pronominales n 8

## R

-r 160
rağmen 114
Raumnomen 96
Reduplikationen 36
Reflexiv 231
Reflexivpronomen 81
regieren 15
Reimdoppelungen 37
Rektion 15, 251
Relativsätze 279ff., 322
   mit -DIğI 285ff.

mit -(y)AcAğI 287ff.
mit -(y)An 280ff.
ohne Bezugsnomen 298ff.
Relativsätze, notwendige und nicht notwendige 301
Restriktivsätze 317
Resultative Substantive und Adjektive 236
Reziprok 217
Reziprok-Kooperativ 217
Reziprokpronomen 83
Richtungangabe 57

S
-sA 211
-sA beğen- 216
-sA bile 313
-sA dA 313
-sA idi 212
-sA- 27
-sA- -sA- 212
saat 97
Saat kaç(ta)? 97f.
sadece 132
sakın (ha) 130
-(s)AI 26
Sammelnamen, 40
san- 273
sana 74
-sAnA/-sAnIza 189
sanki 126
Satzäquivalente 135
Sätze, einfache 266, 320
Sätze, komplexe 266, 320
Satzgefüge 266, 284, 287, 322ff.
Satzglieder 17
Satzreihe 266
-sAydI 192, 212
sayesinde 118
-sAymIş 214
sebebiyle 117
sefer 69
sein 138, 182, 271

seitdem 307
seither 308
sen 74
sene 101
-sI 26
-sIn(lAr) (Voluntativ) 190
-(s)I(n) (Possessiv) 45
-(s)IncA 228
-sIn(Iz) (Personalendung) 72
-sIz 26, 33, 68, 75, 78, 83, 88, 240
sırasında 117
sıralarında 98
sırf 132
Singular 13, 40, 42
siz 74
sizler 73
sobald 306
sofern 312
solange 308
sollen 200ff.
son derece 133
sonra 102, 116
spezifisch 44, 53f.
Sprossvokale 7
Steigerung 63
su 46, 51
Subjekt 16f., 53, 73, 262, 282f.
  belebt 219
  nicht spezifisch 321
  spezifisch 321
  unbelebt 163, 219, 262
  unpersönlich 229
Subjektsätze 266, 268, 270
Subjektsprädikativ 53
Subjektvertreter 17
Substitutivsätze 318
Suffixbestimmung 327f.
Suffixvokalharmonien, 6
  Abweichungen 7
sularında 98
Superlativ 63, 64
süresince 117

Ş
şahsen 82
-(ş)Ar 26, 68
şayet 126, 211
şey 89
şimdi 102
şöyle dursun 134
şöyle 66, 105
şu 65, 76
şu anda 304
şunlar 76f.
şura 79
şuraya 79

T
-t- 28, 219
Tageszeiten 98
takiben 116
tam 132
tane 70
tanrı 39
tarafından 118, 228
-tay 30
tek tük 91
tek 70
Teilmenge 64, 75, 80, 93, 97
Temporalsätze 304
Tempus 14, 155
-tI 30
-tIr-t- 224
Topik 17, 258, 320
transitiv 15, 219, 239, 295
türlü 70

U
uğruna 117
Uhrzeit 97
unbestimmt 43f., 149, 258, 289
Unmöglichkeitsform 194
Unschlüssigkeit 215
Unterordnung 266
Urheber 228
uyarınca 117

## Ü

üç aşağı beş yukarı 133
üst 95
üstelik 122
üzer- 110

## V

vakit 102
Valenz 16
var 148
var/yok ol- 183
vardı/oldu 183
-varî 32
varmışsa 209
varsa 207
vasıtasıyla 117
ve 122
Verb, verbal 14
Verbaladverb 243
Verbalnomen 234
Vergangenheit,
   unvollendete 172
   vollendete 178
Vergleich, realer 315
Verlauf 274, 292, 295
Vokale, dunkle/helle 5
Voluntativ 189f.
Vermeidung von Aufeinanderstoßen zweier Vokale bei Suffixanfügung 8
Verneinungssuffix 155
Verneinungen mit değil 134
Verteilungszahlen 68
Verwandtschaftsbezeichnungen 47
vesileyle 126
veya 122
veyahut 122
Vokalausfall 7
Vokale 5
Vokalharmonie,
   vierförmig 6
   zweiförmig 6
Vollinfinitiv 30, 234
Voluntativ 189f., 245

## W

während 250, 309
weil 309
wenn auch 313
wenn (konditional) 206
wenn (zeitlich) 248, 304f.
Wen- oder Was-Fall 54
werden 182
Wessen-Fall 54
Wiederholungs- und Vervielfältigungszahlwörter 69
Wochentage 100
Wo-Fall 57
Woher-Fall 58
Wohin- und Wem-Fall 56
wollen 176, 202
Wort 13
Wort- und Inhaltswiederholungen 37
Wortarten 14
Wortbildung 20ff.
Wortstellung 55, 62, 260
Wortverkettungen 20, 32, 236
Wünsche, irreale 214

## Y

ya 124, 130, 132
-(y)A (Dativ) 49, 191
-(y)A (Konverb) 244
-(y)A benze- 316
ya … ya (da) 123
-(y)A- -(y)A- (Konverbien) 246
-(y)Abil- 194, 229
-(y)AcAğI 269, 277, 302
-(y)AcAğI kadar 315
-(y)AcAğI var/yok 278
-(y)AcAğI yerde 319
-(y)AcAğInA 319
-(y)AcAK 30, 151, 164, 240, 288
-(y)AcAk (Verbaladjektiv) 241

-(y)AcAk gibi 315
-(y)AcAk kadar 314f.
-(y)AcAk (olan) 288
-(y)AcAk oldu 186
-(y)AcAk olması 274
-(y)AcAk yerde 319
-(y)AcAktI 175
-(y)AcAktIr 171
-(y)Adur- 252
-(y)Agel- 253
-(y)Akal- 252
-(y)AlI 249 308
-(y)AlI beri 249
-(y)AlIdAn beri 249
-(y)AlIm 189
yalnız 132
-(y)AmA- 194, 229
-(y)AmAyAbil- 195
yan 95
-(y)An 30
-(y)An -(y)AnA 254
-(y)An-Partizip 241, 280, 295
yana 116
-(y)AnA kadar 306
yani 126
-(y)ArAk 243, 314
-(y)ArAktAn 244
yarı 69
yarım 69, 97
-(y)AsI 242
-(y)Ayaz- 253
-(y)DI 142
-(y)DIk 142
-(y)DIlAr 142
-(y)DIm 142
-(y)DIn 142
-(y)DInIz 142
yer 95
yerine 118
yeteri kadar 133
yeterince 21
-(y)I (Akkusativ) 49
-(y)IcI 30
yıl 101

-(y)Im 72
-(y)In(Iz) 188
-(y)IncA 248, 305
-(y)IncAyA kadar 306
-(y)Ip 247, 328
-(y)Ip dur- 252
-(y)Ip geç- 253
-(y)Ip git- 253
-(y)Ip kal- 252
-(y)Ip -mAdIğI 277
-(y)Ip -mAmAsI 277
-(y)Ip -mAyAcAğI 277
-(y)Iş 31, 237, 278
-(y)Iver- 251
-(y)Iverme- 252
-(y)Iz 72
-(y)ken 250, 308
-(y)lA 112
-(y)mIş 146, 180
-(y)sA 132, 206
-(y)sA dA 313
-(y)sAk 206
-(y)sAlAr 206

-(y)sAm 206
-(y)sAn 206
-(y)sAnIz 206
-(y)AydI 192
-(y)AyIm 189
-(y)AymIş 192
yazın 100
yok 148
yoksa 123
yokum 148
yoluyla 117
yönelik 114
yukarı 96
yurdum insanı 60
yüzde 67
yüzünden 118

**Z**
-zade 32
Zahlwörter 66
Zählwörter 70, 88
zaman 102
zarfında 117

Zeitangabe 57, 102, 118
Zeiten, einfache 157ff.
 mit -DIr 171
 mit idi erweitert 172ff.
 mit imiş versehen 180f.
 mit ol- zusammengesetzt
  184ff.
 mit idi + ise erweitert 211
Zeitraum 304
Zeitstufen 155
zira 122
Zirkumflex 2
zu 64
Zur 3. Person 140, 271
Zugehörigkeitssuffix 24
zu-Infinitiv 236
Zusammensetzung 20
Zustand (zeitlich versetzter)
 155, 167
Zwang 199
Zweckangabe 57
zwecks 310

# Literaturverzeichnis

Abraham, Werner & Leiss, Elisabeth (Hgg.) (2009). *Modalität. Epistemik und Evidentialität bei Modalverb, Adverb, Modalpartikel und Modus.* (Studien zur deutschen Grammatik 77.) Tübingen.
Acarlar, Kevser (1972). Devrik Cümle. In: *Dilbilgisi Sorunları* II. (TDK Tanıtma Yayınları Dil Konuları Dizisi 19.) Ankara. 251–257.
Adamović, Milan (1985). *Konjugationsgeschichte der türkischen Sprache.* Leiden.
Ağcagül, Sevgi (2009). *Aktionale Operatoren im Türkischen unter besonderer Berücksichtigung des Türkei- und Irantürkischen.* Mainz. [Dissertation] (www.ubm.opus.hbz-nrw.de/volltexte/ 2009/2011/ pdf/diss.pdf)
Aksan, Doğan & Atabay, Neşe & Kutluk, İbrahim & Özel, Sevgi (1976a). *Sözcük Türleri 1 (Ad, Sıfat, İlgeç, Adıl, Belirteç).* (Türk Dil Kurumu Yayınları 421/1.) Ankara.
Aksan, Doğan & Atabay, Neşe & Özel, Sevgi (1976b). *Sözcük Türleri 2 (Bağlaç, Ünlem, Eylem).* (Türk Dil Kurumu Yayınları 421/2.) Ankara.
Aksoy, Ömer Asım (1995). *Atasözleri ve Deyimler Sözlüğü.* 1 Atasözleri Sözlüğü. İstanbul.
Aksoy, Ömer Asım ([4]1991). *Dil Yanlışları.* İstanbul.
Alpay, Necmiye ([2]2007). *Dilimiz, Dillerimiz. Uygulama Üzerine Yazılar.* İstanbul.
Alpay, Necmiye ([3]2007). *Türkçe Sorunları Kılavuzu.* İstanbul.
Balcik, Ines & Röhe, Klaus & Wróbel, Verena (2009). *Die große Grammatik Deutsch.* Stuttgart.
Banguoğlu, Tahsin (1974). *Türkçenin Grameri.* İstanbul.
Banguoğlu, Tahsin (1987). *Dil Bahisleri.* İstanbul.
Bassarak, Armin (1997). New considerations about the Turkish -DIR suffix. In: Choi Han-Woo [ed.] *International Journal of Central Asian Studies.* Vol 2. (http://www.iacd.or.kr/pdf/journal/02/2-10.pdf)
Benzer, Ahmet (2008). *Fiilde Zaman Görünüş Kip ve Kiplik.* (Marmara Üniversitesi) [Dissertation]
Brendemoen, Bernt (1990). The Turkish Language Reform and Language Policy in Turkey. In: Hazai, György (Hg.). *Handbuch der türkischen Sprachwissenschaft.* Teil 1. Budapest. 454–493.
Bußmann, Hadumod (Hg.) ([4]2008). *Lexikon der Sprachwissenschaft.* Stuttgart.
Clauson, Sir Gerard (1972). *An Etymological Dictionary of Pre-Thirteenth-Century Turkish.* Oxford.
Csató, Éva Á. (1990). Non-finite verbal constructions in Turkish. In: Brendemoen, B. (ed.), *Altaica Osloensia. Proceedings from the 32nd Meeting of the Permanent International Altaistic Conference. Oslo, June 12–16, 1989.* 75–88.
Csató, Éva Á. & Johanson, Lars (1998). Turkish. In: Johanson, L. & Csató É. Á. (eds.) *The Turkic Languages.* London and New York. 203–247.
Csató, Éva Ágnes (1999). Modalität in türkischen Komplementsätzen und ihre Entsprechungen im Deutschen. In: Johanson, L. & Rehbein, J. (Hgg.), *Türkisch und Deutsch im Vergleich.* (Turcologica 39.) Wiesbaden. 23–32.
Dede, Müşerref (1978). Why should Turkish relativization distinguish between subject and non-subject head nouns? In: *Proceedings of the 5th Annual Meeting of the Berkeley Linguistic Society,* IV. 67–78.
Demircan, Ömer (1998). Affixal behaviour in Modern Turkish. In: Johanson, L. u.a. (eds.), *The Mainz Meeting. Proceedings of the Seventh International Conference on Turkish Linguistics.* (Turcologica 32.) Wiesbaden. 57–72.
Demircan, Ömer (2003). *Türk Dilinde Çatı.* İstanbul, Ankara, İzmir, Adana.
Deny, Jean (1941). *Türk Dili Grameri (Osmanlı Lehçesi).* Tercüme eden: Ali Ulvi Elöve. İstanbul.
Dizdaroğlu, Hikmet (1976). *Tümcebilgisi.* (Türk Dil Kurumu Yayınları 426.) Ankara.
Duden 4 ([8]2009). *Die Grammatik.* Mannheim, Wien, Zürich.

Ediskun, Haydar (1963). *Yeni Türk Dilbilgisi.* İstanbul.
Efendioğlu, Süleyman & Solmaz, Ali Osman (2007). Birleşik Zamanlar Üzerine. On The Compound Tenses. In: *A. Ü. Türkiyat Araştırmaları Enstitüsü Dergisi,* Sayı 25. Erzurum. 49–58. (http://turkoloji.cu.edu.tr/YENI%20TURK%20DILI/suleyman_efendioglu_birlesik_zamanlar_uzerine.pdf)
Eisenberg, Peter ($^3$2006). *Grundriss der deutschen Grammatik.* Band 2: *Der Satz.* Stuttgart, Weimar.
Enç, Mürvet (1986). Topic switching and pronominal subjects in Turkish. In: D. I. Slobin/K. Zimmer (eds.), *Studies in Turkish Linguistics.* (Typological Studies in Language 8.) Amsterdam. 195–208.
Ercilasun, Ahmet B. (1994). Türkçe'de Emir ve İstek Kipi Üzerine. In: *Türk Dili 505.* Ankara. 3–9.
Erdal, Marcel (1981). Turkish participles and the absence of reference. In: *Studies Presented to H.-J. Polotsky,* hrsg. v. D. W. Young. Beacon Hill, Mass. 21–49.
Erdal, Marcel (1994). Topic, subject and possessive compounds. In: Johanson u.a. (Hgg.) (1998). *The Mainz Meeting. Proceedings of the Seventh International Conference on Turkish Linguistics. August 3–6, 1994.* (Turcologica 32.) Wiesbaden. 75–84.
Erdal, Marcel (1996). On applying 'causative' to 'passive', mainly in Turkish. In: B. Brendemoen et al. (eds.). *Symbolae Turcologicae – Studies in Honour of Lars Johanson. On his Sixtieth Birthday.* Istanbul. 77–95.
Erdal, Marcel (2000a). *Açık* and *kapalı*: The Turkish resultative deverbal adjective. In: *Turkic Languages* 4/1. Wiesbaden. 22–30.
Erdal, Marcel (2000b). Clitics in Turkish. In: Göksel, A. & Kerslake, C. (eds.), *Studies on Turkish and Turkic Languages. Proceedings of the 9th International Conference on Turkish Linguistics. Oxford 1998.* (Turcologica 46.) Wiesbaden. 41–18.
Erdal, Marcel (2004). *A Grammar of Old Turkic.* Leiden, Boston.
Erdal, Marcel (2006). The palatal glide in Oghuz Turkic and Western Iranian morphophonemics. In: Johanson, L. & Bulut, Ch. (eds.), *Turkic-Iranian Contact Areas. Historical and Linguistic Aspects.* (Turcologica 62.) Wiesbaden. 128–142.
Erdal, Marcel (2007). On scrambling the absolutive object phrase in Turkic. In: M. Kelepir & B. Öztürk (eds.). *Proceedings of WAFL 2: Workshop on Altaic Formal Linguistics,* Cambridge, MA. (MIT Working Papers in Linguistics 54.) 67–82.
Erdal, Marcel (2009). Stress and the Turkish adverb. In: Ay, S. & Aydın, Ö. & Ergenç, İ. & Gökmen, S. & İşsever, S. & Peçenek, D. (eds.), *Essays on Turkish Linguistics. Proceedings of the 14th International Conference on Turkish Linguistics, August 6-8, 2008.* Wiesbaden. 17–22.
Ergin, Muharrem ($^2$1962). *Türk Dil Bilgisi.* (İ. Ü. Edebiyat Fakültesi Yayınları 785.) İstanbul.
Erguvanlı, Eser E. (1984). *The Function of Word Order in Turkish Grammar.* (University of California Publication in Linguistics 106.) Berkeley, Los Angeles, London.
Erguvanlı Taylan, Eser (1993). Türkçe'de -DIK Ekinin Yantümcelerdeki İşlevi Üzerine. In: *Dilbilim Araştırmaları.* Ankara. 161–171.
Erguvanlı-Taylan, Eser (1997). What Determines the Choice of Nominalizer in Turkish Nominalized Complement Clauses? In: *Proceedings of the 16th International Congress of Linguists.* Pergamon. Oxford. Paper No. 0220.
Erkman-Akerson, Fatma & Ozil, Şeyda (1998). *Türkçede Niteleme Sıfat İşlevli Yan Tümceler.* (Türk Dilleri Araştırmaları Dizisi 22.) İstanbul.
Ersen-Rasch, Margarete I. ($^2$2004). *Türkische Grammatik für Anfänger und Fortgeschrittene.* Ismaning.
Ersen-Rasch, Margarete I. (2005). Bemerkungen zum Pluralsuffix im Türkischen. In: E. Siemieniec-Gołaś, M. Pomorska (eds.) *Turks and Non-Turks. Studies on the History of Linguistics and Culturel Contacts. Festschrift für Stanisław Stachowski zu seinem 75. Geburtstag.* (Veröffentlichungen der Jagiellonian University, Institute of Oriental Philology, Faculty of Philology). Kraków. 91–101.

Ersen-Rasch, Margarete I. (2007). Ein paar Bemerkungen zum Genitiv im Türkischen. In: *Einheit und Vielfalt in der türkischen Welt. Materialien der 5. Deutschen Turkologen-Konferenz Universität Mainz.* (Turcologica 69.) Wiesbaden. 94–103.

Ersen-Rasch, Margarete I. (2010). *Türkisch. Übungsgrammatik A1–C1 mit integriertem Lösungsschlüssel.* Wiesbaden.

Ersen-Rasch, Margarete I. ($^3$2010). *Türkisch. Lehrbuch für Anfänger und Fortgeschrittene.* Wiesbaden.

Ersen-Rasch, Margarete I. (2011). *Türkisch für Fortgeschrittene. Grammatik – Texte – Übungen B1–C1/C2.* Wiesbaden.

Ersen-Rasch, Margarete I. & Onası, Erdoğan (2011). *Wie heißt eigentlich „eigentlich" auf Türkisch? Partikeln und Modalwörter: Deutsch-Türkisch / Türkisch-Deutsch, mit Übungen und Schlüssel.* Wiesbaden.

Gencan, Tahir Nejat ($^4$1979). *Dilbilgisi.* (Türk Dil Kurumu Yayınları 418.) İstanbul.

Göksel, Aslı & Kerslake, Celia (2005). *Turkish. A Comprehensive Grammar.* Abingdon.

Götz, Manfred (2005). Türk öğrencisi : Türk öğrenci. Zwei- und mehrgliedrige Nominalkomposita mit und ohne Bezugssuffix -SI im Türkeitürkischen. In: *Zeitschrift der Deutschen Morgenländischen Gesellschaft.* Bd. 155. Wiesbaden. 125–140.

Habermann, Mechthild & Diewald, Gabriele & Thurmair, Maria (2009). *Fit für das Bachelorstudium. Grundwissen Grammatik.* Mannheim.

Haig, Geoffrey (1998). *Relative Constructions in Turkish.* (Turcologica 33.) Wiesbaden.

Hankamer, Jorge & Knecht, Laura (1976). The role of the subject/non-subject distinction in determining the choise of relative clause participle in Turkish. In: *Proceedings of North Eastern Linguistic Society VI.* (Montreal Working Papers 6.) 123–135.

Harweg, Roland (1968). Besitzanzeigende 'haben'-Konstruktionen als Katalysatoren für die Erkennung der Doppeldeutigkeit der Gruppe 'Nomen + Possessivsuffix' im Türkischen. In: *Archív Orientální* 36. Praha. 407–428.

Hatiboğlu, Vecihe (1967). -dir Eki Meselesi. In: *Dilbilgisi Sorunları* (Tanıtma Yayınları Dil Konular Dizisi 10.) Ankara. 221–224.

Hatiboğlu, Vecihe (1972). *Türkçenin Sözdizimi.* (Türk Dil Kurumu Yayınları 353.) Ankara.

Hazai, György (1978). *Kurze Einführung in das Studium der türkischen Sprache.* Wiesbaden.

Hazai, György (Hg.) (1990). *Handbuch der türkischen Sprachwissenschaft.* Teil 1. Budapest.

Helbig, Gerhard ($^3$1994). *Lexikon deutscher Partikeln.* Leipzig, Berlin, München u.a.

Hentschel, Elke & Weydt, Harald ($^3$2003). *Handbuch der deutschen Grammatik.* Berlin, New York.

Hepçilingirler, Feyza ($^6$2010). *Türkçe Dilbilgisi Öğretme Kitabı.* İstanbul.

Heß, Michael R. (1997). *Das genus verbi des Osmanischen zwischen 1575 und 1775.* (Universität Mainz) [Dissertation]

Heß, Michael R. (2011). Towards explaining double passive marking in Turkish possibility verbs. In: *Acta Orientalia.* Volume 84/3. Budapest. 257–286.

Johanson, Lars (1971). *Aspekt im Türkischen. Vorstudien zu einer Beschreibung des türkeitürkischen Aspektsystems.* (Acta Universitatis Upsaliensis. Studia Turcica Upsaliensa 1.) Uppsala.

Johanson, Lars (1977). Bestimmtheit und Mitteilungsperspektive im türkischen Satz. In: *Zeitschrift der Deutschen Morgenländischen Gesellschaft,* Suppl. III: 2. 1186–1203.

Johanson, Lars (1981). *Pluralsuffixformen im Südwesttürkischen.* Wiesbaden.

Johanson, Lars (1990a). Studien zur türkeitürkischen Grammatik. In: Hazai (Hg.) *Handbuch der türkischen Sprachwissenschaft.* Teil 1. Budapest. 146–278.

Johanson, Lars (1990b). Subjektlose Sätze. In: Brendemoen, B. (Hg.) *Altaica Osloensia. Proceedings from the 32nd Meeting of the Permanent International Altaistic Conference. Oslo, June 12–16, 1989.* Oslo. 193–218.

Johanson, Lars (1991). *Linguistische Beiträge zur Gesamtturkologie.* (Bibliotheca orientalis hungarica 37, hrsg. v. G. Hazai.) Budapest.

Johanson, Lars (1993). Typen kausaler Satzverbindungen im Türkischen. In: *Journal of Turkology*. Vol.1, No.2. 213–267. (http://www.turkiclanguages.com/www/Johanson93_Kausal.pdf)

Johanson, Lars (1994). Türkeitürkische Aspektotempora. In: Thieroff, R. & Ballweg, J. (eds.). *Tense Systems in European Languages*. LA 308. 247–266.

Johanson, Lars (2009). Modals in Turkic. In: Hansen, B. & de Haan, F. (eds.) *Modals in the languages of Europe. A reference work.* (Empirical Approaches to Language Typology 44.) Berlin & New York. 487–510. (http://www.turkiclanguages.com)

Johanson, Lars (2011).Why don't they meet face to face? On hiatus-preventing allomorphy in Turkish and its relatives. In: Erguvanli Taylan, E. & Rona, B. (eds.) *Puzzles of language. Essays in honour of Karl Zimmer.* (Turcologica 86.) Wiesbaden. 23–36.

Johanson, Lars & Rehbein, Jochen (Hgg.) (1999). *Türkisch und Deutsch im Vergleich.* (Turcologica 39.) Wiesbaden.

Kerimoğlu, Caner (2010). Türkiye Türkçesindeki Bilgi Kipliği İşaretleyicileri Üzerine: Kesinlik Dışılık. In: *Turkish Studies. International Periodical For the Languages, Literature and History of Turkish or Turkic.* Volume 5/4 Fall 2010. 434–478.

Kerslake, Celia (1988). Semantic Differentation in the Copular System of Modern Turkish. In: *Studies on Turkish Linguistics. Proceedings of the Fourth International Conference on Turkish Linguistics 17–19 August, 1988.* Ankara: Middle East Technical University. 147–185.

Kissling, Hans Joachim (1960). *Osmanisch-türkische Grammatik.* (Porta linguarum orientalium, hrsg. v. B. Spuler/H. Wehr. Neue Serie 3.) Wiesbaden.

Knecht, Laura (1979). The role of the genitiv suffix in relative clauses in Turkish: a reply to Dede. In: *Proceedings of the Fifth Annual Meeting of the Berkeley Linguistic Society*, Berkeley. 180–197.

König, Ekkehard (1977). Modalpartikeln in Fragesätzen. In: Weydt, Harald (Hg.), *Aspekte der Modalpartikeln.* Tübingen. 115–130.

Korkmaz, Zeynep (1959). Türk Dilinde +ça Eki ve bu ek ile yapılan isim teşkilleri üzerine bir deneme. In: *Ankara Üniversitesi Dil ve Tarih-Coğrafya Fakültesi Dergisi.* Cilt XVII. Sayı 3–4, Temmuz-Eylül-Aralık 1959. 275–358.

Kornfilt, Jaklin (1997). *Turkish.* London and New York.

Kornfilt, Jaklin (2000). Some Syntactic and Morphological Properties of Relative Clauses in Turkish. In: A. Alexiadou et. al.: *The Syntax of Relative Clauses.* Philadelphia: John Benjamins Pub Co. 121–160.

Lehmann, Christian (1984). *Der Relativsatz. Typologie seiner Strukturen. Theorie seiner Funktionen. Kompendium seiner Grammatik.* Tübingen.

Leirbukt, Oddleif (2008). *Untersuchungen zur temporalen Umfunktionierung des Konjunktivs II im heutigen Deutsch.* (Linguistische Arbeiten 519, hrsg. von K. Heusinger u.a.) Tübingen.

Leiss, Elisabeth (1992). *Die Verbalkategorien des Deutschen. Ein Beitrag zur Theorie der sprachlichen Kategorisierung.* (Studia Linguistica Germanica 31, hrsg. v. Sonderegger.) Berlin, New York.

Lewis, Geoffrey L. (1967), ($^6$1991). *Turkish Grammar.* Oxford, New York.

Lyons, John (1980). *Semantik. Bd. I.* München.

Lyons, John (1983). *Semantik. Bd. II.* München.

Mansuroğlu, Mecdut (1959). Das Altosmanische. In: *Philologiae Turcicae Fundamenta. Band 1*, hrsg. v. Jean Deny et al. Wiesbaden.

Metschkowa-Atanassowa, Sdrawka (1983). *Temporale und konditionale „wenn"-Sätze. Untersuchungen zu ihrer Abgrenzung und Typologie.* (Schriften des Instituts für deutsche Sprache 58.) Düsseldorf.

Mundy, C. S. (1955). Turkish Syntax as a System of Qualification. In: *Bulletin of the School of Oriental and African Studies 17.* London. 279–305.

Nespital, Helmut (1999). Das Modalverb *sollen* und seine Äquivalente im Türkischen. In: Johanson, L. & Rehbein, J. (Hgg.) *Türkisch und Deutsch im Vergleich* (Turcologica 39.) Wiesbaden. 171–187.

Nilsson, Birgit (1980). Definiteness and Reference in Relation to the Turkish Accusative. In: *Orientalia Suecana* 27–28 (1978–1979.) Uppsala. 118–131.
Nilsson, Birgit (1985). *Case Marking Semantics in Turkish*. Stockholm.
Özsoy, A. Sumru (1999). *Türkçe. Turkish*. (Yabancı Dil Olarak Türkçe Dizisi 2.) İstanbul.
Palmer, Frank R. ($^2$2006). *Mood and Modality*. Cambridge.
Peters, Ludwig (1947). *Grammatik der türkischen Sprache*. Berlin.
Pittner, Karin & Berman, Judith ($^4$2010). *Deutsche Syntax. Ein Arbeitsbuch*. Tübingen.
Ruhi, Şükriye (1998). Restrictions on the interchangeability of discourse connectives: A study of *ama* and *fakat*. In: Johanson, L. u.a. (eds.), *The Mainz Meeting. Proceedings of the Seventh International Conference on Turkish Linguistics*. (Turcologica 32.) Wiesbaden. 135–153.
Schaaik, Gerjan van (1996). *Studies in Turkish Grammar*. (Turcologica 28.) Wiesbaden.
Scharlipp, Wolfgang-Ekkehard (1978). *Untersuchungen zur Morphologie und Substitution türkei-türkischer Neologismen*. Hamburg.
Schröder, Christian (2002). *On the structure of Spoken Turkish*. Essener Linguistische Skripte – elektronisch. Jahrgang 2, Heft 1. 73–90.
Seiler, Hansjakob (1960). *Relativsatz, Attribut und Apposition*. Wiesbaden.
Sinanoğlu, Samim (1967). Kendi Kelimesinin Kullanışları. In: *Dilbilgisi Sorunları*. (TDK Tanıtma Yayınları Dil Konular Dizisi 10.) Ankara. 204–207.
Swift, Lloyd B. (1963). *A Reference Grammar of Modern Turkish*. (Indiana University Publications, Uralic and Altaic Series 19.) The Hague.
Tekin, Talat (1994). *Türkoloji Eleştirileri*. Ankara.
Thurmair, Maria (1989). *Modalpartikeln und ihre Kombinationen*. Tübingen.
Tietze, Andreas (1958). Der freistehende Genitiv im Türkei-Türkischen. In: *Ural-Altaische Jahrbücher* 30. Wiesbaden. 183–194.
Tietze, Andreas (1962). Erlebte Rede im Türkischen. In: *Oriens 15*. Leiden. 337–344.
Timurtaş, Faruk K. (1977). *Eski Türkiye Türkçesi. XV. Yüzyıl. Gramer – Metin – Sözlük*. İstanbul.
Tura Sansa, Sabahat (1986). DIR in Modern Turkish. In: Aksu Koç, A. & Erguvanlı Taylan, E. [eds.], *Proceedings of the Turkish Linguistics Conference*. August 9-10, 1984. İstanbul. 145–158.
Türkyılmaz, Fatma (1999). *Tasarlama Kiplerinin İşlevleri*. Ankara.
Underhill, Robert (1972). Turkish participles. In: *Linguistic Inquiry* 3. 87–99.
Underhill, Robert (1976). *Turkish Grammar*. Cambridge, Mass. & London.
Vural, Sergül (2000). *Der Partikelgebrauch im heutigen Deutsch und im heutigen Türkisch. Eine kontrastive Untersuchung*. (Universität Mannheim) [Dissertation].
*(www.uni-mannheim.de/mateo/verlag/diss/vural/vural.pdf)*
Yüce, Nuri (1973). *Gerundien im Türkischen. Eine morphologische und syntaktische Untersuchung*. (Universität Mainz) [Dissertation].
Zielinski, Wolf-Dietrich ($^5$1988). *ABC der deutschen Nebensätze. Einführung und Übungen*. München.
Zimmer, Karl (1987). Turkish relativization revisited. In: Boeschoten, H. & Verhoeven, L. [eds.], *Studies on Modern Turkish. Proceedings of the Third Conference on Turkish Linguistics*. Tilburg. 57–61.
Zimmer, Karl (1998). The case of the errant question marker. In: Johanson, Lars u.a. [eds.], *The Mainz Meeting. Proceedings of the Seventh International Conference on Turkish Linguistics* (Turcologica 32.) Wiesbaden. 478–481.

Büyük Türkçe Sözlük (http://tdkterim.gov.tr/bts/)
Institut für deutsche Sprache. *Grammis online*. (www.ids-mannheim.de)
Lehmann, Christian
    http://www.christianlehmann.eu/ling/lg_system/sem/index.html?http://www.christianlehmann.eu/ling/lg_system/sem/testrahmen.html
    http://www.christianlehmann.eu/ling/ling_theo/index.html?http://www.christianlehmann.eu/ling/ling_theo/sprachstruktur.php

## Quellen sprachlicher Belege

| | |
|---|---|
| AB, OMY | Boysan, Aydın (1985). *Oldu mu ya! Mizah söyleşileri*. İstanbul. |
| AE, GE | Ersan, Adnan (1990³). *Güldüren Espriler*. (Gülmece Dizisi 3.) Ankara. |
| A. Haşim, FS | Ahmet Haşim (1933). *Frankfurt Seyahatnamesi*. [ohne Ort] |
| Aİ, HB | İlhan, Atillâ (1996⁴). *Hangi Batı*. (Anılar ve Acılar 2.) İstanbul. |
| AN, AD | Nesin, Aziz (1991). *Aşkım Dinimdir*. İstanbul. |
| AN, Af | —, (1978⁴). *Aferin. Hikâyeler*. İstanbul. |
| AN, BGBG1 | —, (1990⁴). *Böyle Gelmiş Böyle Gitmez – 1. Yol*. İstanbul: Adam Yayınları. |
| AN, Hop | —, (1992⁴). *Hoptirinam. Öykü*. İstanbul: Adam Yayınları. |
| AN, KK | —, (1988²). *Korkudan Korkmak*. İstanbul. |
| AN, Kol | —, (1981⁸). *Koltuk*. İstanbul. |
| AN, MKİE | —, (1989³). *Maçinli Kız İçin Ev*. İstanbul. |
| AN, NM | —, (1977⁴). *Nutuk Makinesi. Fıkralar*. İstanbul. |
| AN, SGS | —, (1992⁵). *Sosyalizm Geliyor Savulun*. İstanbul. |
| AN, ŞÇH | —, (1977⁶). *Şimdiki Çocuklar Harika*. İstanbul. |
| AN, YLBD | —, (1990⁵). *Yüz Liraya Bir Deli*. İstanbul: Adam Yayınları. |
| DA, AADY | Asena, Duygu (1989²⁶). *Aslında Aşk Da Yok*. İstanbul. |
| DA, AGD | —, (2003). *Aşk Gidiyorum Demez*. İstanbul. |
| DA, DBY | —, (1994²). *Değişen Birşey Yok*. İstanbul. |
| DA, TG | Aksan, Doğan (1987). *Türkçenin Gücü. Türk dilinin zenginliklerine tanıklar*. Ankara. |
| DA, TT | Avcıoğlu, Doğan (1978²). *Türklerin Tarihi*. İstanbul. |
| EÇ, TNK | Çölaşan, Emin (1989⁴⁶). *Turgut nereden koşuyor?*. İstanbul. |
| EMY, AVAYÖ | Yeğen, Ekrem Muhittin (1962⁷). *Alaturka ve Alafranga Yemek Öğretimi*. İstanbul. |
| HB, ÖÇ | Halikarnas Balıkçısı (1955). *Ötelerin Çocuğu*. İstanbul. |
| HE, TD | Ediskun, Haydar (1988³). *Türk Dilbilgisi*. İstanbul. |
| HRG, KYABE | Gürpınar, Hüseyin Rahmi (1988⁸). *Kuyruklu Yıldız Altında Bir Evlenme*. İstanbul. |
| MCA, Raz | Anday, Melih Cevdet (1990). *Raziye*. İstanbul. |
| Mİ, BNA | İzgü, Muzaffer (1990²). *Bir Namussuz Aranıyor*. (Yeni Mizah Dizisi 23.) Ankara. |
| Mİ, DVD | —, (1994). *Dandini Vatandaş Dandini*. (Yeni Mizah Dizisi 29.) Ankara. |
| MY, ÖEB | Yüzbaşıoğlu, Muammer (1982). *Örneklerle Edebiyat Bilgileri*. İstanbul. |
| NH, YE | Nâzım Hikmet (1965). *Yeşil Elmalar*. İstanbul. |
| NK, YD | Koç, Nurettin (1990). *Yeni Dilbilgisi*. İstanbul. |
| NT, ASS | Tapan, Nazan (1983). Anadolu Selçuklu Sanatı. In: *Anadolu Medeniyetleri III, Selçuklu/Osmanlı* (Avrupa Konseyi 18. Avrupa Sanat Sergisi.) İstanbul. |
| ÖS, DKY | Ömer Seyfettin (1989). *Dil Konusunda Yazılar*. (Bütün Eserleri 13.) Ankara. |
| RI, SKP | Ilgaz, Rıfat (1992⁴). *Sosyal Kadınlar Partisi*. İstanbul. |
| SA, KMM | Sabahattin Ali (1966²). *Kürk Mantolu Madonna*. (Bütün Eserleri 7.) İstanbul. |
| ŞY, DT | Yalçın, Şiar (2003³). *Doğru Türkçe*. İstanbul. |
| TA, 68'li | Ateş, Toktamış (1994²). *68'li Olmak*. Ankara. |
| TB, TDİ V | Banguoğlu, Tahsin (1967). In: *Türk Dili İçin V. Türk basınında çıkan Türk Dili ile ilgili makaleler* (Türk Kültürünü Araştırma Enstitüsü Yayınları 30. IV. A9.) Ankara. |
| TB, TG | Banguoğlu, Tahsin (1974). *Türkçenin Grameri*. İstanbul. |
| ÜD, FTSh | Demirtepe, Ülkü (1992). *Frak'tan T-shirt'e*. İstanbul. |
| ZS, Hat | Sertel, Zekeriya (1977³). *Hatırladıklarım*. (Gözlem Yayınları 13.) İstanbul. |

Cumhuriyet. İstanbul. [Tageszeitung] bzw. http://www.cumhuriyet.com.tr
Hürriyet. Deutschlandausgabe. [Tageszeitung] bzw. http://www.hurriyet.com.tr
Milliyet. Deutschlandausgabe. [Tageszeitung] bzw. http://www.milliyet.com.tr
Radikal. İstanbul. [Tageszeitung] bzw. http://www.radikal.com.tr

Angelika Landmann

# Türkisch

Grammatisches Lehrbuch
für Anfänger und Fortgeschrittene
Download im MP 3-Format zu sämtlichen Lektionen
3., überarbeitete Auflage

2015. VIII, 260 Seiten, 45 Abb., 2 Diagramme, 1 Karte,
über 400 Tabellen, br
170x240 mm
ISBN 978-3-447-11954-2
€ 39,80 (D)

Angelika Landmanns grammatisches Lehrbuch, das nun in seiner 3. Auflage vorliegt, richtet sich an Anfänger und Fortgeschrittene und eignet sich für den Unterricht sowohl an Universitäten als auch an Volkshochschulen. Das Niveau entspricht dem Gemeinsamen Europäischen Referenzrahmen A1–B2.

Angelika Landmann

# Türkische Kurzgrammatik

2009. 119 Seiten, br
125x180 mm
ISBN 978-3-447-06061-5
€ 14,80 (D)

Angelika Landmanns „Kurzgrammatik" enthält die Essenz ihres ebenfalls bei Harrassowitz erschienenen Lehrbuchs „Türkisch. Grammatisches Lehrbuch für Anfänger und Fortgeschrittene" und erläutert die wichtigsten Grundlagen der türkischen Grammatik knapp, übersichtlich und leicht verständlich. Die systematisch nach grammatischen Kategorien gegliederten Inhalte werden anhand von Tabellen und Beispielen veranschaulicht und durch über die Grundlagen hinausführende Details ergänzt.
Damit richtet sich das Buch einerseits an Personen, die bereits über Kenntnisse des Türkischen verfügen, Muttersprachler wie Nicht-Muttersprachler, andererseits aber auch an linguistisch Interessierte ohne Vorkenntnisse, die sich einen raschen Überblick über die grammatischen Strukturen des Türkischen verschaffen wollen. Es kann als Nachschlagegrammatik zum Selbststudium oder als Ergänzung zu dem im Unterricht verwendeten Lehrwerk genutzt werden.

Angelika Landmann

# Türkisch

Tabellen zur Deklination und Konjugation

2009. VI, 128 Seiten, br
125X180 mm
ISBN 978-3-447-06138-4
€ 14,80 (D)

Nuran Tezcan

# Elementarwortschatz

Türkisch – Deutsch
(Turkologie und Türkeikunde 1)

1988. XV, 206 Seiten, br
170x240 mm
ISBN 978-3-447-02782-3
€ 23,– (D)

H. E. Boeschoten (Hg.)

# Türkisches Lesebuch

Zeitgenössische Prosa und Lyrik
mit Vokabular und Anmerkungen
(Turcologica 22)

1995, VIII, 220 Seiten, br
170x240 mm
ISBN 978-3-447-03669-6
€ 29,– (D)

Karl Steuerwald

# Deutsch-Türkisches Wörterbuch

Almanca-Türkçe Sözlük

1987. IX, 669 Seiten, gb
170x240 mm
ISBN 9783447-01584-4
€ 49,80 (D)

Karl Steuerwald

# Türkisch-Deutsches Wörterbuch

Türkçe-Almanca Sözlük

1988.XII,1294 Seiten, gb
180x250 mm
ISBN 978-3-447-02804-2
€ 99,– (D)

Margarete I. Ersen-Rasch

# Türkisch

Lehrbuch für Anfänger und Fortgeschrittene
Mit zwei Audio-CDs zu sämtlichen Lektionen sowie mit alphabetischem Wörterverzeichnis und Übungsschlüssel im PDF-Format
4., überarbeitete Auflage

*2012. XIV, 316 Seiten, 144 Abb., zahlreiche Tabellen, br*
*170x240 mm*
*ISBN 978-3-447-06835-2* € 39,80 (D)

Margarete I. Ersen-Raschs Lehrbuch des Türkischen ist für Lernende ohne Vorkenntnisse konzipiert und ist sowohl für den Universitätsunterricht, für Volkshochschulen als auch für das Selbststudium geeignet. Es ist kognitiv-kommunikativ aufgebaut: Während Dialoge zu relevanten Alltagssituationen und authentische Texte den Einstieg in die türkische Sprache erleichtern, folgt die Grammatik dem Aufbau der türkischen Sprachstruktur und legt so eine solide Grundlage für das weitere Studium. Abwechslungsreiche Übungen, eine einfache, aber präzise Grammatikbeschreibung, Übersichten zu den wichtigsten Wortbildungssuffixen, zu den Deklinationen und Konjugationen sowie ein ausführliches Wörterverzeichnis nach Lektionen und ein Sachregister machen das Lehrwerk zu einem unverzichtbaren Hilfsmittel. Es wird zusätzlich um zwei Audio-CDs ergänzt, auf denen türkische Muttersprachler die Texte und Dialoge der Lektionen einsprechen. Darüber hinaus sind die Übersetzungen sämtlicher Texte, der Lösungsschlüssel für die Übungen sowie ein alphabetisches Wörterverzeichnis einzusehen.
Das Lehrbuch erscheint bereits in 4., überarbeiteter Auflage.

Margarete I. Ersen-Rasch

# Tatarisch

Lehrbuch für Anfänger und Fortgeschrittene
unter Mitarbeit von Flora S. Safiullina
Mit einer CD im MP 3-Format

*2009. XXI, 239 Seiten, 115 Abb., 1 CD, br*
*170x240 mm*
*ISBN 978-3-447-06110-0* € 49,80 (D)

Tatarisch für Anfänger und Fortgeschrittene ist das erste deutschsprachige Lehrbuch für die wolga-tatarische Sprache, eine Türksprache, die heute von über zwei Millionen Menschen in der zu Russland gehörenden Republik Tatarstan und von knapp sieben Millionen Menschen in ganz Russland gesprochen wird. Darüber hinaus leben zahlreiche Tataren in der Diaspora (u.a. China, Kasachstan, Usbekistan, Türkei, Finnland, Amerika, Australien).
Mit einem kommunikativ-kognitiven Ansatz führt das Lehrbuch in achtundzwanzig Lektionen anhand von abwechslungsreichen Übungen, Dialogen zu relevanten Alltagssituationen sowie authentischen Texten und einer auf die Lektionen abgestimmten Grammatikbeschreibung in die tatarische Sprache ein. Neben ergänzenden Grammatiktabellen, Wörterverzeichnissen und einem Schlüssel zu den Übungen enthält dieses Lehrbuch eine Audio-CD mit Aufnahmen von Muttersprachlern, die auch den Selbstlernenden einen direkten Zugang zum Tatarischen ermöglichen.
Das Lehrbuch entspricht dem Gemeinsamen Europäischen Referenzrahmen A1 bis knapp B2. Kenntnisse des Türkischen und des kyrillischen Alphabets werden nicht vorausgesetzt.

Margarete I. Ersen-Rasch

# Baschkirisch

Lehrbuch für Anfänger und Fortgeschrittene
Unter Mitarbeit von Firdaus G. Khisamitdinova und Zinnur G. Uraksin
Mit zwei Audio-CDs

*2009. XX, 232 Seiten, 100 Abb., 2 Audio-CDs, br*
*170x240 mm*
*ISBN 978-3-447-05730-1* € 49,80 (D)

Baschkirisch für Anfänger und Fortgeschrittene ist das erste deutschsprachige Lehrbuch für die baschkirische Sprache, eine Türksprache, die heute von über einer Million Menschen vor allem in der zu Russland gehörenden Republik Baschkortostan gesprochen wird. Mit einem kommunikativ-kognitiven Ansatz führt das Lehrbuch in dreißig Lektionen anhand von abwechslungsreichen Übungen, Dialogen zu relevanten Alltagssituationen sowie authentischen Texten und einer auf die Lektionen abgestimmten Grammatikbeschreibung in die baschkirische Sprache ein. Neben ergänzenden Grammatiktabellen, Wörterverzeichnissen und einem Schlüssel zu den Übungen enthält dieses Lehrbuch zwei Audio-CDs mit Aufnahmen von Muttersprachlern, die auch den Selbstlernenden einen direkten Zugang zum Baschkirischen ermöglichen. „Baschkirisch für Anfänger und Fortgeschrittene" richtet sich an Turkologen und Turkologiestudierende sowie an alle an den Türksprachen Interessierten und entspricht dem Gemeinsamen Europäischen Referenzrahmen A1 bis knapp B2. Kenntnisse des Türkischen und des kyrillischen Alphabets werden nicht vorausgesetzt.